國際比較文學年度文選
比較文學研究基地系列講座

中外文化与文论

Cultural Studies and Literary Theory

第 51 辑

中国中外文艺理论学会

四川大学国家级重点学科
比较文学研究基地

主办

四川大學出版社
SICHUAN UNIVERSITY PRESS

图书在版编目（CIP）数据

中外文化与文论．51／曹顺庆主编．—成都：四川大学出版社，2022.8
ISBN 978-7-5690-5615-0

Ⅰ．①中…　Ⅱ．①曹…　Ⅲ．①文化研究—世界—文集②文学理论—文集　Ⅳ．①G112-53②I0-53

中国版本图书馆CIP数据核字（2022）第133142号

书　　名：中外文化与文论（51）
　　　　　Zhongwai Wenhua yu Wenlun (51)
主　　编：曹顺庆

选题策划：黄蕴婷　罗永平
责任编辑：黄蕴婷　罗永平
责任校对：毛张琳　荆　菁　刘一畅
装帧设计：墨创文化
责任印制：王　炜

出版发行：四川大学出版社有限责任公司
　　　　　地址：成都市一环路南一段24号（610065）
　　　　　电话：（028）85408311（发行部）、85400276（总编室）
　　　　　电子邮箱：scupress@vip.163.com
　　　　　网址：https://press.scu.edu.cn
印前制作：四川胜翔数码印务设计有限公司
印刷装订：四川五洲彩印有限责任公司

成品尺寸：165mm×240mm
印　　张：27.5
插　　页：2
字　　数：563千字

版　　次：2022年8月 第1版
印　　次：2022年8月 第1次印刷
定　　价：128.00元

本社图书如有印装质量问题，请联系发行部调换

四川大学出版社
微信公众号

目 录

国际比较文学年度文选

1 前 言 曹顺庆 常 亮

4 重新定位比较 大卫·达姆罗什 /撰 周 姝 /译

17 翻译研究的外转向 苏珊·巴斯内特 大卫·约翰斯顿 /撰 陈 鑫 /译

26 重新定位 西奥·德汉 /撰 周 姝 /译

42 今日之诗学 J. 希利斯·米勒 /撰 夏 甜 /译

55 全球“钓鱼”诗学 苏源熙 /撰 时 光 /译

69 广义变异学导论：一个广义科学的考察视角 曹顺庆 李金正 杨 清 /撰 张帅东 /译

90 通向跨文化理论 劳伦·杜布罗伊 /撰 董智元 /译

95 变化的空间：英语世界文学的经典化 马德斯·罗森达尔·汤姆森 /撰 张瑞瑶 /译

109 多语种的英语世界：世界文学和后殖民印度的后千禧年文学 巴维娅·提瓦里 /撰 曹怡凡 /译

125 人类世小说与世界体系理论 安德鲁·米尔纳 J. R. 伯格曼 /撰
时 光 /译

四川大学国家级重点学科比较文学研究基地系列讲座

147 前言：对话与互鉴 曹顺庆 杨 清
152 Literary and Cultural Encounters: Rabindranath Tagore's *The Home and the World* Svend Erik Larsen
167 翻译研究：维特根斯坦的启示与价值
——Philip Wilson 论著 *Translation after Wittgenstein* 学习札记 胡 云 许怡文 傅勇林
176 诠释之道
——现代诠释学探索的中国视角 李清良 王壮壮
187 什么是“文化文本”？
——中国文化理论建构的文学人类学视角 叶舒宪
195 试论文艺遗产形态学 彭兆荣 崔 旭
205 纳博科夫《防守》中的国际象棋叙事 袁 娜 何云波
216 《魂断威尼斯》的疫病叙事艺术探究 关熔珍
225 《莫失莫忘》与“新生命体”前景：“人类克隆”的生命伦理原则 王一平

生态学与文化研究

239 建设富有中国文化元素与中国文化之根的生态美学
——曾繁仁教授访谈 曾繁仁 刘艳芬
251 生态美学：直面生态危机的关怀美学
——程相占教授访谈 程相占 刘夕琛

263 肩负生态使命，努力探索生态批评的中国特色
——胡志红教授访谈　胡志红　孟　宇
273 “以意逆志”：中国阐释思想的开山纲领和文论解读阐释模式　李　凯
290 葛浩文英译《酒国》的阐释变异与意象重构　杜　萍　周玉明
303 媒介社会学中国旅行的路径、路标及再出发　蒋晓丽　杨　钊

文化与艺术研究

316 中西比较·实际批评：黄维樑《文心雕龙：体系与应用》评析　万　奇
326 当代艺术的本质　徐　欢
334 去专业化的当代艺术
——鲍里斯·格洛伊斯的当代艺术论　王长才　唐诗佳
344 当代大学生的媒介技术文化表征　王志华
360 从器物到文学：乾隆诗歌在英语世界的早期传播与译介　时　光
382 20 世纪戏曲衰微史
——兼论百年戏曲生态演进　吴　民
394 论沈宗骞山水绘画感合美学体系的构建及其对当代美术教育的价值　郝文杰　黄　中
403 自发·自觉·自主
——中国网络文学海外传播的演变及启示　张　杰　曾元祥
414 守正创新：比较文学教材建设的新垦拓
——评曹顺庆先生主编的比较文学系列教材　晏　红
428 女性小说中的童话书写
——以 19 世纪中期美国女性小说为例　曹美琳

国际比较文学年度文选

前　言

曹顺庆　常　亮

诞生于欧洲的比较文学从19世纪发展至今，已经走过了近两百年的历程。最初，以卡雷、基亚、巴登斯贝格为代表的法国学者认为“比较文学不是文学比较”，将比较文学限定于实证性的国际文学关系史研究。这样的看法让法国学派走向了自我设限的偏执道路，导致了比较文学研究的第一次危机。以韦勒克和雷马克为代表的美国学者指出，法国学派受制于19世纪实证主义学术传统的影响，一味寻求文学实证影响关系研究的“科学性”，提出“比较文学不是文学比较”，其“不比较”的结果只能使比较文学成为一潭死水。在批判法国学派的基础上，美国学派重新倡导“比较”，恢复了平行比较研究和跨学科研究，拓展了比较文学的领域，提出比较的价值既存在于事实联系的影响研究中，也存在于毫无历史关系的语言现象或类型的平行对比中。美国学派所提出的理论以“比较诗学”“类型学”“跨学科比较”为主，同时拓展了原属于影响研究的“主题学”“文类学”，大大扩展了比较文学的研究领域。

然而，20世纪中叶以来，随着文化研究浪潮的兴起，欧美的比较文学研究出现了“泛文化”的倾向，更为深刻的危机悄然到来，其表现为一些学者直接对比较文学学科的合理性提出了质疑。代表性的批评声音如苏珊·巴斯奈特提出“比较文学在某种意义上已经死亡”，斯皮瓦克甚至出版了专著《一个学科的死亡》，提出“比较文学作为一门学科已经过时”，等等观点。各种“危机”在比较文学研究领域反复出现，其根源在于，欧美学者深陷于西方中心主义的泥潭，只承认相同关系研究和类同的比较，没有关注异质文明的问题，甚至不承认不同文明的文学具有可比性，更没有对文学横向发展的普遍变异规律进行深入的探索，这是国际比较文学研究的不足，必然导致比较文学新“危机”的产生。

如何解决比较文学研究固有的问题，化解该领域出现的各种“危机”？答案来自东方。从20世纪80年代至今，随着东西方文学交往的日益增多，中国、日本、印度、韩国，以及阿拉伯各国等东方国家逐渐成为比较文学研究发展新动向的主力军。可喜的是，越来越多的欧美比较文学学者开始关注东方，尤其是关注中国的比较文学研究。在这样的背景之下，中国比较文学学者旗帜鲜明地提出，比较文学以一种世界性的胸怀和国际化的视野来从事不同国家、不同文明、不同学科之间的跨越性文学比较研究。它将各种具有跨越意义的文学现象之间的同源性、类同性、异质性和变异性作为可比性的依据，以影响研究、平行研究、变异研究为基本方法，倡导建立一种全球性平等多元、相互包容的文学交流与比较的对话平台和机制，从而最终推动各民族文学及世界文学走向一条文明互鉴与和谐共生的发展之路。更为重要的是，中国学者提出了自己的比较文学学科理论话语，认为文学的发展既是纵向的，又是横向的。纵向发展是各民族文学内部的“通变”，或者说是继承性和变革性发展；横向发展是世界各民族之间的“通变”，或者说是文学影响与变异性发展。这一纵一横的经线和纬线，织成了多姿多彩的各民族文学与世界文学。可以说纵向的通变与横向的影响与变异发展，是文学发展的两个基本动力。从本质上讲，比较文学是专门探讨文学横向发展规律的学科，但遗憾的是，西方的比较文学学科理论却并没有总结出文学横向发展的变异规律。中国学者提出的变异学正是对长期以来比较文学研究的盲点，文化、文明研究的盲点、偏见的补充和纠正。我们认为，世界文学的横向发展在微观上表现为作家作品的具体接触和不同民族文学的具体交往，在宏观上则展示了世界各民族文学由封闭走向开放，由隔绝走向汇通的横向演进和拓展变异进程，而比较文学变异学则是文学横向发展的普遍规律。可以说，世界文学的形成恰恰是文学横向发展的产物，文明变异、文化变异、文学变异、翻译变异，接受变异为世界文学和比较文学带来了极大的丰富性，也为比较文学研究创造了一个无限广袤而瑰丽的花园。诚如英国哲学家罗素所言，“参差多态，乃是幸福的本源”。

《国际比较文学年度文选》的诞生，正是出于这样一种理念，即世界文学的差异性和丰富性应该得到最大程度的重视与呈现；同时，比较文学与世界文学的发展需要一个真正的世界性的学术交流平台。从这两点看来，由四川大学国家级重点学科比较文学研究基地启动的《国际比较文学年度文选》选稿与编辑工作无疑具有非常重要的意义。众所周知，多年来，对于世界文学与比较文学英文年度文选，中国学者基本上是不会也不敢染指的，这样的学术话语平台，几乎天然属于西方学者。然而，在这个千年未有之大变局之时，在中华民族正面临伟大复兴之际，我们中国学者应当有学术自信，也应该有学术胸怀和学术能力，推出这样一个国际性的话语平台，了解和学习全世界比较文学与世界文学的精华，促进中国比较文学的发展。经基地同仁研究决定，《国际比较文学年度文选》（第一辑）从 2017 至 2020 年之间发表在世界各国各类刊物中的二百余篇比较文学与世界文学学术论文中精心筛选出 26 篇，征得论文作者的同意之后交由国际著名出版社用全英文出版，以反映世界文学、比较文学发展的前沿动态和理论创新。以后每两年出版一本，我们相信，只要能够长期坚持下去，一定会有世界性影响，并产生重要的学术积累和学术价值。

我们选编的文章呈现出三方面特征。其一，研究领域覆盖广泛。从内容看，文章涵盖了从比较文学与世界文学理论研究到跨文化与跨学科研究，从国别文学研究到世界文学研究，从文化评论到翻译研究等各个不同的领域。其二，作者的身份既具备广泛性，又具备代表性。从所在国家看，文章的作者代表的区域十分广泛，覆盖了从美国、英国、爱尔兰、比利时、丹麦、捷克到以色列、俄罗斯、中国、印度、日本等东西方各国各个地区。其中既有达姆罗什、米勒、苏源熙、德汉、巴斯奈特这样享誉国际的大家，也有一些并不太为学界所熟知，却在本领域建树颇丰的优秀学者。其三，所选文章呈现了国际比较文学和世界文学领域最新、最具创意性的一些研究成果。这些特点相信学界同仁在阅读过程中会有深刻的体会。为了让中国学术界了解并分享《国际比较文学年度文选》（第一辑）的精彩内容。编辑部邀请了四川大学、北京师范大学、北京大学等国内各大高校及研究机构的青年学者将文章翻译成中文，以飨读者。

本辑《国际比较文学年度文选》的译者均是国内各大知名高校和研究机构的青年才俊，他们的学术背景和研究领域各有不同，对原文的理解与阐释水平也存在着一些差异，因此在翻译的过程中或许会出现一些问题和纰漏。但无论如何，这次翻译经历带给他们的收获是显而易见的。同时，如此规模的对国际比较文学最前沿动态的翻译活动，国内近些年来尚不多见。限于篇幅，这里仅选用了《国际比较文学年度文选》26 篇中的 10 篇。在编辑过程中，传来了美国著名学者 J. 希利斯·米勒教授不幸过世的噩耗，因此本辑米勒教授的论文也可以视作对他在天之灵的一个告慰。是为序。

重新定位比较*

大卫·达姆罗什　/撰
周　姝　/译

摘　要：在当今移民危机的背景下，比较文学研究和后殖民文学研究交织在一起的历史为"比较的定位"提供了一个重要视角。作为一门跨越国界的学科，比较文学在很大程度上由移民塑造。战后的美国比较文学学科正以欧洲无法想象的速度迅猛发展，走向了一个广阔、自由的新世界，具有开放的学术边界。本文认为关注比较研究和后殖民研究交织在一起的历史可以帮助我们增进对该学科现今状况的理解。20世纪80年代开始兴起的后殖民研究激发了人们对非欧洲文学的兴趣，打破了比较文学与其邻近学科之间的壁垒。同时，学者们也能走出旧欧洲大国少数语言的霸权范围，在后殖民文学和世界文学的研究中致力学习更多种类的语言。因此，当下的比较文学学科试图在一个复杂和动荡的世界中重新定位自己。

关键词：比较文学　后殖民文学　跨学科　学科建构

在当今移民危机的背景下，比较和后殖民文学研究交织在一起的历史为"比较的定位"提供了一个重要的视角。特别引人注目的是斯劳特（Slaughter）把哈利·列文（Harry Levin）描绘成法农（Frantz Fanon）(《在信之后》)，这段历史可以追溯到更久远的时期，以造福于比较主义者和后殖民主义者。从定义上讲，比较文学是一门跨越国界的学科，移民在很大程度上塑造了比较文学。这最晚是从斯塔尔夫人（Madame de Staël）开始的，她的《文学：与社会制度的关系》(*De la littérature: considérée dans ses rapports avec les*

* 原文载 *Cambridge Journal of Postcolonial Literary Inquiry*, 2018 (5/3), pp. 274—284.

institutions sociales，1800)[①] 是比较研究的奠基性文献。佛朗哥·莫雷蒂（Franco Moretti）和帕斯卡尔·卡萨诺瓦（Pascale Casanova）从伊曼纽尔·沃勒斯坦（Immanuel Wallerstein）那里借用了“中心—边缘”的术语来分析斯塔尔夫人的生活和工作。年轻的安妮·路易丝·杰曼·内克尔是一位来自日内瓦的暴发户银行家的女儿，她既是一位女性，又是一位新教徒，因此不得不在巴黎以双重边缘人物的身份崭露头角，以树立自己在公共领域不可小觑的影响力。在这个过程中，她与拿破仑发生了公开的冲突，遭受排斥，然后被流放回瑞士。在《十年流亡记》（*Dix années d'exil*，1812，1818）一书中，她剖析了拿破仑在从第一任执政官转变为皇帝的过程中所操纵的独裁主义对道德和心理的影响。[②] 她的书成为迄今为止描写帝国专制的社会心理动态最为精辟的作品之一，这与一个半世纪后的法农的作品有很好的联系。

在接下来的几页中，我想通过斯塔尔夫人对社会机构、特别是我们学术机构的强调，进一步扩展约瑟夫·斯劳特对国家和比较学科定位的分析。战后美国比较研究的历史，正如哈利·列文在1968年所做的那样，经常被当作一种成功的“翻译研究”，从墨守成规、饱受战争蹂躏的欧洲走向一个广阔、自由的新世界和开放的学术边界。但正如斯劳特所说，需要一种后殖民的视角来平衡这种理想主义的说法。在这一点上，我们可以注意到，斯劳特将哈利·列文与弗兰茨·法农进行了令人惊讶的比较，但这并不会使列文本人感到惊讶。他在1976年的文章《走向世界文学》的结尾便引用了法农的话：“国际意识必须从国家意识中发展出来。”[③] 列文引用法农参与阿尔及利亚反殖民主义斗争的经历，以及引导非裔黑人跨越大西洋的经历，将法农视为同时具有地方性和全球性的世界文学的典范。关注比较研究和后殖民研究交织在一起的历史可以帮助我们增进斯劳特对该学科现今状况鲜明概述的理解，因为他提出了后殖民和更新的全球视角之间的深刻冲突，而我将看到一个正在发生的、富有成效的联盟基础。

就在列文发表大会主题演讲的那一年，社会学家克里斯托弗·詹克斯（Christopher Jencks）和大卫·里斯曼（David Riesman）在一项开创性的研究——《学术革命》中从反殖民主义的角度分析了美国的高等教育。他们深

---

① Anne-Louise-Germaine de Staël，*De la littérature：considérée dans ses rapports avec les institutions sociales*. Oeuvres complètes 1.2，*De la Littérature et autres essais littéraires*，eds. Stéphanie Genand，et al. Paris：Honoré Champion，2013，pp. 67—388.

② Anne-Louise-Germaine de Staël，*Dix années d'exil*（Paris：Rivages，2012），translated as *Ten Years of Exile*，Avriel H. Goldberger trans. DeKalb，IL：Northern Illinois University Press，2000.

③ Harry Levin，“Toward World Literature”，*Tamkang Review* 1975—1976（6.2/7.1），pp. 21—30，esp. 30.

刻地意识到1968年在全美国和印度支那进行的革命斗争为他们研究美国高等教育在过去几十年中的巨大扩张和重塑提供了背景。他们将学术革命视为一种社会现象，这种社会现象既源于美国人口和经济的巨变，也强化了这种巨变，因为高等教育成为向上流动的重要通道，尤其是对农村和工人阶级学生而言；少数族裔的情况虽不明显，但越来越多的少数族裔也开始通过高等教育向上层流动。考虑到这些重点，他们不仅研究精英私立大学，还研究公立大学、天主教学校和历史上的黑人院校。在书中，他们对强调学校研究作为该体系扩张的主要动力表示了不满。这里的参与者包括国家科学基金会（National Science Foundation）、洛克菲勒基金会（Rockefeller Foundation）和福特基金会（Ford Foundation）等私人投资基金会。詹克斯和里斯曼认为，这些常见的技术官僚式举措导致了研究生教育在学术界的主导地位，从而阻碍了关键的本科层次上的社会变革。正是在这一点上，他们的反殖民主义观点脱颖而出：

> 让我们感到不安的是，研究生院与其边界上的许多机构及亚文化，尤其是一些本科院校，有着本质上的帝国关系。在许多情况下，他们明显的成功取决于对这些尚不发达领土的开发。首先，研究生院引进最有价值的“原材料”，即有天赋的学士。它们把这些人培养成学者，并把其中最好的学生留给自己，其余的则输送到他们原来的院校，成为那里的教师。我们几乎看不到这样的前景，即研究生的绝对主权会屈从于本科院校的当地学生间暴发的骚乱。我们怀疑，如果非殖民化在我们这个时代到来，它将是研究生院内部持不同意见者强烈倡议的结果。①

詹克斯和里斯曼的分析特别适用于比较文学。许多比较文学的系别和课程都仅仅在研究生阶段设立，包括哈利·列文所在的哈佛大学和勒内·韦勒克所在（René Wellek）的耶鲁大学，理由是本科生并没有足够的知识来认真地进行比较工作。他们一旦完成了本科阶段两至三门语言和文学的训练，就可以升入更高层次的比较文学研究生学习阶段。

该学科的精英主义从学生延伸到其他部门成员。用詹克斯和里斯曼的话来说，其他语言和文学系很有可能为比较文学的本科生、语言和初级文本提供比较的原材料。列文在1965年美国比较文学协会（ACLA）的《标准报告》及其后继的1975年《格林报告》（Greene Report）中强调，课程只能在“语

① Christopher Jencks and David Riesman, *The Academic Revolution*. New York: Doubleday, 1968/1977, pp. 515—516.

言院系和图书馆具备实力的院校设立。很多学院，甚至大学未必能达到这一水平”[①]。在这两份报告中，比较文学依赖于与相关部门、附属部门的贸易，但这种贸易是建立在劳动等级体系分工基础上的。

文学理论正面临着严酷的考验，即文学文本的原材料被提炼出来，然后卖给许多院系、学院和大学的购买者，而这些购买者又“赶不上”比较学者的高标准。类似的精英主义盛行于学科本身，与此同时，东海岸私立大学的少数几个院系为整个学科定下了基调。因此，列文《格林报告》的委员会并不简单地由白人组成，而是由在耶鲁、哈佛或哥伦比亚大学教学或接受过培训（或两者兼有）的白人组成。在列文的委员会中有一个罕见的例外，就是多伦多的诺思罗普·弗莱（Northrop Frye），他的《批评的剖析》（1957），连同韦勒克和沃伦（Warren）的《文学理论》（1949）为当时正在兴起的理论繁荣铺平了道路。列文的报告反映了这一发展的趋势，并建议比较文学课程通过提供“一到两门基础课程，比如关于文学理论、文本方法或技术问题的专业研讨会”[②]，为研究生在不同文学领域的研究提供一个共识基础。但这些具有吸引力的关于“文本方法或技术问题”的课程即使曾经出现过，也很快就会被作为许多课程共同核心要求的理论研讨取代。

斯劳特认为，列文的讲话是在进一步强调欧洲中心主义，以此作为一种手段，建立对欧洲比较主义者的霸权，但列文更关心的是美国内部各部门的竞争而不是与欧洲的竞争。在整个 20 世纪 50 年代，为建立美国比较文学权威而与其欧洲同行的斗争一直在进行，许多美国人认为自己在 1958 年 9 月北卡罗来纳大学教堂山分校举行的国际比较文学协会（ICLA）第二次会议上取得了决定性的胜利。（值得注意的是，国际比较文学大会得到了福特基金会的资助。）捷克移民勒内·韦勒克在大会主题演讲《比较文学的危机》中以毫不含糊的术语总结了美国的观点。韦勒克嘲笑法国学派将自己降格为纯粹的“文学对外贸易”式的实证研究，远不及比较研究真正的广阔视野。他由衷地说道：

> 一旦我们掌握了艺术和诗歌的本质，它战胜了人类的死亡和命运，它创造了一个新的想象世界，那么民族的虚荣心就会消失。人，普遍的人，无处不在的人，无时无刻的人，各种各样的人，出现了，文学学术

---

① Harry Levin et al., “The Levin Report” (1965), in Charles Bernheimer, ed., *Comparative Literature in the Age of Multiculturalism*. Baltimore, MD: Johns Hopkins University Press, 1995, pp. 21—27, esp. 21.

② *Ibid.*, p. 23.

> 不再是古董一般的消遣，不再是国家信用和债务的计算，甚至不再是关系网络的映射。文学学术成为一种想象的行为，就像艺术本身一样，从而成为人类最高价值的保护者和创造者。[①]

探索人，所有“他”类型的宇宙人。到了20世纪60年代中期，美国的比较主义者对他们战胜了欧洲所谓的狭隘关注“国家信用和债务”的做法充满信心。列文报告甚至否认与法国学派有任何冲突，认为美国的这门学科的特点是彻底的国际主义和与国外比较学者的友好关系。[②]

法国学派衰落的一个主要因素是制度性因素。在法国，和在其他大多数国家一样，这门学科受到了民族文学霸权的制约，而战时移民们惊喜地发现，美国大学没有美国文学系，取而代之的是，在英国殖民主义幽灵般的残余中（通常现在依旧如此），美国学生被编入了以英国文学为主的英语系，他们经常超负荷工作，尽管入学率很高，但师资却很少。和大多数英国文学专家一样，移民们并不认为美国产生了足够重要的文学作品而需要更多的关注。正如韦勒克在《比较文学的危机》一文中所说的，文学沙文主义在美国是罕见的，“总的来说，它之所以能幸免，部分是因为它没有那么多值得夸耀的东西”[③]。因此，美国文学几乎没有构成威胁，美国的比较文学正以欧洲任何地方都无法想象的速度迅猛发展。

列文的报告直接预测了莫雷蒂的措辞，并在结论中追溯了该学科在学术界从边缘到中心的发展历程。报告说：“一代人以前，比较文学充其量只能被看作国别文学史的补充，对大部分学术界来说也是一种奢侈品。然而，随着文学和语言学学科重新考虑它们的标准和重新组织它们的课程，它们已经从边缘转向越来越中心的角色。”报告慷慨地说道，这种关系“应该是密切合作，而不是竞争”[④]，但现在，这将是“越来越中心”的学科与其越来越边缘化的邻国的合作。

在战后，就像今天一样，这门学科是激烈竞争的利益和观点的根源。正如斯劳特所说，许多比较主义者接受民族国家作为他们工作的基础，但其他人则明确地不接受。这两种比较派别中很少有人真正拥有比较文学的学位；哈利·列文的书是用英文写的，他的第一本著作是对作家詹姆斯·乔伊斯的研究。大多数比较主义者都具有多重研究方向，这使他们能够积极参与民族

---

① René Wellek, “The Crisis of Comparative Literature”, in Stephen G. Nichols, ed., *Concepts of Criticism*. New Haven, CT: Yale University Press, 1963, pp. 283—295, esp. 295.

② Levin et al., “The Levin Report”, p. 25.

③ Wellek, “The Crisis of Comparative Literature”, p. 289.

④ Levin et al., “The Levin Report”, p. 25.

传统，但即便如此，许多比较主义者还是强烈反对民族主义。1958年，阿尔伯特·吉拉尔（Albert Guérard）在为《比较文学和总体文学年鉴》（*Yearbook of Comparative and General Literature*）撰写的一篇主要文章[①]中谴责了“民族主义异端邪说”这一代表了很多人立场的观点。安娜·巴拉基安（Anna Balakian）的一篇文章《我如何以及为什么成为一个比较主义者》（1994）也是一个很好的例证。巴拉基安的家人在亚美尼亚大屠杀后逃离土耳其，最终在美国落脚。她在纽约市公立亨特学院主修法语，在哥伦比亚大学获得博士学位后，便开始在锡拉丘兹州北部教授法语。如果她以前的论文导师没有邀请她参加1958年的国际比较文学协会大会，她可能一直都是一位法语教授。

巴拉基安对邀请感到受宠若惊，但她不确定自己是否真的属于这样一个崇高的机构：“但我是一个比较文学学者吗？事实上，什么是比较文学者？他是一个拥有无限文学和哲学知识的男人（我并不知道这个领域中的任何女人）。仅仅因为在很小的时候游历过欧洲，我就能说自己是一个比较文学者吗?”她说：

> 真正促使我探索自己作为一个比较主义者的潜力的是，在两次世界大战之间的成长岁月里，我一直在培养一种根深蒂固的和平主义——当我写下这个词时，我意识到它已经不再流行了。它是所有国家对立和民族对立的反面。虽然我崇拜法国文学，但我对法国的沙文主义产生了某种失望。也许带着年轻人的理想主义，我天真地认为比较文学是过度民族主义的一剂解药，而超现实主义是一种对抗民族分裂，甚至克服艺术间障碍的文学。我天真地认为，通过比较文学的视角和超现实主义原则的传播，我们可以改变世界。所以我买了一张入场券，做了一笔小小的经济投资来塑造我的余生。[②]

从纽约的大学，再到全美、全球，巴拉基安成为超现实主义的主要学者，并在比较文学领域发挥了主导作用。1977—1980年，她担任美国比较文学协会（ACLA）主席；1982年，作为国际比较文学协会副主席，她主持了该协会在纽约大学举办的三年一次的会议，现在该协会有数百人，而不是之前的

① Albert Guérard, “Comparative Literature?” *Yearbook of Comparative and General Literature*, 1958 (7), pp. 1−6, esp. 4.

② Anna Balakian, “How and Why I Became a Comparatist”, in Lionel Gossman and Mihai I. Spariosu, eds., *Building a Profession: Autobiographical Perspectives on the History of Comparative Literature in the United States*. Albany, NY: SUNY Press, 1994, pp. 75−87, esp. 77−78.

几十人。

她为改变世界尽了自己的一份力量，但她和同行们发现学术机构更难改变。大多数文学学者都是在民族文学或区域研究系，他们不愿意接受给比较文学帝国提供本土信息的中间人角色。很少有人会乐意阅读1975年由耶鲁大学托马斯·格林（Thomas Greene）主持编撰的美国比较文学协会关于标准的报告，该报告明确地表达了其霸权主义的热情：

> 第二次世界大战后的20年里，比较文学运动在美国逐渐壮大并致力于实现崇高目标。它想代表，而且在很大程度上确实代表了一个新的国际主义：在更为广泛的视角、更为宏大的背景下跟踪主旨、主题、类型以及更多体裁和模式的理解。在学术领域内部，它希望以一种新的合作方式将分离的欧洲语言系聚集在一起，唤醒他们致力共同努力的团结，并以各种方式体现这种团结，既有习惯性的，也有创造性的。这样一种新型的、核心的学术学科愿景，在最崇高的意义上讲是雄心勃勃的。它是我们共同的遗产。①

对比较主义者来说，当他们发展一门新的、核心的、高尚的和雄心勃勃的学科时，那么享受更广阔的视角、更宏大的背景和更宽广的理解便是一件美妙的事情。但在这个圈子之外，很少有人会欣赏他们含蓄的、狭隘的、闭塞的、边缘的、平民的、没有野心的特性。

在美国，许多外国文学教师本身就是移民，他们往往不太乐意让那些冒险家们到他们精心照料的领域里去获取新的供给。同样，即使是移民学者，也不总是对不合他们胃口的移民表示友好。勒内·韦勒克在1994年他88岁时写过一篇文章，生动地回忆他于1928年来到马萨诸塞州的北安普敦参加史密斯学院德语讲师面试的情景。那天，系主任恩斯特·海因里希·门塞尔（Ernst Heinrich Mensel），一位出生于德国的中世纪研究者，在火车站迎接了他：

> 当我离开火车时，门塞尔先生看见我下车，就伸出手走到我跟前说（我发誓这是他的第一句话）："我看你不是犹太人。"如果我是犹太人，我想门塞尔先生会带我参观校园，但会把我送回纽约。②

① Thomas Greene et al., "The Greene Report" (1975), in Charles Bernheimer, ed., *Comparative Literature in the Age of Multiculturalism*. Baltimore, MD: Johns Hopkins University Press, 1995, pp. 28—38, esp. 28.

② René Wellek, "Memoirs of the Profession", in *Building a Profession*, pp. 1—11, esp. 3.

在面对他们那些较狭隘、没什么野心但人数众多的同事的怀疑时，“标准”委员会于1965年和1975年试图捍卫自己的比较立场，并确保自己的边界，他们担心其项目的成功可能会稀释整个事业并削弱其精英地位。正如格林的报告所说：

> 我们认为，有理由认真关注在学科转变的过程中，作为学科基础的价值观不应被贬低。标准下滑的速度一旦增加，将很难阻止。至少在一些学院和大学里，比较文学似乎是以廉价自助餐的形式提供的。①

1994年，亚美尼亚移民安娜·巴拉基安用了一个惊人的比喻来表达类似的抱怨：“障碍已经完全消除，宣布自己是一个比较主义者的做法是完全自由的。我们已经到达了危险地带，我们受到了威胁。”她警告说：“大批没有工会证的学者正在跨境而来。”②

在哈利·列文发表主题演讲后的30年里，美国比较文学协会一直是一个小组织，对其成员的工会卡和绿卡进行严格监管。正如斯劳特所说，它的年会通常只有100篇或最多150篇论文，很少有来自美国以外的学者。1997年，由于一系列知识、制度和政治方面的原因，这种萧条的制度图景开始发生变化。那一年，协会的董事会决心在理论及实践上都要成为国际组织，因此，我们在墨西哥举行了第一次国外会议。同时，我们转向了美国比较文学协会目前采用的为期三天的研讨会形式，为从多个角度进行持续讨论提供了机会。大家开始邀请来自其他院系和国家的朋友，不管他们是否是身份“合法”的比较学者。

在学科层面上，20世纪80年代后殖民研究的兴起激发了人们对非欧洲文学的兴趣，自90年代中期以来，这种兴趣在全球、跨国和世界文学研究中不断扩大并多样化。最重要的是，该协会在过去20年间的会议次数增多，这是因为比较文学与其邻近学科之间的壁垒已经打开，包括安德烈亚斯·胡伊森（Andreas Huyssen）和加亚特里·斯皮瓦克（Gayatri Spivak）开创的与哥伦比亚大学比较文学和社会研究院的区域研究之间的联系。相较于之前哈利·列文可以谈论比较文学，或是1976年我研究生阶段的主任托马斯·格林所警告我的，在我研究纳瓦特和古埃及时，“有些”招聘委员会“可能会认为”我只是在做“围绕着文学传统的阿拉伯式花纹”，现在我们年会出现的人、语言

---

① Greene, “The Greene Report”, p. 31.

② Balakian, “How and Why I Became a Comparatist”, p. 84.

和文学作品都更多了。

应该说，在20世纪80年代和90年代的后殖民研究中，关注非洲、印度或拉丁美洲的学者仍然普遍使用古老的帝国语言，除非他们自己能像用母语一样流利地使用另一种语言。谢尔登·波洛克（Sheldon Pollock）在写作《历史上的文学文化》（2003）这本简明的著作时，很难找到有能力研究几种印度文学语言的学者，最后他为了这个目的自学了其中两种语言。“旧东方主义者有很多问题要回答，”有一天他说，“但至少他们学会了该死的语言。”（可能是我的记忆加了最后一个形容词，但这就是我回忆对话的方式。）哈利·列文提出不仅仅要通过语言问题来保护欧洲，虽然语言问题对于密切接触文学文本至关重要。无论是在后殖民文学研究还是在世界文学研究中，当下最好作品的一个最有益的特点是，越来越多的人在学习更多的语言。当这种趋势成为规范而不是例外，这些领域将得到强化，学者们也能走出旧欧洲大国少数语言的霸权范围，以及大多数欧洲文学所集中的沉重形式——小说。

斯劳特的文章遵循了美国比较文学协会主题发言的传统，并利用被忽视的时期、材料或方法，敦促成员们更好地完成他们的工作。他当然是对的，比较学者需要反思他们比较的政治性，那些涉足新领域的学者需要充分参与并利用这些地区的人们和专家已经完成的工作和物质材料。他所批评的学术基础薄弱，正好呼应了列文和格林的警告。列文和格林警告说，欧洲传统本身所期望的工作标准会出现下滑；安娜·巴拉基安在1994年断言，太多的比较学者已经“满足于提及知名人物以迅速提高身份，从而加强了以拼贴为特征的并置。你不需要比较学者来扮演文学的跳房子游戏”①。

没有一个严肃的学者会喜欢这种迅速提高身份的方式，也许只有科塔萨尔（Cortázar）《跳房子》（*Rayuela*）的追随者会玩这种文学的跳房子游戏。尽管如此，不幸的是，巴拉基安并不喜欢著名学者安德烈·布列东（André Breton）那有些奇怪的学术拼贴作品，这导致她对后结构主义和后殖民理论进行了大规模攻击。② 我们完全可以和斯劳特一样感到遗憾，列文对语言和文化基础的原则性坚持导致了他对整个非西方世界的排斥。然而，在斯劳特自己对当今新趋势的描述中，我感到了一种类似的全盘轻视。从他的文章中可以看出，在20世纪90年代“后殖民主义的全盛期”之后的新自由主义全球

---

① *Ibid.*, p. 85.

② 巴拉基安在《钟楼上的雪花：批判竞技场中的教条和不安》（*The Snowflake on the Belfry: Dogma and Disquitetude in the Critical Arena*. Bloomington, IN: Indiana University Press 1994）中详细介绍了她的否定观点。在她关于成为比较主义者的文章中，她对后殖民观点的不耐烦表现在她坚持将艾梅·塞泽尔纯粹视为“恰好出生在马提尼克岛的法语超现实主义者”。

化时代产生了一系列倒退运动，在“诸如全球现代主义、世界文学和跨国的美国研究等领域”，这些运动使列文时代被压抑的自由主义复活。显然，他们的追随者集体创建了“全球定位系统”，为其居民绘制世界地图，并通过盲目地重新创造以区域为基础的知识分子和后殖民学者早在他们之前就已经做过的事情来维护自己的权威。

这是一个真实而严重的问题，但它不局限于最新的方法或发展中国家的文学。鉴于美国比较文学协会2017年会议的地点，荷兰文学在整个比较研究史中的封闭性成为一个很好的例子。正如沃纳·弗里德里希（Werner Friederich）在1960年曾说：“有时，在一些轻率的时刻，我认为应该把我们的课程称为北约（NATO）文学——即使这样也有点过度了，因为我们通常不会与超过15个北约成员国四分之一的国家打交道。”[①] 今天，正如西奥·德汉所指出的，非霸权国家和人民终于得到了更多的关注，但当下荷兰文学却被忽视，因为荷兰并不属于发展中国家。在极少数情况下，当提及一个荷兰作家时，很可能就是反殖民主义作家穆尔塔图里（Multatuli），而一位同样有价值的作家，如巴拉基安的超现实主义盟友、现代主义诗人J. J. 斯劳尔霍夫，在荷兰以外几乎无人知晓。[②] 后殖民主义者祖客在其一篇关于穆尔塔图利本人的文章的开篇，便以一种恼怒的语气说道：“难道现代荷兰文学中的一切都必须以穆尔塔图利开始和结束吗？”[③] 祖克实际上是在批评荷兰研究对穆尔塔图利及其文章的过分强调，当地学术研究也并没有摆脱其自身的倾向性和排他性。当今世界的比较主义者可以开启一种以许多被忽视的语言及文学为特征的绘图模式，从欧洲的低地国家（荷兰、比利时和卢森堡）到中美洲的高地国家（危地马拉），从东欧到东南亚。

我建议，斯劳特对倾向性全球定位的批评适用于任何缺乏本土知识和学术基础的方法，或是由预先准备好的论文所驱动的方法，这些论文将相反的证据或材料排除在地图之外。这适用于他所挑选出的一些领域的作品，但也适用于欧洲研究、文学理论或后殖民研究中一些肤浅的、跳跃式的作品。例如，马克·沃勒格（Mark Wollaeger）和马特·伊托（Matt Eatough）的《牛津全球现代主义手册》讨论了中国现代主义，却没有提及任何中国学术，

---

① Werner Friederich, “On the Integrity of Our Planning”, in Haskell Block, ed. *The Teaching of World Literature*. Chapel Hill, NC: University of North Carolina Press, 1960, pp. 9—22, esp. 15.

② Theo D'haen, “J. J. Slauerhoff, Dutch Literature, and World Literature”, in José Luis Jobim ed., *Literature e cultura: do nacional ao transnacional*. Rio de Janeiro, Brazil: EdUERJ, 2013, pp. 143—157.

③ Darren C. Zook, “Searching for Max Havelaar: Multatuli, Colonial History, and the Confusion of Empire”, *Modern Language Notes*, 2006 (121/5), pp. 1169—1189, esp. 1169.

这确实是不幸的。[①] 同样令人遗憾的是，在后殖民主义者尼尔·拉扎鲁斯（Neil Lazarus）和贝尼塔·帕里（Benita Parry）的带领下，华威研究集团在《共同且不均衡的发展》中对塔耶布·萨利赫（Tayeb Salih）和其他几个非英语国家的作家进行了详细的讨论，却没有引用任何他们作品的原文，而且没有引用任何一篇英语以外的学术著作。[②] 他们将后殖民主义和世界文学的观点融合在一起，这一令人钦佩的项目通过致力于语言和当地学术研究而获得了关注，这是比较文学和世界文学中最好的作品所经常强调的。

斯劳特认为，莫雷蒂在2000年发表的《世界文学猜想》（“Conjectures on World Literature”）证明了这种还原式地图绘制的倾向，并且这种倾向在今天仍然流行。当然，莫雷蒂喜欢绘制地图，他对全球化进程提出了非常宽泛的主张。然而在我看来，斯劳特似乎对莫雷蒂的文章进行了片面的解读，比如他说：“奥比奇纳在哪里发现了政治和历史，莫雷蒂就在哪里发现了美学和形态学。”在关注比较的定位时，回想一下莫雷蒂曾发表的《世界文学猜想》是非常有用的，他在《新左派评论》中还发表了修订版的《更多猜想》。莫雷蒂忠于他的意大利马克思主义建构，在这些文章中，他直接断言了识别一个世界系统的政治重要性，这个系统在一个“同时存在的、不平等的、有一个中心和一个边缘（以及一个半边缘）的一种呈增长趋势的不平等关系中结合在一起”[③]。莫雷蒂对形态学的研究是出于政治目的：“形式是社会关系的抽象；所以形式分析本身就是对权力的分析。”[④] 也许斯劳特只是不同意莫雷蒂的观点，但至少承认他的观点是好的。事实上，华威集团非常认真地对待这些观点，用了几页的篇幅来提炼莫雷蒂的世界体系分析，在反对新自由主义世界体系的著作中支持他们自己对形式政治的研究。

一个快速发展的领域经常产生需要详细阐述和修正的试探性猜想。与后殖民研究中弗雷德里克·詹姆逊（Fredric Jameson）的“处于跨国资本主义时代中的第三世界文学”一样，莫雷蒂的“猜想”自18年前问世以来，就一直受到世界文学学者的激烈争论。关注这些正在进行的争论可以让我们对莫雷蒂的观点进行更为细致的评估，也肯定会比斯劳特的建议更准确地描述当今的学科状态。在马斯·罗森达尔·汤姆森（Mads Rosendahl Thomsen）的

---

① Mark Wollaeger and Matt Eatough, eds., *The Oxford Handbook of Global Modernisms*. New York: Oxford University Press, 2013.

② WReC (Warwick Research Collective), *Combined and Uneven Development: Towards a New Theory of World-Literature*. Liverpool, England: Liverpool University Press, 2015.

③ Franco Moretti, “Conjectures on World Literature”, *New Left Review*, 2000 (1), pp. 54—68, esp. 56.

④ *Ibid.*, p. 66.

调查论文和戈德温（Godwin）和霍尔博（Holbo）编辑的关于莫雷蒂的书中可以找到对第一个十年的有用总结。① 在美国比较文学协会圈子里，离我们很近的是亚里克斯·比克罗夫特（Alex Beecroft）的《世界文学的生态》（2015），而离我们较远的是伊斯坦布尔的贾赖·帕拉（Jale Parla）（2004）在早期做出的非常重要的回应。② 艾琳·朱利安（Eileen Julien）和尼尔瓦纳·塔努基（Nirvana Tanoukhi）在非洲文学语境中使用并修改了莫雷蒂的观点，而马里亚诺·西斯金德（Mariano Siskind）在他关于拉丁美洲的世界文学的书中使用了莫雷蒂的观点。③ 阿拉伯语读者（现在经常来到我们的课堂中）会想参考萨米亚·迈赫雷兹（Samia Mehrez）对莫雷蒂作品的明智概述。④ 她的文章是开罗的 *Alif* 一期关于世界文学之辩论的特刊中的一个版块，这期特刊碰巧刊载了一篇斯劳特自己写的文章。

正如斯劳特所说，要公正对待一个人的材料就应关注他之前已完成的工作，无论是对于非洲小说还是莫雷蒂的小说理论而言，都是如此。当下，最好的比较研究满足了他对道德、政治和文化基础工作的渴望。然而，也许我们中没有一个人能够永远实现这些崇高的理想。无论我们是发展中国家学者还是世界文学学者，是跨民族主义者还是后鼎盛时期的后殖民主义者，所有的比较主义者都应该充分考虑到斯劳特的担忧，因为我们所研究的移民学科试图在一个复杂和动荡的世界中定位和重新定位自己。

作者简介：

大卫·达姆罗什，美国哈佛大学教授，比较文学系主任，美国科学院院士，美国比较文学协会前任主席。他的专著包括《什么是世界文学?》（*What's World Literature?*，

---

① Mads Rosendahl Thomsen, "Franco Moretti and the Global Wave of the Novel", in Theo D'haen et al. eds., *The Routledge Companion to World Literature*. Abingdon, VA: Routledge, 2011, pp. 136—144; Jonathan Goodwin and John Holbo, eds., *Reading "Graphs, Maps, Trees": Critical Responses to Franco Moretti*. Anderson, SC: Parlor Press, 2011.

② Alexander Beecroft, *An Ecology of World Literature: From Antiquity to the Present Day*. London: Verso, 2015. Jale Parla, "The Object of Comparison", *Comparative Literature Studies*, 2004 (41/1), pp. 116—125.

③ Eileen Julien, "Arguments and Further Conjectures on World Literature", in Gunilla Lindberg-Wada ed., *Studying Transcultural Literary History*. Berlin, Germany: de Gruyter, 2006, pp. 122—132. Nirvana Tanoukhi, "The Scale of World Literature", *New Literary History*, 2008 (39/3), pp. 599—617. Mariano Siskind, *Cosmopolitan Desires: Global Modernity and World Literature in Latin America*. Evanston, IL: North-western University Press, 2014.

④ Samia Mehrez, "Khāritat al-riwāyah: Frānkū Mūrītī wa-i'ādat rasm al-ta'rīkh al-adabī" ["Mapping the Novel: Franco Moretti and the Remaking of Literary History"], *Alif: Journal of Comparative Poetics*, 2014 (34), pp. 67—92.

2003)、《被埋葬的书：吉尔伽美什史诗的遗失与重现》(*The Buried Book*: *The Loss and Rediscovery of the Great Epic of Gilgamesh*, 2007)，以及《如何阅读世界文学》(*How to Read World Literature*, 2nd edition, 2017)。他是六卷本《朗文世界文学选集》(*The Longman Anthology of World Literature*, 2004/2009) 总主编，《普林斯顿比较文学资料汇编》(*The Princeton Sourcebook in Comparative Literature*, 2009) 合著者，《朗文文化版〈黑暗的心〉〈要做国王的人〉及其他关于帝国的作品》(*Heart of Darkness*, *The Man Who Would Be King*, *and Other Works on Empire* [*A Longman Cultural Edition*], 2006) 主编，《世界文学理论》主编 (*World Literature in Theory*, 2014)。

译者简介：

周姝，四川大学文学与新闻学院博士研究生，四川音乐学院作曲系青年教师。

翻译研究的外转向*

苏珊·巴斯内特 大卫·约翰斯顿 /撰
陈 鑫 /译

摘　要：翻译研究如今已是热门的研究领域，各种研究项目在全世界如火如荼地展开着。但是翻译研究如今也不可避免地面临各种问题。在苏珊·巴斯内特和大卫·约翰斯顿看来，这些积弊体现在几个层面。在教学和研究中，“英语中心主义”似乎仍然根深蒂固，英语母语或英语翻译研究者很少把目光转向外面。同时，强调自身跨学科特质的翻译研究似乎并非这么有“跨越性”。最重要的是，很多研究者似乎并不清楚翻译研究的定位是什么。基于此，两位作者提出了翻译研究的“外转向”。他们强调这“并不是要在翻译研究学科中找出新的理论关注点”，而是“既要把翻译研究强化为学术界的跨学科中心，也要使其作为与实践结合的理论翅膀”，并重新找准翻译在我们这个时代的位置。

关键词：翻译研究　外转向　跨学科　翻译实践

我们其实无意提出一个新方向，也不是要在这条道路上再转折一次。无论历史学家们称他们能追踪到多么清晰的轨迹，“翻译研究是线性发展的”无疑也是个错误观点。若说翻译研究日益成为一门开放学科，其标志应该是它既提供又贾售那些根植于差异性、自发性、偶然性、流动性和好客性等话语的关键概念，这些概念持续的交互影响不仅有助于加深探究，还同样能扩展探究的范围，使其洞见有更广泛的价值。如果说翻译研究能有意义地运作，那其履职方

---

* 原文载 *The Translator*，2019（25/3），pp. 181—188. 本文是苏珊·巴斯内特与大卫·约翰斯通两位作者给《翻译家》期刊（*The Translator*）第 25 卷第 3 期“外转向”主题特刊写的导言。本文注释，在译成中文时改成脚注，而原文为夹注。

式就像是一种重写本（palimpsest）[①]，作家和哲学家、理论家和实践者的方法与观念都在上面不断扩充——跨越不同学科，连贯时间空间。

对于在人文学科范围内工作的学者来说，这种“重写本”话语邂逅且汲取了不同学科的基本问题并被证明越来越吸引人。从学术界来看，翻译研究在这方面可谓获得了过去30年中数得上的传奇成就。这个起于微末的新学科的基本假设就是应严肃地将翻译看作思想、文本和文化实践传播的主要元素之一，此假设无疑已获得了重要地位。在20世纪70年代和80年代，翻译研究还是一个边缘领域，但从90年代起蓄力焕发直至现在，翻译研究出现在世界各地的课堂上，数百个学位项目、无数出版物获得认可，各种统计数据都超出了这个学科本身的指标。尽管如此，除了一些德语和芬兰语（仅举两个例子）中的扎实研究，翻译研究中最著名的成果往往来自英语世界，这反过来可能例证了某种21世纪的殖民主义。同时其中也有某种文化矛盾，应该有很多人用“反抗英语”的语言写过有关翻译实践的东西，尽管其作品译成英文的比例相对较低。

据此而言，“外转向”观念要求我们必须在某个层面上承认我们需要来自全球各地与日俱增的声音。当然，国际合作项目的范围在扩大，质量也在提高，但重要的是，在国际学生招生模式、能力建设项目和英语出版业的默认权威的同质化语境下，不同传统的人仍需要维护自己的观点，并坚信自己的焦虑和见解是有价值的。如何具体实现它并不是本期的主要关注点，但仍很有必要在这里承认这个问题以及那些正致力减轻这种同化影响的人的努力。

翻译研究在世界范围内日益稳固的学术地位是由若干关联因素造成的。从最广泛的意义上说，它在许多方面是一个认识论的结果，它不仅形成于冷战结束后新的国际秩序（中国的开放、柏林墙的倒塌、苏联的解体以及南非种族隔离制度的结束是这个过程中的关键环节）所带来的巨大社会政治变化[②]，同时也形成于扎根本土的观念与实践中各种被证明是在反抗国际主义全球化趋势的方式。因而虽然这些变化使得数以百万计的人都能旅游，也使得全球化流动越来越易于作为一种生活方式，但任何证明新世界主义的东西，都来自我们的地缘政治背景下政治保护主义和激进民族主义周期性碰撞所产生的正负相抵效应，并为一种本土疆域内的现实遭到进犯和侵蚀的感觉所刺激。在此令人震惊的是，“真实性”话语是如何经常被强制征用作一种阻隔手

① ［译注］重写本（palimpsest）指被写了不止一次的莎草纸或羊皮纸底稿，过去因为书写媒介的稀缺，有时候需要将纸上誊抄过的内容刮去来为新文本留出空间。

② S. Bassnett, A. Mattana and L. L. Rossi, “Alessio Mattana and Laura Lucia Rossi Speak to Susan Bassnett: Translation, Literature and Reading”, *The Translator*, 2019 (25/3), pp. 28[illegible]－288.

段，将体验、菜式（cuisine）、原产地的特殊性与乏味的国际性对立起来。至于真实性，在最后的分析中，只能在流动性与静止性之间、在好客与自我封闭的自命不凡之间管窥其斑，而概念上的世界性和被渴望的真实性之间的两极性紧张关系，也在翻译研究本身的压力点上回响。

所有这一切似乎给翻译课披上了一层社会、政治和文化的外衣。不幸的是，至少在英国和爱尔兰（我们写作的地方），这层外衣似乎已经从现代语言专业的主流教学中蒸发了。我们不妨问一问，在英语世界对学习语言的抵触情绪是否也阻碍了对翻译及其多面性的更广泛的认可。千禧年以来，英国学校里的语言教学迅速萎缩，给大学带来了毁灭性的后果。我们在整个英语世界都能看到这种模式，它与那些将英语作为外语学习的国家的情况形成鲜明对比。这意味着那些从未学习过另一种语言的人很少能理解翻译的复杂性，且有关英语翻译的话语即使是在用文字学研究语言的人眼中，也往往甚至一直是以负面价值为主。评估翻译的质量还存在很多不确定因素，翻译需要“完美再现”原文仍是个广为接受的预设，正如一位戏剧研究专业的学生最近对我们说的那样。

还有个情况是学界仍然有鸿沟横亘于语言和文学之间，文学研究的地位高于语言研究。安德烈·勒弗菲尔在30多年前就指出了这一点，巴斯内特和勒弗菲尔认为，翻译研究应被看作横跨语言、文学、历史和文化的研究。① 20世纪90年代，当巴斯内特和勒弗菲尔开始为劳特里奇出版社编辑一系列翻译研究书籍时，他们试图坚持（结果是徒劳的）出版社应该跨学科地推广这些书籍，而不是将它们归入语言学部分。今天，《翻译研究》上发表的文章似乎仍被许多人视为主要与语言学相关。

某些领域对20世纪60到70年代间拉丁美洲的文学爆炸抱持敌意，这个例子很好地说明了英语国家抵触翻译的强大传统。加布里埃尔·加西亚·马尔克斯、卡洛斯·富恩特斯和马里奥·巴尔加斯·略萨等作家登上台面时极大地影响了英语世界的作家，尤其是在魔幻现实主义的传播方面。拉美的热潮是由翻译推动的，始于美国，稍晚再传到英国，尽管与许多其他的非英语小说家遇到的情况一样，一旦市场确立后，其作品往往是先翻译成法语和其他欧洲语言，然后才翻译成英语。拉美写作尤其对诸如萨尔曼·拉什迪、阿伦达蒂·罗伊、本·奥克里和托尼·莫里森等后殖民作家的影响是巨大的，尽管很少有人充分认识到这点。1985年5月，激进的多语言作家安东尼·伯吉斯在《观察家》杂志上撰文，将新的拉美写作斥之为一场怪诞的表演，并

① S. Bassnett and A. Lefevere. *Constructing Cultures*. Clevedon: Multilingual Matters, 1996.

为这种写作方式可能成为写作规范而哀叹。[1] 尽管伊塔马尔·埃文-佐哈尔认为翻译常常是文学和文化创新的力量[2]，但我们这里就有个拒绝通过翻译为英语引入写作的潜在创新性力量之可能性的例子。这造成了一个明显的对立：要么期待翻译提供完美再现的奇迹，要么就断然否定它，认为它是出自背叛、欺诈的写作者之手。

文学研究、全球化研究、媒介和文化研究等学科仍然倾向于忽视翻译。加泰罗尼亚社会学家埃斯佩兰萨·比尔萨（Esperanza Bielsa）指出，尽管翻译是"理解当前文化全球化进程的关键，因为全球化的特点是不平等和不对称"，但在全球化的讨论中，翻译却被忽视了。[3] 迈克尔·克罗宁（Michael Cronin）在他的《生态翻译——翻译与生态学在人类世时代》（*Eco-Translation. Translation and Ecology in the Age of the Anthropocene*，2017）一书中也回应了这个观点，他认为没有翻译就没有关联性，指出虽然在数字时代信息可以在几秒钟内传递到全球各地，但如果语言是不同的，那么没有翻译就没有意义。克罗宁是屈指可数的翻译专家之一，他呼吁拓宽对翻译的作用和功能以及翻译本身的定义。他认为，我们需要关注那些不断包围我们的问题，并指出统一性（uniformity）无论是由政府推行的同化政策所强加的，还是通过对自然界的破坏（如大型国际矿业公司的开采或棕榈油的开发）而产生的，短期和长期内它都会伤害我们所有人。这就是为什么翻译如此重要——翻译的政治生态学是从关联而非孤立中了解语言。[4] 通过翻译，我们可以更加意识到自己周围的环境并对其负起责任，在维护我们的多样性权利的同时认识到社区内部和社区之间沟通的根本重要性。

翻译研究今天需要回答的另一个相关问题是：对自称翻译研究者的学生和学者群体之外的人来说，翻译研究可能产生什么影响？因为在"翻译研究"这个总括性术语下所做的事大部分都采取了翻译人员实践培训项目的形式，理论投入极少，且决定性地偏离了对翻译实践历史的研究。如前所述，新领域出现时的基本假设是翻译应该被严肃地视为思想、文本和文化实践传播过程中的主要塑造要素之一，但很明显这些领域的研究更多是在比较文学或世界文学的名义下进行的，很少或根本没认识到翻译研究的存在。以翻译研究

---

① A. Burgess, "Latin Freakshow", *Observer*, 1985, May 19.

② I. Even-Zohar, "The Position of Translated Literature in the Literary Polysystem", in L. Venuti, ed., *The Translation Studies Reader*. London: Routledge, 1978/2000, pp. 192-197.

③ E. Bielsa and C. W. Hughes, eds., *Globalization, Political Violence and Translation*. London: Palgrave Macmillan, 2009, p. 14.

④ M. Cronin, *Eco-Translation. Translation and Ecology in the Age of the Anthropocene*. London: Routledge, 2017.

为名义所做的类似研究可谓少得可怜，尽管该学科的创始人们在 20 世纪 70 年代末就提出若要提高翻译的地位就需要这样的研究。

世界文学学者大卫·达姆罗什发出了要求翻译得到更广泛认可的声音，其表态是这类声音中最响亮的之一。他指出，文学不可避免地与翻译联系在一起，世界文学是“在翻译中获益的写作”。他的意思是，正是通过翻译，作品才可以用原作以外的语言来阅读，从而获得新的意义层次。① 当文本跨越语言和文化边界时，对文本内容的阐释也跟着跨越了边界，这引发了达姆罗什所说的文本和读者之间创造性互动的“不断上升”②。达姆罗什呼吁将翻译视为世界文学研究的基础，这对翻译地位低下的英语世界来说尤为切中肯綮。但翻译研究遇到的问题是，为什么要求承认翻译与文学研究关联的重要呼声要来自一位著名的世界文学学者，而不是来自那些自称是翻译研究专家的人?

从事翻译研究的学者们似乎越来越多地只顾着相互交流，几乎没有迹象表明其中有很多关于翻译的新思考可以进入其他学科。我们可能会质问这个学科是否已陷入自顾自的论战中，因为在许多专门讨论翻译的会议上，缺乏原创性思考的现象似乎强化了这种观点。事实上，翻译研究课程在英国的一些大学里已经成为重塑现代语言专业研究品牌的一种形式，这是一些有经营意识的机构对学生人数急剧下降所做出的商业反应。在英国，这些学生对全球英语霸权的看法得到一种很英国式的想法的支撑：与获取其他学科所需的各种技能相比，掌握一门外语在某种程度上是特别困难的。当然，正是这种无人在意的状态，才使得对语言研究兴趣的暴跌变得无法阻止。但是，尽管有各种研究协会的努力和一些以语言为基础的翻译学者的交叉工作，翻译研究和现代语言专业之间仍存在着普遍的脱节，这在学术界内外都有效地强化了对语言危机的感知。

传统文学学倾向于躲在基于民族的旧有分歧背后，使通常以文化或语言民族主义为中心的参照系永久化。它的主要吸引力在于，就全球化参与在概念上可提供的利益而言，任何一个社会都会因它能展现的外语能力被削弱而发展受阻（他们认为英国注定要成为这样的社会）。考虑到现实中教授的有限几种语言，移民在实践中带来的语言丰富性以及现代语言课程通常倾向于围绕其来建构的假想，等等，有些人可能发现这种新自由主义对商业的强调会被证明是错误的。这里面有个也应该涉及翻译研究的商品化问题，尽管翻译研究作为一门学科似乎还在继续蓬勃发展。毫无疑问，在当下有关社会组织

---

① D. Damrosch, *What Is World Literature?*. Princeton: Princeton University Press, 2003, p. 288.

② *Ibid.*, p. 292.

议题的讨论中，时代背景日益表现出多民族特征，翻译研究对包容性和排斥性的因与果的关注则留下了独特反响，但这并不意味着那些被我们认作本学科知识和伦理聚合体的关键术语不会类似地对商业化保持开放。例如，若要主张世界主义和断言流动的正当性，我们就要放在数百万人因战争、饥荒和自然灾害而流离失所并四方流散所形成的全球迁徙的背景下重新理解和界定它。这样一来，翻译研究就必然要置于经常被宽泛地称为“真实世界”的充满忧虑与紧张关系的语境中（仿佛在某个地方有一个“不真实”的世界），也就是置于那些与当今世界的认知和联系息息相关的各类问题中。但是，与主流的文学和文化立场根本性的不同是，在主流的文学和文化立场中，对某件艺术品、某个时刻或某位作家的语境化往往意味着批评目光的非语境化，而翻译研究则在设计上突破了这种设定。它的方法本质上是辩证的，它的感受至少是二元的。跨越时间和空间地追寻翻译的流变与行动有助于加深我们对当今世界的主题、力量和进程的理解。而在好的翻译中，自我和他人受带领，出入于产生缘分的时刻，从而使起源空间和接受空间的话语权威受到挑战。这样一来，翻译的目的就在于重新想象。

任何以观念为基础的学科，其固有风险都是它会陷入最终的自我引用，特别是在全球学术市场上，参考和引用本身被认为是有价值的目的。翻译研究者们可能有越来越多的机会相互交流，但几乎没有迹象表明任何关于翻译的新思维正渗入使用翻译文本的领域，或重新完善与其他学科的重叠。例如，表演研究者所做的和戏剧翻译相关的工作中，有很多是对翻译戏剧在表演中归化或异化手段的还原论式二元对立的持续争论，并在争论过程中贬低韦努蒂，使我们不可避免地反过来质疑目前的翻译研究工作本身有多少是这种自我参照，以至于催生了这些默认的僵化的二元论。

这一问题的核心是理论与实践之间的关系。当然，本特刊的两位编辑目前都在《翻译研究》工作，他们有非常不同的起点和职业道路，但在意识到侧重实践的研究的必要性并付诸实施上殊途同归。两人都没有语言学背景，都认为实践而非理论是任何有意义的翻译思考的出发点。苏珊·巴斯内特是翻译研究小组的创始成员之一，小组由伊塔马尔·埃文·佐哈尔、吉迪恩·图里（Gideon Toury）、詹姆斯·霍姆斯（James Holmes）、安德烈·勒弗菲尔和何塞·兰伯特（José Lambert）等组成，巴斯内特主要以翻译家和文学翻译理论家的身份来关注文本跨越文化和语言边界的移动和转换方式。大卫·约翰斯顿是一位屡获殊荣的戏剧翻译家，他的经验表明，演员的工作与舞台翻译家的工作一样，都不可避免地存在着文本向内和文本向外的双重凝视，这促使他对共同塑造了翻译行为的解释和再现活动之间的复杂关系产生了兴趣。但这并不是说翻译研究必定要参考与文本的相遇，参考从源语出发的目标语言写作的生产。然而，我们确实需要始终记住，翻译本身是另一个“跨坐”不同范围的例子，它把造/做模式和思考模式并合在一起，而这两种模式的分离是目前世界上多国人文学科和人文研究普遍感受到的观念危机（以及资金危机）的根本原因之一。在这方面，实践不是翻译研究的基底，相反它在其创造性斗争、伦理质询、文化协商以及具身化主体和情境领域转变的行程中，既维持又界定了理论探究的参量。此外，翻译实践从广义上看是翻译过程的产物，其运作领域很明显超出了文本——无论是转化医学（translational medicine）、纪念过程（processes of memorialisation），还是身份政治等，这里仅举三个例子来证明（翻译在其中运作的）广泛的专业、文化、社会、个人和政治活动。

这是我们认为“外转向”研究应该瞄准的领域。我们并不是要在翻译研究学科中找出新的理论关注点，而是既要把翻译研究强化为学术界的跨学科中心，也要使其作为与实践结合的理论翅膀，成为飞越人类的生成和存在、变化和认知的关键因素。

需要解决的核心问题就是：在翻译研究学者群之外，究竟谁在使用翻译理论和方法？故意用“学者”这个称呼，是因为尽管有一些从业者在翻译研究的支持下工作（正如我们已经提到的），但也有许多从业译者会宣称自己与那些他们认为是神秘的、自我关涉的、很少或缺乏实际意义的理论体系无关。我们并不支持这种立场，也不认为这种立场是有效的，但我们注意到了它，正如我们也注意到了翻译研究与现代语言专业之间的脱节一样，因为我们相信，我们这些从事翻译研究工作的人需要解决相关的问题，比如从业者如何看待理论与实践之间不可避免地相互交织和相互维持的关系，翻译用户如何理解翻译作为一种写作实践的局限性和潜力，以及各学科的学者如何看待翻译理论与他们的学科领域之间的重要联系，等等。

雪莉·西蒙（Sherry Simon）和埃德温·根茨勒（Edwin Gentzler）分别代表两种呼吁重新定义我们所理解的翻译的声音。根茨勒在他的《后翻译研究时代的翻译与重写》（*Translation and Rewriting in the Age of Post-Translation Studies*）中指出，由于翻译研究学者没有提出一种话语来分析新形式的跨语义翻译，所以是文学和文化研究学者填补了这一空白。根茨勒呼吁对翻译进行重新思考，“不是作为一种短期的产品或过程，而是作为一种交流基础的文化条件”[①]，在这种情况下，原作与译作、本土与外来的区别将消解。同样，雪莉·西蒙在其《翻译中的城市：语言与记忆的交汇点》(*Cities in Translation: Intersections of Language and Memory*, 2012) 中将城市视为多语言现代性的场所，语言和文化在这里接触，翻译成为一种基本的生存状态。斯图尔特·霍尔 (Stuart Hall) 呼吁将“乡土世界主义”作为公民的核心技能[②]，试图将多元文化本身去商品化，从这个意义上说，它将自己“翻译”为翻译实践的一个关键目标。

近年来关于翻译最有力的一个说法来自另一位比较文学学者——贝拉·布罗兹基。在《这些骨头能活下去吗？翻译、生存和文化记忆》(*Can These Bones Live? Translation, Survival and Cultural Memory*) 中，布罗兹基慷慨激昂地呼告翻译在当今世界的重要性。她认为，翻译不能再被视为“只涉及狭隘的专业或地方性的技术性程序”[③]，相反，我们需将翻译看作囊括所有文化交易（的活动），无论是从最简单到最复杂的，或者如她所说，“从最善良到最邪恶的”[④]。

自近半个世纪前翻译研究诞生以来，世界已经发生了巨大的变化。我们今天所处的世界不仅有几年前无法想象的先进的全球通信系统，而且这个星球上的政治、文化、经济和道德问题也已超越国界，并对我们所有人产生影响。今天，翻译是必不可少的，因为没有翻译，我们就无法在这个相互联系变得至关重要的世界上进行交流，也无法进入我们祖先居住的世界。我们需要将我们对翻译的看法扩展到语言学之外，并重新定义翻译真正是什么。我们还需要了解翻译在过去是如何运作的，以及在一些语境中对翻译的态度是如何形成的。翻译是一个发生在不同语言之间的机械过程，还是一个无时无刻不在发生的事情，成为每个话语领域的底层？这一思考给我们所有从事翻译研究工作人员的信息是，该领域需要向外扩展，以改善与其他学科的沟通，去超越二元对立，再与作为一种全球性活动之理念的翻译相结合，并将地球融塑进我们的思维。然后，这也许可以反馈到对更开明的一代翻译家的培育，并更好地适应未来的需要。

---

① E. Gentzler, *Translation and Rewriting in the Age of Post-Translation Studies* London: Routledge, 2017, p. 187.

② S. Hall, “Political Belonging in a World of Multiple Identities”, in S. Vertovec and R. Cohen, eds., *Conceiving Cosmopolitanism: Theory, Context and Practice*. Oxford: Oxford University Press, 2003, pp. 25—31.

③ B. Brodzki, *Can These Bones Live? Translation, Survival and Cultural Memory*. Stanford: Stanford University Press, 2007, p. 2.

④ *Ibid*.

本卷中的文章以不同方式论述了在本学科范围内外扩大视野的各方面需要。即使把这些文章合在一起，这本特刊也只能说是在探讨我们这个时代的一个关键问题，并提供一组令人信服的说明来描述尚待完成的任务规模以及我们如何开始思考并完成这些任务。类似本期这样的特刊序言行文至此，客座编辑通常会引导他们的潜在读者了解每篇文章的主题和方法，并将它们与相互粘连的有效论题联系起来。但我们并不这样做，我们有在定义上很广泛的总括性主题，它们不该被编辑细碎的话给规整到一起。而且，从最终的分析来看，这些文章及其作者完全可以为自己说话。

作者简介：

苏珊·巴斯内特，英国翻译理论家和比较文学学者。她曾在英国华威大学担任副校长十年，并在翻译和比较文化研究中心授课。截至2016年，她是格拉斯哥大学和华威大学的比较文学教授。她的著作有《翻译研究》（*Translation Studies*，1980）、《建构文化：文学翻译文选》（*Constructing Cultures*：*Essays on Literary Translation*，1998，与安德烈·勒弗菲尔合写）等。

大卫·约翰斯顿，贝尔法斯特女王大学艺术、英语和语言学院教授，其研究围绕戏剧、翻译和表演展开。曾获得“年度广播剧奖”（2014）、“波西米亚之光奖”。他最近的论文有《故事、旅程和智能地图：普及的方法》（Stories，Journeys and Smart Maps：An Approach to Universal Access，2021）、《翻译：外转向》（Translation：The Outward Turn，2019）等。

译者简介：

陈鑫，北京师范大学文学院比较文学与世界文学专业博士研究生。

重新定位*

西奥·德汉 /撰
周 姝 /译

摘 要：经济的崛起，首先是日本和韩国，然后是更强大的中国，随后可能很快又是南亚和东南亚的大部分地区，带来了从大西洋到太平洋，从欧洲，或者我们所谓的从“西方世界”到亚洲的重大地缘政治调整。安德烈·贡德·弗兰克（Andre Gunder Frank）1998年出版的《白银资本：重视经济全球化中的东方》（*Reorient: The Global Economy in the Asian Age*）一书认为，这实际上仅仅标志着中国、印度以及介于两者之间的地区回到了1800年前的情况，当时中国、印度同样处于世界经济的中心。因此，他要求西方学者用不同的眼光看待世界，而不是用他们习惯的以欧洲或西方为中心的眼光来审视这些地区和国家。在许多方面，这与20世纪70年代以来在文学研究中出现的其他此类呼吁不谋而合。最初，这一呼吁在后殖民研究方面发出最响亮的声音。世纪之交以来，世界文学研究也加入了这一合唱中。这篇文章考察了这种转变对比较文学学科的影响，并且尤其关注中国和中国文学在这方面的作用。

关键词：世界文学 中国 比较文学

第二次世界大战结束后不久，我出生在大西洋海域的北海边，在一个几乎完全转向西方（也就是美国）的世界里长大。在一本20世纪法国知识分子对美国所采取的立场的书中，让·菲利普·马蒂(Jean-Philippe Mathy)[1] 在1993年将美国称为“外向的西方人”。在那之前，至少在欧洲，人们习惯称其为“外向的东方人”，而其中隐含的讽刺性的眨眼或点头并不是虚假的。事实上，当时的“远东”

---

* 原文载*Comparative Literature*：*East & West*，2019（3/2），pp. 113－127.

① Jean-Philippe Mathy，*Extreme-Occident*：*French Intellectuals and America*. Chicago and London：The University of Chicago Press，1993.

和“远西”几乎涵盖了神话中的两极。从第二次世界大战结束到20世纪80年代，在这两极之间形成了一种思维方式，即法国人和大多数西欧知识分子的思想构成了马蒂1993年著作的主题，简而言之，就是笨拙地停留在法国文学的轨道中，如让-雅克·塞万-施赖伯（Jean-Jacques Servan-Schreiber）的《美国报》（1967），雷蒙德·阿隆（Raymond Aron）的《知识鸦片报》（1955）[①]和《世界新闻报（1945—1972）》（1973）[②]，让-吕克·戈达尔（Jean-Luc Godard）的《中国人》（1967年），20世纪60年代让-保罗·萨特（Jean-Paul Sartre）或是《原样派》所采取的立场，或是让·鲍德里亚（Jean Baudrillard）的《美国》（1986）[③]。随着1989年柏林墙的倒塌，以及此后不久整个欧洲铁幕的倒塌，陈词滥调被推翻。与此同时，对包括我自己在内的大多数欧洲人来说，远东本质上意味着在物质和思想上都比美国更遥远的中国，而且它对我们日常生活的潜在影响力（至少是直接影响）也远不如美国。事实上，在20世纪90年代，弗朗西斯·福山（Francis Fukuyama）著名的（在其《国家利益》[④]与《历史的终结与最后的人》[⑤]中的）“历史的终结”言论似乎已经成为现实，美国式的自由主义或新自由主义市场意识形态似乎取得了无可辩驳的胜利。随着我们忙于别的发生在离家更近的地方的事情，我们在不经意间错过一些信息，至少似乎没有给予足够的重视。但在许多方面，远东地区仍在迅速变化，这段历史的道路与我们还有福山所想象的非常不同。

当然，我们也意识到，在远东的一些地区——现在我们开始越来越多地给东亚重新贴标签——也出现了一些影响我们生活的发展：首先是廉价的日本消费品，然后是韩国消费品，但很快也有更发达的产品，如汽车和电子产品，远东的产品开始向我们走来。事实上，到了20世纪90年代初，日本在世界经济体中的地位已经非常重要，仅次于美国，以至于耶鲁大学历史学家保罗·肯尼迪（Paul Kennedy）在前不久就因《大国的兴衰》（1987）[⑥]而声名鹊起。在这本书中，他始终把军事和政治力量与一个国家或帝国的潜在经济实力联系起来。他在1993年的《为21世纪做准备》一书中曾自信地预言，

---

① Raymond Aron, *L'Opium des intellectuels*. Paris: Calmann-Lévy, 1955.

② Raymond Aron, *République impériale. Les États-Unis dans le monde* (1945－1972). Paris: Calmann-Lévy, 1973.

③ Jean Baudrillard, *Amérique*. Paris: Grasset, 1986.

④ Francis Fukuyama, "The End of History", *The National Interest*, Summer 1989 (16), pp. 3－18.

⑤ Francis Fukuyama, *The End of History and the Last Man*. New York: Free Press, 1992.

⑥ Paul Kennedy, *The Rise and Fall of the Great Powers: Economic Change and Military Conflict from 1500 to 2000*. New York: Random House, 1987.

由于在机器人技术方面的实力，日本将在21世纪成为“领先的技术驱动型社会”。但在20世纪90年代初我们还不清楚，从那时起是什么决定了并事实上掩盖了大多数其他地缘经济以及后期地缘政治的发展，也就是说：1979年邓小平实行改革开放政策和市场经济改革后，中国惊人地崛起了。其结果是从大西洋到太平洋，世界经济开始重新调整，这种调整正如同早前从地中海到大西洋、美洲的发现及紧随其后的殖民地化所带来的调整一样。我将在我的文章中进一步论证，这种重新调整不仅影响到经济或政治问题，还影响到我们的职业和我们处理的“问题”——文学。

不过，历史学家以及文学家在我们之前就已经存在了。变化从地中海转向大西洋，美洲的发现带来早期殖民化以及对该大陆财富的开发，标志着美国经济历史学家伊曼纽尔·沃勒斯坦（Immanuel Wallerstein）所称的现代经济世界体系的诞生，以欧洲，特别是西欧为中心，世界其他地区处于边缘或半边缘地位。沃勒斯坦在1974年、1978年、1989年和2011年出版的四卷书①中阐述了他的理论。不过，到第三卷面世的时候，沃勒斯坦已经受到另一位美国经济历史学家——珍妮特·阿布·卢古德（Janet Abu-Lughod，1928—2013）的挑战。在《欧洲霸权之前：公元1250—1350年的世界体系》(1989)② 一书中，她描绘了在元朝古老的丝绸之路（这个名字实际上只能追溯到19世纪末，由德国探险家和地理学家费迪南德·冯·李希霍芬［Ferdinand von Richthofen］创造）网络是如何形成的。它被整合成一个由北方陆地路线和南方海洋路线组成的环形系统。两条线路在地中海东岸汇合，从那里开始，商品运输到威尼斯、热那亚，或任何意大利较小的港口，再到欧洲其他地方。中国位于整个体系的外东端，因此可以作为穿过亚洲腹地草原并一直通向地中海的北线起点或终点；南线通过海运到达东南亚，然后依次到达科罗曼德尔或印度东海岸、马拉巴尔或西海岸，波斯湾和红海，地中海和南欧，最后到达北欧。有趣的是，沿着这一相互联系的路线体系，贸易往来主要是从东向西进行。另外，值得一提的是：纯粹的欧洲环形系统是所有路线中最小、最不重要的——实际上，在16世纪之前，欧洲只是世界经济的前哨。欧洲最终仍能占上风是两大事件的结果。一是1368年元朝的灭亡结束了北方丝绸之路；继元朝之后的明朝在15世纪20年代又放弃了对南线起点的控制，似乎永久性地成为当时世界上最强大的势力，并切断了与外界的贸易。1509年，在巴

① Immanuel Wallerstein, *The Modern World-System Ⅰ, Ⅱ, Ⅲ and Ⅳ*. London: Academic Press, 1974, 1980, 1989, 2011.

② Janet L. Abu-Lughod, *Before European Hegemony: The World System A. D. 1250－1350*. New York and Oxford: Oxford University Press, 1989.

托洛缪·迪亚斯（Bartolomeu Dias）绕过好望角和瓦斯科·达伽马（Vasco da Gama）通过非洲航线抵达印度后不久，葡萄牙人便从印度洋和中国南海地区随后的权力真空中获益。他们在印度洋附近击沉了统治者的联合舰队，并有效地控制了当时的南方丝绸之路。遭受附带损害的是波斯湾和红海地区，这些地区现被排除在赛道之外。就在达伽马成功远征印度前不久，克里斯托弗·哥伦布（Christopher Columbus）到达了美洲，首先征服了墨西哥，然后又征服了秘鲁，而葡萄牙人几乎同时开放了印度洋和通往远东的海上贸易通道。很快，西班牙和整个西欧都能获得来自新大陆的金银，因此拥有了进入利润丰厚的亚洲市场的筹码，这有力地标志着沃勒斯坦“世界体系”的形成。在这个新的世界贸易体系中，欧洲——最初是葡萄牙和西班牙，但很快，荷兰共和国、英国和法国所形成的联邦就占据了核心，欧洲其余地区是半边缘地带，世界其余地区是边缘地带。然而，欧洲只有在国际货物交换和流通方面才能体现其卓越优势，这是因为，正如另一位经济史学家安德烈·贡德·弗兰克（André Gunder Frank，1929—2005）在《白银资本：重视经济全球化中的东方》一书中提醒我们的那样，对世界经济而言直到1800年，中国、印度和东南亚在绝对意义上比欧洲更为重要。[①] 这正是为什么他要求我们“重新定位”对世界历史的研究，而不是像沃勒斯坦所说的那样，把欧洲作为世界经济体系的中心或鼻祖；应把欧洲作为一个后来者，在它加入以前就已存在以亚洲为真正中心的世界贸易体系；正如弗兰克所说，欧洲“利用美国的钱为自己购买了一张亚洲火车票”[②]。中国国家主席习近平提出的“一带一路”倡议旨在恢复南北丝绸之路体系，其中北线是连接中国和欧洲的所谓欧亚大陆桥铁路。这一倡议复兴了英国地缘政治地理学家哈尔福德·麦金德（Halford Mackinder，1861—1947）在19世纪晚期关于欧亚大草原是“世界历史的地理枢纽”的理论（1904）[③]。在麦金德看来，这使俄罗斯在争夺世界霸权的斗争中占据了优势，因为它允许俄罗斯部署当时最新的战争和贸易技术：铁路。在目前的情况下，我们可以看到这一优势已经转移到了中国。这也是彼得·弗兰科潘（Peter Frankopan）在其最近出版的《丝绸之路：一部全新的世界

---

① André Gunder Frank, *ReOrient*: *Global Economy in the Asian Age*. Berkeley, CA: University of California Press, 1998.

② *Ibid*.

③ Halford J. Mackinder, “The Geographical Pivot of History”, *The Geographical Journal*, 1904 (23): pp. 421－437. Available online as H. J. Mackinder, “The Geographical Pivot of History”, *Democratic Ideals and Reality*, *Washington*. DC: National Defence University Press, 1996, pp. 175－194.

史》(2015)[①]中提出的观点。罗伯特·卡普兰(Robert D. Kaplan)的《亚洲的大熔炉:中国南海与稳定太平洋的终结》(2014)[②] 对其做了更进一步阐述。所有这一切最终证明,中国像其在早期一样重回世界经济的中心。正如贡德·弗兰克在其著作的简介上所说的那样,我们应"重新调整我们的观点,远离欧洲中心主义,从过去到现在都把西方的崛起看作以亚洲为中心的世界中的一个小插曲",一个在有利条件下由亚洲大国暂时的软弱带来的小插曲。

那么,这一切与文学,特别是与我们的学科——比较文学有什么关系?安东尼·萨廷(Anthony Sattin)在2015年9月29日的《卫报》中对弗兰科潘的《丝绸之路》一书进行了表述略显模糊的评论,他总结道:"随着西方力量的衰落,历史也需要重写。"[③] 简单明了的历史适用于文学史,除此之外,一般的文学研究也适用于文学史。在过去的三四十年里,这首先表现为后殖民主义的兴起,追溯了欧洲殖民帝国与其殖民地之间的权力关系,这在文学和文学研究中得到了体现。尽管其有着对立的意图,又或许正是因为他们,后殖民主义无论好坏仍然是周蕾(Rey Chow)所称的"欧洲和……"[④] 的结构,将此作为欧洲或西方最初的、占主导地位的比较术语。在我们所在的世纪之交,世界文学研究的兴起标志着在一个快速变化和日益全球化的世界中创造一个公平竞争的环境的尝试,用迪佩什·查卡拉巴蒂(Dipesh Chakrabarty)的话来说,就是"地方化"[⑤],欧洲文学将它自己定位为几个构成世界文学的集体中的一个实体。将查卡拉巴蒂的论点转换到文学研究领域,我们可以视其为一种对文学多元方法的呼吁,这一呼吁在马兹·罗森达尔·汤姆森(Mads Rosendahl Thomsen)2008年的《世界文学地图》[⑥] 一书中得到了支持。同样,世界文学的研究也中和了后殖民主义所固有的政治推动力,这也正是著名后殖民研究学者如罗伯特·杨(Robert Young)[⑦] 和艾勒克·博

---

① Peter Frankopan, *The Silk Roads: A New History of the World*. London: Bloomsbury, 2015.

② Robert D. Kaplan, *Asia's Cauldron: The South China Sea and the End of a Stable Pacific*. New York: Random House, 2014.

③ Peter Frankopan, *The Silk Roads: A New History of the World*. London: Bloomsbury, 2015.

④ Rey Chow, "The Old/New Question of Comparison in Literary Studies: A Post-European Perspective", *ELH*, 2004 (71), pp. 289-311.

⑤ Dipesh Chakrabarty, *Provincializing Europe: Postcolonial Thought and Historical Difference*. Princeton and Oxford: Princeton University Press, 2000.

⑥ Mads Rosendahl Thomsen, *Mapping World Literature: International Canonization and Transnational Literatures*. London and New York: Continuum, 2008.

⑦ Robert Young, "World Literature and Postcolonialism", in Theo D'haen, David Damrosch and Djelal Kadir, eds., *The Routledge Companion to World Literature*. London and New York: Routledge, 2012, pp. 213-222.

赫默（Elleke Boehmer）[①] 等一贯反对世界文学研究的原因。谢永平（Pheng Cheah）在《什么是一个世界？后殖民文学即世界文学》[②] 中说道："世界文学理论将世界等同于跨越国家领土边界的循环运动"，因此，"他们主要关注的是空间运动对文学文本的产生、接受和解释的影响，而不是世界文学作为文学对世界的影响"。与此相反，谢永平提倡将后殖民文学作为规范世界力量的一种理念进行推广，例如，他希望看到一个比他现在发现的更平等、更少以西方为中心的世界。从自由进步和解放的观点来看，谢永平将世界文学与后殖民文学画等号的方式或许值得称赞，但在我看来，它似乎过度限制了"世界文学"这一术语的范围。

于尔根·奥斯特哈迈尔（Jürgen Osterhammel）的《解开东方：启蒙运动与中国的相遇》[③] 一书认为正是20世纪晚期的后殖民偏见模糊了我们对欧洲与世界其他地区，特别是中国之间真正关系的看法。正如贡德·弗兰克坚持认为，在20世纪的历史编纂中，西方执迷于自己是世界经济的核心，这掩盖了一个正确的观点，即在我们这个星球已知的历史中什么才是它真正的中心。奥斯特哈迈尔德文卷《亚洲的瓦解：18世纪的欧洲和亚洲帝国》（*Die Entzauberung Asiens: Europa unde Die asiatischen Reiche im 18. Jahrhundert*，1998年出版，2013年修订）与贡德·弗兰克在同一年出版的《白银资本》同样认为，我将称之为后殖民主义的"存在论"负面地影响了我们对1800年前欧洲人如何看待中国的解释。事实上，奥斯特哈迈尔毫无疑问地承认，从1800年到当下，后殖民主义对于欧洲定位自己与中国的关系是有效的。不过他认为，18世纪的情况是不同的。正如他在序言中所说：

> 我引用了大量的旅行文学和理论评论来挑战传统的后殖民智慧，认为所有试图理解"东方"的尝试，包括那些"帝国之前"时代的尝试，都是帝国主义的，都被欧洲的权力幻想污染。我这本书的主要论点是，启蒙运动对亚洲的发现意味着对外国文化采取了一种更加开放的态度，而不是像那些认为亚洲仅仅是东方主义的一个孵化期的人所建议的那样，对外国文化采取一种高人一等的态度。我还讨论了启蒙运动的世界主义是如何被19世纪盛行的侵略性殖民主义和优越感取代的。最终的结果是

---

① Elleke Boehmer, "The World and the Postcolonial", *European Review*, May 2014 (22/2), pp. 299—308.

② Pheng Cheah, *What Is a World? On Postcolonial Literature as World Literature*. Durham, NC: Duke University Press, 2016.

③ Jürgen Osterhammel, *Unfabling the East: The Enlightenment's Encounter with Asia*. Princeton: Princeton University Press, 2018.

欧亚大陆精神上的“巨大分歧”，它只是在我们这个时代才再次缩小。亚洲成为科学研究的对象，但它从许多它曾经扮演过重要角色的领域的公共辩论中消失了：政治理论、经济学、历史哲学或新兴的比较社会学。这一演变可以被概念化为从“包容性”到“排他性”的欧洲中心主义。

作为一名对世界历史感兴趣的历史学家，奥斯特迈哈尔还撰写了《世界的变革：19世纪的全球历史》[①]（2014年英文版出版；德文版原著出版于2009年）。显然，奥斯特哈迈尔的主要兴趣在于历史学。在18世纪，历史学家往往等同于哲学家，他所提到的“大名”和“从未离开欧洲的纸上谈兵旅行者”有孟德斯鸠（Montesquieu）、伏尔泰（Voltaire）、图尔戈（Turgot）、亚当·斯密（Adam Smith）、埃德蒙·伯克（Edmund Burke）、托马斯·罗伯特·马尔萨斯（Thomas Robert Malthus）、戈特弗里德·威廉·莱布尼茨（Gottfried Wilhelm Leibniz）、约翰·戈特弗里德·赫德（Johann Gottfried Herder）、乔治·威廉·弗里德里希·黑格尔（Georg Wilhelm Friedrich Hegel）和爱德华·吉本（Edward Gibbon），以及“当时有着哲学思想的旅行者——日本的恩格尔伯特·坎普弗（Engelbert Kaempfer）、波斯的约翰·查尔丁（John Chardin）、中国的耶稣会传教士、阿拉伯的卡斯滕·尼布尔（Carsten Niebuhr），爪哇的史丹福·莱佛士爵士（Sir Stamford Raffles），以及其他许多人，他们形成了一个单一的、无缝的、并在身体和精神上可流动的知识分子阶层，一个居士阶层”。奥斯特哈迈尔对比了他们广泛的、真正包容世界的好奇心，与他们19世纪的继任者相比渴望一个“全球知识”或“超国家的、跨文化的并在一定范围可以比较的人类科学”。他认为，18世纪德国杰出的历史学家，如奥古斯特·路德维希·施洛泽（August Ludwig Schlözer）和哥廷根大学的约翰·克里斯托夫·加特勒（Johann Christoph Gatterer）在信息来源所允许的情况下一直密切了解亚洲国家的历史，他们已经准备好在他们宏伟的历史画卷中为这些国家腾出空间。相比之下，作为下个世纪最杰出的德国历史学家，莱奥波德·冯·兰克（Leopold von Ranke）倒将自己晚期所著的独特的《世界历史》（1881—1888）局限于古典时代和后古典时代的欧洲人民，在他看来，那才是世界历史中真正重要的人群。

在奥斯特哈迈尔提到的名字中，施洛泽的名字值得我们特别关注。施洛泽写过瑞典、俄罗斯和荷兰的历史，腓尼基时期的贸易历史、世界历史，甚至在1779年为儿童写作了世界历史导论。对于像他这样的历史学家，以及对

① Jurgen Osterhammel, *The Transformation of the World: A Global History of the Nineteenth Century*. Princeton, NJ: Princeton University Press, 2014.

德国人、法国人所谓“世界历史”感兴趣的哲学家来说，17 世纪和 18 世纪的中国因为一些特殊的事件，在欧洲的想象中占据了一个特殊的位置。这些事件中最重要的是 1644 年明朝灭亡，清朝取代了明朝，这一消息通过天主教传教士（主要是耶稣会传教士，这些传教士在 16 世纪晚期已经在朝廷站稳了脚跟）的报告传到欧洲。关于叛军领袖李自成征服北京以及明朝末代皇帝崇祯自杀的消息被记录在意大利耶稣会传教士卫匡国（马尔蒂诺·马尔蒂尼，Martino Martini，1614—1661）所写的《鞑靼战纪》（安特卫普，1654）中，这是一系列记录中流传最广的。卫匡国本人经历过王朝过渡时期的动荡，也是《中国新地图集》（1655 年）的作者，直到让-巴蒂斯特·杜·哈尔德（Jean-Baptiste du Halde，1674—1743）的四卷《中国概况》（1735）问世之前，《中国新地图集》一直是对中国最权威的描述。明朝的覆灭给欧洲历史学家和哲学家留下了深刻的印象，正如珍妮·达尔波尔图（Jeannie Dalporto）所说[①]，“像中国这样的帝国代表了关于宗教和社会政治起源的普遍真理”，“马提尼（卫匡国）的历史可以看作一种试图保持中国的理想化的尝试，这种理想化已经深植于欧洲人的思维模式中，尽管中国皇帝和明朝政府已将其推翻”。但更多的实际问题也介入其中。根据范克利（Edwin J. van Kley）的说法，“荷兰人对满人的进步特别感兴趣。他们希望新的统治者能够开放中国与荷兰的正常贸易”[②]。约翰·尼奥夫（Johan Nieuhoff ，1618—1672）在 1655—1657 年荷兰驻北京大使馆的报告（1665）中以绘画的形式首次详细描绘了中国的土地和城市景观，并在整个欧洲迅速获得了成功。清朝在 16 世纪 80 年代确实“解除了对外贸易的限制，导致了茶叶、瓷器和中国糖的出口激增”[③]。因此，弗兰科潘认为，“17 世纪末期标志着欧洲和中国交流的新时代的开始”[④]，并且这些接触“并不局限于商业”，“数学家戈特弗里德·莱布尼茨（Gottfried Leibniz，1646—1716）发明了二进制系统，他思想的完善要归功于一位 17 世纪末曾到北京居住的耶稣会传教士朋友发给他的有关中国算术理论的文本”[⑤]。弗兰科潘还在他的《中国新纪元》（1697）一书中乐观地反思了耶稣会传教士在中国的角色及其普遍的宗教信仰。莱布尼茨对中国的赞赏

① Jeannie Dalporto，“The Succession Crisis and Elkanah Settle's *the Conquest of China by the Tartars*”，*The Eighteenth Century*，Summer 2004（15/2），pp. 131—146.

② Edwin J. van Kley，“An Alternative Muse：The Manchu Conquest of China in the Literature of Seventeenth-Century Northern Europe”，*European Studies Review*，1976（6），pp. 21—43.

③ Peter Frankopan，*The Silk Roads*：*A New History of the World*. London：Bloomsbury，2015，p. 270.

④ *Ibid*.

⑤ *Ibid*.

甚至超过了在英国工作的荷兰侨民学者艾萨克·沃修斯（Isaac Vossius，1618—1689），他在1684年发表了《自由观察》，用《国家传记词典》（1885—1900，第58卷，“艾萨克·沃修斯”词条；托马斯·塞科姆撰）的话来说，“是对中华文明进行了一次盛大的歌颂”。范克利总结道：“因此，在满族执掌中国后的半个世纪里，欧洲充斥着关于这些遥远事件的详细信息”①，“在17世纪后半叶，这种大大增加的知识所产生的影响几乎随处可见：对汉语的学术兴趣，对将中国融入欧洲人撰写的历史的关注，饮茶和收藏瓷器的流行风尚以及装饰艺术中国风的开始”②。

但是，范克利继续说：“这种影响也可以在文学作品中看到。中国大事记和人物像古希腊和古罗马人一样，成了小说和戏剧创作的素材。”在这方面，我们首先要提到17世纪荷兰最重要的作家约斯特·范·登·冯德尔（Joost van den Vondel，1587—1679）的作品《崇祯皇帝或明朝的覆灭》。这本书出版于1667年，是欧洲第一部描写明朝没落的悲剧，范克莱冒险猜测“也许是第一部描写中国主题的作品”③。至于资料来源，它主要借鉴了卫匡国的《鞑靼战纪》一书，冯德尔在1564年于阿姆斯特丹结识了居住于此的卫匡国。这部《崇祯皇帝》集中描写李自成的军队进入北京和崇祯皇帝自杀，这些情节也可与特洛伊城和古罗马的沦陷相提并论。耶稣会传教士中最重要的是德国人约翰·亚当·沙尔（Johann Adam Schall，1591—1666），他在讨论和评论事件中发挥了突出的作用。冯德尔本人在1641年皈依了天主教，他的戏剧无疑可以被看作对加尔文联合省的官方宗教信仰的辩护。崇祯也被认为是一个误入歧途的统治者，“他贪得无厌，因此受到官员和臣民憎恨（bezeten van onverzaetzaeme gierigheit，en hierom te effens van oversten en ondercaenen gehaet）”。有时人们认为，冯德尔可能对莫瑞斯·范·纳索（Prince Maurits van Nassau）王子以及王子的长期顾问约翰·范·奥尔登巴内夫特（Johan van Oldenbarneveldt，1547—1619）于1619年被处决做出了一个迟来的判断，处决一事在当时让冯德尔非常震惊。A. J. 巴诺认为，崇祯可能影射了对奥斯曼帝国威胁欧洲的一个警告，因为欧洲在17世纪上半叶因宗教战争而分裂，其结局会像明朝由于内部分裂而覆灭一样。④ 这种恐惧并非毫无根源，1683年奥斯曼帝国对维也纳的围攻就已清楚地表明了其依据，而莱布尼茨甚至在1699年就害怕“鞑靼人”的入侵，“就像他们曾经在成吉思汗统治时期

① *Ibid.*，pp. 22—23.

② *Ibid.*，p. 24.

③ *Ibid.*，p. 24.

④ Summarized in van Kley，p. 27.

所做的那样”[1]。冯德尔也从他称之为“东方的欧洲”和“亚洲的欧洲”中看到了其与中国故事的明显相似之处。[2]

冯德尔并不是欧洲唯一从1644年中国所发生的事件中受到启发的作家。年轻的荷兰剧作家乔安·安东尼德斯·范·德·戈斯（Joannes Antonides van der Goes，1647—1684）在他的悲剧《特拉齐尔，或中国被征服》（1666、1685）中做了同样的事，英国剧作家埃尔卡纳·塞特尔（Elkanah Settle，1648—1725）在《鞑靼人征服中国》（1675）中也一样。塞特尔苦恼于宗教和政治上有关在位君主詹姆斯二世（James Ⅱ）角色的争议及其即位顺序的不确定性，与冯德尔一样，他也借鉴中国故事反思自己国家的内部事务。达尔波尔图认为，“塞特尔通过一个想象的解决方案，用中国近期的动荡作为缓解手段以减轻人们对王位继承、天主教和政治专制主义担忧”，从而揭示出“西方对东方帝国的看法是如何对英国的政治和经济意识形态产生重大影响的”。[3] 如果说在17世纪这些观念只是局部性的启发，那么在18世纪它们就成为包罗万象的比较人类科学的一部分。正如前面所提到的，奥斯特哈迈尔认为这就是那个时代的特征。为了说明这一点，奥斯特哈迈尔引用了法国散文家让·尼古拉斯·德梅尼尔（Jean Nicolas Démeunier，1751—1814）的话，他在1776年出版的三卷本《心灵的习惯和不同人民的风俗》序言中提出：“我们几乎知道所有的国家，有文明的也有野蛮的；现在是比较它们的时候了。”[4] 在这样的比较中，中国所占据的特权地位可以从英国哲学家、政治家埃德蒙·伯克（Edmund Burke，1729—1797）在1777年所写的一封信中看出。伯克在信中表示，他很高兴看到他所处时代的知识进步“立即打开了人类的伟大地图”，让人们可以比较“欧洲和中国文明的截然不同，波斯和阿比西尼亚的野蛮，鞑靼人和阿拉伯人的古怪举止，北美洲和新西兰的野蛮状态”。[5]

如果说一致认可的中国文明的先进程度保证了它有能力成为欧洲的对手，那么同样一致认可的欧洲启蒙哲学家的古代性也意味着永恒性、不变和终结。

---

① Cited in Jürgen Osterhammel, *The Transformation of the World: A Global History of the Nineteenth Century*. Princeton, NJ: Princeton University Press, 2014, p. 2.

② Edwin J. van Kley, “An Alternative Muse: The Manchu Conquest of China in the Literature of Seventeenth-Century Northern Europe”, *European Studies Review*, 1976 (6), pp. 21-43.

③ Jeannie Dalporto, “The Succession Crisis and Elkanah Settle's *the Conquest of China by the Tartars*”, *The Eighteenth Century*, Summer 2004 (45/2), pp. 131-146.

④ Cited in Osterhammel, p. 8.

⑤ Cited in Osterhammel, p. 7.

从孟德斯鸠（1689—1755）的《论法的精神》（1748）[①]，到伏尔泰的《从查理曼到查理五世的世界历史概览》（1754）[②]，再到赫德最先出版的五本书组成的其《关于人类历史哲学的观点》（1784—1791）[③] 的第三部分，以及乔治·威廉·弗里德里希·黑格尔（1770—1831）死后出版的《世界史哲学讲演录》（1837）[④] 的绪论中都可以看出，中国是现代和充满活力的欧洲的对立面。相反，在同一时期的文学作品中，中国与欧洲又极为相似。

施洛泽，这个被奥斯特哈迈尔称为18世纪德国著名历史学家的人，在他的《世界历史》一书中欣然为中国留下了一席之地，并于1773年出版了《冰岛文学与历史》。值得注意的是，至少对于当代读者来说，这部关于冰岛文学和历史的作品是从中国人在欧洲开始的！事情是这样的：

一个在欧洲旅游的中国人，连同他在旧货拍卖会上或从所谓的古董店买来的一些欧洲文学珍宝，如一本文学手册、一本诗集、一本神话、一本韵律手册、一本席拉赫的道德指南和一页赫布纳的家谱，会不会很有趣呢？后来这六件东西又偶然地被放在同一个文件夹里。几百年后一个中国人发现了它们，他认为这六件东西可以形成一部作品，用同一个书名，并认为名次排在家谱表最后的德国公爵就是这些文字的作者；通过这种方式，他可以确定这些文字是什么时候写的，由此他出版了整个辑录作为阐述欧洲的古代宗教、道德、文学等内容的文献。如果谁觉得这篇小说不可能成真，他应该去历史批评史上寻找真实的例子，并且他会找到它们。类似的事情，或者非常相似的事情，可以在冰岛古代文学最著名的遗产《埃达》诗集中找到。

不过，施洛泽提出，有一种来自中世纪的冰岛文学，对于整个世界文学来说同样重要，而在北欧，它同样不为人知，就如同盎格鲁·撒克逊文、爱尔兰文、俄罗斯文、拜占庭文、希伯来文、阿拉伯文和中文一样。[⑤] 显然，施洛泽真正感兴趣的是冰岛文学，但鉴于他《世界历史》的第一段话，以及我刚才所讨论的18世纪欧洲人眼中的中国及中华文明与文化的地位，我们可以

---

① Charles Secondat de Montesquieu, *Oeuvres Complétes*, Vol. Ⅱ. Bibliothéque de la Pléiade. Paris: Gallimard, 1951.

② Voltaire, *Abregé de l'histoire universelle depuis Charlemagne, jusques a Charlequint*. La Haye and Berlin: Jean Neaulme, Libraire, 1754.

③ Johann Gottfried Herder, *Ideen zur Philosopie der Geschichte der Mensheit*, 1784－1791, Web. 7 Jul, 2016, http://odysseetheater.org/goethe/herder/ideen_10_07.htm.

④ Georg Wilhelm Friedrich Hegel, *Lectures on the Philosophy of World History*: *Introduction*, H. B. Nisbett, trans., introduction by Duncan Forbes. Cambridge: Cambridge University Press, 1975.

⑤ August Ludwig von Schlozer, *Islandische Literatur und Geschichte*. Gottingen und Gotha: Johann Christian Dieterich, 1773, pp. 1－2.

得出一种双向的结论：换言之，施洛泽至少暗示，在18世纪的欧洲，他所列举的任何一种“古怪”文学知识，尤其是对中国文学的知识，都和冰岛文学的知识一样零散，或者和他所推测的欧洲文学中的中文知识一样零散。顺便说一句，据我们所知，施洛泽还创造了“世界文学”这个词，大约50年后，歌德将其发扬光大。

在17、18世纪，欧洲人对中国文学的了解可能是参差不齐的，但也并非对中国文学一无所知。至少有一些中国作品被翻译并传播到了欧洲，其中大部分是中国哲学经典的拉丁文译本。耶稣会传教士马若瑟（Joseph Henri Marie de Prémare，1666—1736）在1731年将13世纪相传由纪君祥创作的中国戏剧《赵氏孤儿》译成法文。威廉·哈切特（William Hatchett）在1741年呈献了英文改编版的《中国孤儿：一个历史的悲剧》。1752年，彼得罗·梅塔斯塔齐奥（Pietro Metastasio）用意大利语将其改编为《中国英雄》。最后，伏尔泰在1753年将其改编为《中国孤儿》，并在1755年作了修订。尽管如此，当歌德在1827年1月提到他正在读的一本中国小说时，他的助理约翰·埃克曼（Johann Eckermann）的第一反应是：这一定是一种奇怪的经历。恰恰相反，歌德却反驳说：“中国人的思想、行为和感觉几乎与我们一模一样；我们很快发现，我们与他们完全一样，只是他们所做的一切都比我们更清晰、纯净、高雅。”① 就在那时，歌德本人第一次使用了“世界文学”一词。歌德知道中国人有很多小说，而且已经有了很长一段时间，他也意识到他读的那本小说并不一定是最好的。对他来说，欣赏中国小说的关键是，他读的那本《玉娇梨》是由张匀创作的一部清初的中国式才子佳人小说，并由翻译家阿贝尔·雷慕沙（Abel Rémusat，1788—1932）作了重要的序言。雷慕沙是一位法国汉学家，曾在法国学院担任汉学主席。正如丹尼尔·珀迪所说：“歌德对中国小说的喜爱重申了阿贝尔·雷慕沙在序言中提出的立场，特别是他认为中国小说创造了现代理性的欧洲读者能够认同的审美幻想和虚构人物。与歌德一样，雷慕沙也将移情的理解（在文学的他者中认识自己的能力）作为小说的世界性纽带。因此，他提出了文学作为世界性理解的媒介这样一种特殊情况。”② 与历史学家认为与欧洲文明相比中国文明停滞不前相反，雷慕沙“用

① David Damrosch. *What is World Literature*? Princeton，NJ：Princeton University Press，2003，p. 11.

② Daniel Purdy，“Goethe，Rémusat，and the Chinese Novel：Translation and the Circulation of World Literature”，Thomas Beebee，ed.，*German Literature as World Literature*. New York：Bloomsbury，2014，pp. 57—58.

小说来论证两种文明都显示出一种接近现代性的、强烈的自我意识”①，歌德也这样认为。

歌德抓住一部中国小说发展出他的世界文学思想，似乎为进一步发展中欧文学之间的平等关系奠定了良好的基础，但现实截然不同。歌德一去世，对民族文学的研究就立即占了上风。这种情况持续了150年左右。当然，人们对非欧洲文学的兴趣和尊重锐减，这与奥斯特哈迈尔所说的欧洲人的，更确切地说应是西方对欧洲以外世界的“傲慢”，或者西方的扩张相关联。一个极端的例子是理查德·莫尔顿（Richard Moulton）在1911年的《世界文学及其在一般文化中的地位》② 一书中将“世界文学”定义为“从某一给定观点来看的普遍文学（指所有文学的总和），大概是观察者的国家立场”③，特别针对“讲英语的民族”④。当然，总有例外，如庞德或塞加伦的作品。或者以贝托尔特·布莱希特（Bertolt Brecht）的《高加索灰阑记》（1948）以及《四川好人》（1941）为例，前者改编自14世纪李潜夫（行道）创作的明初杂剧《灰阑记》，早期的改编版包括法语、英语和德语版。正如奥斯特哈迈尔所暗示的，直到最近我们才看到某种平等的回归。⑤ 他自己的书就是一个很好的例子，就像世界文学的重生一样，由于一些不同或相同的原因，即使在保守的比较文学领域或在一些激进的领域仍然存在争议。在我们自己的学科范围内，可以考虑亚历山大·比科洛福特（Alexander Beecroft）的《早期希腊和中国的著述和文化认同》⑥ 和韦贝克·德内克（Wiebke Denecke）的《世界古典文学：中日和希腊罗马比较》⑦。或者以卡伦·索恩伯（Karen Thornber）的《运动中的文本帝国》⑧ 为例，她追溯了日本如何成为欧洲文学影响传播的中心，尤其是从法国到整个东亚如韩国和中国——这是多节点现象的又一个例子，作为对我自己几乎完全将注意力集中在中国的一个有益修正。另一个同

① *Ibid.*, p. 57.

② Richard Green Moulton, *World Literature and Its Place in General Culture*. New York: The Macmillan Company, 1921.

③ *Ibid.*, p. 6

④ *Ibid.*, p. 9.

⑤ Jurgen Osterhammel, *Unfabling the East: The Enlightenment's Encounter with Asia*. Princeton: Princeton University Press, 2018, Print.

⑥ Alexander Beecroft, *Authorship and Cultural Identity in Early Greece and China*. New York: Cambridge University Press, 2010.

⑦ Wiebke Denecke, *Classical World Literatures: Sino-Japanese and Greco-Roman Comparisons*. New York and Oxford: Oxford University Press, 2014.

⑧ Karen Thornber, *Empire of Texts in Motion*. Cambridge, MA: Harvard University Press, 2009.

样的例子可以在波洛克（Pollock）和埃尔曼（Elman）编辑的《中国和印度曾经是什么：过去可能塑造全球的未来》① 一书中找到。在绪论中，波洛克和埃尔曼确定文集的目的是：（1）探索亚洲历史的本质，以便更好地把握亚洲的当下；（2）建立一个足够广泛的调查领域，并带着足够的希望来调查这些问题；（3）直接比较非欧洲国家。不过，我认为非常重要的是，为了绕过欧洲的比较维度，著名的哥伦比亚大学梵语学家波洛克以 2006 年的《人类世界诸神的语言：前现代印度的梵语、文化和权力》② 而闻名，并与普林斯顿大学的中国文化史权威教授埃尔曼合作。我认为，这些焦点的转移是由一些事件和环境引起的，这些事件和环境也标志着 17 和 18 世纪人们对中国事物兴趣的上升：中国的政治和贸易的发展加速与整个世界而不仅仅是欧洲息息相关。我认为，与中国的相关性的新证据，以及最近几年伏尔泰的《中国孤儿》和冯德尔的《崇祯皇帝》的重述，都与不断变化的地缘政治环境有关。

这使我们可以推测这些发展的含义。虽然预测任何事情总是很危险，而且我也没有水晶球的帮助，但至少我们可以推测出一些事情。除非出现完全出乎意料的政治或经济动荡——有时两者是密切相关的——否则可以说，在未来几年，人们对非欧洲人，尤其是中国人（包括中国文学）的兴趣将继续上升。这将意味着涌现出更多的中文作品翻译，不仅是初级或创造性的，也包括二级文学。我们还可以看到，在理论问题上，翻译成某些语言和从某些语言翻译过来二者之间的不平衡，以及文学的市场条件，都出现了转变。在大多数情况下，这可能意味着美国和包括欧洲在内的广大西方国家的重要性和影响力相对下降。从现在起，法国的理论要通过中国的翻译而非美国的翻译才能走向世界吗？以中国文学和刘勰（465？—522）的《文心雕龙》等中国经典批评为基础的中国理论会不会在中国历史上的六朝晚期，在西方的 6 世纪末，就已为世界文学理论的新方向定下基调？其中一些问题已经成为王宁和马歇尔·布朗（Marshall Brown）编辑的最近一期 *MLQ* 杂志的主题，而曹顺庆的《比较文学变异学》可以作为另一个例子。世界各地的学生会很快进入中国的研究生院而不是美国的研究生院吗？2017 年 6 月 28 日，一篇发表在《非洲主义者的观点》上的文章提到，是否现在就读于中国大学的、使用英语的非洲学生比在美国或加拿大的多？目前，他们所学的科目仍以工科为

---

① Sheldon I. Pollock, and Benjamin A. Elman, eds., *What China and India Once Were: The Pasts that May Shape the Global Future*. New York: Columbia University Press; Delhi: Penguin Random House, 2018.

② Sheldon I. Pollock, *The Language of the Gods in the World of Men: Sanskrit, Culture, and Power in Premodern India*. Berkeley, CA: University of California Press, 2006.

主，但也有相当一部分人选修汉语言课程。那么，中国而非美国的世界文学选集会为世界其他国家的文学定下基调吗？这是否也会影响其他国家看待自己的文学作品的方式，也就是说，根据“另一种”观点进行评估和排名，开始以北京而不是纽约为风向标吗？这将在文学领域以及更广泛的文化领域发生影响，布鲁诺·马萨（Bruno Maçaes）在《欧亚大陆的黎明》[①] 和彼得·弗兰科潘在《新丝绸之路》[②] 中的转变，从地缘政治的角度来看已经发生了。

但也可能发生其他变化，可以说是附带发生变化。我已经多次提到荷兰文学作品。目前，无论是在欧洲文学还是世界文学视域下，荷兰文学在跨国文学讨论中并不突出。然而，正如我之前的讨论所表明的，荷兰最近的研究项目“中国影响——低地国家作为中国的欧洲形象的摇篮，1602—1721”试图澄清，正如我们所看到的西方对中国历史、艺术和哲学的第一次充分考虑，包括第一部以中国为背景的悲剧，显示出与低地国家的紧密联系。因此，对中国历史、文化的兴趣和研究的增加可能也会提高对荷兰、佛兰德斯旅行者、历史学家、学者、文人以及排在最后但并非不重要的出版商（彼得和维杜文[③]）作为传播者的角色的兴趣，促进相关研究，并改变荷兰文学在世界文学中的地位。或许，这方面的第一个小迹象是，2017 年哈佛大学出版社出版了一部由王德威（David Der Wei Wang）编辑的《现代中国新文学史》，其中由佩兹·凯勒曼斯（Paize Keulemans）撰写的记述 1650 年 7 月 22 日的文章《荷兰戏剧与中国小说，一幅开放世界的图景》[④]，可以作为中国文学与外国文学最早的互通互鉴的突破口之一。

在低地国家，近代对中国的研究主要是汉学家的独家业务，如威尔特·艾德玛（Wilt Idema），他先后任莱顿大学和哈佛大学的中国文学教授，是一位杰出的汉英翻译家，并著有大量关于中国文学的书籍和论文，也译了《赵氏孤儿》[⑤]；鲁汶大学的中文教授钟鸣旦（Nicolas Standaert），他是公认的、权威的中国耶稣会传教士研究专家。不过，就比较文学学科而言，唯一的例

---

① Bruno Maçaes, *The Dawn of Eurasia: On the Trail of the New World Order*. London: Allen Lane, 2018.

② Peter Frankopan, *The New Silk Roads: The Present and Future of the World*. London: Bloomsbury, 2018.

③ Andrew Pettegree and Arthur der Weduwen, *The Bookshop of the World: Making and Trading Books in the Dutch Golden Age*. New Haven: Yale University Press, 2019.

④ Paize Keulemans, "Dutch Plays, Chinese Novels, and Images of an Open World", in David Der-Wei Wang, ed., *A New Literary History of China*. Cambridge, MA: Harvard University Press, 2017, pp. 35—45.

⑤ Wilt Idema, "The Orphan of Zhao: Self-Sacrifice, Tragic Choice and Revenge, and the Confucianization of Mongol Drama at the Ming Court", *Cina* (1988 XXI), pp. 159—190.

外是杜威·佛克马（Douwe Fokkema，1932—2011），他是一位杰出的荷兰比较文学家，他在职业生涯的开始便学习中国语言和文化，后担任荷兰驻北京大使馆的外交官，并成为荷兰乌得勒支大学的比较文学教授，在1985—1988年担任荷兰的国际比较文学协会（AILC/ICLA）主席。他在生命的最后时期，出版了一部关于中国和西方乌托邦小说的研究巨著《完美世界》[①]。从我刚才提到的“中国影响”研究项目中可以清楚地看到，地缘政治变化（至少部分是本文的主题）已经导致了荷兰一些学术领域的重新定位。不过，正如2012年“中国影响”项目的领导人之一文诗景（Thijs Weststeijn）所说：“尽管最近的学术研究发现，荷兰是‘欧洲获取亚洲信息的主要渠道’，荷兰对中国的看法‘对理解早期现代欧洲文化具有重大意义’，但这种交流对人文学科的影响却被忽视了。17世纪的低地国家不仅从事全球贸易，而且还是印刷、翻译和雕刻业的中心。因此，在汉学传播到巴黎、伦敦、柏林和圣彼得堡之前，低地国家形成了一个主要的汉学信息中心。”[②] 我们希望，与此相类似的意识将最终导致比较文学，即使只是作为一种自我保存的手段，至少部分地在“新”的、真正的世界主义的背景下重新定位自己。

作者简介：

西奥·德汉，比利时鲁汶大学英语和比较文学名誉教授，荷兰莱顿大学英美文学名誉教授，欧洲科学院院士，四川大学讲座教授，上海交通大学杰出客座教授。英语协会成员，斯德哥尔摩世界文学历史学会会员以及联合国现代语言文学国际联盟（FILLM）主席。他在后现代主义、后殖民主义、犯罪小说和世界文学等领域发表了大量文章。近期的出版著作包括《作为世界文学的荷兰文学和佛兰德文学》（*Dutch and Flemish Literature as World Literature*，2019）、《劳特利奇世界文学简史》（*The Routledge Concise History of World Literature*，2012）、《世界文学读本》（*World Literature：A Reader*，2013）、《劳特利奇世界文学指南》（*The Routledge Companion to World Literature*，2012）等。

译者简介：

周姝，四川大学文学与新闻学院博士研究生，四川音乐学院作曲系青年教师。

① Douwe Fokkema，*Perfect Worlds：Utopian Fiction in China and the West*. Amsterdam：Amsterdam University Press，2011.

② Thijs Weststeijn，“The Middle Kingdom in the Low Countries：Sinology in the Seventeenth-Century Netherlands”，in Rens Bod，Jaap Maat，and Thijs Weststeijn，eds.，*The Making of the Humanities：From Early Modern to Modern Disciplines*. Amsterdam：Amsterdam University Press，2012，pp. 209－241.

今日之诗学*

J. 希利斯·米勒 /撰
夏 甜 /译

摘 要：以1923年的一句流行歌词“有的！我们没有香蕉”（Yes! We have no bananas）为例，同时援引保罗·德曼（Paul de Man）对诗学与阐释学的区分，本文所讨论的是诗歌或是富有诗意的语言创作，至少就广泛的社会效应而言，它们如今很大程度上已经从印刷文本或手稿的形式，转移到流行歌曲以及诸如电子游戏、电影、棋类游戏或是其他类似的数字化媒体形式上。如果莎士比亚生活在当今这个时代，他很可能正在创作电影剧本、流行歌曲、电子游戏脚本或音乐剧唱段，这些都是当代人进行创作之处，如果你有才华，你就能够通过这些创作方式发挥影响力，而非局限于在小型出版社出版薄薄一本印刷诗集，也非局限于写舞台剧剧本。这意味着，今日之“诗学”很大程度上应聚焦于新的数字媒体。

关键词：诗学 阐释学 数字 流行 游戏

Yes! We have no bananas
有的！我们没有香蕉
We have-a no bananas today.
我们今天没有香蕉。

——弗兰克·西尔弗（Frank Silver）①

《多伦多大学季刊》（*University of Toronto Quarterly*）的特邀编辑在特刊组织的这次约稿，是深思熟虑且富有挑战性的。乔纳森·哈特（Jonathan Hart）和谢明（Ming Xie）让我们反思“世界诗学”（world

---

* 原文载 *University of Toronto Quarterly*，2019（88/2），pp. 101—111.

① Frank Silver, “Yes! We Have No Bananas” Comp. Irving Cohn, *Skidmore Music*, 19 July, 1923.

poetics）和“比较诗学”（comparative poetics）的关联，而后者似乎主要指放置于欧美比较文学学科背景下的“诗学”概念。这种关联似乎本应很容易找到，全球化的到来却使我们的研究范围逐渐从“西方文学”扩展到了“世界文学”，然而正如我在其他地方所言，这种扩展也引起了大问题。例如，源文本与翻译文本的比较就存在问题，更别说不同国家、不同文化对“文学”都有着不同的定义。[①] 同样，这个问题也存在于“诗学”中，“诗学”作为文学研究的组成部分，如今也需要从狭隘的西方语境扩展到一个包罗万象的全球语境中去，发展为“世界诗学”。不过，稍加思考就可以看出，要想进行这种扩展并不容易，甚至无法发展出一些切实可行的学术研究步骤来，我在这里将提到其中一些问题。

“世界诗学”中的“世界”似乎很容易界定，它意味着我们所身处的整体住所（*shebang*），包括：地球、全球环境、所置身的地域以及所有的人。因此，“世界诗学”要么是对整个世界都具有普遍效力的“诗学”，要么是世界不同国家与多样文化中不同时代所使用的不同诗学体系的集合。即使已经掌握了众多种“诗学”中那些具有代表性的样本，我们仍需要对其他大量“诗学”进行了解与学习——例如，我们掌握欧洲语言“诗学”的同时，也需要掌握非欧洲语言的“诗学”。而“比较诗学”相较于“世界诗学”，至少在表面上更可控，因为正如我前文所说的，它只是纯粹对西方内部不同国家和文化的不同诗学理论进行比较。

我认为，《多伦多大学季刊》这期的特邀编辑引入“世界”这一词未免过于理所当然了。哈特和谢肯定知道，如今可供“世界诗学”想象与建构发挥作用的实际（actual）“世界”，不仅仅是一个中立的、包罗万象的环境。我们的当代世界充满了各种严重问题且变化无常，这些问题和变化影响着我们对“世界诗学”的相关想象与建构。这些变化和不稳定性中，包括由人类引起的、目前正在超越“临界点”（tipping point）的全球气候变化，它最终造成的大灾难可能会导致人类的灭亡，正如媒体经常告诉我们的那样，南极冰层的迅速融化将带来包括使“世界”海平面上升 200 英尺在内的一系列变化，而当人类不再存在时，“世界诗学”也将不复存在。

与此同时，本应是一个整体的“世界”，却越来越处于右翼民族主义和绝对独裁者的控制中，对于处在这种统治之下的人民来说，日常生活也充满各种不安定因素。由于这些右倾和反民主的转变，出现足以毁灭世界的核大屠

---

① See J. Hillis Miller, “Challenges to World Literature”, *Comparative Literature in China*, 2010 (4), pp. 1—9.

杀危险的程度也大大增加。没错，我所想到的其中一个因素正是唐纳德·特朗普，想到特朗普正把手指放在美国的核按钮上，真的很可怕。

此外，数字革命的到来让传统精英化诗歌的影响力在全球文化中一天天减弱，当今，西方国家大多数人通过流行歌曲的歌词以及其他类似形式来了解诗歌，《有的！我们没有香蕉》就是其中一个例子。[①] 然而，很少人会认为它是“诗”，就像人们通常不会把史蒂夫·旺德（Stevie Wonder）的歌曲中的歌词等同于约翰·济慈、阿尔弗雷德·丁尼生、约翰·歌德和查尔斯·波德莱尔所写作并出版的“诗”。他们是真正的诗人，但流行歌曲的词作者可能并不认为自己或被他人认为伟大到可誉为“诗人”。然而，类似的歌词却正是这个时代的人能够熟知的“诗”。现在的流行歌曲一般都有歌词，不过对我来说，要去解读我所听到的歌词是一件相当困难的事情，可能年轻人通过听他们的磁带和看屏幕上的字幕，能够比我阅读打印出来的歌词，更能获得对歌词的透彻理解吧。对我来说，“没有香蕉”或“有香蕉”同样难以理解。

目前，任何关于“世界诗学”想象性的、严肃的研究，都需要考虑到当代的背景环境，“世界诗学”不仅意味着过去几个世纪欧洲、中国、波斯、肯尼亚或印度出现的诗学，也包括当下在全球范围内发挥作用的诗学。不过，我们都知道这个世界本身极有可能走向终结，被酸化海洋和死气沉沉的沙漠替代，若是真有那么一天，或许我们也没有心思再关注诗学了。

究竟什么是诗学？它是对某一特定诗体的形式属性、创作方式、主题和假设的作品典型之整合，它可能通过书面形式呈现，可能通过口头形式表达，也可能是“无言”的。那么，诗学是规定性的（prescriptive）还是描述性的（descriptive）呢？还是有些诗学是规定性的，有些诗学只是基于事实的描述？诗学是不是一套由某个权威者所制定出来的、必须遵守的规则体系呢——是否像俄国领导人曾经说的那样，所有俄国文学，包括诗歌，都必须服务于马克思列宁主义？又或是，诗学是否只是从实际的诗歌阅读实践中衍生出来的某种东西？我强烈希望诗学属于后者（描述性的），我希望诗本身能够被放在第一位，而它们的诗学在诗歌创作之后无论是否得以明确，都应该被当作某种附属的、次要的、衍生的，甚至可能非必需的东西。像亚里士多德这类创作者，他们并非诗人，却常常写关于诗学的文章，但我认为真正重要的是，某个人正在阅读一首诗，又或是正在听一首被别人吟诵出来的诗，真正的

① 《有的！我们没有香蕉》这首歌曲（歌词？诗歌？）被广泛地传播（在广播、电视、公众演出、录像，或是诸如菲茨杰拉德［F. Scott Fitzgerald］《夜色温柔》［*Tender Is the Night*］等作品中都能发现它的存在），其中包括不少饶有趣味的信息。如果你在谷歌上搜索《有的！我们没有香蕉》的歌词，你会找到几个 YouTube 的表演视频的链接，其中有一个是瑞典厨师在木偶秀上的表演。

"诗"正在被人读着，就像我正在读《有的！我们没有香蕉》，这比所谓"诗学"更具有说服力。

发展"世界诗学"概念的另一个问题是，每一种在各自诗歌传统中形成的诗学都具有其独特性，世界范围内的诗学通常不止一种特性，它们有的以书面形式呈现，有的则是无言的。如不同语言、宗教和民族混杂在一起的印度，就有着尤其丰富的诗学理论，非洲、中国或近东的诗学文化也同样繁荣，更不用说我们自身从亚里士多德、柏拉图、普罗提诺开始，到普鲁塔克、乔治·普滕汉、塞缪尔·丹尼尔、菲利普·西德尼，再到塞缪尔·约翰逊、华兹华斯、珀西·雪莱、马修·阿诺德、沃尔特·帕特尔、弗吉尼亚·伍尔夫、华莱士·史蒂文斯，以及罗曼·雅各布森和其他的一些新评论家所呈现出的多样化的诗学研究。正如你所看到的，越靠近我们这个时代，某一特定文化中早已存在的、具有独特性的诗学文本，越会进一步分化，变得多样化。

然而，诗学研究者往往会含蓄或明确地宣称某一区域的诗或诗学实际上具有普遍效力。比如在我和兰詹·戈什（Ranjan Ghosh）合著的《文学的跨洲思考》（*Thinking Literature across Continents*）一书中，戈什对梵语的"文学"（sahitya）一词进行了讨论，虽然戈什声称他并没有试图将"sahitya"普遍化为一种"世界诗学"，但是从他所写的东西来看，他似乎正在进行这种普遍化——例如通过寻找"sahitya"理论在罗伯特·弗罗斯特（Robert Frost）和马修·阿诺德（Matthew Arnold）诗歌中的体现，来实现这种普遍化。[①] 这种普遍化的趋向对于研究者来说几乎是一种无法抗拒的诱惑。

世界范围内存在许多各具特色的诗学，任何想要把它们调和进一个包罗万象的"世界诗学"体系中的尝试，最终都难免产生一些可能毫无用处且乏味的或是带有某种偏向的表述。不过，这种构想也有可能实现，如果能够发展出一门叫"世界诗学"的新学科，讲授相应的课程和撰写论文，以及开设研讨会，收集来自世界各地而不仅仅是欧洲传统诗学的论文，那么《多伦多大学季刊》这期的特邀编辑应该会觉得很满意。这听起来是可行的，不过，要想实现这样的构想，或多或少有一个难以克服的问题，那就是需要掌握尽可能多的语言。如果你不懂汉语，不懂阿拉伯语，你就无法弄懂中国诗学和阿拉伯诗学的多样性，也无法撰写相关论文或权威地讲授相关课程。其他语言的诗学文本研究也是如此，你不能指望依靠翻译来进行相关的学术研究，正如"翻译就是背叛"（To translate is to traduce）这句格言所呈现的那样：

---

① Ranjan Ghosh and J. Hillis Miller. *Thinking Literature across Continents*. Durham: Duke University Press, 2016.

它由更加优美简洁的意大利语原文“traduttore，traditore”英译而来，这句话的英译本身就是它所表达内容的最好例证，它被翻译的同时也“背叛”了原文。

与此同时，某种诗学的表述无法与产生它的诗体分离，亚里士多德的诗学就是从雅典悲剧，特别是从索福克勒斯的作品《俄狄浦斯王》（*Oedipus the King*）中推导出来的，但索福克勒斯进行创作以及成为一位伟大而独特的诗人，却无需依靠亚里士多德诗学理论的帮助。此外，有着几千年传统的、令人赞叹的中国诗歌与梵语诗歌也孕育了各自的诗学，诗学与诗歌不可分离，然而由于我不懂汉语和梵语，我只能凭借英文或其他西方语言的一些翻译文本窥测中国和印度的诗学传统，知之甚微。

在我的了解中，这几个世纪以来最好的中国诗歌译本是许渊冲令人钦佩的双语版十卷本《中国古典诗词英译》（*Version of Classical Chinese Poetry*）[①]，这一套译本沿着历史脉络，提供了中国诗学的相关资料，尤其是关于诗歌的表现形式和主题诗学建构方面的资料。例如，唐诗中有一类诗歌通过一位年轻女人的口吻讲述或描述了关于年轻女人的故事，而年轻女人的丈夫或爱人往往出于某种原因离开了她，很容易理解为什么这类诗歌带有一种特别的“诗意”。然而，尽管20世纪由女人演唱的蓝调音乐与之存在一些相似性，西方却没有发展出中国古典诗词中这种类型的诗歌。这种差异证明，想要发展出一套适用的“世界诗学”体系（假设这是可行的），将会非常困难，比如玛雷尼（Ma Rainey）的蓝调和杜甫的诗歌就很难结合起来。总之，我宁愿直接面对诗歌本身，在其他诗歌和诗学知识的积累基础上，尽我最大努力，一首一首地去理解和欣赏它们。

至于梵语诗歌和它的诗学理论，对于像我这样不懂梵语的人来说，我觉得最好的译本是丹尼尔·英格尔（Daniel H. H. Ingalls）翻译的《梵语诗集：维迪亚迦罗的〈妙语宝库选〉》（*Sanskrit Poetry: From Vidyākara's "Treasury"*）[②]，英格尔在这本书中写的导论对我很有帮助。虽然我说很有帮助，但我有时并不认同英格尔在他所提供的关于维迪亚迦罗的论据基础上所得出的一些结论，可能是我对梵语诗歌和诗学的了解还不够多吧。例如，我认为英格尔所称“动觉”（kinesthetic）一词在梵语诗中应有着更多的内涵，即由声音和意义引起的模仿移情，在我看来，在这个意义上音译的梵语单词带着更多“诗意”。然而，我还需要20年的时间来学习梵语和梵语诗歌，才

① Yuanchong Xu, *Version of Classical Chinese Poetry*, 10 vols. Fife, UK: Dolphin.

② Daniel H. H. Ingalls, trans, *Sanskrit Poetry: From Vidyākara's "Treasury"*. Cambridge, UK: Belknap, 1968.

能进一步证实或推翻我的猜测。等到2038年再来问我吧。目前来说，我必须相信英格尔知道他正在论述的是什么。

最近Twitter和Facebook都报道了加州大学欧文分校数学家和进化生物学家娜塔莉亚·科马罗娃（Natalia Komarova）和一组研究人员正在进行的研究，这一被广泛报道的研究以1985年至2015年在英国发行的50多万首流行歌曲为样本，利用计算机分析这段时间的流行音乐趋势。① 研究发现，女性歌手的歌曲在音乐排行榜中占据主导地位，总体来说乐曲的旋律越来越悲伤。② 尽管这些研究人员认为“乐曲问题”对于歌曲的流行来说起着重要作用，然而很显然，除了对乐曲主题的总结（“悲伤”“愉悦”），没有其他值得注意的说法，而我认为，起作用的不仅仅是乐曲的“愉悦”或“悲伤”，诗歌形式在流行歌曲歌词创作中的应用也至关重要。

我敢打赌，许多诗人或是作词家并不认为他们在创作中需要遵循何种诗歌或歌词的创作规则。这些作者大概会同意杰拉尔德·曼利·霍普金斯（Gerard Manley Hopkins）在写给罗伯特·布里吉斯（Robert Bridges）的信中所说的话：“阅读名著不仅仅让我对作者的创作更加钦佩，还能给我带来一些别的东西，它在某种程度上对每位原创艺术家都有影响，对我亦是如此。或许，更多的阅读能够让我进一步完善自身创作的独特之处。”③ 事实上，这些作者会这样说：“不要告诉我如何去创作一首歌曲或写一首诗歌！”确实如此，尽管他们无意中可能内化了各种各样的创作假设，使得他们可能会带着些许自我满足式的确信自言自语：“我正在创作着一首特定类型的诗歌”，比如，一首以爱情为主题的十四行诗，或是“我正在伴随着乐曲旋律创作着一首灵魂之歌”。

当弗兰克·西尔弗（Frank Silver）在创作歌曲《有的！我们没有香蕉》（Yes! We Have No Bananas）的歌词时，或许他也在默默告诉自己应该依照什么形式创作。他的歌词是押韵的，比如，整首歌并非像一篇散文那样滔滔不绝，而是分了行，并且围绕不断重复的两行副歌组织而成，这段重复的副

---

① “UCI Researchers Study the Secrets to Pop Music Success”, *Medium*, 12 June 2018. https://medium.com/@UCIrvine/uci-researchers-study-the-science-behind-pop-hits-16dd4b4facb9. See also Christopher Intagliata, “Computers Predict Pop Chart Success”, *Scientific American*, 24 May 2018. https://www.scientificamerican.com/podcast/episode/computers-predict-pop-chart-success/.

② “UCI Researchers Study the Secrets to Pop Music Success”, *Medium*, 12 June 2018. https://medium.com/@UCIrvine/uci-researchers-study-the-science-behind-pop-hits-16dd4b4facb9.

③ Claude Colleer Abbott, ed., *The Letters of Gerard Manley Hopkins to Robert Bridges*. London: Oxford University Press, 1955, p. 291.

歌为“是的，我们没有香蕉/我们今天没有香蕉”（Yes，we have no bananas / We have-a no bananas today），因此，整首歌曲具有很强的节奏感。对于我这样的西方读者来说，当我看到歌词的印刷文本时，我认为它“看起来就像是一首诗歌”。我认为路易斯·普里马（Louis Prima）对这首歌的演绎，尽可能地接近了西尔弗的原始词曲创作。①

在这里，我想引用维基百科的以下资料：

> 这首歌被西格蒙德·斯佩斯（Sigmund Spaeth）作为主要研究对象收录进他的论集中，斯佩斯认为这首歌的旋律可能由其他歌曲的部分旋律组合而成，包括源自亨德尔（Handel）的剧作《弥赛亚》（*Messiah*）中的《哈利路亚大合唱》（Hallelujah Chorus）、《我的邦尼躺在海洋上》（My Bonnie Lies over the Ocean）、《我梦见自己在大理石殿堂》（I Dreamt I Dwelt in Marble Halls）、《黛娜的棉被派对》（Aunt Dinah's Quilting Party）和科尔·波特（Cole Porter）的《老式花园》（An Old-Fashioned Garden）。②

如果用和旋律相适应的歌词去替换原来的歌词，你将会得到以下歌词：

> Hallelujah，Bananas! Oh，bring back my Bonnie to me
> 哈利路亚，香蕉！哦，把我的邦妮还给我
> I dreamt that I dwelt in marble halls—the kind that you seldom see
> 我梦见自己在大理石殿堂——是你很少见到的那种殿堂
> I was seeing Nellie home，to an old-fashioned garden，but，
> 我正送内莉回家，去一个老式的花园，但是，
> Hallelujah，Bananas! Oh，bring back my Bonnie to me!
> 哈利路亚，香蕉！哦，把我的邦妮还给我！

① 最近有一篇关于香蕉因枯萎病而周期性减产的文章，这篇文章提到枯萎病目前正影响到各地商业种植园的香蕉产量；此外还有关于其他诸多品种的香蕉及其濒临灭绝的信息，请参阅布里格斯（Briggs）的文章。这则 BBC 新闻对枯萎病做出进一步说明：“这种出现在卡文迪什品种（Cavendish）香蕉上的枯萎病现阶段仅在亚洲存在，但如果它蔓延到美洲，可能会毁掉世界所有品种的香蕉作物……这首歌《有的！我们没有香蕉》的创作灵感正是来源于大麦克香蕉（Gros Michel bananas）的减产事件，大麦克香蕉的减产则始于巴拿马真菌的爆发。” See Helen Briggs，“Yes! We Have No Bananas：Why the Song May Come True Again”，BBC News. https://www.bbc.com/news/science-environment-44712034.

② “Yes! We Have No Bananas”，*Wikipedia*. https://en.wikipedia.org/wiki/Yes!_We_Have_No_Bananas.

通过这种替换，你会发现“有的！我们今天没有香蕉”这句歌词最具有感染力，伴随这句歌词的不断重复，你总想做点类似于这句歌词的事情。我已经不记得第一次听到这首歌是什么时候了，我的父亲可能多年以前就曾把它唱给我听，在我脑海里的某个角落，这句歌词不断重复：“有的！我们没有香蕉”。这首歌带有诗歌的影响力，它是“吸引人的”，即我们所说一首曲子“有感染力”的意思，就像“感染”了麻疹，或者更确切地说类似于百日咳，总是循环往复地发出无法遏止的咳嗽声，尽管沉浸在一首诗歌中时所能够感受到的是强烈的愉悦而非痛苦。

那么，“有的！我们没有香蕉”这句歌词的“诗意”到底在哪里呢？为何它能够深植于流行文化和我们的想象中？在此，我将援引保罗·德曼（Paul de Man）晚年的一篇文章《译者的任务》（The Task of the Translator）中的一段话。正如我们需要对“诗学”进行界定一样，这段话对我来说相当重要，因为它阐释了本文所探讨的一些重要问题。若是我的读者谴责我现在所做之事与我以往意愿相悖——总结出“世界诗学”的普遍化构想——我只能回答说：“但愿如此！”和德曼一样，我认为“诗学”真正具备普遍性或全球性之处，就在于对语言复杂性的关注。

以下是德曼对“解释学与文学诗学之间复杂关系”的分析。他凭借特有的、卓越的语言才华，讨论了欧洲不同语种中“面包”（bread）一词的细微差别和由此产生的翻译难题，特别是对德语和弗莱芒语的“Brot/brood”、法语的“pain”以及英语的“bread”的讨论：

> 当你在进行阐释学研究时，你所关心的是作品的意义；当你在做诗学研究时，你所关心的是作品的文体学范畴或是作品意义的表达方式。问题在于这二者的研究是否能够互补，当你在对整部作品进行阐释学研究时是否能够同时进行诗学研究？在尝试进行这样的研究之后，会发现情况并非如此，当研究者试图实现这种互补时，总会把重心放在阐释学研究上，诗学研究总会被落下。正如我之前倾向于这样做的可悲尝试一样，当一个人被意义问题吸引时，就无法同时进行阐释学和诗学两种研究，从开始涉及意义问题的那一刻起，你就会忘记诗学的存在。[①]

在文章《译者的任务》中，德曼讨论了这个问题，同时将其与本雅明对“意义”（das Gemeinte）和“意义的表达方式”（Art des Meinens）的区分联系

---

① Paul de Man，“The Task of the Translator”，*The Resistance to Theory*. Minneapolis：University of Minnesota Press，1986，p. 88.

起来。德曼声称“二者在某种程度上或许是互不相容的”，至于“某种程度”该如何理解，他留给读者自己去探索，简而言之，他这篇文章主要论证了阐释学和诗学的互不相容。①

然而，我无法认同德曼关于阐释学和诗学“非互补性”的主张。事实上，我们认为（或我认为）诗歌能够天衣无缝地创造、支撑和增强意义！而这正是这样一个创作过程的目的所在。例如，诗歌中的隐喻和其他修辞手段具有修饰和延展意义以及使可阐释的意义更加“丰富”（vivid）的功能，它们本不应该制造一些无法解释的问题以阻挡意义的明晰。

那么这些问题是什么呢？简言之，它们是文本的修辞手段或是其他一些不寻常的语言特征——“诗学”，或者说是“意义的表达方式”（Art des Meinens）——从而使得文本似乎不完全符合明显的字面意义。《有的！我们今天没有香蕉》就是一个极其典型的例子：售卖果蔬的希腊小贩已经把话说得很明白，他强调那天他没有香蕉可出售这一情况确实是真的（Yes!）这一句话没有问题。他带着希腊移民可能会有的轻微口音说着“We have-a”而非“We have”，这一句话也没有问题。

然而，当你开始回想希腊商贩的说话方式时，问题就出现了。由这首诗(歌词?)的创作者对它的解说可知，希腊的街头小贩有一个习惯，或许是源自他们的民族习惯吧，他们说话时都喜欢用一句明确表达肯定意思的“Yes!”作为开头，而当希腊小贩在这句具有否定意味的话中以“Yes!”作为开头，说“有的！我们没有香蕉/我们今天没有香蕉”时，诗学就产生了。他所说的“有的”(yes)，实际上意味着“没有”（a no)，指向一种“缺失”（an absence)，即“没有香蕉”（no bananas)。由此，读者或听众就会产生一种徘徊在“有”与“无”之间的犹疑：如果是没有香蕉为什么要说“有的”（yes)？对于这种“缺失”（absence）又怎么能够说“有”（have)？可以肯定的是，由于涉及想象(某种意义上的“无”)，诗歌总是承认不存在之物的存在，或是将真实存在之物虚构化，其中一个著名的例子就是济慈对他在1819年伦敦北部汉普斯泰德荒原所听到的夜莺鸣叫进行的令人惊奇的想象处理。②

“有的！我们没有香蕉/我们今天没有香蕉”在两种意味的交织下显得

① 不管我希望与否，读者都会留意到德曼叙述过程中的自我指涉及其反讽意味。因为正如他所说的那样，当他尝试做诗学研究时，他总是“很不幸地”被阐释学研究吸引。要问有谁能够避免这种“不幸”的情况，那自然是德曼本人。若是他都“无法抗拒”阐释的诱惑，其他人要抵挡这种情况想必非常困难吧。而我却与之相反，在这篇文章中，我很幸运地调和了阐释学和诗学之间的矛盾。

② John Keats, “Ode to a Nightingale”, *Poetry Foundation*. https://www.poetryfoundation.org/poems/44479/ode-to-a-nightingale.

“滑稽而难以理解”（funny），它既带着令人愉悦的趣味，又具有明显的怪异感，它是一句在我脑海中久久萦绕的诗，这句诗蕴含着某种寻常与隐约中的异常，同时带着一丝荒谬感和异国情调，仿佛“香蕉”（bananas）一词给这首诗增添了独特的韵味。尽管我们经常吃的香蕉是从温带国家进口的，但香蕉实际上生长在热带地区，“香蕉”（bananas）一词内部有头韵，使得这个词具有一种内在的韵律感，再加上两行副歌中这一词的重叠，进一步增强了诗歌的节奏感。节奏感对于诗歌来说至关重要，就像另一种关于流行音乐具有“朗朗上口”特征的说法所言：“如果它没有让人摇摆的韵律，那么它其实并不意味着什么。”[①] 至于“香蕉”（bananas）的词源本身也带有异域特征，根据维基百科资料：“香蕉这个词被认为起源于西非，可能是来自沃洛夫语的‘banaana’一词，经由西班牙语或葡萄牙语的传递，最终演变为英语中的‘banana’一词”[②]。

任何时代、任何区域的综合性诗学，都需要把诗歌的格律、押韵、韵律等手段考虑进来，因为它们能够将某些“寻常而微不足道”的事物，如威廉·卡洛斯·威廉姆斯（William Carlos Williams）的红色手推车或他在路边看到的一块碎玻璃[③]，变为诗歌的主题。如果这句歌词变成“有的！诺克斯堡今天没有金条了”，又或是“有的！我们没有苹果/我们今天没有苹果了”，那么效果将会完全不同。而最后一个词“今天”（today），并非是无关紧要的，因为它实际上呼应了第一句的“Yes!”并且间接承认了“我们”通常有香蕉，只是由于供应链中断，碰巧今天没有香蕉。“有的！我们没有香蕉/我们今天没有香蕉”这句歌词由一系列音节组成，这些音节中包含元音，并且呈现出杰拉德·曼利·霍普金斯（Gerard Manley Hopkins）所提到的由“开元音”（voweling on）和“闭元音”（voweling off）组合而成的“诗意”效果，即包括元音：e（发音为“eh”）、e（发音为“ee”而非“eh”）、a、o、a、a、a、

① Duke Ellington, “It Don't Mean a Thing (If It Ain't Got That Swing)”, Comp. Irving Berlin, Brunswick Records, 1931. And see “It Don't Mean a Thing (If It Ain't Got That Swing)”, *Wikipedia*. https://en. wikipedia. org/wiki/It_Don%27t_Mean_a_Thing_(If_It_Ain%27t_Got_That_Swing.

② “Banana”, *Wikipedia*. https://en. wikipedia. org/wiki/Banana.

③ William Carlos Williams, *The Collected Earlier Poems*. New York: New Directions, 1951, p. 277, p. 343.

o、a。[①] 这两句歌词在整首歌曲中循环往复。

从广义的诗学层面看，西尔弗这句歌词的自我重复，其节奏和声音无疑都蕴含着诗的韵味。而从主题内容上看，在某些诗学理论中，这句歌词描述的事物可能会被认为过于寻常和微不足道，并不能构成诗歌的内容。我并不认同诗歌的创作要受到这种限制，许多令人称赞的诗歌所书写的都是这些寻常而微不足道的事物，比如华兹华斯曾经写过关于小石头的诗[②]，威廉姆斯也曾以碎玻璃瓶或厨房柜台玻璃罐里的欧芹为对象创作诗歌[③]。不过，或许需要历经数年时间才能对以上观点进行证明或反驳。

“有的！我们没有香蕉”是关于日常用语中常见问题的例子，关于这个问题，不同语言有不同的解决方式。然而，到底如何才能在说肯定词（如“yes”）时表达否定含义，表示出“没错，我同意我的（或你的）否定论断”（yes, I agree with my [or your] negative assertion）的意思，比如“有的！我肯定我们没有香蕉”（Yes! I affirm that we have no bananas）或“有的！我认同你今天没有香蕉的说法”（Yes! I agree that you have no bananas today）？若是通过谷歌引擎对“对否定句说‘是’”（saying yes to a negative sentence）这一关键句进行检索，会检索出一系列介绍英语和其他语言如何做到这一点的有趣内容。“Yeah”在英语口语中是常见词，因此也会产生下面这种表述：“有的！我同意。你今天没有香蕉”（Yeah! I agree. You have no bananas today）。而法语中则有一个特殊词“si”，能够将否定的意思转化为肯定，法语中常见的表达“是”含义的词自然是“oui”，然而讲法语的人表达类

① Gerald Manley Hopkins, *The Journals and Papers*, Humphry House and Graham Storey, eds. London: Oxford University Press, 1959, p. 284. 霍普金斯自己的诗歌中就有“开元音”和“闭元音”的例子（元音 o 和 a 同样以不同的顺序排列），同时他的诗歌还使用了大量头韵，包括《隼》（The Windhover）开头几句：“今晨我遭遇晨之宠臣，昼光王国的太子，黎明引升的斑隼”（I caught this morning morning's minion, king-/dom of daylight's dauphin, dapple-dawn-drawn Falcon）。See Gerard Manley Hopkins, “The Windhover”, Poetry Foundation. https://www.poetryfoundation.org/poems/44402/the-windhover.

② 华兹华斯有许多类似的诗，数量庞大，无法在此一一列出。从威廉·华兹华斯诗学作品索引里包含“石头”的标题列表中可发现，华兹华斯显然很执着于写小石头。(See the “Index to Vols. Ⅰ to Ⅴ”, of *William Wordsworth*, *The Poetical Works*, E. de Selincourt and Helen Darbishire, eds. Oxford: At the Clarendon Press, 1949, pp. 488−498.）哪怕是标题中没有“石头”的其他很多诗歌，也在歌颂石头。华兹华斯最著名的一首“石头诗”就是《露西组诗》(*Lucy Poems*）中的那首《她栖居在人迹罕至的小道边》(She Dwelt among the Untrodden Ways)，这首诗从第二大节的“她是青苔石旁一株紫罗兰/半隐着不为人见”(A violet by a mossy stone/Half hidden from the eye）这句开始，便有对石头的描写。(*See The Poetical Works*, Ⅱ: 30)

③ William Wordsworth, *The Poetic Works*. E. de Selincourt and Helen Darbishire, eds. Oxford: Clarendon. p. 143, p. 343.

似的意思时通常会说“我想（I think）是的”，比如“有的！我想是的/我们今天没有香蕉”（Si! Nous n'avons pas de bananes/Nous n'avons pas des bananes aujourd'hui）。需要注意的是，法语中的“香蕉”（bananes）一词只有两个“a”音节，而英语中的“香蕉”（bananas）有三个“a”音节，因此英语“香蕉”（banana）具有更强的音乐感。

那么，这段重复的歌词如何证明或反驳前文德曼所声称的“意义”（das Gemeinte）和“意义的表达方式”（Art des Meinens）本质上并不相容这一观点呢？长话短说，我认为随着歌词的不断重复，它将会越来越接近一种纯粹的、复合的并且没有任何意义的音乐声音，而非成为意义的支撑。为了模仿这一过程，我在自己的论述中多次重复了这句歌词，与此同时，尽我所能地解释它的意义。任何历经多次重复的单词最终都会变成耳朵里听到的毫无意义的声音，“Yes! We have no bananas /We have-a no bananas today”这段声音的重复并非是要补充完善整首歌的意义，与之相反，声音最终淹没了意义，留下来的就只是“o”音节和“a”音节重复交织而成的优美音乐。

总而言之，在当前全球化环境中，如果学者们想要讲授诗学课程，或是撰写诗学相关的文章、著作，那么“世界诗学”肯定比仅局限于欧洲的“比较诗学”更有价值，但这也意味着会遇到更多的问题与挑战，包括要学习多种语言，以及会受到世界范围内社会和技术快速变化的影响。与此同时，我强烈希望从事世界诗学研究并且正在应对这些挑战与变化的学者们永远记住：诗本身比诗学更重要，诗学应当始终服务于诗的阅读。这也意味着相关的诗学理论应该从阅读一首特定的诗中衍生出来，而非将外部理论应用于诗学。此外，每首诗在某种程度上都可能有自身独特的诗学特征，我试图通过一个例子来说明诗歌或是富有诗意的语言创作如何发生转移——至少就广泛的社会效应而言，它们如今很大程度上已经从印刷文本或手稿的形式，转移到流行歌曲以及诸如电子游戏、电影、棋类游戏或是其他类似的数字化媒体形式上。如果莎士比亚生活在当今这个时代，他很可能正在创作广告文案、电影剧本、音乐剧、流行歌曲、电子游戏脚本，这些都是当代人进行创作的领域，在这些领域也可以找到“诗”的存在，如果你有才华，你就能够通过这些创作方式谋生，而非局限于在小型出版社出版薄薄一本印刷本诗集。

作者简介：

J. 希利斯·米勒（1928 年 3 月 5 日—2021 年 2 月 7 日），加州大学尔湾分校比较文学系和英语系荣誉退休教授，美国著名文学理论家。他推进了文学解构理论。他与保罗·德曼、雅克·德里达和杰弗里·哈特曼等学者同为耶鲁学派的代表人物。在职业生涯中曾任教于约翰斯·霍普金斯大学、耶鲁大学和加州大学，撰写过 50 多本著作。代表作有《现实的诗人：六位二十世纪的作家》（*Poets of Realitu*：*Six Twentieth-Century Writers*，1965），《阅读的伦理：康德、德曼、艾略特、特罗洛普、詹姆斯和本杰明》（*The Ethics of Reading*：*Kant*，*de Man*，*Eliot*，*Trollope*，*James*，*and Benjamin*，1987），《文学中的言语行为》（*Speech Acts in Literature*，2001）；晚期著作包括《共同体的焚毁：奥斯威辛前后的小说》（*The Conflagration of Community*：*Fiction before and after Auschwitz*，2011）、《小说中的共同体》（*Communities in Fiction*，2015）、《萌在他乡：米勒中国演讲集》（*An Innocent Abroad*：*Lectures in China*，2015）、《文学事宜》（*Literature Matters*，2016）。

译者简介：

夏甜，四川大学文学与新闻学院比较文学与世界文学专业博士研究生。

全球“钓鱼”诗学*

苏源熙 /撰
时 光 /译

摘 要：在对言语类型的界定中，柏拉图认为抒情诗的作者必须以自己的身份抒发心声。这一原则在世界各地的诗学理论中屡见不鲜。但正如虚构或虚伪的记述所提醒我们的那样，言说者的语法人称（grammatical person）极易被混淆或劫持（hijacked）。这一挪用尤其影响着涉及众多互不相识之人的社交媒体。“钓鱼”（trolling），原本只指一种引发混乱的交际行为，人类赋予机器人程序（bots）或虚拟电子主体以情感与能动性（agency），使之成为一种显著的全球现象，这就是如今的“全球诗学”（global poetics）。诗歌与戏剧之间由来已久的张力仍在持续。

关键词：抒情 弗拉夫（Flarf） 全球诗学 “钓鱼”（trolling） 第一人称 人格面具

---

* ［译注］“钓鱼”，英文为trolling，其原形为troll，作名词时意为“山精”“巨怪”，作动词时意为“曳绳钓（鱼）”“闲逛”“随意浏览”等，现为网络俚语，指故意在网络社区中挑起争端、表达敌意的人。作者苏源熙在本文使用trolling来指一种对交流本身的讽刺性的、不真诚的模仿；这种伪交流的受骗者认为自己正在参与特定话题的讨论，但troll只想激怒谈话的参与者，并颠覆讨论。作者认为，trolling这一行为与抒情诗有一定的关联性：在抒情诗中，我们要么假装同那些无法给出回应的事物进行交流，要么感到自己在聆听逝者之言，却又置身事外，正如网络论坛中的挑衅者并无真诚交流的意愿，而受害者并未在真实交流一样。在这一意义上，中文语境中网络俚语“钓鱼”一词与trolling大致等同。与之相应，译文将troll统一译为“钓鱼者”。（此条译注，系译者根据自己与苏源熙先生数次沟通的电子邮件的主要内容撰写而成，特此致谢。）

原文载*University of Toronto Quarterly*，2019（88/2），pp. 112－124.

并非如此，严格来说……

在柏拉图《理想国》(*The Republic*，以下写作 *Rep.*)① 第二、三卷的论述中，文学被划分为诗歌、戏剧和史诗（narrative)，这让人对如下事实习焉不察：整个分类产生于对抒情诗——或者更准确地说，被误解成抒情诗文体之一的史诗——的分割。这一误解是有意为之，且影响甚巨。在擘画理想国未来的护卫者的教育时，苏格拉底说，对用以教导年轻人的文化材料的内容的“审查是至关紧要的”(“πιστατητέον”)(*Rep.* 377c)。审查的范围包括从史书到童话的一切材料——无论是古希腊人所谓的“音乐”，还是我们狭义上的音乐，也不论其真伪、文体或媒介。众神只应被描述成善益之源，他们恒常不变，永不欺瞒。名人只应是勇敢可敬的，他们从不哭泣、悲叹、好色、贪婪、畏葸、嘲讽，以免他们的不良示范蚀损了本该永远忠诚勇敢的年轻人的灵魂。在概述了那些应该从我们耳熟能详的神话和史诗中删除出去的内容后，苏格拉底接着指出了一个在荷马史诗中通常会遇到的“言说方式”(the mode of speech) 的问题，一种在第三人称叙事和第一人称言说之间的游移：

> 那么你一定知道接着下面的几行［即《伊利亚特》Ⅰ：15—16］，是诗人自己在讲话，没有使我们感到有别人在讲话。在后面一段里，好像诗人变成了赫律塞斯，在讲话的不是诗人荷马，而是那个老祭司了。特洛伊故事其余部分在伊塔卡发生的一切，以及整个《奥德赛》的故事，诗人几乎都是这么叙述的。……当他讲道白的时候，完全像另外一个人，我们可不可以说他在讲演时完全同化为那个故事中的角色了呢？……那么，使他自己的声音笑貌像另外一个人，就是模仿他所扮演的那一个人吗？……在这种情况下，看来他和别的诗人是通过了模仿来叙述的……但是如果诗人处处出现，从不隐藏自己，那么模仿便被抛弃，他的诗篇

① ［译注］柏拉图著作的编纂、校订、注释在西方学界有很长的历史。1578 年，斯特方（H. Stephanus）在巴黎出版《柏拉图著作集》，由他所编定的分卷、页码和分节（以 a，b，c…标注），以后为各国学者所广泛采用。本文引用《理想国》的地方，皆以斯特方页码的形式进行夹注，例如，“*Rep.* 377c”，即指《理想国》斯特方本 377 页 c 节。据原文所示，此处苏源熙使用的版本信息如下：Plato，*The Republic*，Chris Emlyn-Jones and William Preddy，eds. Cambridge：Harvard University Press，2014. 中译文参考《理想国》（郭斌和、张竹明译，商务印书馆，1986 年）一书，文字有部分调整。下文不再一一说明。

就成为纯纯粹粹的叙述。(*Rep*. 393a—d)①

从荷马史诗的复杂形式中，苏格拉底得出了两种相对简单的形式：无模仿的叙述（narration without imitation）和无叙述的模仿（imitation without narration）。他将“酒神颂”（dithyramb）归入无模仿的叙述，“诗人表达自己的情感”，又将无叙述的模仿归入所谓“把对话之间诗人所写的部分一概除去，仅仅把对话留下”——喜剧和悲剧都这样——的形式中（*Rep*. 394b）。将喜剧和悲剧的缺点搁在一旁，苏格拉底在此关注的是，“我们必须决定下来，是让诗人通过模仿进行叙述呢，还是有些部分通过模仿，有些部分不通过模仿呢？所谓有些部分通过模仿究竟是指哪些部分？还是说，根本不让他们使用一点模仿？”（*Rep*. 394b）。他区分可否模仿的支点是气质（ethos），即言说者的道德品质：

> 一个温文正派的人在叙述过程中碰到另一个好人的正派的言语行动，我想他会喜欢扮演这个角色，模拟得惟妙惟肖，仿佛自己就是这个人（ὡς αὐτὸς ὢνἐκεῖνος ἀπαγγέλλειν），丝毫不以为耻（ἐπὶ τῇ τοιαύτῃ μιμήσει）。他尤其愿意模仿这个好人坚定而明于事理时候的言谈行动；如果这个人不幸患病或性情暴躁，或酩酊大醉，或遭遇灾难，他就不大愿意去模仿他，或者模仿了也是很勉强。当他碰到一个角色同他并不相称，他就不愿意去（σπουδῇ）扮演这个不如自己的人物。……就是对方偶有长处值得模仿一下，他也不过偶一为之，还总觉得不好意思。他对模仿这种人没有经验，同时也会憎恨自己，竟取法乎下，以坏人坏事为陶铸自己的范本。……另外有一种说故事的人……他觉得什么东西都值得模仿。所以他想尽办法，

---

① ［原注］参见克劳斯·亨普费尔（Klaus W. Hempfer）的《对诗歌体系理论的历史基础的思考》（“Überlegungen zur historischen Begründung einer systematischen Lyriktheorie”, *Sprachen der Lyrik*. Ed. Klaus W. Hempfer, pp. 33－60）及奥利弗·普里马韦西（Oliver Primavesi）的文章（“Aere perennius? Die antike Transformationen der Lyrik und die neuzeitliche Gattungsidentität.” *Sprachen der Lyrik*. Klaus W. Hempfer, ed., pp. 15－32）对本段的阐释。究竟赋予酒神颂与抒情诗之间的区别以何等的重要性，有待商榷。在《原型文本》（The Architext）中，热内特（Gérard Genette）对柏拉图文体观的讨论就犯了错，她将本段中的“模仿”（mimesis）等同于“戏剧”或“戏剧化的”。《理想国》在此指出的问题关涉的是言说者身份的不一致，而不是戏剧本身，或反戏剧（anti-thespian）偏见；如柏拉图所见，角色的转化对道德人格的伤害是致命的。关于抒情诗与其他文体的关系，可参见韦勒克讨论过的施泰格（Emil Staiger）之书（*Grundbegriffe der Poetik*. Atlantis-Verlag，1946）。

［译注］据原文所示，此处苏源熙使用的引文出处如下：Edith Hamilton and Huntington Cairns, *The Collected Dialogues of Plato*, Paul Shorey, ed. & trans. Princeton: Princeton University Press, 1971, p. 638.

> 一本正经，在大庭广众之间什么东西都模仿（πάντα ἐπιχειρήσειμιμεῖσθαι σπουδῇ τε καὶ ἐναντίον πολλῶν）……雷声、风声、雹声、滑轮声、喇叭声、长笛声、哨子声、各种乐器声，他还会狗吠羊咩鸟鸣。所以他的整个体裁完全是声音姿态的模仿，至于叙述那就很少。(*Rep*. 396c—397b)①

在多数文学、哲学关系史的叙述中，被流放出城的诗人并不仅仅只（*tout court*）是一位诗人，更确切地说，他应是一位“用声音和姿态”去模仿且允许其声音被让渡（alienated）的诗人。倘若荷马能恪守单纯叙述，而不屈从于令阿喀琉斯或海伦直接开口的诱惑，他或许仍能在柏拉图的国度中拥有公民权并发挥一定作用。尽管后世的文体理论乐于将其源头追溯至柏拉图，但以下事实却被忽略：所有讨论都始于对抒情之“我”——诗歌话语中的言说者——的不稳定性的不安。这一问题事关人格，事关良好人品——应伴以真诚、可信的言语——的确证。荷马，一位因博闻多识且能“迅捷、清晰、直接、崇高”地讲述所闻所知而颇有盛名的部落长老，倘若他总是且只作为荷马言说的话，或许诗歌与哲学之间就没有任何分歧可供弥合了。

西方文论的出发点是抒情之“我”言说真诚与否的不确定性，而其第一步就是阻止这种不确定性经由表达过程重现，这就相当于一个公证，好像在说，今天来我这儿的某诗人，个人认为这是个可信赖的好人，他确认如下事实：……这一诗人“不撒谎”（lieth not），并非因为他“无所确认”（nothing affirmeth）。在苏格拉底一再强调的协议下，确认事实就是诗人的全部工作。亚里士多德的戏剧理论在后世的声望，让我们以为上述引文都是有关悲剧、喜剧文体中的模仿，其中后者只不过是顺带充当例证罢了。一千五百年后，当诗人的生平和个性不再为他/她所言之事的意义提供最终语境时，亚里士多德的重要性又使得戏剧手段成为令抒情诗可读的技巧。在柏拉图看来，这是个伦理问题：谁在言说？言语是否配得上言说者？在同一话语中，当值得说与不值得说的言语混杂出现又有何错？换言之，抒情之“我”的伦理就是将其视为一种实体的、社会的特殊人称。

众所周知，柏拉图的大部分论述形式简单，但内容深刻，此处也不例外。

---

① [原注] σπουδῇ一词也反映于亚里士多德以“高尚”“严肃”“重要”（σπουδαῖος）之人来重现悲剧英雄的做法中。（1148a. 转引自 Jonathan Barnes, ed., *The Complete Works of Aristotle*, 2 vols. Princeton University Press, 1984, p. 2317）

[译注] 此条原注中的“1148a”为引用亚里士多德作品时常用的贝克尔编码（Bekker numbering）。另，据原文所示，此处苏源熙使用的引文出处如下：Edith Hamilton, and Huntington Cairns, *The Collected Dialogues of Plato*, Paul Shorey, ed. & trans. Princeton: Princeton University Press, 1971, pp. 641—642.

在《地母节妇女》(*Thesmophoriazousae*)和《蛙》(*Frogs*)中，阿里斯托芬(Aristophanes)已在嘲弄如下期待了：诗人实体的、道德的自我必须以模仿的方式反映出作品的特质。作假(feigning)是所有文学的前提。因此，抒情诗，或自我表达，就成了文学的大难题，这一难题削弱了大部分可供使用的文学理论。语词和自我有什么关系?① 我脑海中有个例子。我很好奇，柏拉图会如何评价萨福(Sappho)下面这段诗歌的开头：

Οἰ μὲν ἰππήων στρότον,

οἰ δὲ πέσδων, οἰ δὲ νάων φαῖσ' ἐπὶ γᾶν μέλαιναν

ἔμμεναι κάλλιστον, ἐγὼ δὲ κῆν' ὄτ-

τω τις ἔραται.

谁是这黑沉沉大地上
最好的人：有人说是骑兵
有人说是步兵，还有人说是
我们船队的快桨手
我呢，我说无论是谁
只要有人爱他，他就最好②

“这黑沉沉大地上”(ἐπὶ γᾶν μέλαιναν)一语是从荷马那里直接挪用来的。当萨福引用荷马时，她有没有使用一种低沉沙哑、男性化的嗓音，或者人们想象中荷马讲话的嗓音，以更好地在“有人”(即与她同时代的公共话语)所认为的和“我”所认为的“最好的人”之间做出区别呢？在所有的西方文学文献中(萨福位列“亚历山大图书馆书目”[Alexandrian Bibliography]九大吟唱诗人之一)，尽管很难找到不受争议的抒情或吟唱诗人，但我们在此却能看出抒情诗的本质特征——“由诗人他/她自己所发出”——确实是捉摸不定的。在抒情诗这一文体的萌芽期，萨福就已经在个人表达与社会共识、私密语言与公共语言、个人观点与大众观点的交界处探索了。我认为，这就是抒情诗所涉之事、所行之事。抒情是个人且私密的语言，这只是抒情诗的复杂逻辑里的生效条款之一而已，它不会是也不应是全部的事实，但却使抒情诗

① [原注]关于这个问题，请参阅丹妮斯·莱利(Denise Riley)的文章。关于诗歌人格崇拜的历史，请参阅凯特·汉布格尔(Käte Hamburger)的《拉赫尔与歌德》(“Rahel et Goethe”, *Revue germanique*. 1934, Vol. 25, pp. 313—330)，感谢阿迪·阿蒙(Adi Armon)提醒我注意这篇文章。

② [译注]萨福此诗的中译文参考《萨福抒情诗集》(罗洛译，百花文艺出版社，1989年)，其诗题为《致沙第司一位军人的妻子》。苏源熙所使用的英译本文献信息如下：Anne Carson, trans, *If Not, Winter: Fragments of Sappho*. Knopf, 2002, p. 27; Edgar Lobel and Denys Page, eds., *Poetarum Lesbiorum Fragmenta*. Clarendon, 1955, p. 14.

产生了更复杂、更具挑战性的效果。

全球诗歌?

孟而康（Earl Miner），既是研究文艺复兴时期英语文学的专家，又是日本古典诗歌专家，他认为某一传统中的文体分类不能随意地套用到另一传统上，并做出如下定论：文学诸类别是一种文化人造物（cultural artefacts）。在《比较诗学》（*Comparative Poetics*）中，孟而康将亚里士多德视作他的对手。他表示，戏剧在西方一直被高估了，亚里士多德就是其根源所在。自15世纪重新出现后，《诗学》（*Poetics*）一书对文学理论的影响可以由脱胎于专门的戏剧评析而后施诸几乎所有文学话语的一系列术语来把握：模仿、情节、剧情突变、宣泄、收场、人物、悲剧性缺陷、开头、中间、结尾、有机形式、一致性，等等。任何分析上述词汇的人都不难看出，戏剧是欧洲文学理念讨论的核心案例。但是，同一个观察者在转换了观察角度后就会注意到，在阿拉伯、中国、印度等许多其他传统中，其文体理论起源于抒情诗，且都通过类比抒情诗的最显著特点来构建其他写作类型。孟而康认为，在其他传统中，定义抒情诗的是它"情感-表现的"（affective-expressive）品质，以及它传达强烈情感和引发听众与之共鸣的力量：世界上"基于抒情作品的不同种类的诗学……认为诗人受到经验或外物的触发而用语言来表达，而这种表达正是打动听众或读者的原因所在"①。诸多非西方理论都认为情感触染是不可避免的过程，通过这一过程诗人能够影响社会以特定方式去感受和思考。通常认为，诗歌之妙在于激发情感、陈述态度；好诗令人难忘、有效持久地实现了上述妙用。正如黑格尔文体理论家弗里德里希·西奥多·费希尔（Friedrich Theodor Vischer）所说，"即时性，直接性，随意性，可唱性：这些都是抒情诗的本质"②。这远非特例，抒情诗本就是上述传统（世界上大多数已证实的文学文化）的核心文类，对它们来说，其余文体都是从抒情诗中生发而来的。以戏剧为基础的西方文学观念是特例，而不是常态。

---

① Earl Miner, *Comparative Poetics: An Intercultural Essay on Theories of Literature*. Princeton: Princeton University Press, 1990, pp. 24—25.

② Friedrich Theodor Vischer, *Aesthetik oder Wissenschaft des Schönen: Zum Gebrauche für Vorlesungen*. Carl Mäcken, 1857, Vol. 5, p. 1351.

孟而康认为，将模仿视为美学之基石的观念束缚了我们。放眼全球，他提出了另一种看待抒情的方式：将其视为一种表达、一种交流。那么现在，对艺术作品提出的问题就不再是它是否描绘了世界的本来面目（模仿理论中特有的真实性标准［the criterion of verisimilitude］），而应是：它是否表达了对世界的真实感受（表现理论中特有的真诚性标准［the criterion of sincerity］）？如果看待艺术作品的这一方式得到了普遍认同的话，我们就能得出如下推论：审美判断（和其他类型的判断）的基础，将会变成主体之间有关人们作何感受以及应该作何感受的共识。

孟而康重新描绘的全球文学理论与当下“世界文学”话语的主要内容形成了鲜明对比，后者认为小说借由印刷文化从西方向非西方的传播是文学全球化中的主要事件。孟而康为“全球诗学”腾出了空间：他不仅把诗歌置于多数文学文化的中心位置，并且没有把（文学的）价值与其流通性或可译性混为一谈。我不确定这种做法是否会导致这样的后果：基于抒情假设的非西方文学要么被视为善良而天真（virtuously naive），要么被视为天真而贫乏（impoverished by their naiveté），这取决于评论者的喜好。不过，倘若原初事实不完整，我们最好别再对此做赘述了。

通过重新分析孟而康的主要例证之一——《诗大序》，我们改变一下讨论的走向。这篇序文将诗歌定义为在混响的社会空间（reverberant social space）里对“理想”（*zhi* 志）的一种真诚交流。它假定诗人是亲自（*in propria persona*）言说的，而其他人会回应其言说。然而，十分不巧的是，此序文所描述的诗作却往往在鼓励与美德相去甚远的行为。该当如何？迫于无奈，评论家们发现了真诚的反面：讽刺。

阐释者们说，那些看似纵容不道德行为的诗歌，实际上是为了嘲弄、讽刺、“钓鱼”那些行径恶劣之人。因此，只要结果是好的，讽刺的理论就可以与诗歌真诚的理论共存——当你以一种适于你的方式表达想法时，你就是真诚的。讽刺被认为是诗歌自由的一种先决条件，是诗人说出一些或能激怒统治者的话的“免死金牌”，只要他们在诗中说：“主文而谲谏，言之者无罪，闻之者足戒。”大约在我们（西方人）学会说“言说者说”（the speaker says）而不是“勃朗宁说”（Browning says）之前 2000 年，中国人就已学会将二者区分开来：一些情况下，几乎没有空间留给纯粹真诚的表达，只有服从（无论情愿与否）王权的规定和准则的表达，以及期待被探子或官员监听到的表达。这种表达已经被“钓鱼”化了。和真诚表达一样，文学理论也已被讽刺和角色扮演“钓鱼”化了，孟而康认为，这二者（讽刺和角色扮演）和基于戏剧的亚里士多德式迷信一样，都应被抛弃。如果苏格拉底的应对措施在我们看来过于激进——因为它急于排除潜在的有害言论而剥夺了艺术言说的可能性——的话，那么《诗大序》的作者们则将讽刺纳入他们的回应中——也许柏拉图也会如此（尽管我们永远无法确定）。

完美的“弗拉夫”情景

尽管孟而康的著作突出了地理和语言上的差异，但将抒情看作社会审美基础的观念，本质上并不是“非西方的”或“亚洲的”。事实上，哈贝马斯（Jürgen Habermas）的交往行为理论（theory of communicative action）就可被视作一种社会意义上的抒情理论。哈贝马斯对交往实践（communicative praxis）说明如下：“规范调节的行为、具有表现力的自我陈述行为以及评价性的表达行为对断言言语行为加以了补充，使之成为一种交往实践……其特征表现为共识的达成、维持与更新，而且，这种共识是建立在主体相互之间对可以批判检验的有效性要求认可基础上的。”[①] 哈贝马斯认为，我们可以根据第一原则（first principles）构建一个“完美的言语情境”，在此情境中，各方的主张可以在无胁迫的情况下提出并接受评判。

根据哈贝马斯的看法，这种完美也许永远不会实现，但是，由于“包含在［言说者］的言语行为中的提议具有言外（illocutionary）约束/联结效果（binding/bonding effect；*Bindungseffekt*）”[②]，乌托邦的一线曙光隐匿于每一次语词交流之中。每句话都是一种对参与社会学习过程的心照不宣的承诺。我们对事实或价值的看法或许并不一致，但我们可以将科学施诸事实，将主体之间的协商施诸价值观：“价值观在任何情况下都是作为解释的候选而出现

① ［原注］关于古代和基督教时代被称为“*parrhêsia*”的那种通常不完美的言语情景，可参阅福柯（Michel Foucault）在《说真话的勇气：治理自我与治理他者》（*Le Courage de la vérité：Le gouvernement de soi et des autres*）一书中的考察；关于传统诗歌“自由”（主要与词语的形式和意义相关），可参阅约翰·梅杰（John E. R. Major）的《论诗之破格》（On Licentia Poetica）一文。

［译注］据原文所示，苏源熙所引文献信息如下：Jürgen Habermas，*Theorie des kommunikativen Handelns*. Suhrkamp，1988，Vol. 1，p. 37. 作者在此给出了他本人的英译文（statements about the way things are ［constatives］ are complemented by norm-following behaviours，expressive self-presentations and evaluative utterances to form a communicative praxis that... aims at the creation，maintenance and renewal of a consensus that rests on the basis of intersubjective recognition of criticizable validity claims），中译文参考《交往行为理论：行为合理性与社会合理化》（曹卫东译，上海人民出版社，2004年，第17页）。

② Jürgen Habermas，*Moral Consciousness and Communicative Action*，Christian Lenhardt and Shierry Weber Nicholsen，trans. Cambridge：MIT Press，1990，p. 58.

的，在这种情况下，受影响的各方可以描述一种共同的利益，并将其视为规范。”[①] 自由、民主的国度的公民必须成为这一社会习语的“合格言说者”，这样的人——用哈贝马斯的术语来说——是理性的：“我们称之为‘理性’的人，是随时准备倾听他人且通过反思他或她所使用的语言规则而对交流中的干扰做出反应的人。”[②]

据我所知，哈贝马斯从未提及凯特·汉伯格（Käte Hamburger），而此人就是这样一位理性的人，她认为“语言在它不创造虚构的主体性（subjectivities; *Ich-Origines*）的地方都是一种发声（enunciation; *Aussage*）……我们把一首诗当作（抒情的）诗歌去阅读，迥异于将其当作虚构的、叙事的或戏剧的诗歌去阅读，这是一个深层结构设定的问题。备受争议的‘抒情的我’是一个发声主体（subject of enunciation; *ein Aussagesubjekt*）”[③]。我认为这里的“发声主体”相当于埃米尔·本维尼斯特（Emile Benveniste）所说的“语言的主体性”（subjectivity in language）：“‘我’这个词指向的是什么？它指向的是一种极其单一的、完全是语言的东西——‘我’指向一种个体话语行为，而在这一个体话语行为宣告并标明了言说者。”[④]

然而，这个人是谁，或者是什么？在对汉伯格的阐述中，乔纳森·卡勒（Jonathan Culler）着重强调，它意味着我们不是在处理个体的“我”，而是在处理一种语言功能，它是“一个真正发声主体的发声，只指向主体本身……我们不会将诗的内容视作表象、虚构或幻想”[⑤]。也就是说，抒情诗经常以第一人称说话，但当聆听另一个“我”时，我们必须随时准备“对交流中的干扰做出反应”，这一反应的实现，有赖于通过反思此一说话的“我”不是歌德或者艾米莉·迪金森而是一种“他或她所使用的语言规则”的结果。在日常使用中，“我”这个词指的是一个经验式的言说者（例如，我本人），而抒情诗则不露声色地将经验式的言说者替换为一个抽象的或超验的——可以是任何人的——言说者。因此，抒情诗增强了我说出“我”时的体验，因为它能让我成为（或者，与之对话）那个像云一样孤独漫游的人，那个不因死亡而停留的人，那个思念安德洛玛克（Andromache）[⑥] 的人，那个走入无法逾越的河流的人，等等。抒情诗以不同寻常的方式使用着第一人称这一语法成分，

① *Ibid.*, p. 41.
② *Ibid.*, p. 43.
③ Käte Hamburger, *Logik der Dichtung*. Klett, 1968, p. 188.
④ Émile Benveniste, *Problèmes de linguistique générale*. Gallimard, 1966, pp. 261—262.
⑤ Jonathan Culler, *Theory of the Lyric*. Cambridge: Harvard University Press, 2014, p. 106.
⑥ [译注] 荷马史诗中特洛伊王子赫克托尔（Hector）的妻子。

它暗示了哈贝马斯所言的那种约束/联结效果。如果我们能正确地反思语言的使用，甚至哪怕只是为之感到惊奇，我们就可以偿还（redeem，还是哈贝马斯的术语）诗歌所提供的东西。以上这些行动都是通过主体之间的语言魔法进行的，抒情再一次成为了一种交流行动。

如果我们处理的是语言功能而不是真实的人的话，那么，真诚性似乎就不再那么重要了。也许，抒情表达只是包括法律、经济和科学研究在内的所有表达中的一种，它依赖于一个并非真正经验主体的发声主体——这甚至有点尴尬，因为经验主体的存在可能与它们的超验主体混淆在一起。每一张英镑上都印着伊丽莎白女王（Elizabeth R.），好像在说着“我承诺支付一英镑”，但这个“我”背后肯定不是女王本人，而是英格兰银行或者现在为英镑做担保的任何金融实体。在此基础上纸币有效，这才是至关重要的；我们可以把它换成其他东西——正如我们所说的，它是“好的”。但如果它不是好的呢？伪造的英镑纸币毕竟是存在的——这些伪币试图操纵女王这位“发声主体”的表达，而这是大多数英镑纸币使用者所鄙夷的行为，因为限制在流通中的纸币的数量似乎是我们拥有其价值的一个根本因素。

随着对造伪的思考，我们再次进入所有美国人都熟悉的领域，因为自制绿钞（homemade greenback）① 连同其后果正是我们文化的白日大梦之一。而金钱的乏味、自私以及陈腐平庸，为接下来对弗拉夫诗歌（Flarf poetry）、概念诗歌（conceptual poetry）和数据库文学（database literature）的讨论定下了基调，它们是美国人最近在写作上的新探索，据此可以创作出拥有超验之“我”、罕有经验之“我”的抒情诗。肯尼斯·戈德史密斯（Kenneth Goldsmith）抄录了收音机里一年的天气预报（成果是他的《天气》［*The Weather*］② 一书），又在一天内每隔十分钟就忠实记下交通报告（出版为《交通》［*Traffic*］③ 一书），这些作品正如罗恩·西利曼（Ron Silliman）所言，讨喜但不可读。这对戈德史密斯来说并不是什么新鲜事。在其宣言中，他列举了一系列消除自我的策略，它们以非创造、非原创、难以辨读、挪用、剽窃、欺诈、盗窃和伪造作为准则，以信息管理、文字处理、数据库和偏激的流程作为方法论，以无聊作为精神。语言是垃圾，语言是残渣……堕落的语言（*entartete sprache*）、日常的言语，难以辨读，不忍卒读，机械重复。④

① ［译注］这里指的是美元。

② Kenneth Goldsmith, *The Weather*. Make Now Press, 2005.

③ Kenneth Goldsmith, *Traffic*. Make Now Press, 2007.

④ Kenneth Goldsmith, “Manifesto”, in Marjorie Perloff, *Unoriginal Genius: Poetry by Other Means in the New Century*. University of Chicago Press, 2010, p. 147.

创作概念诗歌不过是另一项无意义的工作，与作为办公室职员的你所面临的工作并无二致。如今，大多数白领的工作都是在联网的个人电脑上完成的，诗人不需要再像弗兰克·奥哈拉（Frank O'Hara）那样利用他们的午餐时间（去创作诗歌）了。弗拉夫诗歌的一位创始人曾将这种摘录或模仿垃圾邮件、公告栏与人力资源备忘录的创作描述为“无聊工作中的谷歌雕塑”“我们一帮人用谷歌的钱到处乱搞”[①]。对贾斯珀·伯尼斯（Jasper Bernes）来说，弗拉夫诗歌同工作的关联是至关重要的：从雇佣随意化到监控与远程办公，甚至再到对部门间备忘录“堕落语言”的模仿，弗拉夫诗歌及相关运动对职场中的变化给予评论。若按伯尼斯所言，弗拉夫诗歌和概念诗“本质上是游戏”的话，那么它应是一种竞技游戏。当今的办公室充斥着委婉用语和法律免责声明，它正为我们塑造着正确的交流准则，有鉴于此，弗拉夫诗歌以其“对乐趣的绝望坚持，对交流规范的违背，以及对来自互联网阴暗处的争议性社会材料的依赖，可能被解读为对所谓网络‘钓鱼者’精神的文学重写”[②]。

什么是“钓鱼者”？只要你花五分钟以上的时间上网，你定会碰到不少。再次引用伯尼斯的说法，“钓鱼者”的“主要消遣就是对交流规范的蓄意破坏，它通过故意发布挑衅性的评论来引发激愤……‘钓鱼’（的实现）依赖于网络世界所提供的匿名功能，以及创造‘灵活’变化的身份的能力”[③]。据此描述，“钓鱼者”是抒情诗所要求的发声主体的近乎完美的对立面。按柏拉图的说法，“钓鱼者”没有“以自己的名义发声”。按费希尔的说法，“钓鱼者”完全没有“自由而直接地表达它即时的感情状态”[④]。按汉伯格的说法，“钓鱼者”生造主体性（*Ich-Origo*）的意图太过明显，因此不符合抒情的状况。按哈贝马斯的说法，“钓鱼者”是言语社区（speech community）中的一个不合作的（non-cooperating）成员，因此，它并非一个理性的存在（rational being）。按《诗经》作者的说法，“钓鱼者”并不是“发乎情，止乎礼义”的。我还想再引用一下伯尼斯的话：

> “钓鱼者”笨拙的幽默是有意为之的，其横向指向同事而非上司，展

---

① ［原注］相关问题可参阅克雷格·德沃金（Craig Dworkin）的文章“Poetry in the Age of Consumer-Generated Content”（*Critical Inquiry*，2018［44/4］，pp. 674—705）。

［译注］据原文所示，苏源熙使用的引文出处如下：Jasper Bernes，“Art，Work，Endlessness：Flarf and Conceptual Poetry among the Trolls”，*Critical Inquiry*，2016（42/4），p. 767.

② *Ibid.*，p. 775.

③ *Ibid.*，p. 775.

④ Friedrich Theodor Vischer，*Aesthetik oder Wissenschaft des Schönen：Zum Gebrauche für Vorlesungen*. Carl Mäcken，1857，p. 1351.

示的是重构企业战略的结果，以及抱怨和不满的影响，这些抱怨和不满并未提出任何明确目标或改进措施，其反抗策略更是没有任何一致性，因为它体系性地被工作场所的交流规范排斥在外。①

这个观点已然司空见惯：但凡我们国家有个靠谱点的社会主义左派，一切将大有不同。工人被异化（alienated）了，而“钓鱼者”就是积极去体验异化的工人，他用自己的语言去反抗工作场所的诸种制度。

伯尼斯的文章发表于2016年的夏天，彼时大多数人尚不了解“钓鱼者”和“钓鱼”。当时，“钓鱼者”最起码是令人讨厌的，而对于那些招惹了具有性爱猎手（sexual-predator）或政治打手（political-enforcer）特点的“钓鱼者”的人来说，他们可能又是令人生畏的。不过，他们那个时候还只是系统中的程序错误，是交流理性生态的副作用，是网络开放、言论民主、世界多元所要付出的代价而已。2016年美国大选的结果，是由诸多环环相扣的因素决定的，其中包括阴谋论、假新闻论的盛行，别有用心的定向信息投放，政客前所未有的虚伪，选民权利的剥夺，以及对那些以前可用的沟通渠道（如报纸、公众示威、与当选官员的市政厅会议）的缩减等，以此为起点，“钓鱼者”进入我们的视野。我现在绝不会再说，像戈德史密斯和弗拉夫这伙玩世不恭的转录员（transcriptionists）对抒情诗的“钓鱼”和上述“钓鱼”是一码事了。两者的区别之一在于，他们这伙人在自己的作品上署名，特别是戈德史密斯，还曾因过于轻率的行为而被孤立②。伯尼斯将“钓鱼者”描述为用其压迫手段来取乐的反叛庶民（rebellious subalterns），或者是惯于冲击资产阶级残余的先锋派的新一代成员；事后来看，他们对维护一个其挑衅行为可施加若干影响的交流圈子（communicative circuit）的投入令人感动。简言之，伯尼斯将“钓鱼者”视为艺术家，而非煽动者。

另一类型的“钓鱼者”利用交流的基础结构（infrastructure），意在破坏交流体系，而非传递与其他言说者同类而异意的信息。他们大放厥词，要么旨在使人们对政治行动普遍产生厌恶和不满，要么旨在剥夺特定人群的发言

① Jasper Bernes, “Art, Work, Endlessness: Flarf and Conceptual Poetry among the Trolls”, *Critical Inquiry*, 2016 (42/2), p. 776.

② ［原注］关于戈德史密斯在操作中对迈克尔·布朗（Michael Brown）的验尸报告的使用的一个回应，见凯茜·帕克·洪（Cathy Park Hong）的文章“Delusions of Whiteness in the Avant-Garde”(*Lana Turner*, 2015, Vol. 7. https://arcade.stanford.edu/content/delusions－whiteness－avant－garde)。关于其他相关问题，参见巴里·施沃博斯基（Barry Schwabsky）等人的文章“Can the Pain of Others Be Transmuted into Art?”(*The Nation*, 25 Apr., 2017)。

［译注］关于戈德史密斯被孤立一事，可参阅 Alec Wilkinson, “Something Borrowed”, *The New Yorker*, 5 Oct., 2015.

权和表达权。点明“钓鱼者”以利用公共言论的方式破坏公共言论的述行矛盾（performative contradiction）是无用的，因为“钓鱼者”并不保证（自己具有）一致性和合理性。公共话语中的“钓鱼者”既不在乎是否说真话，又不在乎是否尊重他人，也不在乎是否营造一种良善的氛围。这种无耻的态度让他们有了一种战略优势。近期发生在美国大学校园的一些冲突就印证了以上判断。这些冲突中的“钓鱼者”的目的不是让一个常被驳斥而又恬不知耻的伪知识分子式的理论家在伯克利（Berkeley）① 或米德尔伯里（Middlebury）② 发表演讲，而是让校方取消活动或引发骚乱。最近出现在波特兰的一个为某种族主义杀人犯的声援者们发声的“言论自由集会”（free speech rally），标志着对“言论自由”一词的“钓鱼”达到了顶点。

然而，“钓鱼”一直是抒情诗所要建立的交流圈子的一种可能性。在此，并无可靠的方法来检验言说者的诚意。无需挤眉弄眼之形，亦能有嘲弄讥讽之实。对这些情况不能轻下定论，我们只能靠阅读和推理去体会。我们能看到的是对抒情空间的操纵、对可能交流的管控（以便限制其性质或范围），因此，如今的某些威胁早就有征兆了。

现在，我们也了解到，“钓鱼者”不一定是一个有意图或可讽刺的主体。机器人程序被设定对关键词做出回应，吸引着一些天真的人类的注意力。这些人将机器人程序的表达解读成其同胞——他们能够“认同”的人，如郊区持枪的母亲、种族活动家、水管工乔（Joe the Plumber）③ 等——发出的可信言论。④ 在可信的和如今有形的人类代理者（agents）的驱使下，情绪的表达附以一些似是而非的内容，在社群中大行其道，让人们或投票，或拒绝投票，或开枪射击。社交媒体机器人程序不过是个纯粹的“发声主体”（Aussage-Subjekt），而尤需注意，我们不应因与之共情而随之共鸣。于此，我们可以考

① ［译注］此处应指 2017 年 2 月初支持特朗普政策的保守派媒体评论家麦洛·扬诺普洛斯（Milo Yiannopoulos）计划在加州大学伯克利分校演讲一事而在该校引发的暴力抗议活动。

② ［译注］此处应指 2017 年 3 月初被视作种族主义者的学者查尔斯·莫雷（Charles Murray）在明德学院（Middlebury College）发表演讲时，遭数百名学生抗议而被迫离开一事。

③ ［译注］“水管工乔”，本名塞缪尔·约瑟夫·沃泽尔巴彻（Samuel Joseph Wurzelbacher），美国俄亥俄州的一名普通工人，因在 2008 年美国总统大选中就税收政策向奥巴马（Barack Obama）大胆提问而成为一时家喻户晓的名人。

④ ［原注］虽未提及机器人程序，吴修铭（Tim Wu）在《机器言语》（“Machine Speech”）一文中评述了非人类表达的范畴，并尝试阐明其与“美国宪法第一修正案隐含的某些功能性原则（functionality doctrine）”之间的关系。

虑提出一种"全球诗学"(诗学：有关制造的理论)。① 身份、主体的地立和具体位置是问题之所在，而这其实就是抒情的问题。然而，所谓"真正的人类"又如何呢？设想一下，一个年轻人被困在一幢满是全副武装、肆意妄为的枪手的建筑物(或国家)中，他大声呼救，而人们将其呼救重新归类成一个"危机演员"的言语，这就好比说："这不是抒情，这是戏剧。"文体事关我们认为彼此是否拥有"真实性担保"(warrant to truth)的问题，用哈贝马斯的话来说，就是将我们的结语用在对"主体相互之间对可以批判检验的有效性要求的认可"上。因此，目前对交流规程的堕落的焦虑正在——如柏拉图所曾见，或积极或消极地——深刻影响着这个国家的未来。

作者简介：

苏源熙，美国芝加哥大学校级教授，现供职于比较文学系、东亚语言与文明系和社会思想委员会；美国科学院院士。研究兴趣广泛，涵盖中国思想和文学，符号学，语言学、诗学和修辞学，历史学的叙事构造，翻译，文学理论，人权和全球健康等。许多作品曾获得各种奖项，如《中国美学的问题》(*The Problem of a Chinese Aesthetic*，韦勒克奖，1993)、《节奏的民族志》(*The Ethnography of Rhythm*，斯卡廖内奖，2017)和《作为引证的翻译》(*Translation as Citation*，韦勒克奖，2018)，等等。新著有《制造蛮夷：中国文学与多语亚洲》(*The Making of Barbarians*: *Chinese Literature and Multilingual Asia*，2022)。

译者简介：

时光，北京外国语大学中国语言文学学院讲师，研究领域为中西比较诗学、海外汉学。

① [译注] 关于此点，苏源熙建议阅读以下材料：Renee Di Resta, John Little, Jonathon Morgan, Lisa Maria Neudert and Ben Nimmo, "The Bots That Are Changing Politics", Vice.com, 2 Nov., 2017. Jason Parham, "Russians Posing as Black Activists Is More Than Fake News", *Wired*, 18 Oct., 2017. Onur Varol, Emilio Ferrara, Clayton A. Davis, Filippo Menczer and Alessandro Flammini, "Online Human-Bot Interactions: Detection, Estimation, and Characteristics", *arXiv*, 27 Mar., 2017. Savvas Zannettou, Tristan Caulfield, Emiliano de Cristofaro, Nicolas Kourtellis, Ilias Leontiadis, Michael Sirivianos, Gianluca Stringhini and Jeremy Blackburn, "The Web Centipede: Understanding How Web Communities Influence Each Other through the Lens of Mainstream and Alternative News Sources", *arXiv*, 30 Sept., 2017.

广义变异学导论：一个广义科学的考察视角*

曹顺庆　李金正　杨　清　/撰
张帅东　/译

摘　要：关于变异问题的经典论述源于生命科学界，但变异也存在于其他自然科学和人文社会科学中。而且这些领域各自的原型和变异过程都具有一定的连续性和内在一致性。粒子变异、基因变异和模因变异分别发生在物理界、生命界和文化界，它们都从特定结构的“遗传因子”开始，通过“看不见的手”的选择作用演化生成各个领域可被经验感知的万事万物。这一进程在自然哲学和形而上学现实主义中得到了清晰的论述，可以概括为一种代际理论和二元“本体论变异”的变异观。本文将通过对以上广义科学的全面审视提炼出的“变异”知识链称为“广义变异学”。这一理论概念由四个密切相关的部分组成：基本变异、自然变异、生命变异和文化变异。每一个问题都有自己独立的问题域和知识模型。同时，这四个部分又有一定的连续性、包容性和综合性的关系，从而产生了普遍意义上的解释效果。

关键词：变异　广义科学　粒子　复制因子　模因

当前的广义科学即自然科学、社会科学和人文社会科学三大领域，以高度的专业化、建制化和碎片化为显著标记。虽然这一现状同时带有不容抹杀的跨学科和交叉研究的特点，但整体上这些研究大都局限于相关或临近学科的范围之内，全域性的系统研究和整合研究相对薄弱。然而，正如量子力学重要创始人之一马克思·普朗克（Max Planck）所说：“科学是内在的整体，它被分解为单独的部门，不是取决于事物的本质，而是取决于人类认识能力的局限性。实际上存在着由物理学到化学，通过生物学和人类学到社会科学的

---

* 原文载 *Comparative Literature: East & West*, Vol. 4, pp. 1—21, 2020.

连续性的链条。”① 由此看来，知识的离散化和各学科或学科群的各自为政只是实然，而非应然，贯穿各个独立学科领域的连续性链条是确乎存在的。本文就以变化和变异问题为线索，尝试通过对哲学、物理学、生命科学和社会科学诸领域的“知识考古”，发掘其中的包含和连续关系，从而归并整理出一个具有内在统一性的知识链条，本文称之为“广义变异学”。这一理论观念将反过来对自然、生命和文化诸领域中具有包含和融通关系的变异现象产生普遍的阐释效力。

一、“万变有宗”：形而上学与自然哲学中的运动变化和变异问题

在目前的各学科知识体系中，关于所谓“变异”问题最经典的探讨来自生命科学领域，这一领域关于基因变异的学说对其他学科产生了广泛影响。从哲学的角度来看，生命科学对“变异”的一般界定即“生物种与个体之间的差异”，但不能归结为亚里士多德意义上“实体”的范畴，相反，它可以“既述说一个主体，又依存于一个主体”②，换言之，总是存在“……(的)变异”，而没有“变异……”可见，“变异”只能充当谓词或属性词，这意味着其背后必然存在某种不变的实体作为基础架构。哲学上的探讨恰恰表明，纷繁复杂的变异的表观外显总可以追溯到某种不变的设定，或者说，可感知的诸般变体不过是抽象本体的逻辑延展或派生物。这种观念构成了哲学上关于变异问题的基本思脉，东西方哲学对此都有广泛探讨。

《周易》是中国古代第一部系统探究宇宙万物生灭变化的经典著述，该书关于“易”的论述和注疏有助于理解上述问题。东汉郑玄在《易论》中指出：“易一名而含三义：易简一也；变易二也；不易三也。”这其中第二义“变易”即万物运动变化；第一义“易简”是说《周易》可以把宇宙万物的丰富变化精简为简单的哲学原则，从而使人“易知”“易从”；当这种简化达到了极致，也就形成了第三义即“不易”，即“宇宙变化的基本法则是不变的”，而这一法则就是宇宙的“道”或“本体”。③ 从纷纭变化中抽绎出某种不变之物，并将其奉为最高原则，这是典型的形而上学思维，它意味着作为现象或外显的

---

① Max Planck：Vorträge und Erinnerungen，1975. Accessed by http://m. sohu. com/a/274387102_295452，Mar. 10，2021.

② 亚里士多德在《范畴篇》中将“实体”定义为“既不述说一个主体，也不依存一个主体的东西”，变异并不具备这样的特点，而且恰好与此相反。

③ 张法：《论中国哲学关于运动、变化与生灭的思想》，《社会科学战线》，2014年第12期。

“变易”和“简易”都要受制于本体的“不易”，就像生物体的万般性状表达总是受制于特定结构的基因组一样。但在哲学上，这样的抽象设定往往有二元论倾向，即将本体描述为一种不变不动、不灭不朽的存在或实体，从而将其与变动不居的大千世界区分开来。比如《周易·系辞》中指出，“易，无思也，无为也，寂然不动，感而遂通天下之故”，这里的“易”也即上述三义之“不易”，它无思无为、不变不动，却可以“通天下之故”，成为其最高本体。此外，《中庸》认为“不见而常，不动而变，无为而成”，《庄子》也提到“生物者不生，化物者不化”，等等。钱钟书先生据此指出：“变不失常，一而能殊，用动体静，固古人言天运之老生常谈。”[①] 由此看来，永恒不变的“常”“一”“体”“静”，不仅主宰了作为其感性外显的“变”“殊”“用”“动”，而且往往伴有形而上学实体化[②]的倾向，即作为“生物者”和“化物者”，派生化育出世间万物，此即《周易·系辞》中“生生之谓易”的基本内涵。

上述情形在西方哲学中同样存在。比如赫拉克利特认为，“世界是一团永恒的活火，在一定分寸上燃烧，一定分寸上熄灭”。一方面，世界作为“活火”当然是变动不息的，甚至“一切皆流，无物长住”；但另一方面，“一定分寸”又是不变的，德谟克利特称之为“逻各斯”（logos），即一种“不变不动、不生不灭”的抽象规则。[③] 巴门尼德干脆将变幻不定的感性世界指斥为虚幻的“非存在”，并断定在其背后某种抽象不变的“存在者”才是唯一真实的存在。柏拉图将巴门尼德的存在理解为一种独立于具体事物之外的普遍本质，即理念（eidos），在他看来，只有通过“模仿”或“分有”理念，万物才得以生成，而且理念也是世间万物运动不息的动力因，它通过赋予外在形式而驱使事物向其运动。但亚里士多德对此不以为然，他认为理念并不独立于实体之外，因此事物的运动变化与生俱来，而且它总是朝向某种目的，目的之外还有更高的目的，由此构成生生不息的运动之流。但就像数学上的极限和无穷并不能带来实际知识一样，运动之流也不可能毫无意义地无限延伸，亚里士多德因此指出“存在运动而不被推动的推动者。这个推动者，是永恒的事物，是实体和现实”[④]。可见，某种“不动的动者”不仅推动了万物，而且是其终极实现，即蜕变为“纯形式”，它因此又被称为不可感知、永恒不动的

---

① 钱钟书：《管锥编》（第一册），中华书局，1979年，第6—7页。

② 冯友兰认为，“研究‘存在’之本体及‘真实’之要素者，此是所谓‘本体论’（ontology）；研究世界之发生及其历史之归宿者，此是所谓‘宇宙论’（cosmology）”（见冯友兰：《中国哲学史》上册，中华书局，1961年，第3页）。这里本体论属于形而上学的范畴，而宇宙论则属于自然哲学，两者在关于世界本源问题上的看法并不一致。

③ 赵林：《西方哲学史演讲录》，高等教育出版社，2009年，第48页。

④ 亚里士多德：《物理学》，张竹明译，商务印书馆，1982年，第243页。

“第一实体”；正是在其推动之下，由可感知的物质材料构成的两类实体有序运转：其一为不可毁灭且做永恒圆周运动的第二实体，主要指天体星辰；其二为不断生灭变化的第三实体，也就是人类熟知的“月下世界”。[①]

从“世界是一团永恒的活火”到“万物皆为理念的分有或模仿”，再到“不动的动者推动世间万物”，形而上学无不体现了不同程度的实体化倾向，也就是将其自然哲学化了。后者在西方哲学中根深蒂固。被称为“第一位哲学家”的泰勒斯所开创的正是自然哲学的先河，他认为“万物起源于水”；其后，恩培多克勒认为万物由水、火、土、气四种元素构成；阿那克萨哥拉提出世界由“种子”化育而成；留基波及其弟子德谟克利特提出“原子说”，认为作为“存在”的原子和作为“非存在”的虚空共同构成了万物之本原。凡此种种无不意味着，世间万象要么可以在时间上追溯至某个起点或始基，要么可以在空间上还原为某种原始结构或模型。这些观念与现代生命科学非常接近，比如有遗传学家认为，几乎所有的动物异形体都是从早在地质史上的原生代后期就已经形成的13个Hox同源框基因簇变异演化而来的。[②] 事实上，认为万物皆源于“阿派朗”（ἄπειρον）的阿纳克西曼德最早提出了进化论思想，而作为古希腊哲学集大成者的亚里士多德在《动物志》《论植物》等著作中对“伟大的存在之链”已经有相当完善的描述了。

总之，形而上学和自然哲学从不同角度对万物之本体或本源进行了不同的设定，相较之下，前者更强调某种不变不动、无形无相的普遍本质，后者则倾向于认为万物皆可追溯到某种永恒不变的结构或基本元素。但诚如上述，形而上学往往难免自然哲学化，而如果将其本体论中的否定性描述[③]推向极致，便会产生“万物从虚无中诞生”的思想。值得关注的是，正是这种思想中包含着完备的宇宙生成图谱，其中也包括万物变异和演化的清晰路线图。

在中国，老子是该学说的典型代表。他在《道德经》中认为，“天下万物生于有，有生于无”，并进一步训“无”为“道”，指出“有物混成，先天地生。……吾不知其名，强字之曰道”。“道”一方面为“万物之奥”，具有清晰的本体论指向，另一方面又可以化育天下：“道生一，一生二，二生三，三生

① 参见聂敏里：《亚里士多德的形而上学：本质主义、功能主义和自然目的论》，《世界哲学》，2011年第2期。

② 舒德干：《达尔文学说问世以来生物进化论的发展概况及其展望》，《自然杂志》，2014年第1期。

③ 生命科学往往也通过类似的否定性描述来表达“生命的本原即遗传物质”的观点。比如理查德·道金斯在其著作中将DNA大分子称为“不朽的双螺旋”（见道金斯：《自私的基因》，卢允中等译，中信出版社，2018年，第23页），并认为生命不过是基因的生存工具，真正繁衍下去的只有基因，而不是生命本身。相对于生灭变化的生命体来说，道金斯所谓的“不朽”非常具有形而上学意味。

万物。”这种思想与前述《周易》毫无二致：一方面，最高的“易”为“不易”，它能够“感而遂通天下之故”；另一方面，“易有太极，是生两仪，两仪生四象，四象生八卦，八卦定吉凶，吉凶生大业”（《周易·系辞》）。此外诸如精气说、元气论、理学与心学等，无不认定某种“存在”作为万物之抽象本质，又作为其生成之源。这些具有否定论色彩的“本体”一旦实体化，必将导致“无中生有”的思想；同时，本体论哲学固有的辩证特点，又使得宇宙的生成过程变得图示化和可描述，在此意义上，整个经验世界便从某种“存在”或“实体”开始，按照一定的数学规则演绎而来，就像生物学中核苷酸按照一定的结构组合逐步变异和重组，终而形成纷纭复杂的生命世界一样。

从某一原始设定出发不断变异，以至于形成清晰可辨的万物谱系，这种思想在西方哲学中同样源远流长。比如，毕达哥拉斯认为“数是万物本原，1则是数的本原，而1以及由1构成的2、3、4等数都具有空间意义：1是一个点，2是一条线，3是一个面，4是一个体。从1产生出其他数，以及从数产生出万物的过程被他描述为从点到线，从线到面，从面到体，然后由体按照不同排列方式构成水、火、土、气四种最基本的自然物质，最后再……构成万事万物”①。再比如，柏拉图的理念论将理念世界分为六个等级，依次为至高无上的善、审美和道德、哲学范畴、数字与数理、人造物以及自然物。这些层级不同的理念体系被模仿和分有，便形成了阶梯状的感性世界。

黑格尔哲学在这一点上尤为凸显。著名的“正—反—合”辩证运动构成了黑格尔哲学的基本架构，其过程从最简单、最空洞无物的概念即“纯存在”或“纯有”（Sein）出发，该概念除了表达“去存在”的决心之外没有任何规定性，因此它同时也是自己的对立面即“非存在”或“纯无”，两者因此由对立而统一，构成了第一个真正包含特定内容的“具体概念”即“变”，它意味着“有”和“无”的矛盾运动。同时，这一概念由于被赋予了内在规定性而可称为“质”，由此进入了新的三段论循环：“质”只能通过作为其对立面的“量”的规定性得以显现，二者又进一步统一为“度”。至此，存在论终结，进入本质论，此后又进入第三阶段即概念论。当三者的辩证运动结束，就进入自然哲学，在此，从最简单、最低等的无机物质出发，历经机械论、物理论和有机论，最终逐步向人类社会以及人的精神世界演化。黑格尔如俄罗斯套娃般的本体论叙事无疑表达了一个万物生成的高清数理图谱，如果抹去其令人诟病的三段论和唯我独尊的哲学终结论，它几乎就是DNA和蛋白质大分子从无到有、从简单到复杂的哲学翻版。这里有两点尤其值得关注：

---

① 赵林：《西方哲学史演讲录》，高等教育出版社，2009年，第67页。

第一，黑格尔在万物演化过程中表达了深刻的“变（异）”思想。“有—无—变”的辩证三段论表明，“变”作为第一个具有特定内容的概念因包含矛盾对立而自发产生，因此是有条件、有起点的，哪怕这样的条件和起点端源于空洞无物的“纯有”。同样，生命科学中的变异也就不是凭空而来了，它必然奠基于某种能够永续存在的根基（DNA 分子），而这一根基也不是毫无凭据的，在其背后存在着更为基础的根基（基本粒子）。在此意义上，真正的变异过程将从后者也即最深层的根源起始，而且将在物理、生命和社会三个领域普遍发生。黑格尔有时将其“变”的思想称为“变异”或“自我异化”(Entfremdung)。

第二，黑格尔带有辩证色彩的“变异”的起点是“纯有”，这与以老子为代表的东方哲学强调“无”本体的观念似乎存在矛盾，但实际上两者之间并无本质的不同。根据庞朴的考证，与“无”相通的字历史上依次出现过三个：其一为“亡”，意为“有而后无”；其二为“無”，意为“似无实有”，它“不等于没有，只是无形无相，永远看不见，摸不着而已。也正是因此，它完全不受时空条件的限制，全无挂碍，无时不有，无处不在。……因而它不仅不等于没有，简直成了统治万有的大有”①；一直到远在老子之后的战国后期，“无”的第三义即“一无所有”的“纯无”才真正出现。因此，“《老子》中的‘无’（‘道’）绝非空无、纯无，它也是一种存在（‘无’是有的），只不过无形、无状、无质、无名，与一切现象界的存在在性能上截然不同”②。质言之，本体的“无”似无而实有，它是“有”和“无”的辩证统一，因此老子一方面说“道”“惟恍惟惚”，另一方面又说“其中有象”“其中有物”，“道”因而“独立而不改，周行而不殆”（第二十五章），这显然否定了本体论中“不变不动”的一般规定性，从而与黑格尔的见解达成了一致。因此不妨说，老子所谓的“有生于无”实质上是一种哲学上的佯谬，它意在表明对宇宙万物之本源的描述只能“非常道”“非常名”，并非直言“万物诞生于虚无”。

总之，正如亚里士多德所说，绝对的虚无不可能有任何运动变化，至少在人类目前所知的宇宙中，只有变化永恒常驻，静止总是相对的，因此很难说存在纯粹的虚无；但也正是在这种相对静止中，万物才有可能被认知和理解，形而上学正是通过将其绝对化来达到对世界的普遍认知。同时，无论是形而上学还是自然哲学都承认，世界只能从某个“存在”或“实体”出发，

① 参见谭暑生：《老子的“有生于无”和现代科学的自然图像》，《自然辩证法研究》1990 年第 1 期。

② 陈伯海：《释“有生于无”——兼谈哲学“形上之思”的逻辑起点》，《社会科学战线》，2009 年第 7 期。

通过不断变异和演化，终而形成纷纭万状的宇宙万物。我们即将看到，在历史的维度上，这种观念贯穿于物理学、生命科学和人文社会科学，成为连续一致的“本体–变体”变异观。

二、“从一到无穷大”：物理界和物理科学中的变化与变异

自然科学关于万物终极问题的追问与哲学存在很大重合，比如关于万物从何而来，就有虚无论和实在论两个派别，前者主要关注“从零到一”，后者则致力探讨“从一到无穷大”，而按照上述理解，所谓“零/无”和“一/有”本身又具有一定的辩证和重合关系。在此意义上，本文将追随伽莫夫(George Gamow)[①] 的脚步——正是这位科学家最早提出了被物理科学界广泛认可的热大爆炸理论，也正是奠基于此，“存在之谜”以及万物的演化图谱才有可能在广义科学的层面上得到比较明晰的描述，其中贯穿着一条连续一致的“变异”的线索。

根据热大爆炸理论，138 亿年前，在被称为普朗克时间的 10^{-43} 秒内，宇宙奇点爆发出难以想象的超高温，引力最先分离出来，其他的三种力仍为一体，处于“大一统”状态。如果要追问这一切何以可能，以及如何巧妙设定临界值和初始条件才造就出如此奇妙的有序宇宙，这些问题在严肃的自然科学领域迄今还没有令人信服的解答。如果继续追问下去，将会沮丧地发现，在其他学科领域，关于类似问题的困惑并没有更小。对此，比较合理的做法或许是求助于一种能够对所有这些问题具有统一说明效果且不至于引起诸如唯物主义和无神论者强烈反感的解释性术语。从最宽泛的意义上来说，它大概只能是所谓“看不见的手”——该术语来自达尔文的物种起源学说，最早在亚当·斯密的经济学著作中出现，并广泛见诸其他学科。对于我们所要探讨的问题而言，这只“手”的存在是必要的，因为它不仅设置了大爆炸的初始条件，让万物得以萌生，而且隐秘地规约了万物的演化进程，即担负起一种类似于达尔文意义上的“选择”职能，从而使秩序和（相对稳定的）历史得以出现。正如理查德·道金斯（Richard Dawkins）所说，“自然选择的最初形式不过是选择稳定的模式并抛弃不稳定的模式罢了”[②]。正是在选择稳定模式的过程中，作为其对象的变异现象发生了。所谓变异，即使选择和进化得以可能的条件，它意味着变化中的事物已获得某种结构或状态，从而在表观上

① “从一到无穷大”也是伽莫夫的一本科普著作的题目。

② 理查德·道金斯：《自私的基因》，卢允中等译，中信出版社，2018 年，第 16 页。

呈现出相对稳定的特殊规定性（性状）。如果说变化是绝对的，而且源自大爆炸的熵确乎存在，那么进化（以及在完全宇宙学尺度上的退化）必然发生，其背后的变异也就不可避免。

在大爆炸后的10^{-35}秒，宇宙温度有所降低，强相互作用力从引力以外的三种力中分离出来，夸克、玻色子和轻子开始形成，但电磁力和弱力依然处于所谓电弱相互作用中。该阶段是宇宙进化过程的进一步展开，尤其是以轻子和夸克为代表的费米子的出现，将物质粒子的历史变得清晰可见。在历经古斯（A. Guth）等人所揭示的“暴胀”过程之后，宇宙的温度进一步降低，所谓“粒子期”开始到来，电弱相互作用分解为由光子和W、Z玻色子分别主导的电磁相互作用和弱相互作用。至此，宇宙中的四种基本力完全解脱，质子和中子及其反粒子得以形成，中微子、电子、夸克以及对其起到约束作用的胶子稳定下来。这样的描述很容易让人联想起关于生命起源的著名“原始汤”假说，只不过后者主要由化合物和有机分子构成，而由各种各样的粒子、反粒子、虚粒子和能量场组成的“粒子汤”不仅更原始，反应也更激烈。正是在这样的环境下，作为生命元素之基础的原子产生了。当然，中性原子的真正出现还远在30万年以后，届时所谓“物质”的历史画卷才真正打开。这里要关注的是，在此期间究竟发生了怎样的演化过程才使得这幅画卷变得如此有序和辉煌，要知道在大爆炸早期的“原始汤”中可能存在着不可计数的或旋生旋灭或近乎永恒的粒子及其结构性组合，它们在极端条件下的能量乱流中做着毫无规则的高速运动，很难拼凑成可识别且有意义的历史。而且，按照著名科学家杨振宁和李政道的宇称（P）不守恒原理，这一过程中并非更多的电子变成了反夸克，而是更多的反电子变成了夸克，以至于两者在互相湮灭之后，依然保留了约十亿分之一的夸克，由此构成了如今宇宙中主要可见物质的来源。[①] 在达尔文看来，变异有定性而无定向，进化则表现出明确的方向性，只有朝向进化的变异才呈现于特定的历史之中，正是某种选择机制使然。反粒子在宇宙历史演化进程中被淘汰，或许正是那双“看不见的手”发挥了关键作用：在多重路向已然发生的岔路口，它执行了定向选择的“天职”，从而确保宇宙走向“正”史，而不是“反”历史，即由反粒子构成的被放逐的宇宙。

总之，可知的历史已经写明，只有结构稳定的原子以及作为其深层构造物的少数亚原子粒子而不是其反粒子被选择出来，成为其文本中最重要的章节。对于这部历史何以变得可识别和有意义，一种比较合理的假设也许是，

① 霍金：《时间简史》，徐贤明、吴忠超译，湖南科学技术出版社，2015年，第102页。

正如在有机分子的“原始汤”中以不可思议的几率造就出复制因子，从而使生命现象成为可能，在大爆炸早期的超高温环境中，同样存在重复出现的基本粒子组合，即由携带力的规范玻色子和构成为物质的费米子所共同构筑的包括中子和质子在内的亚原子粒子的稳定结构，该结构为后来更为复杂的原子结构的出现奠定了基础，并进而成为以原子为直接构造材料的自然元素的底层架构。这样看来，所谓粒子的形成实质上是更加原始的实体粒子（以夸克和电子为主体）和虚粒子（以胶子、光子和引力子为主体）相互约束和叠加并由此形成重复性结构的结果，它们就如同基因的媾和与永无止境的扩散传播，着意将经过严格筛选的后代彪炳于史册。这也说明，恰如某一物种可以通过其他物种转变而来，粒子也存在着变异性，而且它们都以某种明确的重复性结构作为起点。

实际上，道金斯从另外一个角度对此已有所揭示。他立足于生命现象指出：“30 多亿年来，DNA 始终是我们这个世界上唯一值得一提的复制因子，但它不一定要永远享有这种垄断权。新型复制因子能够进行自我复制的条件一旦形成，这些新的复制因子必将开始活动，而且开创自己的崭新类型的进化过程。”① 据此，他提出了适用于社会科学领域的“模因”概念（下详），并将其与“基因”相提并论。但按照上述逻辑，若要进一步追问基因从何而来，便不得不向后追溯到万物由以生成和演化的起点。由规范玻色子和费米子构成的重复性结构秩序奠定了原子以及进而可被认知和理解的万物的深层根基，正是因此，高度有序的智慧存在物即人类才能够解读（有序和有意义的）自然史；反过来，该结构秩序作为稳固不变的“遗传因子”，通过不断复制和变异的方式进化出更为复杂的结构体，包括其直接生成物即原子，以及诸种次生物比如自然元素、分子、化合物、生命大分子等，其中也包括秩序井然的核苷酸，并由此缔造出纷纭万状的自然和生命世界。

当然，上述粒子变异与生命科学中的遗传因子变异存在巨大的差异，其中比较显著的一点是，它在形成之后主要通过聚变和裂变两种形式来复制自身。大爆炸后约 10 亿年，主要由氢和氦构成的原始气体在引力的作用下逐渐凝聚成星云，进而衍生为有序化程度越来越高的各种类星体、恒星和星系，其中恒星的演化进程尤其能够体现粒子变异和进化的特点。

当第一代恒星进入所谓主序星状态，新的进化过程就开始了。在巨大的压力作用下，恒星所吸附的在大爆炸早期产生的氢元素发生聚变反应，这使得其内核逐渐被氦占据，持续反应将使其变成体积巨大的红巨星，最后爆发

---

① 霍金：《时间简史》，徐贤明、吴忠超译，湖南科学技术出版社，2015 年，第 223 页。

为白矮星以及其外层的行星状星云。质量大约是太阳的 8 倍或更多的恒星在较短的生命历程中内核逐渐积聚为缺乏活力的铁，进一步塌缩蜕变为单位体积极大的中子星或黑洞，同时引发能量巨大的超新星大爆发。根据霍伊尔（Fred Hoyle）等人的恒星核合成理论，正是在上述各种持续不断的核聚变过程中，几乎所有的重元素被制造出来，它们进而随着超新星大爆发被抛洒于星际，其中的某些元素则直接构成了包括地球在内的行星物质和碳基生命的来源。重元素的形成显然是原子及其深层的亚原子粒子结构发生复制、耦合和扩散的结果，这一点与遗传因子的工作机制非常相似，只不过其复制过程几乎不会发生差错，也即说，粒子尤其原子本身的变异度非常小，但这种变化却造就出了结构和性状差异巨大的各种自然元素。

值得关注的是，宇宙中的自然元素在数量上存在一定的上限，一般认为至多不会超过 172 种；它们由原子核和电子以严格的数量和排列规则构成，并通过化学键的方式进一步形成化合物、分子乃至生命大分子。如同在近乎无限的随机结合中最终结构和性质稳定的质子和中子被保留下来一样，化学元素以及化合物的形成显然也经历了一个选择的过程，在此发挥主导作用的是所谓“结合能”（binding energy），尤其对于更为基础的自然元素，正是具有限制作用的平均结合能（specific binding energy）规定了其基本数量。这同时也意味着其他的结构模式——比如快速衰变的某些人工合成元素——在自然进化过程中被淘汰了，只有留存下来的稳定结构才成为宇宙自然史的有效构成。

如果要追问何以如此，或许正如保罗·狄拉克（Paul Dirac）所说，宇宙中总是存在一些不可思议的“大数”，它们是如此的奇迹和巧合，才造就出这个宇宙。循此以进，科学家惊讶地发现，宇宙中包含了大量恰到好处的自然常数，比如卡恩认为，若非氢原子电磁力和引力之比符合“狄拉克大数”，那么行星将不可能在恒星周围出现，即便行星形成，也不会有以原子为基础的生命的诞生。① 对于这诸般难解之谜，在不援引神的前提下，大概只能像霍金那样，无奈地诉诸所谓的“人择原理”：作为碳基观察者的我们之所以能存在于当下的时空位置，仅仅是因为该位置恰好提供了我们存在的可能。② 然而，该原则在科学家那里却获得了相当广泛的认可，因为它暗含着这样一条道理：所有的碳基观察者都难免于一种自选择效应，这意味着“宇宙必有一些性质

① 参见李玮、常琦：《人择原理：“天人合一”的物理解》，《齐齐哈尔大学学报》，1993 年第 3 期。

② 霍金：《时间简史》，徐贤明、吴忠超译，湖南科学技术出版社，2015 年，第 159 页。

与之相关且相容”[①]。反言之，若非如此，宇宙将陷入非人化的彻底的谜团。

这样看来，一部透明的历史，恰恰被置放于漆黑的背景中。正如只有变化才是唯一不变的，也只有偶然才是最彻底的必然。如果认可宇宙中存在变数和偶然，非定向的变异便始终不可避免，甚至有无数个婴儿宇宙已注定无法载入史册，而我们的所在，或许正像莱布尼茨所说，只是“所有可能世界中最好的一个”。

三、“变中有定”：生物界和生命科学中的变异

如今大部分科学家相信，太阳是由最初漂浮在星际空间中直径达数亿光年的尘埃和分子云发生引力塌缩而形成的，塌缩的原因是附近一颗超新星爆发的扰动，其时间大约在46亿年前。此后，随着太阳进入主序星状态，其周围的星云物质在不同的轨道上逐渐吸积成团，最终凝结为后来的各大行星系统。

根据俄罗斯生化学家奥帕林（Alexander Oparin）的生命起源假说，地球形成1亿年后，海洋中到处漂浮的各种化合物和有机大分子在高温环境下形成了一锅“原始汤”，这就是地球生命的最早渊源。后来的深海探测和古生物学研究陆续证实，这锅“原始汤”里可能存在着类似于“黑烟囱”般的海底热泉。由于高温高压和金属的催化作用，由热泉中涌出的氮元素逐渐转变为氨，加之其周围富含硫化氢和硫酸盐，经过复杂而漫长的生化反应，大约到地质史上的“冥王代”后期，组成有机生命之基石的氨基酸就产生了。当然，这距离形成如线团般折叠盘绕且结构规则的蛋白质分子尚且路途遥远，就像米勒实验距离蛋白质大分子的合成一样遥远。

然而，生命现象唯一不可或缺的基础构件即核苷酸以及由其构成的结构精密的遗传密码的形成还要走过更遥远的路程。根据“中心法则”，蛋白质中不包含可自我复制的遗传物质——这是核苷酸的专属，而“遗传密码子的起源依然是现代科学的最大谜团之一”[②]，关于这一谜团，至今没有比较完整而统一的见解。但这绝不意味着该领域一无可知，比如1980年“核酶”（ribozyme）的发现就使研究者普遍相信，更为简单的RNA分子要早于DNA出现，前者产生于非生命物质，并兼有后来DNA和蛋白质的双重职能。就像吉尔伯特（Walter Gilbert）所说，地球生命应该从一个“古老的RNA世界”

① 王继振：《人择原理初探》，《自然杂志》，1995年第6期。

② 谢平：《遗传密码子的起源——从能量转化到信息化》，《生物多样性》，2017年第1期。

开始，然后才进化出芸芸众生。而RNA长链分子究竟如何生成？根据道金斯的理解，在某一时刻，“原始汤”中的“一个非凡的分子”偶然形成了“复制因子”——它的几率如此之小，以至于让不习惯以“亿年”这样的尺度来思考问题的人们难以相信，但实际上它“并不像我们原来想象的那样难得”，而且，“这种情况只发生一次就够了”。进一步的后果是，一条由更小的分子构成的复杂大分子构件稳定下来，并碰巧与另一条有亲和力的构件附着在一起，两者会自动按照复制因子本身的序列排列起来，逐渐形成一条稳定的长链，这样层层叠加，就像秩序井然的结晶体的形成过程一样。[①] 此番描述仿佛又让我们回到大爆炸后“粒子期”亚原子粒子聚合的场景。两者都是令人惊奇的统计学规律和某种选择机制发挥作用的地方，不同之处在于，前者生成了一份能够自我复制的遗传密码，后者则形成了超稳定的结构组合即质子和中子，并通过能量变迁进一步构成更为复杂的原子，从而为这份生命密码提供了必不可少的物质基础，同时还组构为这份密码的深层结构，或者说是其密码的密码。

核苷酸的形成是地球生命史上开天辟地的大事件，但要让地球真正变得生机勃勃，还需要另一种统计学力量的介入，这就是附着于其上的复制因子即基因的变异。这种变异形式的工作机理表现为，在各种内外条件的作用下，基因上的核苷酸物质发生结构、数量、位置、组合方式、载体等方面的扰动或改变，以至于形成新的性状甚至新的物种。由于包括基因突变、基因重组和染色体变异在内的遗传变异最终都是基因自身的改变，甚至被认为与基因构造无关的表型变异也体现为基因组修饰指令的改变，所以这些变异实质上都可以归结为基因变异的不同表现。相对于前述粒子变异，基因变异要么是遗传物质的突变和重组，要么是作为其载体的染色体的畸变，其结果总是DNA分子的变化，因此也被称为分子变异，准确地说是与遗传有关的有机大分子变异。遗传因子一旦形成，其复制偏差就不可避免，盲目的基因变异自此便奠定了生命大厦的基石。换言之，复制差错是变异的表现，同时也是进化的前提，因为如果没有差错和变异，生命将密闭于特定的阶段，可读的历史因此将不会出现。套用“人择原理”的解释，生命从巧合中产生，从错误中进化，却到了一个正确的结果，即从中进化出智慧人类这一历史文本的识读者和诘问者。

2016年，德国科学家威廉·马丁（William Martin）研究指出，地球生物

---

① 理查德·道金斯：《自私的基因》，卢允中等译，中信出版社，2018年，第17—18页。道金斯在此主要探究DNA长链结构的形成，更原始、更简单的RNA应当与此类似。

的 DNA 序列中有 355 个保守基因广泛存在于全部主要的生命门类中，推而论之，这些基因应该同样存在于现在地球生物的最终共同祖先（last universal common ancestor，LUCA）体内，并且它们因为具有极端重要的生物学功能，所以可以跨越接近 40 亿年的光阴一直保存至今。① LUCA 是一种被假想的最古老的生物，该生物是地球生命的共同祖先，就像距今约 320 万年前的南方古猿露西（Lucy）被认为是人类的共同祖先一样。LUCA 体内的 DNA 序列通过遗传变异的方式并经历严酷的自然灾变和生存竞争，不断向原核生物、蓝藻、古细菌、双鞭甲藻、阿迪卡拉动物群、伯吉斯动物群、鱼石螈、恐龙、哺乳动物和灵长类动物进化，然后经过露西、早期智人，从东非大裂谷数次迁出，一直到作为人类直系先祖的晚期智人成功走出非洲，向各大洲撒播人种和文明的种子，地表生态系统才被塑造为现今的模样。

上述内容是对生命史演化进程教科书般的常规描述，对于生命科学家来说，这种描述显然太过简单且理想化了，而且它对进化——如果确实存在的话——的基本动因也缺乏深刻的揭示。对于这些问题，很多研究者倾向于诉诸生化物理寻找原因，也就是所谓的“生命熵”理论。这一理论也牵涉到一般生命概念的另一重基本内涵，即所谓新陈代谢问题，它同时也是基因变异的另一个纵深面向。

根据该理论的最早提出者、著名量子物理学家薛定谔的观点，“一个生命体在不断增加它的熵——或者可以说是产生正熵——从而趋向于危险的最大熵状态，那就是死亡或活着。要想摆脱死亡，只有从环境中吸取负熵……有机体正是以负熵为生的。或者不那么悖谬地说，新陈代谢的本质就是使有机体成功地消除了它活着时不得不产生的所有熵”②。热力学第二定律是整个宇宙中最不可违抗的基本定律之一，这也是爱因斯坦的一个洞见，然而在薛定谔看来，生命现象恰恰在抵抗宇宙的熵增过程中获得了自身的规定性。

上述广泛流传的理论至少包含了两个层面的重要信息：

其一，在宏观上，生命吸收营养物质并排除废物的新陈代谢过程，实质上是吸取高度有序的低熵大分子，比如蛋白质、淀粉等，经过消化分解之后排泄出相对无序的高熵小分子，从而使生命体获得负熵流的过程，其结果是达到一种协调有序的稳定状态，也就是非热力学平衡态。

其二，在微观上，正如薛定谔所说，生命体“从环境中‘吸取秩序’的惊人天赋似乎与‘非周期性固体’即染色体分子的存在有关。凭借着每一个

① 参见王立铭：《生命是什么》，人民邮电出版社，2018 年，第 55 页。

② 薛定谔：《生命是什么》，张卜天译，商务印书馆，2018 年，第 75 页。

原子和原子团各自发挥作用，这些分子无疑代表着已知的有序度最高的原子集合体，其有序度远比普通的周期性晶体高得多”①。该表述惊人地预言了DNA的存在，仅隔十年之后，沃森（James Watson）和克里克（Francis Crick）便完成了这项发现。薛定谔在此探究了生命体之所以能够吸取负熵流的深层原因，即某种远远超出周期性晶体秩序的“已知的有序度最高的原子集合体”在根本上的异质同构作用——这一点与上述“人择原理”所揭示的精神世界对有序宇宙的认知颇为相似，它再次说明自然、生命和精神现象具有内在的连续性和统一性。但薛定谔没有进一步深究这种高度有序的遗传物质本身又是如何形成的，该问题直到比利时物理化学家普利高津（Ilya Prigogine）提出耗散结构理论才得到比较可信的论证。普利高津认为：一个远离平衡态的非线性开放系统与外界发生物质和能量交换，由此引发涨落效应，其内部的参量变化达到一定阈值时，便可能造成系统的自发对称性破缺或非平衡相变，从而使该系统的混沌无序状态转变为一种时空和/或功能上的有序状态。在生物学上，被称为生命体“能量货币”的三磷酸腺苷（ATP）有可能提供了最早的能量来源，让处于无序状态的有机分子团聚体经过普利高津意义上的“涨落”和“突变”过程而逐步有序化，从而使得氨基酸和核苷酸构件分别发育出秩序井然的蛋白质分子和DNA双螺旋结构。②

现在的问题是，遗传密码序列形成之后，不可磨灭的熵变会对微观世界的遗传变异带来怎样的影响？按照生物变异学的一般理解，在两性生殖出现之前以及在常规的基因突变和染色体变异中，引发自然变异的主要原因就是辐射、温度等的变化对固有碱基次序或其载体的扰动，这种扰动使DNA的脆弱部位发生碱基置换、移码突变等变异现象，而这些因素本质上无不是能量涨落或熵变的体现，这也正是薛定谔对于遗传变异的理解，即“基因分子的量子跃迁”③。由此可见，所谓生物变异，在源头上可以上溯到不可违抗的宇宙熵增过程；后者恰恰意味着一切有序构造物的衰变或退化，这与生命现象

① 薛定谔：《生命是什么》，张卜天译，商务印书馆，2018年，第81页。

② 该过程可能恰好发生在上述“原始汤”中的某些所谓的海底“失落之城”，在此，由“黑烟囱”喷发的碱性热泉与酸性海水之间形成了一定量的氢离子浓度差，根据彼得·米切尔（Peter Mitchell）酷似水电站的“化学渗透”（chemiosmosis）原理，正是这种差异制造了ATP，进而使得地球生命可以“利用这样的能源组装蛋白质和DNA分子，并建造更坚固的水坝积蓄氢离子”，从而在远离这块生命的温床之后，依然可以繁衍生息（参见王立铭：《生命是什么》，人民邮电出版社，2018年，第54—58页）。中国生物学家谢平院士也提出了生命起源的“ATP中心假说”，认为正是ATP自身的转化与缩合造成了“生命过程的信息化”，即生成DNA三联子密码系统，并使得蛋白质构件发生自组装（谢平：《遗传密码子的起源——从能量转化到信息化》，《生物多样性》，2017年第1期）。

③ 薛定谔：《生命是什么》，张卜天译，商务印书馆，2018年，第52页。

从低级到高级、从简单到复杂的进化过程截然相反。幸运之处在于，一定条件下，从混沌无序的开放系统中总能够“进化”出某种程度上的有序结构，包括前述从基本粒子到中子、质子和原子的结构性聚合，其中原子的有序化程度甚至让卢瑟福（Ernest Rutherford）提出了“太阳系模型”。

然而，当地球生命进化到现代智人阶段，基于熵变的盲目、随机和不定向变异，史无前例的大逆转开始了：人工诱导的定向变异登上历史舞台。定向变异奠基于分子遗传学和基因技术的高度发展，它让自然变异固有的随机性和绝大部分不利后果降低到可控范围，并在很大程度上让人工选择取代了那双“看不见的手”即自然的选择。当前正在引发全球道德恐慌的基因编辑是人工变异的典型表达。这种类似于物理化学领域合成元素的技术手段，目前已经能够在活细胞内高效便捷地随意编辑任何基因片段，甚至已出现大规模改造人体基因的可疑迹象。基因编辑、克隆技术以及至今依然聚讼纷纭的转基因技术都可以通过对基因的改变来获得人为指定的遗传性状。从自然哲学的角度来看，这些做法实质上都是利用某种定数或规则来限定自然界的盲目流变，或者将特定的负熵流引入混沌系统，借以组建合乎人类意志的结构秩序。如果承认“唯变不变”，那么形形色色的基因技术无不是在变中求定，通过必然率来驯服偶然，或者说向盲目混乱的宇宙自然讨要秩序和信息。

在此意义上，前述在粒子变异领域尚且显得不那么令人信服的人择假说在此已换骨夺胎，因为定向变异意味着“弱人择原理”在智慧人类可及的工程学范围内不得不让位于“强人择原理”，而且该原理的哲学奠基人也不再是哥白尼——1973 年人们还为他举行了诞辰五百周年纪念大会，而是康德，他所谓的“哥白尼革命”强调并非“理性受教于自然”，而是“理性向自然提出问题，要求其答复”。虽然强人择原理在作用范围上可能远不及弱人择原理（涉及整个宇宙），但它至少在地球生命范围内普遍有效。

仅就生命科学而言，这样的观念不仅仅存在于可遗传的基因改良人、克隆人和生化人身上，也存在于非遗传性的湿媒体、可穿戴技术等对生命体的改造过程中。更进一步，基于计算机代码系统——它可以看作 DNA 编码系统的虚拟对应物——制造出来的各种电子怪兽、赛博人、IP、二次元，则通过强大的人择机制形成了一个崭新的变异体世界，该世界不再受制于自然环境，而是被导入了一个完全异质性的虚拟时空场，该时空场反过来对实体世界造成越来越深刻的干预和影响。在人工智能领域，越来越海量的计算机代码也许就像科幻作品中所描述的那样，终有一天会发生类似于基因变异的复制差错，从而导致自我进化，乃至于成为人类的超阶变异体。果真如此，而且如果人类技术不能做到像“冯·诺依曼机器人”那样历经若干世代之后依然可以执行自动绝育的律令，那么奠基于强人择原理的人工智能终将变成该原理的最终葬送者。

四、“通变则久”：文化界和人文社会科学中的变异

薛定谔和普利高津都倾向于认为，自然界与生命体之间很大程度上共享同一套法则，以威尔逊（Edward O. Wilson）为代表的生命科学家所提出的生物社会学理论认为，生命现象与人类社会之间也存在着不容否认的内在连续性。当然，这并不是说三者因此已具备哲学意义上绝对的自我同一性，相反，它们的连续关系恰恰是建立在各自的特殊规定性之上的。对于变异问题来说，三者各自的“原初定点”或基因类型正体现了这种特殊性和连续性的统一。

根据道金斯的解释，社会文化领域存在着一种类似于生物基因的对应物，其名为“模因”（meme）。该词源自拉丁文“mimeme”，为了让它与“gene”一词更像，道金斯将其改造为“meme”，这也使得它与英语中的“memory”（记忆）和法语中的“même”（同样的）等语词产生了关联；而且，模因最初同样产生于某种类型的“原始汤”中。[①] 模因变异是一种与粒子变异和基因变异既有内在关联又有一定区别的变异形式。

道金斯多次强调DNA并非宇宙中唯一拥有垄断权的复制因子，“遗传进化只不过是许多可能发生的进化现象的一种而已”，其他构造物同样可以实现遗传密码子的功能。当然，对于社会文化领域来说，DNA分子以及附属于其上的遗传基因提供了无可取代的基础性价值：它们通过严格筛选的进化过程“创造了大脑，从而为第一批模因的出现准备了‘汤’”[②]。对于这种类似于生命“原始汤”的新“汤”究竟是什么，道金斯语焉不详，不过就其所提示的生成环境即大脑而言，它或许近似于晚期智人古老的自我意识——在心理学和哲学上，该术语意指主体对自我的经验感知和判断，由于这种认知判断需要涉及他人及所在环境，所以一般认为自我意识是一切智识行为产生的基础。任何智识都意味着秩序和信息，自然、生命和精神由此便贯通一体。

进一步的问题是，在自我意识的“原始汤”里，模因如何像DNA分子那样结合成一种长链结构，从而对某种可遗传的表观性状产生影响？道金斯没有对此做出回答，但他认为存在某种类似于基因组那样的“相互适应的、稳

---

① 理查德·道金斯：《自私的基因》，卢允中等译，中信出版社，2018年，第221—222页。
② 理查德·道金斯：《自私的基因》，卢允中等译，中信出版社，2018年，第223页。

定的、相辅相成的模因复合体”，其形成原因在于有助于提高模因的生存价值，从而更有效地应对其所在环境的自然选择。比如，“上帝模因”为巩固其生存优势必然伴随着一种在内容意义上与之相反的惩罚性的观念即“地狱火模因”，后者来自一种人类本能的深层恐惧心理，当它与“上帝模因”关联起来时，两者便互为补充、相反相成，在模因库中促进对方的生存。同时，两者还可以进一步与“促使人们盲目信仰的模因”相关联，形成一个结构更为复杂的模因复合体。这种理解显然更接近于在结构法则上更加复杂的社会文化现象。

按照道金斯的理解，模因涵盖甚广，“曲调、概念、妙句、时装、制锅或建造拱廊的方式等都是模因”①。这样看来，只要合乎“作为一种文化传播单位或模仿单位”的概念限定，都可以是模因或者其结构性复合体。但是，这绝不意味着一切社会文化领域的存在物都是模因——准确地说，它们绝大多数都是模因变异的结果。道金斯认为，真正的模因必须具备“长寿、生殖力和精确复制”三种能力，其中前两者赋予模因以历史的维度，后者则是其生命活力的保障。这三种能力可以使模因在人类历史上长盛不衰，某些模因为了“延年益寿”甚至可以抑制作为基因之“生存机器”的人体的行为，从而使生命本能屈从于文化使命，这就是历史上反复出现“舍生取义”现象的原因。在此意义上，苏珊·布莱克摩尔（Susan Blackmore）宣称，人的本质就是基因和模因的复合体，也是两者共享的“生存机器”②。如果将这一观点加以完善表述的话，可以说这两种本质元素都是以基本粒子及其变异体作为深层基础的。

但问题是，上述模因的精确复制能力很容易让人产生疑惑。“基因的传播在性质上是数字化的，但模因则否”③，由于其传播过程必须以具有自由意志的人的大脑为载体，不得不羼杂某种主观意识，因此类似于基因复制那样的微弱差错率在模因复制中几无可能，道金斯认为，后者可能要高于前者几个数量级。由此看来，从粒子变异到基因变异再到模因变异，变异度（差错率）越来越大，变异体的表观类型也越来越丰富。

从遗传学的角度来看，模因变异度较大的原因与其复制过程中的“颗粒性”特点有关。所谓“颗粒性”与“融合性”相对，这一概念最早由著名遗传学家兼神父孟德尔（Gregor Johann Mendel）提出，他认为遗传单位的工作

---

① 理查德·道金斯：《自私的基因》，卢允中等译，中信出版社，2018年，222页。

② 见吴秋林：《文化基因论》，商务印书馆，2017年，第20页。

③ 苏珊·布莱克摩尔：《谜米机器：文化之社会传递过程的“基因学”》，高申春等译，吉林人民出版社，2001年，序，第7页。

机制遵循自由组合和独立分离的原则，而不是通过简单的叠加或杂合发育出某种“中间”或“过渡”的性状。后一种情形如若存在，在经历若干世代以后，某个物种内“群体之间的个体差别便会越来越小，最终趋向于同质。这样变异便没有了，自然选择便成了无米之炊”[①]。这一原则对于社会文化领域具有同样的阐释效力：该领域之所以至今未见归于同一，反而趋向多元化和多样化，正是因为模因复制和变异摒弃了融合遗传原则而遵循颗粒原则。这反过来说明，诸如跨文化研究、文化人类学、比较文学等学科中提出的所谓“不可通约性”或“异质性”现象，比如东西方文明之间的巨大差异，正是基于模因的颗粒遗传原则才得以成长发育并长期维系下来。

进言之，繁复万象的人类文明实质上是基于模因复制和变异，并经过某种意义上的选择和进化的结果。但正如卢西曼（W. G. Runciman）所认为的那样，“文化和社会的变异过程，很大程度上接受自觉意识的指导，它不同于基因变异”[②]。言下之意，模因变异在选择主体和机制上都已发生了巨大变化，它开始受自觉意识的主导。比如在民主和专制政体两种不同模因的产生中，自然选择可能只起到非常有限的作用（文明发轫之初或许更大一些），而前述影响范围有限的强人择原理却作用甚大，它确保富有活力的模因变异体能够获得更为有利的生存前景。[③] 该原理在人类社会中发挥重要作用，很大程度上弱化了既备受诟病而在社会生物学范围内又难以驱除的社会达尔文主义——强调“弱肉强食，适者生存”；强人择原理意味着社会竞争受制于智慧设计的规范引导，因此是有理性、有限度和有道德的，或许正是基于这一点才有了伦理制度和福利社会。

如果承认正是模因变异及其进化过程塑造了人类文明，那么反过来，任何文明的构造物也都可以追溯或还原到某种特定的空间-结构或时间-基点上来，或者说，特定时空中的某些原始成分正是模因变异的原型。

在此意义上，模因变异在宏观上可以分为两种类型：其一为基于空间和形式维度的“结构型”变异，其二为基于时间和内容维度的“始基型”变异。文明史上反复出现的某些结构、符码、形象、方式、构型、法则、范式等的

① 舒德干：《达尔文学说问世以来生物进化论的发展概况及其展望》，《自然杂志》，2014年第1期。

② W. G. Runciman, “The Selectionist Paradigm and its Implications for Sociology”, *Sociology*, 1998 (32), p. 177.

③ 当然，这并不是说达尔文意义上的自然选择不发挥作用了，而是人择原则的作用加大了，因此我们不能苟同尼克·罗斯所谓的“自我中心论的选择主义”，毋宁说，人类社会的选择模式是受两者共同作用的结果，毕竟不能否认人在自然界的特殊性。在此意义上，苏珊·布莱克摩尔认为人类文明纯然受制于自然选择的说法是值得商榷的。

变迁，无不是前者的典型代表。比如托马斯·库恩在《科学革命的结构》一书中认为，在最初的理论或流派形成之后，科学便进入一个常规发展期，在此期间“科学共同体”逐步产生，其内部成员共享同一套思维方式、行为准则和信仰系统，由此构成一种“范式”。特定范式的存在能够规范科学活动，但同时也对其设定了种种限制，当这些限制随着新问题和新发现的出现不得不受到挑战时，新的范式就破茧而出了。整个科学史便遵循这种范式变迁的原则不断从低级到高级、从简单到复杂发展演化。库恩所谓的“范式革命”，无疑是结构型模因变异的一种写照。类似地，黑格尔提出的艺术类型学——象征型、古典型、浪漫型，也是该类型模因变异的典型表现。此外，诸如米歇尔·福柯四种知识型的划分与演变、马克思的五种生产方式的历史变迁等等，无不是某种结构型模因发生变异以至于构造出更为复杂的结构系统的体现。

以时间和内容为基本维度的始基型模因变异主要体现为从理论、信息、要素、语言、定理、规律、公设等特定起点出发，不断吸纳其他模因要素而扩容自身，以至于形成更为复杂的内容系统。欧几里得的几何学是其典型代表，它从5条公理和5条公设出发，推演出465条命题，显示了始基型模因变异的惊人延展能力。笛卡尔的哲学体系从不可怀疑的“我思”出发构建出整个知识系统，也是该类型模因变异的典型体现。此外，柏拉图的理念、黑格尔的绝对精神、爱因斯坦的质能方程式和场方程，以及前述可以发展为强人工智能的计算机源代码等的变化或运演，都可以归为此种类型的模因变异。不难看出，始基型模因变异构成了科学、思想和观念现象的深层演变基础。

综上可知，模因变异对于整个人类文明的发展、进化和多样化至关重要，因此在人文社会科学领域，该问题已经引发了广泛的关注和探讨。道金斯的弟子苏珊·布莱克摩尔最早阐发其师的思想，提出了系统的“模因学”理论，并声称该学说能够“为我们解释千差万别的现象，如容量巨大的人脑的进化问题，语言的起源问题，人类的思想与沟通问题，人类的利他倾向，以及因特网的诞生与发展问题，等等”[①]。美国学者利莫·士弗曼（Limon Shifman）在传播学领域运用并发展了模因理论，他在其热销的《模因》一书中聚焦于网络模因以及各种网络文化现象，并对模因传播的特点及其与病毒传播之间的关系做了比较分析。[②] 此外，以拉波夫（William Labov）为代表的社会语言学家在20世纪60年代就已经提出了系统的“语言变异”学说，认为由于

① 苏珊·布莱克摩尔：《谜米机器：文化之社会传递过程的“基因学”》，高申春等译，吉林人民出版社，2001年，序，第21页。

② Limor Shifman, *Memes in Digital Culture*. Cambridge: MIT Press, 2014.

社会文化的变迁，语言自诞生以来便存在广泛而深刻的变异，因此语言不是一个静止、孤立、同质化的结构系统，而是一个不断变异和进化的“异质有序”的过程性存在物。[①] 中国著名学者曹顺庆先生在比较文学和跨文化研究领域提出了系统的“变异学”思想，他在《比较文学变异学》一书中对文学和文化的移植、旅行、流变、在地化、他国化以及跨文化接受、适应性、排异反应等问题进行了系统探讨，尤其立足于异质性与可比性问题，丰富发展了比较文学和文化的学科理论及其哲学基础。[②] 尽管这些研究未必都致力于考察可遗传的模因变异问题，但它们在当前的人文社会科学领域已经产生广泛影响，成为一个拥有广阔前景的学术增长点。

五、走向“广义变异学”

以上本文以变化和变异问题为线索，系统探讨了哲学、物理、生命和文化四大领域的相关现象及其理论学说，从中不难发现，该问题在各个学科中普遍存在，而且具有一定的内在统一性，它至少可以作为普朗克所谓的“连续性链条”之一种，贯穿包括哲学在内的各个独立的学科领域。经过这种全视角的疏证和清理，导源于自然科学的变异思想已被提升到一般化和广义化的层面，因此可以称之为“广义变异学”。这种新的理论观念意味着，物理学、生命科学和人文社会科学诸领域在起源、变异、革新、复制、传播等方面存在一定的包含、融通和同一性关系，因此可以用统一的思想加以阐述说明。当然，这并不意味着传统意义上界限分明的不同学科领域丧失了各自的特殊规定性，只是说它们具有被统一说明的内在基础。据此，上述以哲学、物理学、生命科学和人文社会科学为对象的广义变异学，在知识学上可以被分别划分为基础变异学、物理变异学、生物变异学和文化变异学四大领域；作为独立的结构板块，它们均拥有属于本领域的特殊现象、问题和知识模型，但统一的变异学观念将贯穿其中并产生普遍的阐释效力。如果在相对意义上承认宇宙是连续的，万物可知，那么面向未来的“广义变异学”便是一种值得期许的学说。

---

① J. K. Chambers, P. Chudgill & N. Schilling-Estes, *The Handbook of Language Variation and Change*. Malden, MA: Blackwell, 2004.

② Shunqing Cao, *The Variation Theory of Comparative Literature*. Berlin: Springer-Verlag, 2013.

作者简介：

曹顺庆，四川大学杰出教授，文学与新闻学院学术院长，欧洲科学与艺术院院士，国家级教学名师，哈佛大学、康奈尔大学访问学者。主要著作有《中西比较诗学》（1988）、《东方文论选》（1996年）、《比较文论史》（2012）、《比较文学概论》（2015）、*The Variation of Comparative Literature*（Springer，2013），英文期刊 *Comparative Literature & World Literature* 主编。

李金正，重庆大学新闻传媒学院副教授。

杨清，四川大学文学与新闻学院教师。

译者简介：

张帅东，四川大学文学与新闻学院教师。

通向跨文化理论*

劳伦·杜布罗伊　/撰
董智元　/译

摘　要：当代西方文学与文化理论具有跨国性，它们起源于20世纪中后期欧洲学者的研究工作，随后传入美国，并得到美国学术界的认可与接受，此后又随着美国主导的全球化进程而传入世界各地。虽然文学理论长期以来与文学作品关联紧密，但在当今时代，文本研究与理论探索之间却出现了割裂。为了解决理论与文学面临的复杂问题，应当通过跨文化对话的方式，重新思考理论的内涵与应用，并基于“超越全球”的新视角反思不同文化的特质与不可通约性。

关键词：西方文论　跨文化　全球化　超越全球

“理论”是一个首先在20世纪60年代后期以来的美国（以及更多国家）大学语境中获得意义的称谓，它来自由欧洲（主要是法国）学者引领的开创性工作，其著作以一种回应时代要求以及西方政治危机的方式，（在文学上和哲学上）跨越了学科，积极地重估认知的偏见和共识。尤其是在20世纪六七十年代，整整一代欧洲知识分子在他们本国的社会制度中很少得到赞同，而美国学术界似乎能为这样的作者提供合法化的平台。美国学术界对那些新观点的相对开放基于很多原因：由美国参加第二次世界大战导致的“欧洲趋向”重新开始；军事占领导致西欧在不知不觉中日益“美国化”，马歇尔计划和文化商品化使得西欧知识分子在美国或长或短的旅居与生活比以前更容易；先前的欧洲学者与科学家于20世纪三四十年代成功涌入美国。

* 原文载 *Comparative Literature Studies*，2018（55/4），pp. 892－896. 摘要与关键词为译者所加。

这里应该注意的是，由于法兰克福学派几位杰出人士的流亡，“批判理论”这一短语在20世纪60年代之前的美国就广泛传播。“批判理论”（由马克斯·霍克海默、西奥多·阿多诺和他们的同事创立）表现为超越知识划分的方法和话语，它将对当代的批判和长期的学术传统，尤其是哲学的概念、方法，联系在一起，并最终为当今提供一种政治价值——经常以（后）马克思主义的或激进的视角。这些特点无疑影响了（后）结构主义在美国的接受，还部分地解释了为何尽管（反讽地）所谓“法国理论”的多数“知名人士”广泛排斥“理论”这一术语，但该术语逐渐成为对不同方法的便捷称呼。在1976年批评与理论学院（School of Criticism and Theory，如今由康奈尔大学主办）的创立或者保罗·德曼1982年的文章《抵制理论》（The Resistance to Theory）中，我们能够觉察到绝对意义上的“理论”感（以及与之更相关的潜在含义，将它与文学研究和哲学发展相联结）。

这样，理论作为一个指涉截然不同且时常互不相容的思想的集合名词，其核心是跨国范畴。它首先通过欧洲与美国这两个主要支柱之间的思想、人员和文本流通得到共同阐发。在其事实性定义和如今含混但具有启发性的意义上，理论取决于迁移和位移，如果没有它们，人们将主要按照更传统的学科与话语区分（即“哲学家”“散文家”“批评家”等）来说话。现在，在第一波浪潮中，理论是跨国的，但既不是全球性的，也没有与地方的特殊性（主要是美国学术界更开放的结构和法国精英的博学训练）相分离。由于美国的帝国地位，理论的进一步传播为更全球化的时刻铺平了道路。后殖民理论诞生于那些在自传播活动开始的第一刻起就参与或接受教育的学者那里，这并不是偶然的。理论出于某些原因（由于“思想市场”的内部与外部因素）在美国大学中退潮，但与此同时，通过后殖民意想不到的手段，其全球化进程愈加显著。就像以前的情况一样，这种新颖的（而且如今不仅仅是跨国的）传播当然深刻地改变了先前事业的内容和目标。可以说，到20世纪90年代末和21世纪初：(1)“理论”这个名称成为一个真正的“全球称谓”，但同时依然带有一种美国烙印；(2)理论的实践不再被理解为元欧洲（meta-European）框架所独有的。从那时起，英美理论中截至目前尚未被翻译的部分在其他语言中变得更加容易获得，从而产生了一些新的反馈（比如通过朱迪斯·巴特勒的酷儿理论研究，米歇尔·福柯被重新介绍给欧洲大陆）。此外，从制度的角度看，以不同于往昔“圣三一”语言（法语、英语和德语）的其他语言书写理论的观念变得更加“合法”。同时，平心而论，理论的最新全球化散播没有巩固它在主要学术中的合法化中心的地位，那里现在正在培养一种更加量化和由技术统治的研究评判范式。此外，积习难改：许多理论的倡导者依然希望它起源于欧洲大陆，然后在“世界的其他地方”“播种”，再在美国“开花”；而其他人则将其视为“返回”理论家们原初经典的任务。这样的反应表明人们对当前的理论传播了解甚少：主流观点依然深陷于过时的传播模式（传统主义、扩散主义［diffusionism］、学术的转移［*translatio studiorum*］、作用–反作用，如此种种）之中。

在美国学术界内外，柏拉图所说的哲学与文学之间的“古老的不和”是理论首次成功的核心。尽管20世纪六七十年代的主要理论家们有巨大的分歧，但他们都有一个共同的信念：文学作品能挑战思想的局限，并为话语研究和知识更新提供潜力。今天，许多事实上已经被纳入理论新经典体系的最重要的欧洲思想家依然赋予文学非常特殊（有时甚至是最高）的任务。值得注意的是，大多数（如果不是全部）参与理论生活的欧洲主要思想家接受过文学研究的高级训练。在美国，由于“批判理论”前期的扩散，还由于“文学理论”领域的出现（在俄国形式主义和新批评之后，由勒内·韦勒克和奥斯汀·沃伦这样的作者普及），“理论”这个范畴无疑得到了广泛传播。也就是说，无论是制度上还是智识上，理论一直都与文学相近，虽然也保持了一些不同（在这个词的所有意义上）。然而当前，全球范围的理论（如果有这种事物存在的话）正威胁着要与文学一分为二。一方面，人们发现一些作者主要在理论框架内研究文学或艺术作品，但这些作者没有特别强调哲学，甚至没有意识到它的最新进展。另一方面，越来越多的学者把理论视为“具有现代感的时尚欧陆哲学”的代替物——他们对文学往往只保持短暂的兴趣。当然，没有绝对的区分，或者说这样的区分还不存在，但差异已经足够明显了。

由兰詹·高希（Ranjan Ghosh）和J. 希利斯·米勒合著的出版于2016年的著作以一种间接但明确的方式将自身定位于跨洲的、概念性的时空中。《文学思考的洲际对话》（*Thinking Literature across Continents*）显然选择了文学，将其作为任何未来理论更新的来源，同时将新任务定为高希所说的“跨越”，或者是超越智识传播和互动的二元结构（引用酒井直树［Naoki Sakai］的话：“旧”世界和“新”世界，或者“西方”和“其余地方”）。虽然作者们不止一次而且正当地说，他们并不是代表某一特定的文化（而且我想说：一代人）发言，但这本书最吸引人的地方在于作者诉诸不可比较的话语和艺术实践。高希和米勒怀着值得称赞的愿望，以交流的方式来参与书中五部分核心的每一个议题的讨论。这超出了交谈（conversation）的范围，但在我眼中，它其实并没有为我愿意称之为对话（dialogue）的，或者是其他人的思想变化过程的持续参与创造条件。[①] 此处的一个困难可能与此书相对缺乏对文学理论和批评的诗学的反思有关。书中致力教学的部分提供了有价值的视角，这往往被隐藏于论述文学的著作中。但是总体上，认知和诗学的双重问题被忽略了。这是我们现时代的共同特征，然而人们会想知道，在理论上和实践上同时坚持不同的写作模式——这是书中经常提及的德里达、德勒兹、布朗肖这三位学者的著作非常突出的特点——是如何以及为何在很大程度上从人们的视野中消失的。我不想因为这样的忽略而过多地责怪作者（特别是鉴于米勒自己的作品和高希对泰戈尔的频繁引用）。不过，它确是伴随着一种文化主义和历史主义的文学概念而产生，我认为这是有问题的。当然，*sahitya* 不是文学（literature），文学甚至也不同于 *Dichtung* 或 *poiēsis*，[②] 但是文学本身（*literature* "*qua*" *literature*）几乎没有固定的意义：它主要创造它自己的意义。因此，我对"过去几个世纪中我们西方人的'文学'一词的含义"[③] 了解不多，正如我不相信存在一类人叫"我们西方人"。而我更为确信的是，如果"我们"曾经是一个被赋予某种一致性或内容的群体，那么我们还未能就"文学"意义的确定达成一致。至于它的出生日期（米勒说它有"3 个世纪的历史"），我们有如此多的不同选择（从古代晚期到 18 世纪末），以至于我更加怀疑是否存在有价值的历时性解答。其中一个结果是，"文学"或其他任何我们想在此使用的术语的意义从来都不是一个基准（datum），随后在其他时期或文明中还会出现别的术语：无论这个或那个术语的历史是什么，它既不解释也不创造意义。[④] 也就是说我和米勒有同样的顾虑：我们不应该顺畅而惯常地引进我们已经习惯的阅读方式。我们不应该将文学作品缩小化和规范化并将"第三种"混杂的话语应用于它们。但这种动机与大多数人文主义者陷入的历史主义和文化主义陷阱无关。如果文学文本事实上是以口头形式出现的，那么社会结构就是通过其口语阐释者也就是语言（记住埃米尔·本维尼斯特的阐述）来发挥作用的。文化传统和社会条件并不是第一位

---

① 我对对话的理解是非常希腊式的，与柏拉图和苏格拉底的文类有明显的联系。进一步的阐述可以参见 Laurent Dubreuil and Sue Savage-Rumbaugh，*Dialogues on the Human Ape*（Minneapolis：University of Minnesota Press，2018）。可与 R. Ghosh and J. Hillis Miller，*Thinking Literature across Continents*（Durham：Duke University Press，2016，pp. 134－135）比较。

② ［译注］*sahitya* 源自梵语，今译作"文学"；*Dichtung* 为德语，意为"文学作品"；*poiēsis* 为古希腊语，意为"创制"，是 poetics（诗学）的词源。

③ R. Ghosh and J. Hillis-Miller，*Thinking Literature across Continents*. Durham：Duke University Press，2016，p. 141.

④ 参见 Laurent Dubreuil，"What Is Literature's Now?"，*New Literary History*，2007（38/1），pp. 42－70.

的，或者即便是，意义的文学过程也早于它们。在这方面，米勒对文学特质和不可通约性（irreducibilities）的卓越投入不能完全回避对普遍性的假设。即使人们遵守特殊性（singularities），每一次阅读和每一部作品也在产生超越它们自身边界的理念。特殊性是普遍性成为可能的条件。因此，位于借鉴不同文化的文本融合（高希的方式）和以独特的方式处理地方的复杂状况（米勒的方式）两极之间的方式具有足够的启发性，但它最终忽略了我们在思考中——尤其是通过文学——经历的差异及以此进行非同寻常的沟通的可能性。在我看来，高希有时如此致力发现崭新的、可理解的概念，以至于他过度偏爱（绝对的）理论。理论威胁着要成为一种中立的、有组织的言说方式，还具有自驱动力和共同的参考领域（一系列名字和引述），它与文学作品的关系看起来过于超验。

我针对短语“超越全球”再额外补充几句话，以此结束这些评论。我是在六年多以前想出这个表述的，当时我正试图为《变音符》（*Diacritics*）寻找新的方向。这个短语在学者们中间传播，带有非常开放的含义，我希望这能对不同的方法路径有所帮助。高希立刻“听到”了我，并逐渐有了他自己的理解，这是他在第五章中提出的一个概念。对我来说，“超越全球”不能与不可通约性相对立，因为它取决于每种文化、文明和社会的内部断层线，它源于不可通约的重复经验，尽管新的信息技术和技术资本主义让我们受制于强大的统一力量的互补式承认（在千年来的其他“世界化”方式之后）。因此，“超越全球”要求同时处于好几个时期和地点。这不是克里奥尔化，不是意合（parataxis），不是融合（syncretism），不是文化旅游，不是对“他者”的一般性开放。这要求我们彻底重塑自己的习惯和传统，那样，我们每个人的最佳特质（就像高希的跨文化阅读和米勒的自反语文学）都将被收回和重组。

作者简介：

劳伦·杜布罗伊，美国康奈尔大学比较文学、罗曼语研究和认知科学教授，清华大学世界文学和文化特聘教授，并担任清华大学跨文化理论中心联合主任。著有13部学术著作，最近的作品是《诗与心》（*Poetry and Mind*，2018）和《关于人猿的对话》（*Dialogues on the Human Ape*，与灵长类动物学家苏·萨维奇—伦保合写，2019）。

译者简介：

董智元，北京师范大学文学院比较文学与世界文学专业博士研究生。

变化的空间：英语世界文学的经典化*

马德斯·罗森达尔·汤姆森 /撰
张瑞瑶 /译

摘 要：经典化是指一些作品和作家在文学文化中获得特殊地位的复杂过程，而另一些作品和作家在文学文化中的地位却越来越不明显。经典化不断发生在读者、批评家和评价机制的相互作用中。得益于新的数字资源和社交媒体的发展，现在可以更好地研究经典化问题。世界文学的经典化特别复杂，因为它跨越了民族经典的概念，在与西方文学融合和反经典立场之间摇摆。这篇文章评介了关于经典化的不同观点，以及如何利用发行量和读者数量等数据资源来分析经典化；考察了以本地和全球为导向的英语作家与日益重要的移民作家之间的关系；考察了世界文学对英语的影响，因为它不仅影响到英语经典，也影响到非英语文学文化的经典。

关键词①：经典化 数字 移民作家 英语 世界文学

一、引言

一个人无论对经典化持赞同还是批评的态度，都无法忽视经典是被塑造的这一事实。这首先体现在学术机构设置课程时自上而下的运作中，当文学领域的各色人等出于各自的优先考虑而形成无法忽视但可以接受批评的等级制度时，也以更广泛、更复杂的形式表现出来。有的评论家可能会把本·琼森置于比莎士比亚更高的地位，但很难说这是被大多数人认同的观点。在过去50年跨民族的文学研究模式历程中，至少应该有两个重要方面对经典结构形成了挑战。首先，是后殖民文学对英语文学中英美文学的主导地位的挑战。这

* 原文载*Anglia*：*Journal of English Philology*，2017（35/1），pp. 51－66.

① 中文关键词为译者所加。

种挑战是在20世纪70年代末开始建立起来的，而且它在英语文学体系中开创了新的局面。其次，是始于20世纪90年代后期的世界文学转向，它强调把翻译文学纳入视野，并将英语文学体系整合在一个共同的空间中，而不是分裂为英、美、后殖民文学等独立的领域。众所周知，很难界定什么是世界文学，然而大家普遍认为，对世界文学研究的新兴趣应避免两种观点：一是把世界文学等同于世界名著，二是不经筛选地把所有作品包含在世界文学中。比较文学、后殖民研究和世界文学这几种不同的文学研究模式之间的冲突仍然十分明显，它们揭示出我们所采用的方法在理念上的不同。

以上每种范式都为经典化提供了思路：总体而言，后殖民研究是对既成经典的一种反应，并且要面临的是对过去几个世纪已有经典的融合或补充；世界文学是对西方经典和后殖民经典分界的一种反应。就这点而论，它们寻求新的空间，界限变得不再重要，它可以接纳以前在比较文学中处于边缘地位的移民作家、翻译文学。除了以上复杂情况，民族文学场域对作品经典化也很重要，它往往呈现出不同于文学的国际传播及评价的偏好。那么英语文学经典在当今世界文学中是怎样的面貌？当英语的文化影响越来越大时，这个问题变得很重要：中国的广告通常是双语的（比如一所私立学校的海报，略带讽刺意味地用英语写着“In education we trust”）；在瑞士，讲德语的人会把法语作为他们的第二语言，反之亦然，但现在他们的通用语是英语。此外，世界各地的欧洲语言文学系都在努力招收（除英语外的）学生。

埃里希·奥尔巴赫曾在1952年写过一句名言：“英语日益扩大的影响力，同时在实现和摧毁世界文学的理想。”① 英语将使人们拥有一种共同的语言和跨越国界的阅读能力，但也会扼杀语言的多样性，并限制文学的表达。这样的矛盾描述了当今世界文学的状态，这也是埃米莉·阿普特的《反对世界文学》（2013）和阿米尔·穆夫蒂的《忘记英语！》（2016）②所担忧的。关于翻译之得与失的争论已经讨论了多次，在这里不做详细分析。但奥尔巴赫的预言并没有考虑到翻译仍然在蓬勃发展，并且不仅仅是向世界文学的英语化道路这单一方向发展。尽管英语文学在世界学术界被广泛阅读，也被数百万非母语读者在闲暇时阅读，但把英语翻译成其他语言仍是文化交流中的主流，占

---

① Erich Auerbach, “Philology and ‘Weltliteratur’”, Edward Said and Maire Said, trans., *Cerennial Review*, 1952/1969 (13/1), p. 3.

② Aamir R. Mufti, *Forget English! Orientalisms and World Literatures*. Cambridge, MA: Harvard University Press, 2016, p. 17.

欧洲所有翻译的60%以上。[①] 语言的多样性仍然存在，但人们不应对某些后果抱有乐观态度。文学翻译越来越多地被英国和美国市场主导，而这些市场的偏好也将影响被翻译成其他语言的文学。

本文首先分析世界文学经典化的概念和用法，特别是后殖民作家和移民作家所构成的挑战以及他们所面临的阻碍。在随后的第三、第四部分论述更广泛地获取数字资源有助于完善、修正和扩大文学经典化过程和文学传播。第五部分关注移民作家在英语文学中的地位如何变得越来越重要，在此前提下论述后殖民作家以及民族认同与世界性认同的区别。最后一部分的落脚点在英语对非英语文学的重要性——它们的经典化以及进入世界文学都有赖于英语；反过来，非英语文学又扩大了英语文学的疆域。

二、什么是经典?

历史悠久而本质上充满活力的较为狭义的英语经典文学与涌现出来的宽广的文学的关系是什么？当代的作品总是比过去涉及的范围更广、更庞杂。在过去，经典化的过程一直致力于降低复杂性，按照弗兰克·克蒙德的观点，经典化还参与了历史上那些与当代价值观、思想或美学理念相一致的作品的现代化和提炼工作：

> 这是无法逃避的：如果我们想要将我们所珍视的经典树立为丰碑，我们必须无视那些不利的联想，保存它们，并想方设法表明，在变动不居的世界它们仍然有价值。由于拥有独特特征和品质，我们把它们看作相互关联的，就像同属于一个家族一样。因此，我们必须以某种方式将它们彼此联系起来，这样做有助于确立对历史的态度。在预先确定的价值方面，经典塑造了过去，使之可为人所及，并使其现代性变得可能。[②]

经典化的概念是复杂的，而且是文学史和文学研究中本质上不可回避的问题。[③] 经典影响历史的秩序，但不可避免的是，它们也排除了作品和作者。经典的形式涉及确立作品价值的权力，但是权力的来源本身是值得争论的。

---

① "Literature across Frontiers", *Publishing Translations in Europe*: *Trends 1990 — 2005*. Aberystwyth: Mercator Institute for Media, Languages and Culture, 2010, p. 7.

② Frank Kermode, "Canon and Period", in *History and Value*: *The Clarendon Lectures and the Northcliffe Lectures 1987*. Oxford: Clarendon Press, 1989, p. 117.

③ Gabriele Rippl, and Simone Winko, eds., *Handbuch Kanon und Wertung*. Stuttgart: J. B. Metzler, 2013.

正如约翰·吉洛里总结的，作者不再被视为天才，而是社会认同的代表。[1] 这个过程仍然留下了很多问题：机构是否比那些通过购买、阅读和写作来表达自身喜好的人更有影响力？变成经典的一部分的现代作品，以及世代努力树立起的经典曾经是重要的，为什么现在却不是那么不朽？这些都是我们迫切思考的问题。在不同国家界定的经典范围内，这些问题已经很难回答了。在这个时代，地区和民族经典好像不那么相关或者至少关联不充分，而世界性的价值观已经成为国家利益的一部分，国家所提供的民族认同的合理性面临着压力。因此，建立和维系经典变得更加困难和意义重大，尤其是因为在工作中存在着重叠的问题。原有的对民族文学与世界文学的区分在一定程度上仍然存在，但英语文学面临一种特别复杂的状况，因为其中有许多相对较新的文学领域随着多种归属的出现而出现：它们可能属于某个新的国家、地区或大陆，以及某个国际性经典化的形式，或者作为英语世界文学的一部分。

在《后经典化、超经典化时代的世界文学》中，大卫·达姆罗什提出了三个概念，使经典思想更细致，不再那么二元论。“超经典”指的是那些随着时间的推移，比不那么经典和非经典作家受到更多关注的作家和作品。在胜者为王的倾向中，读者和评论家的注意力越来越多地转向小范围的作家和作品——这也是詹姆斯·F. 英格力什提出的一种文化场域动态论。[2] 达姆罗什以萨尔曼·拉什迪、威廉·华兹华斯、钦努阿·阿切贝为例，认为文学研究应该意识到超经典的向心作用，尽量更加多样化，特别是在教学方面。[3] 由于阅读时间有限——无论是在课堂还是在私下——超经典的逻辑似乎不可避免，但并非没有后果。在某些遥远的语境下，这些作品所承担的可能远比它们所设定的要多：印度英语文学不只有拉什迪，非洲文学不只有阿切贝。即使这些作家没有被看作他们国家或地区的代表，但他们相对而言的主导地位仍是以其他作家为代价的，这表明了世界文学的多样性所面临的问题。与此同时，我们必须认真对待这样一个事实，即有些作品无论是主题还是形式，都具有某种特殊的吸引力，这会使它们被归入文学领域的不同范围，当然，还必须考虑这些作品是否与它们所属国家的其他文学作品有相似或不同之处。在许多情况下，可以分辨出来它们的某些特征与超经典作品具有显著的不同。

---

① John Guillory, *Cultural Capital: The Problem of Literary Canon Formation*. Chicago: University of Chicago Press, 1993, p. 10.

② James F. English, *The Economy of Prestige: Prizes, Awards, and the Circulation of Cultural Value*. Cambridge, MA: Harvard University Press, 2005, p. 334.

③ David Damrosch, "World Literature in a Postcanonical, Hypercanonical Age", in Haun Saussy, ed., *Comparative Literature in an Age of Globalization*. Baltimore, MD: Johns Hopkins University Press, 2006, p. 50.

达姆罗什提出了另外两种经典化的变体来补充超经典："影子经典"指那些不再称得上确定无疑的典范的作家作品，其相对重要性或可见度已经变弱了，这是因为它们没有提供与超经典相比明显不同的东西——不论在美学还是主题方面；"反经典"由与超经典竞争的作家作品组成，它们将提供一个不同视角的文学史，它是：

> 由作家那些属下的、"有争议"的声音组成的，要么是用那些不被普遍教授的语言，要么是强权语言中的次要文学。许多甚至大多数情况下，原有的主要作家与这些新来者相当舒适地相邻共处，后者中很少有人积累了像前者一样的文化资本。①

大多数情况下，反经典最终不会取代超经典作品；然而，它们对已确立的经典的挑战是重要的，尤其是为了反思文学领域在形式和主题上不断变化的偏好。

世界文学研究的一个中心问题是经典形式在哪里发生。西方经典的第一阶段，英国文学特别是后殖民文学开辟了一个新的空间，它们既参与了新的当地经典的形成，也是国际经典的一部分，在某种程度上，它们依赖于新国家以外的学者。这种分裂的身份因为文学研究的国际化而得到加强，而文学研究正在更努力地挣扎着为民族文学辩解，并不热衷于将其作为世界文学或区域文学的一部分，或者将其置于更分散的文学网络——例如魔幻现实主义或关于暴行的文学之中。②

英语文学产生了超经典作家，钦努阿·阿切贝、沃莱·索因卡、德里克·沃尔科特和萨尔曼·拉什迪，这是国际上的四位典型作家，他们也吸引了重要批评家的关注。可以说，随着文学的发展成熟，"影子经典"开始出现——20世纪六七十年代的作家可能不会被下一代认为是重要的。后殖民经典是作为反经典成立的，但问题是现在它是否仍然是反经典，还是已经成为国际上广泛经典的一部分，以及后殖民文学是否已经成熟到产生自己的反经典。本文接下来的部分将对移民作家和非移民作家之间的差异所暗含的冲突加以分析。反经典最重要的因素是坚持扩大经典化的概念。然而，在考察最近的文学传播方式时可以发现，这一点说起来容易做起来难。

---

① David Damrosch, "World Literature in a Postcanonical, Hypercanonical Age", in Haun Saussy, ed., *Comparative Literature in an Age of Globalization*. Baltimore, MD: Johns Hopkins University Press, 2006, p. 45.

② James F. English, *The Economy of Prestige: Prizes, Awards, and the Circulation of Cultural Value*. Cambridge, MA: Harvard University Press, 2005, p. 263.

三、体现在数据上的经典

确定实际上什么算经典是一项难易不等的任务。可追溯到一个多世纪前的超经典作家的判定并不难。当哈罗德·布鲁姆的批评者质疑他的西方经典时，其所质疑的不是但丁和莎士比亚，而是更广泛的占主导地位的英、美作家，以及权威经典的整体概念和对西方经典的偏爱。经典的核心是：它们不是个人的，而是共同的。一部独特的经典除了作为“个人最爱”的缩写外，没有任何意义。众所周知，关于什么是经典、什么应该是经典，以及经典对谁适用的讨论是非常复杂的；然而，有了新的数字资源，就有可能更好地利用阅读、传播、赏析和评论的各种指标来确定什么是重要的。翻译、引用和销售的数据并不是关于经典或精确科学的事实，但它们可以帮助我们跟踪历时变化以及分析当前兴趣是如何形成的。

经典和经典思想的运用已经扩展到当代文学中，现在要判断一部当代作品 50 年后或 100 年后是否还会被阅读，还为时尚早。然而，这将是经典作品的一个决定性特征：它们能够与后代保持联系。与此同时，经典的过程还在继续，几年内被遗忘的作品经年累月之后很难回到文学史的聚光灯下，尽管其中有一些出其不意、神话般地重新回到文学史巅峰，但这样的案例并不多见，而且人们通常夸大了最终成为经典的作品之前缺乏认可的情形及惨淡的销量。近年来，人们更多地依托数据来研究经典化过程，这既能更好地把握当前对过去的评估，也能从纵向上了解偏好是如何变化的，以及有些作品是如何被遗忘的。弗朗哥·莫莱蒂的“文学屠宰场”，比喻似乎很贴切。泰德·安德伍德和乔丹·塞拉斯在《文学威望的长时段研究》（*The Longue Durée of Literary Prestige*）中追溯了批评在接受上的惰性，认为“接受形式随时间的变化相当缓慢，用我们的普通批判性工具可能很难区分这一点”[①]。斯坦福文学实验室的手册深入研究了经典文本和档案文本之间的差异，从语言学角度观察发现，冗长表达在不太经典的作品中更常见。基于学术讨论和作品重印量所反映的作品认可和流行情况[②]，该手册还列出了 19 世纪的作品，这为文学领域提供了一种有趣的表现方式。这一表现方式建立在皮埃尔·布迪

---

① Ted Underwood, Jordan Sellers, “The Long Durée of Literary Prestige”, *Modern Language Quaterly*, 2016 (77/3), p. 333.

② Franco Moretti, Mark Algee-Hewitt, Sarah Allison, Marissa Heuser and Hannah Waiser, “Conon/Arahive: Large-scale Dynamics in the Literary Field”, *Pamphlet* Ⅱ. Stanford: Literary Lab, 2016, p. 4.

厄的著名图表之上，该表由具体数据支持。

还有更多来源和数据可以更好地展现机构、批评家和读者如何以不同的方式对文学做出反应并传承文学，而且文学研究必须毫不回避地寻求机会，尤其要关注在多个层次上建立等级制度（或规则）的方式，以更好地了解读者群体的动态。不仅是不同作者，而且是同一作者的不同作品，对某些作品甚至是某部作品中的某些段落的关注可能过高，以至于不能忽视；相反，有些体裁和民族的文学作品可能比传统经典更多或更少得到研究和阅读。

四、数据意味着什么？

通过不同版本的维基百科来调查什么是经典文学所得出的结论并不全面，但这仍然是一种有力的方法。尽管维基百科因其用户和内容而引起争议，但它是窥探大众智慧来源而非少数人偏好的重要途径。在 http://data.weltliteratur.net/ranking.html 网站上有对维基百科 15 个版本的数据排序，每个版本有前 25 位作者。排名因 7 种不同的数据抓取方法而异，其中包括作者的排名和一般介绍，以及基于 2012—2014 年用户实际搜索量的排名。英语世界文学的影响及其在文学经典化中的地位既是一种讲述，也是对英语世界文学的误读，它很少包括殖民和后殖民作家。拉宾德拉纳特·泰戈尔经常出现，尤其是在实际页面浏览中；萨尔曼·拉什迪是最经常出现的当代作家；V. S. 奈保尔或基兰·德赛没有在这个名单中，而 J. M. 库切在 2625 份名单中只出现过一次。因此，它是一个关于世界文学中民族文学、西方经典持久取向的故事。

其他来源则呈现出不同情形。像钦努阿·阿切贝的小说《瓦解》已经被确立为一部值得世代保存的作品，并且仍然属于世界上最畅销的作品之一。2016 年 8 月 11 日，它在亚马逊网站的畅销榜排第 62 位，仅次于其他几部小说和大量的自选和商业类书籍，这至少表明它在市场上的反响非常好。可以预测，萨尔曼·拉什迪的《午夜的孩子》将在畅销榜上停留一段时间，但这并不是经典化感兴趣的方面。达姆罗什提到，与其他作家相比，学界对拉什迪的作品怀有极大的兴趣。那些作家在其他情况下本来可以成为学术研究的对象，但学界碰巧只对拉什迪的一小部分作品感兴趣。[①] 即使是极具盛名的奖项，如诺贝尔文学奖或布克奖，从文学文化活跃部分的意义上说，也不能稳

---

① David Damrosch, "World Literature in a Postcanonical, Hypercanonical Age", in Haun Saussy, ed., *Comparative Literature in an Age of Globalization*. Baltimore, MD: Johns Hopkins University Press, 2006, p. 50.

定地预测未来的经典。这应视为过去动态评估的良好品质，也是读者对机构经典化不信任的标志。[①] 然而，随着媒体的传播和读者对当前的定位，经典的形成越来越多地留给了教育系统和学术界，而后者本身又是一种丰富的亚文化（和市场）。亚马逊不同网点的销售排名揭示了人们对作品的兴趣，以及假定的经典作品是否还“活着”，而通过 worldcat. org 网站访问的图书馆藏书信息提供了其他指标，比如图书购买量和个人作品的版本数量。

谷歌收集的大量数据也与经典化研究相关。谷歌趋势显示了全球当下的兴趣，非常适合展示对单个作家的关注范围。“谷歌学者”（和其他学术书目）将兴趣从批评家转移到作者身上，而“谷歌书籍词频统计器”则或多或少准确地揭示了作者和作品受关注的长期趋势。“谷歌书籍词频统计器”也讲述了作家的影响，这同样不应被解读为事实，而是对不同作者长期受关注的总体趋势的汇编。下图显示了 1965—2008 年间五位英语作家的作品表现，它表明这五位作家经常被提及，但他们之间也有很大的差异。

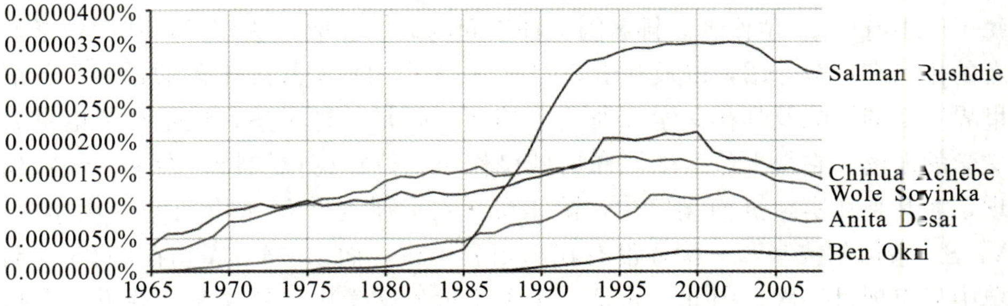

图 1 五位英语作家的著作（1965—2008 **年**）

这样的图表并不能证明什么，但它是努力的一部分，目的是找到一种方法来减少经典化对直觉的依赖，而更多依赖不同资源，最终是更多依赖读者和批评团体，而不是个别机构和学者。

在线读书社交平台作为一种由用户发起的论坛特别有趣，它吸引了一大批热情的读者。网站上的统计数字显示了广大读者群体的评价和兴趣，这当然可能带有偏见，却产生了不同人感兴趣的有用指标。他们的兴趣显示出他们对不同作品的关注程度有着显著差异。钦努阿·阿切贝的作品《瓦解》阅读量由原来的 20 万降到了他的第二大作品《再也不得安宁》的水平——该作品的阅读率略高于 4000，二者相差近 50 倍。萨尔曼·拉什迪的下降率略低，

---

① Horace Engdahl, “Canonization and World Literature: The Noble Experience”, in Theo D'haen et al., eds., *World Literature: A Reader*. London: Routledge, 2012, p. 326.

有几部超过10000，但仍远低于《午夜的孩子》的77000。其他具有开创性的作家，如诺贝尔奖得主德里克·沃尔科特、安妮塔·德赛等，他们最受欢迎的作品的阅读量不超过3000，这表明超经典和非经典的分裂。然而，在“谷歌学术”上，这些作品得到了更均匀的数据分配，其他作家也得到了更多类似的关注，尽管学术界仍然倾向于拉什迪和阿切贝。在解释这些新的海量数据时，必须使用多种数据库，比如从翻译量、销售量、其他作品的引用量到社交媒体和互联网搜索量，因为不能根据单一数据库来确定一部作品的影响力、认知度或读者人数，多个数据库的加入可以为文学文化在相对狭窄的学术界之外的运作带来启示。

五、从后殖民到世界主义？

埃莱克·博赫默在《殖民与后殖民文学》中有力地提出了关于哪些作品是经典的不同看法之间的冲突。在这里，博赫默将以自己年轻的祖国基础的具有政治参与性的作家与探索自身复杂归属感的国际移民进行了对比，后者的写作灵感来自南美的魔幻现实主义。当然，这并不是很清楚的区分，博赫默承认在两种写作方法对比中还有很多值得思考的地方。除了文学质量的问题，这些不同的作家成为人们希望在当代文学尚未确立的经典中找到价值表达的代表。博赫默提出了参与性、政治性文学，他认为，世界主义、后殖民文学在某种程度上将更多地被西方精英解读，而不仅仅是被来自为小说提供背景的国家的人解读。博赫默特别质疑移民写作与南半球的相关性，尽管他承认世界性方法的创造性潜力。[①] 穆夫提正确地质疑了世界文学“忘记英语”的普遍性，批评了已经在全球传播开来的地域和单一世界主义之间独特而普遍的矛盾思维中的欧洲观念。[②]

许多问题都纠缠在这一分歧中：经典与谁相关？在全球化时代，民族经典是否相关？谁是本质上经典作者的代理人？这些问题都不是微不足道的，尤其是过去几十年来，博赫默强调了一些倾向——尤其是移民作家在国际图书市场上的影响力稳步增长。从西方到南半球的文学往往吸引了移民作家或有移民背景的作家的注意力，这些作家在国际图书出版市场和利用文化资本成为以纽约和伦敦为中心的大型图书市场的一部分方面具有优势，他们比那

---

① Elleke Boehmer, *Colonial & Postcolonial Literature*. Oxford: Oxford University Press, 1996, pp. 236—239.

② Aamir R. Mufti, *Forget English! Orientalisms and World Literatures*. Cambridge, MA: Harvard University Press, 2016, p. 12.

些以自己国家为基础的作家更有可能成为国际英语经典的一部分。印度作家的英语写作和母语写作之间的差异仍然是最显著的。在印度作家中，国际影响和成为经典的可能性更大的是说英语（和用英语写作）的作者，而不是其他作家。对此的看法褒贬参半。在全球化时代，一个作家处于一种以上的文化，掌握不止一种语言，这难道不是人类身份认同所发生的最有趣的表达吗？如果他们是最有才华和最有野心的作家，追求一大批有前景的读者是否对他们不利？为了拥有更多的读者，J. M. 库切选择用英语和南非荷兰语写作。许多非洲青年认为法语或英语是他们的自然语言，也是一种全球性文化的语言，他们和其他人一样希望成为其中的一部分。

用全球语言表达文化议题的相关论著，有着一些不同见解。在《什么是世界文学?》中达姆罗什提出了对世界文学态度的合理转变。[①] 过去，两种非常不同的态度主导着世界文学研究，而且对经典的形成有很大影响：一种是寻找与西方文学风格、主题相似的文学，因为两者间的不同并不是压倒性的事实——事实上，它们并不令人印象深刻；另一种是寻找能最大限度地与西方传统保持距离的作品，以展示真正的文化差异和异国情调。这两种态度都有问题，它将被对作品的兴趣取代，而文化议题也产生于这些文本中。文化议题也发生在文本中。无论好坏，这可能是当前世界文学经典化的决定性特征。

六、移民作家

丽贝卡·瓦尔科维茨的《为翻译而生》（2015）和西格丽德·洛夫鞑的《新文学》（2014）都将移民作家置于当代英语世界文学研究的中心位置。在这两项研究中，翻译家和双语作者都非常有名，像特居·科尔和牙买加·琴凯德这样的移民作家也是如此。瓦尔科维茨提出了更广泛地看待英语文学的理由，同时也考虑到了作品背后的出版策略和营销因素以及作家的定位。此外，她还提到了一些作品，这些作品为翻译而创作，而不仅仅是为当地读者写的。

> 世界小说融合全球受众，以此强调读者和译者在文学作品创作中的作用。通过对书籍和其他媒介的传播进行反思，这些作品将翻译确定为文学和政治集合体的来源。它们还认为自身是不同语言和传统集合体的

① David Damrosch, *What Is World Literature*?. Princeton, Oxford: Princeton University Press, 2003, p. 133.

一部分。[①]

瓦尔科维茨关于扩大英语文学研究的最后一步是有意识地将英语以外的语言的作品结合在一起。这种策略并不是新的，它在经典化事后看来非常成功。詹姆斯·乔伊斯的《芬尼根守灵夜》和钦努阿·阿切贝的《瓦解》是两部不完全用英语创作的优秀作品。这种风格被许多作家采用，比如最近的奇戈希·奥比奥玛的《钓鱼的男孩》。

在移民和全球化加速的时代，尤其是文化方面，能够接受身份建构和挑战的复杂方式的作家也是在各种文学文化中引起读者注意的作家。比起面向单一地方的作家，他们有许多优势：他们可以探索语言的边界，并熟练地运用更多的语言，这意味着一种分裂的身份，但也是文学话语中一种真正具有创造性的手段；他们可以创造出在任何文化中都不完全“在家”的人物，无论是他们离开的文化还是他们所在的文化；他们是反民族主义世界观的支持者，以一种亲切的爱国主义的形式来表达。与对世界造成很大伤害的观点不同，他们正努力形成一种温和的爱国主义。

由夸梅·安东尼·阿皮亚提出的世界主义可能是表达一种新的可行理想的最佳尝试。[②] 在所有这些参数上，移民作家与其说是强化民族主义，不如说是打破语言、文化、民族之间的界限。但是，对于一切“为翻译而生”的文学或与“新世界文学”相关的特质和美好意图而言，我们有理由追问：在这个偏重于世界主义的观点和离乡背井而非归属的文学世界的舞台上，这种文学代表文化的方式是否有问题?

作家在国际上获得的认可对本国关于他的看法有着很大影响，有时甚至国际突破带来迟到的国家承认，威廉·福克纳、豪尔赫·路易斯·博尔赫斯的情况就是如此。对于那些从一开始就不被认为是英语作家的人来说，这一点就更加明显了，他们的发展之路是由他们的英语作品的接受程度决定的。

七、英语对世界文学的影响

某些作家的国际经典化对民族经典有何影响? 亚历山大·赫蒙是一位用英语写作的芝加哥作家，但他也是过去 50 年来波斯尼亚最著名的作家。赫蒙

① Rebecca Walkowitz, *Born Translated: The Contemporary Novel in an Age of World Literature*. New York: Columbia University Press, 2015, p. 162.

② Kwame Anthony Appiah, *The Ethics of Identity*. Princeton, NJ: Princeton University Press, 2005, p. 256.

写过 20 世纪 90 年代的战争创伤和移民问题，他经常提到波斯尼亚文化，但他的作品离不开他的美国经历。在 20 世纪 30 年代以后，卡伦·布利森（又名伊萨克·迪内森）用英语创作，然后将其翻译成丹麦语。国际认同和国家经典化之间的相互作用是复杂的，但肯定存在，最极端的例子可以在罗马尼亚找到。就翻译数量来衡量，最受国际认可是的米尔恰·埃利亚德、欢仁·尤内斯库和保罗·塞兰，他们每一个人都采用其他语言写作，却保持了罗马尼亚的身份认同，尤其是在国外。

有许多作家是本民族文学的代表，但他们与英语世界的书面语有着非同寻常的密切联系。这并不使他们成为英语作家，至少不是所有都成为英语作家，但他们对英语世界文学产生了重要影响。这种影响的一个例子是作者获得国际承认。汉斯·克里斯蒂安·安徒生的童话是翻译数量最多的文学作品之一，安徒生在受德国影响的文化中写作，就像现在一样，当时英语远不是丹麦的第二语言。玛丽·休伊特在 1846 年翻译的《儿童的精彩故事》出版，尽管这并非完美翻译，但它打开了英语世界的一扇大门。从那时起，安徒生在英语国家的影响力已经超过了其他主要的欧洲语言领域。此外，安徒生在中国的持续影响也依赖于英语翻译，他与王尔德和格林兄弟一样，自辛亥革命之后在中国家喻户晓。

与同期的其他作家相比，一些作家与英美文化的联系异常紧密。可能会有一场冗长的辩论来讨论这些作者是否更好、更多产，是否对外界的想法和评价做出了回应，进而使国际文学界对他们更感兴趣，或者他们是否以独有的方式参与了可识别的主题和形式，从而获得国际承认。这两种解释可能都有一定的道理，但重要的是，他们在文学领域与其他作家形成了鲜明的对比。这方面有许多例子，日本当代作家村上春树尤其受到西方文化的影响，以至于他的书的标题借用了西方人名地名，比如《海边的卡夫卡》和《挪威的森林》，后者是对披头士乐队的一首歌的借用。同样，受日本古典传统影响深远的三岛由纪夫也是如此，这位作家在 1970 年政变失败后切腹自杀。三岛生前反对日本西化，然而，他却深受西方文学、艺术和生活方式等方面的影响。[①] 1965 年三岛由纪夫创作的话剧《萨德侯爵夫人》在国际上演，这部作品以那位颇有争议但被奉为经典的法国作家萨德侯爵为主人公。得益于与西方作家之间的互动，三岛很早就在西方得到了认可。关于英语世界对作家的重要性，以及随之而来的国际、国家经典化过程，可以列举出许多其他作家，比如费

① Philip Shabecoff, “Mishima: A Man Torn between Two Worlds”, *The New York Times*, 26 November 1970, https://www.nytimes.com/books/98/10/25/specials/mishima-mag.html [accessed 2 October 2016].

尔南多·佩索亚和拉宾达纳特·泰戈尔。同样值得注意的是，以其他语言撰写但被翻译成英语的文学越来越重要，这反映在新的机制中，例如布克文学奖自2005年以来一直在“奖励作者的作品，不管最初是用何种语言创作的，只要它在英语世界广泛接受”①。虽然它所奖励的许多作品最初是用英语写的，但它展现出一种重要姿态，以一种新的方式来描绘文学领域和国际文学领域的英语世界文学。

八、结语

在经典中存在着很多不平衡现象，它们的起源可能很容易被发现，而要“治愈”这些不平衡就不那么容易。经典化的两重性在于，各机构利用自己的权力，在课程设置、出版、翻译、文学史等方面以自上而下的方式进行选择；同时，通过个人的选择，经典以自下而上的方式产生。最终，自下而上的方式可能对经典化有更大的影响。

这篇文章主要讨论了世界文学中存在的地理和语言偏见，但也有其他一些值得提及的问题，特别是体裁和性别。诗歌在当代文学文化中地位不高，很少受到出版商和市场的关注。这种体裁在翻译中的代表性也很低，这再次切断了它与国际认同的文化资本的联系。然而，如果仅归因于市场就太简单了。虽然伟大的诗歌仍在创作之中，但文学、文化的总方向正在转向散文，学术界和评论界也是如此，正如奥尔巴赫在1952年所感叹的对当代文学的取向，它也是现在文学领域结构的一部分。

男性作家和女性作家之间的差异是另一个重要问题，涉及较早的经典化中的性别偏见，在一定程度上由男性作家占主导地位。两性在当代文学中的表现似乎更为平衡，但人们可能会担心20世纪50年代至80年代国际英语文学传播中女性作家的典型表现。这一时期提供了关于哪些作家的作品在出版的若干年后可能成为经典的迹象。乔安娜·拉斯在《如何压制女性写作》一书中指出的许多机制在今天似乎仍然很流行，它们的存在可能会继续导致她所描述的模型的匮乏。②

后殖民文学的经典化呈现出一种复杂的局面。它已经成功地改变了英语文学空间的观念，但它没有能够显著地改变经典，也没有让反经典从整体上渗透到总体的英语文学超经典之中。后殖民空间已经确立，但广阔的英语文

---

① http://themanbookerprize.com/international.

② Joanna Russ, *How to Suppress Women's Writing*. Austin, TX: University of Texas Press, 1983, p. 89.

学领域、压缩的空间、强烈的民族认同感所引发的内在复杂性也被分化成不同的方向。这绝不是一个简单的过程，正如穆夫提所说：

> 因此，目前正在进行的关于世界文学的讨论既包罗万象，又让人莫名胆怯：它似乎没有察觉到，在现代社会，文学作为一种制度，在构成社会关系的等级制度方面发挥了巨大作用。特别是历史进程中最具决定性的时期，它将广泛分散、多样化和异质的社会文化融入全球整体。①

移民作家和翻译家的新领域，以及那些以非英语书写，但很快被翻译成英语并以英语传播的作品，为那些对世界的体验同样真实可靠的作家、那些巧妙地讲述故事而不必牺牲政治层面的作家们开辟了一个新的空间。除此之外，在过去的一个世纪里，边缘人物的经典化也有一个谱系：从流放的爱尔兰人，到一位在布拉格用德语写作的犹太人，再到富有创意的拉丁美洲人，再到后殖民时代的作家，现在还有一系列移民作家，他们都探索语言和文化之间的差异。现在评判过去十年或二十年的作品中哪些能成为长久的经典还为时尚早，但无论好坏，这一发展显示出国际英语经典的轮廓。作为对什么有价值和对谁有价值的复杂讨论的一部分，人们总是在创造和重新创造经典，正如意大利人卡尔维诺所建议的那样，这一过程的也许应带有适当的怀旧和不断更新的空间：

> 除了我们大家创立自己理想的经典图书馆外，没有什么可以做的。我想说的是，这样的图书馆一半应该由我们读过的和值得读的书组成，另一半则是我们打算阅读和预测会有价值的书——剩下的一排空书架，则供惊喜和偶然的发现之用。②

作者简介：

马德斯·罗森达尔·汤姆森，丹麦奥胡斯大学比较文学专业教授，担任研究项目“后人类美学”（2014—2017）的联合主任和数字文本实验室的联合主任，欧洲科学院院士，与雅各布·瓦姆伯格（Jacob Wamberg）共同编辑了《布鲁姆斯伯里后人类手册》（*The Bloomsbury Handbook of Posthumanism*，2020）。

译者简介：

张瑞瑶，四川大学文学与新闻学院比较文学与世界文学博士研究生。

---

① Aamir R. Mufti, *Forget English! Orientalisms and World Literatures*. Cambridge, MA: Harvard University Press, 2016, p. 97.

② Italo Calvino, *The Uses of Literature*. San Diego, CA: Harcourt Brace Jovanovich, 1986, p. 133.

多语种的英语世界：世界文学和后殖民印度的后千禧年文学*

巴维娅·提瓦里 /撰
曹怡凡 /译

摘 要：本文通过对印度后千禧年文学的研究，提出了一种与英语世界文学进行比较的方法。关注印度的原因有三：首先，印度是一个多语种的国度，其中翻译和比较占据着印度文学理论研究的核心；其次，英美后殖民理论一直以来都以印度（关于印度的或来自印度）的英语文学作品为基础，在很大程度上忽略了印度其他本土语言的文学作品，从而造成了印度文学实践与理论之间的鸿沟；最后，在印度本土的语境中，"英语"和"世界"的概念是多维的，受阶级和种姓的影响，中心—边缘、当地—全球、普遍—特殊、流散—本土、个人—集体的框架变得简化。本文所列举的两部小说表明，分析英语世界文学的范式必须是比较的、翻译的、地方的、多语种与世界的。

关键词：英语世界文学 印度地方语言（*bhashas*） 比较文学 印地语 印度文学 后千禧年文学 后殖民理论 翻译 世界文学

毫无疑问，后殖民理论在学术界的持久活力可以归功于其与社会、政治世界的广泛联系，尽管它经常"将阶级压迫和阶级剥削从故事中删除"[①]。简言之，"后殖民模式"强调殖民经验为理解后殖民世界文学的核心。它把当下的全球文学交流与创作视为殖民化的遗产，并且几乎总是以同一种语言考察地方和全球。另一方面，世界文学往往被看作全球消费主义文化的表征，但它在学界仍具有现实意义。因为它通过研究"世界"和"世界化"的概念，为相对于

---

* 原文载 *Interventions*，2021（23/4），pp. 621—635.

① Rosie Warren, *The Debate on Postcolonial Theory and the Specter of Capital*. New York: Verso, 2017, p. 28.

(vis-à-vis)“世界”的“地方”问题以及“地方”在“世界”中的不可译性，开辟了比较的途径。此外，在当前的学术研究中也可以看到后殖民理论与世界文学相互交织的意义。例如，拜迪克·巴塔查里亚（Baidik Bhattacharya）的《世界文学时代的后殖民书写》(*Postcolonial Writing in the Era of World Literature*）认为，世界文学是“英帝国与其殖民地相遇（共同作用）”的产物，把“英语世界的后殖民写作”视为“世界文学”将是有意义的，① 因为它提供了“与殖民历史遗留问题进行交涉的最富成效的场所”②。对于巴塔查里亚来说，“英语国家的领土是分裂的，有着分裂的忠诚和多元的传统”，是“寻找世界文学的后殖民文学史”的完美选择。③ 在不同的语境下，冯却(Pheng Cheah）在《什么是世界?》(*What is a World?*）中指出，后殖民时代的南方文学为世界文学提供了一种重要的形式，他称其为“世界主义与世界文学的邂逅：后殖民主义”④。于冯氏而言，世界主义和全球化、世界和全球之间的紧张关系在后殖民时代最为尖锐，“因为资本主义全球化并未把世界凝聚在一起，而是通过用暴力摧毁他人世界的方式来将欧洲世界体系之外的人们纳入其中”⑤。然而，考虑到英美后殖民理论的起源，我们不妨停下来反思一下巴塔查里亚的“以英语为母语的后殖民写作”（Anglophone postcolonial writing）与冯氏的“后殖民性”（postcoloniality)。这两个术语是否呈现了当代“世界”的真实故事？它们是否足以代表全球，而不仅仅是英语世界？难道“以英语为母语的后殖民写作”和“后殖民性”仅仅是单一的，或者只是“南方”的状况吗？反之，世界文学和世界主义是否主要为“北方”服务？

克莱尔·韦斯特尔（Claire Westall）在《后殖民理论没有说什么》(*What Postcolonial Theory doesn't Say*）一书中对后殖民研究的方法论及其机制进行了批判。她指出，后殖民研究已经得到“权威机构的广泛认可，因为它使资本主义的组织原则及其后果得以实现并被掩盖”⑥。后殖民主义研究认为“作为文化资本的英国文学具有帝国霸权和市场导向的特征，其协调性

---

① Baidik Bhattacharya, *Postcolonial Writing in the Era of World Literature: Texts, Territories, Globalizations*. London: Routledge, 2018, p. 9.

② *Ibid.*, p. 15.

③ *Ibid.*, p. 9.

④ Pheng Cheah, *What Is a World? On Postcolonial Literature as World Literature*. Durham, NC: Duke University Press, 2016, p. 11.

⑤ *Ibid.*, pp. 11-12.

⑥ Claire Westall, "Capitalizing on English Literature: Disciplinarity, Academic Labor and Postcolonial Studies", in Anna Bernard, Ziad Elmarsafy, and Stuart Murray, eds., *What Postcolonial Theory Doesn't Say*. New York: Routledge, 2018, p. 14.

发展的基础是销售声誉的优先”[①]，其结果是一个“净化的、多元文化的、和解的后殖民主义，抑或是与新自由主义和国际化要求相一致的后－后殖民主义（post-postcolonialism）”[②]。也许正是这种后殖民的全球最容易成为非欧洲族群世界的代表，或者成为一个“世界文学的后殖民文学史的锚定点”[③]。在最近一期的《介入》（*Interventions*，2018 年 4 月）中可以看到一个全球性或世界性的后殖民症候：在融合了世界文学研究与后殖民文学的新的文学传统类别——英语世界文学（Anglophone world literature）中，南亚被视为一个典型案例。此特刊的导言指出，将后殖民文学重新命名为“全球”或“世界”的英语文学“对从事南亚英语文学与文学文化研究的学者们具有特殊的意义”，因为他们正在“努力通过南亚来阅读全球，并以世界英语文学（the world Anglophone）的名义写作”[④]。

当然，这是一个颇具讽刺的转折：后殖民理论在英美学界的旅程始于它对欧洲中心主义的控诉，世界文学则兴起于西方比较文学系中的去欧美集团化（de-NATOize）活动，二者最终在英语语系内联合形成了以英语为母语的世界文学。早期的后殖民理论认为，使用殖民者语言（特别是英语）的文本和作者在政治与诗性方面都呈现出“逆写”（writing back）。英语世界文学范式则不同，它使用都市语言进行连接、收集和协作，而非使用丑陋（Caliban）[⑤]的语言进行诅咒。对于“用什么写”（writing with）和“写什么”（writing in）的新认识是由全球共同的可译和不可译的词汇推动的，于是在数字和印刷的写作世界中，一个连接各大都市、机构与边缘地区的文本和作者的流通网络形成了。然而，英语世界文学中的连接节点最终可能与经常受到批评的后殖民理论模式并无太大区别，后者往往倚重某一特定类型的故事。事实上，尼尔·拉扎鲁斯（Neil Lazarus）在《后殖民研究及其他》（*Postcolonial Studies and Beyond*）中指出，只有少数作家成了流传于世的后殖民主义经典

---

① *Ibid.*, p. 14.

② *Ibid.*, p. 25.

③ Baidik Bhattacharya, *Postcolonial Writing in the Era of World Literature: Texts, Territories, Globalizations*, London: Routledge, 2018, p. 9.

④ Ragini Tharoor Srinivasan, “Introduction: South Asia from Postcolonial to World Anglophone Postcolonial to World Anglophone: South Asia as Test Case”, *Interventions: International Journal of Postcolonial Studies*, 2018 (20/3), p. 311, p. 315.

⑤ ［译注］卡利班为莎士比亚的《暴风雨》中的半人半兽形的怪物，比喻丑陋或凶残的人或事物。

作家，并且他们是通过“移民性、边缘性、混合性和多元文化性”[①]的狭隘视角而被阐释的。此外，正如哈里什·特里维迪（Harish Trivedi）与苏珊·巴斯内特（Susan Bassnett）的《后殖民翻译：理论和实践》（*Postcolonial Translation：Theory and Practice*，1999）中所写的那样，尽管后殖民理论总暗示着多语言性以及本土语言和殖民国语言之间的翻译过程，但大多数后殖民主义者仍很少关注来自南半球及其内部的翻译文学。相反，他们为一种单一语言（即英语）的经典提供了特权。这些经典突出了某种类型的故事，即一个永远在自我放逐的流亡于海外的移民，他经常塑造或改造自己（女性的“她”则更少见）。就像萨尔曼·拉什迪（Salman Rushdie）的“翻译人”（translated men）和霍米·巴巴（Homi Bhabha）的“文化混合体”（cultural hybrid），他们都超越和/或批判了“民族”这一范畴。如果英语世界文学仅用一种语言表示资本主义全球结构的单一叙事，回避翻译问题，只用英语描述世界，忘记“比较主义”这个古老的好词汇，那么它就有可能步其后尘。

在以下篇幅中，我提出了一种严格的比较方法来考察英语世界文学与后殖民理论中的“英语”和“世界”，核心是印度的后千禧年文学，其文化活力并非由伦敦、纽约、多伦多或巴黎的附属机构及其奖励机制所提供，而是得到了印度硅谷[②]的本土技术支持。多语言的印度后千禧年文学为阶级、种姓、性别、语言、美学和读者等理论研究提供了新的故事，即本土的、技术的、多语种和翻译的故事。本文的核心论点是，如果英语世界文学有理论，它需要警惕步入英美学界的后殖民主义和世界文学理论的单一语言模式。正如瑞贝卡·沃克维茨（Rebecca Walkowitz）2018年在专刊《介入》的回应中所强调的那样，“英语世界”（Anglophone）一词可以和英语（English）文学产生同样的反响。因此，在本文中，笔者建议，英语与其他语言及其文学传统的比较研究可以在两个层面上进行：一方面研究英语世界（Anglophone）与非英语世界（non-Anglophone）之间的直接联系；另一方面研究因借助英语（English）写作而融入英语世界文学（Anglophone world literature）的作者们的间接联系，这反过来又为其他文学传统的接受创造了一种生态环境。这两种方法都使我们超越了以往英语世界的后殖民框架，该框架通常只关注少数英语世界的作家。这两个案例研究的目的在于敦促学者们考察后殖民主义理论与世界文学之间的交集，对“英语世界”（Anglophone）、“后殖民”

---

① Neil Lazarus, “The Politics of Postcolonial Modernism”, in Ania Loomba, Suvir Kaul, Matti Bunzl, Antoinette Burton and Jed Esty, eds., *Postcolonial Studies and Beyond*, Durham, NC: Duke University Press, 2005, p. 33.

② ［译注］印度的南部城市班加罗尔（Bangalore）素有“印度硅谷”之称。

（postcolonial）和“世界”（world）等范畴通过比较的方法进行自我反思，将理论置于文学史之中，使多语言主义、地方主义、比较主义和翻译成为探讨后－后殖民（post-postcolonial）文学与后－世界（post-global）文学的基点。

多语种的英语世界

在过去的20年里，印度出现了一些“新”的英语文学作品。这些作品独立于以往许多南亚作家常享有的与英国、北美的出版社的关系。这些“新”作品绝大多数由“小妞文学”（Chick Lit）①、“男性文学”（Lad Lit）、“印度奇幻文学”（Bharati Fantasy）和“励志文学”（Inspi Lit）等类型的小说构成，它们挑战了“‘印度后殖民小说’的正统观念”，成为“印度现代性表达和争论的场所”②。与同类的后殖民小说不同，这些后千禧时代的小说并没有获得国内外文学奖项的青睐，它们主要是为印度读者写作和销售的，其作者通常都希望斩断与殖民地过去的一切联系。后千禧一代的作家阿米什·特里帕蒂（Amish Tripathi）表示，“坦率地说，他们（印度人）不喜欢大出版社出版的主要讲述‘英属印度③或有关海外印裔斗争的故事’的书籍，因为他们想听关于自己的故事——关于我们称为中心一代的故事，或者旁遮普人与泰米尔人结婚的故事，又或者用现代方式讲述我们的神话”④。乌尔卡·安贾里亚（Ulka Anjaria）在这些作品中认识到一种新的地方主义，这种地方主义并不代表“从萨尔曼·拉什迪（Salman Rushdie）到琼帕·拉赫里（Jhumpa Lahiri）的印度英语作家小说中的世界主义缩影”，也不代表R. K. 纳拉扬（R. K. Narayan）和拉贾·劳（Raja Rao）的旧的地方主义，而是将“印度的地方城镇视为未来的场所”⑤。

英语世界作家的“新地方主义”是一个本土现象。作者至少精通两种语言，用英语为本国读者写作，其小说经常被改编成宝莱坞电影或网剧，从而

---

① ［译注］Chick Lit也可译作“鸡仔文学”，由于英美俚语中将年轻女郎称为“Chick”（小鸡/鸡仔），本文将其译作“小妞文学”。

② E. Dawson Varughese，“‘New India/n Woman’：Agency and Identity in Post-Millennial Chick Lit”，in Ulka Anjaria，ed.，*A History of the Indian Novel in English*. New York：Cambridge University Press，2015，p. 324.

③ ［译注］英属印度（British Raj或British India），指英国在1858年到1947年间于印度次大陆（南亚）建立的殖民统治区域，包括今印度共和国、孟加拉国、巴基斯坦和缅甸。

④ Sheela Reddy，“The Lo-Cal Literati”，*Outlook*，18 July 2011. https://www.outlookindia.com/magazine/story/the－lo－cal－literati/277582.

⑤ Ulka Anjaria，“Chetan Bhagat and the New Provincialism”，*American Book Review*，2015（36/6），p. 6.

接触到国内外的读者与观众（无论他们是否讲印地语）。其中一些用英语写作的新作家们正在改写《摩诃婆罗多》和《罗摩衍那》中的经典史诗与神话故事，例如德夫杜特·帕塔奈克（Devdutt Pattanaik）的《胜利》（*Jaya*①）(2010)、《悉多：罗摩衍那的图解重述》(*Sita*②：*An Illustrated Retelling of the Ramayana*)(2013)以及阿米什·特里帕蒂（Amish Tripathi）的《湿婆三部曲》(*Shiva Trilogy*)(2015)。然而，另一些作家则触及印度次大陆的不同神经，如奇坦·巴加特（Chetan Bhagat）的《五点人》（*Five Point Someone*）或《呼叫中心之夜》(*One Night @ the Call Center*)(2004) 等作品。要理解与反思这些作品叙事中的张力，并不需要提前习得现代主义文学技巧、殖民者-被殖民的结构、自我放逐与流亡移民的乡愁迭代。无论是作者还是读者都不必了解詹姆斯·乔伊斯（James Joyce）或萨尔曼·拉什迪的世界，作者们也不必关心拉贾·劳、德赛尼（G. V. Desani）、纳拉扬或穆尔克·拉贾·安（Mulk Raj Anand）所关注的问题并以此来宣称自己是南方（南半球）文学传统的遗产。随着巴加特（Bhagat）、帕塔奈克（Pattanaik）和特里帕蒂（Tripathi）的出现，印度的英语文学作品或许真的已经通过跨国企业而成为新的"殖民地"。

人们对新的英语写作反响强烈，尤其是巴加特的作品在印度次大陆开辟了新的读者群。人们对这些作品又爱又恨是由于其简单的情节与大量"简讯"(text message)式对话的文学风格。苏博尔·达尔（Subir Dhar）写道，鉴于巴加特作品的大量销售与其"读者的忠诚度"——这些读者不仅购买还会反复阅读巴加特的小说，必须将此视为"一种文化现象"③。拉什米·萨达纳(Rashmi Sadana)解释道，巴加特的兴起表明"流行"（popular）文学和"严肃"(serious)文学之间并非泾渭分明，反而存在一个混合的读者群，它包括了那些可能从未阅读过与阅读过英文小说的人。④ 于帕拉维·拉奥（Pallavi Rao）而言，巴加特及其在主流英语媒体和线上论坛中的"超文本表达"

---

① ［译注］梵语"jaya"作名词为"胜利、征服"之意，作形容词意为"战胜的"。参见：林光明、林怡馨编译：《梵汉大词典》(上册)，嘉丰出版社，2005 年，第 529 页；北京大学东方语言文化系印地语言文化教研室、解放军国际关系学院多语种教研室编：《印地语汉语大词典》，北京大学出版社，2000 年版，第 538 页。

② ［译注］悉多（Sita）是印度神话中的一位女神，罗摩之妻，又被称为丰收女神。

③ Subir Dhar, "Inspiring India: The Fiction of Chetan Bhagat and the Discourse of Motivation", in Krishna Sen and Rituparna Roy, eds., *Writing India Anew: Indian English Fiction 2000 – 2010*. Amsterdam: Amsterdam University Press, p. 161.

④ Rashmi Sadana, "Writing in English", in Vasudha Dalmia, ed., *The Cambridge Companion to Modern Indian Culture*. Berkeley: University of California Press, 2012, p. 138.

(paratextual articulations) 展现了“高种姓的男性气质”，这种气质使“新自由主义的企业精神和上升叙事得到了重视和延续，使印度现存的种姓霸权变得清晰可见”①。当然，如果说 20 世纪 30 年代早期的高种姓（上层阶级）作家——帕拉维·拉奥在创作《坎塔普拉》(*Kanthapura*)（1938）时受到了法语、梵语、卡纳达语和英语文学界的打压，那么巴加特的作品和身份则渗透到商业与技术教育中，这也成为印度中产阶级崛起的标志。

通常，为了充分利用新自由主义的抱负，巴加特在他的小说中使用了一个框架式的叙述者，“他模糊了作者在现实生活中作为一个积极发言者的身份与他作为故事讲述者的角色之间的界限”②。巴加特在所有的书中都用冗长的篇幅亲自向读者致谢。例如，在《两个国家：我的婚姻故事》(*2 States: The Story of My Marriage*，2009）中，巴加特在致谢部分写道，这本书的灵感来源于他自己的人生经历和他的读者：“我的读者，也就是你们，使我成为现在的我。上次我提到我想成为印度最受欢迎的作家，你们给了我这个机会。谢谢。”在《半个女友》(*Half-Girlfriend*，2014）中，为庆祝他十年的作家生涯，巴加特在致谢部分请求读者给予他爱，而不是钦佩，并且当他离开后要怀念他，而不仅仅是记住他。巴加特的第一部小说是献给印度理工学院（他的母校）和他的母亲的，《半个女友》则不同，它献给了“我的母亲，印度农村和非英语型的读者 (the non-English types)”③。读者被告知，非英语型的人把圣史蒂芬精英学院读作“圣史蒂芬”(St. Stephens)，而英语型的人 (the English types) 则简单称之为“史蒂芬”(Steven's)。非英语型的人多数来自比哈尔邦和北方邦等经济不景气的小村庄，而英语型的人则是富有的世界公民 (global citizens)，他们说着一口流利的英语，在纽约市工作。这表明阶级和语言之间存在着联系。巴加特在他所有小说的致谢中都使用物主代词直接与沟通读者，并坚持“爱”和“钦佩”的区别。这些都是巧妙的策略，其目的是将自己和读者纳入“正在进行的高雅 (high) 与低俗 (low)”文学之间的较量，正如“在当今印度出版界的图书与阅读文化中所上演的”那样。④

① Pallavi Rao, “The Five-Point Indian: Caste, Masculinity, and English Language in the Paratexts of Chetan Bhagat”, *Journal of Communication Inquiry*, 2018 (42/1), p. 91.

② Subir Dhar, “Inspiring India: The Fiction of Chetan Bhagat and the Discourse of Motivation”, in Krishna Sen and Rituparna Roy, eds., *Writing India Anew: Indian English Fiction 2000－2010*. Amsterdam: Amsterdam University Press, 2013, p. 166.

③ Chetan Bhagat, *Half Girlfriend*. New Delhi: Rupa, 2014.

④ Priya Joshi, “Chetan Bhagat: Remaking the Novel in India”, in Ulka Anjara, ed., *A History of the Indian Novel*. New York: Cambridge University Press, 2015, p. 316.

巴加特的“致谢”进一步加深了“英语型”与“非英语型”、“文学”与“商业”出版物之间的鸿沟。巴加特在致谢中感谢比尔·盖茨，并将他作为智慧与成功的象征。正如缪斯女神之于荷马，智慧之于奥斯卡·王尔德，中世纪的印度诗人图尔西达斯（Tulsidas）感谢古梵语诗人瓦尔米基（Va_miki）那样，巴加特也在其所有小说中向比尔·盖茨表达了谢意。巴加特在他的第一部小说《五点人》（*Five Point Someone*）中宣称，除非是在写作，否则很难欣赏微软的Word软件。巴加特认为，如果没有微软，他的书就不会存在。阿伦达蒂·罗伊（Arundhati Roy）在2011年接受凯西·阿林·索科尔（Kathy Arlyn Sokol）的采访时提到，她可以通过点击鼠标从文稿中随机提取一些对话、句子和单词，从而使小说充满可能性。这对于计算机时代之前的许多作家来说的确是一个新奇的事情。巴加特认为这些都得益于比尔·盖茨。毫无疑问，巴加特不断提及比尔·盖茨，这一做法称得上是精明的营销伎俩，使其在用英语写作的同时也可以提醒读者其工学与商学背景。在《奇坦·巴加特：重写印度小说》（Chetan Bhagat：Remaking the Novel In India）一文中，普里亚·乔希（Priya Joshi）评论道，靠写英文小说来获得声望的观点已经深深地渗透到印度的图书文化之中，以至于“其他每一个印度精英理工学院（IIT）的毕业生都会用‘工作奖金’来出版一本图书”[①]。希拉·雷迪（2011）在书中写道，出版界的喜好与科技行业的关系十分复杂，当巴加特在20世纪90年代首次尝试写一本书时，“每一个印度出版商都把他拒之门外”，因为罗伊（Roy）的《小事之神》（*The God of Small Things*）这样的书在当时更受青睐。现在，与那些早已受到国际认可的印度英文小说相比，巴加特小说及其同代的后千禧年文学的出版印刷量已“超出数百万”，游戏规则已然发生改变。[②]

不仅是致谢，巴加特的小说情节也体现了新自由主义的愿望，并具有资本主义的味道。例如，在《半个女友》中，巴加特和比尔·盖茨成为改变比哈里族青年马达夫·贾（Madhav Jha）生活的人。马达夫·贾不能流利地说英语，他通过体育奖学金进入了一所精英大学，却发现自己因为是一个“非英语型的人”而无法合群。但当马达夫·贾爱上了丽雅·索玛尼（Riya Somani）——一个年轻的英国女人时，情况变得复杂起来。贾回到村里帮助母亲管理当地的学校，后来因为用最完美的英语进行了一次“推销”而在比尔·盖茨基金会组织的竞赛中赢得了一大笔钱。丽雅·索玛尼是印度一所精

---

① *Ibid.*, p. 313.

② *Ibid.*, p. 310.

英学院的英语专业学生，但她读的不是简·奥斯汀、阿伦达蒂·罗伊或萨尔曼·拉什迪，而是奇坦·巴加特。于是，她鼓励自己的崇拜者——马达夫·贾也读巴加特的作品来提高他的英语水平。这种情节与致谢、文本与世界之间的密切关联，让巴加特的作品与其读者建立了更紧密的联系。正如拉什米·赛达纳（Rashmi Sadana）所观察到的那样，巴加特的作品“标志着全国有理想的中下层阶级的成长，他们将英语视为印度与全球的语言来进行使用”[①]。在评论其风格时，赛达纳写道，阅读巴加特的小说可以“让你觉得自己的英语比以前更好。简单地说，它们可以激励你”[②]。苏比尔·达尔（Subir Dhar）认为巴加特的作品汲取了“英国、美国以及印度励志文学的主要能量”[③]。例如，小说开篇，马达夫·贾拿着丽雅的日记本去找奇坦·巴加特，他想知道丽雅在离奇去世前想说的话。巴加特是丽雅最喜欢的作家，马达夫也正是通过巴加特的书学会了英语。我们后来在小说中发现丽雅·索玛尼还活着，并且在纽约愉快地追求她的歌唱事业。巴加特不愿意阅读马达夫留在酒店房间里的丽雅日记，但他对马达夫称丽雅为他的“半个女友”很感兴趣。于是巴加特决定取消自己的旅行计划，去比哈尔（Bihar）的村庄拜访马达夫，听他讲述自己的故事。我们在小说中被告知，他的故事应该是用带有博伊普尔语（Bhojpuri）的印地语讲的，里面夹杂着最糟糕的英语。我们在小说的第一章中看到了这样一个例子：马达夫在大学校园里找面试室，他回忆说，他说的语言是“90%的比哈里印地语”（90 percent Bihari Hindi）和 10% 的英语混合在一起，就像“cumty room bataienyega zara?”（你能告诉我会议室在哪里吗?）[④]。约 20 年前，维奈·达瓦德克（Vinay Dharwadker）认识到，印度地方性语言的纵横交错正在构成“英语在语言本身层面上的普遍的、内部的‘去殖民化’（decolonization）”，这应该是“跨文化竞争和‘后’殖民主义

---

① Rashmi Sadana, “Writing in English”, in Vasudha Dalmia, ed., *The Cambridge Companion to Modern Indian Culture*. Berkeley: University of California Press, 2012, p. 138.

② *Ibid.*, p. 139.

③ Subir Dhar, “Inspiring India: The Fiction of Chetan Bhagat and the Discourse of Motivation”, in Krishna Sen and Rituparna Roy, eds., *Writing India Anew: Indian English Fiction 2000 – 2010*. Amsterdam: Amsterdam University Press, 2013, p. 162.

④ Chetan Bhagat, *Half Girlfriend*. New Delhi: Rupa, 2014, p. 8.

的逻辑”[①]。有了巴加特，我们就有了错综复杂的印度地方语言（*bhashas*）[②]，而不仅仅是一种变形英语（inflected English）。

尽管巴加特的小说是用英语写的，但它们更关注印度的中下阶层或中产阶级的诉求，这些诉求很容易被翻译回更通俗的口语化的印度地方语言。[③] 正是这种口语化印度语言的流行和独立，成为英语在印度称霸的标志。它与普利策奖、诺贝尔奖或曼布克奖无关，也没有机构和学术支持，而是靠新兴的中下阶层、中产阶级，以及所有说英语或不说英语的人推动。他们将英语视为一种商业和娱乐的语言；他们阅读这些小说，无论这些小说是否被翻译，或者是否在银幕上获得了二次生命。关于奇坦·巴加特，我们不仅需要研究他的英文小说，还要对他进行批判。这些批判包括：他进入英语的公共领域时所呈现的高种姓男性气质与性别中心主义，他所推崇的成功企业模式，他在接触印度的英语读者时对政治议题的有问题的表达，以及印度的英语文学与使用印度地方语言的作者之间的关联。

以尼基尔·萨尚（Nikhil Sachan）为例，他选择用印地语写作。印地语在南亚的后殖民理论中经常被用于与英语抗衡，同时也不断引发印度的政治派别和语言的竞争。萨尚的第一部小说《UP 65》（2017）以他不愿意写这本书的原因开篇。在序言中，他告诉读者，他不想被人们刻板地认为是在写另一本《五点人》（这是巴加特的书，并且这本书开启了巴加特作为印度理工学院毕业生的新身份）。萨尚也不想因为选择了一个“简洁”的题目而被印地语文学界忽视。他告诉他的读者，他最终决定写这部小说是因为他和其他作家一样自私，他要为他的读者写下每一个字。这里值得注意的是文字的反讽作用：通常，自私意味着不关心他人。此外，序言暗示，萨尚通过创作这部小说，放下了那段于他而言十分沉重的经历，即发生在瓦拉纳西（Varanasi）和他的母校巴纳拉斯印度大学（Banaras Hindu University）的故事。

萨尚在小说《UP 65》中的文字表达具有丰富的文学性，通俗易懂，幽默且令人印象深刻。《UP 65》讲述了尼尚和他的朋友们在巴纳拉斯印度大学的印度理工学院学习的故事。该大学位于印度北方邦东南部的城市——瓦拉纳

---

① Vinay Dharwadker, “The Historical Formation of Indian-English Literature”, in Sheldon Pollock, ed., *Literary Cultures in History: Reconstructions from South Asia*. Berkeley: University of California Press, 2003, pp. 261—262.

② ［译注］“Bhashas”在印地语中为“语言”之意，此处特指印度多语种的地方语言，与单一的英语相对。参见：北京大学东方语言文化系印地语言文化教研室、解放军国际关系学院多语种教研室编：《印地语汉语大词典》，北京大学出版社，2000年，第1102页。

③ Rashmi Sadana, “Writing in English”, in Vasudha Dalmia, ed., *The Cambridge Companion to Modern Indian Culture*. Berkeley: University of California Press, 2012, p. 138.

西。这部小说的标题使用了北方邦的首字母缩略词“UP”。《UP 65》开篇就明确表示它并不是巴加特故事的翻版。以小说的开场为例：主人公尼尚向他的室友阿米特·库马尔·潘迪（Amit Kumar Pandey）介绍自己。阿米特第一次刮胡子，因为在家乡阿拉哈巴德（Allahabad）时，他的父亲从不让他刮胡子。阿拉哈巴德是另一个曾以印地语文学闻名的北方邦城市（像瓦拉纳西一样）。阿米特伸出手想与尼尚握手，却发现尼尚并没有把手里的书放下。这本书的作者正是巴加特。接下来的对话如下：

> “你在读《五点人》吗？”潘迪大笑着问道。
> “是的，我喜欢读英文小说。”我一边扭动着身体一边回答道。
> “是的！是的！印地语或英语都没问题。我是在笑这本书。”
> “为什么，这本书有什么问题吗？”
> “看，尼尚先生！印度理工学院（IIT）里发生的事情并不是这本书里写的那样。”①

尽管萨尚除了通过小说人物的暗示外，没有对巴加特的作品做任何评论。但他在书中和采访中曾提及，他用印地语写作的目标之一，就是要在现代全球化的印度培养出像英文小说读者群那样的印地语文学读者群。这些在即将成为朋友的小说人物之间的对话引发了读者和新英文小说的相关问题。它没有摒弃任何语言，也没有援引殖民者和被殖民者的争论或霍米·巴巴的“模仿”②，而是讽刺了巴加特的第一部英文小说的主题，巧妙地将“UP 65”的世界确立为“真实的”，并以“ UP”（北方邦）作为小说的标题。于是，英语型读者和印地语世界（Hindiphone world）中的非英语型读者、与印度的新英文小说展开了对话。

不同于人们对巴加特的或爱或恨，萨尚已经赢得经验丰富的印地语文学家以及那些没有文学背景的人的青睐。事实上，《UP 65》这本小说的封面上有来自各大新闻媒体的声明：“印地语文学的辉煌时代又来了。”还有一条评论也吸引了读者，它提到萨尚“不是其他任何一个印度理工学院的作者”，这表明有太多的人在用英语书写毫无技巧可言的小说。在一次演讲中，萨尚强调，他用印地语写作的目标之一是使印地语阅读像英语阅读一样“酷”，同时将学究式（书面）的印地语转换成口语化的印地语。萨尚和他同时代的迪夫亚·普拉卡什·杜贝（Divya Prakash Dubey）、萨蒂亚·维亚斯（Satya Vyas）等

---

① Nikhil Sachan, *UP 65*. New Delhi: Hind Yugm, 2017, p. 10.

② ［译注］霍米·巴巴（Homi K. Bhabha）是当代著名学者、批判理论家和后殖民研究的代表人物，他提出的“模仿”“差异”“矛盾”等术语描述了被殖民者抵抗殖民力量的方式。

人一同被视为在其作品中实践了一种“新型的印地语”或“nayī-vālī Hindī”(新式印地语)。塔朗·辛哈在《一种新型印地语与新世界五位最受欢迎的作家》(2018)中写道,这些实践者不羁、轻松,他们讲述了今天的年轻人的真实故事。辛哈指出,杜贝小说中的人物说的不是“书面的”印地语,而是出现在街头、大学和茶馆里的印地语;维亚斯(Vyas)虽然来自比哈尔邦(巴加特的小说人物马达夫·贾所在的邦),却因专门关注和写作关于瓦拉纳西和德里这两座城市及其大学的小说而闻名,他以“城里人”自居;而萨尚则不喜欢被人拿来与奇坦·巴加特比较。谢里什·巴拉特瓦西(Shailesh Bharatwasi)是印度时代出版社(Hind Yugm)的编辑,该出版社出版的大多数作品都被市场冠以“新印地语类型”名之。谢里什在其文章《新技术与新印地语之路》(New Technology and the Path of the New Type of Hindi, 2018)中指出,技术和互联网已经改变了印地语的文字及其出版业。他写道,2010 年他只能卖出 50 至 70 本印地语图书,但现在印度时代出版社通过电子商务卖出了 25000 本书,并且还能向印地语作家支付版税——这在印地语出版业是前所未闻的。《废话往事书》(*Bakar Purana* [*Senseless Legends*], 2016)的作者阿吉特·巴尔蒂(Ajeet Bharti)在他的博客中写道,“新印地语”是对“正式的”和“梵语化的”印地语的一种反拨,这种印地语曾经是国家广播、报纸和电视的一部分,它使人们不愿使用任何外来词,更不用说乌尔都语了(乌尔都语就像印地语一样,经常被用于政治议程)。[①] 巴尔蒂承认,电子商务的民主性质改变了印地语,以至于一些作者更喜欢用罗马字母书写印地语,而另一些作者则更喜欢用天城体书写英语单词。巴蒂称,“新印地语”写作是一种必要的品牌努力,当市场上充斥着人们用英文书写的垃圾作品时,这种努力重振了印地语。他认为,“新印地语”不应被误认为是英语和印地语的混合体,或是对如何使用这两种语言一无所知的结果。“新印地语”实际上就是口语化的印地语。

“新印地语”的精神与杜比、维亚斯、萨尚的作品,20 世纪 50 年代以前的印地语“反叛”作家——如潘迪·贝尚·夏尔马(Pandey Bechan Sharma)和其他被指控写了“ghāslet sahitya”(煽动性文学)和“lugdī sahitya”(低俗文学)的作家,或是沙拉德·德夫达(Sharad Devda)和卡希纳特·辛格(Kashinath Singh)等写当地城镇和他们的母校的经典印地语作家的作品并没有完全不同。然而,“新印地语”(作品)大受欢迎,而且在“高等的”出版

---

① Ajeet Bharti, “What is New Hindi or New-Type of Hindi?” *The Naked Mind*, 20 December, 2016, http://www.ajeetbharti.com/nahi-hindi-nayi-wali-hindi/.

社之外获得了独立性。这在很大程度上得益于互联网技术，以及其与印度后千禧年英文文学市场相并列的方式。此外，巴加特和萨尚的文本世界与西方学界、文化机构没有任何关联，它们在与英语世界和印地语世界的同时对话中揭示了印度的多语言读者群。虽然巴加特可能缺乏某些传统文学的特征，例如故事的流畅性、不断成长的人物、对语言的精准掌控以及对典故的使用等，但萨尚似乎通过利用巴加特开创的英语市场，成功地在自己的文本中凸显了这些特征。此外，从序言和小说开头来看，萨尚本人也是一位新的多语种的英语读者，他了解印度的文学市场，并对巴加特的作品持批评态度。像许多来自印度次大陆的有着印度语言传统的作家和前辈一样，萨尚选择用印地语来描绘一个独立于任何后殖民框架的世界。把萨尚视为一个切入点，将巴加特看作一个更加细致的英语世界文学范式的出发点，有助于我们理解（印度）文学的翻译与比较的特质。这些文学不仅始终处于多语言状态，而且在政治上涉及了性别、种姓、典籍、语言、表征和美学等问题。

只是比较一下“世界”

我们很难指出后殖民理论转变为（英语）世界文学的确切时刻，不过还是可将其定为弗雷德里克·詹姆逊（Fredric Jameson）的《跨国资本主义时代的第三世界文学》（Third-World Literature in the Era of Multinational Capitalism）中该术语首次出现之时。在此文中，詹姆逊为把“第三世界文学”作为民族寓言来阅读和教学提供了一个迷人的理由，并将一些未被学界视作经典的文学作品纳入其中。詹姆逊敦促“重塑美国的文化研究”，“要求在新的形势下重塑歌德早已理论化的‘世界文学’”，这就默认了有必要“具体参与第三世界文学的问题”。[1] 接下来，他的文章对亚洲、拉丁美洲和非洲的作家进行了深入的研究，并得出结论：美国学者当前的任务是构想一个世界，“在这个世界里，对个人故事与经验的讲述最终总会落入对整个集体经历的费力讲述之中”[2]。

正如詹姆逊这样的马克思主义者，艾加兹·艾哈迈德（Aijaz Ahmad）在其《理论之中》（*In Theory*）将“‘经验’的单一身份”作为组织“社会形态的文化异质性”的原则来进行论证[3]，其中资本主义的全球结构已经建立了大

---

① Fredric Jameson, “Third-World Literature in the Era of Multinational Capitalism”, *Social Text*, 1986 (15), p. 68.

② *Ibid.*, p. 85.

③ Aijaz Ahmad, *In Theory*: *Nations*, *Classes*, *Literatures*. London: Verso, 1992, p. 104.

都市与周边地区的知识、文化交流的不平等循环，并在城市资产阶级中产生了一种表面上的同质性和共同性。詹姆逊和艾哈迈德的工作仍然有助于评估后殖民理论和英语世界文学范式，他们指出了两个问题：一是詹姆逊文章中提到的通过“南半球（全球南部）”（the Global South）的视角来构思“世界”（the world）的必要性；二是艾哈迈德指出的对世界建构（world-making）过程的多语言学术研究探索的缺乏。早在20世纪90年代，与詹姆逊不同的是，对艾哈迈德来说，巴勃罗·聂鲁达（Pablo Neruda）、奥克塔维奥·帕斯（Octavio Paz）、豪尔赫·路易斯·博尔赫斯（Jorge Luis Borges）、卡洛斯·富恩特斯（Carlos Fuentes）、萨尔曼·拉什迪（Salman Rushdie）、沃尔·索因卡（Wole Soyinka）和加布里埃尔·加西亚·马尔克斯（Gabriel García Márquez）等作家并不是英美学界（Anglo-American Academy）经常宣称的那种非经典作家。这些作家已经通过学术话语、翻译和制度化的方式被重新纳入经典行列，正如“现代主义目前已被博物馆和大学赋予了神圣的地位”①。因此，把这些作家说成是为研究南南对话（the South-South dialogue）② 中的文化共鸣、文学交流和世界建构提供了一个空间，这在英语世界文学的范式中和关于世界文学的争论之中都存在问题。世界文学始于比较，但很快就被束之高阁了，这是由于作品被译为英文并获得了广泛的传播。

几十年的学术研究告诉我们，依靠单一语言来编织全球南部发展中国家之间的网络而忽略了本土语言的学术声音，抵制那些没有引用拉什迪等人的观点来确定后殖民主义作为其产生前提条件的作者，所指向的不过是“隐藏在普遍主义面具之下的美国关注”③。我们也知道，被理解为获得了翻译和流通的民族文学（国别文学）的世界文学往往只是一个文学系统，它凸显了资本和资源在英语和其他西方语言之间的分配不均。世界文学中的“世界”一词，充其量只是整体的一部分，正如本文中的案例所示。事实上，当拉宾德拉纳特·泰戈尔（Rabindranath Tagore）在1907年谈到他的“vishva sahitya”（世界文学）的想法时，他是想要与多语言印度和殖民教育中区域文

① *Ibid.*, p. 113.

② ［译注］南南对话（the South-South dialogue）意指发展中国家（或全球南方国家）之间的对话交流。

③ Simon Gikandi, “Editor's Column: The End of Postcolonial Theory?”, *PMLA*, 2007 (122/3), p. 649.

学的狭隘地方主义做斗争。[①]《辩才天女》(*Sarasvati*)[②] 是一本创办于20世纪70年代的印地语杂志。泰戈尔的同行(该杂志的编辑们)在20世纪20年代发表了多篇关于世界文学和世界语言的文章。马诺哈拉尔·斯里瓦斯塔夫(Manoharlal Srivastav)在其文章《世界语言》(World Literature)[③] 中声称,如果文学不存在,不同语言的概念就不会存在,也就不会有"世界语言"。拉门德拉·库马尔·夏尔马(Ramendra Kumar Sharma)在《世界文学》(World Literature)[④] 中把文学想象成一个甚至比语言更早诞生的领域,而"世界文学"或"vishva sahitya"将永远存在。他在文章中补充说,"世界文学"目前的任务是获得知识,即"mānav jīvan"(人生)的"dharma"(法义或职责)。

夏尔马、斯里瓦斯塔夫和泰戈尔使用"vishva"[⑤] 这个词来形容文学;泰戈尔使用孟加拉语的"bishwa" (或印地语、梵语中的"vishva"以及"bhashas")。对他们来说,"vishva"是一个形容词而不是名词。事实上,许多印度语言中的单词,如"duniyā""jag""sansār"" lok"和"vishva"在英语中都可以被译为"世界"(world),但它们都仅仅表达了一些与世界相关的事物。例如,"sansār"[⑥] 和"jag"[⑦] 是"maya"[⑧](幻象)显现的物理空间。"sansār"既可以是小规模的,如家庭和亲密关系,又可以是大而宏伟的,如

---

① Bhavya Tiwari, "Rabindranath Tagore's Comparative World Literature", in Theo D'haen, David Damrosch, Djelal Kadir, *The Routledge Companion to World Literature*. New York: Routledge, 2012, pp. 41—48.

② [译注] 辩才天女(Sarasvatī)原是印度神话中梵天的妻子(或女儿),从梵天的左手大拇指中出生。她本是河流女神,后被誉为音乐与诗歌之神。参见林光明、林怡馨编译:《梵汉大词典》下册,嘉丰出版社,2005年,第1134页;施勒伯格:《印度诸神的世界:印度教图像学手册》,范晶晶译,中西书局,2016年。

③ Manoharlal Srivastav, "Vishva Bhasha", *Sarasvati*, 1921 (22/2), pp. 1—4.

④ Ramendra Kumar Sharma, "Vishva Sahitya", *Sarasvati*, 1921 (22/1), pp. 312—315.

⑤ [译注] 印地语"vishva"和梵语"viśva"为形容词,意为"每一个的,一切的,全部的,全体的;遍一切或包含一切的"。参见林光明、林怡馨编译:《梵汉大词典》下册,嘉丰出版社,2005年,第1463页。

⑥ [译注] 梵语"saṃsāra"、印地语"samsara"(sansār)在印度教中指生命的流转连续、生死轮回(循环),又被用来代指人的现世(生命),或者某种生物群体的世界,如动物世界、植物世界、昆虫世界等。参见林光明、林怡馨编译:《梵汉大词典》下册,嘉丰出版社,2005年,第1108页。

⑦ [译注] 梵语"jaga"有世间、众生等义,在实际使用中可以指代任何具体的地方。参见林光明、林怡馨编译:《梵汉大词典》上册,嘉丰出版社,2005年,第514页。

⑧ [译注] 梵语"māyā"有超自然、神奇,幻象、幻影,欺诈、诡计等义。参见林光明、林怡馨编译:《梵汉大词典》上册,嘉丰出版社,2005年,第724页。根据本文的语境,此处的"maya"亦有抽象之义,指人与外界的一切抽象关系。

个人与整个世界（或诸神）的关系。“lok”① 这个词在空间和时间上是一个确定的位置，有一种特殊幻象（maya），例如，天堂是一个“lok”；“vishva”也是一个“lok”，通常被称为“mrityu-lok ”（或死亡世界），因为那些参与其中的人最终都会死去。“vishva”“dunīyā”，“mrityu-lok”都存在于地球上。任何使用“世界”这个词的人都必须决定它指的是哪个世界，与哪个世界进行比较，以及在什么样的语境下使用它。

本文所考察的两部小说在英语世界和印度本土语言世界都占有一席之地。它们彼此之间的动态关系及其多语言、种姓、阶级、性别、性乃至核心内容的相互联系都有所不同。将这些文本放置在一起阅读，可以发现界定与定位英语中分层的世界，以及超越单一语言范畴的英语世界，是十分复杂的。在这里，关注翻译、多语言主义、英语和印度本土的世界化是有意义的。如果说在巴加特的世界里有阶级、性别和种姓在起作用，英语广泛地吸引着中下阶层与中产阶级的有志青年并促进其与互联网技术、全球资本的合作，那么相对而言萨尚的印地语叙事对英语乃至印地语的定位则有所不同。萨尚的印地语叙事为巴加特的读者与严肃的印地语文学读者保留了容身之所。如果以英语为母语的世界文学想要提供某种东西，而不是以世界文学的名义复制后殖民理论，它就必须认真研究多语言和世界建构的问题，反之亦然。英语世界文学需要超越英语，在后殖民和后千禧世界文学中成为比较的、地方的、世界的和多语种的。

作者简介：

巴维娅·提瓦里，美国休斯敦大学比较文化研究助理教授。她的研究涉及比较文学和世界文学、翻译研究、全球现代主义、后殖民理论以及南亚、英语国家和拉丁美洲的文学传统。她于 2014 年在得克萨斯大学奥斯汀分校获得比较文学（英语、印地语、乌尔都语、孟加拉语和西班牙语）博士学位。近期已出版著作《作为世界文学的现代印度文学》（*Beyond English: World Literature and India*，2021）。

译者简介：

曹怡凡，四川大学文学与新闻学院博士研究生。

① ［译注］梵语“loka”意指：（自由的）空间，余地，场所；地方，国度，地带；世界，宇宙的区分；天；地；等等。参见林光明、林怡馨编译：《梵汉大词典》上册，嘉丰出版社，2005 年，第 661 页。

人类世小说与世界体系理论*

安德鲁·米尔纳 J. R. 伯格曼 /撰
时 光 /译

摘　要：由伊曼纽尔·沃勒斯坦（Immanuel Wallerstein）及多位合作者提出的世界体系理论（world-systems analysis），本质上是一种经济史和历史社会学的方法，它对文学研究基本不感兴趣。鉴于如下事实，这种冷漠可能令人感到意外：明显影响过沃勒斯坦著述的年鉴学派（the Annales School），曾在吕西安·费弗尔（Lucien Febvre）和亨利-让·马丁（Henri-Jean Martin）合著的《印刷书的诞生》（*L'apparition du livre*，1958）一书中，为现代西方文学的出现提供了奠基性论述。近些年来，文学研究者开始尝试将这一理论直接应用到自己的研究领域中。最显著的几例，或许当属帕斯卡尔·卡萨诺瓦（Pascale Casanova）的《文学世界共和国》（*La republique mondiale des lettres*，1999）、弗兰科·莫莱蒂（Franco Moretti）的《远读》（*Distant Reading*，2013），以及华威研究团体（Warwick Research Collective）的《不平衡与连同性发展》（*Combined and Uneven Development*，2015）。澳大利亚的安德鲁·米尔纳（Andrew Milner）与瑞典的杰瑞·玛达（Jerry Määttä）最近还尝试将“远读”具体运用到对科幻小说这一文体的研究中。米尔纳的“全球科幻场域”（global SF field）的模型确认了起初的英—法中心，其后继的美国和日本中心，长期存于俄罗斯、德国、波兰和捷克的半边缘场域及新兴于中国的半边缘场域，以及由世界其他地区组成的边缘场域。本文拟以上述模型去分析亚当·特雷克斯勒（Adam Trexler）所谓的“人类世小说”（Anthropocene fictions）和丹尼尔·布鲁姆（Daniel Bloom）所谓的“气候变迁小说”（cli-fi），在此我们将它们视作当代科幻小说的重要亚文体。

* 原文载 *Journal of World-Systems Research*，2020（26/2），pp. 350—371.

关键词：气候变迁小说　气候变化　世界体系理论

由伊曼纽尔·沃勒斯坦及多位合作者提出的世界体系理论，本质上是一种经济史和历史社会学的方法，它对文学研究基本不感兴趣。沃勒斯坦一直关注的是历史资本主义是如何作为一种世界体系运转的，这一体系由“中心”(core)、“边缘”(periphery)、“半边缘”(semi-periphery)组成，而这三者的区分取决于三个主要变量：盈利程度、垄断程度、国家赞助程度。中心化进程使得大部分产品集中于少数国家，边缘国家则数量众多，半边缘居于二者之间而拥有大致等同的中心产品和边缘产品[①]。从历史上来看，中心经济体包括了荷兰、英国、法国（最终逐渐变为中欧、西欧）、美国、日本；半边缘经济体包括阿根廷、巴西、俄罗斯、印度、以色列、中国、韩国、南非、澳大利亚及加拿大；边缘经济体则包括东欧、中东、拉丁美洲和撒哈拉以南的非洲。沃勒斯坦认为，世界体系源起于“长16世纪”（1450—1650）阶段的西欧资本主义农业的发展，发展于重商主义确立期（1600—1750）和新扩张期（1730—1850），并在1789—1914年期间确立了一种“温和自由主义”（centrist liberalism）的“地缘文化”[②]。沃勒斯坦在《现代世界体系》（*The Modern World-System*）的前四卷中也描述了荷兰以及之后的英国在世界体系中取得霸权的轨迹，他还计划在此书的第五、六卷中将20世纪及21世纪初期的美国霸权涵盖在内。对沃勒斯坦而言，气候变化本质上是世界体系长期累聚动态中的偶发事件。不过，曾提出过一个近似于世界体系的看法的杰森·摩尔（Jason Moore）却令人信服地指出，以上三个前后更替的“世界霸权”皆可被理解为“社会生态学项目”：荷兰基于木材，英国凭靠煤炭，而美国依恃石油[③]。和沃勒斯坦一样，摩尔对文学现象也不怎么感兴趣。然而，我们不妨推论如下：尽管世界体系的具体文化层面与经济体系的整体模式有细微差异，但在高度集中化的趋势上，文化体系与经济体系也许是十分一致的。

---

① Immanuel Wallerstein, *World-Systems Analysis: An Introduction*. Durham, NC: Duke University Press, 2004, p. 28.

② Immanuel Wallerstein, *The Modern World-System*. *Vol*. Ⅰ. *Capitalist Agriculture and the Origins of the European World-Economy in the Sixteenth Century*. New York: Academic Press, 1974. Vol. Ⅱ. *Mercantilism and the Consolidation of the European World-Economy, 1600－1750*. New York: Academic Press, 1980. Vol. Ⅲ. *The Second Great Expansion of the Capitalist World-Economy, 1730—1840*. San Diego: Academic Press, 1989. Vol. Ⅳ. *Centrist Liberalism Triumphant: 1789－1914*. Berkeley: University of California Press, 2011.

③ Jason W. Moore, *Capitalism in the Web of Life: Ecology and the Accumulation of Capital*. London and New York: Verso, 2015, p. 163.

世界体系理论与文学研究

鉴于如下事实，世界体系理论对文学研究的冷漠可能令人感到意外：在吕西安·费弗尔和亨利-让·马丁合著的《印刷书的诞生》一书中，明显影响过沃勒斯坦著述的年鉴学派曾就现代西方文学的经济基础做出过奠基性论述。近些年来，文学研究者开始尝试将这一社会-历史结构分析（socio-historical structural analysis）直接应用到自己的学术领域中。最显著的几例或许当属帕斯卡尔·卡萨诺瓦的《文学世界共和国》、弗兰科·莫莱蒂的《远读》，以及华威研究团体的《不平衡与连同性发展》。相较于世界体系理论，卡萨诺瓦明显更多受惠于皮埃尔·布尔迪厄（Pierre Bourdieu）的文化社会学理论，而莫莱蒂则在著作中自己承认受到了沃勒斯坦的启发。

世界体系理论首次出现在莫莱蒂那里，是被用来理解那些数量相对较少的杰作——如歌德的《浮士德》、梅尔维尔的《白鲸》、瓦格纳的《尼伯龙根的指环》、乔伊斯的《尤利西斯》、庞德的《诗章》、艾略特的《荒原》、穆齐尔的《没有个性的人》、加西亚·马尔克斯的《百年孤独》——是如何可能被归于一个他所谓的“现代史诗”（modern epic）的单一领域中的。他指出，和法国或英国的同类经典文本不同，这些作品“都是世界文本，其参照的地理框架已不再是民族国家，而是一种范围更大的实体——大陆，或是作为整体的世界体系”，它们也都产生于世界体系的半边缘，即“连同性发展”（combined development）区域，在其间“历史上类型各异的、起源于不同地区的社会与象征形式，共存于这一特定空间中”①。这里的分析主要是文本性的，其意图常令人惊奇地回想起经典文学研究的那些传统变体。虽然如此，上述经典还是在地理及文化意义上被移出中心，迁往边缘。在《欧洲小说地图集》（*Atlas of the European Novel，1800—1900*）中，这一观点再次以定量化的、社会学的形式出现，莫莱蒂在此采用的实证指标是国别书目文献中记载的译本数量。他将 19 世纪的文学经济描述为“由三个欧洲构成：英法总居于中心，其他大部分国家都在边缘，介于二者间的是一个不固定的集合，依情况不同而变动”②。法国小说家在天主教的南方（the catholic south）最为成功，英国小说家在新教的北方（the protestant north）风头更盛，但整个欧

---

① Franco Moretti，*Modern Epic*：*The World System from Goethe to García Márquez*，Quintin Hoare，trans. London：Verso，1996，p. 50.

② Franco Moretti，*Atlas of the European Novel 1800—1900*. London：Verso，1998，p. 174.

洲都会读司各特、布尔沃-利顿(Bulwer-Lytton)①、狄更斯、大仲马、苏(Sue)② 及雨果③。莫莱蒂的《欧洲小说地图集》从而成为一张描绘法-英是如何先于其他国家文学的发展而获得文化霸权的地图。他写道,这一“最欧洲化的形式……剥夺了欧洲大部分地区的所有创造力自治权(creative autonomy):两座城市,伦敦和巴黎,统治整个欧洲大陆超过了一个世纪,出版了欧洲小说的至少半数”④。尽管英国在沃勒斯坦描述的英-法经济争霸中明显获得了胜利,但在莫莱蒂看来,具体到世界文学体系层面,“欧洲的两个叙事超级大国(narrative superpowers)之间漫长而激烈的争霸”最终是法国胜出,“巴黎……成了19世纪的好莱坞”⑤。到了19世纪中期,法语小说的意大利语译本的数量8倍于英语小说,而两者的丹麦语译本数量大致持平。不过,莫莱蒂也强调了边缘文化位置同时带来的有利和不利后果。通过引述巴西的罗伯托·施沃茨(Roberto Schwarz)的话,莫莱蒂发现,边缘的文学实际上是靠“历史落后性”来维持的,以及,如果这种情况属实,“这一视野确实揭示了……一种新的地理空间的结果,这些形式产生了一种新的虚构空间(a new fictional space)……一种新的空间引发了一种新的形式、一种新的空间,文学地理学(literary geography)”⑥。

近来,莫莱蒂将上述论述拓展成了一幅野心勃勃的地图,它描述了比较文学是如何被重塑为一门学科的。他认为,世界文学(Weltliteratur)不能再被简单地理解为国别文学的扩大版(national literature writ large)——“文学,更大的”,而应该围绕着完全不同的范畴和概念问题来重新建构。“它不是一个对象,”他主张,“而是一个问题,一个需要一种新的批评方法的问题;没人能仅通过读更多文本就找到一种方法”⑦。他提出的模型——仍从沃勒斯

---

① [译注]:爱德华·布尔沃-利顿(Edward Bulwer-Lytton,1803—1873),英国19世纪小说家、剧作家、政治家,代表作有历史小说《庞贝的末日》(*The Last Days of Pompeii*,1834)、乌托邦小说《未来的种族》(*The Coming Race*,1871),以及剧作《黎塞留》(*Richelieu*,1839)等。参见孙建主编:《英国文学辞典:作家与作品》,复旦大学出版社,2005年,第62页。

② [译注]:欧仁·苏(Eugène Sue,1804—1857),法国19世纪作家,代表作有《巴黎的秘密》(*Les Mystères de Paris*,1842)、《流浪的犹太人》(*Le Juiferrant*,1844—1845)以及《弃儿马丹》(*Martin L'enfant Trouv*,1847)等。参见林焕文等主编:《世界著名文史学家辞典》,黑龙江朝鲜民族出版社,1985年,第384页。

③ Franco Moretti, *Atlas of the European Novel 1800—1900*. London: Verso, 1998, pp. 178—179.

④ *Ibid.*, p. 186.

⑤ *Ibid.*, p. 184.

⑥ *Ibid.*, pp. 195—197.

⑦ Franco Moretti, *Distant Reading*. London: Verso, 2013, p. 46.

坦处改动而来——就是所谓的“世界文学体系”（world literary system），这一体系同时“既是一体的，又是不平等的：中心和边缘（以及半边缘）集聚在一种日益不平等的关系之中”①。设若这一体系确乎如此运转，那么恰当的分析模式也应转换为“远读”（distant reading），在这里，距离是“一种知识状态”，它让研究者能够“着眼于比文本更小或更大的单位：策略、主题、修辞——或文类和体系”②。远读与世界文学的结合，使得莫莱蒂将现代小说的历史视作一个“变体的体系”，其中，来自英-法中心的压力倾向实现统一，而来自边缘和半边缘的变化不定的地方现实则趋于产生差异③。这样的结果就是外国情节、本土人物和本土叙事声音的一系列本土化的结构性“折中”，“一体而不平等的文学体系”也由此深嵌在了它自身的形式之中。④ 莫莱蒂将上述分析视为比较文学演进的例子，而不是它的模型，但他无疑确信这类社会学分析有更广泛的适用性。因此，他在文章末尾强调，比较文学学者：

> 在民族文学面前总是太过羞怯，太过圆滑……你成为比较者的原因很简单：因为你确信……另一不同的视角更好……司汤达对他最喜欢的人物说“别欺骗自己，对你来说，没有中间的路可走”，对我们来说，也同样如此。⑤

华威研究团体敏锐地发现，莫莱蒂诠释的“世界文学体系”所呼应的，不仅只有沃勒斯坦，还有托洛茨基，后者将资本主义发展看作必然是新旧形式混杂的“不平衡与连同性发展”。他们表示，这“或许正是文学现代生产的主要弧度或轨迹”⑥，因此，他们的观点如下：“世界文学”（world-literature）是“世界体系——现代资本主义世界体系——的文学”⑦。他们还认为，资本主义是“世界文学的基底”，“现代性不仅是世界文学所指向的或‘针对’的，它也为世界文学提供了可辨别的形式特征”⑧。沃勒斯坦和摩尔将现代世界体系的起点追溯至16世纪，而莫莱蒂和华威研究团体关注的则是18世纪晚期

---

① *Ibid*.

② *Ibid*., pp. 48—49.

③ *Ibid*., p. 56.

④ *Ibid*., pp. 58—59.

⑤ *Ibid*., pp. 61—62.

⑥ Sharae Deckard, Nicholas Lawrence, Neil Lazarus, Graeme Macdonald, Pablo M. Upamanyu, Benita Parry, and Stephen Shapiro (the Warwick Research Collective). *Combined and Uneven Development*: *Towards a New Theory of World-Literature*. Liverpool: Liverpool University Press, 2015, p. 6.

⑦ *Ibid*., p. 8.

⑧ *Ibid*., p. 15.

以后的较短阶段。这绝不是他们与沃勒斯坦的分歧之所在，而只不过是一种对温和自由主义的地缘文化——他们认为它培育出了歌德所梦想的世界文学——的审慎关注。正如这一团体所言："正是在'长19世纪'(long nineteenth century)，我们才能谈论作为英国和欧洲殖民主义的直接后果的世界的'资本化'(capitalisation)与资本的'世界化'(worlding)。"[①] 同时，这也是现代科幻小说(恰好产生于莫莱蒂所言的英—法中心，且以玛丽·雪莱、儒勒·凡尔纳和H. G. 威尔斯为典型代表)和人类世小说(至少是在克鲁岑[Paul J. Crutzen]和斯托莫[Eugene F. Stoermer]的最初构想中)兴起的历史背景[②]。不管是莫莱蒂，还是华威研究团体，他们都没有将世界体系理论运用到科幻小说的研究中；不过，澳大利亚的安德鲁·米尔纳与瑞典的杰瑞·玛达已经开始这么做了。米尔纳提出的"全球科幻场域"模型及维系它的"科幻的选择性传统"(SF selective tradition)确认了起初的英—法中心，后继的美国和日本中心，长期存于俄罗斯、德国、波兰和捷克的半边缘场域，以及由世界其他地区组成的边缘场域[③]，其后又添入了中国这一新兴的半边缘场域[④]。通过研究灾难叙事，玛达推论如下：它们似乎是"上升阶段应对意料之中的冲突或危机的压力阀……是一种应对日益迫近的、愈加阴郁的现实的心理准备方式"[⑤]。

在转向科幻文学前，我们先谈谈"人类世"(Anthropocene)。创制了这一术语的尤金·斯托莫是密歇根大学的一名生物学教授和微藻类(microalgae)专家，而保罗·克鲁岑则是斯德哥尔摩大学的大气化学教授，也是1995年诺贝尔化学奖得主。2000年，他们在国际地圈—生物圈计划(the International Geosphere-Biosphere Programme, IGBP)中正式提出这一术语。该计划1987年由国际科学联盟理事会提出，旨在研究整个地球系统的变化；自提出以来，它主导了大量的可持续研究，直到2015年"未来地球项目"(the Future Earth Project)将其取代。地球学家所使用的地质年代表通

---

① *Ibid.*, p. 15.

② Paul J. Crutzen, and Eugene F. Stoermer, "The 'Anthropocene'", *Global Change Newsletter*, 2000 (41), pp. 17—18.

③ Andrew Milner, "World Systems and World Science Fiction", *Paradoxa*, 2014 (26), pp. 1—16.

④ Andrew Milner, "World Systems and World Science Fiction", *Paradoxa*, 2014 (26), pp. 1—16. Andrew Milner, and J. R. Burgmann, "Climate Fiction: A World-Systems Approach", *Cultural Sociology*, 2018 (12/1), pp. 24—25.

⑤ Jerry Määttä, "Keeping Count of the End of the World: A Statistical Analysis of the Historiography and Historical Fluctuations of Anglophone Apocalyptic and Post-Apocalyptic Disaster Narratives", *Culture Unbound: Journal of Current Cultural Research*, 2015 (7), p. 429.

常区分出宙（eons）、代（eras）、纪（periods）、世（epochs）。如此推算，自人类文明存在以来的11700年属于显生宙（the Phanerozoic eon）中的新生代（the Cenozoic era）、新生代下的第四纪（the Quaternary period），第四纪里的全新世（the Holocene epoch）。在此之前的是更新世（the Pleistocene epoch），大致起讫为2588000年前至11700年前，比全新世寒冷得多。再往前就是上新世（the Pliocene epoch），始于5333000年前，远较现在温暖，不过在逐渐变冷，最终进入更新世冰川期。地质年代表的分类体系以地质残余物证据为基础，因此倾向于显示地质之于生物的影响，而非生物之于地质的影响。克鲁岑和斯托莫的倡议的理论新意正在于精确彰显了后者：人类目前正深刻地改变着地球的地质。最初对此质疑不少，但其中大部分随后就消除了。2016年，人类世小组向在开普敦举办的国际地质大会正式提议采用这一术语，并将其起始点由克鲁岑和斯托莫提出的工业革命调整到了1950年。后一个时间节点来源于以下实证观察：对地球系统的人为干扰的几项主要指标——不仅是大气中的二氧化碳含量，还有臭氧损耗、物种灭绝、乱砍滥伐等——都从20世纪中期起陡然上升。正如克鲁岑2003年在与时任国际地圈—生物圈计划执行总监威尔·史特芬（Will Steffen）合著的一篇文章中指出的那样，“地球系统近来的变化已远远超出至少过去50万年所展现出的自然变化的范围……目前出现的这一变化是史无前例且不可持续的”[①]。

克鲁岑、斯托莫、斯特芬所说的“人类世”，在杰森·摩尔那里则被称为“资本世”（Capitalocene），“以资本的无休止积累为先的关系所塑造的历史时期”[②]；它的起点不是18世纪中期（克鲁岑和斯托莫最初所理解的人类世），也不是20世纪中期（人类世小组的提议），而是资本主义发端的15世纪。摩尔的阐述作为一种漫长的资本主义史，在忠实于沃勒斯坦的同时，本身也极具说服力，但它只是言及而并未回应那些促使克鲁岑和斯托莫最初介入地球科学时的担忧。原因在于尽管资本主义发端于15世纪，但环境破坏的关键迹象明显始于19世纪。这正是安德烈亚斯·马尔默（Andreas Malm）在《化石资本》（*Fossil Capital*，2016）中的一个观点，此书同样使用了术语“资本世”，但指出决定性的生态历史转折大致出现在18世纪晚期到19世纪早期英国棉花产业由水力过渡至蒸汽动力亦即燃煤力的阶段。若暂且搁置历史分期的问题——对摩尔来说重要，对马尔默来说则不重要，则“人类世”“资本

① Paul J. Crutzen, and Will Steffen, “How Long Have We Been in the Anthropocene Era? An Editorial Comment”, *Climatic Change*, 2003 (61), p. 253.

② Jason W. Moore, Capitalism in the Web of Life: Ecology and the Accumulation of Capital. London and New York: Verso, 2015, p. 173.

世”的区别只不过是名称不同而已。当然，关于以下内容，摩尔和马尔默都是对的：作为一种特殊的生产模式，是资本主义，而非通常意义上的人类，引发了我们现在所说的人类世气候变化。然而，无论世界体系的理论家是否乐意，越来越多激进的科学家选择“人类世”这一术语——这就意味着他们的工作是对先前科学共识的极大颠覆。对此，伊恩·安格斯表示：“左派学术是反对文化鸿沟弥合的产物，它是长期困扰左派的政治宗派主义（political sectarianism）的学术版本。”确乎如此，即使是安格斯对摩尔的研究，也常流露出与其本身近似的宗派倾向。

世界体系理论与科幻小说

在将世界体系理论应用于科幻小说之前，我们应先明确到底何谓科幻小说。科幻小说研究界的资深专家达克·苏文（Darko Suvin）认为，它是“一种文体，其充分必要条件是认知与疏离的呈现及互动”[①]，其最具特色的形式技巧是“由认知逻辑所确证的虚构‘创意’（*novum*）的叙事主导或霸权”[②]。这一概念框架的突出优点大体有如下两方面：其一，它解构了“文学”文本与“文体”（或“通俗”）文本之间的错误对立；其二，它坚决地确保了科幻小说与幻想文学（fantasy）之间的必要对立。因此，从苏文的角度看，芭芭拉·金索沃（Barbara Kingsolver）的《迁徙行为》（*Flight Behavior* 2012）可以被视作科幻小说，因为它的叙事是由虚构但在认知上有逻辑的创意——帝王蝶定居在了田纳西州这一现实中没有（或尚未）发生之事——所主导的。伊恩·麦克尤恩（Ian McEwan）的《太阳系》（*Solar*，2010）也是科幻小说，因为其人工光合作用（artificial photosynthesis）的创意同样是虚构但在认知上有逻辑的。与此相反，那些幻想作品，即使出自像柴纳·米耶维（China Miéville）这样政治激进的作家之手，也因为其对魔法思维的依赖而不能完全算作气候变迁小说（climate fiction）。这一论点并不反对享受幻想文学的乐趣，而是反对将幻想文学严肃地视作气候变迁小说。在幻想文学中魔法总能拯救世界，但在现实生活中这永无可能。正因如此，我们才有了科学、政治，以及科幻小说。

米尔纳的全球科幻场域围绕着以下三个主要矢量构建：国家图书出版业

---

① Darko Suvin, *Metamorphoses of Science Fiction*: *On the Poetics and History of a Literary Genre*. 2nd ed., Gerry Canavan. Oxford and Bern: Peter Lang, 2016, p. 20.

② *Ibid.*, pp. 79.

的规模、跨语言翻译的数量、较为权威的资料——如在线科幻百科[①]所记载的全球科幻史。在20世纪的大部分时间里，图书贸易规模最大的6个国家分别是英国、美国、法国、德国、俄罗斯及中国。到1960年，上述国家的图书行业每年出版的书刊超过了20000种。[②] 到了20世纪90年代中期，英国的图书年产量达到了107263种，中国100951种，德国75515种，美国68175种，俄罗斯36237种，法国34766种。[③] 在其他因素相同的情况下，可以预见，这6个国家文学经济的发展将极大地推动科幻图书的出版，以及其后的科幻电影、电视剧的制作。翻译速度显然有别于图书出版的速度，但二者之间还是存有千丝万缕的关联。将不大可能出现太多科幻小说的拉丁语与古希腊语文学排除在外，据联合国教科文组织的《翻译索引》（*Index Translationum*）统计，在1979—2018年间，排名前12位的翻译源语言依次为英语、法语、德语、俄罗斯、意大利、西班牙、瑞典语、日语、丹麦语、荷兰语、捷克语及波兰语。英语、法语和德语是目前最主要的翻译源语言：英语1266110种、法语226123种、德语208240种；其他源语言的翻译远低于200000种。[④] 我们应注意，西班牙语的翻译更有可能出自拉丁美洲而非欧洲；从英语而来的翻译前期多源自英国，后期多源自美国，但二者一直以来都是主要的出版国。这就意味着，除了中国，6个主要出版国中其余5个都位列源语翻译出版的前12位中。中文——现代源语言排名的第14位（第13位是挪威语）——在数量上也是相当可观的。当其他因素相同的情况下，可以预见，科幻小说的世界文本（SF world texts）——换言之，它要求其主要读者超越与他们直接相连的国家语境——大部分也是从上述12种语言区域出口的。

除了这些总体数据外，还要交代几句全球文化经济中不同语言的相对重要性。亚历山大·比克罗夫特（Alexander Beecroft）曾做出如下区分：两种“全球语言”，即英语、法语；一系列的“区域性全球语言”，如西班牙语、葡萄牙语和阿拉伯语；“重要民族语言”，如德语、波兰语和日语；“次要民族语言”，如挪威语和柬埔寨语；“少数族裔语言”，如波美拉尼亚语和毛利语。[⑤] 当其他因素相同——显然并非经常如此，可以预见，科幻小说的世界文本大

---

① John Clute, David Langford, and Peter Nicholls, eds. *The Encyclopedia of Science Fiction*. London: Victor Gollancz/SF Gateway, 2011-2019, http://sf-encyclopedia.com/.

② Diana T. Laurenson, and Alan Swingewood, *The Sociology of Literature*. London: MacGibbon and Kee, 1972, p. 140.

③ UNESCO, *Index Translationum*. Paris: UNESCO, 1999.

④ UNESCO, *Index Translationum*. Paris: UNESCO, 2019.

⑤ Alexander Beecroft, *An Ecology of World Literature: From Antiquity to the Present Day*. London: Verso, 2005, pp. 259-277.

部分是从上述五种语言类型中的前三种出口的。比克罗夫特将法语视作一种全球语言的理由十分有趣：

> 令法语成为一种真正意义上的全球语言的特征之一，就是将其作为第二语言的人数众多（或许有两亿人）……此外，它是29个国家的官方语言……遍及除亚洲外的所有大陆……还是世界上几乎所有国际组织的工作语言。①

所以，尽管以德语为第一语言的人数（1900万）要比法语（7000万）多，但法语却是一种世界文学，一种文学－世界（*littérature-monde*）而德语则不是。这也许就解释了整体图书出版业规模较小的法国为何是比德国更重要的翻译来源国。那么，我们不难推论，英语和法语对全球科幻场域的贡献最大。

在我们离开语言和出版的问题之前，也有必要谈及德国、俄罗斯和中国的情况。德语或许不是一种世界语言，但德国却是世界第三大图书贸易国。不像英国、美国和法国，德国在图书出版业上的不同寻常处在于，它是一个译本净出口大国。《翻译索引》显示，1979—2018年间，英语是1266110种出版物的源语言，而将其作为目标语的出版物却只有164509种；净顺差达1101601种。与之对照，德语是208240种出版物的源语言，而将其作为目标语的出版物却达301935种；净逆差达93695种。在其他因素相同的情况下，可以预见，德国对英－法科幻的回应更积极，反之则不然。相似的情况也出现在中国，其逆差有49052种。相比之下，俄罗斯尽管顺差只有2818种，却是一个译本净出口国②。在其他因素相同的情况下，可以预见，这些翻译比率将会影响上述国家的文学在世界科幻体系中的相对位置。

这会将我们引至一种本质上来说事关不同国家的科幻亚文化的定性意义的“民族志”（ethnographic）问题。我们也许可以先从将科幻小说世界会议（SF World Conventions）视为一项关键指标开始，这些活动需要本土科幻爱好者承担大量的志愿服务，因此一定能证实规模可观的本土科幻爱好者的基础性存在。迄今为止，美国、加拿大、英国（英格兰和苏格兰）、德国、澳大利亚、荷兰、日本、芬兰、爱尔兰和新西兰（拟于2020年举办）的城市都举办过该会议。这一世界性会议主管每一年的雨果奖（Hugo Awards）评发，它可以被视作市场偏好的间接指标。迄今为止，获得雨果奖的小说家来自美

① *Ibid.*, pp. 264－265.

② UNESCO, *Statistical Yearbook*. Paris: UNESCO, 1990; *Index Translationum*. Paris: UNESCO, 2016.

国、英国、加拿大和中国；雨果奖最佳电影、电视剧导演来自美国、英国、澳大利亚、中国、新西兰、墨西哥、加拿大。[①] 其中，对英语世界和中美洲、北美洲科幻作者的偏爱是存在的，鉴于世界科幻协会——尽管其世界化的名称颇有误导性——设在美国，这并不令人意外。然而，还有一些不那么明显的观察结论如下：其一，荷兰与芬兰在世界性会议举办国中的出现提醒我们，尽管荷兰语和芬兰语是两种相对较次要的语言，但它们也是现代已出版译本的重要源语言，这反过来也说明它们中的一个或两者都对世界科幻至少提供了边缘性贡献；其二，加拿大、澳大利亚、爱尔兰、新西兰在举办国中——加拿大出现在了雨果奖的两项获奖名单里，澳大利亚和新西兰出现在了雨果奖最佳电影、电视剧的名单里——的出现，说明相较于次要的非英语国家，英语世界的边缘国家更易通过英美两国的中介进入世界科幻体系；其三，中国出现于雨果奖的两项获奖名单里是在 21 世纪而不是 20 世纪，这说明中国是这一文体的后起之秀。

回顾科幻的历史，很明显，它萌蘖于英国和法国，19 世纪世界文学体系的中心（雪莱、凡尔纳、威尔斯）在整个 20 世纪仍然在上述两国继续发展，势头不减，一直延续到 21 世纪（通过英国的阿道司·赫胥黎、乔治·奥威尔、C. S. 刘易斯、约翰·温德汉姆、弗雷德·霍伊尔、阿瑟·克拉克、迈克尔·摩考克、J. G. 巴拉德、伊恩·班克斯、肯·麦克劳德、柴纳·米耶维，以及法国的 J. H. 罗尼［兄］、阿纳托尔·法朗士、莫瑞斯·勒纳尔、雅克·施皮茨、比埃尔·布勒、罗伯特·莫尔、丹尼尔·沃尔特、塞奇·布鲁梭罗、G. -J. 阿瑙德、莫瑞斯·当泰克、让-马克·利尼、阿兰·达马西奥、米歇尔·维勒贝克）。凡尔纳和威尔斯显然是很重要的人物。1990 年，在《联合国教科文组织数据年鉴》(*UNESCO Statistical Yearbook*) 所统计的上一年度被翻译最多的作者的出版数据中，凡尔纳位列第 4 位，威尔斯位列第 68 位。[②] 在 2019 年《翻译索引》中，凡尔纳来到了第 2 位，1979—2018 年间，他的作品的记录在案的新译本有 4751 种。伊利诺伊大学拥有威尔斯作品的 19 种不同欧洲语言译本，其中，法语译本有 53 部，西班牙语译本有 47 部，德语译本有 32 部。[③]《时间机器》(*The Time Machine*) 1895 年在英国首

---

① World Science Fiction Society. 2019. *The Hugo Awards by Year*. 2019, http://thehugoawards.org/hugo-history/.

② UNESCO, *Statistical Yearbook*. Paris: UNESCO, 1990, pp. 7-111.

③ Patrick Parrinder, "Introduction: Learning from Other Worlds", in *Learning from Other Worlds: Estrangement, Cognition and the Politics of Science Fiction and Utopia*. Liverpool: Liverpool University Press, 2000, pp. 2.

次出版，1899年就被译为法语和巴西葡萄牙语，1900年被译为匈牙利语，1901年被译为俄语，1902年被译为意大利语，1904年被译为德语，1905年被译为捷克语。《星际战争》(*War of the Worlds*) 1898年出版，1899年就被译为荷兰语、匈牙利语、挪威语，1900年被译为法语，1901年被译为德语和意大利语，1902年被译为西班牙语，1903年被译为捷克语。[①]

对于莫莱蒂来说，边缘与半边缘的区别，实质上就是单纯的文化接受及模仿与创造性的文化革新之间的区别。回头去看，半边缘场域的科幻社群对全球科幻场域及逐步形成着的全球科幻择选传统 (global SF selective tradition) 具有实质性贡献。以时期而论，半边缘场域最重要的科幻文化大致分布如下：魏玛共和国时期的德国（奥托·威利·盖尔、蒂亚·冯·哈堡、弗里茨·朗、奥特弗雷德·冯·汉斯坦）及冷战后的联邦德国（沃尔夫冈·耶施克、弗兰克·舍津、德克·弗莱克）；早期的苏联（亚历山大·贝利亚耶夫、亚历山大·博格丹诺夫、米哈伊尔·布尔加科夫、弗拉基米尔·马亚科夫斯基、安德烈·普拉东诺夫、阿列克谢·托尔斯泰、叶甫盖尼·扎米亚京）和解体前夕的苏联（根里赫·阿尔托夫、德米特里·比伦金、基尔·布利切夫、米哈伊尔·埃姆采夫、埃雷米·帕尔诺夫、阿尔卡季·斯特鲁加茨基、鲍里斯·斯特鲁加茨基、阿列克谢·塔尔科夫斯基)，以及冷战后的俄罗斯联邦（弗拉基米尔·索罗金，迪米特里·格鲁霍夫斯基）；两次世界大战间的捷克斯洛伐克（卡雷尔·阿佩克、J. M·特罗斯卡）；人民共和国时期的波兰（康拉德·菲尔科夫斯基、斯坦尼斯劳·莱姆、亚当·维斯涅夫斯基-斯内尔格）；两次世界大战间的北美；二战后的日本。上述时期及地域的科幻作家作品都对英-法中心产生过影响，并进而影响了更广泛的世界体系。

相比之下，边缘场域囊括了19世纪末的日本和20世纪初的波兰。凡尔纳的《八十天环游地球》(*Le Tour du monde en 80 jours*) 早在1879年就被翻译成日语，20世纪80年代初期，他的《奇异的旅行》(*Voyages extraordinaires*) 系列中又有六部被译成日语。这些作品催生了一批日本仿作，其中最著名的可能是押川春浪的《海底军舰》，它是对《海底两万里》(*Vingt mille lieues sous les mers*) 一书的重写。威尔斯的《时间机器》和《星际战争》1899年被翻译成波兰语，催生了一批波兰仿作，因此最早的"波

① Patrick Parrinder, and Paul Barnaby, "Timeline: European Reception of H. G. Wells", in Patrick Parrinder and John S. Partington, eds., *The Reception of H. G. Wells in Europe* London: Continuum, pp. xxiii-xxv.

兰科幻作家……或多或少是有意识地在威尔斯的魔咒下写作的”[①]。然而，这些日本和波兰仿作都没有取得任何长久的国际意义，换言之，它们并未进入全球科幻择选传统。但日本和波兰是极其有趣的案例，因为两者随后都从边缘转变成了半边缘（且日本最终进入近中心地带）。边缘场域还包括一系列国家或文化体，例如，中国、韩国、阿根廷、巴西、意大利、荷兰、芬兰、挪威、匈牙利、加拿大、澳大利亚和新西兰，它们对于科幻作品大都进口较多而出口较少。

半边缘场域的两个科幻文化体——美国和日本，最终成为该系统的新中心。美国科幻所谓的“黄金时代”被许多美国人误以为是科幻这一文体的起源，其实它是美国仍处于文学经济的半边缘域之时的产物。然而，在 20 世纪 30 年代到 50 年代之间，美国在该文体领域迅速变得近乎霸权化（胡戈·格恩斯贝克、约翰·坎贝尔、艾萨克·阿西莫夫、罗伯特·海因林），这种情况一直持续到“新浪潮”（菲利普·迪克、哈兰·埃里森、诺曼·斯宾拉德、小詹姆斯·蒂普特里、罗杰·泽拉兹尼）、女权主义（乌尔苏拉·勒古因、乔安娜·罗斯、玛吉·皮尔西）、非洲未来主义（萨缪尔·德拉尼、奥克塔维亚·巴特勒）、赛博朋克（威廉·吉布森，布鲁斯·斯特林），以及像金·斯坦利·罗宾逊和保罗·巴奇加卢皮这样的新人文主义作家出现时。此外，北美的这种霸权从印刷品扩展到了电影（詹姆斯·惠尔、斯坦利·库布里克、乔治·卢卡斯、斯蒂芬·斯皮尔伯格、莱德利·斯科特、詹姆斯·卡梅隆、蒂姆·伯顿、保罗·维霍文都在好莱坞工作，尽管有些人出生于欧洲）和电视剧（吉恩·罗登贝里、J·迈克尔·斯特拉钦斯基、克里斯·卡特、乔斯·温登）的领域。

在第二次世界大战后，一定程度上是受到美国军事占领的影响，美式科幻很快出口到日本。该文体的新日本半边缘场域对其新（英－）美中心场域的回应，就像美国曾经对欧洲科幻的回应那样，通过嵌入日本的本土特色而富有成效地调整了这一外来的文学形式。日本主要的科幻作家（安部公房、星新一、小松左京、村上春树）都达到了这样的境界。然而，决定性的突破来自日本作家、导演和动画制作者（手冢治虫、大友克洋、押井守、庵野秀明），他们通过对美国视听媒体产品的挪用来制作当代漫画和科幻动漫。因此，日本科幻已经从该文体的边缘场域转移到了半边缘场域，在某些方面，甚至可与中心场域的美国科幻相媲美。

① Andrzej Juszczyk, “H. G. Wells's Polish Reception”, in Patrick Parrinder, John S. Partington, eds., *The Reception of H. G. Wells in Europe*. London: Continuum. Kingsolver, Barbara, *Flight Behavior*. New York: HarperCollins, 2012, p. 126.

以大多数标准衡量，加拿大是一个边缘的，或充其量是半边缘的文学经济体，但它与美国有着特殊的密切联系，而美国一直是二战后科幻体系的主要中心。不管是好是坏——有时两者兼有，美国人常常把讲英语的加拿大当作美国的一部分，在科幻亚文化领域中或许更是这样。正因如此，1948 年，第一次在美国之外举办的世界科幻大会召开于多伦多市；也正因如此，美国科幻杂志、漫画、图像小说和平装本在加拿大销售很容易，反之，加拿大人向美国投稿也很容易。所以，加拿大的著名科幻作家如 A. E. 范沃格特和玛格丽特·阿特伍德，以及电影和电视导演如大卫·克罗嫩伯格和约翰·福塞特，都极易获得美国的观众和荣誉。这并不是说加拿大本身处于科幻文化体的中心，而是说它的状态反常，它在中心和边缘之间游移不定，以至于广义的中心也在美国和北美两个选择之间游移不定。

中国是完全不同的一回事：中文是世界上最广泛的阅读语言，拥有世界六大出版业之一，也是一种重要的翻译源语言和目标语。然而，直到 20 世纪 70 年代末，中国才进入世界科幻体系的边缘场域。20 世纪头几年，乌托邦小说曾一度繁荣，其中不少涉及类科幻的飞行机器，有些还明显涉及未来的性别关系[①]；1902 年，凡尔纳《月界旅行》日译本出现了一种中译本；在中苏关系友好时期，苏联式儿童科幻故事大量涌现；“文化大革命”期间，几乎没有科幻作品出现。1978 年后，科幻这一文体仅仅——且时常断断续续地——供成年人阅读。[②] 此后，它一直与 1979 年创办的《科幻世界》杂志联系在一起，1999 年，其发行量高达 40 万份，至今据称仍约有 30 万份。这一数字在中国或许微不足道，但对其他国家的科幻杂志来说却是举足轻重的。中国当代著名的三大科幻作家——刘慈欣、王晋康和韩松，都是《科幻世界》的资深作家，他们都曾多次获得由该杂志社主办的用以表彰最佳中国科幻作品的银河奖。他们三人的作品皆被翻译成了英语，其中，最引人瞩目的是刘慈欣的《三体》，其英译本获得了 2015 年雨果奖最佳科幻小说。不过，这还没有使中国成为一个新的科幻中心，但它很可能意味着中国终于进入了科幻体系的半边缘场域。

---

① Jianhua Chen, "At the Beginning of the 20th Century: Chinese Utopia, Dystopia and Female Utopia", in *The Fifth International Forum on Marxist Aesthetics—The Power of Utopia: The Political Turn of Contemporary Aesthetics*. Hangzhou: College of Media and International Culture, Zhejiang University.

② Cixin Liu, "The Worst of All Possible Universes and the Best of All Possible Earths: *Three-Body* and Chinese Science Fiction", Ken Liu, trans., in Ken Liu, ed., *Invisible Planets: An Anthology of Contemporary Chinese Science Fiction*. London: Head of Zeus, pp. 361—367.

世界体系理论和气候变迁小说

到目前为止，我们的注意力一直放在一般意义上的科幻小说上，而并未去专门关注气候变迁小说。但是，在这篇文章的第三部分，也是最后一部分，我们试图用世界体系理论分析亚当·特雷克斯勒所谓的“人类世小说”和丹尼尔·布鲁姆所谓的“气候变迁小说”①，我们将这两种小说视作当代科幻小说的重要亚文体。最普遍意义上的气候小说至少和《创世记》（*Genesis*）第6—8章中诺亚的故事一样古老，但这些古老的气候故事主要谈论的是洪水和冰灾，而不是气候变暖，且它们通常与任何理性、可信的气候科学没有多大关系；相较而言，当代气候变迁小说受气候科学影响极深，故而绝大多数都与人类行为导致的气候变暖有关，即使是像迈克尔·克里希顿（Michael Crichton）的《恐惧状态》（*State of Fear*，2004）这样旨在反科学的文本也是如此。因此，从这个意义上说，气候变迁小说是新近才发展起来的，至多上溯至20世纪70年代末：最早的例子应是美国作者亚瑟·赫尔佐格（Arthur Herzog）的《热》（*Heat*，1977）和澳大利亚作家乔治·特纳（George Turner）的《海洋与夏天》（*The Sea and Summer*，1987）。有趣的是，赫尔佐格和特纳是职业作家和记者，都在科幻小说界较早成名，出于对当前科学论争的共同兴趣，他们两人似乎都被全球变暖的主题吸引，从而将其作为早期科幻小说的一个延伸。这让我们推论如下：正如布鲁姆和特雷克斯勒所认为的那样，气候变迁小说本身并不是一个新的流派，而是科幻小说的一个亚文体。倘若如此，那么，在其他因素相同的情况下，人们会认为气候变迁小说的地缘政治、文学经济与作为整体的科幻小说的地缘政治文学经济大致平行。

在这里，我们需要区分出这一亚文体演进中的结构性（structural）决定因素与连接性（conjunctural）决定因素。主要的结构性决定因素无疑是世界科幻体系，但是，其效果可能被三个主要连接性因素中的一个或多个抵消或强化：任何特定国家政治经济对极端气候变化的敏感程度、任何特定国家绿色政治的显著性，以及气候变化在任何特定国家文化的环保主义讨论中的显著性。以上三个因素（甚至仅第一个）都部分地涉及文化领域，因为，如能

① Adam Trexler, *Anthropocene Fictions: The Novel in a Time of Climate Change*. Charlottesville: University of Virginia Press, 2015. Brian Merchant, “Behold the Rise of Dystopian ‘Cli-Fi’”, *Vice: Motherboard* 1 June 2013. http://motherboard.vice.com/blog/behold-the-rise-of-cli-fi.

在某种程度上客观准确地衡量实际的气候脆弱程度——例如，显而易见，贫穷国家通常比富裕国家更脆弱——那么，这种为人们所共同感知和理解的脆弱程度仍是由文化塑造的。媒体对气候变化威胁的描述，尤其是气候科学家、经济学家和生态学家的评论，很可能在这里起到支配作用。在严格意义上的政治层面，绿色政治的地方能见度将取决于诸如选举制度、公共资金使用等因素，但是，它也取决于新旧媒体之间的平衡，广告收入在多大程度上依赖于碳排放，等等。因此，以上三个连接性决定因素可以被理解为公共领域“绿化”的不同方面。然而，它们（即使是第三个）并非仅仅是文化，因为地方环保主义讨论的形态是在对政治和经济发展的回应中形成的。因此，全球科幻体系与（宽泛定义的）地方绿色公共领域之间的互动将决定气候变迁小说在本地的出现率。

世界科幻体系的这一影响在四种核心科幻文化中的三个——美国、英国和法国表现得最为明显，上述三国都产生了数量可观的气候变迁小说。美国气候变迁小说的例子：在书面文学中有赫尔佐格的《热》，布鲁斯·斯特林的《恶劣天气》(*Heavy Weather*，1994）和《女像柱》(*The Caryatids*，2009)，T. C. 博伊尔的《地球的朋友》(*A Friend of the Earth*，2000)，克里希顿的《恐惧状态》，金·斯坦利·罗宾逊的《首都科学》三部曲（*Science in the Capital* Trilogy，2004—2007)、《极光》(*Aurora*，2015)、《绿色地球》(*Green Earth*，2015）和《纽约 2140》(*New York 2140*，2017)，科马克·麦卡锡的《道路》(*The Road*，2006)，保罗·巴奇加卢皮的《风流女孩》(*The Windup Girl*，2009）和《水刀》(*The Water Knife*，2015)，芭芭拉·金索沃的《迁徙行为》(2012)，纳撒尼尔·里奇的《明天赔率》(*Odds Against Tomorrow*，2013)，威廉·吉布森的《边缘》(*The Peripheral*，2014)，李昌来的《满朝之海》(*On Such a Full Sea*，2014)，本·勒纳的《10：04》(2014)，克莱尔·瓦耶·沃特金斯的《金牌柑橘》(*Gold Fame Citrus*，2015)，梅格·小赖利的《我们毫无准备》(*We Are Unprepared*，2016)，约翰·费弗的《分裂之地》(*Splinterlands*，2016)，以及大卫·H. 斯皮尔伯格自费出版的《遗迹之路》(*On Vestige Way*，2017)；在图像小说中，有乔希·诺伊菲尔德的《广告：洪水过后的新奥尔良》(*AD：New Orleans after the Deluge*，2010)、格兰特·卡洛夫和埃里克·艾斯纳的《H2O》(2011)，以及布赖恩·伍德的《大规模》(*The Massive*，2012—2015)；在电影领域，有凯文·雷诺兹的《未来水世界》(*Waterworld*，1995)、史蒂文·斯皮尔伯格的《人工智能》(*AI：Artificial Intelligence*，2001)、罗兰·艾默里奇的《后天》(*The Day after Tomorrow*，2004)、安德鲁·斯坦顿的《机器人总动员》

(*Wall-E*, 2008)、杰克·帕特洛的《年轻人》(*Young Ones*, 2014)、达伦·阿罗诺夫斯基的《诺亚方舟：创世之旅》(*Noah*, 2014)、克里斯托弗·诺兰的《星际穿越》(*Interstellar*, 2014) 以及迪恩·德夫林的《全球风暴》(*Geostorm*, 2017)；在电视剧方面，则有布鲁斯·米勒和瑞德·穆拉诺的《使女的故事》(*The Handmaid's Tale*, 2017—2019) 的部分剧集。

英国气候变迁小说的著名例子：在书面文学中有玛姬·吉的《雪在哪里》(*Where are the Snows*, 1990)、《冰人》(*The Ice People*, 1998) 和《洪水》(*The Flood*, 2004)，威尔·塞尔夫的《戴夫之书》(*The Book of Dave*, 2006)，伊恩·麦克唐纳的《上帝之河》(*River of Gods*, 2006)，珍妮特·温特森的《石神》(*The Stone Gods*, 2007)，马塞尔·瑟鲁的《远北》(*Far North*, 2010)，伊恩·麦克尤恩的《追日》(*Solar*, 2010)，大卫·米切尔的《云图》(*Cloud Atlas*, 2004) 和《骨钟》(*The Bone Clocks*, 2014)，本·埃尔顿的《一次又一次》(*Time and Time Again*, 2014)，米歇尔·费伯的《新奇事物之书》(*The Book of Strange New Things*, 2014)，劳丽·佩妮的《一切都属于未来》(*Everything Belongs to the Future*, 2016)，梅根·亨特的《我们开始处的终点》(*The End We Start From*, 2017)，保罗·麦考利的《南方》(*Austral*, 2017)，以及克里斯·贝克特的《美洲之城》(*America City*, 2017)；在图像小说中有约翰·希克伦顿的《100 个月》(*100 Months*, 2012)；在电影领域，有马修·沃恩的《王牌特工：特工学院》(*Kingsman: The Secret Service*, 2015)。

至于法国气候变迁小说：在书面文学中有米歇尔·胡埃勒贝克的《岛屿的可能性》(*La Possibilité d'une île*, 2005)，他的《地图与领土》(*La Carte et le territoire*, 2010) 大概也算，扬·奎罗的《白人审判》(*Le Procès de l'Homme Blanc*, 2005) 和《未来将与过去不同》(*L'Avenir ne sera plus ce qu'il était*, 2010)，以及由他编辑的选集《全球变暖及以后》(*Le Réchauffement climatique et après...*, 2014)，让-马克·利格尼的《水族馆》(*Aqua™*, 2006)、《出埃及记》(*Exodus*, 2012) 和《种子》(*Semences*, 2015)，皮埃尔-伊夫·图佐特的《遥远之地》(*Terre lointaine*, 2008)，伯纳德·贝松的《格陵兰》(*Greenland*, 2011)；在图画小说中有雅克·洛布和让-马克·罗切特的《跨场景》(*Le Transperceneige*, 1982)，以及由罗切特、本杰明·勒格兰德和奥利维尔·博克特所作的三部续集 (1999—2015)。

日本最重要的例子可能是宫崎骏的漫画《风之谷》(風の谷のナウシカ/*Kaze no Tani no Naushika*, 1982—1994) 及其 1984 年上映的改编动漫，以及他 1997 年的动漫《幽灵公主》(もののけ姫/*Mononoke-hime*)——虽然这

些作品与其说是“气候科幻”（cli-fi），倒不如说是“气候奇幻”（cli-fantasy）。日本气候变迁小说相对低产，应是受到了日本环保主义讨论较少关注导致气候变化的人类行为的影响。自2011年福岛核灾难以来，或者可以说自1945年美国核打击的长期影响显现以来，核辐射在日本一直都是一个更重要的议题。

科幻的半边缘场域最引人注目的特征莫过于德国气候变迁小说的庞大数量。重要的例子包括：安东-安德烈亚斯·古哈的《行星反击》(*Der Planet schlagt zuruck*，1993)，德克·弗莱克的《去吧！生态独裁》(*Die Ökodiktatur*，1993)、《大溪地计划》(*Das Tahiti-Projekt*，2008)、《MAEVA！》(2011)和《足之火》(*Feuer am Fuss*，2015)，卡尔-海因茨·图舍尔的《来自IDEA的男人》(*Der Mann von IDEA*，1995)，蒂尔·巴斯蒂安的《致命气候》(*Tödliches Klima*，2000)，西比尔·伯格的《结局圆满》(*Ende gut*，2004)，弗兰克·舍津的《群集》(*Der Schwarm*，2004)，沃尔夫冈·耶施克的《卡萨努斯的游戏》(*Das Cusanus Spiel*，2005)，利安·德克斯的《错误的天空》(*Falsche Himmel*，2006)，曼弗雷德·博克尔的《孤独》(*Die Einöder*，2007)，乌尔里希·赫夫纳的《第三等级》(*Die dritte Ebene*，2008)，迪特尔·奥斯特温德的《石之余烬》(*Steinerne Glut*，2008)，克劳斯·彼得·莱纳的《自然残酷》(*Natürlich grausam*，2008)，朱利·泽的《犯罪主体》(*Corpus Delicti*，2009)，内勒·诺伊豪斯的《何人播风》(*Wer Wind sät*，2011)，斯文·布彻的《预言》(*Prophezeiung*，2011)，伊利亚·特罗亚诺的《冰露》(*Eis Tau*，2011)，玛格丽特·博伊森的《爱丽丝，气候变化和猫咪泽塔》(*Alice*, *der Klimawandel und die Katze Zeta*，2016)。弗莱克、舍津和耶施克都是德国最佳科幻小说奖得主，弗莱克凭借《去吧！生态独裁》《大溪地计划》获奖两次，舍津凭借《群集》获奖一次，耶施克凭借《卡萨努斯的游戏》等作品获奖两次。舍津和耶施克的作品已被翻译为英语和法语；弗莱克的作品已被翻译为西班牙语、土耳其语和越南语，但尚未被翻译为英语或法语。

处于半边缘场域的东欧国家的科幻作品较少关注气候变化，这与德国形成了鲜明对比。对去斯大林化的政治（包括政府主导的环境污染式文化）的关注在东欧似乎更为突出些。有趣的是，维克多·索罗金在其颇具影响力的《特辖军的一天》(*Den' oprichnika*)中偶然提及西方对气候变化的误解：“Аж целых минус 32. Вот вам и глобальное потепление, о котором *чужеземцы талычат* "[①] 索罗金的安德烈·达尼洛维奇·科米亚加无疑是一个不可靠叙述者，但他的俄罗斯读者确实对这种特殊的情绪非常熟悉。索罗金是在给他的读者开玩笑，但它似乎很重要，因为它实际上是有效的。

这种对气候变迁小说的相对冷漠在中国再次出现。中国科幻一直都关注诸如环境污染等问题，但全球变暖问题在其中并不突出。事实上，刘慈欣特意警告他的美国读者，鉴于"气候变化和生态灾难有内置的调整期……人类和外星人之间的接触随时可能发生"，因此，他坚持认为（在我们看来不可能）"外星智能将是人类未来最大的不确定性来源"。[②] 讽刺的是，刘慈欣的《三体》英文翻译为 *The Three-Body Problem*，小说的前提就是气候变化的当务之急不在地球，而在他虚构的三体星系（Trisolaris）；同名的"三体问题"是经典力学中一个明显无法解决的问题，在小说中，它也是一个明显无法解决的虚拟现实游戏，这一游戏关乎外星之起源，而且更根本地关乎三体星球与半人马座阿尔法的三日系统的关系。这种三日互动的影响恰巧使该星球遭受了极端的热和冷，这从根本上阻碍了三体文化的发展，并最终导致该星球的毁灭，进而开启了其入侵舰队驶向地球的450年漫漫长旅，再催生了电脑游戏、地球三体组织（ETO）和地球三体运动，后两者都是受到了外星人的启发，旨在减缓地球的技术发展。ETO 的创始人之一迈克·埃文斯（Mike Evans）毫不令人意外地是一个激进的环保主义者。这部小说显而易见是对环保主义的抨击，然而，它却讽刺地表现了它所要反驳的东西。

大量的气候变迁小说来自边缘场域，这一点与同处半边缘场域的德国和中国之间的差异一样令人诧异。最明显的起点是拥有着阿特伍德"疯癫亚当"三部曲——由《羚羊与秧鸡》（*Oryx and Crake*，2003）、《洪水之年》（*The Year of the Flood*，2009）、《疯癫亚当》（*MaddAddam*，2013）三部作品组成——的加拿大。加拿大其他气候变迁小说包括：伊丽莎白·沃那堡的《母亲之国编年史》（*Chroniques du Pays des Mères*，1992）、让-路易·特鲁德尔的《潮水来袭》（*Les Marées à venir*，2009）、克雷格·罗素的《碎片》（*Fragment*，2016）、奥马尔·阿卡德的《美国战争》（American War，2017）。在《洪水之年》的早期评论中，弗雷德里克·詹姆森指出，阿特伍德"是一个加拿大人，她的想象力很难不受惠于她居于美国边境的有利位置"[③]。实际上，阿特伍德的大部分小说是以她的祖国加拿大为背景的，但她的五部科幻小

---

① 大意：零下32度，这就是外国人喋喋不休的所谓全球变暖。Vladimir Sorokin, *Den' oprichnika*. Moscow：Zakharov Books，2006，pp. 129—130.

② Cixin Liu，*The Three-Body Problem*，Liu K.，trans. New York：Tor，2014，pp. 394.

③ Fredric Jameson，"Then You Are Them"，*London Review of Books*，2009（31/17），pp. 7—8.

说——《使女的故事》(*The Handmaid's Tale*, 1987)、“疯癫亚当”三部曲以及《最后死亡的是心脏》(*The Heart Goes Last*, 2015)——都发生在美国或曾经属于美国的地方。换言之，她有意将自己的科幻作品创作为“北美的”，而不是“加拿大的”。此外，正如詹姆森所观察到的那样，“通常至少需要提醒3亿说英语的人”：她是加拿大人。因此，她的小说正是在中心和边缘之间摇摆，而这也是我们所发现的加拿大(气候变迁小说)的特点。

其他重要的、更为边缘的气候变迁小说的作品，列举如下：来自澳大利亚的特纳的《海与夏》(*The Sea and Summer*)、史蒂文·阿姆斯特丹的《我们未能预见之事》(*Things We Didn't See Coming*, 2009)、亚历克西斯·赖特的《天鹅之书》(*The Swan Book*, 2013)、彼得·凯里的《失忆》(*Amnesia*, 2014)、简·罗森的《在未制清单办公室的错误转弯》(*A Wrong Turn at the Office of Unmade Lists*, 2014)、艾伦·范·尼尔文的《热与光》(*Heat and Light*, 2014)、爱丽丝·罗宾逊的《锚点》(*Anchor Point*, 2015)、詹姆斯·布拉德利的《进化枝》(*Clade*, 2015)、乔治·米勒的《疯狂的麦克斯：狂暴之路》(*Mad Max: Fury Road*, 2015)、简·阿伯特的《分水岭》(*Watershed*, 2016)、布里欧尼·多伊尔的《岛将沉没》(*The Island Will Sink*, 2016)、莎莉·阿伯特的《关闭》(*Closing down*, 2017)、凯特·斯帕克的《莲花蓝》(*Lotus Blue*, 2017)、詹妮弗·米尔斯的《时间错乱》(*Dyschronia*, 2018)，以及汤姆·法恩斯的《太阳的分裂》(*Split by Sun*, 2018)；来自瑞典的杰斯珀·威兹的《不生长之物正在死去》(*Det som inte växer är döende*, 2012)；来自挪威的乔斯坦·加德的《安娜：关于地球气候与环境的寓言》(*Anna. En fabel om klodens klima og miljø*, 2013)、乔·内斯伯和埃里克·斯科约尔德比约格合著的《占据》(*Okkupert*, 2015—2017)；来自芬兰的里斯托·伊索梅基的《娑罗室伐底之沙》(*Sarasvatin hiekka*, 2005)、安蒂·托迈宁的《治疗师》(*Parantaja*, 2010)，以及艾米·伊塔兰塔的《大师之书》(*Teemestarin kirja*, 2013)；来自西班牙的乔迪·德·曼努埃尔的《雨的味道》(*L'olor de la pluja*, 2006)；来自拉丁美洲的荷马·阿里吉斯的《太阳传说》(*Le leyenda de lose soles*, 1993)和《你以为你跟谁做爱呢?》(*¿En quién piensas haces el amor?*, 1996)，以及希奥孔达·贝利的《瓦斯拉拉》(*Waslala*, 1996)；来自南非的阿拉斯泰尔·布鲁斯的《日之墙》(*Wall of Days*, 2010)、乌摩亚·利斯特的《地震》(*Planetquake*, 2010)，以及尼尔·布隆坎普的《极乐世界》(*Elysium*, 2013)；来自瑞士的伊万·恩格勒和拉尔夫·埃特合著的《货物》(*Cargo*, 2009)；来自韩国的奉俊昊的《雪国列车》(*Seolgungnyeolcha*, 2013)；来自印度的阿米塔夫·高希的《枪

岛》(*Gun Island*，2019)。

澳大利亚气候变迁小说的大量出现，可能要归功于特纳的《海与夏》，亦可能受到该国在面对全球变暖可能后果时的极端脆弱性的影响，也可能源于澳大利亚（和新西兰）政治中绿党（按照英语世界的标准）的大量存在：2019年，澳大利亚议会（227人）有10名绿党成员，新西兰议会（120人）有8名绿党成员；与之相较，美国国会没有绿党成员，加拿大议会（338人）有1名，英国（650人）有1名。芬兰的气候变迁小说的大量出现，一定受惠于芬兰的科幻社群——特别是科幻爱好者——超常的力量，这在赫尔辛基成功申办了2017年的世界科幻会议一事上显露无遗。南非的大部分气候变迁小说可能要归功于布隆坎普《第9区》(*District 9*，2009）票房、口碑的双丰收，这显然促使了“当地科幻小说的空前繁荣”①。

在讨论的最后，我们不禁要问：为何这么多的气候变迁小说来自全球科幻的边缘场域？迄今为止，我们已指出一些连接性决定因素，如绿色政治在当地的突出地位、当地的气候脆弱程度等，我们当然也能在莫莱蒂的理论框架中找到更为普遍的解释——他认为边缘或半边缘地位本身就可以促进新的文化可能性的生成。我们能观察到，全球科幻史上真正的创新时刻——纸浆小说（pulp fiction）和B级电影（B feature movie）在美国的出现，或者漫画和动漫在日本的出现——皆未产生于科幻系统的中心，而是产生于由边缘向半边缘过渡的场域。当代气候变迁小说的发展与上述时刻类似，它同样大量出现在新兴的半边缘科幻文化中。因此，我们的结论如下：气候变迁小说的文化地理与全球科幻场域的普遍结构有着明显（尽管细微）的差异。在中心，日本的气候变迁小说的创作相对不足；在半边缘，德国的气候变迁小说的创作相对过剩；在边缘，加拿大、芬兰、澳大利亚和南非的气候变迁小说的创作耐人寻味地相对过剩。文学创造的边缘新源头的不断涌现，部分地与莫莱蒂的观点矛盾：他认为世界文学体系以日益不平等的关系为特征，他对地理新空间如何生成虚构新空间的强调也是如此。那么，我们可以得出结论：和马克思的利润率下降规律一样，世界文学体系内日趋不平等的态势亦是一种规律，它必然会被诸如边缘场域的文学创造力这样的反向趋势抵消。

作者简介：

安德鲁·米尔纳，澳大利亚莫纳什大学英语及比较文学专业荣休教授，柏林自由大学

① Elzette Steenkamp, "Future Ecologies, Current Crisis: Ecological Concern in South African Speculative Fiction", in Gerry Canavan and Kim S. Robinson, eds., *Green Planets: Ecology and Science Fiction*. Middletown: Wesleyan University Press, 2014, pp. 143-157.

英语语言研究所路德维希·赫希菲尔德·麦克访问教授（2013），最近出版有《想象的时态：雷蒙·威廉斯论乌托邦、反乌托邦及科幻小说》（*Tenses of Imagination*：*Raymond Williams on Utopia*，*Dystopia and Science Fiction*，2010）、《为科幻小说定位》（*Locating Science Fiction*，2012）、《又一次，危险的幻象：文化唯物主义论集》（*Again*，*Dangerous Visions*：*Essays in Cultural Materialism*，2018）、《科幻小说与气候变化：一种社会学方法》（*Science Fiction and Climate Change*：*A Sociological Approach*，2020）。

J. R. 伯格曼，澳大利亚莫纳什大学创意写作博士研究生，研究领域为气候变迁小说，他也是米尔纳教授《又一次，危险的幻象》《科幻小说与气候变化》两书的合作作者。

译者简介：

时光，北京外国语大学教师。

四川大学国家级重点学科
比较文学研究基地系列讲座

前言：对话与互鉴

曹顺庆　杨　清

四川大学国家级重点学科比较文学研究基地（以下简称“基地”），是隶属一级国家重点学科“中国语言文学”（第四轮学科评估为A），依托全国第一个国家级重点学科比较文学，以四川大学中国语言文学博士后流动站、比较文学与世界文学博士点和文艺学博士点为基础的科研平台。基地由欧洲科学与艺术院院士、四川大学文科杰出教授、四川大学双一流学科“中国语言文学与中华文化全球传播”首席专家曹顺庆教授领衔，主要成员包括：四川大学比较文学讲座教授、欧洲科学院院士斯文·埃里克·拉森（Svend Erik Larsen），四川大学比较文学讲座教授、欧洲科学院院士西奥·德汉（Theo D'haen），四川大学比较文学讲座教授、美国 *Comparative Literature Study* 主编托马斯·比比（Thomas O. Beebee），四川大学全职外籍教授、欧洲科学与艺术院院士托托西（Steven Tötösy de Zepetnek），四川大学全职外籍教授伍晓明（新西兰籍），韩国成均馆大学教授西蒙·埃斯托克（Simon C. Estok），美国亚利桑那大学教授李点，四川大学傅其林教授、金惠敏教授、张法教授、赵毅衡教授、徐新建教授、阎嘉教授、王晓路教授等，以及一批优秀的中青年学者，如赵渭绒教授、王一平教授、庄佩娜教授、梁昭副教授、寇淑婷副教授、杨清博士、张帅东博士等。基地秉承“中西融通、科教相长，以中国话语建设引领学术前沿、加强文明互鉴与国际交流合作，理论与实践兼顾”的培养理念，在建设高水平科研团队、推进科研和学术创新的同时，致力建设具有中国特色的比较文学学科话语理论，并以一流师资培养一流学生，注重对学生个人素质、科研创新、理论与实践等综合能力的全面培养。基地以增强比较文学中国学派影响力，构建中国理论话语，纵深化推进比较文学学科，完善学科体系，促进比较文学国际交流与互鉴为发展目标。有鉴于此，基地打造了三大系列讲座——比较文学国际系列讲座、四川大学校友论坛、国际比较文学博士生论坛，在国内外均产生了一定的学术影响力。

一、打造“比较文学国际系列讲座”，扩大国内比较文学研究学术影响力

基地以中外学者搭配的形式打造“比较文学国际系列讲座”，主讲人为国际比较文学著名学者。基地自 2020 年 10 月成立以来，共举办 14 场比较文学国际系列讲座，主讲人分别是曹顺庆教授、西奥·德汉教授、赵毅衡教授、斯文德·埃里克·拉森教授、金惠敏教授、托马斯·比比教授、傅其林教授、斯蒂文·托托西教授、徐新建教授、李点教授、张法教授、阎嘉教授、伍晓明教授。

系列讲座围绕国内外比较文学热点问题、学术前沿话题进行交流与探讨。如曹顺庆教授系统论述了比较文学学科理论新话语——“比较文学变异学”；西奥·德汉教授探讨了欧洲文学与世界文学的动态辩证关系；赵毅衡教授从符号美学的基本问题出发，主张应当返回艺术功能主义，并提出了艺术“超脱说”的新定义；拉森教授以泰戈尔的小说《家与世界》为基础，探讨了这部作品中西方与东方在文学和文化上的相遇；金惠敏教授以意义问题为核心，对“对话理论”的建构问题进行了探索；托马斯·比比教授追溯西方“阅读疗法”概念的历史，提出作为“阅读疗法”之补充的“阅读创伤幽灵”的概念，并讨论了这两个概念与小说所具有的信仰诱导能力的关系；傅其林教授以他的三部学术专著为线索，对东欧新马克思主义文艺理论与美学的关键问题和核心论点进行了全面梳理和深入分析；斯蒂文·托托西教授运用曹顺庆教授的变异学理论框架，结合其本人于比较文化研究中提出的文学实证研究概念化观点，对阿德里安·奥罗兹（Adrien Orosz）的小说进行文本分析；徐新建教授聚焦汉语“文学”的古今词变，考察其从语词、语义到语用的中西历程；李点教授则以近年来美国汉学界对中国现代文学的一些研究为例，探讨了跨文化语境中所产生的新的意义阐释的合法性；阎嘉教授以《文化研究的跨学科性——以霍加特〈识字的用途〉为例》，借霍加特《识字的用途》的

翻译提供一个学习和反思的过程，并提出我们今天文化研究所面对的一些问题；伍晓明教授围绕“何为理论”“理论何为”“为何理论”这三重问题展开讨论，探讨了理论的本质问题；韩国成均馆大学英语语言文学系教授西蒙·埃斯托克围绕媒介生态批评，讨论了电影的音乐、表演、剪辑、摄影等形式特征。

系列讲座充分呈现国内外顶尖学者长期深思熟虑并正在拓展的研究成果，具有前沿性、前瞻性；采取中外学者搭配的方式举办讲座，更向世界展示了四川大学比较文学团队学者的学术风采，增强了四川大学比较文学学科的国际学术影响力，让世界听到了比较文学中国学派、中国话语的声音。

二、开设“比较文学校友论坛”，助力国内学界学科交流互鉴

基地开设“比较文学校友论坛”，邀请由四川大学比较文学与世界文学专业培养出来的博士、目前比较文学与世界文学领域的知名学者主讲，以开放的学术氛围、前沿的学术研究开阔广大青年学者的学术视野，培养学生包容的学术认知能力，期望以榜样力量激励青年学者立志须高、履践致远，同时也凸显四川大学比较文学学科在人才培养方面的成就和影响力。“比较文学校友论坛”成功举办10场讲座，主讲人都是四川大学培养的比较文学博士，他们分别是浙江工商大学蒋承勇教授、河南大学李伟昉教授、上海交通大学叶舒宪教授、湖南大学岳麓书院李清良教授、湘潭大学何云波教授、青岛大学侯传文教授、浙江师范大学高玉教授（四川大学博士后）、广西大学关熔珍教授、厦门大学彭兆荣教授、西南交通大学傅勇林教授。

蒋承勇教授的讲座围绕文学的跨学科研究展开；李伟昉教授以“汤显祖与澳门”为题，详细介绍了汤显祖与澳门的渊源以及澳门见闻对汤著《牡丹亭》的影响；叶舒宪教授主要从四个方面讨论了中国文化理论的建构问题；李清良教授在全面准确地分析中西方诠释学传统的基础上，以现代诠释学的宏通视野立论，提出了“诠释之道”的概念；何云波教授从儒家、道家、兵家等中国主要的文化学派来寻找围棋的意义生成之路，并从思维、模型上谈论了围棋的意义生成途径；侯传文教授分析了东方文化复兴的路径和方式，并展望了东方文化复兴的前景；高玉教授提出比较文学应该从语言角度来做研究的观点，并探究了当今比较文学未能从语言角度深入研究的原因；关熔珍教授从翻译是什么、翻译从哪里来、翻译到哪里去的角度出发，探讨斯皮瓦克解构主义翻译思想，聚焦其解构式翻译概念界定、翻译第三世界文化进

入第一世界的翻译伦理和政治及其对中国对外翻译的启示；彭兆荣教授围绕文学民族志展开讨论，认为文学民族志除了反映当代人文学科实验时代的背景外，还具有与众不同的特色，包含了“四合四维”的表述－阐释性结构，并认为“亲临现场”是文学民族志必须执守的圭臬，它既是表述的根据，亦为阐释的依据；傅勇林教授聚焦“现代译介”，思考如下问题：时值“百年未有之大变局”，“现代译介”的时代定位及使命是什么？作为比较文学一个重要的学科分支，其贡献方式仅仅是“纸上的墨汁”还是“入世的智慧”，是“理论探索”还是“现实关怀”，抑或兼而有之？

三、启动“国际比较文学博士生论坛”，各方才俊共话学术前沿

2021 年，基地在继续推进国际系列讲座与校友论坛的同时，全新启动“国际比较文学博士生论坛”，主讲人包括国内外优秀青年博士。自基地成立以来，“国际比较文学博士生论坛”共举办了 5 场，主讲人分别是四川大学教授王一平、新西兰坎特伯雷大学博士余梦君、南通大学副教授代云芳、四川大学博士研究生王少婷、中国人民大学博士陈龙。其中王一平以麦克尤恩的科幻小说《机器如我》为基础，探究了小说中“思想实验”与“架空历史”的写作手法；余梦君以海子的史诗写作为重点，将其置于中国新诗写作的语境下，并结合相关的西方文学与哲学视角，揭示了其中的民族性和世界性内涵；代云芳以译自《莎士比亚故事集》的《吟边燕语》为例，从译本与原文的文体差异切入，发现译本《吟边燕语》中“传奇”“志怪”笔法的运用，得出中国传统的文体风格在晚清翻译活动中并未被轻易涤除，而是在翻译中得到了革新与再生的结论；王少婷对尼日利亚小说家、诗人本·奥克瑞小说中的空间书写进行考察，阐释其空间书写的多层内涵，包括政治权力对空间的控制、非洲与西方的关系、尼日利亚传统文化、尼日利亚的现代化进程、对世外桃源的精神追寻以及世界上普遍性的空间困境等；陈龙聚焦哲学家约翰·卡普托对海德格尔“光耀美学”的解构，认为卡普托对海德格尔的批判揭示出形而上学的缺陷在于罔顾弱者的事实性苦痛，“感性学”只有避免沦为“无感性学”，才有可能克服形而上学的缺陷。

博士生论坛充分发挥了比较文学学科优势，横跨中西，为海内外比较文学学子提供交流的平台，更为广大青年学子带来机遇，以期促进中外比较文学事业的共同发展。

为初步呈现本基地的科研建设成效，特安排“四川大学国家级重点学科

比较文学研究基地系列讲座”专辑，进一步让世界听到比较文学中国学派、中国话语的声音，将比较文学学科向纵深化推进；进一步完善比较文学学科体系，促进比较文学国际交流与互鉴。本辑的作者大多为基地核心成员、四川大学国家级重点学科比较文学与世界文学博士点培育出来的优秀校友、基地邀请的国内外比较文学与世界文学专业优秀青年博士。他们之中有的是国际上赫赫有名的大学者，有的是初出茅庐的青年才俊，有的是在读博士研究生，由此形成了较为有效的学术交流与传承。

Literary and Cultural Encounters: Rabindranath Tagore's *The Home and the World*

Svend Erik Larsen

Abstract: Literature has always been nurtured by travelling texts, people and media—travelers along the Silk Road, European troubadours, oral storytellers and singers, translations and today through the proliferation of modern media. For centuries, colonization and slavery, trade and business, teaching and research have instigated migratory movements that changed the direction of literature. Cultural encounters fostering exchange of values, themes, forms and languages have been and still are the driver of this process, making such encounters more salient for literature than the local confinement of national literatures which, after all, has only been a predominant practice during the last few centuries. This dynamics of exchange has been most challenging and productive, when they have also been most complex and marred by conflicts, as has been the case between cultures defined not only by different languages but also by different cosmologies and anthropologies. In this article I discuss literary and cultural encounters on the basis of the Indian-Bengali writer Rabindranath Tagore's novel *The Home and the World* (1916), in which the encounter happened between Western, mainly European, and Eastern, in this case Indian, and world views clashed to the detriment not only of the life of characters but also of their entire social environment. Beyond its social themes the novel offers through its narrative structure a view of the full complexity of encounters with a resonance in today's globalized world.

Key Words: cultural exchange, exceptionalism, literary form, European culture, Indian culture, colonization, Rabindranath Tagore

Ⅰ. The Hazardous Cultural and Literary Encounter

In today's globalized world collective and individual identities are shaped by two opposite, even contradictory tendencies. On the one hand, our everyday lives are shaped by products, informations and peoples from all over the world through complex networked processes of cultural exchange. On the other hand, countries and communities are doing their best to claim an exceptionalism for themselves compared to other larger or smaller social units—nations, regions, provinces, ethnicities or clans. For centuries and even millennia the globalizing push has been known in different forms trough travel, trade and colonization, while at the same time the localizing pull as a social and cultural power has fostered a skepticism toward a potential instability caused by everything foreign—habits, people, objects, values and social formations. Until the twentieth century's revolution in travel and communication with regard to technology as well as to the participation of more and more people across social groups and classes, both the globalizing drive and the power of local particularities unfolded to a large extent in separate social cubicles. Travel, trade, international politics and conflicts belonged to the closed world of the social elite, while the place-bound existence with a strong local identity shaped the lives of the majority of people who tolled in agriculture and urban professions or just consisted of poor people with no choices in life.

However, today these two social and cultural trends are but two sides of the same coin: the revival of nationalism across the world combined with other kinds of exceptionalisms related to gender and ethnicity could only gain their momentum through an innovative and permanent exploitation of global media technologies and other means of global circulation. Today exceptionalism seems to be of no value in itself and produces no sense of individual and collective identity, unless—and contradictorily—it is exposed with a global visibility and catches the attention of a large international audience. In this context, a reconceptualization of literary and cultural encounters will be important in order to enable us to get a grip of the shared ramification of contemporary identity formation: we all live different local lives yet in shared global conditions and have done so for a longer period of time than most people realize (Larsen 2017). In other words, local lives and identities are based on cultural exchange, and literature has the potential to make us realize the contradictory complexity of this situation.

It is important to realize that neither cross-cultural exchanges nor celebrations of local and other particular exceptionalisms unfold without marked conflicts; rather, they are built on different approaches to cultural adversity and even enmity which cannot be avoided. Exceptionalism is nurtured by the existence of others as potential enemies and a separation from them in terms of space and values is a precondition for forging an exceptional identity in a local setting. This ideological formation constitutes modern nationalism. By contrast, prioritizing cultural encounters as an approach to the formation of personal and collective identity in a process of cultural exchange aims at managing both conflicts and acceptance of cultural differences as a fundamental condition for the existence of cultures at all. However, cultural encounters may run the risk of promoting unilateral influence through dominance and oppressive orthodox thinking, as it happened and still happens in colonial, proto-colonial and also post-colonial contexts. If cultural encounters are not regarded as multilateral, open and pragmatic dialogues without which no culture will thrive, but instead, as a parochial attempt to only fix the eyes on only the homegrown culture's own alleged superior qualities, everybody will run the risk of paying what Amitav Ghosh in a post-colonial context in *The Glass Palace* (2000) called "the price of a monumental inwardness" (349). Thus, cultural encounters are precarious processes, yet all cultures will stifle without engaging in cultural dialogues of mutual exchange with other cultures.

Such dialogic encounters cannot take place without the use of language, or rather languages, and thus they depend deeply on translations, both those rendered verbally and those transmitted through other media. This is most clearly the case in a language use which is able to express and communicate the full complexity of cultural encounters as a necessary foundation of local identity formation (Bassnett 2014; Pratt 2003; Reynolds 2016). In this context, literature therefore plays an important role. More than information about the ideas involved in cultural encounters and their effects, literature explores in its many genres, forms and discourses the human experience of the confusing complexity of cultural encounters, their impact and conflicts and the simultaneous reality of the globalized push and the localizing pull. Politics may be built on clear-cut dichotomies, but cultures develop in networks of diversity, also when they are suppressed as it actually happens around the world. Rather than a stable system, cultures are not only the result of historical processes, but *are* those processes of changing norms, values and habits intertwined with language. Through its linguistic nature literature is able to embrace the entire complexity of cultural encounters of which it is itself an essential part, based as it is, since time immemorial, on cultural encounters which it shapes precisely as cultural dialogues. This productive magic of fiction comes from the fact that being language-bound literature is local, yet, at the same time, by exploiting the imaginary and fictional potential of languages, it is translocal and reaches beyond the local boundaries, taking in the outside world as alternative visions and possibilities, amalgamating it with local traditions and thus creating the potential for a new understanding of human life. My analysis of *The Home and the World* (*Gharē Bā'irē*) (1916) by the both globetrotting and ardent supporter of Bengali languages and culture Rabindranath Tagore will sketch this complexity of cultural and literary encounters and its broader twentieth-century historical context.

Ⅱ. Local Life in Global Conditions

Published in 1916 during the First World War and the early break-up of colonialism in India, the cultural encounter that frames Tagore's novel is primarily shaped by European colonization from the point of view of people who are subject to the influence of the imperial British motherland and expose diverse reactions to it, thus questioning the self-evident validity of place-bound identity. The title indicates the fundamental dilemma: Does the homebound exceptionalism come first, and if so how may it happen in colonial conditions? Or, alternatively, should the global—in this case, the European and primarily the British—influence prevail and change local life? In this social and ideological context, the novel shows how the impact of colonialism also seeps into the lives of people who do not themselves leave India and engage with the world outside India. Some of them do not realize the range of this influence or even the existence of it. Hence, the cultural encounter through cultural dialogue is not by itself successful just because of its dialogical potential; rather, it forges an ongoing process of cultural negotiations which may fail and turn the mutual exchange into a petrifying dichotomy between the global push and the local pull. Tagore's novel displays the entire complexity of cultural encounters as an inevitable and also risky process that may fail.

The traditional Indian family as a social unit is at the heart the novel. With a focus on family also comes a focus on the sense of place of traditional family life, the family house. This local particularity of the synthesis of family and place is deeply entangled nonetheless in Western colonization and traditions. Choosing the local center of cultural values and social practice as the core of the novel, the encounter with Western and colonial norms and ideas provides the cultural encounter with a symptomatic importance beyond the site itself and the individual family, as indicated in the title: *The Home and the World*. The success or failure of cultural dialogue transcends the immediate historical context around 1916 and informs significantly also the debate in the twenty-first century on globalization and cultural dialogue.

The unity of family and place is intimately linked to a Bengali upper-class household in the house of the landowner, or*zamindar*, Nikhil and the life of his entire extended family. We meet them at a point when the family is on its way to being broken up by the joint forces of two simultaneous yet opposing social and cultural processes determined by colonization. One of these is the nationalist *Swadeshi* movement that aims at eradicating all foreign influence, from governance via social habits to imported commodities, if necessary by the use of violence (*swadeshi* is a composite word in Sanskrit meaning "homegrown"). It is led by the egotistic Sandip, an old friend of Nikhil's who moves in with Nikhil for a short period of time.

The other and contrasting plotline, with Nikhil as the main agent, shows the attempt to educate individuals to allow them to unfold their inner potential in freedom and human equality beyond gender and religion and to search for inspiration from the outside world. Nikhil's idealist intention is through unselfish and emotionally detached individual action to forge a synthesis of Western values derived from universal humanism and spiritual Indian values of cosmic harmony. First and foremost, Nikhil tries to convince his wife Bimala to get involved in the world outside the family house and widen her traditional identity as an Indian wife, bound to the house and there humbly serving her husband. However, her self-education is, eventually, not initiated by her husband's educational efforts but by her sudden passion for Sandip, which lasts until her belated recognition of his mischievousness, makes her return home. Sandip disappears during the *swadeshi* riots, Nikhil is shot by rebels while his family prepares to escape, and Bimala is left in the miserable position of an Indian widow fleeing her home. Only the empty material shell of the house is left with no family, occupying no traditional life, nor even any trace of Western lifestyle.

Most often the novel has been read as a modified kind of social realism with a political agenda taking the family house as an allegorical representation of India. From this perspective Tagore has laid out his pessimistic view of the situation in Bengal and India around 1916, with the main characters representing three contemporary positions played out against each other to the detriment of everybody: Sandips's violent nationalism with a focus on his own craving for power, Nikhil's peaceful individual maturation to a position of egalitarian altruism that absorbs the positive sides of Western ideas, and Bimala's divided Indian identity (Tagore 1919, 264; see Kupperman 1995; Rao 2010, Ch. 4). From a more comprehensive approach, the novel presents a conflict with three agents, who are all defeated by their own actions but apparently without fully understanding why: the unbridgeable gap and irreversible tension between European and Indian worldviews (see Datta 2005).

All actions have one spatial center: Nikhil's house. Like a play by Henrik Ibsen, the only action with which the reader is directly faced takes place on this domestic stage; what happens in the world outside is told by witnesses or by hearsay and then discussed in dialogues and interior monologues. Although the characters themselves do not see it that way, this formal device shows their separation from social reality, an aesthetic effect which is exacerbated by the use of the three protagonists as alternating first-person narrators each with their own chapter structured by a separate sequential numbering. The text moves back and forth between the stories told by Bimala, Nikhil and Sandip who express themselves in interior monologues, similar to theatrical soliloquies, in which they analyze their own thoughts and emotions, make conjectures about the feelings of others while they reproduce and reflect on selected dialogues they have been part of. With no recognizable authorial comments, the novel is composed in the narrative mode of "showing", yet even closer to the dramaturgical ideal of "showing" than the short stories of for example Guy de Maupassant and Anton Chekhov. The reader's impression of the characters' detachment from the external world is reinforced by their mutual isolation, each living, as it were, in their own private speech bubble.

The effects of this formal strategy are four-fold. First, through this method Tagore represents the reduced self-recognition of the characters, and the concluding interpretation of the novel is left open to be drawn by the readers, thus making the novel itself a potential cultural dialogue. Second, the material and cultural site of the opposed personal perspectives is the house and its structure with its traditional and unifying social and gendered organization, which nonetheless is the stage of the ideological divisions of the characters and the limits of their understanding of their own contrasting actions and ideas. Third, the dialogues in which everybody's broader social engagement is expressed are contradicted by the overall composition of three separate and evolving monologues in which everybody's actions are retold from different individual view points; this multiperspectival narrative strategy turns the three main characters into Western-style individuals. Fourth, with all visible events being situated within the domestic scene, the shared family home, which for Nikhil is a gateway to the world, appears rather as a space of mutual alienation, and the three characters each develop his or her own interpretation of the two key terms of the title *The Home and the World*.

In the beginning, the home is for Bimala a gendered and hierarchical space that defines her womanhood as that of a devoted wife. The house is her safe enclosure with a particular spatial layout: separated spaces for public family activities with guests and, at times, with women allowed to participate; the *zenana* or private rooms of women, in this case for herself, her mother-in-law and her widowed sister-in-law, with no free access for men; then the rooms of the master of the house; and finally quarters for the staff of lower castes. To respect the spatial separations and the rules of access also means to sustain the traditional hierarchies between gender, spouses, generations and castes. By staying inside the house, Bimala connects to a larger cultural and spiritual cosmos which, through her identification with her female role, acquires a presence in the house and in turn inscribes the entire household into the larger universe of Indian religious and customary tradition (see McDaniel 1995). Here home and world are one and the same reality. When Bimala places the traditional vermilion mark between her eyebrows, she comes into immediate contact with the universe, feeling how her *shakti*, or spiritual self, transcends the boundaries of the house and confirms the own place-bound identity she has felt since her childhood. She felt "by devotion's inherent beauty, [how] everything turns beautiful, [as I have seen as a child]" (Tagore 1919, 2; our modification cf. Misra 2021①).

Bimala's husband Nikhil has a different notion of home. For him the house is the center for the management of his properties and his career, which therefore turns the home into a site for external relations with the world at large, yet one reserved for males only. This world is the social and cultural world which is enriched by a cautious integration of Western ideas and practices, combined with twentieth-century commodities in the house. For Nikhil the world offers an opportunity to pursue an international education for a B. A. and an M. A. in nearby Kolkata. By contrast, Sandip, the ardent nationalist, has no concept of a family home as the basis for a totality of social order, individual identity, cultural continuity and religious beliefs. As head of the rebellious *Swadeshi* movement, his idea of home is a national homeland without submission to colonial dominance and foreign influence imposed by economy, modern industry, culture and religion. According to this understanding, the world is the battleground for national independence from everything foreign.

Ⅲ. A Misguided Cultural Dialogue

The fundamental irreconcilability of these three approaches to home in a

① In am grateful to Dr. Anuj Misra for providing me with the Bengali original and modified suggestions for the translation. "bhaktira āpana saundarye samastai [kēmana] sundara hayē ōthē [sē āmi chēlēbēlāya dēkhēchi |]" (Tagore 2002, 5).

place which as a colony is under heavy Western influence, is never fully comprehended by the three characters despite its defining their fate. Nikhil tries gradually to educate Bimala to *his* idea of home, maintained in its traditional organization, but open to the world on the basis of an idea of universal equality of individuals beyond a traditional gendered hierarchy between husband and wife. Following the educational practices in the colony he hires an English teacher for his wife and buys her Western style clothes which she reluctantly accepts while the two other women in the family frown (Viswanathan 2014). The essential point is for Nikhil to convince the hesitant Bimala to go out of the house and enter the social world in order to find her true self, here expressed by Bimala herself:

> My husband was very eager to take me out of *purdah*. One day I said to him: "What do I want with the outside world?" — "The outside world may want you," he replied. [...] "What I want is, that I should have you, and you should have me, more fully in the outside world. [...] Here you are wrapped up in me. You know neither what you have, nor what you want. [...] I would have you come out into the heart of the outer world and meet reality. [...] If we meet, and recognise each other, in the real world, then only will our love come true." (Tagore 1919, 11—12)①

Although Nikhil never states it explicitly, his inspiration is clearly one of European idealism as defined for example by Wilhelm von Humboldt's idea of *Bildung*—a gradual self-development in order to fully realize one's potential

---

① "āmāra svāmīra baṛō icchā chila āmākē bāire bēra karabēna | ēkadina āmi tāṁkē balaluma, bā̆irētē āmāra darakāra kī? tini balalēna, tōmākē bā̆irēra dōrakāra thākatē pārē | [...] āmi cā̆i bā̆irēra madhyē tumi āmākē pā̆ō, āmi tōmākē pā̆i | [...] ēkhānē āmākē diẏē tōmāra cōkha kāna mūkha samasta muṛōē rākhā hoẏēchē—tumi yē kākē cā̆ō tā̆ō jāna nā, kākē pēẏēcha tā̆ō jāna nā | [...] tā' tō āmāra icchē, āmi kathā̆ō ka'ibō nā, cupa'ō karaba nā, tumi ēkabāra biśvera mājhakhānē ēsē samasta āpani būjhē nā̆ō | [...] satyēra madhyē āmādēra paricaẏa yadi pākā haẏa tabē̆i āmādēra bhālōbāsā sārthaka habē |" (Tagore 2002, 11). Precise translation: "My husband had a great desire to get me outside. One day I said to him: 'What need do I have of the outside ⟨world⟩?' He said, 'The outside ⟨world⟩ may need you. [...] I want that in the outside ⟨world⟩ you find me, ⟨and⟩ I find you. [...] Here, your eyes, ears, face—all of it has been turned towards me; you neither know who you want nor who you have gotten. [...] That is my very desire—I will not speak, I will not silence you; for once, just come to the middle of the world and understand everything for yourself. [...] In the truth, if our identity matures, only then will our love be efficacious.'"

through an educational process that creates a dynamic balance between individual personality and the outside world. That this influence from European individualism is not clear to him, also not in the chapters for which he is responsible as the first-person narrator, is exposed by his male dominance: Bimala's education is his project, not hers. Moreover, nowhere in the novel does he propose any changes to the organization of the household (Tagore 1919, 127; Tagore 2002, 66—67); its hierarchies of gender and caste are intact all the way through, and he does not take notice of the first signs of disruption when his relationship with his wife begins to annoy her in-laws. In his openness and tolerance toward other people, he is caught by a more profound blindness toward himself and how his ideas are received by others.

Sandip's plans for an insurgence are carried by a nationalism explicitly directed against European oppressors. In public it is dressed in Indian garments, yet it is in fact inspired by nineteenth-century Europe: "I want the Western military style to prevail, not the Indian." (Tagore 1919, 101)① What comes out instead in Sandip's chapters is the reverse side of the ethically conscious individualism professed by Nikhil, a self-centered possessiveness which, however, is also a latent strand in Humboldt's early discussion of *Bildung*. Humboldt states that any individual can take hold of anything he is capable of "according to the measure of his wants and instincts, and restricted only by the limits of his powers and his rights" (Humboldt 1854, 17—18). Tagore lets Sandip live by this principle and bring its self-centered individualism to an extreme: "I want it; it is here; let me take it. —This is a clear-cut, straightforward policy" (Tagore 1919, 103). ② Well aware that his ideas need to appeal to the Indians, Sandip tries to recruit them for the national cause by evoking Indian references, which however only serve as a smokescreen for his own greed and power play. To this end he uses Bimala, who is enraptured by his charisma, calls her his Queen Bee and goddess, and

---

① "āmi gaṛōēra bādya ṭōākē'i bahāla rākhaba, sānā'i āmādēra sarvanāśa karēchē |" (Tagore 2002, 54). Precise translation: "I will maintain ⟨the use of⟩ the military instrument [gara], the sānā'i has ruined us."

② "'āmi cā'i, hātēra kāchē ēsēchē, chim · ṛōe nēba'— ē hala khuba spaṣṭa kathā, khuba saṁkṣōēpa rāstā |" (Tagore 2002, 55). Literal translation: "I want it; it has come close to hand, I will tear it—this is the very clear message, the very concise path."

seeks to construe her as a divine apparition in the image of Kali, the protective but destructive black goddess of Hinduism.

In Tagore's hands, Sandip's interior monologues and his impact on Bimala echo the foundational myth of Western individualism and its ambiguities, the story of Faust, not least in its iconic version in Johann Wolfgang von Goethe's *Faust: Part One* (2007). Yet with an important twist: Tagore's casting of Sandip's discussion with himself and his impact on Bimala shows that as a character he embodies both Faust and Mephistopheles, combining the former's insatiable ambition with the latter's pleasure in destruction. In the manner of Faust, Sandip declares: "What I desire, I desire positively, superlatively. [...] I want to gorge myself with it to the full" (Tagore 1919, 46).① Hypnotized by the "awful power of Devastation"② that Sandip adores, Bimala feels "that all Power on earth waxes great under compact with Satan" (169).③ Lured by his fake adoration for her she believes that Sandip alone, not Nikhil nor the traditional home, possesses the power to release her *shakti* (127). Eventually, Bimala recognizes Sandip's ruthless selfishness and returns home. In her passionate opposition to Nikhil her behavior has been indirectly rehearsing nineteenth-century European women's struggle for emancipation in the manner of Gustave Flaubert's Emma Bovary, Benito Galdós's Tristana, Jens Peter Jacobsen's Marie Grubbe, Thomas Hardy's Sue Bridehead, Eliza Orzeskowa's Justyna, Henrik Ibsen's Nora and numerous other female protagonists in nineteenth-century European literature. Head over heels, they all follow their passion and quit their domestic enclosures in an act of self-realization at a high personal price that most of them are unable to pay, imprisoned as they are in the male dominated culture that they belong to. If their action is transgressive in nineteenth-century Europe, it is much more so in India.

---

① "āmi yā cā'i tā āmi khuba'i cā'i | [...] samasta pēṭa bharē tā khāba | " Tagore 2002, 28). Precise translation: "What I desire, I really desire the most. [...] I will eat that till my entire stomach is full."

② "kī tāra pracaṇḍaśakti!" (Tagore 2002, 84). Literal translation: "Oh, the intense power of it!"

③ "pṛthivīra baṛō baṛō pratāpaśaẏatānera saṅgē raphā karē bēṛē uṭhēchē" (Tagore 2002, 94). Precise translation: "All great powers of Earth have increased having made compromises with Satan."

Ⅳ. The Failed Dialogue Hits Back

Returning home is no longer an option for any of Tagore's three protagonists: within each of their three different conceptions of home, each related to Nikhil's family residence, the house ends up being emptied. Nikhil realizes that the house is a home that "was built to remain empty" (Tagore 1919, 109)①; Bimala feels that "where I am, I am not" (264)②; and Sandip fears he will be killed by his own consorts: "So, for the present, I must be gone" (289)③. For all three their plans and projects come back with a vengeance. Nikhil wanted Bimala to get out and about; she did but entered Sandip's version of the world, not Nihkil's. Sandip instigated a revolt which he, eventually, could not control. Bimala did actually make decisions of her own, as Nikhil wanted her to do, but only through the fatal decisions that Sandip demonically lured her to take. The general turmoil in the home and the world, whichever meaning one applies to it, forces Sandip to leave and the entire household to prepare for their escape. When Nikhil is shot, the novel ends. We do not know if the family stays on or not, only that they are displaced wherever they are, caught in a "world-wide chasm of separation" (264)④. In creating these protagonists, Tagore has constructed figures who, without realizing the extent of the influence from the West, could neither integrate nor fight it, and the fractures already inculcated in their worldviews under Western influence made it equally impossible to re-establish a sustainable shared foundation of Indian values and cultural practices.

Later in the twentieth century, the Francophone Caribbean writer Édouard Glissant's *Carribean Discourse* (1981) offers a short and precise formulation that is also valid for Tagore's novels:

---

① "śūnya thākabāra janyō'i tairi" (Tagore 2002, 57). Precise translation: "was built for the sole purpose of being empty".

② "āmi yekhānē rēyēchi sē'ikhānē'i nē'i" (Tagore 2002, 124). Precise translation: "Where I am, in that very place, I am not."

③ "aṭa'ēba ēkhanakāra matō calaluma |" (Tagore 2002, 134). Precise translation: "Therefore, for the present moment, I am going."

④ "viśvavyāpi vicchēd [ēra uparē] (Tagore 2002, 124). Precise translation: "[on the top of the] world-pervading chasm".

Once people have been colonized by the West, their histories have subsequently never been unambiguous. From the moment the Western world interferes, the apparent simplicity of these histories erases the complex contexts, where that which comes from the outside and that which comes from the inside become foreign and opaque to each other. (Glissant 1996, 180)

This recognition has not fully entered the minds of Tagore's protagonists, but the novel anticipates Glissant's advice to the writer: the task is to find forms to represent this mutual foreignness of conflicting cultural positions. This is the "second tradition" which the Indian-British Salman Rushdie tries to unravel as his fundamental literary inspiration for literature written in the troubled space defined by cultural encounters. He describes this predicament in his essay "Imaginary Homelands" (1982) about the tensions within an Indian who lives in England and is bound to the English language:

I hope all of us share the view that we can't simply use the language in the way the British did; that it needs remaking for our own purposes. Having been born across the world we are *translated men*. [...] Western writers have always felt free to be eclectic in their selection of theme, setting, form; Western artists have, in this century, been happily raiding the visual storehouse of Africa, Asia, the Philippines. I am sure that we must grant ourselves an equal freedom. Let me suggest that Indian writers in England have access to *a second tradition*, quite apart from their own racial history. It is the culture and political history of the phenomenon of migration, displacement, life in a minority group. [...] [W]e are inescapably international writers at a time when the novel has never been a more international form. [...] (Rushdie 2010, 17; 20, my emphases)

The honesty of writers like Rushdie, Glissant and Tagore lies in their recognition of themselves as being "translated men" positioned between a half-disrupted place and an adopted language and culture. The strength of their art derives from their practices as part of their search for "a second tradition" which by Ingeborg Teeseling is defined as a literature that can represent a reality "grounded [...] in the condition of migrancy" (2012, 75), a migrancy embracing both those who migrate or lives locally under the influence of the migratory influence of foreign peoples, powers and projects like the characters in Tagore's novel living under British colonial rule.

This alienating tension is determined by the explicit and implicit Western and mainly European migration of texts, ideas, institutions and practices; yet, at the same time, this estranging predicament defines the horizon of the colonized peoples' understanding of their own present reality. The realism of Tagore's novel does not result from his giving a transparent representation of the political reality of the India of his time (Mukherjee 1985). Instead, the formal principles of the novel's composition expose the half-recognized contradiction that determines the characters, and demonstrates that the novel is actively engaged in the representation as well as the construction of a cultural exchange relevant for precisely this reality and for a critical representation of it, also beyond its own time.

References:

Bassnett, Susan. 2014. *Translation*. London: Routledge.

Datta, Pradip Kumar, ed. 2005. *Rabindranath Tagore's The Home and the World: A Critical Companion*. London: Anthem Press.

Ghosh, Amitav. 2000. *The Glass Palace*. London: HarperCollins.

Glissant, Édouard. 1996. *Caribbean Discourse* [1981], translated by J. Michael Dash. Charlottesville: University of Virginia Press.

Goethe, Johann Wolfgang von. 2007. *Faust* [1808], translated by John R. Williams. London: Wordsworth.

Humboldt, Wilhelm von. 1854. *The Sphere and Duties of Government* [1791–1792, *publ.* 1851], translated by Joseph Coulthard. London: John Chapman.

Kupperman, Joel J. 1995. "The Emotions of Altruism, East and West". In *Emotions and Asian Thought: A Dialogue in Comparative Philosophy*, edited by Joel Marks and Roger T. Ames, 123–138. Delhi: Sri Satguru Publications.

Larsen, Svend Erik. 2017. *Literature and the Experience of Globalization: Texts Without Borders*. London: Bloomsbury. (Chinese translation: *Wu Bianjie Wenben: Wenxue yu Quanqiuhua*. Chengdu: Sichuan University Press, 2020).

McDaniel, June. 1995. "Emotion in Bengali Religious Thought: Substance and Metaphor". In *Emotions and Asian Thought: A Dialogue in Comparative Philosophy*, edited by Joel Marks and Roger T. Ames, 39–60. Delhi: Sri Satguru Publications.

Misra, Anuj. 2021. E-mail correspondence January 4, 2021 on Surendranath and Rabindranath Tagore's translation of *The Home and the World* (Tagore 1919).

Mukherjee, Meenakshi. 1985. *Realism and Reality: The Novel and Society in India*. Delhi: Oxford University Press.

Pratt, Marie Louise. 2003. *Imperial Eyes: Travel Writing and Transculturation* [1992]. London: Routledge.

Rao, Rahul. 2010. *Third World Protest: Between Home and the World*. Oxford: Oxford University Press

Reynolds, Matthew. 2016. *Translation: A Very Short Introduction*. Oxford: Oxford University Press.

Rushdie, Salman. 2010. "Imaginary Homelands" [1982]. In *Imaginary Homelands*, 9—21. London: Vintage Books.

Tagore, Rabindranath. 1919. *The Home and the World*, translated by Surendranath and Rabindranath Tagore. New York: The Macmillan Company.

Tagore, Rabindranath [Thākur, Śrī Rabindranāth]. 2002. *Gharē Bāire* [1916] (reprint of first edition). Kolkata: Kāminī Prakā Śāla ẏa.

Teeseling, Ingeborg van. 2012. "Migrant Writer". In *The Novels of Alex Miller*, edited by Robert Dixon, 66—77. Sydney: Allen & Unwin.

Viswanathan, Gauri. 2014. *Masks of Conquest: Literary Study and British Rule in India*. New York: Columbia University Press.

Bio-CV:

Svend Erik Larsen, Ph. D., Professor Emeritus, Comparative Literature, Aarhus University, Denmark. Honorary Professor, University College London, and Professor of Sichuan University. Co-editor of *Orbis Litterarum*. Board Member of EuroScience. Past Vice-President of Academia Europaea and past General Treasurer of the International Comparative Literature Association. Author/co-author of 10 books and more than 400 articles, and editor/co-editor of 18 volumes.

翻译研究：维特根斯坦的启示与价值

——Philip Wilson 论著 *Translation after Wittgenstein* 学习札记

胡　云　许怡文　傅勇林

摘　要：维特根斯坦的主要贡献在于其极富想象力和洞察力的语言观，但打开《哲学研究》，富有反思精神的翻译"操盘手"在其中却看不到翻译理论或翻译哲学，也无法归纳征引出这些东西，因此，需要创建一种全新的"实践导向的理论"，这种理论植根于真正的实践，指向愈益完善的实践，关注所有的同行实践者。对这一问题，维特根斯坦及其后期著述大有裨益，可借此推动翻译研究持续转型。

关键词：维特根斯坦　翻译研究　实践导向理论

维特根斯坦的晚期著述为我们描述了一种新的语言观，我们观察世界的方式为之一变，进一步说，我们翻译和看待翻译的方式也为之一变。维特根斯坦（PI 133）① 试图解放读者，其方式与临床疗法（therapy）类同。《哲学研究》开篇提及的奥古斯丁式的语言习得

① 本文主要参考维特根斯坦德文原著 *Philosophische Untersuchungen*，由 The Macmillan Company 于 1953 年出版第 1 版，由 Basil Blackwell & Mott. Ltd. 于 1958 年出版第 3 版。本文所引维特根斯坦德文原文均出自 1958 年版。本文所参考的英文译本 *Philosophical Investigations* 亦为 Basil Blackwell & Mott. Ltd. 1958 年版，由维特根斯坦的亲炙弟子 G. E. M. Anscombe 翻译。为行文及读者检索方便，本文以 PI 简称维特根斯坦晚期著作的英译本 *Philosophical Investigations*，其后的数字指引文所在的节，比如"PI 133"即"*Philosophical Investigations* 第 113 节"。

模式①，在维特根斯坦看来，已经根深叶茂，成为集体无意识，因而可将其归类为民俗语言学（folk linguistics），它与民俗心理学（folk psychology）同样

---

① 见《哲学研究》第 1 节，维特根斯坦参引了拉丁文，原文为：“*Augustinus*, in den Confessionen I/8: cum ipsi（majores homines）appellabant rem aliquam, et cum secundum eam vocem corpus ad aliquid movebant, videbam, et tenebam hoc ab eis vocari rem illam, quod sonabant, cum eam vellent ostendere. Hoc autem eos velle ex motu corporis aperiebatur: tamquam verbis naturalibus omnium gentium, quae fiunt vultu et nutu oculorum, ceterorumque membrorum actu, et sonitu vocis indicante affectionem animi in petendis, habendis, rejiciendis, fugiendisve rebus. Ita verba in variis sententiis locis suis posita, et crebro audita, quarum rerum signa essent, paulatim colligebam, measque jam voluntates, edomito in eis signis ore, per haec enuntiabam.”同页脚注维特根斯坦附上了自己的德译文：“Nannten die Erwachsenen irgend einen Gegenstand und wandten sie sich dabei ihm zu, so nahm ich das wahr und ich begriff, daß der Gegenstand durch die Laute, die sie aussprachen, bezeichnet wurde, da sie auf *ihn* hinweisen wollten. Dies aber entnahm ich aus ihren Gebärden, der natürlichen Sprache aller Völker, der Sprache, die durch Mienen—und Augenspiel, durch die Bewegungen der Glieder und den Klang der Stimme die Empfindungen der Seele anzeigt, wenn diese irgend etwas begehrt, oder festhält, oder zurückweist, oder flieht. So lernte ich nach und nach verstehen, welche Dinge die Wörter bezeichneten, die ich wieder und wieder, an ihren bestimmten Stellen in verschiedenen Sätzen, aussprechen hörte. Und ich brachte, als nun mein Mund sich an diese Zeichen gewöhnt hatte, durch sie meine Wünsche zum Ausdruck.”在由 Basil Blackwell & Mott. Ltd. 于 1958 年出版的第 3 版中，G. E. M. Anscombe 的英译文为：“When they（my elders）named some object, and accordingly moved towards something, I saw this and I grasped that the thing was called by the sound they uttered when they meant to point it out. Their intension was shewn by their bodily movements, as it were the natural language of all peoples: the expression of the face, the play of the eyes, the movement of other parts of the body, and the tone of voice which expresses our state of mind in seeking, having, rejecting, or avoiding something. Thus, as I heard words repeatedly used in their proper places in various sentences, I gradually learnt to understand what objects they signified; and after I had trained my mouth to form these signs, I used them to express my own desires.”在 P. M. S. Hacker 和 J. Schulte 修订的第 4 版中，G. E. M. Anscombe 的英译文有较大修改，译文如下：“When grown-ups named some object and at the same time turned towards it, I perceived this, and I grasped that the thing was signified by the sound they uttered, since they meant to point *it* out. This, however, I gathered from their gestures, the natural language of all peoples, the language that by means of facial expression and the play of eyes, of the movements of the limbs and the tone of voice, indicates the affections of the soul when it desires, or clings to, or rejects, or recoils from, something. In this way, little by little, I learnt to understand what things the words, which I heard uttered in their respective places in various sentences, signified. And once I got my tongue around these signs, I used them to express my wishes.”根据维特根斯坦本人的德译文以及 1958 年第 3 版 G. E. M. Anscombe 的英译文，笔者试译如下：“当他们（家里大人）叫出什么东西的名字并随之向什么东西走过去的时候，我看见这个情形，明白他们想指出那个东西的时候，嘴里便会发出声音，叫出那个东西的名字。大人们的想法可以从他们身体的各种动作中看出来，这些动作大概就是所有民族天生的语言吧：脸上的表情、转动的眼睛、身体其他部位的动弹，以及语音语调，都表达了我们的心理状态，找什么、取什么、不想理会什么、躲着什么。就这样，我听着词汇不停地用在它们该在的位置、出现在不同的句子里，慢慢地，我学着弄懂这些词汇代表的是什么东西；接着，在我嘴里练会这些符号的发音以后，我就用它们来表达我自己的意思了。”关于这段话，在《哲学研究》第 1—48 节，维特根斯坦有非常详细的分析和讨论。

基于常识描写人类行为，却植根于二元论来理解和阐释世界。乔治·斯坦纳（George Steiner）指出："……语言一经验乃是混血儿，其物质一非物质、抽象一具象、肉体一精神之类的二元对立成为意识的主宰和既成事实。这便是对立统一，我们无法逃避。"①

维特根斯坦（PI 340）认为这是一种偏见，我们都成了它的奴隶，但这个偏见并不愚蠢。不过从翻译的角度看，二元论显然有害无益，因为它影响了我们的翻译方式以及译文的表达方式。维特根斯坦说明了翻译何以可能。斯坦纳分析说，维特根斯坦《哲学研究》第 43 节主张"依用立义"（the meaning of a word is its use in the language），同时反对任何定于一尊的、两两并行的二元论观点，如"思与言"（thought-speech）等，这为我们提供了一种基于语言程序的操作模式。② 关于"用法"，维特根斯坦提供了丰富的认知图景，比如依境观词、将字词看作人类生活经验和生命体验潺湲流动的有机组成部分。维特根斯坦曾说："一种表达只有在生活（生命）的溪流中才有意义。"③ 在《哲学研究》一书中，"生活（生命）的溪流"以各种不同的方式呈现，比如：语言由其自身行为构成，因此有"施言一弈棋观"（language-game），这种观点认为文本如棋局，字词如棋子，用词如落子，遂有"因行得言""施言行文"，而后"因言施行"，如活动报道、讲笑话、文本翻译等（PI 23ff.）；执辞弈言须"因文生义"，此"文"即生活经验、生命体验以及纷纭世相（forms of life），是场域或语境，是滋生意义之土壤（PI 19）；概念边界模糊，因"家族相似"（family resemblance）而交相依偎，不能以本质主义观率尔视之（PI 67）；语法有"深"（deep）有"浅"（surface）（PI 664）；解析"意义"（meaning）的过程就是"相面"（physiognomy）进而"察言观色"的过程（PI 568），因为一段话的意义当取决于所选用的词汇；宁"看"（look）勿"想"（think）（PI 66）；要做精细的描写或再现（a surveyable representation），仰观俯察，触类旁通，即见即写（PI 122）。"生活（生命）的溪流"在书中缓缓流淌，滋养思想，开阔胸襟，点染文笔，遂使翻译研究能够汲取语言哲学之思想精髓，拥有强大的理论工具。译者若能明了语言功能，拓宽眼界，那么研读源文本、创构或描写宿文本的能力都将得到提升。因此，研读维特根斯坦意义重大。正如罗希·瑞斯（Rush Rhees）所说："我没想让你相信你不相

---

① G. Steiner, *After Babel*. Oxford: Oxford University Press, 1998. p. 135.

② G. Steiner, *After Babel*. Oxford: Oxford University Press, 1998. p. 97.

③ 参见维特根斯坦《哲学心理学终篇》（*Last Writings on Philosophical Psychology*）："An expression has meaning only in the stream of life." 中文为笔者所译。

信的东西，我是想让你干你不想干的活儿。”①

维特根斯坦“做哲学”，对“人类知识”贡献很大，对“人类理解”也不无裨益，因此其理论工具可用于探寻翻译的真正意义。假设翻译指“施言—弈棋”、执辞弈言，那么翻译就是一种实践活动，尤为适合运用维特根斯坦所提供的理论工具。这种实践过程始于语言，终于语言，在深化自身的同时，也让我们对语言的理解脱胎换骨，焕然一新。维特根斯坦为我们赋能，让我们以三维视野看待事物，至少让我们得以摆脱某些虚夸的范式、误导人的图式以及那只“捕蝇瓶”（PI 309）。当然，维特根斯坦的重要性还远不止这些。这个世界具有无限的可能性，但只有维特根斯坦为我们展示出各种新颖的译法，打开了种种可能性，因此，我们也必须认识到不能固守一隅，拘泥于某一种既有的范式。维特根斯坦为“如何翻译”提供的是各类工具，而不是蓝图，译者需要着力培养的是对翻译实践应有的情怀，而这种情怀的培养又需借力于维特根斯坦所提供的理论工具，二者相辅相成，互为表里。哲学研究根本上是一种实践活动，并非罗织教条，因此，应将维特根斯坦看作临床大夫或教练，而不是语言警察。他常说，哲学家不参与论辩，就像拳手从不进拳击场。读过维特根斯坦之后，译者或论者便可走进拳击场参加比赛了。

理论与实践

格兰·哈格博格（Gary L. Hagberg）指出：“现在普遍认为，人们认可的任何一个特定的概念都可能形成人们信以为然的东西，这些东西见诸哲学相关领域，比如大脑哲学、元哲学、知觉哲学，当然，还有美学。”② 简而言之，语言观影响世界观。就翻译研究而言，维特根斯坦将改变我们的“看法”，进而改变我们的“做法”。

维特根斯坦不是理论家，尽管许多人将其视为一代宗师。他拿出的并不是教条性质的理论，而是一种视野、一种愿景、一种洞察力。维特根斯坦的著述适用于建构语言理论的尝试和努力，是当代分析哲学的主流，影响深巨，而非某种翻译理论或翻译哲学的基础。意义与理解一直十分“投缘”，他的哲学就其效果而言实际上逆转了这一传统的关系，在描写语言本质和语言能力时，彻底调整了“解释”功能的指向。

因此，也许可以认为维特根斯坦的立场非常鲜明，他的哲学是一种方法，

① R. Rhees, *Discussions of Wittgenstein*. London: Routledge & Kegan Paul, 1970. p. 43.

② G. L. Hagberg, *Art as Language*. Ithaca/London: Cornell University Press, 1995. p. 1.

但不是理论。这究竟意味着什么呢？传统理论看重纷纭万象的内在同一性，但维特根斯坦却反对这种理论（PI 66ff.），在他看来，纷纭万象因“家族相似”而结缘，并不靠所谓同一性，况且万物朗畅，一览无余（PI 126）。《哲学研究》的笔法以描写见长，因此我们“或许不用创建任何理论”（PI 109），而是需要行动、活动或实践。

但这完全取决于人们所说的“理论”（尤其在哲学论著里）究竟指什么？众所周知，“理论”这个术语本身见诸“家族相似”的整个网络，用法多，适用语境杂，很难精准定义，无法囊括家族所有成员的属性。因此，“理论”可能适用于如下任何一种定义：假说、解释、论著、观点、学说、对实践所持的态度、软科学、硬核等。最后两个术语由沃尔夫冈·伊瑟尔（Wolfgang Iser）新造，在这里尤为重要，因为“软科学理论”具有描写性，尤其适合人文学科，而“硬核理论”具有规定性，适合自然科学。

在翻译这一人文研究领域，因循维特根斯坦而不去创建任何理论，以文本、文本翻译及文本考察优先，这种路径与真正的翻译实践吻合。乔治·斯坦纳指出：“与物种进化过程中发生基因突变一样，翻译过程中一些主要的行为似乎也具有某种偶发的必然性。这个逻辑在后，事实在先。我们所做的不是科学，而是一门纯正的艺术。”[①] 将翻译看作“一门纯正的艺术”，这样的观点打开了一道大门，因而理论作为软科学、一种适合艺术而不是科学的东西，便可因循维特根斯坦，用于翻译了。

随后，最紧要的事情就是为译者提供工具，而不是规则。规则指做翻译须强行遵循的等值观，而维特根斯坦在《哲学研究》一书中所提供的理念、思路、模式和路径等却可用作工具，由富有反思精神的翻译“操盘手”操作，使翻译实践积跬步至千里，嘉惠学林。

下面是维特根斯坦所提供的九种主要理论工具：

（1）施言—弈棋/执辞弈言（language-game）（PI 23 ff.）

应用指南：源文本所施之言、文、行可在宿文本中验证并因循施行。

（2）生活经验/生命体验/纷纭世相（form of life）（PI 19）

应用指南：源文本所体现这三个维度可与宿文本目标读者之相应维度验证契合。

（3）遵循规则（following a rule）（PI 185 ff.）

应用指南：规则之功能在于描写实践，而非强行规定；翻译研究的根本是实践。

① G. Steiner, *After Babel*. Oxford: Oxford University Press, 1998. p. 311.

(4) 语法性探索 (grammatical investigation) (PI 90)

应用指南：描写翻译实践时可考察术语，以确保行文清晰朗畅。

(5) 深层语法/表层语法 (deep and surface grammar) (PI 664)

应用指南：考察句子深层语法，以说明该句表层语法或许是误导。

(6) 依用立义 (meaning as use) (PI 43)

应用指南：解放译者，使其摆脱天真的等值观，不拘泥于辞典定义。

(7) 精细描写/精准再现 (surveyable representation) (PI 122)

应用指南：考察宿文本的译法和呈现方式，以精细描写或精准再现源文本。

(8) 隐语 (private language) (PI 269 ff.)

应用指南：译者应明白文本的背后并没有完美的语言。

(9) 析义即相面/察言观色 (physiognomy) (PI 568)

应用指南：为源文本相面，继而察言观色，深探个中就里，析义遂超越简单的信息转换。

此处的工具分实用和理论两种，可用于文本翻译，也可用于支持所选用的翻译策略或予以理论描写。

值得注意的是，翻译的中心当然是文本，但绝不可忽略“人”的因素，二者同样重要。在谈到这一点时，道格拉斯·罗宾逊 (Douglas Robinson) 从维特根斯坦那里找到了共鸣。他说：“词汇和意义固然重要……但只有当译者身处人们实际使用这些词汇和意义的场合时（对别人说话或为别人写作），词汇和意义对译者才真正重要。奥地利哲学家路德维希·维特根斯坦语锋精警……曾说‘词汇何义端看其在语言中怎么用’，意指使用语言的人总是优先于，或者说应该总是优先于辞典定义，亦即抽象说法的‘语义场’。”[1] 在词义“相与析”的问题上，罗宾逊和维特根斯坦都强调“以人为本”，或更准确地说，“以人之用为本”，这种实践取向拆毁了二元论的“七宝楼台”，超越信息转换这一传统桎梏，不臣服于权威说教，却以更加理性务实的方式推进翻译研究，灵活而不失严谨，具有别样的理趣。

在一些学者 (Allan Janik & Stephen Toulmin) 看来，不应仅将维特根斯坦视为“一位临近终点的人物” (*a terminus ad quem*)，还必须将他当作“一个可能的起点” (a possible *terminus a quo*)。[2] 研读维特根斯坦晚期著述有助

---

① D. Robinson, *Becoming a Translator*. London/New York: Routledge, 2003. p. 112.

② A. Janik & S. Toulmin, *Wittgensteins Vienna*. London: Weidenfeld & Nicholson, 1973. p. 261.

于走上通向翻译核心问题之路，因此，自我表达方式为之一变，研究对象也焕然一新。

维特根斯坦的意义和价值

那么，我们能否将维特根斯坦看作万能的神，可应任何不时之需？当然不行。应该知道，维特根斯坦的主要贡献源自其语言观的丰富想象力和洞察力，这对那些处心积虑为哲学问题操心的人及其紧绷的神经具有极强的冲击力，当然其更大的疗效则见诸“人”，其安抚神经的直接效果就是彻底改变了人生。他的晚期著述探索语言，想象力活跃，洞察力深刻，但并没有覆盖译者所面临的全部问题，也无法提供全部答案。假如翻译时遭遇伦理问题（比如所译文本具有攻击性，容易冒犯读者），在这个过程中需要道义上的支持，那么维特根斯坦就可用于澄清并界定行文中所遇到的各类术语，但同时还必须明智地参阅其他哲学家（比如亚里士多德、康德等）所写的伦理学文献。若自以为维特根斯坦完备无缺，则只说明并没有细读他的文本。正如《哲学研究》扉页征引了一句格言（语出奥地利剧作家内斯特罗伊［Johann Nestroy］）：“谈到进步，麻烦就在于它总是貌似更加伟大，却其实不然。”[①]意在暗示不能将维特根斯坦看作万能的神，可以一言九鼎，一锤定音。打开《哲学研究》，富有反思精神的翻译“操盘手”在其中看不到翻译理论或翻译哲学，也无法从此书中归纳出这些东西。哲学家留意到这本书，就此书写下札记，又继续前行；对许多哲学家而言，维特根斯坦就此成为一个参照点，而不是神。假如一位语言学家因为读了维特根斯坦，就不读乔姆斯基了，那肯定是荒谬的。有必要弄清楚的是所讨论的问题究竟在哪个层面。如果有人想了解语言的习得方式，那就还得读乔姆斯基或相关论著；如果想知道语言是怎么用的，那就读维特根斯坦。将自己局限于维特根斯坦，那是画地为牢，实不可取。

维特根斯坦在谈及自己的论著时，写道：“我绝不相信，我竟然会想依靠别人来延续自己的著述，而不去想改变人们的生活方式（the way people

① 此句德文本作“Überhaupt hat der Fortschritt das an sich, daß er viel größer ausschaut als er wirklich ist.”英译文为“The trouble about progress is that it always looks much greater than it really is.”中文为笔者所译。

live)，这样的话，所有这些问题都将失去意义。"[①] 为了解析"生活"（live）这个字眼，我们得读"翻译"（translate），或者读关于翻译的理论。追随维特根斯坦做翻译的一种后果可能是：译文像维特根斯坦的风格或者做维特根斯坦式的翻译研究。当然，人们不太可能用维特根斯坦去拼凑一套翻译理论哲学，但译文像维特根斯坦的风格倒可能是翻译的一种哲学化实践。

实践和理论之间的纷争由来已久，并且还将持续下去。现状是：具有强制规定性的理论对译者而言已经不管用了，现在最需要的或许是大家齐心协力，共同创建另一种全新的理论，即"实践导向的理论"（practice-oriented theory）。这种理论植根于真正的实践，指向愈益完善的实践，关注同行的所有实践者。对此，维特根斯坦将大有裨益。

总之，研读维特根斯坦旨在推动翻译研究转型，研读的结果可以总结如下：翻译的虚幻范式（信息转换/等值观）已经被拆解；翻译概念的内涵得到拓展；有了工具，并借助这些工具逐一探讨了源文本研读、宿文本创制以及翻译研究的理论化问题。

在《哲学研究》第65节，维特根斯坦说了下面这段话：

> 这里我们碰上了藏在所有这些想法后面的大问题。因为有人或许会反驳我："你倒是自己轻松了！你谈到了各种各样的语言行为，但没见你在哪儿说过什么才是语言行为——因而也是语言——最本质的东西；什么是所有这些行为共同的地方；还有，是什么东西使所有这些行为成为语言或语言成分的。看来你让自己避开了这次探索最要紧的那部分，这可是当年你最头疼的事情，这就是命题和语言的普遍形式问题。"
>
> 嗯，这是真的。——不过，我倒不想指出所有我们称之为语言的东西的共同之处是什么。我说的是这些现象没有一处是一样的，但因为这个特点，我们用了同一个词去指称所有的语言——可它们之间的确有许多种姻亲关系。正因为这种或这些姻亲关系，我们才称它们为"语言"。

就这样，为写作《逻辑哲学论》而开始的关于"命题的普遍形式"的探索结束了。晚年维特根斯坦对语言的考察，就和我们看到的一样，没有掩饰，并不完美，也正因此他的著述能够引起人们的兴趣，而这些人都与翻译有关。

---

① L. Wittgenstein, *Culture and Value*, P. Winch, trans. Oxford: Blackwell, 1980, p. 61. 此句德文本作："Es ist mir durchaus nicht klar, daß ich eine Fortsetzung meiner Arbeit durch Andre mehr wünsche, als eine Veränderung der Lebensweise, die alle diese Fragen überflüssig macht."英译为："I am by no means sure that I should prefer a continuation of my work by others to a change in the way people live which would make all these questions superfluous."中文为笔者所译。

关于维特根斯坦以及他给予翻译的启示，我们还将继续讨论下去。维特根斯坦坚称，他“做哲学”的目的并不是想为人们免除麻烦，让他们不用去思考，而是想推动他们自己去思考（PI 4）。对在维特根斯坦辞世之后仍受惠于他的翻译世界而言，这无疑是至关重要的。

作者简介：

胡云，西南交通大学译介学方向博士研究生。

许怡文，西南交通大学译介学方向博士研究生。

傅勇林，西南交通大学教授、博士生导师。

诠释之道

——现代诠释学探索的中国视角*

李清良　王壮壮

摘　要：所谓“诠释之道”，是指用以解释、规范和引导诠释活动的一套基本观念、规则、技艺和方法等。在现代语境下根据中国学术传统提出的这个概念比西方“诠释学”更具综合性、层次性和贯通性，同时也意味着一种文明论视角。古今中外各种不同形态的诠释学都是对诠释之道的探索，但不同文明和学术流派对诠释之道的领会各不相同，因而各有一套自成一体的诠释之道，它们之间可以相互对话和借鉴，但无法完全照搬和替代。通过“诠释之道”这个概念，我们不仅可以更为贯通地理解和把握各种形态的诠释学，也可以从根本上阐明中国诠释学的合法性，更重要的是，通过这个概念我们可以将中国学术传统中有关“道”的思想和智慧导入现代诠释学探索之中，从而为整个现代诠释学的发展提供一个不同于西方的中国视角和中国方案。

关键词：诠释学　诠释之道　中国诠释学

我国学者于20世纪90年代明确提出创建现代“中国诠释学”的主张。这一主张虽然获得了广泛关注和响应，但也不断有学者表示怀疑。为此，笔者特别提出“诠释之道”这一概念，试图以此阐明“中国诠释学”研究与探索的合法性及其基本的努力方向。① 现综合近年探索心得，对此做进一步讨论。

---

* 本文系国家社科基金重大项目“中国经典诠释传统的理论化与现代化研究”(14ZDB006)阶段性成果。

① 洪汉鼎、李清良：《如何理解和筹建中国现代诠释学》，《湖南大学学报》，2015年第5期；李清良、夏亚平：《从“诠释学”到“诠释之道”——中国诠释学研究的合法性依据与发展方向》，《湖南大学学报》，2016年第3期。

一、“诠释之道”的提出与基本含义

早在20世纪七八十年代，三位得风气之先的美籍华裔学者已试图利用中国传统思想资源提出不同于西方的诠释学构想：傅伟勋教授从1974年开始提倡“创造的诠释学”，叶维廉教授、成中英教授则在80年代中叶分别提出“传释学”“本体诠释学”。[①] 其中傅、成两位的主张最为汉语学界所关注。至20世纪90年代，台湾大学黄俊杰教授明确提出，通过清理和总结中国经典诠释传统，特别是儒家经典诠释传统，可建构“中国诠释学”。[②] 他与他的研究团队为此陆续推出了多部论著。1998年以来，北京大学汤一介教授也连续发表多篇论文，呼吁以中国经典诠释传统为基础创建“现代中国解释学”：“中国有比西方长得多的解释经典的历史，并在经典解释中创造出丰富的解释经典的原则和方法，我相信，在今天我们有了创建‘现代中国解释学’的自觉的基础上，迟早会创建出不同于西方解释的中国解释学，为人类的学术文化作出我们应有的贡献。”[③] 进入21世纪之后，参与此项研究的中国学者日益增多，他们一方面深入研究中国经典诠释传统，一方面积极探索如何构建现代“中国诠释学”。近十年来，由于中国政府大力倡导实现中华民族伟大复兴，实施中华优秀传统文化传承发展工程，这项研究开展得愈发如火如荼。[④]

与此同时，质疑之声也不断出现，主要有三类意见。（1）所谓中国古代诠释学，不过是“一只想象中的怪兽”，因为“诠释学”乃一门基于西方文化传统、有着系统理论与方法的现代学科，直到19世纪才在西方正式形成；中国虽有源远流长的经典解释传统，但不可与之同日而语，[⑤] 试图以这个传统建构现代“中国诠释学”最多可为现代西方诠释学补充些资料和经验。（2）不存在所谓的“中国诠释学”，只有“诠释学在中国”“诠释学在西方”等，因

---

① 傅伟勋：《从西方哲学到禅佛教》，生活·读书·新知三联书店，1989年，第416页。叶维廉：《叶维廉文集》第2卷，安徽教育出版社，2003年，第33页。成中英：《成中英文集》第1卷《本体诠释学（一）》，中国人民大学出版社，2017年，总序，第6页。

② 黄俊杰：《孟学思想史论》卷二，“中研院”中国文哲研究所筹备处，1997年，第57—59、480—482页。

③ 汤一介：《解释学与中国》，《光明日报》，2002年9月26日。

④ 李清良，张洪志：《中国诠释学研究40年》，《中国文化研究》，2019年冬之卷。

⑤ 参见李幼蒸：《结构与意义》（增订版），中国人民大学出版社，2015年，第585—586页。Wolfkang Kubin，“Chinese ‘Hermeneutics’—A Chimera? Preliminary Remarks on Differences of Understanding”，in Ching-I Tu，ed.，*Interpretation and Intellectual Change：Chinese Hermeneutics in Historical Perspective*. New Brunswick：Transaction Publishers，2005，pp. 311－320. 中译文见杨乃乔、伍晓明主编：《比较文学与世界文学》第一辑，商务印书馆，2004年，第58—67页。

为诠释学是一门具有普遍性的学科，不同国家的学者所利用的思想资源固然有别，但都是围绕普遍的诠释学问题，寻求普遍的诠释学原理和方法。(3)根本没有必要东施效颦地创建“中国诠释学”，因为要真正理解文本尤其是经典，恰恰不能采取诠释学这种“现代学问的样式”；正确的做法应是像西方“解经大家”列奥·施特劳斯那样，自觉地“反对任何诠释学理论”，回归“古典学问的样式”，“从文本的表面（整体结构、形式）入手，并按照作者自己来理解作者（探求作者的意图）”①。

这些质疑彰显了两个根本问题：一是究竟如何理解诠释学，是否只有西方现代诠释学才算诠释学，或者说诠释学是否只是西方文化的产物？二是建立现代“中国诠释学”的必要性究竟何在，是否真像德国汉学家顾彬所嘲笑的那样，这只是出于某些中国学人奇怪的思维习惯，西方有什么就一定要说中国也已有或应有？对于中国诠释学的研究与建构而言，这两个问题是原则性的，前者关乎其可能性，后者关乎其必要性，如果不能予以合理回应，这种研究与建构就既不可能也无必要。

有鉴于此，我们认为，很有必要依据中国学术传统，从“诠释之道”的角度来理解和把握诠释学。

正如金岳霖所说，中国传统学术中的各家各派莫不以求道、合道、行道为最高目标，“不道之道，各家所欲言而不能尽的道，国人对之油然而生景仰之心的道，万事万物之所不得不由，不得不依，不得不归的道才是中国思想中最崇高的概念，最基本的原动力”②。在中国古人看来，道无往而不存，“事事物物，莫不有其道。……夫以一日之间，起居则有起居之道，饮食则有饮食之道，见是人则有待是人之道，遇是事则有处是事之道。道不可须臾离也，一失所宜，则为废是道矣。是故君子战兢自持，颠沛必于是，造次必于是，惟惧其失之也”③。也就是说，凡事皆有其道，因此皆须求其道、合其道。“道”这一表达有多层含义，也有多种用法。唐君毅曾将《老子》所言之“道”的具体含义解析为六个方面：通贯异理之道、形上道体、道相、同德之道、修德及其他生活之道、事物及心境人格状态之道。④ 傅伟勋进一步将其调整为六大层面：道体（Tao as Reality）、道原（Tao as Origin）、道理（Tao as Principle）、道用（Tao as Function）、道德（Tao as Virtue）、道艺（Tao

① 刘小枫：《关注我们这个时代的哲学：经典与解释——文本解读与古典学问的样式（笔谈）》，《求是学刊》，2008年第3期。

② 金岳霖：《论道》，商务印书馆，1994年，第16页。

③ 张栻：《张栻集》，邓洪波校点，岳麓书社，2010年，第138页。

④ 唐君毅：《中国哲学原论·导论篇》，中国社会科学出版社，2005年，第225—234页。

as Technique)；后五个层面又合成“道相”（Tao as Manifestation）。[1] 唐、傅二人的这一分析不仅适用于《老子》所说的“道”，也普遍适用于中国古代其他思想家所说的“道”。

依据中国学术传统的上述观念，诠释活动自然也需讲求并遵循诠释之道。诠释之道与为学之道、修身之道、治国之道等一样，属于唐君毅所谓“修德之道及其他生活之道”，或如金岳霖所谓“分开来说的道”[2]。这种意义上的道虽不是从整体上说的“道体”“道原”之道，但也包含“道理”“道用”“道德”“道艺”诸层面，因而古人常说为“体用兼赅”。譬如胡宏说“道者，体用之总名。……合体与用，斯为道矣”，又说“学圣人之道，得其体，必得其用。有体而无用，与异端何辨？井田、封建、学校、军制，皆圣人竭心思致用之大者也”。[3] 这些话不仅指出圣人之道兼赅体用，也明确地将制度、规则之类纳入与“体”相对的“用”中。

诠释之道作为体用兼赅之道，包括“道理”层面的诠释之理（理念与观念）、“道德”层面的诠释之德（修养与德行）、“道用”层面的诠释之例（体例与规则）、“道艺”层面的诠释之技（方法与技艺）。其中诠释之理是指诠释活动本身固有的本质与规律，属于诠释之道中“体”的层面；诠释之德、诠释之例及诠释之技则是诠释者为顺应诠释之理所必须具备的德行和必须遵循的规则与方法，属于诠释之道中用的层面。（按：根据中国古人的用法，相对于形上之“理”而言，“德”为“用”；但相对于形下之“例”与“技”而言，“德”又为“体”。）因此，仅讲诠释之理而不讲诠释之德、诠释之例及诠释之技，可谓“有体而无用”；反之，仅讲诠释之德、诠释之例及诠释之技而不讲诠释之理，则可谓“有用而无体”。

但“诠释之道”这一概念有两种不同的用法，因而也有两种不同的意义。一是如上文这样抽象地、一般地讲“诠释之道”时，它指诠释活动固有的诠释之理与诠释者必须具备的诠释之德和必须遵循的诠释之例及诠释之技。二是具体地讲某人、某学派、某文化的“诠释之道”时，它指对于诠释之道的理解和把握，因而表现为各不相同的一套解释、规范和引导诠释活动的观念（包括诠释之理与诠释之德）、规则和方法（亦即诠释之例与诠释之技）。当我们讲儒家、道家或整个中华文明的诠释之道时，就是在第二种意义上讲的。

成中英在阐述其“本体诠释学”时曾说：“事实上，诠释自身即可被看为宇宙不息创造的实现。……因之，诠释可以是对本体之道的诠释，也可以是

---

① 傅伟勋：《从西方哲学到禅佛教》，生活·读书·新知三联书店，1989 年，第 384—388 页。

② 金岳霖：《论道》，商务印书馆，1994 年，第 17—18 页。

③ 胡宏：《胡宏集》，吴仁华点校，中华书局，1987 年，第 10、131 页。

自本体的理解中进行诠释。无论对本体或自本体的诠释都可说是在本体之中。……诠释是语言的道的活动，因而‘本体诠释学’也可以看成‘道的语言学’或‘道的道说学’。”又说：“道是本体概念，但道也可以是方法概念。就事物与宇宙整体言，道是本体，但就个别事物与目标言，道却可以是方法、途径与功夫。”[①] 这表明，成中英实际上已试图根据中国学术传统所说的“道”来讲诠释学，只是没有明确提出“诠释之道”这一概念并以此为中心展开其思考。最近也有学者提出，在中国文化中，理解便是“知道”，因而从中国文化角度来看，诠释学便是“知道”学。[②] 这个说法是有一定道理的。

应当指出的是，“诠释之道”这个提法虽然主要来自中国学术传统，但其提出却是源于中与西、古与今的视域融合。事实上，中国学术传统虽然极重诠释活动，尤其是经典诠释，但常将其纳入广义的“学－习”活动中加以反思，故而更多地讲“为学之道”，而很少专讲“诠释之道”。我们今天之所以特别关注诠释之道并加以专题式反思和探究，实是由于西方现代诠释学特别是伽达默尔哲学诠释学的广泛流行促使我们对人类诠释活动有了前所未有的理解和关注。当然，从更深一层来看，这又是由于中华文明进入现代社会之后，原有的诠释传统不再完全适用，必须建立一套现代的诠释观念和诠释模式。

由此可见，相较于“诠释学”而言，“诠释之道”实际上是一个更具综合性的概念，也是一个更强调层次性和贯通性的概念。通过这个概念，我们可以将中国学术传统中有关道的思想和智慧顺理成章地导入诠释学的思考与探索之中，这就为我们对诠释学的理解与研究开启了新的视野和思路。

二、诠释之道开启的新视野和新思路

从诠释之道出发，我们对西方所谓诠释学将有一种基于中国智慧的更为融贯的理解，由此不仅可以阐明中国诠释学研究的合法性，更可为现代中国诠释学的探索与建构确定基本的方向。

（一）从更为综合、融贯的视野理解和把握诠释学的不同形态

仔细考察上述对中国诠释学研究的质疑，可以发现它们的一个共同特点：都将西方现代诠释学视为诠释学的唯一形态。然而，如果认同此种观点，那

① 成中英：《成中英文集》第1卷，中国人民大学出版社，2017年，第60页。

② 沈顺福：《理解即感应——论传统儒家诠释原理》，《北京大学学报》，2020年第4期。

么西方诠释学就不仅是断裂的，而且是分裂的。所谓断裂，是指西方现代诠释学无法与其诠释传统贯通，也就是说，从古希腊到文艺复兴的西方诠释传统“与现代意义上的诠释学有很大的区别，而且从总体上看，包括完备的《圣经》注释学体系在内，它也并非是‘诠释学’的”①；所谓分裂，是指如果没有“诠释之道”这类更具综合性的概念，现代西方以施莱尔马赫、贝蒂赫施等人为代表的方法论诠释学与以海德格尔、伽达默尔等人为代表的存在论诠释学就永远只能处于截然对立的状态而无法融贯，这也正是当前西方诠释学发展所面临的最大困境。

“诠释之道”概念却能使我们依据道的智慧，从一个更高的层次来理解和把握诠释学。如上所述，诠释之道是一个结构性整体，既有诠释之理，也有诠释之德、诠释之例与诠释之技，也就是说它同时包含了本体论、德性论和方法论等不同层面和维度。依此眼光，方法论诠释学与存在论诠释学虽然所关注的层面不尽相同，却都是探索诠释之道所不可或缺的内容，并且要确立完整、系统的诠释之道，就必须在这些不同层面、不同导向的诠释学之间实现沟通和整合。

从诠释之道的视野来看，现代西方以施莱尔马赫、贝蒂、赫施等人为代表的方法论诠释学主要侧重于诠释之例与诠释之技，而对诠释之理与诠释之德则较少关注，因此对理解本身的理解未能达到本体论高度，可以说是“明于用而暗于体”。与之相反，海德格尔、伽达默尔等人的存在论诠释学虽从存在论高度阐明了诠释之理，却由于过分强调“在现代科学范围内抵制对科学方法的普遍要求”以捍卫精神科学的独立性与合法性②，又在方法论层面或者说诠释之例与诠释之技层面缺乏积极探索。所以尽管伽达默尔明确说“诠释学是哲学，而且作为哲学它是实践哲学”③，但其哲学诠释学并不能很好地引导和规范诠释实践，而只是从理论上阐明理解是一种实践智慧活动，这说明哲学诠释学实际上仍是一种未完成的实践哲学。④ 就此而言，这种存在论诠释学可以说是“明于体而疏于用”。故而法国著名哲学家利科认为，无论是海德格尔的事实性诠释学还是伽达默尔的哲学诠释学，虽然达到了“理解的存在论”高度，却都取消了“理解的认识论”（方法论）基础，人们在诠释实践中

---

① 潘德荣：《西方诠释学史》，北京大学出版社，2013 年，第 19 页。

② 伽达默尔：《诠释学Ⅰ：真理与方法》（修订译本），洪汉鼎译，商务印书馆，2010 年，第 4 页。

③ 伽达默尔：《科学时代的理性》，薛华等译，国际文化出版公司，1988 年，第 98 页。

④ 详细分析可参见李清良、张洪志：《经典诠释学对哲学诠释学之扬弃》，《天津社会科学》，2000 年第 6 期。

碰到的各种问题“依然悬而未决”；为此，利科主张“用由语言分析出发的长程途径来替代此在分析的短程途径”，“并将拒绝把理解特有的真理与曰源自解经学的学科所操作的方法分隔开来这样的诱惑”，简言之，即必须打通存在论诠释学和方法论诠释学。[①] 成中英的“本体诠释学”也有此见解，主张根据中国传统哲学智慧将本体论与方法论融为一体。

总之，要建立一种真正合乎诠释之道的诠释学，就必须对诠释之理、诠释之德、诠释之例与诠释之技等层面做全方位的探索，并实现不同层面的探索的贯通和整合。这也意味着，将西方现代诠释学视为诠释学唯一形态，或将哲学诠释学视为诠释学最高典范，其实是一种很片面的看法。

（二）从文明论视角展望现代诠释学的多元发展

正如金岳霖所说，“道可以合起来说，也可以分开来说……自万有之合而为道而言之，道一，自万有之各有其道而言之，道无量”，就知识和人事而言，讲明“万有之各有其道”尤其重要。[②] 根据这个观念，人类各大文明也可以说是各有其道，无论就整个生存发展之道而言，还是单就诠释之道而言（后者是前者的一个重要方面）。这就为我们理解各大文明的诠释传统和诠释之道提供了一个文明论视角。

从长时段来看，各大文明都有其自成一体的诠释之道，并且不断在探索和调整，因而在发展过程中形成了各种不同形态和导向的诠释观念和诠释模式。[③] 美国学者韩德森（John B. Henderson）曾著《典籍、正典与注疏：儒家与西方注疏传统之比较》一书，旨在揭示中、西、印、阿等文明的经典诠释传统在注疏假设及策略上异曲同工，但也不能不承认中国经典诠释传统有两个显著特点在其他文明中并不常见：一是其经典系统的边界总是‘保持开放或至少是可协商的”，因而儒家经典“并未被正式或最终固定下来”；二是“后世大师和注家的作品也被正式提升到经典或经文层次”。[④] 美国著名汉学家宇文所安（Stephen Owen）则通过深入比较中西文论指出，中西诠释传统由于分别追索各自的一套问题，因而有着不同的关注焦点和基本假定，形成了

---

① 保罗·利科：《解释学的冲突——解释学文集》，莫伟民译，商务印书馆，2008 年 第 9—10 页。

② 金岳霖：《论道》，商务印书馆，1994 年，第 17—18 页。

③ 李清良、夏亚平：《从“诠释学”到“诠释之道”——中国诠释学研究的合法性依据与发展方向》，《湖南大学学报》，2016 年第 3 期。

④ John B. Henderson, *Scripture*, *Canon*, *and Commentary*: *A Comparison of Confucian and Western Exegesis*. New Jersey: Princeton University Press, 1991, p. 53, p. 56.

不同的解决方案。[①] 我国著名学者余敦康也认为："从世界史的角度来看，每一个有文化的富有创造性的民族，必然对理解的本质进行过长期的探索。惟其如此，它的文化才能形成一道生命洋溢、奔腾向前的洪流"；因此各大文明都有自己的诠释学，"中国有中国的诠释学，西方有西方的诠释学，印度有印度的诠释学"。[②] 当然，根据本文所论，余氏所谓诠释学实指诠释之道。各大文明在探索诠释之道的历史过程中形成了多种不同的诠释学（诠释观念和诠释范式），譬如中华文明就有儒、释、道等不同的诠释导向并有汉学、宋学等不同的诠释范式。

各大文明对于诠释活动的反思与探索确有不少相通之处，但由于生存境遇和历史传统的差异而有不尽相同的观念预设、问题意识和解决策略。即使同一文明内部，不同时代和流派对于诠释之道的探索和领会也不尽相同，各种不同的诠释导向和诠释范式既互相竞争又互相借鉴，共同构成一个和而不同的诠释学系统，这就是从整体上说的每个文明的诠释之道。正如每种诠释导向和诠释范式都只有相对的合理性，各大文明的诠释之道也只有相对的普遍性，所以彼此之间虽然可以也应该相互借鉴和吸收，却绝不可能完全照搬和替代。换言之，各大文明之间无论怎样相互吸收和借鉴，最终都不可能归总成唯一的一种对诠释之道的理解与领会。

进入现代社会之后，由于价值观念、社会结构和生存方式等方面发生了极大变化，各大文明的诠释之道都需要从传统形态走向现代形态。西方文明最早进入现代社会，因而也最早对现代诠释之道加以探索，由此产生了各种不同导向的现代诠释学（如方法论诠释学、存在论诠释学、后现代诠释学等），并在近百年来对非西方文明产生了深刻影响。但正如亨廷顿所说，随着现代化进程的普遍化与不断深化，非西方世界逐渐出现了"去西方化"（de-Westernization）的潮流，"本土化已成为整个非西方世界的发展日程"。[③] 随着"后西方"时代的逐步到来，非西方文明的文化主体性意识逐渐走向自觉，其对现代诠释之道的探索也必将走向多元发展，因而现代诠释学必将从西方诠释学的一枝独秀走向各种非西方诠释学的百花齐放。中国学者要求创建现

---

① 宇文所安：《中国文论：英译与评论》，王柏华、陶庆梅译，上海社会科学院出版社，2003年，第2—6、18—22页。

② 余敦康：《中国哲学对理解的探索与王弼的解释学》，《中国诠释学》第1辑，山东人民出版社，2003年，第53页；《诠释学是哲学和哲学史的唯一进路》，《北京青年政治学院学报》，2005年第2期。

③ 塞缪尔·亨廷顿：《文明的冲突与世界秩序的重建》，周琪等译，新华出版社，1999年，第67—69、91页。

代中国诠释学，正是这一趋势的重要表征之一。[①] 从深层来看，现代诠释学的这种多元发展趋势正源于各大文明本就各自所有的“道”。

应当指出的是，人类文明各有其道并不意味着文明冲突，因为冲突的根源不在于存在差异，而在于无视差异而强求一致。中国“和而不同”的古老智慧和历史经验表明，揭示差异、尊重不同恰恰有助于增进相互理解而化解冲突。因此，各大文明虽然各有其道，但通过对话，完全可以像《中庸》所说的那样“道并行而不相悖”。

（三）从中华文明的内在需求阐明中国诠释学研究的合法性依据

如上所述，各大文明都有自成一体的诠释之道。中华文明也不例外，其源远流长的经典诠释传统中包含了对诠释之道的不懈反思和探索。如果不将诠释学等同于现代西方诠释学，而是将其视为对诠释之道不同层面的探索，我们甚至可以说中国古代有多种不同形态和导向的诠释学。美国汉学家范佐仁（Steven van Zoeren）指出，中华文明“比起历史上任何其他文明也许更注重解释问题”，它不仅很早就有了各种特殊的经典诠释学，更在宋代理学家的努力下发展出一种“普遍的经典诠释学” （general hermeneutics of the classics），这种普遍的经典诠释学不断得到完善和制度化，成为宋代之后中国近千年的主流诠释学，深刻影响了文学、绘画和音乐作品的理解与创作。[②]

进入现代社会之后，和西方文明一样，中华文明也面临着由古今巨变导致的诠释学困境，也需要扬弃传统的诠释之道，确定现代的诠释之道。正如当年新文化运动时胡适所说，“向来不发生问题的，现在因为不能适应时势的需要，不能使人满意，都渐渐的变成困难的问题，不能不彻底研究，不能不考问旧日的解决法是否错误；如果错了，错在什么地方；错误寻出了，可有什么更好的解决方法；有什么方法可以适应现时的要求”，这种“重新估定一切价值”的态度“总表示对于旧有学术思想的一种不满意，和对于西方的精神文明的一种新觉悟”。[③] 所以早在 1914 年胡适就意识到，“今日吾国之急需，不在新奇之学说，高深之哲理，而在所以求学论事观物经国之术。以吾所见者言之，有三术焉，皆起死之神丹也：一曰归纳的眼光，二曰历史的眼光，

---

① 详细分析可参见李清良、夏亚平：《从“诠释学”到“诠释之道”——中国诠释学研究的合法性依据与发展方向》，《湖南大学学报》，2016 年第 3 期。

② Steven van Zoren, *Poetry and Personality: Reading Exegesis and Hermeneutics in Traditional China*. California: Stanford University Press, 1991, pp. 1—16.

③ 胡适：《新思潮的意义》，欧阳哲生编，《胡适文集（2）》，北京大学出版社，1998 年，第 553、555 页。

三曰进化的观念"[1]。在他看来，对于中国学术而言，当务之急就是通过吸收西方现代观念，建立中国现代学术的方法论。笔者已指出，现代中国学者对学术方法论的探索实际上就是对现代中华文明诠释之道的探索。从主张科学方法的胡适、顾颉刚、傅斯年，到强调科学方法之外还有传统的体认、直觉方法的现代新儒家，再到主张唯物辩证法的郭沫若、范文澜、侯外庐等，一直到当代中国有关"失语症"和"中国哲学合法性"的大讨论，包括明确提出建立现代意义上的"中国诠释学"，其实都是在努力探索并力求确定现代中华文明的诠释之道。[2]

可见，虽然中国学者的中国诠释学研究与探索受到西方诠释学的影响与激发，但这既不是因为仰慕西学而欲东施效颦，也不只是为了增加一门新兴的流行学问，而主要是源于中华文明自身要求确定其现代诠释之道。若非有这样一种内在要求，便很难解释中国现代学术何以反复出现有关方法、话语和合法性的大讨论，也很难解释西方诠释学传入中国之后何以受到如此广泛而持久的关注。

因此，从根本上看，中国诠释学研究的合法性源于中华文明本来就有的不懈探求诠释之道的悠久传统，进入现代社会之后，更是内在地要求确定自成一体的现代诠释之道。

（四）依据诠释之道的特点确定现代中国诠释学的基本发展方向

如上所述，建构现代中国诠释学本质上是为了探索并确定中华文明的现代诠释之道。由于不同文明各有其道，现代中国诠释学的建构固然需要充分吸收和借鉴现代西方诠释学的理论成果，但更需要在中国学术传统尤其是诠释传统的基础之上进行创造性转化和创新性发展，只有这样，现代中国诠释学才能既在理论上具有普遍性，又在精神上充分体现中国智慧、中国经验和中国价值。因此，现代中国诠释学基本的努力方向就是探索既有中国特色又有普遍性的现代诠释之道。具体而言，这个努力方向有如下两个特点：

一是探索路径多样化。"一隅不足以尽道"，探索中华文明现代诠释之道的中国诠释学也不会只有一种，而必会像在传统中那样，由于探索路径不同，对诠释之道的领会也各有侧重，因而出现多种不同的诠释导向，它们既相互竞争又相互影响，既相对独立又相互联系，最终以和而不同的方式共同形成中华文明的现代诠释之道。这意味着，现代中国诠释学的探索与建构将是一

---

① 转引自罗志田：《再造文明的尝试：胡适传（1891—1929）》，中华书局，2006年，第174页。

② 李清良、张丰赟：《论中国诠释学研究的兴起缘由》，《山东大学学报》，2015年第5期。

个长期的系统工程，而绝非一时一人所能完成；最终的现代诠释之道也将是在诸种因素共同作用下自然形成，而绝非一家一派所能左右。

二是注重“以道观之”。即充分利用中国传统学术中有关“道”的智慧与思想来反思诠释活动及相关问题，提出一套合乎诠释之道的诠释学理论。比如，由于诠释之道同时包含“道理”“道德”“道用”“道艺”诸层面，现代中国诠释学不仅要注重诠释之理与诠释之技、诠释之例，还要特别强调诠释之德，力求实现本体论、方法论与德性论、价值论诸维度的融贯和统一。[①] 诠释活动本来就是塑造和阐发社会共识与核心价值的活动，也是不能不讲道德、道义的人际交往活动，各大文明的诠释之道也都阐发、形塑并体现了该文明的核心价值。又如，依据中国学术传统，道不离人、道由人显，诠释活动必须由“知人”（理解作者之言、行、志）而“知道”，脱离了“知人”也就无法真正“知道”；同时，“知道”不仅是为了诠释者自身的“明道”与“修德”，也是为了“行道”，即通过如实地“知人”而在精神层面“安人”。简言之，诠释活动不是简单地“知道”，而是既“知人”又“知道”、既“知道”又“行道”，因此诠释活动的最终目的实可借用孔子的话概括为“修己以安人”。[②] 这种观念在亟需文明对话的今天尤其显得重要。总之，这种“以道观之”的探索，将使现代中国诠释学呈现为一幅有别于西方诠释学的理论图景。

综上可见，对于中国诠释学研究与探索而言，“诠释之道”既是阐明其合法性的基础概念，也是促使它走向文明自觉、确定基本发展方向的理想视角。

作者简介：

李清良，湖南大学岳麓书院教授，博士生导师，主要从事中国哲学史、中国经典诠释传统研究。

王壮壮，湖南大学岳麓书院博士研究生，主要从事中国哲学史、中国经典诠释传统研究。

① 潘德荣近年已提出将“德行诠释学”作为“中国诠释学”的发展方向。参见潘德荣：《“德行”与诠释》，《中国社会科学》，2017年第6期。

② 参见李清良、张丰赟：《论儒家“实践诠释学”的外王学关怀——从黄俊杰先生的近作谈起》，《中国诠释学》，2018年第17期。

什么是“文化文本”？
——中国文化理论建构的文学人类学视角

叶舒宪

摘　要：改革开放以来代表新文科运动的文学人类学研究群体努力建构以文化文本概念为核心的中国本土文化理论体系。本文尝试用具体案例来说明什么是文化文本，为什么需要聚焦到文化文本理论，如何学习运用该理论从事文史研究，从而有效地迈向文化自觉和理论自觉的新境界。

关键词：文化文本　文学人类学　四重证据法　物证优先

“文化文本”是一个足以标志本土人文学界的理论创新方向的新术语。

“文化文本”理论的提出，以中国比较文学学会文学人类学研究会第一届学术年会（厦门，1997）论文集的出版为标志——其书名为《文化与文本》[①]。24年之后，文学人类学研究会协同陕西师范大学人文社会科学高等研究院主办的学术论丛《文化文本》[②] 问世，这是延续多年的理论探讨之结晶，但绝不是为理论而理论，而是为引领和指导本土的人文研究之创新范式实践。

因此，本文在一般性介绍文化文本理论的内涵和宗旨外，重点说明如何进入理论的应用层面：从文化文本到文学文本。

以下先做三点理论提示：

（1）文学文本，一般指来自文化小传统（特指文字书写的传统）的所谓“作品”。

（2）文化文本是指来自文化大传统（先于文字而存在的文化传统）的神话信仰所支配的编码形式、法则及原型整合而成的意义发

① 叶舒宪主编：《文化与文本》，中央编译出版社，1998年；陕西师范大学出版社，2018年。

② 李继凯、叶舒宪主编：《文化文本（第一辑）》，商务印书馆，2021年。

生与表现的过程。

(3) 从文化文本到文学文本，是我国的文学人类学一派特有研究范式。与此研究范式相匹配的具体新方法论，最初叫作“三重证据法”(1993)[①]，即将人类学研究活态文化的方法视为第三重证据；2005 年以后扩展为“四重证据法”[②]，主要将考古学和艺术史方面的资料（图像、遗址、文物）作为第四重证据。

先借用文本理论创始人克里斯蒂娃的一对区分性的术语——“生成文本”与“现象文本”来描述文化文本。“现象文本”是看得见、摸得着的具体存在物，具有客观实在性质；“生成文本”则是看不见、摸不着的理念式存在，是理论抽象的结果。文学人类学所提示的文化文本无疑属于一种生成文本，而文字文本才是现象文本。如果说现象文本是指具体的创作之产品，那么生成文本才代表生产力。克里斯蒂娃曾经笼统地认为“文本是生产力”，这个命题在我们这里需要进一步修正为“文化文本代表生产力”。

在现实中能够直接感触到的，只有现象文本，没有生成文本。后者是理论家经过理论思维而构拟出来的思想中的存在，如同潜在的语法规则一样。复数的文化文本会因特定的文化传统而产生差异。它虽然看不见、摸不着，却必然对该文化中的每一个成员的文化意义编码行为具有支配作用。就此而言，我们不能说它不存在。就像没有学习过语法理论的人也能够按照语法规范来说话一样，要对这种潜藏在现象背后并且对现象世界具有支配作用的规则性的存在进行通俗易懂的概括命名，可直接采用“潜规则”一词，也有学者采用“隐蔽的秩序”[③] 这样的措辞。

以下将透过三个具体的文学文本案例，以问答形式来说明什么是文化文本，为什么文学人类学派要聚焦文化文本理论。

案例一：司马迁《史记·鸿门宴》的再解读

鸿门宴号称“天下第一宴”项羽设计鸿门宴的明确目的就是取刘邦人头，这在后来成为一个成语：“项庄舞剑，意在沛公”。但鸿门宴的预设目的为什么会落空？

先是樊哙在宴会上挺身而出保护刘邦，随后刘邦借机出逃，但这些都不

---

① 参见孟华：《三重证据法：语言·文字·图像》，吉林大学出版社，2009 年。

② 杨骊等：《四重证据法研究》，复旦大学出版社，2019 年。

③ 李永平：《众妙之门：神话编码中隐蔽的秩序》，《上海交通大学学报（哲学社会科学版）》，2020 年第 6 期，第 69—74 页。

是关键，因为项羽有四十万大军，追杀十个刘邦也不在话下。是什么因素让项羽决意不再追杀刘邦？是刘邦事先准备好并委托张良分别送给项羽和范增的两件神秘礼物——一对白玉璧和一对玉斗。司马迁用强烈对比的写法，表明项羽和范增二人对待刘邦礼物的截然不同的态度。项羽是怎样虔诚地接受刘邦厚礼的？司马迁仅用三个字就传神地表达清楚："置之座。"项羽对计谋多端的刘邦送的礼为何如此虔敬？下面再讲。而范增呢？击碎玉斗。这样鲁莽的举动显然是非礼的。接受厚礼的一方绝不再追杀送礼者，中国文化的潜规则在此表露无遗。足以为后世无数送礼者三思的问题是：礼物要贵重到何种程度，才能决定收礼者必然承诺和兑现送礼者的意愿？

项羽、刘邦之争的实质是谁当天子。在秦汉之际的历史语境中，刘邦为赴鸿门宴专门给项羽准备的礼物——白玉璧，究竟代表什么？对此，通常的语文教学不会去深究，因为这完全不属于语文教学的范畴，但这正是文学人类学研究需要刨根问底的关键所在，也是司马迁的"冰山风格"写作的底蕴所在。

解读白玉璧的文化意涵，需要联系的文化文本的历史语境（上下文）一共可以列举出四个：

其一，禹获赐玄圭，建立华夏第一个王朝——夏朝。[①]

其二，秦始皇统一中国，用一件神秘玉器象征天赐的权力——传国玉玺。（夏禹的权力象征物是天神恩赐的，秦始皇的权力象征物则是自己打造的。来源虽有不同，其物质材料却是不变的——玉。为什么？）

其三，老子《道德经》说的天子政权的象征物是大玉璧（拱璧）。

其四，上古礼书的代表《礼记》明文规定："天子佩白玉"[②]。

所有这四个语境都发生在鸿门宴事件之前，合起来足以给出解读鸿门宴的文化文本之原型线索。刘邦赴宴之前，就给项羽和范增二人都备好了礼物，而且都是贵重的玉器，但二者的符号意义却很不相同。从器形看，璧是天子之象征；从颜色看，只有白玉才是配天子的。对司马迁来说，给范增的玉斗是什么颜色的，没有必要叙述；给项王的玉璧是什么颜色的，则必须在叙述中交代清楚。这个交代是通过随行赴宴的张良之口完成的：

> 张良入谢，曰："谨使臣良奉白璧一双，再拜献大王足下；玉斗一双，再拜奉大将军足下。"

---

① 唐启翠：《禹赐玄圭：玉圭的中国故事》，上海人民出版社，2020年。

② 关于白玉崇拜的发生作为万年持续的玉石神话信仰的一场类似新教革命的观念变革意义，参见叶舒宪：《玉石神话信仰与华夏精神》，复旦大学出版社，2019年，第十三章，第305—360页。

从文化文本支配一切文学文本的原理看，《鸿门宴》堪称经典，但是两千年来的传统解读却在人物与事件本身中纠缠，完全遮蔽了深度文化透视之门径。这个大家耳熟能详的经典案例表明，只有文化文本能够决定文学文本，文学文本则是文化文本的体现。常规的文史哲教育若不聚焦文化文本的理论，就只能停留在事物的现象层面，无法找出在暗中发挥作用的文化文本的决定性力量，以及由此而生的人物与事件的历史因果关系。

案例二：曹雪芹《红楼梦》的再解读

美国加州大学的名师课堂实录——白先勇教授的《白先勇细说红楼梦》中文译本2017年由广西师范大学出版社出版。白先勇在卷首题词中说：

> 我觉得，念过《红楼梦》、而且念通《红楼梦》的人，对于中国人的哲学，中国人处世的道理，以及中国人的文字艺术，和完全没有念过《红楼梦》的人相比，是会有差距的。

我们可以接着问，在白先勇看来，怎样才算能读懂《红楼梦》？是不是能够读懂小说里的故事，就算读懂这部书呢？

《白先勇细说红楼梦》有明确提示：《红楼梦》中凡是人名中有三字的都是隐喻关键，如贾宝玉、林黛玉、妙玉、红玉、甄宝玉、蒋玉菡等。“甄宝玉仅为一寓言式的人物，是《红楼梦》中‘真’、‘假’主题的反观角色。甄宝玉貌似贾宝玉，却热衷功名，与贾宝玉的天性本质恰恰相反。作者创造甄宝玉这个角色，亦有反讽之意。”“宝玉与蒋玉菡的特殊关系具有两层意义：首先是宝玉与蒋玉菡之间的同性之爱，其次是蒋玉菡与花袭人在《红楼梦》结局时的俗世姻缘，而此二者之间又有相当复杂的关联。”① 从老子“正言若反”的表达策略看，曹雪芹是这方面的集大成者。双关与隐喻，成为我们理解这部小说的关键窍门。白先勇书中最后分析《红楼梦》的结尾情节时 又这样写道：

> 我认为宝玉出家，佛身升天，与蒋玉菡、花袭人结为连理，宝玉俗缘最后了结——此二者在《红楼梦》的结局占同样的重要地位，二者相辅相成，可能更近乎中国人的人生哲学，佛家与儒家、出世与入世并存不悖……《红楼梦》的伟大处即在此，天上人间，净土红尘，无所不容。如果仅看到宝玉削发出家，则只看到《红楼梦》的一半，另一半则借下

---

① 白先勇：《白先勇细说红楼梦》，广西师范大学出版社，2017年，第1011—1012页。

一节结尾时，有了新的开始。作者借着蒋玉菡与花袭人完满结合，完成画龙点睛的一笔。这属于世俗的一半，是会永远存在的。女娲炼石，固然情天难补，但人世间又何尝没有其破镜重圆之时。一悲一喜，有圆有缺，才是真正的人生。蒋玉菡与花袭人最后替贾宝玉完成俗缘俗愿，对全书产生重大的平衡作用。[①]

这不能不说是小说家兼学者白先勇的高明洞见。但是白先勇没有看出的是，凡是有带玉偏旁的字的人名，如贾瑞、贾琏之类，也都是隐喻呢！他更没有看出的是，中国人写自己国家的“国”字，有两个写法，即“國”与“国”，被今人当成通用规范汉字的“国”其实是古代就有的俗字。为什么写到“国”字就必须要写出“玉”字，这样的深层问题根本没有人深度追问。还有一个更深层的专业性问题，直到当今才有了解答的眉目：“國”字从“戈”。戈为华夏文明独有的兵器，《越绝书》说黄帝之时以玉为兵。以往都以为这是痴人说梦，可是中国考古新发现表明，最早的戈不是铜戈，而恰恰是玉戈。既然金属武器戈最初为玉戈，那它是怎样被甲骨文时代的华夏造字者写进“國”字的呢？是什么样的潜在文化基因暗中支配着甲骨文的编码取象规则，也暗中支配着曹雪芹的小说人物命名编码构思呢？曹雪芹为什么要从女娲炼五色石的神话化起笔，去构思他的《石头记》？五色石是什么石头？《石头记》的男女主人公都以“玉”为名，并为隐喻，这又为什么？解答这一系列深层次问题的线索，就隐藏在中国第一部汉语字典《说文解字》中。不熟悉许慎《说文解字》将华夏核心价值编码到字典最前面的六个部首的详情，没有读过第六个部首即“玉”部之下的124个汉字，并加以认真反思，是无法洞悉这方面的文化文本奥义的。

文学人类学派认为：读懂《红楼梦》的研究性前提，是读懂华夏文明的文化文本之发生。

具体而言，需要先读懂《山海经·大荒经》在华夏神话宇宙观中的文化编码意义，以及《说文解字》第六个部首“玉”下124个汉字的意义。许慎记录的这124个玉部字，在殷商甲骨文中有多少个？在商周金文中又有多少个？为什么最早的汉字书写形式甲骨文、金文中就有大量和玉石、玉器相关的字？能够决定书写小传统的文化基因无疑来自史前文化的大传统。玉文化在我国有一万年的传承历史，它必然会给对三千多年的华夏小传统的再认识提供当代新知识条件。这方面的不懈探索，有文学人类学派新近完成的系列国家项目成果“玉成中国三部曲”：

① 白先勇：《白先勇细说红楼梦》，广西师范大学出版社，2017年，第1017页。

《中华文明探源的神话学研究》，社会科学文献出版社，2015 年。

《玉石神话信仰与华夏精神》，复旦大学出版社，2019 年。

《玄玉时代：五千年中国的新求证》《盘古之斧：玉斧钺的故事九千年》，上海人民出版社，2020—2021 年。

这些著述聚焦史前玉文化的发生发展，不理解其背景者还会以为这些学者好高骛远或研究玉器收藏去了。其实，一切都是为了重建能使我们真正读懂《红楼梦》的文化语境——重建出文化文本衍生的完整脉络，关键是要弄清其核心符号物的前世今生。试问："唐圭璋""琼瑶"这类非常典型地体现着中国性的人名符号，如果音译为英文，还能够保留下来多少文化文本的意义呢？

同样的文化认知问题和跨文化解释问题，也适用于说明当代小说家霍达的《穆斯林的葬礼》和冯玉雷的《禹王书》《野马，尘埃》等。

案例三：《亚鲁王》是文学或史诗吗？——第三重证据的独角戏，又如何？

从四重证据的视角看，《亚鲁王》与传世汉语文献、出土的汉字文献都不沾边，和出土文物也没有什么关联，也就是说，四重证据中的第一、第二、第四重证据，在研究苗族口传作品《亚鲁王》时都不存在。我们面对的只有一个依然活在贵州边远山区的民间传承中的文化传统之活态标本，这仅仅是第三重证据的内容。

21 世纪在贵州麻山地区新发现的苗族葬礼仪式表演唱词，翻译成现代汉语后，被今天学院派知识人认定为文学性的民间作品——史诗。文学人类学派则认为：《亚鲁王》代表着一种非常生动具体的、活态传承的文化文本。因为它不只是语言讲唱的"作品"，还有仪式、道具，特别是有驱动死后升天信仰的神话想象与神话观念，这才是我们要找寻的文化文本编码的关键要素。[①]

每一个民族或族群特别是无文字社会，其特有的仪式活动与神话信念的综合体，将是构建其文化文本的最基本素材。在这里，硬要将文学人类学研究与文化人类学研究做严格区分，当然不会有什么重要意义。如果能够从文学人类学研究者中诞生一两个知名的人类学家，那将是这一学术群体的荣耀，

① 乐黛云：《漫谈苗族史诗〈亚鲁王传〉》，北京师范大学中国文化国际传播研究院专题资料汇编，《中国文化的多样性——"第三极文化"论丛》，北京师范大学出版社，2017 年，第 54－56 页；叶舒宪：《〈亚鲁王·砍马经〉与马祭仪式的比较神话学研究》，《民族艺术》，2013 年第 2 期，第 22－27 页。

而不会对语言文学专业造成什么损失，正像物理学博士马林诺夫斯基成为人类学功能学派的宗师以后不必向物理学专业致歉一样。对于习惯跨学科思维的人来说，学科边界的认定并不重要，问题意识和解决问题的学术能力才是重要的。

结论：什么是“文化文本”？

借用文本理论创始人克里斯蒂娃的一对区分性的术语来说明什么是“文化文本”：文化文本属于我们以前不知道其存在的东西，即一种非现象存在的“生成文本”；而我们常见的文字文本（文学作品）是具体可观的“现象文本”。如果说现象文本是具象的产品，那么生成文本才代表生产力。在此，我们就修正了克里斯蒂娃的一个说法，即“文化文本代表文化的生产力”。

大家在现实中能够直接感触到的只有现象文本，没有生成文本，后者是理论家经过理论思维抽象出来的，如同潜在的语法规则一样。文化文本对该文化中的每一个成员的文化意义编码行为都具有支配作用，潜含在现象背后并且对现象世界具有支配作用的，相当于我们所说的规则或法则的东西，若为通俗易懂，则可称之为“潜规则”。文化文本就其整体性而言不是实体的存在，但构成文化文本的具体符码却都是实体的存在，它包括语言、文字的符码和非语言、非文字的符码。对于前一种符码，当代的文本理论已经谈论了许多；对于后一种符码，只有个别文本理论家（如洛特曼）关注其存在，而艺术史家和人类学家、博物学家则对这一方面青睐有加。但目前最欠缺的还是理论的建构。法庭审判最倚重的决定性证据不是人证，而是物证，所谓“捉贼要赃”，依此理，文学人类学派在提出四重证据法之后15年，再提出一个“物证优先”的求证策略[①]。

最后，还要用一个比喻来说明：文化文本究竟存不存在？人类的语言活动属于每一个会说话的人，话语通过声音表达出来，听话者也通过声音来捕捉被说出的话。这都是实实在在的。但是，语法或语言能力是该语言群体的一种社会规则，起先说话的个人并不知道语法的存在，是从事专业研究的语言学家在分析研究了大量的语言现象之后，经过理论抽象而提炼、概括出了语法。

同样道理，文化文本不是实然的存在，而是社会中潜隐的意义规则，它

① 叶舒宪：《物证优先：四重证据法与“玉成中国三部曲”》，《国际比较文学》，2020年第3期，第415—437页。

最初是不可经验的、无法感知的，只有通过理论思维才能发现和呈现出它来。换言之，当我们谈论文化文本时，首要的一个前提是我们要具备足够的理论抽象能力。没有这种在理论抽象中思考对象的能力，文化文本就会变成子虚乌有的“亡是公”——说了也白说。

作者简介：

叶舒宪，上海交通大学文科资深教授，中国社会科学院文学所研究员。

试论文艺遗产形态学*

彭兆荣 崔 旭

摘 要：遗产事业在全球的发展，一方面生成了新的表述话语；另一方面扩展了诸多新学科整合交叉的可能性。当传统的文化、艺术与遗产相聚合，以全新的形态联袂出演，或可催生出一个新的分支——文艺遗产形态学。

关键词：文化 艺术 遗产 人类学 文艺遗产形态学

文艺遗产形态学

欲说清“文化”“艺术”，难。如果有人说他能够将它们讲述清楚，划清界限，请千万不要相信。讲述者可以说得有新意，可以说得有启发；可以侃侃而谈，可以眉飞色舞；可以引经据典，可以言之凿凿……但他只能从一个角度、一个侧面、一个领域、一个学科、一个例证来讲，不足以囊括“文化”和“艺术”。何以如此？原因在于：“文化”“艺术”的边界是宽广的、活动的，当你针对某一领域发声时，其他领域已被遮蔽；当你试图圈定一个学科边界范围时，其他学科就被忽略；当你想要对当下的情势做判断时，时间和语境已经变化。这或许正是其奥妙与魅力，而当我们将“遗产”的概念融入，就有可能使“文化”“艺术”获得一个相对稳定的表述阈限。

“文化”，一个很难形成共识的定义和概念。文化人类学是专门研究文化的学科，即便如此，人类学家对其亦感到头痛。1871 年英国著名人类学家爱德华·伯内特·泰勒爵士曾给文化下过一个著名定义：“文化是包括知识、信仰、艺术、法律、道德、风俗以及作为一个社会成员所获得的能力与习惯的复杂整体。”这个定义几乎将整个社会内容全都包括进去。后来，随着人类学的发展，“文化”定义

* 本文系国家社会科学基金重点项目“中国特色艺术学体系研究”（17AA001）阶段性成果。

的数量更是直线上升；据美国人类学家克罗伯和克拉克洪统计，从1871年到1951年，关于“文化”的定义已有164种之多。迄今在人类学界到底有多少“文化”概念，实无法统计，或连大数据也爱莫能助。所以，人类学家干脆放弃对“文化”在定义上寻求公认定性的努力，而将其作为一个更加开放的表述、阐释、分析和交流平台，人类学也不断在这一平台上加入越来越多的内容。①

人们难以在文化概论和定义上取得共识，却并不妨碍人类学家热衷于对文化内涵和外延做与时俱进的“发明”和“创造”。原因是，文化人类学必须从文化出发；只是，越到当下，文化越成为一种反思性工具，这也给了文化人类学更大的反思、阐释和应用空间。《文化的解释》就是人类学家格尔兹阐释人类学的经典之作，开启了人类学家作为阐释者、作者、个体的多种身份。② 人类学家不仅从各种不同的角度“发明”了许多“文化”新概念、新定义，同时，也对文化进行了大量的应用性研究，并在历史上获得许多成就。而文化与艺术仿佛是一对孪生子，无论是表象还是内在都难以泾渭，人们干脆以“文艺”囊括之。

艺术在概念与定义上与文化有相似之处。可以这么说，在社会的诸多领域中，少数几个可肆无忌惮使用的词语中就有“艺术”。在官方的科制范畴，艺术有八大类——文学、绘画、音乐、舞蹈、雕塑、戏剧、建筑、电影；其实，那只是便于操作而已。有些学科可冠以“艺术”之名，如建筑艺术、园林艺术、环境艺术、大地艺术；有些领域可以用“艺术”界定，如造型艺术、行为艺术、设计艺术、规划艺术；有些技艺可以“艺术”连缀，如烹饪艺术、养生艺术、美食艺术、茶道艺术；有些生活情趣可以“艺术”套用，如美化艺术、花鸟艺术、宠物艺术、盆景艺术；有些时尚可以“艺术”形容，如形体艺术、时尚艺术、化装艺术、文身艺术；甚至一些颓废低俗之流也可冒“艺术”之名，如按摩艺术、色情艺术、搞怪艺术、胡扯艺术……

然而，无论文化、艺术的边界如何捉摸不定，却有一个公认的特征——形态。“形态”也是一个在各处都被不断使用的概念，比如在人类学领域里就有一个“文化形态（学）”的概念，意在强调文化的特殊性，亦指特定民族的文化特殊性。③ 而笔者所强调的“形态”特指在当今世界遗产事业的特殊语境中由“遗产”之名赋予文化、艺术的特殊的形态价值。众所周知，今日之遗

① 参见杰里·D. 穆尔：《人类学家的文化见解》，欧阳敏、邹乔、王晶晶译，商务印书馆，2009年。

② 克利福德·格尔兹：《文化的解释》，纳日碧力戈等译，上海人民出版社，1999年。

③ 陈国强主编：《文化人类学词典》，浙江人民出版社，1990年，第80页。

产事业蒸蒸日上，从联合国到乡村社区，这为我们提供了一个新的表述话语的机会，而事实上，传统意义上的文艺的许多形态与文化遗产的形态是一个绕不开的话题：它们既是单独的、传统旧式的，又是交叉重叠的、更新拓展的。因此，将文化遗产与文艺相结合，无疑是新的表述形态。① 这也解释了笔者为何要建构“文艺遗产形态学”这一概念。

文艺遗产形态学包含四个重要价值与特点。第一，这是一个新的话语表述体系。具体而言，无论文化、艺术，还是遗产，皆原本有之，但笔者并不认为文艺遗产形态学只是简单的“旧壶装新酒”，而是注入了新内容、新形态。今日世界之遗产事业无疑是新事业、新事务，新表述、新表象，新学问、新学科。这是一个创新的时代，各种新兴学科如雨后春笋层出不穷。第二，文艺遗产形态学为我们提供两个维度：一方面，以今日之视野投向过去，这是文化遗产的属性决定的，即遗产的历史面向；另一方面，以中国之视野投向世界，这是世界遗产事业决定的。第三，以联合国教科文组织对“遗产”的规定、认定来看，我们需要有一种全新的学科整合以配合遗产事业——无论今日联合国之遗产事业是对世界遗产的保护战略，还是遗产分类、申报、认定、授予等操作层面，都必须同时具备开放性世界眼光和应用性工具功能。第四，就学科和研究层面看，文艺遗产形态学是一个三合一的结构：既包括传统与文化、艺术和遗产相关的学科界定、学理逻辑、学术范畴，也包含着这一新兴的交叉性分支因整合而生成的许多新价值、新观念和问题意识，并有可能推衍出一个新的学科。

人文科学之文艺形态

如果文艺遗产形态学可以成立，那么，首先必须确认这一新分支的学科背景归属问题。文化、艺术在传统学科背景上归属于人文科学，英国艺术史家 E. H. 贡布里希（E. H. Gombrich）曾经这样说过：对于艺术的“所谓‘研究’（research），其实就是‘寻求’（search）：我们是在对某个问题寻求答案。我们对任何一件物品或任何一种风俗惯例都可以提出无数问题”②。他提出“艺术与人文科学交汇”的主张③，这一主张基本没有反对意见。如是，则“文艺遗产形态学”在大学科上应归属于人文科学。

---

① 参见王福州：《非遗文化形态学》，中国文联出版社，2019 年。

② 范景中编选：《艺术与人文科学——贡布里希文选》，浙江摄影出版社，1988 年，中文译本导言，第 1 页。

③ 范景中编选：《艺术与人文科学——贡布里希文选》，浙江摄影出版社，1988 年，第 1 页。

人文学科随“人”的诞生而来。“人文学科（the Humanities）的存在一如人行走在这个星球上一样久远。”什么是人文学科？这个问题今天已经不能够再用一个简单的定义来回答。人文学科从人文主义（Humanism）一词而来，该词一度表示“对伟大的艺术家和哲学家作品的研究”[①]。现在的人文学科与西方的历史背景有关。在中世纪，“人文学科”这一术语被用来区别研究人的学科与研究神的学科。数学、艺术以及哲学都属于人文学科，它们都与人有关。[②] 艺术与人文学科中的其他诸学科有所不同，主要原因在于其表现方式：“在接触人文学科的诸多方式中，我们之所以选择艺术方式，是因为在我们要阐释的过程中，艺术能表明或揭示价值所在。”[③] 换言之，艺术之所以独特，某种意义上说，是因为它以一种特殊的表现方式呈现人类价值。

人文主义的核心价值是“以人为本”。考之谱系，“人文主义”交织了人类（human）、人道（humane）、人道主义（humanism）、人道主义者（humanist）、人本主义（humanitarianism）、人权（human right）等不同语义和内涵，其词根来自拉丁文“*humanus*”，核心价值即“人本”。自古希腊到文艺复兴，到启蒙运动，继而是全球化，“以人为本”演变为一种普遍价值。古希腊诡辩派哲学家卜洛泰哥拉氏（Protagoras，480 B. C. —410 B. C.）名言“人为万事的尺度”，可为古典人文主义注疏。今天人们所使用的“人文主义”一词成形于文艺复兴，在历史的延续中彰显西方社会个人的主体价值，其最好的宣言“人是宇宙之精华，万物之灵长”。“以人为本”在不同的语境中累叠交错着，其复合语义形成了“人文学科”（*studia humannitatis*）。根据对“人文主义”的知识考古，西方的人文主义大抵包含以下内容：（1）以人类经验为核心和主体；（2）借此形成知识体制；（3）物质世界与人类认知化为利益纽带；（4）凸显人的尊严；（5）形塑解决实际问题的智慧和能力；（6）人类的认知处在变化中，并保持与真实性的互证；（7）人类个体是践行社会道德的主体；（8）具有反思能力和乐观态度；（9）历史上的“英雄”在不同代中均有教化作用；（10）人的思想解放和自由表达具有人权方面的重要意义；等等。[④]

与西方相比，中国传统的“人文”一词含义迥异：中国的“人文”并非

---

① 理查德·加纳罗、特尔玛·阿特休勒：《艺术让人成为人》，舒予等译，北京大学出版社，2013 年，第 3 页。

② 大卫·马丁、李·A. 雅各布斯：《艺术中的人文精神》，缑斌等译，中国人民大学出版社，2015 年，第 3 页。

③ 大卫·马丁、李·A. 雅各布斯：《艺术中的人文精神》，缑斌等译，中国人民大学出版社，2015 年，第 5 页。

④ 参见彭兆荣：《中国艺术遗产论纲》，北京大学出版社，2017 年，第 5 页。

人本主义，而是“天、地、人”三才的中和，具体而言，是相对“天文”“地文”而言的“人文”；特别是“天文”，人们在对“天文”的观察、理解和诠释中呈现“人文”精神。因此，“人文”与“天文”在意象上一致。于是“天象”成了人们观察比附人类社会的参照，反之亦然。《周易·贲》曰：“观乎天文，以察时变。观乎人文，以化成天下。”这是最具“道”理的中国知识形制。依据这样的逻辑，天文、地文、水文诸自然之象无不在人文之中集结交错。“天地之心”（《周易·复》）讲的正是这个道理。在中国，“天”的观念代表着自然整体；“天在商人宗教信仰中并不等于最高神”①，而是与地形成关系（天—地、上—下），“顺天”即顺应自然。中国的人文学的特别之处在于从来没有脱离“天、地、人”的整体而形成独立的“以人为本”格局，这是中西方人文价值中最根本的差别。

汉字“文”的本义与纹饰有涉，甲骨文作“文”，象形，指人胸前有刺画的花纹，与古人的文身有关；《说文解字》释“文，错画也，象交文”。② 可知“文”指身体修饰，由交错文象引申而来，在形态上更接近人呈现的艺术。这是“人文化”的一种解释——“人文”与“文化”可视作孪生子。从这个意义上说，文化艺术与人类学的关联似乎更为完整。文艺正是人类的生物性与社会性交错表现的一种方式。因此，在文艺遗产形态学中应首先突出人与自然的关系，继而才是人与人的关系，即“自然—文化”之形态。

文艺遗产形态学之诸形态

既然文艺遗产形态学专门研究形态，那么，接下来需要了解和确定何谓“形态”，以及形态的主要表现方面。如果说文艺的内在机理体现于人文学科学，那么其形态则侧重其外在的呈现形式。“形”之本义表示以色彩染着，使之显现。《说文解字》释“形，象形也”。“形，描画，使其象物之形。”《广雅》“形，见也”，即亦“现”也。人类所认识的事物，初为有形者，是为人们认知之源始。《楚辞·天问》：“上下未形，何由考之?”也就是说，人类认识自然万物初始于“形”。然“形”非唯外形、有形之显现，还包括无形者。有形者，显也；无形者，隐也，常指那些寓于形象之中的道理。今天，我们也把非物质文化遗产称作无形文化遗产（intangible cultural heritage），除了强调这些遗产的外在形态外，还指寓于其中的价值、观念等无形内涵。所以，

① 许倬云：《西周史》，生活·读书·新知三联书店，2012年，第115页。

② 许慎：《说文解字》，中华书局，1963年，第185页。

文艺遗产形态学是一种多形态、多形制的学问。

那么，其形态形制主要包括哪些方面？

其一，地方形态。“中国”是一个具有历史性的空间概念，从政治地理学的传统来看，“一点四方”——“中”为一点，“四方”为东西南北，合称为“五方”，也就是“地方”，该概念早在《尚书·禹贡》中就已确立。所以，“地方”是呈现认知－表述－知识的“落地之所”。我国文化遗产中的绝大多数都包含了地方知识与民间智慧。同时，“地方”对应“天圆”。一方面，地方形态强调文艺遗产为“落地”产物；另一方面，地方性指由特定的历史条件形成的文化与亚文化群体的价值观，以及由特定的利益关系决定的立场和视域，并由此形成所谓的地方感，——包含个人或群体（本土的或借居的）及其居住区域（包括他们的住房）之间的感情纽带。

其二，民族形态。不同的地方生活着不同民族或族群。我国的文艺遗产形态学深刻地反映了中华民族多元一体的特点，从某种意义上说，那些生动的、特色鲜明的文艺和文化遗产中的大多数都具有民族、族群的特点。费孝通先生在《中华民族的多元一体格局》中说：“中华民族作为一个自觉的民族实体，是近百年来中国和西方列强对抗中出现的。但作为一个自在的民族实体则是几千年的历史过程所形成的。”[①] 每个民族都有自己的文化遗产，它们都具有独特的呈现方式和表述形态。对于一个多民族国家而言，言说文艺遗产形态之鲜活者，必少不了各民族的表现形态。比如汉族没有史诗，但少数民族有——我国三大民族性史诗《格萨尔》《玛纳斯》《江格尔》；比如汉族没有音乐中的“和声”（复调音乐），但侗族有；等等。

其三，农耕形态。文艺遗产形态学必然以特定的文明形态为背景。中华文明是传统农耕文明，基本形态脱离不了“农”，甚至汉字“藝”也从“農”来，或者说艺的本源为农。《孟子·滕文公上》述：“后稷教民稼穑，树艺五谷，五谷熟而民人育。”其中“树艺五谷”指农业先祖教其子民种植庄稼的技能和本领。就形态而言，“农－艺－技”相辅相成，“艺”也代表了农业技术，“艺”即为“技”。白川静释“艺”为会意字，“藝”之原字为“埶”，古字最初绘双手捧持苗木状，表示栽植苗木或加入“土”；后引申指技巧、技艺。[②] 更具体地说，“藝”的基本意思就是“种植技艺”。《说文解字》：“埶，种也。从坴、丮，持亟种之。”由是可知，中华民族的农耕文明形态自然嵌入文艺遗

① 费孝通主编：《中华民族的多元一体格局》（修订本），中央民族大学出版社，1999年，第3页。

② 参见白川静：《常用字解》，苏冰译，九州出版社，2010年，第107页。

产形态学之中。①

其四，审美形态。我国的文艺遗产形态学若得以建构，那么，它必须包含中华民族在审美形态上的特殊性。如果说西方审美遵循的是"美/用"分隔的二元对峙律的话，那么中国的传统工艺美学则是"美用""形神"一体，"有用即美"表现出了中国的审美原则。"美"为"大羊"，且与"养""祥"同源。《说文解字》释"羊，祥也"，为"祥"，亦为"福也，从示，羊声，一曰善"。在中国古代人心目中，"羊"不啻为"吉祥福善"的语源。"吉祥"原有"吉羊"语义，"大美"附于"大羊"。有关中国审美之"美用"一体形态，在中国的各大博物馆的礼器展区最能体现，其中主要的展品为饮食器、兵器和乐器。这种中式美用一体审美形态在西方的博物馆中是没有的。

其五，"百工"形态。我国自古就有生业（行业）的分工形制，古代"百工"不啻为范。《考工记》曾有这样的表述："天有时，地有气，村有美，工有巧，合此四者，然后可以良。"而在此四者中，三者为自然，唯工巧勉强为"人工"。② 在西方，从人类先祖手工劳作开始直至中世纪，所有的物品、所有的制造过程都具有纯手工的特点。③ "手工艺"（handicraft）在古希腊语中有技术、艺术、手艺、技艺等含义。于是，科学与艺术区分开来。艺术与手工艺也区分开来：艺术是自由自主的，手工艺是不自由的；艺术是创作，是一种天才行为，手工艺是模仿，是机械行为。由此，艺术被称为"自由的艺术"，手工艺被称为"雇佣的艺术"。④ 所以"艺术"这一概念被区隔为美术（fine arts）——无实用艺术，以与实用艺术（useful arts）相区别。雷蒙德·威廉姆斯在《关键词》的"艺术"条目中将"有用的"与"审美的"区隔开来，前者主要指"工艺"，后者则指"艺术"。⑤ 由此我们可以看出：第一，手工艺在西方"脑/体""自由技艺/雇佣技艺""美/用"等二元区隔中一步步从神殿被拉下，直至今天处于濒危状态（详见表1）；第二，手工艺处于劣势地位的根本原因不在其自身，而在社会分工。

---

① 参见彭兆荣：《农者，艺也》，《民族艺术》，2019年第2期。

② 王福州：《非遗文化形态学》，中国文联出版社，2019年，第96页。

③ 爱德华·露西-史密斯：《世界工艺史——手工艺人在社会中的作用》，朱淳译，中国美术学院出版社，2006年，第1页。

④ 彭兆荣主编：《文化遗产关键词（第一辑）》，贵州人民出版社，2013年，第93页。

⑤ R. Williams, *Keywords: A Vocabulary of Culture and Society*. New York: Oxford University Press. 1985. p. 42.

表 1 手工艺和艺术的二元区隔

体力劳动，强调其可复制性和大众性	手工艺	艺术	脑力劳动，强调其创新性和独特性
雇佣的，强调其身体的规训性和强制性			自由的，强调其身体的灵活性和自由性
有用的，强调产品的实用性和经济性			美的，强调产品的审美性和情趣性
卑贱的，从业者是底层人民			高雅的，从业者是闲人雅士

人类学与文艺遗产形态

人类学与遗产的关系是天然的。人类学研究首先要确立“自然/文化”(nature/culture) 的定位，表现为二元互动的关系结构。人类 (mankind) 被认定为生物的一种，首先强调人类的“生物性” (animalism)。人类学家利奇把人的生物性需求视为人类突显社会结构关系的基本行为——生物本能，即“人类自然属性的一部分”①。如果自然属性表明人的生物性形态的话，那么，文化则凸显人的社会性形态。二者的关系是：人类只有在首先满足了生物性的基本需求之后，才有可能顾及文化即社会需求。这是人类学功能学派的基本原理。

今天，人类越来越清晰地意识到保护生物多样性、文化多样性正是保护人类自身，因为人类只是生物中的一类——人类作为物种之一与其他物种形成了一个关系的链条，构成完整意义上的生命共同体、命运共同体。人与自然已然构成一种自在、自觉的认知价值的完整体系，其中要素之一就是人类与其他生物的共生关系。所以，保护自然、文化的多样形态不仅表现为遵守自然界生物间的关系秩序，也表现为人类社会可持续发展的自主认知和自我行动。对于人类自身的事务，人类学自然无法袖手旁观；重要的是，人类学对遗产的研究几乎是天然的、与生俱来的。

从最宽泛的角度看，遗产的基本分类为文化与自然。联合国在 1972 年签署的第一个遗产公约就是《保护世界文化和自然遗产公约》 (Convention Concerning the Protection of the World Cultural and Natural Heritage)，这是基于人类的自然、社会两个基本属性而确定的。后续的更细化的分类、规程都没有脱离这两个大类，“非物质文化遗产”仍然属于大的文化遗产范畴。相

① E. R. Leach, *Custom, Law and Terrorist Violence*. Edinburgh: Edinburgh University Press 1977. pp. 19—20.

对应的，人们对这个世界的理解同样以“文化－自然”这个二元框架为据，也就是说，人类所面对的事象及其价值无一不可囊括其中。

这些包含自然与文化的遗产都是世界各地各民族人民的经验结果，今天其保护却成了一个旧而弥新的事件。从这个意义上说，遗产保护即在以“新”言说“旧”事。遗产是传承的结果，没有历史的传承就没有遗产，也就是说，不同的文化遗产乃不同的传承形态的结果，传承形态决定着特定社会的传统原则。不同传承形态各具特色。中国是家族社会，继嗣原则中就包含着传承方式，具体地说，就是上一辈遗留下的财产由谁来接受，以什么方式接受，接受者要承担什么样的责任和义务，等等。如果有人问，中国的遗产传承形态是什么？我认为是“传家宝”式的。中国的传统社会是宗法式的，即以宗族为纲、为线，早在殷商时期的青铜器上就有这样的铭文：“子子孙孙永保用”。

如果说宗族是我国传统社会结构中的框架的话，那么，家就是最基层、最具体的落实单位。“传家宝”式的传承很直白：按照家庭辈分排行，按谱系规则来传承。“宝”在古代非常讲究。“宝”字属于“贝”族，“宝”“贝”通常连在一起用。甲骨文即（宀，房屋）加上（贝，珠贝）。《说文解字》：“宝，珍也。从宀从王从贝，缶声。寚，古文宝省贝。”白川静认为，“宝”中的“宀”为祭祀祖先之灵的庙宇房顶之形。庙中贡献玉、贝（子安贝，属于财宝）、缶（陶制酒具、容器），谓“寶”，意味着贡献之物均为宝物。[①]“传家宝”作为遗产，首先被认定为财产，其次必须在家的世系中传承，最后需要向上（祖先）和向下（子孙）负责。

值得一说的是，今天的博物馆在形制形态上并不是中式的。如上所述，中国的继嗣是以家为背景按父系线索延续的。我们今天所见博物馆形态与西方的文艺遗产有关，其原型是古希腊女神缪斯的祭祀仪式。“博物馆”（Museum）源自古希腊的缪斯（Muses）——专门掌管诗歌、艺术和科学的女神，“音乐”（Music）也与之同源。从神话谱系看，缪斯原是一位歌唱女神，后来成为诗歌、艺术和科学的总管。“Museum”原指缪斯庙，即专门祭祀缪斯的庙宇，也是收藏女神掌管的艺术品的场所，是现代博物馆、美术馆的先驱。近代的博物馆在形制上有了许多新特质，比如在西方还包含殖民主义的意味。

中国的“博物学”与西方学科划分不同，特别是没有现代博物馆的体制。中国的博物学有一套自己的规范和学理，包括概念、分类、文体、知识融合而成的“博物体系”，笔者称之为“博物体”，包括体识、体类、体用、体例。

① 白川静：《常用字解》，苏冰译，九州出版社，2010年，第400页。

从现存的材料看，殷商时代的甲骨文、金文就蕴含这一特殊的“博物本”雏形，其内容涉及当时的天文、历法、气象、地理、方国、世系、家族、人物、职官、征伐、刑狱、农业、畜牧、畋猎、交通、宗教、祭祀、疾病、生育、灾祸等。秦汉以后，逐渐形成了正统的经、史、子、集知识分类，使“博物”从属于正统的分类体系，或者成为正统分类的补充。我国最有名的“博物体”文献当数张华的《博物志》。在我国的文艺遗产形态学中，“博物体”形态是一个值得创新的领域。

总体上说，在人类学家眼里，文艺是以“人”为边界建立起来的。人类学研究者通常认定文艺为全人类所共有，亦致力为艺术的跨文化认同而努力，他们或是寻觅其共同的形式、形态，比如绘画、雕刻、舞蹈等，或是探索各个文化体系中的美学元素。尽管所有人都对审美乐此不疲，不过其视觉、听觉、触觉、嗅觉，以及其他各种感觉偏好都会依据时间与地点的改变而变化。人类学者已经着手从不同的面向检视艺术的内涵，要么从心理学、精神分析或情感力量的角度深入探索，要么将其视为一种像语言与信息系统那样的符号交流媒介，又或是从人际关系中审视其背后的社会导向。①

概言之，人类学原本与遗产研究为同畴术业。因此，人类学对文艺遗产形态学具有以下几个方面的作用：（1）人类学擅长对原始艺术的研究，所以对文艺遗产形态学所进行的“知识考古”非常重要，这也是遗产学在研究取向上所必须具备的历史性、关联性知识；（2）人类学擅长对不同民族、族群的研究，而世界上绝大多数国家都是由不同民族和族群构成的，中华民族多元一体无疑是我们透视任何对象都不可缺乏的视角，所以，文艺遗产形态学对不同民族、族群的文艺样态研究非常重要；（3）人类学擅长对特定的地方，特别是小社区、边远地区文化的研究，对于“地方性知识”有着与其他学科不一样的见解与建树，所以，基于地缘性的不同形态无疑构成了文艺遗产形态学必不可少的重要来源；（4）人类学擅长田野作业，在搜集不同形式、形态的资料方面有优势，而且可以将文艺研究相关材料有形化、博物馆化，相关研究现已经非常成熟，此不赘。

作者简介：

彭兆荣，厦门大学人类学系教授，博士生导师，主要从事文化人类学、文学人类学研究。

崔旭，厦门大学艺术学院音乐系助理教授，厦门大学社会与人类学院博士研究生。

① 参见 Nelson Graburn：《艺术》，郑向春译，彭兆荣主编，《文化遗产关键词第三辑》，贵州人民出版社，2017 年。

纳博科夫《防守》中的国际象棋叙事*

袁　娜　何云波

摘　要：纳博科夫一生痴迷于国际象棋，并在小说创作中大量采用了国际象棋元素。在其早期长篇小说《防守》中，纳博科夫创造性地融合了国际象棋及小说叙事，体现在四个方面：以棋子“王”为原型塑造主要人物卢仁，以逆向排局为模型建构叙事进程，以国际象棋意象建造小说场景，以“王”的命运建立读者的阅读期待。《防守》中的国际象棋叙事成为纳博科夫小说游戏叙事的里程碑。

关键词：《防守》　国际象棋　叙事　隐喻　模型

在长达半个世纪的创作生涯中，纳博科夫对在作品中加入游戏元素的兴趣始终如一。他的每部小说都可被视为某种游戏，具备自身的秘密规则。① 尽管纳博科夫的写作主题和风格不断演变，对游戏的叙事也历时发展，但在作品中加入国际象棋元素却是他一以贯之的作法。纳博科夫一生痴迷于国际象棋，曾“抱怨”国际象棋在他“最奔放最多产的岁月中”“吞噬了我那么多的本可以用在激动人心的文字活动上的时间”②。他把国际象棋融入自己的创作，从早期的俄语小说《王、后、杰克》《塞巴斯蒂安·奈特的真实生活》，到后期的英语小说《洛丽塔》《微暗的火》《爱达与爱欲》等，国际象棋元素始终不停地在小说中闪现。他甚至将自制的国际象棋排局与诗歌编集成册，命名为《诗歌与排局》（*Poems and Problems*）。纳博科夫在国际象棋排局领域也确实小有成就，有评论认为他身为文学

* 本文为中国博士后科学基金第 68 批面上资助“棋与 20 世纪中西小说叙事研究”（2020M682580）、湖南省教育厅优秀青年项目“国际象棋与 20 世纪美国小说叙事研究”（19B548）阶段性成果。

① Thomas Karshan, *Nabokov and Play*. Oxford: Oxford University, 2006, p. 1.

② 弗拉基米尔·纳博科夫：《说吧，记忆》，王家湘译，上海译文出版社，2013 年，第 345 页。

家在文学界的名声与作为排局作者在国际象棋领域内的名声不相上下。[①] 可以说，作品中有如此多国际象棋书写的作家，在文学史上很难找到第二个。

尽管纳博科夫的多数作品中都有国际象棋元素，但于1929年问世的小说《防守》（*The Defense*）才是他作品中国际象棋与小说叙事融合的集大成之作。与其他小说中国际象棋多作为配角的情况不同，《防守》在人物设定、空间含义、叙事进程、阅读期待上都紧密结合国际象棋。并且，有别于一般作家只将国际象棋视为文本素材的做法，纳博科夫更多地视国际象棋为一种创作方法，他从棋子的文化含义、排局制作和解局思路以及国际象棋形制层面剥离出一套方法，应用于小说的人物设定、进程建构、空间描写以及阅读期待的建立，从而使《防守》超越了一个描述国际象棋大师卢仁生涯的故事，而成为纳博科夫探索小说叙事的重要开局。

一、人物：作为隐喻的"王"

与一般小说人物模仿现实生活中的人不同，《防守》中的主要人物卢仁脱胎于国际象棋中的"王"，亦即他的身上呈现出与国际象棋棋子"王"相同的"特征符码"（trait-codes）：既强大又脆弱。在叙事理论家看来，尽管成功的人物形象不能简单地被视作一组特征的聚合，但在读者理解人物的过程中，特征符码无疑起到了提纲挈领的作用。[②] 因此，分析卢仁这一人物形象时，国际象棋的作用至关重要。

《防守》讲述了国际象棋大师卢仁的一生。卢仁是一个天才棋手，少年时期就在国际象棋界赢得举世瞩目，但因为长期的神经紧张，他精神崩溃，后在恢复期又受到刺激，最后跳楼自杀。卢仁的形象正是国际象棋中的"王"，这可以从小说的一些细节中得到印证。比如卢仁回忆起他的下棋之旅，在旅馆的卫生间，"他坐在宝座般的便器上"[③]；比如他回忆起自己小时候生病的经历，他喜欢扮演国王：

> 那不是他第一次生病，后来回想起这次生病的情形，他就不由自主地想起另外一些生病的情形。他的童年充满了生病的记忆，记忆尤为清晰的是他还很小的时候，总是独自一个人玩，把自己包在虎皮地毯里，

① C. P. Ravilious, "The Aesthetics of Chess and the Chess Problem", *British Journal of Aesthetics*, 1994 (34/3), pp. 285—290.

② 参见戴维·赫尔曼、詹姆斯·费伦等：《叙事理论：核心概念与批评性辨析》，谭君强等译，北京师范大学出版社，2016年，第128页。

③ 弗拉季米尔·纳博科夫：《防守》，逢珍译，上海译文出版社，2013年，第Ⅱ页。

孤苦伶仃地演国王——扮演国王是最美好的事情，因为他想象中的王袍保护他抗住了发烧时的阵阵寒冷。他们会又是摸他的头，又是量他的体温，然后要把他裹得严严实实放在床上。他则想尽可能拖延，让这个不可避免的时刻晚些到来。[①]

在普遍认知中，王代表着无上的权力，生杀予夺，无所不能，但在国际象棋中，这种普遍认知只呈现了王的一部分特征。王在国际象棋中是一个最独特的存在。一方面，它的价值无穷大，即使损失了所有其他棋子，只要王还在，棋局仍然可以继续进行。相反，如果王被将死，即使还有众多其他棋子，也只能输掉比赛。另一方面，王的战斗力却并不强，它虽可以向横、竖、斜任意一个方向移动，但每次只能移动一格；并且，其他棋子的力量会根据局势的变化增强或减弱，但王的力量波动却主要与棋局的进行阶段有关。国际象棋特级大师古菲尔德曾经将开局时的王比作婴儿，中局时的王就是小孩，而到了残局阶段，王就变成大人，要靠自己的力量征战沙场，保护自己。由此可见，在国际象棋中，王的作战价值是有区别的，随棋局推进的阶段而变化。

可以说，王既强大又脆弱，它是一个“力量与脆弱的独特结合”[②]。卢仁的强大源于他的棋艺。他极具天赋，十几岁开始在棋界崭露头角，二十岁已名满天下，早早位居世界级大师之列，所有的棋谱书籍都要收录他，世界上能和他一起争夺冠军称号的顶尖棋手屈指可数。因此，在国际象棋领域，他就是王，不再需要扮演国王。

在强大的棋王的背面，卢仁又是脆弱的。他的脆弱性首先体现在他的外形上：一身慵懒、病态的肥肉，个头相当矮，话语笨拙，神情忧郁，湿漉漉的前额上总是粘着一缕黑发，这完全不符合人们普遍认知中王者的威严气质。另外，他需要依赖别人才能生存。他只会下棋，与普通人的日常生活格格不入。幼年至少年时期，他受到家人无微不至的照顾；开始国际象棋职业生涯后，他视教练瓦伦提诺夫为父亲，尽管他对瓦伦提诺夫的感情就像“一个儿子对待一个轻浮、冷漠、油滑的父亲那样，对一个这样的父亲，谁都不会说爱他有多深”[③]。而当瓦伦提诺夫离开后，他的妻子承担了照顾他康复、管理他日常起居一切事情的任务。

然而，身体层面的脆弱占比很小，他的脆弱更多来自精神。卢仁成为顶

① 弗拉季米尔·纳博科夫：《防守》，逄珍译，上海译文出版社，2013年，第46页。

② J. C. Hallman, *The Chess Artist*. New York: Thomas Dunne Books, 2003, p. 243.

③ 弗拉季米尔·纳博科夫：《防守》，逄珍译，上海译文出版社，2013年，第68页。

尖棋手后，一时风头无两。但时隔不久，他感到自己的棋艺停滞了，他在与强大对手图拉提的对战中感到力不从心，苦思冥想对策以至精神崩溃。为了康复，他决意告别国际象棋，但事与愿违，他发现国际象棋对他的吸引无处不在，他想逃避，却无能为力，即使在梦中：

> 时间死了，万物安然无恙，一片天鹅绒般舒适的寂静。睡眠不知不觉间利用了这种幸福和解脱，然而这会儿睡着了，仍旧不得安宁，因为睡眠是由六十四个方格和一个巨大的棋盘组成的，他就站在棋盘中央，一丝不挂，浑身发抖，有一个小兵那么大，望着各子所处的大概位置。只见那些棋子或戴王冠，或长马鬃，一个个硕大无比。①

卢仁在梦中变成了小兵一般。兵在国际象棋中子力最弱，价值最小，象征着卢仁感到自己的力量无比渺小。而那些硕大无比的棋子，代表着卢仁生命棋局中的各种敌对力量。卢仁在棋艺上自然是强大的，在精神上、生活中却是非常脆弱的。可以说，王是力量与脆弱的独特结合这一特征正是理解卢仁这一人物形象的重要符码。

二、进程：一个逆向排局

从书名到内容，从人物到事件，《防守》是一部彻头彻尾的国际象棋小说。然而，除去人物、事件等显性的“象棋效应”，小说更是包含了隐性的“象棋效应”：进程。正如纳博科夫所言，小说的进程也能找到“象棋效应的连锁反应”。作为一个国际象棋排局作者，他将一个逆向排局作为小说叙事进程建构的模型，既赋予小说独特的美感，又牵引读者参与故事建构。

《防守》共有 14 章。第一章到第四章描写了孩童时期的卢仁，他的童年生活以及他与国际象棋结下的缘分。然而，在第四章的尾声，毫无征兆，卢仁猛然跨越了 16 年的时光，由十几岁的少年变成了邋遢的中年人，坐在德国一处旅游胜地的花园小桌边，指着一扇窗户说话。从“然而他还是接过了小桌那边递过来的草帽”，可以判断他是在与人说话，而不是自言自语；从他不停摆弄的、放在小桌上的半圆形黑丝面料手提包来判断，与他说话的人是个女人。然而，这个女人在第四章及接下来的一章中始终没有露面，也没有出声。这个幽灵一般的女人是谁呢？读者的好奇心就被调动起来了。

接下来，小说第五章集中描写了卢仁的父亲老卢仁。从已故的老卢仁的

① 弗拉季米尔·纳博科夫：《防守》，逄珍译，上海译文出版社，2013 年，第 196 页。

回忆中，读者窥见了卢仁成长为国际象棋大师的一部分历程。而第六章伊始，卢仁仍坐在第四章末尾时的花园小桌旁，摆弄着桌上的手提包。就在此时，坐在他对面的那位一直没露面也没出声的女人终于开始显露面目，从此成为"小说布局的要紧部分"：她是卢仁的妻子，在之后的故事里，她一直陪伴着卢仁。正如纳博科夫所说：

> 于是在第四章快结束时，我在棋盘的一角走出了意想不到的一步，十六年的岁月用一段文字一笔带过，卢仁突然长成一个邋遢的中年人……这三个中心章节的整体部署使人想起——或者说应当使人想起——某种象棋难题，其要点不仅仅是通过这么多步将死对方，还要有一个被称为"逆向分析"的过程，其要求是根据当前态势图进行复盘研究，证明黑方刚走的这一步不可能是王车易位，或者肯定是吃了白方的过路兵。①

纳博科夫在这里提到的需要"逆向分析"（retrograde analysis）的棋题，是国际象棋的一种特殊排局。一般情况下，排局是从现有局面开始，要求在规定步数内完成将死王的任务。但逆向排局刚好相反，它的任务是复原棋子的走法，亦即从现有的局面着手，回溯分析棋子是经历了怎样的走法才形成了目前的局面。逆向排局的理念是"要知晓过去，人首先要知晓未来"，而每一个制作优良的逆向排局，在未找到解法之前，解局者都会觉得这排局是不可解的，或者看起来杂乱无章没有一种解法是可能的，然而最终，解局者会发现，在过去一定是发生了什么意想不到的事情，才能够解释目前的局面。②

仿佛棋局中出人意料的一着，纳博科夫用寥寥数语带过了16年的故事时间，是小说进程中意想不到的一步。卢仁本是一个生活在富足家庭中的内向、孤独的男孩，而第四章快结束时，他猛然变成了一个中年人，笨拙、邋遢、不合时宜。这些年来在他身上发生了什么？又是什么原因让他在16年后回到他当初来过的地方？和他说话的究竟是什么人？犹如棋局的复盘推演，小说的第五章和第六章的前半部分也就是这段故事的回溯。

纳博科夫曾写道："精致的情节展开模式，叫读者欲罢不能。"③ 对纳博科夫而言，"在文学创作中，艺术高于一切，语言、结构、文体等创作手段和表

---

① 弗拉季米尔·纳博科夫：《防守》，逄珍译，上海译文出版社，2013年，第Ⅲ－Ⅳ页。

② Bernd Graefrath, "To Know the Past One Must First Know the Future: Raymond Smullyan and the Mysteries of Retrograde Analysis", Benjamin Hale ed. *Philosophy Looks at Chess*. La Salle: Carus Publishing Company, 2008, p. 2.

③ 弗拉季米尔·纳博科夫：《防守》，逄珍译，上海译文出版社，2013年，第6页。

现方式，要比作品的思想性和故事性更重要”[①]。因此，他的小说往往情节曲折，出乎读者意料。可以说，同时身为排局作者和小说作者，纳博科夫在《防守》中用制作逆向排局的理念，为卢仁的生活构建了一种致命的模式，让小说的推进犹如棋子的布局。而读者在回溯推演、反复阅读的过程中，更深刻地体会到作者的苦心经营，从而获得特别的审美感受。

棋盘上出色的布局、出人意料的妙招，往往会留名青史。纳博科夫在《防守》的英文版序言中说道：“今天重读这部小说，重温其故事情节，我颇有点安德森回顾他那盘得意棋局的感觉。”[②] 他说的是阿道夫·安德森。在国际象棋领域，安德森号称“无冕之王”，1851 年的伦敦国际象棋比赛中，他执白棋，对阵莱昂内尔·基耶塞里茨基。在中局阶段，安德森一反常规，连弃双车，导致在残局阶段处于明显子力劣势，但他最终成功将杀黑王，留下难以超越的名局，号称“不朽之局”（The Immortal Game）。可见，时隔多年，纳博科夫对自己早期在《防守》中所做的叙事探索，仍旧相当满意。

三、场景：棋的模仿与主题功能

在修辞性叙事理论中，场景具有三种构成要素：综合、模仿和主题。在一个叙事文本中，根据进程与叙述目的的不同，场景的任一要素或所有要素都可能承担重要功能。场景可以是清晰空间的呈现，可以具备某种特定的主题功能，在《防守》中，国际象棋在两个维度上构建了小说的场景：在模仿维度上，具象化了小说的故事空间，让卢仁的生活具备真实性；在主题维度上，揭示了卢仁选择自杀的根本原因，是卢仁生命困局的象征。

场景的“首要功能在于以最佳方式为一个给定的故事设定时间、空间和人物，使故事得以发生且显得真实”[③]。卢仁是国际象棋天才，因此，在《防守》的多个独立场景中，都存在国际象棋效应。纳博科夫本就是一个在细节上极为严苛的作家，正如厄普代克在《文学讲稿》序言中指出，他在文学创作及研究中具备“精密科学”“显微镜检查”[④] 的态度。《防守》也不例外，小说场景中微乎其微之处，也可见作者用心之深。

---

① 弗拉基米尔·纳博科夫：《文学讲稿》，申慧辉等译，生活·读书·新知三联书店，1991 年，第 2 页。

② 弗拉季米尔·纳博科夫：《防守》，逢珍译，上海译文出版社，2013 年，第Ⅱ页。

③ 戴维·赫尔曼、詹姆斯·费伦等：《叙事理论：核心概念与批评性辨析》，谭君强等译，北京师范大学出版社，2016 年，第 85 页。

④ 弗拉基米尔·纳博科夫：《文学讲稿》，申慧辉等译，生活·读书·新知三联书店，1991 年，第 14 页。

卢仁生活的场景中，充满了国际象棋影子，他用“方格大手帕”，拎着“棋盘花格小箱子”，在疗养院遇到后来的妻子，进入房间后，身后的地板上落下“方方正正一大块月光”。他与岳父岳母一起进餐，“白桌布上还隐约闪现出规则的方块，还有类似的方块——巧克力色和奶油色相间的方块，不容置疑地出现在挂着糖霜的蛋糕上”。而他与妻子的公寓中，“客厅里刨光木制小摆设太多，你盯着看久了，它们就会变成非常明确的棋子形状”①。即使是外出比赛，在旅馆卫生间里蓝白相间的地面、地毯上按照马一步三彩格的样式排列的图案，甚至大理石地板上，他都可以辨认出一个完整而朦胧的棋局。这些细节都意味着，国际象棋是卢仁生活的全部。

正因国际象棋是卢仁生活的全部，当他在世界大赛中遭遇顶尖棋手，棋局失利后，他才会狠心钻研新招法，要发明一种令人称奇的防守体系，结果精神崩溃了。医生建议他不要再接触国际象棋，在布置新房的时候，他的未婚妻将公寓书房里原有的“一张镶嵌着珍珠母棋盘的东方式样的小桌子”清理了出去。可见，在《防守》一书中，以国际象棋为中心构造的场景，首先在模仿维度上为一个真实的“国际象棋大师”的形象服务，以精密科学式的细节，塑造了一个立体的、与常规的人和事物都格格不入的国际象棋天才大师的形象。

小说中，卢仁其实面临着两场棋局。一场是现实生活中的棋局，他的主要对手是顶尖棋手图拉提；另一场棋局却是非现实的，是他的生命棋局，他面对的是无形的、不可知的神秘力量。在现实棋局中，他需要钻研出防守策略来击败图拉提；在生命棋局中，他需要找到防守策略来击退那侵蚀他生命的神秘力量。因此，小说中的一些场景是象征性的，具备主题功能——揭示卢仁生命棋局的困境。纳博科夫在小说序言中特别提醒读者注意“磨砂玻璃”的意象，因为其与卢仁的死亡，确切地说是“自将”有关。浴室的“磨砂玻璃”正体现了场景的主题功能。

“磨砂玻璃”首次出现在小说第十一章。卢仁的未婚妻要布置他们未来的家，公寓里“浴室的窗户下半截是闪亮的蓝色磨砂玻璃，上半截却是透明玻璃，还有裂缝，所以上半截还得换上一块新玻璃”②。此处，玻璃一块是磨砂，一块是透明，一深一浅，一暗一明，恰是国际象棋棋盘格子的类比。“磨砂玻璃”再次出现，已是小说的结尾处。此时，卢仁经历了一次精神崩溃，为了让他恢复健康，妻子将象棋从他的生命中完全抹掉。然而，卢仁却意外地想

① 以上引文分别出自弗拉季米尔·纳博科夫：《防守》，逢珍译，上海译文出版社，2013 年，第 61、120、88、93、98、141 页。

② 弗拉季米尔·纳博科夫：《防守》，逢珍译，上海译文出版社，2013 年，第 141 页。

起了自己是个棋手，并且失联已久的教练瓦伦提诺夫又找到他，要他在电影中本色出演一个象棋大师。卢仁感到自己被生命棋局步步紧逼，深陷其中，无法抽身。他想到了最终的、超越生命规则的防守策略：退出比赛。于是，在举行蜜月旅行前的告别宴会的晚上，卢仁把自己反锁在浴室，浴室"窗户的下半部是磨砂玻璃，亮蓝色，不透明。窗户的上半部是一块黑黝黝的长方形夜色，像镜子一般忽闪忽闪"[①]。卢仁用椅子腿砸破了磨砂玻璃，洞口太小，他钻不出去，玻璃割伤了他的脖子。他爬上柜子，打开上面的窗户：

> 现在他的两条腿都悬在窗外了，他只要松开他正抓着什么东西的双手——他就得救了。松手之前他向下望去。下面正在进行着某种紧张的准备工作：窗户的倒影聚在一起，自动拉成同一水平，只见整个深渊分成了深色和浅色相间的方格。在卢仁松开手的那一时刻，在冰凉的空气灌进他嘴里的那一时刻，他真真切切地看见了亲切的、坚定不移地展现在他面前的是一种什么样的永恒。[②]

与小说进程的逆向排局一样，"自将"（self-mate，又叫 sui-mate）也是一种特殊的排局。自将意即"自行将死"，是一种反常规的排局。一般的国际象棋排局遵循国际象棋黑棋先行的规则，在规定步数内将死对方的王。但是，在自将排局中，白棋先行，逼迫黑棋在规定的步数内将死白王。可以说，在这种排局中，白方命中注定难逃一死，且它也是下定决心自我毁灭。这种排局"倒置了游戏的规则，是一种另类的人生经验的象征"，"戏剧化地表现了输掉比赛在本质上的自杀性的、自我毁灭性的意义"。[③] 对卢仁来说，他以为自己忘掉了象棋，但象棋却时刻出现在他脑海里。他发现自己赢不了生命棋局，赢不了那神秘的对抗他的力量，唯一的出路，就是退出比赛，也就是自我毁灭。

自将排局中，白棋逼迫黑棋将死白王，体现了一种决绝的自我毁灭的意思。在卢仁的生命棋局中，卢仁最终也决绝地告别了世界。在进入浴室之前，卢仁向妻子告别，他按照妻子教给他的吻法吻别妻子，告诉她，自己"必须退出比赛"。不明就里的妻子抓住他的衣袖，但卢仁挣脱后跑进浴室，将门反锁，不顾在外面用力想顶开门的妻子和客人。卢仁在松开手坠落的一刹那看见了永恒，永远停留在由"深色和浅色相间的方格"组成的深渊里。

---

① 弗拉季米尔·纳博科夫：《防守》，逢珍译，上海译文出版社，2013 年，第 211 页。

② 弗拉季米尔·纳博科夫：《防守》，逢珍译，上海译文出版社，2013 年，第 213 页。

③ Janet Gezari, "Chess and Chess Problems", in Vladimir E. Alexandrov, ed., *The Garland Companion to Vladimir Nabokov*. New York: Routledge, 1995, p. 52.

小说此处值得深思的一个细节是，卢仁没有完全砸破磨砂玻璃，而是推开了上面的透明玻璃跳楼，这意味着他在自杀前的意识并不是模糊或慌乱的，相反是清楚而坚定的，他认为这是唯一的出路，是自己成功的防守，超越了生命的规则，能够打乱对手所有的安排，如同知晓自将排局规则的棋手非常清楚排局的主题即自我毁灭。只有在这个意义上，才能理解卢仁如何将自杀看作防守，才能理解他如何真切地看见了永恒。

四、阅读期待："王"的生死存亡

从《防守》的人物、进程、场景已经可以看出，国际象棋的含义、规则和象征在小说中具备叙事功能，它们形成了小说叙事的一套规则、一种程序。而基于该规则和程序，读者就可判断叙事的进展，并建立阅读期待。小说中，卢仁的人物设定基于国际象棋中的"王"，前文已经分析，"王"是最终决定棋局胜负的棋子，那么身为"王"的卢仁能否找到最佳的防守策略？能否在生命棋局中获得最终胜利？卢仁的生命历程，就是读者不断建立阅读期待并结束期待的历程。

第一个阅读期待建立在判断卢仁是"王"之时。小时候的卢仁是个孤独内向的孩子，他第一次接触国际象棋的感受，像是"整个世界突然昏暗下来，仿佛有人拉了电闸。黑暗中只有一样东西仍然闪闪发光，那是一个新生的奇迹，一个闪亮夺目的小岛，他的全部生命将注定倾注在它上面"①。而他回忆起自己小时候生病，"把自己包在虎皮地毯里，孤苦伶仃地演国王"，而大人们则"把他裹得严严实实放在床上"②。

至此，读者可以初步建立阅读期待：卢仁是国际象棋里的"王"，力量无穷大却又非常脆弱，他注定将全部生命倾注在国际象棋上。因此，卢仁一旦失去棋，就等于失去了生命。事实上，"放在床上"这个动作，正是国际象棋中"王"被将死的体现。国际象棋对局中，结束棋局的方式之一是一方将自己的王放倒，意味着认输。卢仁被放在床上后倒下的动作，正反映了他内心潜在的对死亡的恐惧，因此，他才"尽可能拖延，让这个不可避免的时刻晚些到来"。可以说，在这里，纳博科夫已经埋下了卢仁之死的一条隐晦的线索。

基于第一个阅读期待，当故事发展至卢仁第一次精神崩溃的时候，读者

---

① 弗拉季米尔·纳博科夫：《防守》，逄珍译，上海译文出版社，2013年，第21页。

② 弗拉季米尔·纳博科夫：《防守》，逄珍译，上海译文出版社，2013年，第46页。

会做相应的判断："王"被困。此时，困住卢仁的尚是现实中的棋局，他精神崩溃是因为要研究新的防守体系来打败图拉提。卢仁在疗养院遇见了一位女人，他们订了婚，他得到了无微不至的照顾，似乎要从格格不入的象棋天才的生活转入常人的生活，这时，读者会建立第二个阅读期待："王"能否得救？

厄普代克曾指出，卢仁结婚是防守性的"王车易位"[①]，意指卢仁暂时转入了安全的地方。卢仁在医生的建议和妻子的努力下，把国际象棋从生活中抹去。但是，他渐渐发现，总有一些事情让他想起国际象棋：没被及时藏起来的报纸上的棋谱、失联已久又突然出现的教练，等等。他强迫自己忘掉棋，但棋却时刻出现在他脑海里。此时，他困在了自己的生命棋局中，他发现自己赢不了这局棋，赢不了那神秘的对抗他的力量。至此，读者会做出判断：卢仁已经失去了棋，将非常可能失去生命。由此，新的阅读期待又会建立："王"是怎么死的？

如此一来，卢仁的"自将"——浴室自杀，便是合理地结束读者阅读期待的场景。卢仁将自己反锁在浴室里，是"王"被困的典型体现（自杀行为是自觉的，但他的确是被生命的致命棋局所困）。国际象棋中，"王"与别的棋子不同，别的棋子都能被吃并被提出棋盘，但王不能被吃，只能被将军，而一旦自己的"王"被将军，棋手只能应将，不能置之不理。这一与众不同的特点，正是小说中卢仁对自己生存状态的反应。他意识到自己进入了一个精巧设计的"棋局"，那种与他对抗的神秘力量似乎正在一步一步计算着将他的军，而他自己必须做出反应，不能无视，不能置之不理。正是因为卢仁必须应将，非应将不可，他的精神才会再一次崩溃。当他发现自己赢不了生命棋局，赢不了那神秘的对抗他的力量时，他能想到的唯一出路，就是退出比赛，也就是自我毁灭。他想出的防守策略超越了生命规则，死亡是他最终的防守，"王"之死也结束了读者的阅读期待。

而从更宽阔的视野来看，小说中的卢仁和纳博科夫一样，是生活在欧洲的俄国流亡者，他们失去了故土。失去疆土的"王"是孤独的、痛苦的、无依无靠的。卢仁的生命中，年少时有父母，后来有瓦伦提诺夫，再后来有妻子，尽管每个人都是保护他的角色，但他在精神崩溃的时候，仍觉得唯有"童年变成了神奇的安全地带，在那里他可以纵情畅游，有时候会让他极其快乐"[②]。对纳博科夫来说，他在俄罗斯的童年时光也是他的"安全地带"，他曾

---

① Earl D. Sampson, "Games Nabokov's Characters Play", *Russian Language Journal*, 1982 (36), pp. 193—203.

② 弗拉季米尔·纳博科夫：《防守》，逄珍译，上海译文出版社，2013年，第131页。

有一次在答记者问是否会返回俄国时，说道："至于我钟爱的北方景色及魂牵梦萦的童年时光——哦，我可不愿意玷污了珍藏在我内心的美好形象。"[①] 也因此，卢仁这个不再拥有疆土的"王"，在很大意义上是纳博科夫笔下一群欧洲俄国流亡者的形象总和，反映了他们的困惑和孤独，这也构成读者对小说叙事的推断和阅读期待。

研究者指出，竞技性游戏在纳博科夫的小说中具备三项功能："作为事件，作为隐喻，作为结构模型"[②]。而从《防守》来看，国际象棋在纳博科夫小说叙事中的功能更多。国际象棋既是小说人物设定的基础，又是场景构造的元素，同时也是进程建立的模型，并且是读者建立阅读期待的规则和程序。可以说，通过创造性地融合国际象棋元素和叙事技巧，纳博科夫在小说创作生涯伊始，就着意于开拓不拘一格的小说叙事艺术，这种创作态度贯穿了他的整个创作历程。

作者简介：

袁娜，文学博士，湘潭大学文学与新闻学院讲师，研究方向为比较文学与世界文学。

何云波，文学博士，湘潭大学文学与新闻学院教授、博士生导师，研究方向为比较文学与世界文学。

---

① 弗拉季米尔·纳博科夫：《独抒已见》，唐建清译，浙江文艺出版社，2012 年，第 154 页。

② Earl D. Sampson, "Games Nabokov's Characters Play", *Russian Language Journal*, 1982 (36), pp. 193—203.

《魂断威尼斯》的疫病叙事艺术探究

关熔珍

摘　要：2019年年末开始的新冠肺炎疫情的世界性肆虐引发了文学的新思考，同时提供了研究的新思路。德国作家托马斯·曼的《魂断威尼斯》中的疫病叙事由此有了研究的意义和价值。本文以该文本为具体研究对象，从叙事学的角度入思，聚焦小说中的变病叙事，深入研读其中疫病故事和疫病话语，聚焦其对作品故事、情节和主题的艺术表现和功能，旨在提供一个研究新视角。

关键词：疫病叙事　疫病话语　艺术价值

引　言

2019年年末开始的新冠肺炎疫情的世界性肆虐，全面挑战了当今世界的社会秩序。面对肆虐的疫情，各国防疫、战疫的方式各异，中西文明差异暴露无遗。纵观人类文明，有关疫病的记忆不仅存在于过去的历史中，也存在于各式各样的文献当中，包括文学文献。德国诺贝尔文学奖得主托马斯·曼（Thomas Mann，1875—1955）的《魂断威尼斯》（*Death in Venice*）就是其中之一。托马斯·曼是德国20世纪最著名的现实主义作家和人道主义者，《魂断威尼斯》是其最优秀的作品之一，也是作者的得意佳作。小说主要采用意识流的写作模式，充分展示了疫病期间人性的复杂与矛盾。

本文以叙事学理论为指导，聚焦小说中的疫病叙事的呈现模式，主要探讨疫病叙事的展开模式和疫病话语的呈现模式，研究其对小说主题的整体艺术价值和功能的贡献。

一、《魂断威尼斯》中的小说故事与疫病叙事

小说《魂断威尼斯》的故事明线非常简洁，主要记叙主人公古

斯塔夫·阿申巴赫在工作之余，到度假胜地威尼斯休养调整过程中遇到塔齐奥，因对他念念不忘而迟迟不归，最终感染瘟疫不幸离世的故事。小说仅有短短几章。然而就是这样一部故事简单、仅有一个主角的小说，却于 1973 年由英国作曲家本杰明·布瑞顿（Benjamin Britten）改编为歌剧；1971 年由国际名导、意大利新写实主义大师卢奇诺·维斯康堤（Luchino Visconti）拍成同名电影，荣获坎城影展 25 周年纪念大奖；1997 年由英国国家广播电视台的比特·沃尔夫（Peter Wolf）改编为广播剧播放。托马斯·曼希望这篇小说可以被理解为"世界上最美的情诗译成的小说"。作品雄居"二十世纪百部最佳同志小说"评选榜首。作品所引发的高度关注让托马斯·曼深感惊讶，但是又高兴，"看来我在这篇小说里圆满地完成了一点东西——这当然是个幸运的巧合。这一回一切都恰到好处，凝结成纯洁的水晶"[①]。

《魂断威尼斯》的疫病叙事在小说故事明线简洁的基础下，以高潮辅线的形式出现。小说总共有 5 章，"疫病"这个词直到第 5 章的第一段才出现，从此故事开始走向高潮。在主人公阿申巴赫对塔齐奥每天朝思暮想，却又无法靠近的时候，疫病叙事以一种非常偶然的、随机的、轻描淡写的形式出现。那天，阿申巴赫正在努力地改造自己的形象，当他去找当地理发师给自己剪个看起来更加年轻帅气的发型的时候，"理发师谈起一家德国人只在这儿待上几天就动身回去，接着唠唠叨叨地带着逢迎的口气说'您会留在这儿吧，先生，您是不怕瘟病的。'阿申巴赫直愣愣地瞅着他。'瘟病吗？'"[②] 就这样，疫病叙事被切入故事的主线，开始干预明线故事的原有发展轨道。作为一个高级知识分子、一个社会名流，阿申巴赫在得知关于疫病的小道消息之后，开始有意识地去关注疫病的发展状况。但是，他具体是一种什么样的心思，却需要随着有关疫情的叙事步步推进才得以一一展开。

接下来真正的疫病叙事就此展开。从空气中弥漫的特殊气味开始，小说呈现的疫病故事，以一种似是而非，又明明白白存在的描写形式展示出来。"这是一种香喷喷的药水味儿，令人想起疾病、伤痛之类，或者是清洁卫生方面存在着问题"（242），"街头巷尾都贴满了告示，当局对居民提出警告说，由于在此盛夏季节有某种肠胃性传染病流行，劝他们勿贪食牡蛎及其他贝壳动物，也不要用运河里面的水。"（242）在这种轻描淡写、似是而非的疫病叙事中，阿申巴赫清楚意识到疫病的真实性。因为"即使在搭他回海滨浴场的

---

① 托马斯·曼致友人的信，1913 年，参见豆瓣读书，https://book.douban.con/subject/199741121.

② Thomas Mann, *Death in Venice and Other Tales*. Joachim Neugroschel, trans. New York: Bantam Books, 1988, p. 241. 后文所引内容均来自此版本，仅随文夹注页码。

汽船上，他依然闻到杀菌药水的气味”（242）。而且，他清楚地知道，“在外文报纸里他看不到什么消息，但德国报纸却刊登一些疫病的流言，并提出一些不确切的数字，不过意大利官方加以否认……”（242）“因此，在威尼斯肮脏的小巷里所发生的、当局力图掩饰的那些事，阿申巴赫用一种阴郁的幸灾乐祸的心理对待它。”（243）在疫病不断蔓延，信徒在威尼斯到处焚香烧烛，祈祷平安，混合着政府的防疫措施所产生的“有病的城市散发的气味”当中，“阿申巴赫从香雾火光之中，看到了这个俊俏的人儿在前面回过头来探寻他，终于也见到了他”（243）。这一次塔齐奥的无意回眸仿佛一眼千年，更加激励了阿申巴赫深藏心底的爱恋的迸发。在此，小说故事线与疫病叙事线的交融达至高潮。疫病叙事推动“阿申巴赫如醉如痴，躲在前厅一角，偷偷潜伏着”去窥探他心心念念的塔齐奥，甚至是完全挣脱他平日里背负的社会道德束缚，“就这样，这位头脑发昏的人不知道、也不想干任何别的事情，只是一味地追求他热恋的偶像”，甚至“如醉如痴，也顾不上在这样疯疯癫癫的神态下自己有被捕获的危险”（245）。阿申巴赫就这样无法自拔地，“让异乎寻常的激情主宰着自己”，甚至为自己异乎寻常的行为进行各种美化：“这是一种不断征服困难、不畏任何险阻的生活，是一种备尝艰辛、坚忍不拔而有节制的生活。”（246）就这样，阿申巴赫沉醉在一种众人皆醉我独醒的状态当中，一方面，他不断地从知情人士那里打探，以获得更多有关疫病的消息，充分掌握疫病的发展态势；另一方面，他又暗暗心喜塔齐奥家人对疫病的毫不知情，让他可以继续沉浸在那种末日来临可以促成最终只剩我与他的疯狂臆想中。随着小说叙事的推进，疫病叙事终于营造出一种恐怖气氛，疫情开始弥漫整个威尼斯城市。然而，此时此刻，曾经是“现代一切有成就而且道德高尚的人们的代言人”的时代英杰阿申巴赫却完全只关注一件事情。那就是：塔齐奥，他在哪里？“他在离他六步远的地方”，“塔齐奥斜倚在石栏杆上”，“他站在那里”，因疫病“散发出的药水味和近在咫尺的美少年交织在一起，使他宛如置身于梦境而无法摆脱。他神思恍惚，动弹不得”（251）。疫病叙事已经预示着死亡，走向塔齐奥就是走向瘟疫，然而阿申巴赫却不为所动。相反，他觉得正是在这样的环境下，大家乱作一团，塔齐奥才“回眸看他”，与他“心心相印”，“他满腔热情地关怀他，同时又感到某种狂妄的满足”（251）。

由此，疫病叙事开始进入死亡叙事，在有关瘟疫的消息中开始出现死亡的人口数据。有关世界各地的疫病消息，以及历史上的疫病叙事开始在小说中大篇幅地呈现。威尼斯的官方疫病消息也无法再掩饰，死亡人数剧增，甚至有消息说“得病的人有百分之八十死去，死得很可怕，因为疫病传播得极其猖狂”（253）。阿申巴赫接到了撤离威尼斯的通知，“您最好今天就动身，不要再挨到明天了。封锁的日子看来不会超出几天了”（254）。这时的阿申巴赫开始面临走还是不走的问题，是告知塔齐奥家人让他离去，维护自己毕生的道德模范人物形象？还是继续掩饰，好让自己内心深处无法明言的心愿得以满足？

最终，阿申巴赫选择的是：“保持缄默，而且仍然留在这儿。”（255）于是，小说进入高潮。留下来的阿申巴赫在确切得知疫病消息的时候并未想告知塔齐奥家人，相反，他进入了一种放任自己内心欲望驱使自身行为的阶段。于是，小说中开始呈现一个中年大叔悄悄尾随塔齐奥的行动描写，字里行间充斥着那种不可自拔的狂热，又隐隐约约透露着不为人知的油腻和猥琐。阿申巴赫不惜重金改头换面，涂脂抹粉，苦苦追寻心心念念的塔齐奥。这时的疫病叙事一边描写阿申巴赫与塔齐奥之间身体距离的靠近，一边又开始重笔描绘疫病的严重。病毒由空气传染到他的体内。他的身体开始出现疫病的症状，“热得发烫”，“食欲不振”，“身心长期处于紧张与激动不安的状态，他的力气差不多耗尽了”。可是他却毫无感觉，一直追寻，直到“他看到了他，但只是心照不宣。他心领神会，欣喜若狂”，“一种非分的希冀潜入他的心头”。（259）仿佛只要能够与自己苦心狂恋的塔齐奥四目相对，已经是胜出世间万物。

然而，阿申巴赫的苦恋并没有感天动地。小说的结局是他在休息室里，无意中看到了一大堆整装待发的行李。他痴恋的塔齐奥就要和他的家人们一道离开了！这时疫病叙事的重点是阿申巴赫已经感受到了阵阵头晕，瘟疫的症状越来越明显。他越来越感觉“惊惶不安，有一种走投无路、灰心绝望的感觉”（262）。塔齐奥还在离他不远处的海边无忧无虑地嬉戏，阿申巴赫的灵魂却已经跟着他神游而去了。“当天，上流社会震惊获悉了他去世的消息。”（263）疫病叙事与小说故事叙事同时到此戛然而止。阿申巴赫的灵魂与肉体的分离，最终以死亡形式呈现，小说故事叙事与疫病叙事最终合拍并达至高潮。

二、《魂断威尼斯》中的故事话语叙事与疫病话语叙事

小说中，托马斯·曼充分展现了其高超的故事话语叙事和疫病话语叙事技巧。为了有效区分两者的差异，托马斯·曼采用了直接引语和间接引语的话语呈现形式。本文主要探讨小说中直接引语的话语表现，即专门用双引号标注出来的故事话语和疫病话语。在小说故事叙事中，疫病出现在最后一章。此前出现的基本采用的是意识流的故事推进形式，直接引语的故事话语呈现

形式甚少，直到小说的第2章才出现有关主人公阿申巴赫的故事话语，主要有：“你们看，阿申巴赫的生活老是这个样子”“永远不可能像这个样子”(201)，顺便还加上了评述：“这真是一针见血。阿申巴赫生来体格并不结实，更显得他在道德上是一个勇士。”一个目光敏锐的评论家早已做过这样的分析：他的面貌应当是“智力发达、淳朴、有丈夫气概”，“能在刀光剑影中咬紧守关，巍然屹立，临危不惧”。(202) 显然，这些引用话语都是在塑造阿申巴赫在艺术上的登峰造极、在道德上的全民敬仰、时代的英杰、新型英雄主义的人物形象。

接着小说进入第3章，出现的是：“到威尼斯去”，“乘头等舱到威尼斯去！就这么办吧，先生。”“啊！威尼斯！多美的城市，对有教养的人来说，这个城市有一种不可抗拒的吸引力，因为它过去有一段光荣的历史，现在还是很有魔力!”(207)“我们祝您在这一切都称心如意!”(211) 显然，这些引用话语主要是推动故事向发生地威尼斯前进，交代阿申巴赫如何去、去哪里、花多少钱等问题以及路上趣闻等。直到阿申巴赫在酒店的饭厅见到了塔齐奥。然后，阿申巴赫全副身心都在关注着塔齐奥，甚至在塔齐奥没有出现在饭厅吃早餐的时候，都因为猜想他在睡懒觉而诗兴大发：“你服饰妖娆多姿”“沐浴香飘”“慵懒迷人”。(219) 在这之后，所有用直接引语引出的话语都聚焦在阿申巴赫对其名字的关注上，思考对方的名字究竟是“阿德吉奥”，还是“阿德吉乌”；是“塔德乌斯”，还是“塔齐奥”，还是“塔齐乌”……小说以对塔齐奥的名字的细辨和反复思量，引出阿申巴赫内心与自我的对话和他的浮想联翩，从而进入意识流的故事话语叙事。“‘不过我要奉劝你，克里多布鲁斯’，他微笑着想，‘还是到外国去旅游一年吧，你至少要花这么长的时间才能复原’”(223)；“‘他体弱多病’，阿申巴赫想，‘他也许活不到老。’”(225) 就这样，阿申巴赫，一个从来都只关注工作的人，一个时代的道德模范楷模，无意识地关注着初次相遇的塔齐奥的身体状况，而且还是以一种心安理得的状态。故事话语叙事显然推进到了一个诡异的高潮前奏。

尽管阿申巴赫遇见了塔齐奥，但是按照他原定的计划，他还是应该离开威尼斯的。这时从门房告诉他火车出发的时间，提醒他早点出发，不然火车要开走了，他生气地说“那么就让它开走吧，只要把箱子带走!”(227) 到他内心偷偷地跟塔齐奥告别“上帝祝福你!”(227) 再到从饭店到火车站一路的纠结到最终因行李而走不成的内心狂喜却又听到服务员说“运气不好，先生”，再到回到饭店听到塔齐奥的伙伴呼唤“塔吉乌！塔吉乌!”这些故事话语巧妙地展现了阿申巴赫想要离开威尼斯，但又因遇见塔齐奥而渴望留下的纠结的内心世界，同时呈现了阿申巴赫的心情由不得不走的万分郁闷转为因意外原因最终走不了的狂喜，揭示了他与塔齐奥再会的必然性。

由此，故事进入第4章，小说通过意识流的形式揭露了阿申巴赫的内心世界。一方面是"'一脸狼狈相，'他想，'狼狈得像斗败了的公鸡那样，只能收起翅膀垂头丧气地退阵'"；另一方面是"这一定是神的意志，使我们一看到美色就心神涣散，把我们的傲气压下去，头也抬不起来……"（237）阿申巴赫终于留下来了，屈服于自己内心的本能渴望，却又矫情地抱怨塔齐奥："你真不该这样笑给我看！听着，对任何人都不该这样笑！"甚至他还情不自禁地在心里偷偷地向其表白，"我爱你！"（241）

紧接着，小说开始切入故事话语叙事，进入第5章。阿申巴赫跟理发师聊天，理发师问："您会留在这儿吧，先生，您是不怕瘟病的。""瘟病吗？"疫病话语叙事开始主导整个故事话语叙事的进程，"先生，这不过是一种预防性措施罢了！""这是警察局的命令，我们不得不听……您知道，这也许是一种过分的担心……"（242）疫病话语叙事一步一步揭开阿申巴赫内心真实的想法。在疫病刚刚开始散播的时候，阿申巴赫的想法是"这事应当保守秘密！""这事不应该声张出去！"（243）甚至在威尼斯的游客们已经开始对疫病发出质疑，"为什么这些日子以来，人们一直在威尼斯城里消毒？这样到底是什么缘故？""天气非常闷热，可能会发生什么危害居民健康的事儿。当局这个措施只是为了及时预防，算是尽了它的责任。"阿申巴赫还说"这倒要表扬警察局呢"（247）。尽管阿申巴赫努力帮威尼斯政府隐瞒疫病，然而疫病话语叙事还是渐渐展示了这个不可掩饰的疫病暴发事实。再怎么掩饰，疫病还是进一步扩散了，人们更加追根究底地询问，"威尼斯究竟为什么在消毒呢？"（250）

这时，小丑说，"这是警察局的主意嘛！先生，在这样的大热天气，又有热风，不得不照章办事哪。热风闷得叫人透不过气来，它对健康是不利的……"（250）"瘟疫吗？为什么要有瘟疫！这时预防性措施，你总该明白了！警察局是为了天气闷热才采取这种措施的！"对小丑的解说，阿申巴赫并未如故事开始时所展现的人物形象定位那样，关注普通群众的疾苦，为民请命，而是轻描淡写地问"那么威尼斯就没有瘟疫了吗？"之后更是简而言之地认可，"好吧。"（250）阿申巴赫的这一行为，与其说是在问询疫病事宜，不如说是在自我催眠，甚至是帮助官方遮掩疫病暴发的事实。

明明知道疫病来袭，阿申巴赫却怀着一种末日的不可告人的期待，甚至认为塔齐奥身体不行，"他身体病恹恹的，可能活不长了呢"（251），以此来给自己内心遮掩疫病的行为找寻合理的借口，也对自己和塔齐奥的情感结局产生疯狂的臆想。而这个时候，疫病话语叙事已经进入一种欲掩难掩、谣言四起、直击疫病真相的时候。“害怕是没有根据的，先生，只是例行公事罢了，没有了不起的意义。为了预防大热天和热风给健康带来有害的影响，人们是经常采取这种措施的……”（252）“不过这是官方的解释，他们认为坚持这种做法才是上策。我要跟您说一声，里面还有一些隐情呢。”（252）同时“干式霍乱”“新土”（新坟地）等说辞在小说中大幅出现。“您最好今天就动身，不要再挨到明天了。封锁的日子看来不会超出几天了。”（254）“谢谢您。”阿申巴赫在威尼斯封锁前就已经得到撤离通知，他清楚知道疫情，也明白自己该走，甚至有想过主动去告知塔齐奥的家人。“夫人，请您允许陌生人向您提出一个忠告，别人为了自身的利益是不肯向您启齿的。您马上带着塔齐奥和令嫒们离开吧，威尼斯正闹着疫病呢。”（255）可惜这只是阿申巴赫理智在线时瞬间产生的想法，他很快就推翻了自己的想法。“这事不该声张!”“我不该说!”（255）在坚守秘密的晚上，阿申巴赫甚至春梦连连。伴随着春梦中与塔齐奥名字尾音相同的“乌……乌……”声中，阿申巴赫安然自若，完全沉浸在自己的爱恋狂想中，甚至与理发师细致探讨如何永葆青春，以期可以随心所欲地谈情说爱。他完全无视了众人已经开始纷纷逃离威尼斯，逃离瘟疫的事实。

正是在这种情况下，故事进入高潮。在理发师说“现在，先生，您可以随心所欲地谈情说爱了”（259）的时候，阿申巴赫高高兴兴地系着红色领带，戴着绕着彩色丝带的宽边草帽，顶着满脸厚厚的脂粉，尾随塔齐奥一直到疫病最严重的威尼斯市中心。小说一方面以意识流形式呈现阿申巴赫内心爱恋的炙热与狂野，另一方面又以疫病话语形式呈现阿申巴赫已经染上疫病的事实。瘟疫的症状开始在他身上呈现。最终，他还是无意中看到了塔齐奥家人准备离开时堆放的行李。“什么时候走呢?”“午饭后。”（262）这一句疫病肆疟背景下的简单对话，与阿申巴赫内心意识流里面的那句“菲德拉斯，你留在这儿吧。只有当你不再见到我的时候，你才可以离开”（261）遥相呼应。至此，故事话语叙事与疫病话语叙事交相辉映，融为一体，揭示出阿申巴赫与塔齐奥之间的结局：以抛弃肉体追求灵魂契合的最高境界完成自己的爱恋。

三、《魂断威尼斯》中疫病的叙事艺术

小说故事本身很简单，甚至有违传统伦理和道德规范，字里行间不乏猥琐油腻之感。然而，大文豪托马斯·曼巧妙地运用了意识流的写作模式，同时嵌入了经典灾难的疫病叙事，使得故事从开头到结尾都只是一个工作狂人对美丽爱情的探究和追求，完全弱化了其中的不伦与猥琐。故事仿佛是用世

界上最美的情诗写成，充分地展现了主人公阿申巴赫内心对爱情的狂热。这种狂热仿佛深藏地心深处的熔岩。如果没有触媒将会是永生的沉积，爱恋不过是一个人的臆想。

众所周知，疫病叙事在传统文学创作中往往是一种经典的灾难叙事，而灾难叙事往往是小说中主人公成神或成魔的关键时刻。《魂断威尼斯》并不是一个宏大叙事，甚至可以说是一个非常小众的爱恋故事。疫病叙事在这里并不服务于主人公成神或成魔的叙事，反而成就了小说的至美至纯。托马斯·曼以疫病叙事升华简单的爱恋故事，推动死亡结局，成就了一段凄美的爱恋。毕竟，阿申巴赫的爱恋在他这里是熔岩般的炙热喧嚣，但在小说中，阿申巴赫却从来没有真正对塔齐奥表达过自己的爱意，甚至在塔齐奥那里，他也许仅仅是一个常常尾随他的猥琐大叔而已。然而，这样的爱恋却又是阿申巴赫用生命来书写的。他早早洞悉疫病的来袭，完全有时间、有机会、有可能逃离威尼斯，逃离瘟疫。就是这样一场注定无望的爱恋，让他只敢在疫病笼罩着威尼斯的时候，悄悄地随着疫病话语叙事的出现而稍稍地表露。显然，这是一场无人分享、无人知晓的爱恋，甚至连他爱恋的塔吉奥也毫无知情。但是，托马斯·曼却通过疫病叙事把这种爱恋的疯狂、焦虑，甚至是几乎不可压抑的迸裂描述得淋漓尽致，用高超的语言艺术把阿申巴赫与塔齐奥两人无意中的视线相接描写为一眼万年或“金风玉露一相逢，便胜却人间无数”的至纯至美。

一个功成名就的大叔，一个理智的中年人士，阿申巴赫的爱恋只能在疫病叙事的衬托下，以赞美美丽的形式，以赞美爱神的形式，以无人知晓的春梦形式，炙热却又悄无声息地流露出来，独自沉醉，独自疯狂。疫病叙事的巧妙烘托，使得小说故事摆脱了平凡世界中的不道德批判。疫病带来的死亡结局使得故事中的爱恋超越世俗肉体的禁锢，超越传统异性爱恋的束缚，上升到一种空灵的灵魂高度。以生命为代价的爱情追逐，成就了经典，美化了故事中的所有话语和叙事，甚至直接屏蔽了所有的道德话语，直接烘托主题。如果没有疫病叙事带来的震撼以及死亡结局带来的终结，故事最后阿申巴赫和塔齐奥可能就各回各位，那么整个故事将会是另一种境界：至少，就算是春梦了无痕，也会让读者倍感恶心。

显然，《魂断威尼斯》中的疫病叙事是成功的，它恰到好处地成就了小说中不为世俗认可的爱恋的纯洁，这种爱恋不涉及肉体，不涉及性别，堪称经典。

结　语

在新冠肺炎疫情肆虐全球，世界各地紧锣密鼓防疫、战疫的时候，重读文学经典，赏阅大文豪托马斯·曼的妙笔生花，聚焦其简单小说叙事中疫病叙事和疫病话语的艺术表现力，感悟疫病叙事的文学书写，不失为一种解读新维度。

作者简介：

关熔珍，博士，广西大学外国语学院教授，研究方向为欧美文学与翻译。

《莫失莫忘》与"新生命体"前景："人类克隆"的生命伦理原则*

王一平

摘　要：英国当代著名小说家石黑一雄的科幻小说《莫失莫忘》主要讲述了克隆人凯茜和友人在寄宿学校黑尔舍姆的成长经历。尽管克隆人跨越了（类人）生命体的"门槛"，应当拥有与人类相当的道德地位和平等权利，但小说中的克隆人却不仅尊严被贬损，其器官"捐献"直至死亡的遭遇，更严重地违背了基本的生命伦理：行善原则、自主原则、不伤害原则和公正原则。在"后人类"时代，基因工程、克隆技术等带来了新生命形态创生的可能性，但技术上的可能性并不意味着现实中的应然性。人类作为一个共同体，需要在现有生命伦理学的基础上，探索相关重大技术的伦理规范，在其萌芽期就尽力防范未来的风险，做出善的、符合长期利益的决定。

关键词：石黑一雄　《莫失莫忘》　克隆　生命伦理　科幻小说

人类创造的新生命体（人、动物、植物等）是现代社会人类创造力达到新高峰的经典标志。人造生命体中，最引人瞩目的当数"人造（类）人生命体"，而与之相关的"人造人"主题作品贯穿了科幻小说发展的历史。第一部公认的科幻小说、19世纪初的《弗兰肯斯坦》（*Frankenstein*，1818）就是以此为主题的幻想小说，故事拥有二元对立的主人公：科学家维克多·弗兰肯斯坦和他用人类尸体拼装而成的怪物。小说展现了人造人生命体的生存历程，以及其与人类之间的矛盾和高度紧张的关系。而在21世纪，随着生物工程、基因技术的进步，以及一些非传统科幻作家们加入对"人造人"这一主题的"思想实验"的书写中，此类科幻小说开始呈现出不同的风貌。

* 本文为国家社科基金项目"21世纪西方科幻小说研究"（18CWW022）阶段性成果。

而日裔英国小说家、诺贝尔文学奖获得者石黑一雄（Kazuo Ishiguro）的《莫失莫忘》（*Never Let Me Go*，2005，亦译《别让我走》《千万别离开我》等）是近年的力作。《莫失莫忘》的故事发生在20世纪末，由护理员凯茜·H的回忆展开，小说采用了作者擅长的"创伤记忆"书写方式。孤儿凯茜童年时期生活在一个看似普通的封闭式寄宿学校"黑尔舍姆"，在凯茜的回忆中，和她一起长大、个性各异的汤米、露丝等友人及其成长生活得到展现。在小说看似平淡的语言之下，却隐藏着令人痛苦的真相：小说逐步揭示了在黑尔舍姆生活的学生们其实都是克隆人，在成年之后他们都要"捐献"关键的身体器官，在数次捐献之后便自然走向"终结"。

在当代社会，由于生物医学的发展和先进技术的创造和应用，一个显著的后果出现了："人类干预了人的生老病死的自然规律，甚至有可能用人工安排代替自然规律。"[①] 这样的情况表明了一种关乎"生命创造"的根本性转变：生物医学技术的作用和位置已经从局部或间接地影响人类的临时工具，如对伤病者进行必要的救治，转变为一种更为根本性的、总体而长期的调控过程。生殖技术、基因技术、克隆技术等的纵深发展，已经逐渐成为影响作为整体的"人"的未来路向的基本因素。在"后人类"时代，面对新生命形态创生的诸多可能性，人类从新的视角思考"人"的存在形态、道德地位、伦理规范等。而借由考察科幻小说中那些合乎情理又富有创造性的"思想实验"，人们可以对生物医学技术进行严肃、审慎的观照。许多研究者都探讨了《莫失莫忘》所展现的"后人类"时代创生的新生命形态与人类形成重大利益冲突、被人类压抑和剥削的黯淡前景，但从另一角度看，从小说所提示出的诸种可预见的问题入手，人们可以更加合理、精准地考察相关技术的伦理问题和临床中的具体疑难点，并以此为基础，探索一种有前景的、关于未来新生命体的伦理规范设计和应用方式。

一、"人类克隆"的技术萌芽与责任

人类的"克隆"（clone）技术是指"创造某一个DNA序列的遗传学副本，或整个有机体的全部基因组的遗传学副本"[②]。从生物学角度看，它意味着生物的无性繁殖。在自然界，这是单细胞生物常见的自我繁殖方式，如被剪下插入土中的植物枝条，可能生长出新芽，许多非脊椎动物也有无性繁殖

① 马中良、袁晓君、孙强玲编著：《当代生命伦理学——生命科技发展与伦理学的碰撞》，上海大学出版社，2015年，第6页。

② 李亚明：《生命伦理学中人的尊严问题研究》，中国社会科学出版社，2019年，第38页。

的现象。① 但自然界中自生自发的现象，显然与人类创造的“克隆技术”有着重大区别。目前，人类掌握的克隆技术主要包括微生物克隆（细胞克隆）、植物克隆、动物克隆（胚胎细胞克隆、体细胞克隆）等。② 从20世纪初开始，动物克隆技术的对象逐渐从较为简单的低等动物向高等动物发展；1997年英国克隆羊“多莉”的诞生以及相关论文发表在《自然》（*Nature*）杂志上，标志着体细胞克隆的新时代的到来。此外，2004年，英国人类受精和胚胎管理局（HEFA）颁发了第一个人类胚胎克隆许可证；2005年，研究人员默多克（Alison Murdoch）等人创造了英国第一个来自人类体细胞的克隆胚胎；2013年，美国研究员米塔利波夫（Shoukhrat Mitalipov）利用克隆技术制造了人类胚胎干细胞，体细胞核移植开始被应用到人类身上，这一技术可能加速实现“人类克隆”所需的技术。③ 所谓“人类克隆”，是指从女性输卵管中取出卵子，抽去细胞核，然后从其他人体内抽取干细胞的细胞核，再植入该卵细胞，该干细胞所含的信息就会输入卵细胞，卵细胞经过培育变成胚胎后再植入子宫，经子宫内孕育而成为与干细胞提供者相同的“人”，因此而完成了“人类克隆”。④

在未来的前景中，最具争议的话题正是这类“人类克隆”。从目的或动机来看，“人类克隆”可分为生殖性克隆、基础性研究和治疗性克隆——三者在技术上相通，只是在现有的设计中，基础性研究主要是在人和动物身上用体细胞核移植进行基础研究，以探讨科学问题，治疗性克隆则利用克隆技术产生出特定的细胞和组织（如皮肤、神经或肌肉）用于治疗疾病，⑤ 这两者相对争议较小；而生殖性克隆则在世界范围内遭到了广泛的反对，人们认为“不应该试图通过体细胞核移植产生出一个现存的人的‘拷贝’”。也有研究者认为区分治疗性克隆和生殖性克隆意义不大，治疗性克隆最终可能会滑向生殖性克隆。⑥ 支持“人类克隆”的几个主要观点如：“科学无禁区”，这是科学的自由发展和进步，有利于人；人可以“定制自己”，成为有性生殖的补充；可

---

① 参见吴能表主编：《生命伦理学》，西南师范大学出版社，2008年，第44页。

② 参见沈铭贤主编：《生命伦理学》，高等教育出版社，2003年，第61—63页。

③ 参见李亚明：《生命伦理学中人的尊严问题研究》，中国社会科学出版社，2019年，第68—69页。

④ 参见张乃根、米雷埃·德尔玛斯-玛尔蒂主编：《克隆人：法律与社会》，复旦大学出版社，2002年，导论，第7页。

⑤ 参见马中良、袁晓君、孙强玲编著：《当代生命伦理学——生命科技发展与伦理学的碰撞》，上海大学出版社，2015年，第47—48页。

⑥ 马中良、袁晓君、孙强玲编著：《当代生命伦理学——生命科技发展与伦理学的碰撞》，上海大学出版社，2015年，第45、47页。

以为器官移植提供来源等。①

当然，尽管“人类克隆”可能带来巨大益处，而且许多人认为总有科学家会对此加以实践，使该技术降临人间，但科学界仍存在着更大的反对之声。如“多莉”的制造者、被称为“克隆之父”的威尔穆特（Ian Wilmut）就表示反对“人类克隆”。② 有学者甚至提出“人类克隆”涉嫌“反人类罪”——克隆的“复制性”违背了“人类是由众多唯一的个体构成”的“独特/个性原则”，在此意义上它是“反人类”的。③ 这些反对意见还包括，从自然发展规律来看，生物依赖于自身的调节和适应机制与自然环境达成平衡——如有些寿命短的物种依赖于高频率的繁殖，一些物种则尽力减少消耗、减少对外在环境的依赖，某些物种则不断地扩大自身获取的外在能源与营养。人类也在漫长的历史发展中逐渐懂得了如何合理获取、运用资源，有效控制人口等，其生育繁衍遵循自然均衡率，但“人类克隆”则可能逆生物进化的自然规律而行，造成灾难性的后果。④ 而就人类社会关系而言，人类在很长的时期中已经逐渐形成了由夫妻和子女共同组成的“核心家庭”模式，并以此作为“社会的基本细胞”，但“人类克隆”可能对其代际关系、家庭伦理造成毁灭性的破坏，如克隆人和被克隆者的年龄差带来了不确定性；而在家庭中，“生育”也不再需要两性共同参与，克隆人只具有家庭中单亲的遗传性状，其既像被克隆者的子女，又似其兄弟姐妹。凡此种种莫测的后果，让人们对“人类克隆”的前景充满争议和忧虑。⑤

从《莫失莫忘》对“人类克隆”的缘起的设想来看，这一重大变革发生在 20 世纪 50 年代。此时克隆技术已经成熟，更为关键的是人们面对着世界大战结束后人类社会的重建。在这一特殊的时期，人们在“人类克隆”可能带来的立竿见影的利益面前，似乎“没有时间去判断、评估、理性地提出问题。突然之间各种可能性摆到了我们面前，有各种方法能治好许多从前认为无法医治的绝症。这就是世人最关注的问题，最想要的东西。于是很长时间里，人们宁可相信这些器官是凭空出现的，或者最多是在某种真空里种植出来的。没错，曾有过争论。但到了人们开始考虑你们（克隆人）是怎么培育出来的，你们是否应该被带来，存在于这个世界上，到那时已经太迟了。根

① 参见沈铭贤主编：《生命伦理学》，高等教育出版社，2003 年，第 68 页。

② 参见沈铭贤主编：《生命伦理学》，高等教育出版社，2003 年，第 74 页。

③ 参见德尔玛斯－玛尔蒂：《论法律的确定性与不确定性》，载张乃根、米雷埃·德尔玛斯－玛尔蒂主编，《克隆人：法律与社会》，复旦大学出版社，2002 年，第 35 页。

④ 参见徐宗良：《克隆人：可能产生的社会伦理问题》，载张乃根、米雷埃·德尔玛斯－玛尔蒂主编，《克隆人：法律与社会》，复旦大学出版社，2002 年，第 107 页。

⑤ 参见沈铭贤主编：《生命伦理学》，高等教育出版社，2003 年，第 71 页。

本无法回头。世人已经开始相信癌症可以治愈，你怎么可能指望这样一个世界，去收回这种治疗方法，重回黑暗时代？已经没有回头路了”[①]。

这一情节所指出的现象，与《弗兰克斯坦》中弗兰肯斯坦在最初面对自己创造的怪物时毫无准备、惊慌失措地逃走的情景相呼应。有学者在探讨《弗兰克斯坦》时指出，作为科学家的弗兰肯斯坦“没有提供给他的创造物作为正常人/进入这个世界的角色与准备”，“他有所发现和创造，但却拒绝思考他发现的后果；他创造新的东西，但却试图倾注所有的力量去忘记。他的发明是强大的，代表了技术的巨大突破，但在把他的创造物送入世界之前，他并没有考虑应当怎样才能最好地让被造物进入这个世界”[②]。可以说，弗兰肯斯坦既没有为其创造的高级生命提供合理的生活规划、心灵家园和社会位置，也完全未能预计其自主性的发展（提出制造伙伴、远离人类等），最终，“只有灾难才使他意识到自己的责任。不幸的是，到了他需要去克服被动性的时候，他原有的行为所产生的后果已变得不可逆转了”[③]。

因此，小说中的创造者们满腔热情，却缺乏准备——物质、价值和伦理标准均是如此，因此历经劫难，最终往往和人造人生命体同归于尽。这提示出一个关键问题：某些重大的创造性技术活动需要高度的责任意识，预先的影响预测、风险评估等，而这些意识和准备或许只有在其发展初期才能真正有效地发挥作用，而等到（生命已然创造）失误已无法撤销，让人始料未及的广泛、深远影响已然造成，事态也就远离了良性轨道，没有补救措施能使社会重回正轨。或许正因为如此，科幻小说中才出现了诸多依赖于“时间旅行”这类虚幻的方法来从根本上改变过去、避免灾难的故事。可以理解，“我们发展技术，创造出大量创造物，但这些创造物也在不可预期地重新改造和配置我们的生活。我们参与到一个巨大的技术系统，而这个系统却可能超出了我们的理解与控制。我们可能放任技术系统自身的变化，导致人类的手段与目的之间的关系发生颠倒。最后我们可能突然发现，技术走向自主，技术失控了，一切都变得那么一发而不可收拾。所以这种技术失控的想象成为我们的文学与社会生活中一种挥之不去的困扰”[④]。而在某些技术发展的萌芽阶段，当其尚存在诸多可能性的时期，对科技的理解与责任是最能发挥其功效、

---

① 石黑一雄：《莫失莫忘》，张坤译，上海译文出版社，2018 年，第 295 页。

② 高亮华：《技术失控与人的责任——论弗兰肯斯坦问题》，《科学与社会》，2016 年第 3 期，第 132、133 页。

③ 高亮华：《技术失控与人的责任——论弗兰肯斯坦问题》，《科学与社会》，2016 年第 3 期，第 134 页。

④ 高亮华：《技术失控与人的责任——论弗兰肯斯坦问题》，《科学与社会》，2016 年第 3 期，第 134 页。

最不应缺位的。

二、生命体的“门槛”和“尊严”

《莫失莫忘》中有一段情节，在凯茜的回忆中，露丝发现经常到学校来看望他们的神秘女士玛丽－克劳德竟然非常害怕他们。为了对此加以验证，学生们悄悄地等待她的出现，突然围住她又走开，而玛丽－克劳德确实十分恐惧，只能拼命压抑住自己的颤抖：“夫人的确怕我们。但她害怕我们如同有人害怕蜘蛛一样。”① 凯茜的这一比拟意义深远：昆虫虽然也是鲜活的生命，但此处的“蜘蛛”明显代表着一种在进化链条上远离人类、低等的、无法沟通而令人生惧的古怪生物，这似乎意味着在像玛丽－克劳德一样的人类眼中，克隆人未能迈过人类为确认同等的生命体所设置的“门槛”。

关于生物的特征与其道德地位之间关联的方式，通常有两种不同的看法，一种是“门槛式”，另一种则是“层级式”。门槛式的道德地位概念（threshold conception of moral status）认为，道德地位是“门槛式”的，如果某种特征给某一等级的道德地位提供基础，只要某种生物具有这种特征，即达到了一个门槛，就可以具有此种道德地位（即使有些生物个体在较高/较低的程度上展示了这种特征，它们都享有同样的道德地位）。层级式的道德地位概念（scalar conception of moral status）则认为，道德地位是一个分为不同层次、程度的概念。“在多大程度上”具有哪些能够赋予道德地位的特性，决定了其生物有多高的道德地位（如高的认知能力决定生物具有高的道德地位），此种观念强调一个生物个体能够在何等频繁地、更好地展示某一特征的重要性。②

由此，如果认同一种门槛式的观念，那么问题就是：能否允许人造生命体跨过最基本的门槛，进入到与人同样的位置，即成为人类伦理规范的主体？福山（Francis Fukuyama）把一种不能被还原的、人之为人的基础称为“X因子”。“X因子”代表的是拥有道德选择、理性、语言、社交能力、感觉、情感、意识，或任何被提出当作人的尊严之基石的特质，而这些特质整体性地组合成了人类。③ 福山还特别强调人类的“情感”的重要意义，他指出“尽管许多人将人类理性、人类的道德选择列为人类所独有的特质，它们使人产生尊严；但我认为，人所拥有的全部情感，如果不是更甚，至少也与其同等

---

① Kazuo Ishiguro, *Never Let Me Go*. New York: Vintage International, 2006, p. 35.

② 参见李亚明：《生命伦理学中人的尊严问题研究》，中国社会科学出版社，2019年，第37页。

③ 参见弗朗西斯·福山：《我们的后人类未来：生物技术革命的后果》，黄立志译，广西师范大学出版社，2016年，第172页。

重要”[1]。

与之相呼应，在诸多作品中，类人生命体几乎都拥有人的典型特征，即与人高度相似的心智能力和身体特性，具有明确的自我意识、强烈的情感特征等，也就是说，人造人也拥有人类的“X因子”，他们能够跨越“门槛”而成为与人相当的道德伦理和尊严的主体。在《莫失莫忘》中，代表智力和创造力的“艺术创作”及交换活动是凯茜最重要的童年记忆：学生们自由创作出油画、素描、陶器、雕塑等，通过导师评定，可以获得交换币，再用交换币在每季举行的大型展销会上选购他人的作品。黑尔舍姆的负责人艾米丽小姐曾说，这些诗歌、画作等“揭示你的内心”“展现你的灵魂”，是证明其内心世界的一种“凭据”。此外，传言中黑尔舍姆的学生如果能证明两个人真心相爱，学校就能设法帮助他们“延期捐献”。虽然这种传言最终被残酷地证明是虚假的，但凯茜和汤米以及其他情侣们，实际上展现了他们具有“相爱”的情感能力。这一流言在不同代际的克隆人中反复生长、始终存在，其原因无非是克隆人内心具有的“希望”精神，而保有“预期”“希望”，也是人之为人的重要品质。当然，人造人在总体上与人相似，却又表现出种种微小的不同之处，但很少有作品以这些差异作为主题，以此证明其（相对人类）地位的高低、价值的大小；相反，多数作品有意忽略或刻意否认了这种不同，或者并不认为这种不同带来了不同的道德地位。在此意义上，或许诸多科幻作家的态度都是门槛式而非层级式的。

那么，如果我们承认克隆人跨越了“门槛”，应当拥有与人类相同的道德地位，拥有受到平等对待的权利，那从生命伦理学的角度来看，《莫失莫忘》中的克隆人群体被贬损之处何在呢？科幻小说的作者们以想象的方式展开文学书写，其中值得关注的论点主要有：克隆人（难免）被当作工具和手段，其人格和尊严被贬低。（人造）人是目的而非手段，然而进行“人类克隆”正是为了满足人的某些特定需要和愿望（无论是提供器官、充当劳动力还是满足情感需求），克隆人被当作工具、被“物化”了，其人格和尊严就遭到贬损[2]。《莫失莫忘》中，学生们都被严格要求注意保持身体健康，尤其是内脏的完全健康，因此吸烟等行为是被严厉禁止的，这正是其作为提供医疗器官的“工具人”身份的真实写照。黑尔舍姆的一位教师露西小姐非常同情克隆人，因此忍不住以宣泄的方式向学生们指出了如下情况：“你们会长大成人，

---

① 弗朗西斯·福山：《我们的后人类未来：生物技术革命的后果》，黄立志译，广西师范大学出版社，2016年，第169页。

② 参见马中良、袁晓君、孙强玲编著：《当代生命伦理学——生命科技发展与伦理学的碰撞》，上海大学出版社，2015年，第72页。

然后不等你们衰老，甚至不到中年，就将开始捐献身体的各个器官。你们每个人被创造出来就是为了这个目的。你们跟录像里看到的那些演员都不一样，甚至跟我都不一样。你们是为了特定目的才被带到这个世界上来的，你们的将来，所有的一切，都已经安排好了。”[①] 无论如何，克隆者对克隆人将担负的任务和角色必定是有所具体设想和期待的，这种期待就可能使克隆人沦为完成该期望的工具。例如，曾有人提出大量克隆特定身体素质的人类以供农业生产和军队所需，亦可复制在智商、创造力等方面表现出天赋的个体，人们还可能希望克隆自己失去的亲友、制造自己想要的基因型的孩子等[②]（该技术还可能被用于恐怖活动）。即是说，人类克隆的活动在完成研发后一旦广泛地进入到日常生产、生活领域，必定是目标导向性的。“人类克隆”是一种把克隆人工具化的行为，其具有难以克服的先天矛盾，也是现实中无法回避的巨大难题。

此外，克隆人的基因独特性被剥夺，也可能导致其丧失个体独特性，其自主性受到侵犯。克隆人可能毫无选择地被动成为成百上千的、同样的克隆人中的一员；而对于隔代的、不同年龄的孪生克隆人而言，较年轻的人觉得他的生活似乎已经被另一个人活过了、命运已经被决定了，其对于自我独立性的感受深受限制[③]。在《莫失莫忘》中，“农舍”的克隆人罗德尼说在诺福克郡的一个“玻璃墙的高档办公室”看到了一名可能是露丝的“原型”的女性。“原型”所处的场景非常符合露丝对未来的梦想，但在前往当地后，他们发现其从正面看与露丝并不相像，这让露丝非常失望。然而，如果露丝真的找到了自己的“原型”，她可能遇到更严重的负面效应——“无知权”被剥夺，即生活在“原型”的阴影下。人有不知道自己的未来的权利，因此才能自发、自由地构建自己的生活和自我；如果人生已经被他人活过了，前途已定，那么人就可能失去创造自己的生活的可能性，或者很难排除“原型”（或更年长的同源克隆人）对其建构未来的心态的影响[④]。

需要补充说明的是，本文认为，基因显然不能完全决定人生，尽管“原型”对克隆人的客观影响可能存在，人们的伦理规范必须对此加以考虑，但应该注意的是，原型和克隆人显然仍是不同的生命体，同一原型的多个克隆

---

① 石黑一雄：《莫失莫忘》，张坤译，上海译文出版社，2018年，第90页。

② 参见李亚明：《生命伦理学中人的尊严问题研究》，中国社会科学出版社，2019年，第78—79页。

③ 参见马中良、袁晓君、孙强玲编著：《当代生命伦理学——生命科技发展与伦理学的碰撞》，上海大学出版社，2015年，第73页。

④ 参见马中良、袁晓君、孙强玲编著：《当代生命伦理学——生命科技发展与伦理学的碰撞》，上海大学出版社，2015年，第73页。

体之间也是不同的生命体。这数者之间虽然曾经共享同样的基因，先天禀赋、生理特征相同，但其记忆、意识和思维都一定在某个时刻出现了分叉，这一分叉说明不同的生命体因为历史的机遇和偶然，走向了不同的道路。因此，其尽管面貌、身体条件等高度相似，却不应被视为同样的人。“基因决定论”并不可靠，克隆人虽然具有与原型一样的潜能，然而这种潜能变为现实，却需要每个克隆体的自我意识产生之后，才真正获得展开的机会。

三、生命伦理的基本原则

值得思考的问题在于，如果如许多支持“人类克隆”的科学家所言，该技术最终实现的可能性很高，那么如何能避免其“坏”的一面，实现其“好”的一面，即设想合情合理的伦理规范，就是一个重大的前瞻性问题。而通过观察《莫失莫忘》等所想象的克隆人遭遇，我们可以思考未来的克隆人伦理道德与现阶段人类公认的基本生命伦理原则之间的关系——在与人类生命伦理对照的基础上，可以探索未来人造人伦理道德规范的可能性。[①] 在《生命伦理学的基础》（1979）中，贝奥切普和查德里斯提出了目前广受认同的生命伦理规则：行善、自主、不伤害和公正原则。行善原则（the principle of beneficence）是有利或仁爱原则，即生命科技要造福于人，要“直接或间接地对生命或病人施以有利的德行，以促进他人必须而且重要之利益，并尽可能避免、减少伤害和风险”[②]。不伤害原则（the principle of no-maleficence）则意味着尽量避免对对象造成伤害，一旦造成伤害就要停止；要进行风险评估，努力防止和避免风险，特别是大的风险。[③] 在《莫失莫忘》中，所有的克隆人，包括黑尔舍姆的学生，其人生都指向了唯一的道路：长大成人后为人类医疗“捐献”器官。在进入“捐献”期后，克隆人会被分次摘取重要器官，身体功能遭受或轻或重的损伤，虽然有护理员对其进行照看，勉强维持其生命至下一次“捐献”，但这无疑是对克隆人身体和心灵的持续性严重损害，并最终逐步导致其死亡，这显然就与人类对生命的基本仁爱、不伤害准则背道而驰。

自主原则（the principle of autonomy）则意味着尊重对象的人格和尊严，对在其身上施加的行为进行真实、全面的说明，尊重其自主选择权，维护其

---

① 有研究者从伦理学（主要是伦理身份）的角度对此类小说展开了全面的考察，但未从“（新）生命体”具体的伦理规范视角进行论述。参见郭雯：《克隆人科幻小说的文学伦理学批评研究》，南京大学出版社，2019 年。

② 沈铭贤主编：《生命伦理学》，高等教育出版社，2003 年，第 12 页。

③ 沈铭贤主编：《生命伦理学》，高等教育出版社，2003 年，第 12 页。

知情同意的权力，不能欺骗、强迫或利诱。[①] 实际上，相对于小说中社会主流将“器官捐献与克隆人的死亡”藏入阴影之中，黑尔舍姆已经算是对克隆人最为爱护的机构。黑尔舍姆为年幼的克隆人学生们提供了良好的教育和成长环境，相比大多数人类，艾米丽小姐和诸多教师都更相信克隆人具有独特的自我，拥有真实性和价值。但即使如此，他们对克隆人的教育和说明与“尊重其自主选择或者同意的权力”相去甚远。年幼的学生们对自己真实的命运“既知情，又不知情”[②]，他们似是而非地感受到自己与外界的人不同，听说未来将进行“捐献”。露西小姐曾与十三四岁的汤米有过一次谈话，她对学生们的遭遇流露出了强烈的愤怒之情，汤米回忆，露西小姐“还说了其他话，我不太理解。……她说我们被教得很不够”，“关于我们，以后我们会怎么样，关于捐献之类的”，“她只是认为教给我们的还不够”。[③] 此后某年，露西小姐又试图向学生们诉说“真相”：“你们谁也去不了美国，谁也成不了电影明星。……你们的人生都已经安排好了。”[④] 露西小姐希望学生们能更清醒地知道自己的未来，但艾米丽小姐的意见与之相左，她认为露西小姐“太理想主义”，会让学生们丧失他们在黑尔舍姆之外根本无法拥有的“幸福感”，和社会中的其他克隆人生活得一样糟糕。而黑尔舍姆为了维持虚幻的美好期盼，开除了露西小姐，汤米、凯茜和大多数学生在校期间始终都未能明白“捐献”与他们人生道路的确切关系、无法领悟其决定性的影响，并不真正“知情”(informed)，更遑论“选择”的权力。

关于公正原则（the principle of justice），其强调的是遵循正义、公平的信念，在资源分配、利益分享和风险承担等层面都有要努力实现公平公正，不向少数或特定利益集团倾斜，强调对弱势群体的保护。[⑤]《莫失莫忘》中，露丝在寻找自己的“原型”未果后推测，愿意提供基因充作克隆之用的人应该都来自社会底层，“吸毒的、卖淫的、酗酒的、流浪汉，或许还有罪犯”[⑥]，而如此大批地吸纳弱势群体出卖自身的特定权益（如基因独特性），很有可能是克隆机构利用其经济困窘、地位低下等境况加以利诱的结果。与之相应，由“原型”生产出的克隆人更可谓“弱者中的弱者”，甚至连如“安乐死”“临终关怀”等也没有，几乎都在痛苦中悲惨扭曲地死去。黑尔舍姆的学生们

① 沈铭贤主编：《生命伦理学》，高等教育出版社，2003年，第12页。
② Kazuo Ishiguro, *Never Let Me Go*. New York: Vintage International, 2006, p. 82.
③ Kazuo Ishiguro, *Never Let Me Go*. New York: Vintage International, 2006, p. 29.
④ Kazuo Ishiguro, *Never Let Me Go*. New York: Vintage International, 2006, p. 81.
⑤ 沈铭贤主编：《生命伦理学》，高等教育出版社，2003年，第12—13页。
⑥ Kazuo Ishiguro, *Never Let Me Go*. New York: Vintage International, 2006, p. 166.

也象征着人类社会中特殊、弱势的群体。在现实中，人们确实可能遭遇极度的不公，也和小说中的克隆人一样无力发起社会意义上的“抗争”。因此也有研究者认为，《莫失莫忘》中的克隆人也可以说是隐喻着当代福利社会中对社会系统充满信任的群体，这些群体正如黑尔舍姆的克隆人一样被“阶级”体系“隔离”，而陷入这一庞大的系统中无能为力①。

可以看到，《莫失莫忘》虽然笔墨幽婉平淡，却抒发了幽愤之情，唤起了人类读者的高度同情——这些基本的生命伦理原则既符合当代人伦，也应该适用于人们对新的类人生命体的立场。小说将克隆人放置在与人（心智情感等）同等地位却又（在身份和道德上）边缘的位置，通过展示人是如何完全违背了自身所推崇的仁爱、自主原则，迫使人类直面人所创造的新生命体的命运。此外，特别值得注意的还有人们对“人类克隆”技术的“负外部性”的忽视，也就是行为给（未参与行动的）第三方造成的不利影响②。如人类通过两性结合生育的子女与其有着天然的血缘关系纽带，父母具有养育的义务和责任，但“克隆人”的渊源多样，有着亲本的父亲或母亲、孕育的母亲、抚养的父亲或母亲等，这就可能造成“生育后代的选择权利在先，抚养的义务、责任在后，且没有直接承担生育的义务，因而生育与抚养的关系不紧密，甚至是分离的”③，这可能对克隆人带来先天的不公。《莫失莫忘》中的集体抚养，显然就是生育与抚养完全分离的例子，克隆人缺乏人类天生的亲缘和依靠关系，因此生而成为世间永恒的“孤儿”。

四、“人类克隆”的伦理问题与前景

需要思考的问题是，由于纯粹的科学探索很难获得足够的巨额财力和物力支持，目前人类创造新生命体的最大动力，或许仍是利用该技术为现实/潜在的利益服务（如生殖辅助、最佳基因保存等）。艾米丽小姐曾提道，“无论人们对你们（克隆人）的存在感到多么不安，他们强烈的关心之情仍然倾注于自己的子女、自己的配偶、自己的父母、自己的朋友，愿他们不死于癌症、运动神经元疾病、心脏病”④。实际上，《莫失莫忘》所描写的通过“人类克隆”

---

① Bruce Robbins, “Cruelty Is Bad: Banality and Proximity in ‘*Never Let Me Go*’”, *NOVEL: A Forum on Fiction*, 2007, Vol. 3, p. 292, p. 294.

② 弗朗西斯·福山：《我们的后人类未来：生物技术革命的后果》，黄立志译，广西师范大学出版社，2016 年，第 92 页。

③ 徐宗良：《克隆人：可能产生的社会伦理问题》，载张乃根、米雷埃·德尔玛斯－玛尔蒂主编，《克隆人：法律与社会》，复旦大学出版社，2002 年，第 103 页。

④ Kazuo Ishiguro, *Never Let Me Go*. New York: Vintage International, 2006, p. 263.

制造器官来供给人类医疗，并非小说家的凭空假想，而曾是人们的真实设想。因此，《莫失莫忘》中曾说明，黑尔舍姆的存在是“挑战了当时通行的整个捐献程序”，但这样的挑战在短暂的试验期之后溃败了，人们不再认可黑尔舍姆这类机构的价值。福山认为，“……基因工程时代会出现三个强大的政治趋势。第一，普通人希望自己的行为可以尽可能地从医疗角度解释，以逃避自身行为的责任。第二，强大的经济利益集团会不断地施加压力推动这一进程。……第三，由于企图将一切都医疗化，人们会倾向于不断扩展医疗的领域，使之囊括更大范围的病症”①。可以设想，在基因工程和克隆技术普及化的时代，全社会都可能以一种更单一的视角来审视人，以医学、医疗等相对专业而狭窄的名义来看待作为“身体（基因）保有者”的生理性的人。一方面，人类知道克隆人拥有和自己相同或类似的“X 因子”，他们跨越了“门槛”，应该拥有与人一样或相似的道德地位、尊严和自主性，他们自己就是自己的目的；另一方面，克隆人的原初存在就是为了满足人的生产、生活、医疗等需求，这一工具化的起点又注定人类难以将克隆人视为值得同等对待的生命体。由此，克隆人就可能成为一个既是（类人）生命体又不是生命体的“例外的”存在。

不仅如此，人们还担心优生学（Eugenics）的负面效应的显现。就在 20 世纪，在打着“科学”旗号的“优生学”之下，发生了诸多违背人道、毁灭人性甚至灭绝种族的事件。从克隆角度来看，所谓“优生”就是划分基因的优劣，并进行人为的干预、筛选、保存和再造等。许多时候，“克隆人可以……满足某个人想要避免某些遗传缺陷，得到某些特定的生理特征，乃至某些特定的性格品质（依赖于基因决定论）的愿望。许多人担心人类克隆可能会存在从个体优生学滑向社会优生学的危险”②。人们尤其担心相关技术会再次沦为种族主义的工具：克隆技术中的基因筛选可能带来显著的歧视，对人类社会的平等原则造成严重破坏。不仅如此，在排除特定基因的同时，人工选择和克隆还带来了选取特定（优质）基因、制造“超级人类”的风险。黑尔舍姆衰败的重要原因之一就是“茂宁代尔丑闻”。科学家詹姆斯·茂宁代尔在苏格兰某地悄悄工作，让人生出了具有某些加强特质——超级聪慧、超强体能等的小孩，被发现后引发了轩然大波，人们害怕出现远超人类的新生命种群。整个社会的舆论环境大变，如黑尔舍姆一类的机构因此失去了赞助人，最终被迫关闭。科幻小说的这类推想，确实非常符合人类社会的普遍心

① 弗朗西斯·福山：《我们的后人类未来：生物技术革命的后果》，黄立志译，广西师范大学出版社，2016 年，第 54 页。

② 马中良、袁晓君、孙强玲编著：《当代生命伦理学——生命科技发展与伦理学的碰撞》，上海大学出版社，2015 年，第 75 页。

态和可能采取的举措。而除了社会层面的问题，从生物学角度看，与克隆直接相关的“优生”还可能威胁人类的基因多样性。首先，人们会把具有某些不想要的基因症状的胚胎排除掉，久而久之，这些基因就逐渐从人类的基因库中消失了；其次，人类的自然有性生殖保证了后代都拥有遗传自父母双方的、新的基因组合，从而为基因库增加了新基因组，丰富了其多样性，克隆则无法增加新组合，而且自然选择的基因组合更有利于克服基因弱点。因此，“人类克隆”中高度的人工干预会损害人类基因的多样性。[①]

而且，对基因工程和克隆技术的考察不能按照功利主义原则进行简单还原，正如福山在分析此类问题时所说，“权利之所以超越利益正是因为它被赋予了更高层面的道德意义。利益可以替代，并可以在市场上自由交换”，然而我们却不能以此方式来对权利赋予经济的价值，因为它“反映了它所运行的社会的道德基础”。[②] 对于创造新生命体的考量，首先应该是从道义论出发加以判定的，而非进行单纯的功利性权衡。

目前，在对生物和基因技术的不同态度中，不论是秉承“不应该也不能对新技术的发展施加限制”的科研人员、生物医学从业者等“自由派”，还是“有道德担忧”的宗教信徒、环保主义者、新技术的反对者等“反对派”，不论是放任自流，还是完全禁止，用福山的话说，都是误导性、不现实的，人们需要“超越这种极化的状态”：某些技术，如“人类克隆”，必须完全禁止；但对大多数生物技术来说，都需要一个更为细致的管理方式。[③] 在现实中，人类在不断努力为自身架设有影响力的宣言、规范乃至法律等，如“希波克拉底誓言”、《纽伦堡宣言》（1947）、《赫尔辛基宣言》（1964）、《贝尔蒙特报告》（1979）等。在《莫失莫忘》发表的同年即 2005 年，第 59 届联合国大会批准通过了《联合国关于人类克隆宣言》，敦促各国政府禁止一切形式的人类克隆，包括用于干细胞研究的人类胚胎克隆。共有 191 个国家参加投票。这项宣言以 84 票赞成、34 票反对、37 票弃权获得通过。[④] 也是在此基础上，人们未来才可能根据历史经验、既定原则和对前景的设想，提出一种有现实性的

---

① 马中良、袁晓君、孙强玲编著：《当代生命伦理学——生命科技发展与伦理学的碰撞》，上海大学出版社，2015 年，第 75—76 页。

② 弗朗西斯·福山：《我们的后人类未来：生物技术革命的后果》，黄立志译，广西师范大学出版社，2016 年，第 110 页。

③ 弗朗西斯·福山：《我们的后人类未来：生物技术革命的后果》，黄立志译，广西师范大学出版社，2016 年，第 183 页。

④ 由于国际社会对此的意见分歧较大，联合国法律委员会放弃签署条约，改为发表不具有法律效力的声明。参见《联大通过宣言敦促各国禁止任何形式的人类克隆》，2005 年 3 月 9 日，http://www.china.com.cn/chinese/news/806341.htm.

“新生命体”的具体伦理规范。

本文认为，克隆人是一种推想中的人造新生命体，而如《莫失莫忘》这样的小说的确隐在地将克隆人的遭遇和当代社会的政治-经济系统、消费社会中的“浪费型文化”联系在了一起①，书写了作为一种社会系统对（类）人的压迫和钳制，但在科幻小说的科学想象中，我们仍应关注克隆人在人类世界中处境的特殊性：他们面对的不仅是物理意义上的自然环境和人类社会的背景，更重要的是，克隆人还必须依据一种人类为其制定的生命伦理法则而生。这些生命伦理原则、规范可以说从根本上决定了克隆人的生死存亡和生存方式。他们同时生活在三重世界中，除了自然环境和人类社会，第三重就是一种全新的“人造世界规范”，所以我们很难将未来生命体的世界简单地与现存的人类生活形态加以并列比较。那么，如在《莫失莫忘》中的情境下，无论是压抑还是培育克隆人的“人性”，似乎都带来了违背人类基本价值观和伦理原则的恶果，导致其走向了一个死胡同，因此，人们还应该创造有智慧、有感情的克隆人吗？如果仅仅制造医疗所需的材料（如个别器官）而非集成的、完整的生命体，是否更合乎善的生命伦理原则？

显然，“技术至上命令”并非没有吸引力，但技术上能够做到的，并不意味着人类就应该去做。② 人类确实在不断发展着“人”的概念，这种“人化”的过程在今天走向了“后人类”的讨论，带来了新的机遇和更大的挑战，人们也在随之构建着相关的伦理规范和法律。科学研究是自由的，有其自生自发的规律，但“科学转化为技术，其应用却不能不受社会的某种引导与制约”③。无论如何，对于新生命体的伦理规范意味着人类作为一个共同体，所做出的善的、符合道义的、长期利益的决定，人们探索着通过何种制度和机构能够对这些重大技术进行合理管控，针对不同的情况进行充分观察、有效协商。唯有如此，我们才能够在面对“后人类时代”的巨大新变时，在其萌芽期就尽力防范巨大的风险，避免制造出如《莫失莫忘》中一样深切的悲剧。

作者简介：

王一平，四川大学文学与新闻学院教授、博士生导师，研究方向为当代英美文学、科幻文学与比较文学。

---

① Wai-chew Sim, *Kazuo Ishiguro*. London: Routledge, 2010, p. 86.

② 沈铭贤：《科学技术上能够做到，不一定都应该做》，载张乃根、米雷埃·德尔玛斯-玛尔蒂主编，《克隆人：法律与社会》，复旦大学出版社，2002年，第77页。

③ 徐宗良：《克隆人：可能产生的社会伦理问题》，载张乃根、米雷埃·德尔玛斯-玛尔蒂主编，《克隆人：法律与社会》，复旦大学出版社，2002年，第120页。

生态学与文化研究

建设富有中国文化元素与中国文化之根的生态美学

——曾繁仁教授访谈*

曾繁仁　刘艳芬

编者按：曾繁仁教授是生态美学研究领域最有原创精神和学术影响的学者之一，他以马克思主义生态观为指导，致力于构建富有中国特色的生态美学话语和理论体系，取得了一系列重大成果。近日济南大学文学院刘艳芬教授对其进行了采访。在采访中，曾繁仁教授回顾了其生态美学研究历程，回答了生态美学研究中一些备受关注或受到质疑的重要问题。他认为中西方之间关于生态美学合理的沟通途径在于建设有中国特色的生态美学话语。环境美学与生态美学有着两个比较共同的文化立场，西方环境美学是中国当代生态美学建设的重要资源与借鉴基础，目前生态美学在六个方面有新突破。同时，他认为未来生态美学进一步发展的重要课题之一就是“中国话语”的建设，在中西互证、互应与交流的对话中，建设具有明显的中国文化元素与中国文化之根、又能够为世界学者所理解的美学形态。经不断建设完善，中国生态美学有望成为与欧陆现象学生态美学、英美分析哲学环境美学鼎足而立的美学。

刘艳芬（以下简称刘）：曾老师，您好！感谢您接受我的采访，多年来您一直致力于构建富有中国特色的生态美学话语和理论体系，

* 本文为国家社科基金重大项目“生态美学文献整理与研究”（16ZDA111）子课题“中国现当代生态美学文献整理与研究”阶段性成果。

在生态美学领域颇多建树，被评价为“生态美学研究领域最有原创精神和学术影响的学者”，请您谈一谈您的第一篇生态美学论文是在什么样的学术背景和机缘下写作并发表出来的，并概括一下您的生态美学学术研究历程和研究成果。

曾繁仁（以下简称曾）：我是从2001年秋西安首届全国生态美学学术研讨会之后全力从事生态美学研究的，至今已20年。促使我关注并投身于生态美学研究的契机有两个。一是有感于我国20世纪80年代乡镇企业发展所带来的环境污染问题。1987年秋，我有机会乘汽车跨越山东与河南，目睹当年乡镇企业发展所造成的严重的环境污染，可以说是黑水遍地、雾霾漫天，环境污染非常严重。发达国家几百年后才遇到的污染问题，我们在短短的20年中就发生了，必须改变这种情况。国家也开始正视这个问题，从20世纪90年代认真地倡导可持续发展，整治环境污染问题。我个人觉得，人文社会科学应该有所表达，要倡导一种使人走向诗意栖居的美学。二是2001年秋，中华美学学会、全国青年美学研究会与陕西师范大学联合召开了全国首届生态美学学术研讨会，使得我有机会在大会上作了题为《生态美学：后现代语境下崭新的生态存在论美学观》的发言，也由此走上了生态美学的研究道路。

我的生态美学研究分为两个阶段：第一阶段，从21世纪初开始自觉以国家的生态文明理论为指导，旨在构建寻求人类美好生存的生态存在论美学；第二阶段，从2017年年底开始以习近平总书记的“文化自信”为指导关注“生生美学”，不断发表文章将之深化，尝试建构具有中国特色的美学话语体系。

在著作方面，第一阶段我撰写了9部专著：《美学之思》(2003)、《生态存在论美学论稿》(2003)、《现代美育理论》(2006)、《生态美学导论》(2010)、《美育十五讲》(2012)、《中西对话中的生态美学》(2012)、《生态文明时代的美学探索与对话》(2013)、《生态美学基本问题研究》(2015)、《文艺美学的生态拓展》(2016)。同时期，我主编了5部教材、评传和论文集，就是《文艺美学教程》(2005)、《人与自然：当代生态文明视野中的美学与文学》(2006)、《中国新时期文艺学史论》(2010)、《中外美育思想家评传》(2010)、《全球视野中的生态美学与环境美学》(2011)。第二阶段我撰写了《西方美学范畴研究》(2018)，并主编《中国美育思想通史》(2017)、《生态美学与生态批评的空间》(2017)等；5卷本《曾繁仁文集》(2020)作为中国社会科学院精选的“马克思主义文艺理论与批评建设工程名家学术文库”之一由中国社会科学出版社出版；14卷本《曾繁仁学术文集》由人民出版社出版。

在研究项目方面，2000年以来，我主持国家社科基金重大项目1项，教育部哲学社会科学研究重大课题攻关项目2项，国家社科基金重点项目2项，以及其他各类课题多项。

总之，在生态美学研究历程中，我始终以马克思主义生态观为指导，力求理论的原创性和科学性，致力于构建“当代生态存在论美学”和具有中国特色的美学话语体系。①

刘：生态美学与生态文明时代是紧密联系的，您能否简单概括一下生态美学的独特性在哪里？

曾：我认为目前生态美学有六个方面的新突破，也可以视作它的独特性。

一是美学的哲学基础的突破，就是由传统的认识论过渡到了唯物实践存在论，以及由人类中心主义转向生态整体主义。

二是审美对象上的突破。多年来在黑格尔的影响下，美学界一直认为，我们研究美学就是在研究艺术哲学，因此都重视艺术而忽视自然审美，所以在这一问题上，生态美学就突破了传统的艺术中心主义。所谓生态美学，首先就是一种包含生态维度的美学，因此我们认为，生态美学不仅包含自然审美，而且包含艺术与生活审美。

三是自然审美上的突破。传统美学都是从人类中心主义的视角来看待自然审美问题，提出了“人化的自然”这个著名概念。我们认为，自然审美问题主要包含两个方面：其一是有没有实体性的自然美，我们认为没有实体性的自然美，自然美是一种人与自然关系中的美；其二是自然审美究竟是不是“自然的人化”，我们认为自然审美不是“自然的人化”，而是人与自然共生的审美关系，是诗意的栖居。

四是审美属性上的突破。以往的美学话语都受到康德的影响，把审美属性视作一种超功利、无利害的静观，这种观点还把审美感官限定在了视听器官，排斥了其他感官能力。把视听能力与精神性相结合，把其他感官与物质性的欲望相结合，这样视听与其他感官就区分出了高级与低级。我们认为，在艺术审美上，康德的静观美学是可以成立的，但是把这种观点放到自然审美上就不合适了。我们更认同当代西方环境美学所提出“参与”的概念，认为在欣赏自然对象的时候，是眼、耳、鼻、舌等全部感官的共同介入。

五是审美范式上的突破。古典的美学范式有哪些呢？对称、和谐、比例等，这些都是形式方面的。这是源自西方古希腊的传统。生态美学突破了传

---

① 张玉香：《建设中国特色生态美学——访山东大学教授曾繁仁》，《山东教育（高教）》，2019第Z2期，第39—41页；曾繁仁、程相占：《中国生态美学的最新进展及其与生生美学的关系》，《鄱阳湖学刊》，2020年第5期，第6—10、125页。

统美学的形式范式，提出了诗意栖居、家园意识、场所意识、四方游戏等特有的审美范式。

六是改变了中国传统美学的地位。过去很多西方学者对于东方美学、中国美学都持否定态度，他们可能重视我们的艺术，但是不重视我们的美学。比如《美学史》的作者鲍桑葵在书里就很明确地写着，中国传统美学的“审美意识还没有上升为思辨理论的地步”。这其实是典型的欧洲中心主义，他们完全拿西方现代工具理性的美学理论来套用我国古代非工具、非思辨的美学理论。这对于中国的美学研究者来说是不可接受的，而生态美学则恰好为人们提供了重新认识和评价中国传统美学的契机。我们把中国传统美学中大量的、极为有用的生态审美智慧首次开掘出来，而且西方的生态美学和环境美学其实也大量借鉴了我国古代的生态智慧。像儒家的“天人合一”、《周易》的“生生为易”“元亨利贞”、法家的“道法自然”等提法都可以为我们所用，成为我们建设生态美学的宝贵资源。生态美学在这一点上有助于实现中与西、古与今的会通。①

刘：多年来您始终将美学研究的目光投之于热烙的生活土壤上，始终致力于解决当今迫切的社会问题，那么您能否以一个现实生活中的实例来谈一谈生态审美活动的特点呢？

曾：好的。我认为在生态审美活动中，自然是动态的，是与人互动的。因此，自然之美就不是康德所说的静观之美、无功利之美，而是结合之美。人只有在审美的存在中，才能获得真正的自由。比如秋天时分，我们到香山观赏红叶，那扑面而来清新的山林气息、鸟儿美妙的啼鸣、红叶的灿若烟火，使我们得到美好的享受。相反，沙尘暴中那漫天弥漫的黄沙给我们的感官以难以忍受的刺激。长期以来，我们受康德“判断先于快感”的美学理念影响很深，忽视了感官知觉在审美中的重要作用。这就使美学无法解释生态审美与生活审美，当然也无法解释正在蓬勃兴起的视觉艺术。因此，生态审美活动是一种“结合美学”“参与美学”。②

刘：是啊，生态审美活动确实很复杂，是一种“结合美学”“参与美学”，以此解释正在蓬勃发展的视觉艺术很有力度。那么，您认为生态美学的关键词有哪些？

曾：我认为生态美学的关键词有生态论的存在观、天地神人四方游戏说、诗意地栖居、家园意识、场所意识、参与美学等。

---

① 胡友峰：《新时代美学的生态关怀与中国立场——访美学家曾繁仁》，《中国文艺评论》，2020年第8期，第116—126页。

② 曾繁仁：《生态存在论美学视野中的自然之美》，《文艺研究》，2011年第6期，第42—48页。

第一，生态论的存在观。这是当代生态审美观的最基本的哲学支撑与文化立场，由美国建设性后现代理论家大卫·雷·格里芬（D. R. Griffin）提出。当代存在论哲学是一种“此在与世界”的在世关系，只有这种在世关系才提供了人与自然统一协调的可能与前提。“生态圈”思想告诉我们地球上的物种构成一个完整系统，物种与物种之间以及物种与大地、空气都须臾难分，是一种能量循环的平衡的有机整体。“生态论的存在观”就是据此建立，是对以海德格尔为代表的当代存在论哲学观的继承与发展，包含着由认识论到存在论、由人类中心到生态整体、由对自然的完全“祛魅”到部分“返魅”的过渡等重要内容。

第二，天地神人四方游戏说。这是由海德格尔提出的。海氏在20世纪40年代之后才完全突破“人类中心主义”走向生态整体，提出了“天地神人四方游戏说”。他说“天、地、神、人之纯一性的居有着的映射游戏，我们称之为世界（Welt)。世界通过世界化而成其为本质”。这里“四方游戏”是指“此在”在世界之中的生存状态，是人与自然的如婚礼一般的“亲密性”关系，作为与真理同格的美就在这种“亲密性”关系中得以自行置入，走向人的审美的生存。

第三，诗意地栖居。这是海氏提出的重要生态美学观之一，具有极为重要的价值与意义。长期以来，人们在审美中只讲愉悦、赏心悦目，最多讲到陶冶，极少有人从审美的生存特别是从“诗意地栖居”的角度来论述审美。而“栖居”本身则必然涉及人与自然的亲和友好关系，包含生态美学的内涵。海氏在《追忆》一文中提出“诗意地栖居”这个美学命题。他说道，“一切劳作和活动，建造和照料，都是‘文化’。而文化始终只是并且永远就是一种栖居的结果。这种栖居却是诗意的”。如何才能做到“诗意地栖居”呢？其中，非常重要的一点就是走出“技术的栖居”，做到人与自然共生共存，尊重自然，顺应自然，保护自然、拯救大地。

第四，家园意识。当代生态审美观中“家园意识”的提出首先是因为在现代社会中由于环境的破坏与精神的紧张，人们普遍产生一种失去家园的茫然之感。诚如海氏所言，“在畏中人觉得‘茫然失其所在’。此在所缘而现身于畏的东西所特有的不确定性在这话里当下表达出来了：无与无何有之乡。但茫然骇异失其所在在这里同时是指不在家”，又说“无家可归是在世的基本方式，虽然这种方式日常被掩盖着”。这就说明，“无家可归”不仅是现代社会人们的特有感受，而且作为此在的基本展开状态的“畏”具有一种本源的性质，而作为“畏”必有内容的“无家可归”与“茫然失其所在”就同样具有本源的性质，可以说是人之为人而与生俱来的。当然，在现代社会各种因素的冲击之下这种“无家可归”之感显得愈加强烈。由此，“家园意识”就成为具有当代色彩的生态美学观的重要范畴。

第五，场所意识。“场所意识”与人的具体的生存环境以及对其的感受息息相关。在海氏看来“场所”就是与人的生存密切相关的物品的位置与状况。这其实是一种“上手的东西”的“因缘整体性”，也就是说在人的日常生活与劳作当中周围的物品与人发生某种因缘性关系从而成为“上手的东西”。但“上手”还有一个“称手”与“不称手”以及“好的因缘”与“不好的因缘”的问题。例如环境污染、自然破坏所造成的各种有害气体与噪音对于人的侵害，就是一种极其“不称手”的情形，这种环境物品与人“不好的因缘”关系也是一种不利于人生存的“场所”。

第六，参与美学。这是伯林特明确提出的。他说“首先，无利害的美学理论对建筑来说是不够的，需要一种我所谓的参与美学”，又说“因而，美学与环境必须得在一个崭新的、拓展的意义上被思考。在艺术与环境两考当中，作为积极的参与者，我们不再与之分离而是融入其中”。当代生态美学观突破了康德的主客二律背反的无利害的静观美学，这种静观美学必然导致人与自然的对立。而当代生态美学观则主张人在自然审美中的主观构成作用，但又不否定自然潜在的美学特性。①

刘：生态美学无疑要求一种新的生态视角，在此基础上，请您谈谈生态批评与生态美学的关系与异同。

曾：两者之间关系紧密，不可割裂开来研究。我认为一方面，现代文学生态批评的兴起与发展，不仅对生态美学的产生起到了推动作用，而且为生态美学的建设输送了丰富的理论资源与实践经验；另一方面，生态美学的实际应用派生出文学的生态批评方法，又促进了生态批评的发展。②

刘：您曾在文章中说过生态美学是“后现代语境下崭新的生态存在论美学观”。那么，您认为生态美学与环境美学的区别与联系有哪些?

曾：生态美学与环境美学的关系是国内外学术界共同关心的问题。因为当代西方美学界一直力倡环境美学，而当代中国美学界有部分学者则大力倡导生态美学。

首先，我认为生态美学与环境美学有着密切的关联。西方环境美学是中国当代生态美学发展的重要参照与资源。从文化立场来说，生态美学与环境美学有着两个共同立场。其一，二者均是针对当代严重的生态破坏而要对生

① 曾繁仁：《当代生态美学观的基本范畴》，《文艺研究》，2007年第4期，第15—22、174页。

② 曾繁仁：《生态美学导论》，商务印书馆，2010年，第78页。

态环境加以保护的立场。我国当代生态美学实际上是我国现代化逐步深化、进入生态文明时期的产物，它将生态文明建设作为自己的目标；西方环境美学也是在环境问题突出以后产生，并将环境保护作为自己的坚定立场。其二，它们都是对于传统美学忽视自然审美的突破。我国生态美学研究者明确表示，生态美学最基本的特点就是它是一种包含生态维度的美学；西方当代环境美学的一个重要立场就是对于传统美学忽视自然生态环境的一种突破。在我国生态美学建设过程中，西方环境美学也给我们以滋养，其关于“宜居”观念的论述给我们很大启发，特别是卡尔松的“自然是一种环境”的理论与伯林特的“参与美学”“生态现象学”以及“自然之外无它物”等人与自然一体的理论观点，更让我们启发良多。正是基于此，我认为西方环境美学是中国当代生态美学建设的重要资源与借鉴基础。

其次，中国的生态美学与西方的环境美学还有着某些区别。第一，生态美学与环境美学产生于不同的时代与地区。环境美学产生于20世纪60年代的西方发达国家。那时西方生态哲学与生态伦理学刚刚起步，占主导地位的是“人类中心主义”思想。环境美学力图突破这一思想，但难免还有所保留，诸如对于“环境”的理解，同时又难免陷入“生态中心主义”，例如“自然全美”的提出。而中国是在20世纪90年代中期，特别是从21世纪初期才开始逐步形成具有一定规模的生态美学研究态势。此时我国的生态美学建设面对的是亟须发展经济的现实社会需要与环境资源空前紧缺的国情现状，经济发展与保护环境成为双重需要。正是在这种情况下，综合生态中心与人类中心提出“生态人文主义”与“生态整体主义”等更加符合社会发展规律的生态理论形态，成为当代生态美学的理论支点。这也就使中国生态美学所凭借的理论立足点比西方环境美学的“生态中心主义”更加可行，并具有更强的时代感与现实感。

第二，从字意学的角度说，“生态”与“环境”也有着不同的含义。西文“环境”（Environment）有“包围、围绕、围绕物”等意，明显是外在于人之物，与人是二元对立的。而与之相对，“生态”（Ecological）则有“生态学的，生态的、生态保护的”之意，其词头“eco”则有“生态的、家庭的、经济的”之意。可见，“生态”的含义的确包含“家园、居住、逗留”等含义，比“环境”更加符合人与自然融为一体的情形。而从生态美学作为生态存在论美学的意义上来说，“生态的”所包含的“居住，逗留”等意更加符合生态存在论美学的内涵。

第三，从美学内涵的角度来说，“生态”比“环境”具有更加积极的意义。生态美学产生于20世纪后期，综合了一百多年来人类在生态环境问题上长期探索的成果。生态美学是以这种“生态整体主义”与“生态人文主义”的理论作为自己的理论指导的，而“环境美学”产生的历史较早，难免受到“人类中心主义”或“生态中心主义”的局限，而且“环境美学”表现出某种“人类中心主义”的倾向。

第四，生态美学在中国得到部分学者的大力倡导，与中国的传统文化资源有着十分密切的关系。在中国古代文化哲学中没有外在于人的“环境”，只有与人一体的“天”，天、人从来都是紧密联系的。一部中国古代文化史就是探讨天人与古今关系的历史，所谓“究天人之际，穷古今之变”。这里所讲的“天人之际”“天人合一”与“天人之和”等就是人与自然一体的“生态系统”中较为复杂的关系。儒家的“位育中和”“民胞物与”、道家的“道法自然”“万物齐一”、佛家的“众生平等”“无尽缘起”等都是讲天人之际的“生态系统”。而这种东方生态理论在近现代影响了西方众多生态哲学家与美学家，包括梭罗、海德格尔等。特别是海德格尔的“生态存在论”哲学与美学观、“四方游戏说”与“家园意识”等，成为“老子道论的异乡解释”。在这样一片如此丰沃的东方生态理论的土壤上，我们相信一定能够生长出既有现代意识与通约性又有丰富的古代文化内涵的具有中国特色的生态美学。①

刘：推动我国生态美学与生态批评研究的发展，是我们这些学者的重要责任，您认为应该怎样建立起中西方之间关于生态美学合理的沟通路径？西方环境美学的发展和理论建构可以给生态美学提供怎样的借鉴？

曾：我认为中西方之间关于生态美学合理的沟通途径在于有中国特色的生态美学话语建设上。这不仅关系到学科领域的话语权问题，更为重要的是作为人的审美的生存方式之表达的美学理应寻找到一种适合本国文化需要的理论话语。具体而言包括以下四个方面。第一，突出栖居之美。借用海德格尔所谓“人诗意地栖居在大地上”，是对于工业革命时代“人的科技的栖居”的反拨和补正，强调人的生存之美。第二，强调家园意识。在海氏看来，“家园意识”是大地赠予的人与自然生态的无比亲切难离的关系，是一种特殊的符合人的本己因素的自由自在的“在家”之感，一种没有任何疏离的历史空间。这是对于自然之美的新的见解，说明自然之美绝非实体之美，也非“人化自然”之美，而是人与自然生态的关系之美，一种共同体之美。要借用海氏“家园”意识建设包括人类在内的稳定、和谐与美丽的生态共同体。第三，注重生命动态之美。传统西方美学更多体现出一种物质的比例、对称与和谐

① 曾繁仁、程相占：《生态文明时代的美学建设》，《鄱阳湖学刊》，2014 年第 3 期，第 100—114 页；曾繁仁：《生态美学的东方色彩及其与西方环境美学的区别》，《河北学刊》，2012 年第 6 期，第 29—33 页；曾繁仁：《论生态美学与环境美学的关系》，《探索与争鸣》，2008 年第 9 期，第 6_—63 页。

之美，是一种静态的美。工业革命后期，19 世纪末，逐步出现超出这种物质的静态之美的生命哲学与美学，那就是借用伯格森、叔本华与尼采的强调“生命之流”的哲学的美学来发展和建设从生命平等的视角来论述生命之价值与意义的生态美学与环境美学。第四，凸显天地境界。对于生态美学所力主的人类必须达到一种天地的审美境界应该是一种中国的言说，但西方现代也有类似的表述。海德格尔的“天地神人四方游戏”说的就是一种“天地境界”，但明显受到了道家影响。中国古代中和论“生生之美”其实就是一种对于天地境界的强调并以其为前提。①

刘：您认为生态美学研究的价值和意义有哪些？

曾：当代生态美学作为新时代先进文化的重要组成部分，具有极其重要的价值意义。第一，生态美学在“美丽中国”建设中具有重要的理论与实践的价值意义。我国已将“美丽中国”建设列入中国特色社会主义的伟大规划之中，“美丽”的基本内涵就是“绿色”与“生命”。这是人的美好生存的基本内涵，也是当代生态美学的应有之意。生态美学在“美丽中国”建设中具有广阔的发展空间与重要价值意义。第二，生态美学在应对当代生态灾难中具有重要作用。马克思指出伟大的艺术不仅可造就伟大的精神产品，而且可造就一批具有良好素养的人才，精神同样可以转变为物质的力量。当前环境压力巨大，人类面临一系列生态灾难的袭击。在这种情况下，生态美学以及与之有关的文艺作品可以熏陶出一批又一批以审美的态度对待自然生态的人才，特别是青年一代，从而在很大程度上帮助人类避免和应对生态灾难。第三，“生生美学”为中国美学重放光彩提供了可能。长期以来，以黑格尔为代表的西方学者站在西方理性主义立场否定中国有自己民族的美学与美学史。“生生美学”以《周易》“生生”之学为出发点，依托光辉灿烂的中国传统艺术，为中国美学闪耀于世并走向世界提供了可能。②

刘：基于当前中国还存在的部分严峻的环境问题，您认为生态美学对我们当前的文化观念、生活方式有哪些启示？

曾：中国特色社会主义新时代为生态美学的发展开拓了广阔的空间，其中一个重要维度就是促进生态美学走向生活，体现于人们的日常生活之中，其重要表现就是倡导人们自觉地选择一种人与自然共生的“简约生活”。本来，审美就是人类的一种艺术的生活方式，“简约生活”就是生态审美的生活

① 曾繁仁：《中西对话中的中国生态美学》，《西南民族大学学报（人文社科版）》，2017 年第 2 期，第 185—191 页。

② 曾繁仁：《我国自然生态美学的发展及其重要意义——兼答李泽厚有关生态美学是“无人美学”的批评》，《文学评论》，2020 年第 3 期，第 26—33 页。

方式，标志着生态美学真正地走向了人们的日常生活。倡导“简约生活”，是实现我国生态文明建设宏伟规划的重要内容，也是生态文明建设的重要组成部分。2015年，国家颁布《关于加快推进生态文明建设的意见》，明确要求：“广泛开展绿色生活行动，推动全民在衣食住行游等方面加快向勤俭节约、绿色低碳、文明健康的方式转变，坚决抵制和反对各种形式的奢侈浪费、不合理消费。”因此，对“简约生活”，应该从新的生态文明视野加以研究，从生态文明新时代的时代观、自然观、发展观、生态伦理观、生活观、文化观与美学观的不同角度加深理解。“简约生活”不仅仅是生活方式的转变，而且是时代观、世界观、道德观、发展观、生活观、文化观与审美观的转变。①

刘：您刚刚提到了中西方之间关于生态美学合理的沟通途径在于有中国特色的生态美学话语建设上，那么我们应该怎样构建具有中国特色的生态美学？中国传统文化对构建生态美学有什么启示？

曾：构建具有中国特色的生态美学从根本上说应立足于当代中国特色社会主义生态文明创新理论，将人在优美生态环境中的美好生存放在首要位置。尤其是党的十八大以来，我国进入中国特色社会主义建设的新时代，生态美学在这一时期得到了长足发展，开始进入中国话语自觉建设时期。新时代中国特色社会主义生态文明理论、美丽中国的建设目标和坚守中华文化立场的文化自信理论，为当代中国特色生态美学话语的建设与发展坚定了信心、指明了方向。

中国传统文化对构建生态美学有重要的启示。长期以来我在学习美学的过程中都是以“中和之美”与“和谐之美”来标识中西美学的区别，但近年来在思考中国传统艺术时觉得“中和”与“和谐”更加适合于哲学，对于艺术有点“隔”，而“阴阳相生”则较为契合中国传统艺术“言外之意”的生成特点。同时，我学习了方东美先生的“生生之美”与“美是对于生命伟大处的体贴”等论述，觉得比较契合中国传统艺术，于是就用了“生生美学”一说。“生生”是儒家乃至中国传统文化的核心观念，包含了极为丰富的内涵。特别是唐代佛教传入后“意境”之说的出现，更加反映了中国传统艺术对于大自然生命伟大之处的“妙悟”。这样的“妙悟”是中国传统艺术的共性与特点所在，是在“天人合一”的文化背景之下产生的，因此也是中国传统的“生态美学”。

《生生美学》是我于2019年年初完成的新著。该书把中国传统文化中的

① 曾繁仁：《生态美学走向生活：新时代的“简约生活”方式》，《北京林业大学学报（社会科学版）》，2018年第2期，第8—12页。

生态美学资源概括为“生生美学”，并且运用生态存在论美学的方法，从文化、哲学、美学和艺术审美几个层面，对“生生美学”的产生、内涵、范畴及其在中国传统文艺形态上的呈现进行了比较系统、全面的分析和论述。可以说，该书全景式地展示了“生生美学”之精神与意蕴在中国传统艺术审美生活中的存在。根据我的认识，中国传统的文学艺术并不完全是历史性存在，其大多仍然存于当代中国人的文化审美生活之中，因此，“生生美学”仍然是活生生的现实存在，这也是“生生美学”作为源自中国传统生态美学的生机与价值所在。①

刘：您认为生态批评与生态美学在当下亟待解决的问题或面临的理论困境有哪些？

曾：生态批评与生态美学在当下亟待解决的问题或面临的理论困境有：第一，克服传统实践美学的人类中心论，构建生态美学的人与自然共生整体论；第二，在美学理论中以“诗意栖居”代替“人化自然”；第三，建设自立于世界的中国传统“生生美学”。未来生态美学进一步发展的重要课题之一就是“中国话语”的建设，中国古典美学体现为以古代哲学中“天人合一”为文化基点、以“生生不息”为基本内涵的“生生美学”。挖掘中国本土生态美学资源，需要当代学者在中西互证、互应与交流的对话中，建设具有明显的中国文化元素与中国文化之根、又能够为世界学者所理解的美学形态。②

刘：建设具有明显中国文化元素与中国文化之根、又能够为世界学者所理解的美学形态是我们中国学者的学术理想，您的“生生美学”研究确实向前迈进了一大步，您的研究不仅植根于传统哲学文化，而且是具有前瞻性的。您认为未来生态美学的发展前景和趋势会是怎样的？

曾：我于 2010 年曾发表过《生态美学建设的反思与未来发展》一文，展望过生态美学在建设中逐步走向完善需要做到五个方面的衔接：第一，与当代生态文明建设相衔接；第二，与当代生态理论的发展相衔接；第三，与中国传统生态文化智慧的发掘相衔接；第四，与当代生态文艺的发展相衔接；第五，在中西交流对话中与坚持中国特色文化建设之路相衔接。目前，这五个方面仍然是生态美学未来需要进一步解决的问题。③

① 曾繁仁、程相占：《中国生态美学的最新进展及其与生生美学的关系》，《鄱阳湖学刊》，2020 年第 5 期，第 6—10、125 页。

② 张玉香：《建设中国特色生态美学——访山东大学教授曾繁仁》，《山东教育（高教）》，2019 年第 Z2 期，第 39—41 页。

③ 曾繁仁：《生态美学建设的反思与未来发展》，《马克思主义美学研究》，2010 年第 1 期，第31—42 页。

生态美学是一种正在建设发展中的美学形态，需要更好地结合生活与文化的现实，在中西比较对话中得到完善，中国生态美学有望成为与欧陆现象学生态美学、英美分析哲学环境美学鼎足而立的美学。

当前我国进入中国特色社会主义建设的新时代，为实现“两个一百年”奋斗目标，国家将“美丽中国”建设绘于社会主义宏伟蓝图中，这为我国美学学科的未来发展开辟了更加广阔的天地，相信更多的青年学者会在美学学科中大展宏图，书写更加辉煌的中国美学篇章。[①]

作者简介：

曾繁仁，著名美学家，当代中国生态美学的奠基人之一，山东大学终身教授。现任山东大学讲席教授，教育部社会科学委员会成员、文学语言新闻艺术学部召集人，教育部人文社科重点研究基地“山东大学文艺美学研究中心”名誉主任与学术委员会主任。

刘艳芬，文学博士，济南大学文学院教授，硕士生导师，美国宾夕法尼亚州立大学人文学院哲学系访问学者，研究方向为美学、文艺学。

① 曾繁仁：《论百年中国美学的创新性发展历程》，《山东社会科学》，2019 年第 9 期，第 42 页。

生态美学：直面生态危机的关怀美学

——程相占教授访谈*

程相占　刘夕琛

编者按：程相占教授是我国生态美学研究的代表学者之一，他积极探索中西生态美学研究路径，坚持“生态美学的生生本体论”的立场，提出了生态实在论、生态智慧C、生生本体、关怀美学、审美暴力等一系列标识性概念和理论命题，推进了生态美学理论知识的有效增长，建构了独特的生态美学话语。近日，程相占教授接受了济南大学文学院刘夕琛同学的采访，回顾了其生态美学研究历程，回答了生态美学研究中一些备受关注的问题。程相占认为生态美学实质上是一种关怀美学，要关怀地球圈的健康和稳定，生态美学的核心主张是承认自然的优先性，努力将审美愉悦与生态关怀统一起来；他提倡生态审美，认为生态审美是借助于生态知识引发想象并激发情感，旨在克服人类审美偏好的新型审美方式与审美观；他认为生态美学与环境美学可相互参照、借鉴以走向双赢，通过不断发展，中国生态美学有可能在国际生态美学领域发挥比较重要的作用。访谈中，他还提出了生态文学性（ecoliterariness）的概念，尝试着将生态美学作为生态批评的理论基础，以扭转全球范围内生态批评过度关注文化现象而忽视文学审美维度的取向。

刘夕琛（以下简称刘）：程老师，20年来，您一直从事生态美学研究并积极倡导中西交流，取得了丰硕的成果，请您谈一谈您的第一篇生态美学论文是在什么样的学术背景和机缘下写作并发表出来的，并概括一下您的生态美学学术研究历程和研究成果。

程相占（以下简称程）：2001年10月17日至21日，我参加了

* 本文为国家社科基金重大项目“生态美学文献整理与研究”（16ZDA111）子课题“中国现当代生态美学文献整理与研究”阶段性成果。

陕西师范大学主办的“美学视野中的人与环境——首届全国生态美学学术研讨会”，提交的会议论文是《生生之谓美》，这是我撰写的第一篇生态美学论文。我在这篇文章中提出：生态美学不仅是生态学研究的新的生长点，而且是美学研究的新生点。它将解决以往美学特别是国内占主导地位的实践美学所难以解决的问题（如所谓的“自然美”“人化自然”等）。我认为生态美学并不是一门独立的美学学科，而是由生态危机引发的美学思考；从美学角度关注生态问题，是生态学这个科学概念中固有的“家园”意识的具体化与深化。为了构建生态美学，我根据《易传》的“生生之谓易”这一命题，初步提出了“生生美学”并予以初步界定。①

我随后的生态美学研究历程具体可从以下两方面谈及：

第一，逐步深化。所谓“逐步深化”就是说，我们对于生态美学的理解比 20 世纪末期要深刻许多。这个深化主要体现在：中国的生态美学既不同于西方的环境美学，也不同于西方的生态美学，我们有一套自己的东西。这个发展过程与我们山东大学文艺美学研究中心所做的工作密切相关。如 2005 年，我们在青岛召开了题为“当代生态文明视野中的美学与文学”的国际学术研讨会，它是国内最早把生态文明和生态美学联系在一起的一次会议。2009 年，在曾繁仁老师的领导下，我们主办了“全球视野中的生态美学与环境美学国际学术研讨会”，把国际上最著名的学者，像伯林特、卡尔森、戈比斯特、瑟帕玛等国际一流学者都邀请到了山东大学，会后还进行了学术座谈与对话。2012 年我们召开了“建设性后现代思想与生态美学国际学术研讨会”，邀请了美国的大卫·格里芬以及美国著名的后现代研究院的主要学者。2015 年我们召开了“生态美学与生态批评的空间”国际研讨会等。可见这主要是一个逐渐深化的过程，这个深化过程的主要方式就是与西方学者进行密切的交流与合作。我本人在 2008 年申请到国家社科基金项目“西方生态美学的理论与实践”，作为主持人，我邀请了伯林特、戈比斯特、美籍华人王昕浩三位重要的国际学者参与，并取得了重要成果。

第二，趋向成熟。2013 年我和上述三位学者合作出版了专著《生态美学与生态评估及规划》，其最大亮点是采取中英对照的方式，便于国际学者了解。2015 年，加拿大学者卡尔森为美国《斯坦福哲学百科全书》写的词条“环境美学”就把我的著作写了进去；其 2019 年版的参考文献共列举了我的 8 篇英语文献。此外，西方学者伯林特和卡尔森，尤其是卡尔森连续发表论文，

① 程相占：《走向“身—心—境”三元论美学范式》，《美与时代（下）》，2019 年第 4 期，第 4—5 页。

专门讨论我国的生态美学思想。例如美国的美学刊物《美学与艺术批评杂志》2018年出了一期环境美学专号，第一篇论文就是卡尔森的《环境美学、环境伦理学与生态美学》。该文分十部分，其中第九部分讲"中国生态美学"，很大篇幅专门讲我的生态美学，当然也涉及曾老师以及其他老师的生态美学。这说明，中国生态美学已经引起了国际学者、权威学者的高度重视。所以从这个意义上看，说它趋向成熟，也不是夸张。[①]

总的来说，我在学术研究历程中一直秉持"全球共同问题，国际通行话语"的学术准则，面向国际学术界进行学术探索，努力通过与国际同行的密切合作与交流来构建具有国际学术水准的生态美学，促进我国生态美学"逐步深化，趋向成熟"地发展。[②]

我的生态美学研究相关成果有《文心三角文艺美学——中国古代文心论的现代转化》《中国环境美学思想研究》《生生美学论集——从文艺美学到生态美学》《生态美学引论》《西方生态美学史》《环境美学概论》等专著；翻译了《身体意识与身体美学（第二版）》和《美学与环境：一个主题的多重变奏》2部西方著作；发表中外文学术文章140篇（其中英文论文13篇），部分观点被写入美国《斯坦福哲学百科全书》的"环境美学"词条。

同时，我借鉴中国传统核心价值观"生生"的概念，提出了独树一帜的"生生美学"。在此基础上，我以生态审美为研究对象，提出了生态美学领域的生生本体论立场；还提出并论证了与"文明"相对的"文弊"概念，建构了生态文明理论模式。另外，在中国传统文化及其核心价值观的基础上，我充分借鉴挪威哲学家奈斯的"生态智慧T"，提出了"生态智慧C"理念，为中国传统思想的当代转化及其世界意义的发掘构建了有效的理论框架，在国际学术界产生了积极影响。

刘：谢谢程老师，通过您的介绍，我们深刻了解到了您的生态美学研究逐步深化、趋向成熟的过程。请您再简单谈一下生态美学的独特性。

程：我认为生态美学的独特性在于它实际上是一种"关怀美学"，某种程度上是对当代"关怀伦理学"的呼应，其深层结构是一种"伦理-审美范式"：它首先考虑人对事物的适当态度，然后再考察人对事物的审美欣赏。从审美原理的角度来说，"适当态度"是一切审美活动的起点。从生态美学的角度来说，这里所言"适当态度"是一种"关怀的态度"——关怀地球生态圈

---

① 程相占、孙美娟：《中国生态美学发展状况及其话语建构——教育部长江学者特聘教授、山东大学博士生导师程相占访谈》，《社会科学家》，2019年第10期，第4—5页。

② 程相占：《走向"身—心—境"三元论美学范式》，《美与时代（下）》，2019年第4期，第6页。

的健康和稳定。具体而言，可概括为两点：

第一，生态美学是一种规范性的“关怀美学”。生态美学是对全球性生态危机的美学回应，它从审美理论这一特定角度，关怀生态危机时代人的生存状况和生存质量，关怀人类拯救生态危机而幸存的途径，并以此为基础关怀人类审美活动的是非对错及其应有的价值取向。

第二，生态美学倡导人们养成一种有利于节约资源、保护环境、尊重其他物种生存权利的新型审美观，这就是“生态审美观”。这种新型审美观的核心是“审美应该”，包括科学上正确、道德上正当和审美上适当三个方面。

总之，我认为生态美学从生态存在论出发，其核心命题是：自然事物以人类的审美知觉为通道，如其本然地显现其自身。这一核心命题可概括为：美者自美，因人而显；生态审美，生生不息。①

我在最近出版的《生态美学引论》中提出了一系列标识性概念和理论命题，包括生态实在论、文弊、生态智慧C、自然的自然化、身—心—境三元论美学范式、生生本体、关怀美学、审美暴力、审美应该、审美事件、生态魅力、自然的自然化等，这些概念和命题大都是我的首创，其目的是推进生态美学理论知识的有效增长。我觉得，一系列标识性概念集中体现了我的生态美学的独特性。

刘：毫无疑问，日益加重的生态危机会促使人们以一种新的生态的审美观来观照现实，应对环境带来的挑战，您将生态美学定位为一种规范性的“关怀美学”代表了一种全新的审美价值取向。请您再以一个现实生活中的实例来谈一谈生态审美活动的特点。

程：我认为，生态美学的第一关键词不是“生态美”，而是“生态审美”，笼统地讲，生态审美是为了回应全球性生态危机，以生态伦理学为思想基础，借助于生态知识引发想象并激发情感，旨在克服人类审美偏好的新型审美方式与审美观。具体而言，我认为生态审美活动的主要特点有四个：第一，彻底摈弃那种基于人与世界对立、主客二分的传统审美模式，代之以人与世界融为一体的“审美交融”模式；第二，生态审美是以生态伦理学为思想基础的审美活动，是对传统美学理论中审美与伦理关系的生态改造与强化，生态意识是生态审美的必要前提条件；第三，生态审美必须借助自然科学知识特别是生态学知识引起好奇心和联想，进而激发想象和情感，没有基本的生态知识就无法进行生态审美；第四，指导生态审美的生态价值准则是生物多样性和生态平衡，必须超越人类中心主义的价值判断标准和“人类审美偏好”，

---

① 程相占：《生态美学：迈向生态文明的美学转型》，《光明日报》，2019年7月15日。

反思和批判人类中心主义的审美天性和习性。

以近几年频繁出现的雾霾天气现象为例，如果按照传统的审美观来看，欣赏者保持一定的审美距离，便可以对雾霾现象进行审美，比较著名的例子是布洛对于海雾的欣赏。雾霾虽然不是通常意义上的雾，但从一般视觉感知上来说，雾霾与普通的雾并没有显著差异，比如雾霾最初出现时，人们误以为那就是通常的烟雾，进而对之进行审美欣赏。但是从生态审美角度来看，生态学知识和生态伦理意识告诉我们，雾霾是大气遭到人类实践活动严重破坏的产物，是生态环境恶化的表现，会给人类物种及其他物种带来有害影响，因此以雾霾为美是一种错误的审美偏好，生态美学必须以生态价值标准为最高原则，对之加以严厉批判。由此，生态审美赞扬的是“APEC 蓝”，这是人们通过各种人工措施，将雾霾这种天气尽可能地恢复到正常的蓝天白云状态，即“自然的自然化”。这也揭示出，“自然的自然化”——而非“自然的人化”——才是美的根源。

刘：由“自然的人化”到“自然的自然化”，人对自然的干预越来越少，但没有基本的生态知识就无法进行真正的生态审美。您认为生态美学的关键词除了上面所说的您个人独创的那些词之外还有哪些？

程：当前，生态美学尚不成熟，世界各地的学者提出了不同立场的生态美学，我根据不同的理论取向、核心命题或关键词，总结了八种生态美学立场。依据这八种生态美学立场，我认为生态美学的关键词（包括前面所说的）有：生态学、生态艺术、生态美、生态审美、生态存在、生生本体、自然的自然化、生态实在、审美理论、审美能力、审美需要、审美判断、审美偏好、生态魅力、生态事件，等等。①

另外，生态美学关怀人类的可持续存在与发展，实质上是一种规范性的“关怀美学”，倡导人类养成一种有利于节约资源、保护环境、尊重其他物种生存权利的新型审美观，其核心要义是审美应该。因此，我认为生态美学的关键词还包括生态审美观、审美应该、生态关怀。②

刘：生态批评与生态美学都诞生于生态危机的背景下，二者容易引起混淆，请您谈谈您如何认识生态批评与生态美学的关系与异同。

程：谈论这个问题，我想最好的方式是介绍一下我在 2010 年发表于《文

---

① 程相占：《生态美学的八种立场及其生态实在论整合》，《社会科学辑刊》，2019 年第 1 期，第 194 页。

② 程相占：《作为关怀美学的生态美学》，《社会科学家》，2019 年第 10 期，第 8 页。

学与环境的跨学科研究》的一篇英语文章《生态美学与生态批评》。[①] 这篇文章的核心观点是，生态批评从 1978 年正式诞生以来一直处于纷繁复杂的状态，没有找到最合适的理论作为自己的理论根据。之所以要将生态美学作为生态批评的理论根据，原因是全球范围内的生态批评在进行文学文本解读的过程中，过度关注文化现象而忽视文学的审美维度。我根据生态美学而提出的“生态文学性”就是为了扭转这一取向。

生态批评总是试图谋求某种哲学上的根基，生态美学恰好能够满足生态批评的这一目标。生态批评应该吸收生态美学的一些理论成果，以填补过去三十年来生态批评中存在的一些空白。作为美学领域的学者，我总是试图将生态批评与生态美学联系起来，以便对其进行深刻反思。在我看来，生态审美体验可以通过声音、线条、色彩等各种媒介进行生态化的表现或表达。如果其媒介碰巧是语言，那么它就是“生态文学”。简而言之，生态批评作为一种新型的文学批评，是一种关注生态文学的批评。然而两者的区别也十分明显：生态批评作为一种新型的文学批评，是一种关注生态文学的批评；生态美学则是研究由生态意识推动的生态审美活动，其理论核心是生态审美体验。从生态美学的角度来看，生态文学当然是一种重要的审美对象，生态文学性(ecoliterariness)是生态文学审美品质的总和。对于生态作家来说，最终目标是提高生态文学的审美品质；对生态批评家来说，主要目标是生态文学的审美品质及其哲学分析。[②]

刘：生态美学和环境美学都倡导绿色健康的环境，但也有些许差别，您认为生态美学与环境美学的区别与联系有哪些?

程：我认为生态美学与环境美学的区别具体表现为：生态美学的研究对象是“生态审美”，其核心问题是如何在生态意识引领下进行审美活动，它以“审美方式”为立论角度，立论根基是人的生态生存和生态思维。环境美学的研究对象是“环境审美”，其核心问题可以概括为环境审美与艺术审美的区别与联系，它以“审美对象”为立论角度，探讨审美对象是艺术品还是环境的问题。另外，由于生态学是研究有机体与其环境相互作用的科学，按照这一定义进行合理推论就会发现：研究人与其生存环境之间审美关系的“环境美学”，完全符合生态学的内在逻辑。但我认为，生态美学的概念更加严格一些：只有那些基于生态伦理，将自然环境视为一个动态而有机的生态系统，

---

① Xiangzhan Cheng, “Ecoaesthetics and Ecocriticism”, *Interdisciplinary Studies in Literature and Environment*, 2010, Vol. 17, No. 4, pp. 785－789.

② Xiangzhan Cheng, “Ecoaesthetics and Ecocriticism”, *Interdisciplinary Studies in Literature and Environment*, 2010, Vol. 17, No. 4, pp. 785－789.

并对自然环境持有尊重态度的环境美学，才是严格意义上的生态美学。

关于生态美学与环境美学的联系，我认为主要体现在构建生态美学上，即应该参照已经比较成熟的环境美学来界定、发展生态美学。第一，在构建生态美学的学术策略方面，不能一味地借鉴西方环境美学的某些理论观点作为理论资源，而是从理论逻辑、整体思路等方面参照环境美学，从而提炼出生态美学的理论逻辑和总体思路；第二，不仅仅将西方环境美学与中国生态美学相对比，而且将西方环境美学与西方生态美学相对比，充分借鉴西方生态美学的已有成果。

总之，我认为区分环境美学与生态美学的差别，目的不是让二者互为壁垒，而是为了更加清晰地辨别各自的理论逻辑与具体问题；我们关注环境美学与生态美学的联系，不是为了将二者混为一谈，而是使其相互参照、借鉴以走向双赢。①

刘：您一直倡导中西交流，请您谈谈怎样建立起中西方之间关于生态美学合理的沟通路径？西方生态美学的发展和理论建构可以给生态美学提供怎样的借鉴？

程：我通过撰写《西方生态美学史》发现，西方生态美学主要有三种建构路径，分别是哲学思辨、生态艺术理论与环境实践。构建中西方之间关于生态美学的沟通路径，我认为可以借鉴西方，采用哲学思辨、生态艺术以及环境实践的方式。

西方生态美学至今已有七十年的发展历程，我认为西方环境美学的发展和理论建构给生态美学提供了以下四点借鉴。第一，强化科学意识，加强生态学与美学的良性互动与有机融合。我切身地感受到，致力于生态美学建构的人文学者极其有必要深入系统地学习生态学，只有对生态学原理心领神会，才能建构出具有科学性的生态美学。第二，加强美学观与生态审美体验的互动，使生态美学的内涵更加深刻而清晰。我认为合理的生态美学观应该根植于丰富而深刻的生态审美体验，是对生态审美体验的理论提炼，而不仅仅是哲学思辨的产物。第三，加强生态美学与生态艺术的互动，使得生态美学成为所有审美对象（包括环境和艺术两大领域）的普遍美学，从而与环境美学更加清晰地区别开来。随着生态运动的蓬勃展开，全球范围内出现了大量的生态艺术及其批评，包括生态文学、生态电影等。生态艺术无疑是生态审美体验的艺术表达，而各种生态艺术批评也都提出了不同的理论问题和命题。

① 程相占：《论环境美学与生态美学的联系与区别》，《学术研究》，2013年第1期，第122—130页。

这就使得我们有可能从生态艺术及其批评那里寻找理论灵感和资源，进一步将生态美学建构成超越环境美学的普遍美学。第四，努力实现生态实践与生态美学的良性互动，进一步增强生态美学的理论深度、现实针对性和社会实践性。在我国，生态美学的学术建构自2007年以来，一直是生态文明建设的有机组成部分，如何将之与“美丽中国”建设更加密切地结合起来，是每一个中国生态美学研究者都应该思考的问题。我认为我们的生态美学建构应该更加自觉地与“美丽中国”建设这一伟大实践结合起来：一方面从中汲取理论灵感；另一方面对之进行更加有效而深刻的理论指导，比如，将生态美学的核心命题“自然的自然化”与生态修复的重要理念“再野化”结合起来，在为前者提供坚实的科学基础的同时，也为后者提供生态美学的理论指导。

总之，无论采取哪条路径，我们的最终目标都是要构建富有学理深度的、具有相对成熟形态的生态美学。从这个角度来说，国际范围内的生态美学研究者都走在构建生态美学的途中，而且我相信，这条道路必将伴随人类走向生态文明，走向永远。[①]

刘：是啊，构建富有学理深度的、具有相对成熟形态的生态美学是我们的最终目标。那么，根据您多年从事生态美学研究，您认为生态美学研究的价值和意义有哪些？

程：生态美学是在为了拯救生态危机、为了地球生命共同体的可持续存在和健康发展这一历史背景下兴起的美学研究新形态，它代表着美学的发展方向，可以简单地视为美学的生态转型。因此，我认为生态美学研究的价值和意义可以从生活和艺术两方面来看：

第一，在生活方面，生态美学对审美价值进行重估，倡导一种生态健康的审美观。从生态审美的高度来看，生态美学的理论思考多了一个重要参照，即生态健康，也就是生态系统的稳定与平衡，它研究人类与环境之间的审美互动，清醒而自觉地考察人类审美活动对于生态环境的负面影响，严肃地反思和批判审美活动对于环境的破坏。生态美学在认真反思形成人类审美偏好的社会、历史、文化根源的基础上，以生态健康为价值标准，将事物的生态价值放在审美价值之前，通过探讨审美偏好与生态灾难之间的关系，反思和批判人类审美偏好的生态后果，从而使美学在拯救生态危机、建设生态文明的过程中发挥更加积极的作用。

第二，在艺术方面，生态美学引发了艺术观念的生态转型。艺术与自然

① 程相占：《西方生态美学建构的路径及其启示》，《东岳论丛》，2020年第3期，第114—120页。

的关系一直是美学理论的核心问题，艺术曾长期占据美学研究的中心地位，黑格尔甚至将美学视为艺术哲学，同时认为艺术美高于自然美。现代美学从其主体性思路出发，通常高扬艺术家的想象力与创造力，进而用表现论来解释艺术现象，将艺术视为艺术家表达情感世界的自由创造。根据这种艺术哲学，自然仅仅是艺术家用来创造艺术品的原材料，其逻辑与现代工业生产完全一致：自然事物可以由人类随意加工和改造。与此相反，生态艺术美学则认为，自然有着远为人类所不及的巨大活力与创造力，天才的艺术家无非是自然之子，其艺术创造活动无非是一个“代自然立言”的过程，无言的自然通过艺术家的“代言”活动而表达其自身的内在价值与内在目的。

目前，国内外的生态美学研究已经取得了比较丰富的理论成果。生态美学以生态学为理论范式，将人与生态系统之间的审美互动作为理论基点，将人类的审美偏好及其生态后果作为重要的理论命题，站在是否有利于生态系统之稳定与平衡的高度，探讨审美价值、审美满足与生态健康之间的矛盾及其化解之道，其核心主张是承认自然的优先性，努力将审美愉悦与生态关怀统一起来。这种形态的美学理论不但有助于反思和批判现代美学的根本缺陷，而且有助于引导人们逐步形成一种有利于生态健康的生态审美观，从而为生态文明建设做出实质性的贡献。[①]

刘：您提到生态美学在生活方面倡导一种生态健康的审美观，也引发了艺术观念的生态转型，那么您认为生态美学对我们当前的文化观念、生活方式有哪些启示？

程：根据我对生态美学的研究，我认为它对我们当前的文化观念、生活方式有以下三点启示：

第一，尊重自然，敬畏自然。生态美学根据生态学原理，将人类的存在理解为“生态存在”，也就是身在生态系统之中的存在。因此，按照生态美学的思路，自然不是人类可以无度利用的资源，而是人类得以产生且赖以生存的本源。

第二，有利于一种全新的生态审美观的建立。这种全新的生态审美观以生态健康为价值标准，将事物的生态价值放在审美价值之前，通过探讨审美偏好与生态灾难之间的关系，反思和批判人类审美偏好的生态后果，从而使美学在拯救生态危机、建设生态文明的过程中发挥更加积极的作用。

第三，有利于建立一种全新的生态艺术观。生态美学站在是否有利于生态系统之稳定与平衡的高度，探讨审美价值、审美满足与生态健康之间的矛

---

① 程相占：《生态美学：迈向生态文明的美学转型》，《光明日报》，2019 年 7 月 15 日。

盾及其化解之道，努力将审美愉悦与生态关怀统一起来。①

刘：近年来，您尝试从中国古代典籍中挖掘生态审美智慧，那么，您认为我们应该怎样构建具有中国特色的生态美学？中国传统文化对构建生态美学有什么启示？

程：我认为构建具有中国特色的生态美学可以从以下两个维度着手。第一，要重新阐释中国古代儒、道两家共同促成的“生生”观念，将之吸收到生态美学建设中，为之建立一个形而上学基础。在我看来，中国轴心期的“生生”观念是中国古代核心价值观念之一，它以“生生之道”作为宇宙本体和价值本原，认为人类生存的宇宙是美善一体、充满生机的宇宙，其潜在的生态智慧及其全球性价值，有利于中国当代生态美学的健康发展。因此，我们应该从现代视野对之进行理性分析，从而辨明其理论优点和缺陷。② 第二，坚持生态主义人文立场。生态美学站在当代生态哲学的高度，反思和批判现代人类中心主义，将之由过度高扬主体性的极端人文主义，改造为尊重生态系统整体价值、重视人的生态存在本性、强调人对各种生态系统之责任的生态人文主义。③

另外，中国传统文化博大精深，具有丰富的生态智慧，我认为它给我们的启示有以下两点。第一，中国传统文化是构建生态美学的重要资源，中国特色生态美学必然要研究中国哲学文化，例如“生生”观念、“天人合一”的思维方式以及“物物平等”的理念。④ 深入阐释“生生”等观念中潜在的生态智慧及其全球性价值，是中国当代生态美学吸收传统美学资源、借鉴当代西方环境美学而健康发展的可行途径。第二，生态美学是对全球性生态危机的美学回应，其中所包含的对生态危机的思想根源——现代性的批判，无形中引导着一些学者的思路向前现代性思想回归；中国传统哲学中的“道法自然”等前现代性思想很容易引发强烈的生态共鸣，成为中国生态美学构建的丰富资源。⑤

刘：基于您对生态美学的研究，您认为生态美学在当下亟待解决的问题

---

① 程相占：《生态美学：迈向生态文明的美学转型》，《光明日报》，2019 年 7 月 15 日。

② 程相占：《中国轴心期的“生生”观念与当代生态美学构建》，载曾繁仁主编，《人与自然：当代生态文明视野中的美学与文学》，河南人民出版社，2006 年；仪平策：《人与自然：当代生态文明视野中的美学与文学国际学术研讨会综述》，《文学评论》，2006 年第 2 期，第 204 页。

③ 程相占：《中国生态美学的创新性建构过程及其生态人文主义思想立场——敬答李泽厚先生》，《东南学术》，2020 年第 1 期，第 81 页。

④ 程相占：《中国轴心期的“生生”观念与当代生态美学构建》，载曾繁仁主编，《人与自然：当代生态文明视野中的美学与文学》，河南人民出版社，2006 年。

⑤ 程相占：《中国生态美学发展方向展望》，《求是学刊》，2015 年第 1 期，第 120 页。

或面临的理论困境有哪些？

程：我认为生态美学在当下亟待解决的问题或面临的理论困境有如下两方面：

第一，生态美学的研究尽管在中国取得了丰硕成果，但在西方尚未得到足够的回应。系统的生态美学论文及著作在我国数量颇多，如徐恒醇的《生态美学》（2000 年）、曾繁仁的《生态美学导论》（2010 年）、我与三位美国学者合著的《生态美学与生态评估及规划》（2013 年）等。而在西方，系统的生态美学著作较少，只有一部论文集《生态美学——环境设计艺术的理论与实践》（2004 年）。基于此，我奉行的学术信念是“全球共同问题，国际通行话语”，针对世界各民族共同关心的现实问题而做出理论回应，严格遵照国际学术规范和通用术语，决不轻易地制造内涵模糊的新概念。如我借鉴挪威生态哲学家奈斯影响广泛的“生态智慧 T”，构建了“生态智慧 C”，作为中国生态智慧实现国际化的路径。

第二，中国传统思想的生态阐释尚待深入。中国传统社会是一个农耕社会，农业生产必须遵循自然节律——自然规律制约着人们的生产方式与生活方式；从农耕生活世界中提炼出来的价值观念，往往体现为敬畏自然、顺应自然、效法自然、歌颂自然。因此，中国古代哲人在思考文明与自然的关系时，自然而然地提出了“道法自然”等哲学命题。但是必须清楚地看到，中国哲学思想（特别是儒家思想）有一种明显“美化自然”的现象，比如，“天地之大德曰生”“生生之谓易”等命题一厢情愿地将天地（也就是自然）的特性概括为“生生之德”，有意无意地掩盖或忽略了自然的残酷性，诸如中国历代频繁发生的干旱、洪涝等自然灾害。道家则相对冷静一些，提出了“天地不仁”这样的命题，看到了自然的“生杀”二重性。[①] 但这些问题都需要重新思考与研究。

刘：您提到生态美学会逐渐趋向成熟，那么，您认为未来生态美学的发展前景和趋势会是怎样的？

程：我认为生态美学未来的发展前景和趋势可从以下三方面考虑。第一，要更充分借鉴并吸收西方环境美学的理论成果。西方环境美学在 21 世纪有了长足的发展，具体表现是：自然美学进一步繁荣；出现了两部以“自然环境美学”为题的著作；“环境”概念进一步从“自然环境”延伸到“人建环境”，并出现了相关论著；环境美学与环境伦理学的联盟进一步加强；“日常生活美学”日益壮大；世界各民族的环境审美传统与环境文化得到应有的重视。因

① 程相占：《中国生态美学发展方向展望》，《求是学刊》，2015 年第 1 期，第 119－122 页。

此，在构建生态美学时，我们应该更加充分地借鉴与吸收相关成果。第二，要更自觉地以生态文明理念为指导。在生态文明理念的指导下，从理论上剖析传统审美观的各种弊端，分析生态意识和生态知识对于生态审美的重要性，探索实施生态审美教育的途径和方法，从而为生态文明建设做出应有的贡献。第三，要更理性地实现中国传统思想资源的生态转化。深入思考中国传统思想与当代生态思想的内在关联，避免生搬硬套或牵强附会之弊病；同时，要奉行“全球共同问题，国际通行话语”的学术信念，提高学者的抽象思辨能力与逻辑论证能力、外语写作能力，开阔国际化视野，从而实现中国传统生态思想国际化。总之，中国有人口众多、学术队伍庞大等优势，中国生态美学有可能在国际生态美学领域发挥比较重要的作用。①

刘：在您与众多学者的努力下，我们相信“生态美学”一定能够冲破现实的困境，不断向前发展。再次感谢程老师抽出宝贵的时间接受采访。

作者简介：

程相占，山东大学文艺学博士生导师，山东大学文学院副院长，研究方向为中国美学、环境美学、生态美学、身体美学与生态批评。

刘夕琛，济南大学文学院 2020 级硕士研究生。

① 程相占：《中国生态美学发展方向展望》，《求是学刊》，2015 年第 1 期，第 120—123 页。

肩负生态使命，努力探索生态批评的中国特色
——胡志红教授访谈*

胡志红 孟 宇

编者按：胡志红教授先后发表了近100篇与生态批评相关的学术论文，专注于研究人类生态共同体、西方生态批评，试图对破坏环境的现实行为进行反制。胡教授对生态环境的修复多有作为，知行合一，受到了学界和社会的广泛认可。近日，济南大学文学院孟宇同学对他进行了采访。在采访中，胡志红教授回顾了其生态批评研究历程以及因生态观念影响而对现实生态所做的积极、温柔的介入事件，指出了生态批评研究应首先廓清边界，既要放眼世界，又要立足本土文化立场，充分利用中国传统文化所蕴含的丰富生态文化资源，在对话、变通、解构和重构西方生态批评理论、方法、概念、范畴的基础上建构中国文化特色的生态批评理论，并细致分析了建构中国特色生态批评的优势和劣势，号召生态学者们要肩负起生态使命，常怀谦卑之心，积极投身于火热复杂的社会现实中，同时客观指出，作为诊断和化解危机的生态美学与生态批评也将如影随形地与生态危机同在，就像病人离不开医生一样。

孟宇（以下简称孟）：胡老师，感谢您能接受我们的采访，您是国内较早从事生态批评的专家，多年来勤耕不辍，取得了很多重要成果。请您谈一谈您的第一篇生态批评论文是在什么样的学术背景和机缘下写作并发表出来的，并大致概括一下您的生态批评学术研究历程和研究成果。

胡志红（以下简称胡）：我与生态批评之间的“纠葛”，要从1995年算起，那年我还是四川大学外国语学院英语语言文学专业二

* 本文为国家社科基金重大项目“生态美学文献整理与研究”（16ZDA111）子课题“中国现当代生态美学文献整理与研究”、2021年国家社科基金项目“欧美生态批评文献整理与研究”（21XWW005）阶段性成果。

年级的硕士研究生，我的硕士论文题目是 The Modern Significance of *Walden*（《瓦尔登湖》的当代意义），该论文主要探讨了《瓦尔登湖》所倡导的朴素生活方式的生态人文价值，人之精神与肉体、人与自然、个体与社会之间的恰适关系及对工业文明的批判等议题，这些正是生态批评所关注的重要话题，只是当时国内学术信息相对闭塞，查阅第一手英美生态批评资料较困难，故该论文的生态理论性阐释明显偏弱。此后，我又在几部外国文学的论文集上发表了几篇用英文写成的生态学术论文。如果从自觉的生态批评学术视角看我的生态学术之路，应该要从我读博士开始。2002 年 9 月，我进入四川大学文学与新闻学院攻读比较文学与世界文学专业博士学位，不久我便告诉导师曹顺庆教授我对生态问题感兴趣，他说那你就去搞生态批评研究吧。那时，我国生态学术刚起步不久。中国生态学术的开拓者们，像曾繁仁、鲁枢元、曾永成及王诺等正为国内生态形势的日益恶化感到忧心忡忡，并为探寻应对生态问题的文化策略——生态学术奔走呐喊！然而，当时整个社会发展的总基调是“以经济建设为中心”，从工厂烟囱里冒出的滚滚黑烟、肆意排放到江河中的污水甚至臭水等环境问题并未得到重视。在喧嚣的国内学界，生态批评研究还处于学术的边缘地带，主流学界中的不少学者甚至对生态议题不以为然。所幸的是，尽管生态之声微弱，但没有被淹没，尽管生态批评学者们在为“荒野”而呐喊，但不是在“荒野”中呐喊，毕竟他们的声音还能引起少数人的注意，并逐渐唤起了更多人的觉醒。根据其后来的发展来看，中国生态批评实际上在不断积蓄力量，并伴随中国社会发展模式的调整和生态转型，逐渐进入主流学界。今天，除了规模不等的国内生态专题学术会议频繁举行，生态议题时常成为其他各类学术会议的分论题之一，甚至可以这样说，“生态”已成为国内学界的一个“热词”。就是在我的导师的引导和生态前辈们的感召下，我很快融入新兴、和谐的生态学术共同体中。2003 年 10 月，我的导师叫我去参加全国青年美学研究会在贵阳市举办的年会，这是我第一次正式参加生态学术会议。令人欣喜的是，在这次会上我结识了许多生态同仁，尤其幸会了我的生态学术偶像曾繁仁老师。两天会议，我同曾老师都坐在一起，聆听他的谆谆教诲，一幕幕动人的情景至今记忆犹新，从此也与他结下了深厚的师生情。在这次会议期间，贵州师范大学学报编辑郭老师运向我约稿，我的参会论文《生态文学——比较文学研究新天地》就发表在《贵州师范大学学报》2004 年第 1 期上。这次会议拓宽了我的眼界，提振了我的学术信心，我踏上了濒危世界中的这条漫漫生态学术之路。弹指一挥间，一去 20 年，我也从前辈们对我的爱称“小胡”快变成“老胡”了。我感到惭愧的是，我由于学术起步晚，生性愚钝，没做出多大成绩回报前辈们的真心关怀，回应他们的期待。但我也没有什么别的爱好，一直待在这个命运多舛的“生态共同体”中默默耕耘。我的博士论文题目是《西方生态批评研究》(2005年)，论文得到了曾繁仁老师、鲁枢元老师等多位专家的高度评价。2006年，该论文正式出版，并有幸入选中国社会科学博士论文文库。之后，我先后主持3个与生态批评有关的国家社会科学基金项目，已独立完成2项，还有1项在研，并出版了几部生态学著作，学术反响都还不错。当然，我还主持或受邀参研了其他各级社科课题多项，比如，参研了鲁枢元老师的国家社科基金课题和程相占教授的教育部重大招标课题，撰写了近100篇学术论文，这些著述受到了学界前辈和同仁们的广泛认可和夸赞，他们的鼓励和好评是我前行的不竭动力。

孟：胡老师，原来您是从比较文学切入生态批评，又以西方生态批评研究带动整个生态批评研究的，您发表的论文近100篇，真是资深的生态批评专家。那么，请您再概括一下生态批评的独特性。

胡：经过50余年的发展，生态批评已演变成一场国际性批评学派或批评运动，其影响早已溢出文学批评的疆界，对整个人文学科及其他批评理论产生了不同程度的影响。从生态批评诞生之日起，学者们就从各自的学术立场和学术背景提出了自己的定义，其研究边界也一直游移不定并不断延伸、渗透，其研究方法更是五花八门。粗略地看，生态批评已从文学与物质环境之间关系的研究，文学、文化及艺术与物质环境之间关系的研究，发展成跨文化、跨文明的环境人文学研究，人类世、气候变化、世界性流行病等星球性议题也被纳入其中，充分彰显了生态学术的跨学科性、综合性和全球性。关于其独特之处，我们可从它与传统文艺批评的比较中窥见。具而言之，有两点：一是它的思想基础是非人类中心主义，近乎生态中心主义；二是它具有强烈的现实指向性，因而可将生态批评界定为实践导向的学术研究。

关于第一点，我们可借用美国著名生态文学家、生态哲学家奥尔多·利奥波德（Aldo Leopold）的话说，人不再将自己看成是生物共同体中的征服者或掠夺者，而是其中的普通成员和公民。共同体中的人为了生存，既要竞争，更需合作；既享有属于自己的权利，又要尊重并承担保护共同体中其他成员和共同体本身的义务。生态批评学者就是要秉持这种基本立场，探究文学、文化甚至艺术与环境之间的关系，以探寻根治生态问题和构建人天永续和谐的文化路径。

关于第二点，我们可从两方面来理解：其一，生态批评产生的直接动因是现实生态危机和人的生存受到直接的威胁；其二，生态批评试图通过广泛发动生态文化改革，激发人的生态情感，唤醒他们的生态良知，塑造他们的生态品格，进而从根源上遏制或消除危机，所以我认为生态批评具有强烈的生态救赎冲动和行动主义特质，具有明确的生态政治属性。由此可见，生态批评不是书斋里的学术，而是现实指向的学术，它绝非纸上谈兵，而疾呼介入世界，从而扭转生态形势。难怪美国著名生态批评学者劳伦斯·布伊尔(Lawrence Buell)在《环境想象》一书中曾这样界定生态批评："生态批评可以简要地定义为本着环境主义实践之精神研究文学与环境之间的关系。"这就意味着生态批评学者一只脚在学术圈，另一只脚在受伤的生态世界。我们也可以这样认为，生态批评学者做生态学术是为了更好地改善生态现实，他们是文学生态行动主义者或曰环境主义者。也即是说，生态批评学者要以恰当的方式介入生态现实。现实生态困境和学术兴趣将我们引入生态学术研究，也将我们带回残酷复杂的生态现实，并指导我们参与生态实践和致力于生态修复，让学术指导实践，让实践推动、深化学术探究，并调整或修正我们的学术视野，从而真正架起学术与现实的桥梁。

关于生态学术的现实指向性特征，我不只从学术层面进行了探讨，更有切身的体会。近十多年来，我在生态学术的影响下，顺应生态规律，积极、温柔地介入现实世界，试图对破坏环境的现实行为有所反制，对生态环境的修复有所作为。我曾先后向成都市人大常委会提出了十多项有关生态文明建设的建议或提案，如《关于在中小学广泛开展生态文化教育的建议》(2013年)，《关于成立基层环境执法监督工作组的建议》(2015年)，《关于成立基层国土执法监督工作组的建议》(2015年)，《关于严禁政府建设工程中移栽名贵大树的提案》(2016年)，《关于严格审查商品绿色标志的建议》(2016年)《关于变革政府治理大气污染理念的建议》(2017年)，《关于加强农药买卖管理的建议》(2017年)，《关于严禁利用农村流转土地大规模商业种植草坪的建议》(2018年)，等等。同时，我积极配合相关部门和工作人员，并督促他们落实这些建议。当然，在落实过程中，我也意识到，"务虚的"建议容易落实，"务实的"建议就不那么容易了，原因在于"务实"的生态建议牵扯太多利益纠葛，不同的利益诉求似乎都有其合理的一面，不能敷衍了事，动辄搞一刀切或采取强制手段往往都行不通，因为这样做会增添新的社会矛盾，不能从根本上解决问题。如果要将长远的生态利益落实到位，需要运用生态政治智慧才行。这些都是我在配合落实生态建议的过程中获得的感悟，正是这些从现实经验中获得的知识让我渐渐远离了"生态天真"造成的偏执，并洞悉到了生态问题的复杂性、艰巨性和长期性，终于明白生态问题不能单靠我们这些所谓的专家学者待在象牙塔里搞搞学术研究就能解决。

在此，我仅举一个自己提出并耐心参与的现实生态修复的例子来说明生态学术与生态现实结合的意义。2018 年，我向成都市人大常委会提交了《关于严禁利用农村流转土地大规模商业种植草坪的建议》，建议内容全文如下：

关于严禁利用农村流转土地大规模商业种植草坪的建议

——是绿化还是毒化土地？

1. 加强流转土地用途的有效指导、管理和监督

农村土地流转将农民从土地中解脱出来，土地的集中使用似乎为农民增收找到了一条可行的路径。然而，如果不加强对流转土地用途的有效指导、管理和监督，将会对农村土地造成长久的大面积伤害，甚至难以扭转的恶果，这与党的十九大报告中所提出的“乡村振兴战略”严重相悖。

2. 严禁大规模商业种植草坪

经调查，在崇州市崇新村、宋桥村、新津县新义镇等地的大片农村流转土地用于商业草坪种植对农村土地至少造成以下严重破坏：

（1）为了防止草坪长虫、生病，商家将对草坪大量喷洒农药，对土地造成严重污染，进而对地下水造成污染；

（2）草坪种植将会对当地农民的身体健康造成严重伤害。由于当地绝大多数农民还直接抽取地下水作为生活用水，污染的地下水源对他们身体健康造成难以估量的伤害；

（3）商业种植草坪将迅速造成流转土地荒芜。因为每收获一次草坪，都要附带一层有肥效的土壤，而有肥效的土壤层厚度却非常有限，因此，在可预见的时间内，肥效层将消失，土地将草木不生，成为荒地。

3. 尽快制定商业草坪种植的退出机制

建议有关部门迅速行动起来，做到守土有责，守土担责，守土尽责，实地调研，引导、指导和监督商业草坪种植的退出机制。

成都市人大常委会将我的建议转发给崇州市人民政府并期待调查后回复。崇州市人民政府收到该建议后，高度重视并落实市农发局牵头，市国土局、市执法局、市环保局等部门配合，会同相关与商业草坪牵连的镇政府和街道办事处，实地摸底调查，调查后发现近万亩流转土地用于草坪种植，并认真分析农户出租土地给商业草坪种植业主的三条主要原因，即：一是农民种植粮油效益低下，故土地承包农户不愿耕种；二是商业草坪种植业主所付租金高于其他种植业主（如土地合作社、蔬菜种植业主等），承包农户存在趋利行为；三是市政绿化需求草坪量大，草坪种植有一定的市场，社会资本涌入发展草坪种植。由此可见，大面积商业草坪种植既牵涉到农户和草坪种植业主

的利益，也与现实发展需求有关，更与广大农户对草坪种植所造成的长期生态危害，甚至自己的身体健康与眼前利益之间的利害关系认识不足或无知有关。当然，个别地方政府对流转土地用途的监管和指导缺位也是个问题。商业草坪种植牵涉到如此多的问题和利益诉求，要草坪迅速与土地脱钩，真是说来易，做来难！所幸崇州市政府重视此问题，千方百计努力将“绿水青山就是金山银山”的发展理念落到实处。为此，崇州市市领导和农发局新任局长罗加勇亲自与我面谈，共同探讨解决这桩“生态疑难杂症”的办法。农发局领导带头通过电视广播、微博微信、悬挂标语、走村入户等多种宣传方式，向广大农户和草坪种植业主宣传基本农田种植草坪的危害性，对他们动之以情，晓之以理，普之以法，用老百姓听得明白的语言、看得清楚的案例，让流转土地农户主动参与耕地退出种植商业草坪，引导农户互相监督，强化农民保护耕地的意识。这实际上是在向广大农民开展生态知识和法治知识的宣传教育。经过近两年的努力，几经波折，农户最终主动退出与草坪种植业主之间签订的5年期的土地流转协议，种植业主也表示接受。当然，草坪事件所涉及的农户很多，牵扯到的草坪种植业主也有多家，所以在解决过程中，大大小小的合理的、不合理的，甚至无理的争吵也发生多起，但由于相关工作人员出于公心、爱心和责任，并不厌其烦地做解释工作，草坪事件最终得到了妥善解决。如今，商业草坪种植已经全域退出崇州市，曾经受伤害的农田也渐渐恢复了昔日的生机。

然而，解决事件的过程令我深思，也给予我诸多启示。作为生态学者，我们应该懂得现实生态世界要比我们从事的学术研究复杂得多，解决现实的生态问题常常比解决学术问题要艰难得多。为此，我们应该常怀谦卑之心，保持足够的耐心，既要憧憬生态乌托邦崇高理想，更应深入复杂的社会现实，既要放眼世界，更应立足本土。我们还应该主动放下居高临下的花架子，远离孤芳自赏的清高，进入受伤的土地，深入基层，联系群众，广泛调研。在遇到棘手的生态问题时，要真心真意地相信群众，依靠基层领导，以情动人，以理服人，以法慑人。当然，我也感到深深的忧虑，崇州的草坪种植倒是消失了，而我们的社会需要草坪的胃口却依然未减，那么商业草坪又到哪儿去落地生根呢？我们能否找到一种既不污染土地而又能美化环境的培植草坪的新方法呢？

孟：听了您的介绍，我肃然起敬：十多年来您不仅进行生态学术研究，还积极投身生态环境实践活动，向成都市人大常委会提出了十多项有关生态文明建设的建议或提案，知行合一，这太了不起了！很喜欢您说的“顺应生态规律，积极、温柔地介入现实世界”，这体现了一个生态人文知识分子的责任和担当，很令人鼓舞，希望更多的研究者能像您一样走出书斋，做一个践行者。我还想知道，作为一个生态批评专家，您认为生态批评的关键词有哪些？

胡：生态批评学术中的“生态”最初指非人类物理或物质世界，或曰科学生态学意义上的非人类自然世界。随着生态批评的发展，“生态”已经成为一个最具包容性的术语或范畴，其既指涉物质世界，也涵括社会人文生态和人之精神生态。由此我们可以说，生态也是个文化建构的产物，是个文化范畴，是生态批评中最核心的关键词。以“生态”为基础而建构起来的伞状批评学派——生态批评，也是涵括关键词最多的学术研究，其他关键词包括“自然”“环境”“荒野”“人类世”“气候变化”“生态文化多元性”“人类中心主义”“生态中心主义”“环境公正”“生态女性主义”“地方意识”“星球意识”“生态世界主义”“生态区域主义”“环境种族主义”“环境殖民主义”“慢暴力”，等等。这些词既与物质世界密切关联，也是文化建构的产物，在不同文化或文明中这些词的内涵和外延往往有所不同，因而常常造成生态批评内部的张力、分歧、冲突、对话、妥协不断，这或许可称为生态批评的多元性，恰好与非人类世界的生态多样性相契合。

孟：全球化时代，尽管新冠肺炎疫情对中西方之间的学术沟通有一些影响，但随着疫情的消退，这种沟通和交流会进一步加强。您认为应怎样建立起中西方之间关于生态美学合理的沟通路径？西方环境美学的发展和理论建构可以给生态美学提供怎样的借鉴？

胡：从比较文学的视角看，中西文明是互为异质的文明，其生态文化模子、生态范式、生态概念、生态范畴及自然观等存异多、契合少，因而生态美学或生态批评在中西文明之间必然存在诸多不可通约之处。作为中国生态学者，我们要提防建构具有普适性的生态美学或生态批评宏大理论的冲动，更不能将来自西方的生态美学或生态批评当成普适性的理论，因为“普适性”的概念本身不仅违背生态文化多元性原则，而且在实践层面带有强烈的排他性甚至殖民性色彩。有鉴于此，发轫于西方的生态美学或生态批评一旦溢出西方文化的疆界，其思想或哲学基础、基本范畴和概念等必然遭遇“水土不服”的尴尬，其研究范式或部分或整体失效，所以非西方生态美学或生态批评学者必须带着批评的眼光去质疑、对话、借鉴、矫正西方生态美学/生态批评范式、方法论、概念、范畴，立足本土文化，在对话的过程中建构富有自己文化特色的生态话语和理论体系，这既符合各自生态的、文化的具体现实和发展规律，也是文化自信的客观要求。在此方面，曾繁仁、鲁枢元、曾永成及程相占等中国学者已树立了很好的榜样。

孟：非常赞同您的学术立场，同时通过上述问题，您也自然地对中国的生态美学和生态批评学者提出了要建构富有自己文化特色的生态话语和理论体系的要求，谢谢！作为从事生态批评20年的专家，您认为生态批评研究的价值和意义有哪些？

胡：要了解生态批评的价值和意义，我们首先应该明白，生态批评学者之间或生态批评各派别之间尽管存在一些分歧，但他们都持有这样的基本共识：从根源上看，生态危机是文化危机、想象力危机、审美危机及价值和信仰危机的物理表现和客观对应物，因而应对危机的策略显然应该从文化中寻找，而文学艺术是人类审美、价值和信仰的重要载体，是人类环境想象的重要媒介，因而对文学艺术的生态审视显然具有重要的学术和现实意义。生态批评试图通过探究文学、文化、艺术与环境之间关系，发掘其生态内涵，以唤醒人之生态良知，培养其生态意识，塑造其生态人格，进而构建人类生态文明，希冀能从根源上消除人与非人类之间的紧张关系。由此可见，生态批评所疾呼的全球绿色浪潮绝非空穴来风，更非无病呻吟，而是每况愈下的全球生态形势和人之生存危机催生的结果，其旨在从根本上扭转每况愈下的生态现实，根治反生态的文化顽疾，所以生态批评承载着沉重的生态使命，具有强烈的生态救赎意识。

孟：如您所说“生态批评承载着沉重的生态使命，具有强烈的生态救赎意识”，振聋发聩，宏大崇高。如果具体而言，您认为生态美学对我们当前的文化观念、生活方式有哪些启示？

胡：生态美学立足当代非人类中心主义生态哲学的立场，从整体的观点、普遍联系的观点看待人与非人类之间的关系。传统美学/哲学从二元对立思维出发，割裂自我（self）与非我（non-self）或他者（the other）之间的关系，客体化或对象化自然世界，进而导致对世界的他者化，而后加以征服、掠夺和剥削，并最终导致世界的非美化或丑化，殃及人类生存，这就是生态危机的思想根源。有鉴于此，我们应该放弃人类中心主义的视野，接纳生态学视野或非人类生态哲学视野，采纳自然全美或完美的观点理解人与非人类世界万物的关系，承认自然万物生灵的固有价值，尊重它们在维护完美世界结构中扮演的独特角色。为此，要维护世界的永续和谐之美，人类在生活和工作中必须立足自我，放眼全球，谨慎行事，绝不做无谓的危害他物他人之事，要尽挽救生命和拯救存在之责。用老子的话说，“圣人常善救人，故无弃人；常善救物，故无弃物”，这就是老子所倡导的“普遍救赎”的生存法则，一种彻底的生态中心主义的环境公正，一种融社会公正与生态公正于一体的环境主义新范式。既要“救物”又要“救人”意味着我们既要探求人与自然间的和谐，还要实现人与人之间的和谐，只有这样方有可能建构一个和谐的宇宙，这才算得上真正的“大智”，否则，即使自以为聪明，实际上是“小智”，也会铸成大错。实际上，威胁全人类生存的气候变化、物种灭绝等环境问题正是人类“小聪明”“小智慧”滋生的结果，哲学家称之为“人文主义的傲慢”产生的恶果。

孟：胡老师，听您一讲，我受到了很大的启发和鼓舞。您前面讲过在中西学术交流中，中国学者要建构富有自己文化特色的生态话语和理论体系。那么，您认为我们应该怎样构建具有中国特色的生态批评？中国传统文化对构建生态美学和生态批评有什么启示？

胡：作为一个文艺批评学派，生态批评这个术语是个既具学术意义、更具现实价值的“舶来品”，但这一次是我国学界积极主动地从西方“拿来的”，不是西方强塞给我们的。换言之，这是我们内在的需求使然，因为严峻的生态形势不仅妨碍了我国可持续发展战略的实施，而且直接威胁了我们的生存。它首先兴起于英美，然后逐渐演变为一个世界性多元文化批评潮流，其对全球南方国家和地区生态学术的兴起和发展都产生了不可估量的影响。然而，作为来自西方的文艺批评学派，其进入非西方文化语境后，无论是思想基础还是研究范式或概念、范畴都必然遭遇“水土不服”的尴尬，有的可能部分有效，有的可能全部失效，有的要进行矫正。“橘生淮南则为橘，生于淮北则为枳，叶徒相似，其实味不同。所以然者何？水土异也”，讲的就是这个道理。换言之，生态批评在非西方文化语境中必然发生文化变异。作为中国生态批评学者，我们必须立足中国文化立场，充分利用中国传统文化，诸如儒家、道家及佛家等所蕴含的丰富生态文化资源，在对话、变通、解构和重构西方生态批评理论、方法、概念、范畴的基础上建构有中国文化特色的生态批评理论。

孟：您客观分析了建构中国特色生态批评的优势和劣势，事实也如您所说，我们有丰富的生态文化资源，可以以对话、变通、解构和重构等方法来建构有中国文化特色的生态批评理论，对此，我们很有信心，也形成了很多科研成果。您认为生态批评与生态美学在当下亟待解决的问题或面临的理论困境还有哪些？

胡：在我看来，当下生态批评和生态美学所面临的问题是理论建构问题和研究边界问题。直到现在，我国学界还没有建构出一套完善的理论和方法论体系，许多概念、范畴的内涵也不确定，从而造成好像什么研究都可与生态沾上边、搭上界的印象，它们似乎没有属于自己的明确“任务”，从而导致生态批评/生态美学研究的无限泛化，让许多学界同仁觉得既然什么都是生态批评/生态美学，那么它们也许什么都不是！

孟：生态美学/生态批评研究的无限泛化，确实是有害无益，廓清边界应为首要。您认为未来生态美学和生态批评的发展前景和趋势会是怎样的？

胡：要有效应对人类正面临的史无前例的最大危机——生态危机，任何一种批评理论都不可能全然包揽，也不可能产生立竿见影之奇效，但人类早已开始行动，并已尝试了多种多样的方法和策略，只是这些方法和策略未能做到有的放矢，收效甚微，甚至适得其反，导致危机的程度加深和范围扩大。生态美学/生态批评也只是这些尝试中的一种，其独特之处在于转换了视角，从文化的角度深挖生态危机的根源，既重视生态议题的形而上探究，也立足当下生态现实以探寻形而下的策略应对生态退化。从当前情形来看，生态美学和生态批评对生态危机的文化诊断尚算合情合理，所采取的学术路径也应该是对的。至于其前景，在我看来，人类进入人类世以后，已成为影响地球环境演化的主导力量，但也难以全然理性地把控这种力量，由此可预言，人与自然间的紧张关系将长期存在，人为造成的生态危机也将成为生活的常态，那么，在此背景下，作为诊断和化解危机的生态美学/生态批评也将如影随形地与危机同在，就像病人离不开医生一样。

作者简介：

胡志红，西南交通大学人文学院教授，博士生导师，四川省比较文学学会副会长。

孟宇，济南大学文学院2020级硕士研究生。

“以意逆志”：中国阐释思想的开山纲领和文论解读阐释模式*

李　凯

摘　要：作为中国古代文论的解读阐释模式和阐释学的“开山纲领”，“以意逆志”提出的原则和方法得到中国古今普遍的认同，但围绕“以意逆志”四字以及“不以文害辞，不以辞害志”中“文”“辞”的解释理解迄今仍歧见不断，至于其蕴含之阐释思想的挖掘仍在进行之中。文章试图从孟子提出“以意逆志”的目的和语境出发，结合“以意逆志”的阐释史，再申对“以意逆志”之本义解释和阐释思想的理解。

关键词：以意逆志　“意、志、逆、文、辞”本义解释　阐释思想　历史地位

所谓中国古代文论的解读阐释模式，实际上是指中国古代关于文学文本的接受及理解的根本原则和方法。既然是接受理解活动，则需要明确人类为何需要理解活动、理解活动的构成要素为何、如何开展理解活动、如何判断理解的正误等有关问题。中国古代历史和文化悠久，有关理解阐释的理论形成甚早且较为丰富，如果从贯穿整个中国文化和文学历史来看，儒家包括儒学阐释者提出的关于理解接受的文论话语无疑最为重要：一是以“以意逆志”为代表的关于阐释主体和阐释原则的命题；二是以“诗无达诂”为代表的关于文本特征的命题。关于“以意逆志”的研究，从数量众多的单篇论文到中国古典解释学（阐释学）、中国古代文学批评史、中国古代文学批评方法论，包括“以意逆志”为题的专著来看，“以意逆志”四字何谓？其内涵为何？它到底表达了什么样的阐释思想？“再释”“新释”“辨证”“考释”等成果多有，但迄今仍歧见迭出。本文试图

* 本文为曹顺庆教授主持的“东方古代文艺理论重要范畴、话语体系研究与资料整理”（192DA289）子课题“中国古代文艺理论重要范畴、话语体系研究”阶段性成果。

从孟子提出“以意逆志”的目的和语境出发，结合其阐释史，对前人的解释理解进行评说分辨，再申对“以意逆志”的本义解释和阐释思想的理解。

一、“以意逆志”的提出

“以意逆志”命题的提出已经成为常识，为了完整理解孟子的意思和分析的方便，此处仍摘录原文如下：

> 咸丘蒙问曰：“语云：‘盛德之士，君不得而臣，父不得而子’，舜南面而立，尧帅诸侯北面而朝之，瞽叟亦北面而朝之。舜见瞽叟，其容有蹙。孔子曰：‘于斯时也，天下殆哉！岌岌乎！’不识此语诚然乎哉？”孟子曰：“否。此非君子之言，齐东野人之语也。尧老而舜摄也。《尧典》曰：‘二十有八载，放勋乃徂落。百姓如丧考妣。三年，四海遏密八音。’孔子曰：‘天无二日，民无二王。’舜既为天子矣，又帅天下诸侯以为尧三年丧，是二天子矣。”咸丘蒙曰：“舜之不臣尧，则吾既得闻命矣。《诗》云：‘普天之下，莫非王土。率土之滨，莫非王臣’，而舜既为天子矣，敢问瞽叟之非臣如何？”曰：“是诗也，非是之谓也。劳于王事，而不得养父母也。曰：‘此莫非王事，我独贤劳也。’故说《诗》者不以文害辞，不以辞害志；以意逆志，是为得之。如以辞而已矣，《云汉》之诗曰：‘周余黎民，靡有孑遗。’信斯言也，是周无遗民也。”①

该段文字出自《孟子·万章上》，为孟子和学生咸丘蒙的对话，问题由对当时一句流行语“盛德之士，君不得而臣，父不得而子”如何理解开始。“盛德之士”三句中隐含着“盛德之士”可以超越君臣、父子等伦理关系。而君臣和父子关系是儒家最为看重的伦理，儒家强调人人都无法超越君臣、夫妇、父子、兄弟、朋友“五伦”。如果承认此话正确的话，那么，儒家君臣、父子等伦理关系所具有的“天之经、地之宜”的正当性和普遍性则不复存在，这对儒家学说来说无疑是重大挑战。孟子迅疾明白了学生问话的意图，马上予以否定，说这是“齐东野人之语”，然后引出《尚书》和孔子的话证明不可能存在“二天子”的情况。随后咸丘蒙又引出《诗经·大雅·云汉》中四句诗说明舜和父亲瞽叟之间为父子关系则非君臣关系。言下之意，在相同的两人之间，君臣关系和父子关系不可能同时存在，就像舜和父亲瞽叟一样，是父子关系则非君臣关系；反之，如是君臣关系，则父子关系就不存在。针对咸

① 《孟子注疏》，载《十三经注疏》，阮元校刻，中华书局，1980年，第2735页。

丘蒙的问难，孟子首先否定了咸丘蒙对这四句诗的理解。他认为咸丘蒙理解错误的原因在于，一是没有把握语言表达之字词与语句、语句与篇章之间的正确关系，换言之，没有正确把握文本语言组织内部关系；二是没有把握语言和表达的意义情感之间的关系。

为什么孟子能够提出这一光辉伟大的阐释学命题？这自然要从儒家自身的特点来理解。相比春秋战国其他学派，儒家特别重视对典籍的传授和理解。这不仅从孔子开办私学而以诗书礼乐教就已开始，其后之儒者，包括孟子在内也都广收门徒，以教学为业。因此，如何理解前代典籍这一阐释学面临的基本问题就摆在了儒家的面前，迫使儒家不得不正视和回答，此其一；第二是儒家以“仁”为核心范畴，而“仁”所关注和解决的是人与人的关系、人和社会的关系。人与他人之交往相处，社会之和谐安定，都离不开语言及文本这一中介来实现交流沟通。儒家自然非常重视“理解”这一活动，因为这不仅关乎人类文化传承，更关乎人类通过交流和沟通来实现社会的和平安定。因此，理解活动的重要性以及理解活动如何开展就成为儒家关注的重要问题，无论是关于言与志、言与意、言与行、言与人等关系的论说，还是具体的“以意逆志”“知人论世”“知言养气”“见仁见智”“诗无达诂”等命题的提出，皆是如此。

二、“以意逆志”之“意”：“谁”之“意”，“意”谓“何”？

“以意逆志”这四个字到底具有什么样的含义，历史上到底有哪些不同理解呢？从汉代迄今，对“不以文害辞、不以辞害志、以意逆志”中的“文”“辞”“意”“逆”“志”的理解意见纷纭，但最主要的是对“意”字的归属及其含义理解的分歧。黄鸿秋归纳说：

> 故关于“意”的具体内涵实际上一共可以有五种，即纯文本之意、文本—读者之意、期待视野或读者先在之意、私意或臆度、读者—文本之意。这些内涵在后来文本、读者两派关于“以意逆志”的长期阐释史中几乎都出现了（详后），并因着各自内涵的交叉含混而使得对于孟子本意问题的探讨变得更为复杂。①

黄鸿秋的归纳尚未完整概括关于“意”的不同解释，此处更多是现代学者对“意”的理解，而历史上的两种主要认识，即“读者之意”和“作者之

① 黄鸿秋：《“以意逆志”辩证》，《文艺理论研究》，2020年第2期，第81页。

意”就未被列入。之所以出现如此多关于“意”的理解，主要原因是理解角度不同：一是追问“意”属于“谁”，是“谁”之意；二是追问“意”是什么。前者追问究竟是读者、文本、作者等单一因素还是其中二者的结合；后者追问“意”具有何义。在黄鸿秋所列的五种解释中，“纯文本之意、文本—读者之意、读者—文本之意”的说法侧重从“谁之意”做出回答，而“期待视野或读者先在之意、私意或臆度”则是对“意”为何的回答。如果从这两个不同角度来看，关于“以意逆志”之“意”的解释岂止五种？下面我们尝试从这两个不同角度来看一看古代和现代关于“以意逆志”之“意”的理解。

首先看“以意逆志”之“意”究竟是“谁之意”。

“谁之意”占主流的理解是将“意”归为“己意”，即说诗者（读者、接受者）等主观之意。东汉赵岐是此说的开创者，其后宋代朱熹、孙奭等赞同这一说法。赵岐释“不以文害辞”数句说：

> 文，诗之文章所引以兴事也。辞，诗人所歌咏之辞。志，诗人志所欲之事。意，学者之心意也。孟子言说诗者当本之，不可以文害其辞，文不显乃反显也。不可以辞害其志，辞曰“周余黎民，靡有孑遗”，志在忧旱灾。民无孑然遗脱不遭旱灾者也，非无民也。人情不远，以己之意逆诗人之志，是为得其实矣。王者有所不臣，不可谓皆为王臣，谓舜臣其父也。①

赵岐认为“以意逆志”，是以“学者之心意”来获取诗人之志，也就是接受者（理解者）要用自己主观情意来理解文本中表现的作者情意。

宋代孙奭《正义》接受了这一看法，说：

> 故说诗者不以文而害逆其辞，又不可以其辞而害逆其诗人之志，以己之心意而逆求，知诗人之志，是为得诗人之辞旨。人如说诗者，但以歌咏之辞为然，而不以己之意而求诗人志之所在，而为得诗人之旨而已矣。②

宋代朱熹也基本认同赵岐的解释，不过解释得更为清楚明白，尤其是对“文”“辞”“逆”三字的理解更为明确。他说：

> 文，字也。辞，语也。逆，迎也。《云汉》，《大雅》篇名也。孑，独立之貌。遗，脱也。言说诗之法，不可以一字害一句之义，不可以一句

① 《孟子注疏》，载《十三经注疏》，阮元校刻，中华书局，1980年，第2735页。

② 《孟子注疏》，载《十三经注疏》，阮元校刻，中华书局，1980年，第2736页。

> 而害设辞之志，当以己意迎取作者之志，乃可得之。若但以其辞而已，则如《云汉》所言，是周之民真无遗种矣。惟以意逆之，则知作诗者之志在于忧旱，而非真无遗民也。①

赵岐、朱熹分属汉学和宋学两大学派，对于“以意逆志”的理解却基本一致。这一认识赞同者多。朱自清先生说，“‘以意逆志’是以己意己志推作诗之志”②。朱东润先生说，“孟子始言以意逆志，始挟数百年后之意，求数百年前之志，其运用更进一步”③。张少康先生说，“所以读诗不能‘以文害辞，以辞害志’，亦即不能以个别文字影响对原诗本意的认识，应当‘以意逆志’，即用自己对诗意的准确理解，去推求作者的本意”，又说，“从孟子的思想体系及他说诗的状况看，这个‘意’乃是指读者之意”。④ 李泽厚、刘纲纪先生在《中国美学史》中说，“‘意’是读诗者主观方面所具有的东西，……所谓‘以意逆志’，就是读者根据自己对作品的主观感受，通过想象、体验、理解的活动，去把握诗人在作品中所要表达的思想感情”⑤。

“谁之意”的第二种理解是“作诗者之意”。清代吴淇首先提出此说。他说：

> 诗有内有外。显于外者曰文曰辞，蕴于内者曰志曰意。此“意”字与“思无邪”“思”字皆出于“志”，然有辨。“思”就其惨淡经营言之，“意”就其淋漓尽兴言之，则志古人之志而意古人之意，故选诗中每每以古意命题是也。汉、宋诸儒以一“志”字属古人，而“意”为自己之“意”。夫我非古人，而以己意说之，其贤于蒙之见也几何矣。不知“志”者古人之心事，以“意”为舆，载志而游，或有方，或无方，“意”之所到，即志之所在，故以古人之意求古人之志，乃就诗论诗，犹之以人治人也。即以此诗论之，不得养父母，其志也；“普天”云云，文辞也。“莫非王事，我独贤劳”，其意也。其辞有害，其意无害。故用此意逆之，而得其志在养亲而已。……“不以文害辞”，此为说诗者言，非作诗者解也。一字之文，足害一句之辞，于此得炼字之法。“不以辞害意”亦为说诗者言。一句之辞，足害一篇之意，可见琢句须工。⑥

---

① 朱熹：《四书集注》，岳麓书社，2004 年，第 341 页。

② 朱自清：《诗言志辨 经典常谈》，商务印书馆，2011 年，第 30 页。

③ 朱东润：《中国文学批评史大纲》，上海古籍出版社，2001 年，第 5－6 页。

④ 张少康、刘三富：《中国文学理论批评发展史》，北京大学出版社，1995 年，第 46 页。

⑤ 李泽厚、刘纲纪：《中国美学史》（第一卷），中国社会科学出版社，1984 年，第 194 页。

⑥ 吴淇：《六朝选诗定论缘起》，载郭绍虞主编，《中国历代文论选》（一），上海古籍出版社，1979 年，第 36－37 页。

吴淇认为“以意逆志”之“意”为“作者之意”，即作诗者之“意”。所谓“以古人之意求古人之志，乃就诗论诗”，也就是要用作者的写作意图来理解文本（作品）中表达的作者情志，是就文本之意求作者之志。如此，吴淇所传达的核心阐释学观念是要尊重作诗者和文本本身之意，是强调读者应该像作者那样来理解文本之意，这是强调理解的对象——文本自身具有限制性、客观性。这一点颇同于德国古典阐释学家施莱尔马赫的认识——“要比它原作者更好地去理解它”①。

吴淇的理解在现代有不少赞同者，郭绍虞先生主编的《中国历代文论选》将“以意逆志”解释为“根据作品探索原来的创作意图，分析作品的内容”②。敏泽先生说：“这句话中的‘意’究竟是‘说诗者’的，还是作者的？应该说，后一种理解更切合实际，也更符合孟子的原意。”③ 阮国华先生说：“赵、朱一派意见把孟子‘以意逆志’中的‘意’解释为说诗者之意，就无形中降低了孟子诗说的真实价值，抹杀了他大大超越于师亥、卢蒲葵的地方。如果按照他们的说法‘以己之意逆诗人之志’，那仍然是先入为主式的说诗法。用这种方法解诗仍然不可能正确认识诗人的‘志’。”④

除了上述两种理解，现代还有第三种关于“意”的理解，即折中之说，将“意”理解为读者之意和文本之意的结合。王运熙、顾易生两位先生在《中国文学批评通史》中说道，“‘意’指作品之意旨，‘志’指作者的思想”，⑤“然而，评说诗歌，自应首先探索作家作品的志意，也总受到评说者本人立场观点方法的制约，因而往往是作家作品之意与评者自己之意的结合”⑥。这里一方面说是作品之意，另一方面又说是“作家作品之意和评者自己之意结合”，可见倾向于将“意”理解为文本（作品）—读者之意。刘运好、陈先涛说：

> 因此“以意逆志”，既是由读者之意向文本之意的回归，也是由读者之志向作者之志的回归。亦即“意”既包含读者之意，也包含文本之意；“志”既包含读者之志，也包含作者之志，只不过读者的“意”与“志”

① 施莱尔马赫：《1828年讲演手稿》，载汉斯-格奥尔格·伽达默尔，《真理与方法》（上卷），洪汉鼎译，上海译文出版社，1992年，第253页。

② 郭绍虞主编、王文生副主编：《中国历代文论选》（第一册），上海古籍出版社，1979年，第34页。

③ 敏泽：《中国文学批评史》，人民文学出版社，1981年，第36页。

④ 阮国华：《孟子诗说复议》，载古代文学理论研究编委会，《古代文学理论研究》（第九辑），上海古籍出版社，1984年，第143—44页。

⑤ 王运熙、顾易生主编：《中国文学批评通史》，上海古籍出版社，1996年，第116页。

⑥ 王运熙、顾易生主编：《中国文学批评通史》，上海古籍出版社，1996年，第116页。

渐渐地隐蔽到文本阐释的背后。[①]

此说法接受了王运熙、顾易生二位先生的意见，而后面将“志”归为读者和作者之志却很难理解。笔者赞同以意逆志中“意”“志”可以互训，但是将“志”归为读者之“志”，则大成问题。

黄鸿秋评论前人关于“意”之诸说，认为：“在此基础上重新探讨孟子本意，发现读者之意与文本之意彼此融合而成的缺一不可的整体，才是以意逆志之‘意’的真正本意。”[②] 这也是对王运熙、顾易生先生《中国文学批评通史》中的意见的折中和引申。

那么，“以意逆志”之“意”到底是读者之意还是文本（作者）之意，抑或读者—文本之意？如果离开孟子提出这一命题的具体语境，似乎都对。但是，孟子在文中说得非常清楚，“说诗者不以文害辞，不以辞害志，以意逆志，是为得之”，“说诗者”是“不以文害辞，不以辞害志，以意逆志”的主语，是此三者发出的主体，这本来是明确无疑的。上引吴淇之语，他也明确将“不以文害辞”“不以文害意”归为“说诗者”，之所以将“以意逆志”之“意”归为“作诗者”，是因为他有意做出特别的理解。换言之，吴淇把“不以文害辞”“不以辞害志”的主语理解为“说诗者”，而把“以意逆志”的主语理解为“作诗者”，不是所谓语法理解出现的错误，而是一种有意的误解。因此，我们的基本观点是“以意逆志”之“意”是“说诗者之意”，即接受者之意。那么，吴淇包括现代很多人何以认为是作者或文本之意，这其实是由“以意逆志”引出的不同的阐释思想。尽管其都围绕“以意逆志”展开，不过是“借他人之酒杯，浇自己之块垒”，换言之，吴淇以及现当代人对“以意逆志”之“意”的理解实际上表达的是自己的阐释思想，而并非孟子“以意逆志”本来的意思。

以上明确“谁之意”，下面即分析“以意逆志”之“意”究竟为何。这一问题在古代没有分歧，分歧产生于现当代。归纳起来，存在三种不同的解释：第一种看法是将“意”理解为动词用法，如赖力行先生说：“‘意’就是意料、意想、揣测、体悟的心理活动；就是古人所谓臆解、心解。”[③] 王先霈先生说：“《孟子·万章》中所说的‘意’，并非志意之意，而是意度之意。”[④] 邓新华对此评价说：“那么，对上述两种看法究竟应该作怎样的评价呢？我们认为，把

---

① 刘运好、陈先涛：《“以意逆志”说再考释》，载徐中玉、郭豫适编，《中国文论的常与变：古代文学理论研究》（第 24 辑），华东师范大学出版社，2006 年，第 63 页。

② 黄鸿秋：《“以意逆志”辩证》，《文艺理论研究》，2020 年第 2 期，第 8 页。

③ 赖力行：《中国文学批评学》，华中师范大学出版社，1991 年，第 112 页。

④ 王先霈：《圆形批评论》，华中师范大学出版社，1994 年，第 103 页。

'意'理解为接受者和阐释者的心意，或者理解为接受者和阐释者对作品的意度、推想和体味，都是基本符合孟子的理论本义的，因为孟子自己的文学释义实践已经证明了这一点。"① 邓新华折中了前人的意见。周裕锴先生说："'以意逆志'之'意'字，似可据段玉裁的说法训为'测度'。……当然，由于测度是由说诗者发出的，所以'意'也可引申为说诗者的'己意'。"② 将"意"理解为动词虽然有一定依据，也很新奇，但是将"意"作为动词理解不符合古代汉语"以"字结构的语法特征，"以"作为介词，后面介绍引进的是名词、代词，而不可能是动词。我们注意到周裕锴先生折中的说法，实际上还是认为"意"是名词用法，即读者之意。

第二种看法是将"意"理解为名词用法，如谢建忠说："所谓'以意逆志'，'意'指阐释者的主观意志（或者说阅读文学作品者的期待视野）。"③ 这是将"意"理解为阐释者的主观意志。周光庆先生说："'以意逆志'说的'意'，是解释者心灵中先在的'意'，……它是读诗以'逆志'的主观条件与活动起点，其内容也包括知识结构、认识能力和期待视野等。"④ 周光庆先生所说与谢建忠所指具体不同，但大意相同。值得注意的是钱锺书先生对"以意逆志"之"意"做出的独特理解，他认为应该"以诗艺本体特点为意"去逆"诗之志"。钱先生在谈到《诗经·河广》时旁征博引中国古代对艺术夸饰的认识，同时提到孟子"以意逆志"和"尽信《书》则不如无《书》"的观点，然后说：

> 盖文词有虚而非伪、诚而不实者。语之虚实与语之诚伪，相连而不相等，一而二焉。是以文而无害，夸或非诬。《礼记·表记》："子曰：'情欲信，词欲巧'"，亦见"巧"不妨"信"；诚伪系乎旨，征乎言者之心意，孟子所谓"志"也；虚实系乎指，验乎所言之事物，墨《经》所谓"合"也。所指失真，故不"信"。其旨非欺，故无"害"。言者初无诬罔之"志"，而造作不可"信"之"辞"；吾闻而"尽信"焉，入言者于诬罔之罪，抑吾闻而有疑焉、斤斤辨焉，责言者蓄诬罔之心，皆"以辞害志"也。高文何绮，好句如珠，现梦里之悲欢，幻空中之楼阁，镜内映花，灯边生影，言之虚者也，非言之伪者也，叩之物而不实者也，非本

① 邓新华：《"以意逆志"论——中国传统文学释义方式的现代审视》，《北京大学学报（哲学社会科学版）》，2002年第4期，第107页。

② 周裕锴：《中国古代阐释学研究》，上海人民出版社，2003年，第44页。

③ 谢建忠：《中国文学批评史述略》，巴蜀书社，2005年，第21页。

④ 周光庆：《中国古典解释学导论》，中华书局，2002年，第358页。

之心之不诚者也。[①]

显然钱先生侧重于读者应该以什么样的“意”来理解文本中所表达的“志”，那就是要懂得文学作为文学的特质，文学有虚构夸饰、言内意外等特征。

可以看出，第二种看法认为“意”是名词用法、“意”为接受者之“意”，但“意”本身的内涵理解很不相同，或说主观意志，或说主观条件，或说对文学本体认识之意。笔者认为，将其模糊理解为主观条件较为恰当。

第三种看法则是糅合名词和动词用法的理解。蔡宗齐先生说：

> 历来学者评述“以意逆志”之“意”字，无非两途，或取其动词义，或取其名词义。作为动词，“意”通常指大脑形成形象概念之思维活动；作为名词，则指辞、句乃至文之主旨。总的来说，清以前学者多取其动词义，侧重孟子所指读者在解释过程中对文意之再创造，即意想；清代一些学者，如吴淇，则倾向于视“意”为作者在文中未加修饰的本义，即其所谓名词义。笔者认为应该兼顾“意”字之两面含义：一方面，赋诗、引诗、读诗均隐涉解释者对作品的主观再创造，即“逆志”之“意”是表示行为之动词；另一方面，解释者之再创造，又并非完全空穴来风，而是在听觉与视觉的基础上部分或全部取材于被解释之作品，即“意”是词、句或全文之意，为名词。孟子对“意”字之使用，已兼顾其动词、名词两面。[②]

蔡宗齐先生关于“意”有名词、动词两种用法的看法是正确的，但是说动词用法为清代以前、名词用法为清代之后的说法则不妥，无论是赵岐还是朱熹，都将其理解为名词用法。邓新华也持此种认识，他说：

> 我们认为，把“意”理解为接受者和阐释者的心意，或者理解为接受者和阐释者对作品的意度、推想和体味，都是基本符合孟子的理论本义的。[③]

笔者认为，上述将“以意逆志”之“意”作为动词理解显然不符合古代汉语语法。“意”前面的“以”作为介词，此处“以”所带只能为名词。换言

---

① 钱锺书：《管锥编》（第一册），中华书局，1979 年，第 96－97 页。

② 蔡宗齐：《从“断章取义 ”到“以意逆志 ”——孟子复原式解释理论的产生与演变》，金涛译，《中山大学学报（社会科学版）》，2007 年第 6 期，第 47 页。

③ 邓新华：《“以意逆志”论 ——中国传统文学释义方式的现代审视》，《北京大学学报（哲学社会科学版）》，2002 年第 4 期，第 107 页。

之，将“意”理解为动词是不行的。至于糅合名词和动词的看法，看似正确，其实也存在问题。至于说是文本—读者之意或者读者—文本之意，这是现代受西方阐释学思想影响而强调理解不能脱离文本所做出的解释。读者之意当然是只能就文本来进行，这是毫无疑问的，否则理解根本无法进行。因此，笔者认为“以意逆志”之“意”只能理解为说诗者（读者、接受者）主观之意。

三、“以意逆志”之“志”：文本之志、作者之志抑或读者－文本、文本－作者之志？

关于“以意逆志”中之“志”，前无大的分歧，清代至现代的理解却有不同。一是认为“志”为“作者之志”。汉代赵岐释“志”为“诗人志所欲之事”，宋代朱熹释“志”为“作者之志”。现代也有赞同这一看法的，如朱自清先生认为“志”为“诗人之志”。二是认为“志”为“作品之志”。如李泽厚和刘纲纪先生认为“诗人的‘志’不是直截了当地说出来的，而是蕴含在诗人所创造的艺术形象之中”，所以孟子所说的“志”就是“诗人在作品中所要表达的思想感情”①。三是当代学者郭英德、陈望衡等先生提出的，认为“志”为“记载”。郭英德等在《中国古典文学研究史》中指出：

> “志”的本义是记忆、记录，“诗言志”的原始意义即是向神明昭告功德、记述政治历史大事，而不是指抒发个人志意、情感。在孟子的时代，尽管“志”已经有怀抱、情志之意，已经有“诗以言志”、诗“可以怨”、“盍各言其志”（《论语·公冶长》）等说法，但“志”的记事之意和“诗言志”的原始意义仍然保留着，将诗歌创作真正看成个人志意的表达，还是孟子以后的事情。孟子本人的说诗方法，……恰恰是着重于诗对历史或现实现象的说明，即诗的记事之义。②

陈望衡先生说：

> 如果把“志”训作记载，把《诗经》的本质看作史，孟子的“说诗者，不以文害辞，不以辞害志，以意逆志，是为得之”就好理解了。“不以文害辞”，即不因诗经用了一些夸张、比喻、象征之类的修辞手法而影响对辞义本身的理解。……“不以辞害志”，即是说，在《诗经》主要是

---

① 李泽厚、刘纲纪：《中国美学史》（第一卷），中国社会科学出版社，1984年，第193—194页。
② 郭英德等：《中国古典文学研究史》，中华书局，1995年，第27页。

> 记事，要善于通过言辞去了解所记载的当时的史实，……而不要为辞的表面意义或歧义所误导。“以意逆志”中的……“志”是《诗经》所记载的史实。①

关于“志”为作品之志还是作者之志的看法虽然也不同，但大体上是接近的。因为作者之志只能体现在作品之中，或者说作品之志只能是作者之志。认为“志”是文本之志的看法重视的是文本客观呈现出的作者情志，认为“志”为作者之志更多强调作者主观的创作意图，是文本可能表达的情志。值得注意的是第三种看法。这种看法将“以意逆志”和“诗言志”联系起来，认为二者之“志”具有一致性，都是记载、记忆以及历史、事实等意思。将“以意逆志”和“诗言志”联系起来认识“志”的含义有道理，但将“以意逆志”之“志”等同于“诗言志”之“志”，则既不符合《诗经》所有的诗歌内容，也不符合孟子此处提出的“以意逆志”的语境。笔者认为，将“以意逆志”之“志”理解为文本或作者表达的情志较为符合孟子原意。

四、“以意逆志”之“逆”：“逆”谓何，如何“逆”？

除了对“意”“志”的理解产生分歧，古今对“逆”字的理解也有不同。邓新华归纳说：“根据前人的解释，‘逆’大体上有三个义项：一是迎受、接纳；二是钩考、探究；三是追溯、反求。”② “迎受、接纳”与“追溯、反求”两种理解实际上是对“逆”两方面不同含义的理解。第一种看法认为“逆”是迎接、求取的意思，是对“逆”正面含义的理解，也是古代的主要看法。赵岐没有对“逆”做出解释，朱熹解释为“迎取”“等待之谓”。朱熹说：“且如孟子说诗，要‘以意逆志，是为得之’。逆者，等待之谓也。如前途等待一人，未来时且须耐心等待，将来自有来时候。他未来，其心急切，又要进前寻求，却不是‘以意逆志’，是以意捉志也。如此，只是牵率古人言语，入做自家意中来，终无进益。”③ 吴淇解释为“求”，也是从“逆”的正面意义做出的理解。第三种解释采用“逆”的反面含义。古汉语中，“逆”本身有正反两方面意义，一是指正面、面对、迎接；一是指背面、反面、违逆。朱熹、吴淇等的解释是从正面的迎接、求取来理解，而“回溯、反求”则是从背面或反面来理解的。认为“逆”为“推”“推测”“钩考”，实际上对是“逆”字正

---

① 陈望衡：《中国古典美学史》（上卷），武汉大学出版社，2007 年，第 177—178 页。

② 邓新华：《中国古代诗学解释学研究》，华中师范大学博士学位论文，2006 年，第 18 页。

③ 黎靖德编，王星贤点校：《朱子语类》（第一册），中华书局，1994 年，第 180 页。

面、求取之意的引申，这主要是现代学者的解释。如朱自清先生理解为“推”[①]，杨伯峻先生理解为“推测”[②]，周裕锴先生根据段玉裁《说文解字》、《玉篇》、《周礼》（郑玄注）等，认为可以理解为“钩考”[③]。这种认识主要强调接受者的主观性，与古代理解为“求取”“迎接”“等待”等并无实质区别，不过是强调阐释主体理解的主动性和时机。笔者认为，“以意逆志”之“逆”的核心是求取，至于求取的方向（正面、反面）、态度（平心静气、主动探求）则是后人对“求取”的补充认识，也具有合理性。

五、“文”“辞”：文本内部语言组织的划分还是文学文本的特点？

除了“意”“志”“逆”，历来对“不以文害辞，不以辞害志”中“文”和“辞”的理解也不同。一是将“文”和“辞”看作文章语言组织的不同层次，“文”是词语，“辞”是语句或篇章。如程颐说：“不以文害辞，文，文字之文，举一字则是文，成句是辞。诗为解一字不行，却迁就他说。如‘有周不显’，自是文当如此。”[④] 朱熹解释说：“文，字也；辞，语也。……言说诗之法，不可以一字而害一句之义，不可以一句而害设辞之志。”[⑤] 朱熹的理解应该说受到了程颐的影响。郭绍虞先生在《中国历代文论选》中对“以意逆志”数句的注释和说明是：“以文害辞：谓断章取义地割裂个别字眼以曲解其辞句”，“以辞害志：就辞句的表面做解释，因而歪曲了作品的原意”。[⑥] 又说，“‘以意逆志’是孟子提出的理解作品的方法。他主张，分析诗的人不能因为个别的辞和句去曲解整篇的意义，而应该根据作品探索原来的创作意图，分析作品的内容。”[⑦] 这一看法的合理性在于认识到篇章组成有不同层次，即由词语而组合成句，由语句组合成篇，词语的意义不等于句子的意义，句子的意义也不同于整篇所表达的意义，这里强调的是语言组织的层级区分和整体

① 朱自清：《诗言志辨》，凤凰出版社，2008年，第29页。

② 杨伯峻：《孟子译注》，中华书局，2008年，第167页。

③ 参见周裕锴：《中国古代阐释学研究》，上海人民出版社，2003年，第44页。

④ 朱熹、吕祖谦编：《近思录》，查洪德注译，中州古籍出版社，2008年，第165页。

⑤ 朱熹：《四书集注》，岳麓书社，2004年，第341页。

⑥ 郭绍虞主编、王文生副主编：《中国历代文论选》（第一册），上海古籍出版社，1979年，第32页。

⑦ 郭绍虞主编、王文生副主编：《中国历代文论选》（第一册），上海古籍出版社，1979年，第34页。

构成。刘勰说："夫人之立言，因字而生句，积句而成章，积章而成篇。"[①] 清代张潮在《幽梦影》中说："积画以成字，积字以成句，积句以成篇，谓之文。"[②] 这里所表达的正是对文章篇章结构组成的认识。按照中国传统的认识，将"文""辞"理解为文本组织的内部构成有道理。

二是将"文"和"辞"分开理解，将"文"理解为文采、文饰，将"辞"理解为"语言""文辞"等。赵岐说："文，诗之文章所引以兴事也。辞，诗人所歌咏之辞。"高春林引申说：

> 赵岐训"文"为"文章"，"文章"（即"彣彰"）就是表现在诗篇上的文采。文采是我们读诗时直接可以"看到"的或者直接可以感受到的。但是，文采的意义或者作用，是"引以兴事"，所以，"不以文害辞"说的即是，不能因文辞上的文采而忽略或者妨害文辞所欲表达的事情。"文辞所欲表达的事情"就是"志"，就是"诗人志所欲之事"。而"辞"是诗人所歌咏之辞。

这样一来，"文""辞"与"志"三者的关系应该是："文"是体现在"辞"上的文采，是"辞"的表层现象，或者说是"辞"的表现样式；"志"是"辞"的所欲表达的意义。因此，"文"与"志"是表达与被表达的关系。[③]

王运熙、顾易生在《中国文学批评通史》中说"'文'是文采，'辞'是言辞"[④]，也是从赵岐的注释引申出来的认识。将"文"和"辞"分开，强调"文"是语言的修饰或者具有文采的语言，而将"辞"理解为整个语言结构，这一认识意在突出文学文本的特殊性。根据孟子原文中引述的《诗经》文句，认为"文"是文采、修饰也有一定道理。应该说，将"文""辞"理解为语言组织的不同层级符合一般文本的构成，而将"文"理解为"文采""文饰"则是突出文学文本的特点。两种理解各有道理，但是如果考虑到孟子并非将《诗经》作为独立的文学文本这一基本事实，笔者认为，传统理解"文""辞"是文本语言的不同层级具有更大的合理性。

---

① 范文澜：《文心雕龙注》，人民文学出版社，1958 年，第 570 页。

② 张潮注，陈书良整理：《幽梦影》，中国青年出版社，2008 年，第 68 页。

③ 高春林：《"以意逆志"中的诠释学问题》，《四川大学哲学系儒家哲学合集：切磋三集》，2013 年第 1 期，第 142 页。

④ 王运熙、顾易生主编：《中国文学批评通史》（先秦两汉卷），上海古籍出版社，1996 年，第 116 页。

六、"以意逆志"与"知人论世"有必然的联系吗?

孟子"以意逆志"四字语约义丰，开启了中国古代阐释学的根本原则。但是孟子关于如何"理解"，并不仅仅限于"以意逆志"这一命题，他还提出了另外两个著名的阐释学命题——"知言养气""知人论世"。清代屡屡将"知人论世"和"以意逆志"连在一起进行理解，强调"以意逆志"和"知人论世"应该结合，不能偏向一面。顾镇说：

> 正惟有世可论，有人可求，故吾之意有所措，而彼之志有可通。……不论其世，欲知其人，不得也；不知其人，欲逆其志，亦不可得也。今不问其世为何世人为何人，徒吟哦上下，去来推之，则其所逆者乃在文辞，而非志也。此正孟子所谓害志者也，而乌乎逆之，又乌乎得之。……夫不论其世欲知其人，不得也；不知其人，欲逆其志，亦不得也。……故必论世知人而后逆志之说可用也。①

阎若璩说：

> 以意逆志，须的知某诗出于何世与所作者何等人，方可施吾逆之之法。……不然，空空而思，冥冥以决，岂可得乎？纵得之，恐亦成郢书燕说而已矣。《诗集传》病多坐此。②

惠士奇说：

> 孟子所谓"以意逆志"者，谓既知其事又知其人，然后以我之意逆彼之志，乃为得之。如不知其事与其人，而徒以意逆，未有不失者也。③

无名氏说：

> 故说诗者必以意逆志。然古人之志，又各有所在。苟不知其人之生平若何，与其所遭之时世若何，而漫欲以茫然之心，逆古人未明之志，是亦卒不可得矣。故欲知古人之志，又必须先论古人之世。④

---

① 顾镇"以意逆志说"，参见《虞东学诗》，文渊阁《四库全书》第89册，台北商务印书馆，1986年，第371—774页。

② 阎若璩：《尚书古文疏证》，黄怀信、吕翊欣校点，上海古籍出版社，2013年，第304页。

③ 惠士奇：《惠氏春秋说》卷五，《四库全书》。

④ 佚名：《杜诗言志》，江苏人民出版社，1982年，序。

王国维受到上述说法之影响，进而言："善哉！孟子之言诗也，曰：'说诗者不以文害辞，不以辞害志；以意逆志，是谓得之。'顾意逆在我，志在古人，果何修而能使我之意不失古人之志乎？此其术，孟子亦尝言之曰：'诵其诗，读其书，不知其人可乎？是以论其世也。'是故由其世以知其人，由其人以逆其志，则古诗虽有不能解者寡矣。"① 这里将"知人论世"与"以意逆志"联系起来，强调"以意逆志"必须首先"知人论世"。如果说"以意逆志"是在强调接受者可以根据自身条件，发挥主观能动性来理解的话，那么，"知人论世"则是对"以意逆志"做出的限定，也就是在理解文本之前，首先得考察文本作者及其生活的时代状况，以使读者的推测、钩考不是随心所欲，而是建立在对作者写作背景、写作意图、写作内容等的理解之上。这样，尽管读者的主观性仍然存在，但是这种主观性是建立在对作者、文本等客观事实把握的基础之上的，因而是对读者阐释理解做出的限定和规范。

孟子本人并未将二者连在一起提出，那么，清人和现代人的这一理解是否符合孟子原意呢？这其实涉及阐释学的另一个原则问题。如果联系孟子讨论"以意逆志"是为了厘清儒家的伦理学说，而"知人论世"本为交友所提出的前置条件，那么知"人"与知"文"是具有同一性的。正如扬雄所言"在则人，亡则书"，只不过理解的对象一是活生生的人，一是形之于笔墨的语言文字。理解"人"这一对象可以通过人的言行而实现，理解"文"（文章、文学）则需要通过语言文字来实现。语言文字和现实事实本身隔了一层，而且语言还有言意之间的复杂关系，如同交友需要知人论世，接受文本也同样需要"知人论世"。因此，无论是从现代阐释学倡导的主体性原则出发，还是根据孟子整体的思想以及他讨论理解的出发点和意图来看，将"知人论世"和"以意逆志"统一起来理解是具有正当性的。周裕锴先生说：

> 孟子有关书面文本的阐释学理论中就有可能包含了两个循环。第一个循环是前面所说的"理解的循环"的扩展，这个循环的过程可以简化为：
>
> （知文）→知辞→知志→知人→（知世）→知人→知志→知辞→（知文）
>
> ……
>
> 由于作者及其生活的时代已成为过去，只是在文献中留下印迹，这就意味着要"知人论世"，必须阅读文献。如果"文献不足征"，也就无

---

① 王国维：《玉溪生年谱会笺序》，载郭绍虞主编，《中国历代文论选》（一），上海古籍出版社，1979年，第38页。

从稽考作者的身世。这就形成第二个循环，或可称之为“阅读的循环”（reading circle）：阅读书面文本必须了解作者及其身世，而要了解作者及其身世又必须阅读书面文本。[①]

周裕锴先生两个循环的观点正是对清代以来将“以意逆志”和“知人论世”合并理解的引申，这一看法较为精辟。

七、“以意逆志”的总体内涵和历史地位

通过上述分析，笔者对“以意逆志”的本义和阐释思想总结如下：

第一，“以意逆志”的基本内涵是读者可以根据主观条件来获得对文本和作者情志表达的理解。

第二，“以意逆志”提供的阐释学思想是：其一，任何理解接受都是由读者这一主体和文本这一对象组成的活动，换言之，理解活动不可缺少这两个要素。其二，肯定接受者的理解具有主观性和主体性。虽然对于“意”的具体含义历来有不同意见，但包含着读者的感知、想象、情感和领悟等心理要素则是必然的，因此，任何理解都是读者自己的理解，必定包含着读者个体主观方面而具有主观性和主体性。其三，理解必须通过一定的途径和方式。理解活动总是需要理解者对文本采用推测、迎接、求取、等待、钩考、回溯、反求等具体方式。其四，承认理解是可能的。读者通过对文本的认知、感受、体验、领悟等可以理解文本和作者所表达的具体内容，这承认了阐释理解的可能性和必要性。

孟子提出的“以意逆志”不仅仅是对《诗经》这一文本的理解方法，更是一种普遍的理解原则。汉代赵岐就明确指出“以意逆志”所具有的理解的普遍价值，他说：

> 孟子长于譬喻，辞不迫切而意以独至。其言曰：“说诗者不以文害辞，不以辞害志，以意逆志，是为得之矣。”斯言殆欲使后人深求其意以解其文，不但施于说诗也。今诸解者往往摭取而说之，其说又多乖异不同。[②]

所谓“斯言殆欲使后人深求其意以解其文，不但施于说诗也”，说明赵岐清楚意识到孟子提出的这一命题具有普遍的指导意义，是所有理解活动的原

① 周裕锴：《中国古代阐释学研究》，上海人民出版社，2003 年，第 54－55 页。

② 《孟子注疏》，载《十三经注疏》，阮元校刻，中华书局，1980 年，第 2663 页。

则和方法。宋代张载说："古之能知诗者，惟孟子为以意逆志也。"[①] 这里将孟子"以意逆志"推举为能真正理解诗歌以及文学的人，换言之，"以意逆志"是能够真正理解文本的根本原则。清代乾隆皇帝在《诗义折中》序中说："夫诗之道何仿乎？其在《虞书》，则曰'诗言志'。志者，诗之本也；声与律，其后起者也。兴观群怨、事父事君，其道不越乎此也。其在子舆氏，则曰：以意逆志，是为得之。此说诗者之宗也。逆志而得其志之所在，则诗之本得而为教也正矣。"[②] 乾隆认为"诗言志""兴观群怨""事父事君""以意逆志"等都是"说诗者之宗"，亦即上述诸说都是理解接受诗歌亦即文学必须宗尚的，也有将"以意逆志"上升为理解诗歌根本原则之意。其实，从宋代开始，无论是经部之五经四书、史部之正史地志、子部之佛道医书，还是集部之总集、别集、诗文评，都将"以意逆志"作为熟语、成语来使用，成为读者接受的代名词，由此可知，"以意逆志"的确是中国古代具有影响力的接受理论、理解原则。今人对"以意逆志"在中国阐释思想史上的地位予以充分肯定，如周裕锴先生认为"可称为中国诗歌阐释学开山纲领"[③]，杨红旗认为是"中国传统文学与文化诠释的核心范畴和基础命题"[④]，周光庆先生认为"以意逆志"是中国古典解释学心理解释的代表[⑤]，张伯伟先生认为"以意逆志"是最能体现中国传统文学批评方法的精神的三种方法之一。[⑥] 从古至今的中国接受理论，没有哪一个比"以意逆志"四字具有更大的影响力和运用的普适性。

总之，本文对"以意逆志"的理解恰如"以意逆志"所指示的那样，任何理解都是接受者个人对文本和作者的理解。因此，尽管笔者试图还原到孟子提出此论的目的和语境，试图将其置身于整个阐释史中进行分析和认识，但正所谓"我以他人为不是，而他人未必以我为是！"

作者简介：

李凯，西南民族大学中国语言文学学院教授、博士生导师。

① 张载：《张载集》，中华书局，1978 年，第 256 页。

② 参见乾隆《御纂诗义折中》序，《四库全书》。

③ 周裕锴：《中国古代阐释学研究》，上海人民出版社，2003 年，第 38 页。

④ 杨红旗：《以意逆志与诠释伦理》，巴蜀书社，2009 年，内容提要。

⑤ 周光庆：《中国古典解释学导论》，中华书局，2002 年。

⑥ 张伯伟：《中国古代文学批评方法研究》，中华书局，2002 年，导言。

葛浩文英译《酒国》的阐释变异与意象重构*

杜 萍 周玉明

摘 要：阐释变异是近年来比较文学变异学研究的一个前沿课题。本文从比较文学变异学和比较文学阐释学的视角，以《酒国》葛浩文英译本为研究对象，探析文化意象在跨文明翻译中出现的对位、移位和错位的阐释变异，以及由其导致的文化意象的保留与转化、失落与变形、误释与误译等现象，从而实现其在译入语环境中的意义重构。这种在跨文化翻译中产生的变异阐释，既可能带来失语症，也可以是产生文学创新的新质。

关键词：比较文学变异学 《酒国》 阐释变异 意象重构

西方文学长期在国际格局中拥有强大的话语权，中国文学与西方文学的对话双方往往是不平等的，中国文学一直致力于探寻走向世界的出口。近年来，随着中国文化软实力不断增强，许多优秀的中国现当代文学作品被译成多种语言传播到海外，它们不仅在国际文坛上斩获大奖，还产生了深刻的国际影响。纵览这些作品，其中不乏书写中国乡村历史与现实的小说。这些作品在走出国门，迈向世界，传递中国乡土形象的过程中，不可避免地要接受翻译的再加工与再创作。翻译是一场跨语际、跨文化的对话，对话双方的理解主要靠译者的阐释。莫言的乡土文学《酒国》蕴藏着丰厚的中国文化意象，其以成语、谚语、典故、比喻等形式大量呈现，在翻译的跨文化阐释活动中，必然会出现各种阐释变异，导致文化意象的保留与转化、失落与变形、误释与误译，从而实现其在译入语环境中的意义重构。

* 本文为广东省哲学社会科学规划项目“《西游记》英译本中女性形象的建构”（GD20XWY21）阶段性成果。

一、阐释变异：一个比较文学变异学的新视角

比较文学变异学是比较文学中国学派继影响研究和平行研究之后提出的新的跨文明研究范式，具有极大的包容性和普适性。变异研究在同源性和类同性的基础上，观照异质性和变异性的文学现象。从变异学的角度来比较一国文学在另一国的传播，已然成为中国比较文学界近年来关注的重要焦点。近期，中国学者在比较文学变异学理论基础上又提出比较文学阐释学，以跨文化、跨文明为基本立场，讨论文本之间或者某一文本在跨文明理论旅行中产生的阐释变异现象，凸显“跨文明”“阐释”“变异”三个理论特征。① 这里的“阐释”不再是普通意义上的对源语言的理解、认同和接受，而是一种以跨界传播中发生的意义变异为基础的比较、叛逆、变异和再创作过程。“阐释变异是近年来比较文学变异学研究的一个前沿课题，它主要从学科理论发展的共时性纬度分析变异学的创新机制”②，具体可以体现为影响交流中的阐释变异问题与平行研究中的阐释变异问题。平行研究是以类同关系为基础，对不同对象进行互相比对和互相阐释而实现的一种对话性比较研究。究其本质，平行研究是一种阐释研究。一方话语介入另一方话语呈现出质变，通常会造成相互的对话关系易于呈现出一种不对等状态，这就涉及曹顺庆教授一直强调的失语症问题。③ 相比建立在类同性基础上的平行研究的阐释变异问题，影响研究的阐释变异问题建立在同源性基础上，往往离不开较为可靠的史料证据——它们更为明显且更易于理解，其目的为“在文学交流中变异性的事实普遍存在的情形下”，考察“源文本所蕴含的文化特质”和“转化后的文本背后所潜藏的文化动因、历史语境、意识形态背景等”。④

文学翻译本质上是一种阐释变异活动。通常来说，文学翻译必然会产生意义的阐释变异，因为只要有语言转化或时空变换，尤其涉及不同的文明，译介变异或阐释变异就无法避免。对待这种异质性和变异性，我们不能像法国学派和美国学派那样视而不见或故意抗拒，也不能像我国台湾学派的单向阐发那样，妄图用西方文学与文论来强制阐释中国文学现象，以遮盖中西文化中的异质性普遍存在的事实。中国比较文学学者早已充分认识到，“在文学传播与交流的过程中，除了可以确定的实证性影响的因素之外，在文化过滤、

① 王超：《比较文学阐释学研究》，中国社会科学出版社，2021 年，第 11 页。

② 王超：《比较文学变异学中的阐释变异研究》，《当代文坛》，2018 年第 6 期，第 41－46 页。

③ 曹顺庆、曾诣：《平行研究与阐释变异》，《中国比较文学》，2018 年第 1 期，第 20－31 页。

④ 王超：《比较文学变异学中的阐释变异研究》，《当代文坛》，2018 年第 6 期，第 41－46 页。

译介、接受等作用下，还有许多美学因素、心理学因素和文化因素起着重要的作用，在这些难以确定的因素的作用下，被传播和接受的文学在一定程度上发生了变异”[①]。文学翻译正是在这些因素的合力影响下，会不同程度地有意或无意地背离源文本，生成适应新环境的各种译介变体或阐释变体。而这些在跨文明阐释中出现的各种变体，正是比较文学中国学派所关注和考察的重要对象之一。

文化意象在各民族漫长的历史中，不断以民间艺人的口头文学形式或文人的书面文学形式出现在人们的语言和文学作品里，慢慢形成一种相对固定且具有独特文化内涵的文化符号，有的甚至还带有丰富且意义深远的民族想象，人们只要一提到它们，彼此间便立刻心领神会，达成心灵共鸣。文化意象的表现形式多样，或是植物、飞禽走兽，或是一句成语、谚语、典故或某个形容性词语中的形象或喻体，甚至还可以是某个数字或符号。文化意象变异的成因可归于两点：一是不同民族在地理环境、文化传统、风俗习惯等方面存在的差异体现；二是不同民族文化所引发的喻体在意象上的差异表征。因此，文化意象的翻译实践具有一定的难度，不仅涉及跨语际语码间的转换，其实质还触及跨文化的信息传递，要求译者能深入把握源语和译入语的文化特征与差异，还能将两种语言的文化内涵恰当巧妙地移植或对接，从而完成文化意象的信息意图和交际意图。也就是说，既要保持源语文化母体的约束作用以体现源语文本的互文意义，又需要在译入语文化中重建一套特殊机制，用以弥补翻译过程中由于交际意图所产生的文化损耗，同时还要兼顾译入语目标读者对源语文化意象的可接受性和审美期待，完成赛义德所说的“文本意义在新情境中发生的历史转移”。在《酒国》的原作和译作于不同文化、不同文明的话语间相互对话和阐发的过程中，异质的话语规则和文化模子必然会发生交流与碰撞，从而造成不同程度的阐释变异。在文化意象的具体翻译实践中，阐释变异在译本中呈现出三种形态：对位的文化意象阐释、移位的文化意象阐释、错位的文化意象阐释[②]。

下文从比较文学变异学和阐释学的视角，通过研究《酒国》葛浩文英译本在跨文明语境中产生的阐释变异的三种形态，分析该译本在文学传播与阐

① 李艳、曹顺庆：《从变异学的角度重新审视比较文学的影响研究》，《中国比较文学》，2006年第4期，第1—10页。

② 此处受到王超在《比较文学变异学中的阐释变异研究》一文中“把阐释变异分为对位、移位和错位三种基本形态”的观点的启发，但又不完全同于他文中对“对位”“移位”“错位”的界定，笔者试图从文学翻译层面来界定文化意象在跨文明变异阐释中受到文化过滤、文学误读与文学他国化等因素影响而产生的对位（保留与转换）、移位（失落与变形）和错位（误解与误释）阐释现象，并观照其在译入语中的重构过程。

释过程中发生的各种与文化意象相关的文化过滤、文学误读、误译与误释现象。

二、对位阐释：意象的保留与转换

一般来说，文化意象大多是凝聚着各个民族的历史文化和智慧的结晶，与各民族的传说和图腾崇拜紧密相关，长此以往就逐渐成为带有独特文化内涵的文化符号。翻译《酒国》时，葛浩文在处理某些文化意象的时候并没有为了刻意迎合译入语文化而进行话语改造，而是采用了跨文化的对位阐释，或直译，或抽离出语境当中文化意象所要传达的信息进行翻译，尽可能把原文的韵味充分地保留下来，使英语读者在阅读时能结合小说语境，对源文本当中特有的文化意象进行联想，充分理解源语言语境中的意象所承载的内涵和外延。

笔者以“狗”这一文化意象为例，展示葛译本中文化意象的对位阐释。“狗”这一意象的特殊之处，在于它的引申意义在东西方文化中存在着较大的分歧。首先，中国文明之根是农耕文明，中国人传统上偏爱牛和马，它们性情温顺，吃的是草，但力大，在农耕中能展现和创造价值。相比之下，狗的食量大，且吃相难看，主要功能是看家护院，跟牛马所产生的价值无法相提并论。其次，狗通常是一副摇头摆尾的形象，时而还露出尖利的牙齿，发出刺耳的吠声，很容易让人们把狗与阿谀奉承、趋炎附势的小人联想在一起。总之，中国文化对狗的总体评价不高，在汉语的日常使用中也充斥着大量与狗有关的贬义词。然而，西方文化起源于游牧文明。狗灵敏的嗅觉和敏捷的身躯，跟游牧民族的生活方式十分契合，所以狗在游牧民族心中极为重要，甚至被视为人的眼、手、腿的延伸。经过驯化的狗，不仅可以帮助人们更好地发现和捕获猎物，而且还忠于主人，陪伴主人左右。无论在英文小说还是电影中，狗总是和主人相伴在一起，并在关键时刻帮助或搭救主人。因此，在西方传统中，狗是“人之良友”，是许多家庭的宠物，“地位”要高得多。西方谚语和俗语中狗的寓意也多为褒义或中性。

下面，笔者具体分析《酒国》中与“狗”意象相关的三处对话。原文与葛译文摘录如下：

例 1

原文：“这条老狗，作恶到了头。”“卖到烹调学院特餐部吧。”“老狗煮不烂。”①

译文：“The old dog was an evil bastard.” “See if you can sell him to the Gourmet Section of the Culinary Academy.” “The old dog's too tough.”②

例 2

原文：丁钩儿说：“我舍不得打死你。吓唬你。不要人仗狗势。十点多了，早该开大门!”③

译文：“I just wanted to scare you.” he said, “not waste a real bullet on you. You can stop hiding behind that dog of yours.”④

例 3

原文：看门人想弯腰捡枪，丁钩儿举着水桶说：“弯腰就砸你个狗吃屎。”/打这个狗娘养的！保安们一拥而上，十几根电警棍挥舞着，十几张小脸紧绷着，活像一窝小疯狗。⑤

译文：The gateman thought about bending over to pick up his gun, but Ding raised his bucket and said, “Do that and you'll be flat on the ground like a dog fighting over shit.” /That's the guy—beat the shit out of that son of a bitch—a dozen or so electric prods waved in the air Like a pack of mad dogs, they surrounded Ding Gou'er. ⑥

在例 1 的原文语境中，莫言想通过一些与狗相关联的负面描写来刻画出一个令人生厌的鲜活人物形象。他通过短短的几句对话，便为读者构建了一幅妙趣横生的画面：看门人因被仿真枪玩具惊吓而伏倒在地装死，围观的群众将他称为“作恶到了头的老狗”，还扬言要将其烹饪吃掉。然而，“老狗”一词所直译得到的英文“old dog”，在英语国家的通常含义为“a person who is old or is used to doing things in a certain way cannot learn or does not want to learn a new way”⑦（形容年老的人，或者不能或不愿意接受新方式、总是习惯用特定方式做事的人），因此这一译法多倾向于保留狗在汉民族文化的意象内涵，同时还反映出中国人将狗肉作为料理的饮食习惯。例 2 译文展现了

① 莫言：《酒国》，浙江文艺出版社，2017 年，第 11 页。

② Howard Goldblatt, *The Republic of Wine*. New York: Arcade Publishing, 2012, p. 8.

③ 莫言：《酒国》，浙江文艺出版社，2017 年，第 12 页。

④ Howard Goldblatt, *The Republic of Wine*. New York: Arcade Publishing, 2012, p. 9.

⑤ 莫言：《酒国》，浙江文艺出版社，2017 年，第 132 页。

⑥ Howard Goldblatt, *The Republic of Wine*. New York: Arcade Publishing, 2012, p. 128.

⑦ 此释义源自 Merriam-Webster。

莫言独特的写作手法。“狗仗人势”比喻坏人依靠某种势力欺侮人或物，在这里他巧妙地将其根据语境转换为“人仗狗势”，恰如其分地讽刺了当时看门人放恶犬咬人，但在丁钩儿扣动扳机后却假装中枪躺在地上装死的懦夫行为，也从侧面反映出人物丁钩儿语言风格的独特性。这里被译作“You can stop hiding behind that dog of yours”，一定程度上还原了狗在汉语语境中的贬义。同样，例 3 这几处与狗有关的描述也是用于咒骂他人的，葛译本在此处也主要采用直译方式，对狗的意象进行了对位阐释，译文中对狗所携带的贬义进行保留，能够使西方读者了解到狗在中国文化中的内涵与外延。虽然“狗娘养的”一语在译文中，狗的意象有所淡化，译成了英语方言中的“son of a bitch”，却也比较契合语境，更符合西方人骂人的用语习惯。

当然，除了意象“狗”，葛译本的对位阐释还体现在其他的文化意象的翻译上，比如俗语“九牛二虎之力”和“九泉之下”。“九牛二虎之力”在汉语语境中比喻力气很大，“牛”和“虎”在此处作为喻体所传达的效果对于西方读者并不陌生，故葛译本妥善保留了原文中较为夸张的描述，译为“the strength of nine oxen or a couple of tigers”，这种对位阐释有利于激发读者的想象。“九泉之下”出自《七哀》，为形容阴间的汉语成语。西方所谓的“Hell”（地狱），在中国被称为“阴曹地府”，古人又将其划分为九个区，即“九泉九狱”。显然，这一词汇具有浓厚的中国文化与宗教色彩。葛译本将“九泉”译为“the Nine Springs of Hell”，对原文意象进行了最大限度的保留，并补译了“Hell”辅以说明，点明这一表达与“地狱”和“死亡”有密切联系，既传达出中国意象的原汁原味，又有助于西方读者产生与西方地狱的共鸣联想。

在中西文化中，即便同一文化意象所具有的内涵也不尽相同，译者在翻译时为了尽量贴近原文，使目的语读者能够基于译入语文化的视野更好地理解作者的意图，有时会有意从西方文化意象中选取合适的意象（或对等物）来替换或对位原文意象，缩短读者与作品间的距离，也避免了歧义的产生。下面以例 4 和例 5 中的两处“麒麟”为例，进行简要分析。

例 4

原文：我的眼前摆着一个红烧婴儿，按他们的说法：一盘“麒麟送子”。①

译文：A braised child has been placed on the table in front of me, in

① 莫言：《酒国》，浙江文艺出版社，2017 年，第 82 页。

their words, a platter of Stork Delivering a Son. ①

此句中的文化意象“麒麟”，在译文中被对等转换为“Stork（鹳）”。中国古代传说中的麒麟是仁兽，为吉祥的象征，代表能为人类带来子嗣。这个神话意象在西方文化中并无严格意义上的对等词，但葛译本巧妙地运用西方文化中同样与生殖具有紧密关联的动物意象“鹳”，来进行对位阐释，对应“送子”这一行为意义。

例 5

原文：寥若晨星，凤其毛，麟其角。②

译文：rare as morning stars, as the feathers of a phoenix or the horn of a unicorn. ③

例 5 意指真懂得喝酒的人是极其罕见和难以寻觅的。译者选取西方文化中与“麟”（麒麟）同等罕见的“unicorn”（独角兽）进行对位阐释，切入西方读者熟悉的文化意象，同时又尽可能地避免了对原文意义的误解。

文化意象的对位阐释，还体现在葛译本对原文中的“太岁头上动土!”④和“阴曹地府”⑤的处理上。“太岁头上动土”喻指触犯强悍有力的人。据中国史料记载，太岁是古人假定的一个天体，它虽与岁星（木星）运动速度相同，但运行方向相悖。据传太岁运行到哪个区域，那个相应的方位地下就会有一块肉状的东西出现，它被认为是太岁的化身，在这个方位动土就会惊动太岁，导致不好的事情发生，所以“太岁头上动土”通常预示着会有灾祸来临。译者正是借助了西方文化意象中与“太岁”这一意象具有相似性的天体木星“the mighty Jupiter”，来帮助西方受众理解话语的内涵。“动土”这一行为的汉语语境的深层含义，也在译文“touch a single hair”（动一根头发）中得以对立阐释。再看“阴曹地府”，它最初源自道教，佛教传入后受其影响，在道教原有的基础上发展出系统化的地狱体系，即十八层地狱。地府的概念大于地狱，阴曹的概念又大于地府。不熟悉中国佛教的西方读者对“阴曹地府”这一文化意象可能并无太多了解，对于中国古代的宗教文化及死后世界的描述则更可能一无所知，故而，译者选取了西方基督教文化中的特有词汇“Hell”（地狱）来进行转换，最大程度上拉近了读者与译本的距离，也消除了西方读者对原

① Howard Goldblatt, *The Republic of Wine*. New York: Arcade Publishing, 2012, p. 76.

② 莫言：《酒国》，浙江文艺出版社，2017 年，第 97 页。

③ Howard Goldblatt, *The Republic of Wine*. New York: Arcade Publishing, 2012, p. 91.

④ 莫言：《酒国》，浙江文艺出版社，2017 年，第 122 页。

⑤ 莫言：《酒国》，浙江文艺出版社，2017 年，第 352 页。

文的误解。在东方传统文化的影响下，中国一些有关性及性器官的描述通常采用隐讳的说法，避免过于露骨的表达。《酒国》中有一段描述用“小鸡儿”委婉地指代男性的生殖器官，而葛译本选取了一个与之有异曲同工之妙的词汇“pecker”（啄木鸟）来替代，而不是直白地使用“penis（阴茎）”。其实“pecker”一词在西方语境中既指啄木鸟，又代指阴茎，这与汉语当中使用与生殖器形态接近的动物来作为喻体的委婉语言表达习惯不谋而合。

三、移位阐释：意象的失落与变形

翻译和阐释既有一些相同之处，又有很大的不同之处。从比较文学阐释学的视角来看，翻译可以被看作跨文化阐释的形式之一，但并不完全等同于跨文化阐释。正如葛浩文对于《酒国》的翻译一样，本文所说的翻译主要是指文学或其他文化形式的翻译。这种文本的跨语际翻译所包含的内容就是跨语言界限的跨文化、跨文明阐释，也就决定了它既可以是受制于原文制约的有限阐释，也可以是赋予阐释者（这里指译者）更大的阐释空间和权力的“过度阐释”——当然任何完全脱离源文本的胡乱阐释都不能够算作翻译。关于有限阐释，中国传统翻译思想以“信”“达”“雅”作为标准，西方以“戴着镣铐的舞蹈”作为比喻，对于学界则对过度阐释讨论得更多。从阐释学的角度来看，译者首先是读者，需要用自己的“前见”理解原作，而后才谈得上用另一种语言作为媒介来进行跨文化阐释或翻译。卡勒认为只有阐释超出了翻译的界限，加入了更多理论发挥而成为一种广义的文化翻译或转述时才有意义。[①] 这种卡勒式的解构主义阐释，就是一种“过度阐释”，所阐释的结果是带给作品一个新的面目。在这种跨文化阐释的典范中，母语文化的内涵在译入语文化中得以阐释性再现，让原本母语创作的作品在另一种语言环境中获得可持续性生命，甚至脱胎换骨，宛如重生。当然，把握这种跨文化“过度阐释”的度非常重要，其在某种意义上也是检验一种阐释是否可以算作翻译的标准。王宁在《比较文学、世界文学与翻译研究》中指出，具有翻译性质的阐释必须有一个原文为基础，不能像在同一语言中那样天马行空的发挥，译者必须时刻提醒自己是在翻译，是在用一种语言阐释源文本的基本意思，从而就不可能太脱离原文而过度或任意发挥。[②]

在具体翻译实践中，跨文化阐释式翻译虽然离不开语言的媒介，却不能

---

① Umberto Eco, *Interpretation and Overinterpretation*. Stefan Collini, ed., Cambridge: Cambridge University Press, 1992, p. 110.

② 王宁：《比较文学、世界文学与翻译研究》，复旦大学出版社，2014 年，第 44 页。

拘泥于所谓字面上的忠实，而应注重一种语言中的文化风姿和全貌在另一种语言环境中的再现。译者往往容易做到语言文字上的对等，却难以达到文化精神上的忠实。这就造成了在具体翻译实践中，原文中本来有机融合在意象中的表层和深层双重意义在译入语中不得不面临着被割裂的危险，使译者陷入顾此失彼的两难境地，从而导致文化意象的失落与变形。

语言承载着文化，不同的历史文化、神话传说、历史事件和文学作品等的积淀都会造成不同民族文化间的意象差异。《酒国》中穿插的大量的典故、诗词、俗语谚语以及莫言自创或改编的诗歌，对于母语为非汉语的葛浩文来说，无疑是一大挑战。因此，在翻译这一特殊的文化交流过程中，译入语文化中对等词的缺失或西方读者缺乏源语文化的相关认知，常常导致原作中的意象不可避免地失落与变形，这一点在《酒国》的译本中有着明显的体现。如以下几例：

例 6

原文：俗话说“七十三，八十四，阎王不叫自己去”……①

这句话是酒国官员在跟丁钩儿饮酒时说的劝酒话，试图以家中老母亲的名义让孝子丁钩儿难以推辞。实际上它反映出了中国人对于死亡及衰老的传统观念，折射出中国根深蒂固的孝文化传统。遗憾的是，也许出于“阎王”这一人物文化意象在西方文化中难以寻得对等或近似对等词的原因，整句话在译文中被删除不译。

例 7

原文：他们口味高贵，喜新厌旧，朝秦暮楚，让他们吃得满意并不容易。②

译文：Diners have expensive tastes, they like new things and despise old stuff, wanting one thing in the morning and changing their minds in the evening. ③

“朝秦暮楚”是一个汉语成语，意指战国时期的秦楚两个诸侯大国，相互对立，经常作战，比喻人反复无常。鉴于其中涉及的文化意象在西方文化中既无对等词，也无相关的文化典故，“秦”和“楚”均在译文中被隐去不译，仅保留了成语的基本意义。

---

① 莫言：《酒国》，浙江文艺出版社，2017年，第48页。

② 莫言：《酒国》，浙江文艺出版社，2017年，第223页。

③ Howard Goldblatt, *The Republic of Wine*. New York: Arcade Publishing, 2012, p. 220.

例 8

原文：杨贵妃是咱酒国嫁出的女儿，每次温泉水滑洗凝脂时都要在池子里倒上一桶咱酒国酿造的高粱酒，要不她的皮肤哪里会那般光滑，她的神态哪里会像一枝海棠春带雨？汉高祖是咱酒国人的儿子，刚出生时他娘没奶，他爹就往他的嘴里灌烧酒，喝烈酒长大的孩子与吃母乳长大的孩子如何能够相比？[①]

译文：Or, the consort Yang Guifei left Liquorland to get married, and Han Wudi is a son of Liquorland. [②]

此处译文与原文相比篇幅大为删减，笔者猜测主要有两大可能：一是翻译难度所引起的限制，兴许是原文中对于“用酒入浴可养颜”“给没母乳的婴儿灌酒喝”等描写过于夸大酒的实际功效，抑或“一枝海棠春带雨”中传递出的美人形象在译文中难以完美保留；二是此处描写并不符合史实内容，可能导致不了解中国历史的读者误把虚构的事实当成真实史料，形成文化误解。译者便将这里的细节信息略去不译，仅仅保留了“杨贵妃”和“汉武帝”曾是酒国人这个信息。但遗憾的是，单薄的译文难以体现原文中李一斗为了宣传酒国的酒文化而扭曲事实，过分吹捧自己故乡的表现。在文学翻译中如果忽视了文化意象的意义，通常就会影响原作整体内容的传达，更有甚者还会影响对原作意境和人物形象的把握。这样的例子还有很多，如葛译本中对“哪吒闹大海”[③]“枪打出头鸟”[④]“王八吃秤砣一样铁了心”[⑤]“别卖你的狗皮膏药”[⑥] 等词句的处理，这里就不再逐一展开了。

四、错位阐释：意象的误释与误译

比较文学视域下的翻译研究，早已摆脱了一般翻译意义上的价值判断，而成为一种文学与文化研究。它不再囿于某些语言层面或语言现象的理解和表达，也不再桎梏于翻译质量优劣之分的评判，而是把翻译涉及的语言现象作为文学现象进行考察——对误译的研判就是如此。比较文学学者对于误译的态度早已脱离外语教学和具体翻译实践的指导意义，而是以更包容的态度，

① 莫言：《酒国》，浙江文艺出版社，2017 年，第 319 页。

② Howard Goldblatt, *The Republic of Wine*. New York: Arcade Publishing, 2012, p. 318.

③ 莫言：《酒国》，浙江文艺出版社，2017 年，第 24 页。

④ 莫言：《酒国》，浙江文艺出版社，2017 年，第 24 页。

⑤ 莫言：《酒国》，浙江文艺出版社，2017 年，第 62 页。

⑥ 莫言：《酒国》，浙江文艺出版社，2017 年，第 342 页。

将其作为一种更有意义的文学研究对象加以考察。例如，庞德的唐诗英译充满误译，在外语教学和具体翻译实践学者眼中，语法和句法都不通，是一个反面教学案例。然而，彼之砒霜，吾之蜜糖。在比较文学学者眼里，庞德的唐诗英译在文学史上具有重大意义，曾引发了20世纪美国的新诗运动。比较文学学者从来都是从最广阔的背景、以最开放的胸怀去理解翻译的。

误译作为翻译普遍存在的一种阐释现象，即使在一些大家和名家的译作中也无法避免。日本学者河胜好藏在《正确对待误译》中就曾引述“翻译作品中肯定有误译存在，这如同空气中包含氧气一样”这样一句话来表达他“没有误译的译本是根本不存在的”的观点。[①] 对比较文学学者而言，抛开不负责任的滥译造成的错误，误译其实具有独特的研究价值。误译鲜明而生动地反映出不同文化之间的交流与碰撞造成的扭曲与变形，直接表现在翻译中就是原作在译入语文化中形成的误解和误释。谢天振教授把误译分为无意误译和有意误译两种。无论哪一种误译，总是需要付出一定代价的，抑或是信息的失落与变形，抑或是对源文本的误解与误读，但并非徒劳无功。他认为在翻译活动中产生的误译不可能是一种纯粹的语言现象，必然要当作一种文化现象来观照，正如日本比较文学家大塚幸男所言，“翻译文学，在对接受国文学的影响中，误解具有异乎寻常的力量”[②]。在《酒国》的葛译本中，误译的现象自然也无法避免，不仅体现在对原作的误解上，也体现在对原作的误释上。如下所示：

例 9

原文：我不是虚伪的谦谦君子，我知道并且敢于公开宣称我的才华横溢，但一直藏在深闺无人识像杨玉环一样，一直委屈在村里拉车像千里马一样，现在，终于，李隆基和伯乐手拉手出现了！[③]

译文：I am not a hypocritically modest gentleman; I know and dare to announce publicly that I am bursting with talent that has been hidden away like the Imperial Concubine of the Tang, like a steed that has been forced to pull carts in a village. Now, at last, Li Shimin, the Tang Emperor, and Bole, the true horse breeder, have shown up hand in hand![④]

---

① 河胜好藏、刘多田：《正确对待误译》，《中国翻译》，1986年第3期，第57页。

② 大塚幸男：《比较文学原理》，陈秋峰，杨国华译，陕西人民出版社，1985年，第101页。

③ 莫言：《酒国》，浙江文艺出版社，2017年，第159页。

④ Howard Goldblatt, *The Republic of Wine*. New York: Arcade Publishing, 2012, p. 156.

此处李一斗借用“杨玉环”和“李隆基”这两个著名的历史人物以及“千里马”与“伯乐”的典故来表达自己怀才不遇的愤懑。“杨玉环”的文化内涵在译文中被削弱为“the Imperial Concubine of the Tang”（唐朝宫廷中的妃子），中国古代四大美女之一的历史典故以及“回眸一笑百媚生，六宫粉黛无颜色”的形象，便难以在译文中呈现了。同样，“李隆基”是唐玄宗的本名，葛浩文却将其错译成“唐太宗李世民”，这也许是疏忽大意，也许是对中国历史不甚熟悉而造成误译。“千里马”与“伯乐”的典故出自唐代韩愈所著《马说》，运用借物喻人的方式，把“伯乐”比喻为知人善任的贤君，把“千里马”比喻为待被发现的真正人才。“千里马”的本意指善跑且耐力持久的骏马，据说可日行千里。葛浩文在译文中把“千里马”译成“steed”，该词在英文语境中仅仅指被用来当作坐骑的骏马，文化内涵严重错位。“伯乐”一词被音译为“Bole”，在后面补译的“the true horse breeder”（真正的养马人），虽减少了读者的困惑，但“伯乐”与“千里马”之间这种惺惺相惜的关系却难以体现出来，不得不说有些遗憾。

例 10

原文：我是“不到黄河心不死”，“不到长城非好汉”，决心百折不挠地写下去。①

译文：Being one of those who will “Never give up till he sees the Yellow River”, and “Never calls himself a man till he reaches the Yangtze”. I'm determined to keep writing, undaunted by setbacks. ②

此句中的“不到黄河心不死”和“不到长城非好汉”，都是中国老百姓耳熟能详的俗语，其中“黄河”和“长城”更是家喻户晓的中国特有的地名，译者虽然准确译出了“黄河”，却把“长城”误译为“Yangtze”（长江），这或许是其有意误释，想用“Yangtze”对应上一句的“the Yellow River”，试图与上一句中的文化意象在构成形式上形成呼应的诗学效果。然而，原文中“长城”这个意象在译文中的错位阐释，其实远不能表达出“不到长城非好汉”的中国文化内涵，必然会在一定程度上造成信息传递上的偏差。

五、结语

在《酒国》的葛译本中，译者对于大部分不会引起歧义且风格独特的意

① 莫言：《酒国》，浙江文艺出版社，2017年，第255页。

② Howard Goldblatt, *The Republic of Wine*. New York: Arcade Publishing, 2012, p. 253.

象采取异化的翻译策略，使其在跨文化的对位阐释中尽量完好无损，最大程度地保留作品的原有韵味。但也有一些意象在错位或移位的跨文化变异阐释中遭遇了不同程度的失落与变形，甚至误译与误释。其中，对原文化意象的意义传递影响最小的策略是挑选西方读者较为熟悉、又与原文意象的意义相同或相近的表达作为弥补，来帮助读者较为轻松地通过本国文化意象对原文语境进行有效联想。然而，考虑到西方读者的接受能力、阅读习惯和审美期待，有些意象不得不以具体的意义内涵而非意象的形式出现在译文中，很遗憾地遭遇失落与扭曲。此时的译本既不是原作的附属品，也不是纯粹的再创作后的新产品，而是一个具有相对独立性的中间变异体，它作为一种跨文化交流和阐释的实践活动，必然具有独特的研究价值和意义。曹顺庆教授曾指出："'道'与'罗各斯'在根本上有着其完全不同之处。我们更感兴趣的正是这种不同之处，因为这种根本上的不同，才使得中西文化与文论分道扬镳，各自走上了不同的'道'，形成了中西方不同的文化学术规则与文论话语。"① 这句话同样适用于翻译。在跨语言、跨文化的翻译过程中所产生的变异阐释，无论以何种具体形式出现，既可能带来失语症，也可以是产生文学创新的新质。

作者简介：

杜萍，广东财经大学外国语学院副教授，研究方向为比较文学变异学。

周玉明，广东财经大学外国语学院英语语言文学硕士生。

① 曹顺庆：《比较文学学》，四川大学出版社，2005年，第184页。

媒介社会学中国旅行的路径、路标及再出发

蒋晓丽　杨　钊

摘　要：近年来，媒介社会学已成为学界的热点话题，它常常被研究者赋予“创新”“突破”等积极意义。文章试图以在地路径为基础，勾勒出媒介社会学中国旅行的概貌。研究发现当前国内学界以“媒介社会学”之名进行的研究总体上都沿着生产视角、文化视角与物质视角三种路径展开，体现出鲜明的情景性。理论旅行没有终点，全媒体时代的媒介社会学研究需要再出发，重新思考媒介与人、媒介与社会之关系，才能为新闻传播研究摆脱学科危机提供更多可能性。

关键词：媒介社会学　理论旅行　在地路径　情景　全媒体时代

一、前言：从理论传播到理论旅行

对于国内学界而言，媒介社会学并非一种全新的研究范式。在20世纪八九十年代，就有学者开始引介西方媒介社会学经典著作与理论。如今也有越来越多的学者以“媒介社会学”之名观察社会现象，开展传播研究。“研究者们希望借助媒介社会学的知识资源，提升新闻研究的知识含量与合法性……无论是经典想象还是在地学术实践，背后都贯穿着传统新闻学为了突破原有的知识框架和藩篱，向外谋求理论资源、夯实知识根基以及强化新闻研究合法性之学术诉求。”[①] 然而，这一被许多学者寄予厚望的研究范式一直伴随争议。对于一门学科理论而言，明确且清晰的定义通常是其成熟化、体系化的标志，而我们却难以给出一个明确的定义来回答“什么是媒介

① 李红涛、黄顺铭：《“驯化”媒介社会学：理论旅行、文化中间人与在地学术实践》，《国际新闻界》，2020年第3期，第129－154页。

社会学”。研究者们通常按照自身理解来进行媒介社会学研究，降低了相互对话的可能性。同时，对媒介社会学的理论渊源也持不同看法，有人认为以韦伯为代表的早期社会学家就已经开始了对媒介问题的关注①；有人认为以杜威、帕克为首的芝加哥社会学派是媒介社会学重要的思想源头②；也有人认为20世纪六七十年代一批直接带有“传播/媒介”与“社会”字样的专著的问世标志着媒介社会学的正式建立。③ 此外，媒介社会学与知识社会学等传统社会学分支的边界也并不清晰，呈现出一种“游牧状态”。媒介社会学者们广泛地从社会科学中汲取营养，将媒介研究与政治学、心理学、社会学、历史学等领域的理论方法结合起来，体现出鲜明的跨学科特征。那么，我们该如何在复杂的理论争鸣与不同的学术认知中把握住媒介社会学的发展脉络，回答“何以选择媒介社会学”以及“如何开展媒介社会学研究”等重要问题呢?

爱德华·萨义德（Edward Said）曾提出“理论旅行”（traveling theory）概念，他认为“相似的人和批评流派、观念和理论从这个人向那个人、从一个情境向另一情境、从此时向彼时旅行。文化和知识生活经常从这种观念流通中得到养分，而且往往因此得以维系……”④ 也就是说，理论并不是一成不变的抽象观念，而是处于流动变化之中的现实存在。在萨义德看来，理论旅行需要经历观念发生、穿越通道后重新凸显、适应接纳与抵制条件、吸纳中改造理论四个环节。也就是说，理论的旅行是不可避免的和并非一帆风顺的文化现象。理论会在时空的穿行过程中被不断改造与重塑，不同的文化环境对其有不同的理解阐释与接纳方式。

比起“理论迁移”“理论传播”等概念，“理论旅行”更加直接地指出了理论或观念在流动时与文化环境相互建构的过程。而比起“本土化”“在地化”等视角，“理论旅行”可以超越知识生产过程中全球/本土、西方/中国、中心/边缘的二元对立。在复旦大学黄旦教授看来，目前对于本土化议题的探讨，传播学者习惯于从西方传播学的既定知识立场来回看“中国”，而忽视了议题背后的文化身份、解释权、前置逻辑和思维框架，⑤ 而“理论旅行就可以

① 李敬、强荧：《20世纪早期的新媒介：韦伯对商业报纸的媒介社会学研究》，《现代传播（中国传媒大学学报）》，2017年第8期，第66—69页。

② 邵培仁、展宁：《西方媒介社会学研究的历史、现状与走向》，《全球修辞学会会议论文集》，2015年，第33—57页。

③ 张志安、章震：《重审语境与重新出发：新闻生产社会学的“本土化”脉络和反思》，《新闻记者》，2018年第9期，第42—55页。

④ 赛义德：《赛义德自选集》，谢少波、韩刚等译，中国社会科学出版社，1999年，第138页。

⑤ 张哲瑜、邵全红：《中国传播学40年：一个本土化的视角与反思》，《新闻爱好者》，2018年第8期，第36—40页。

成为我们观察分析全球化时代跨越不同时空地域知识生产的过程的方法，促使我们思考如何在知识生产的过程中，从消极、被动的接受者，变为积极主动的知识生产者”[①]。因此，本文试图厘清目前国内学界媒介社会学的研究路径，呈现媒介社会学在中国的理论旅行。梳理“旅行通道”，不仅可以勾勒出媒介社会学研究的知识图谱，帮助研究者拓宽与深化对这一研究范式的学术想象与理论认知，也可以在回顾在地路径的过程中寻找媒介社会学与新闻传播学的结合点，为后者走出所遭遇的学科危机提供更多可能性。

二、通道：媒介社会学的在地路径

媒介社会学家纽曼·罗素曾指出，“我们主要从实践、组织和规则三个维度来阐释社会结构的变化”[②]，具体而言包括宏观的政治经济学分析、中观的新闻职业和传媒机构的组织社会学与文化视角三种研究视角。有学者研究发现，目前中国学界对媒介社会学不同理论方法传统的讨论总体上依旧集中于新闻生产的机构视角，而对美国之外的研究关注不够，研究议题和研究范围广阔的媒介社会学被窄化为以机构和职业活动为核心的狭义的新闻生产社会学。[③] 笔者梳理了近十年中国知网收录的直接以“媒介社会学”“新闻社会学”“传播社会学”命名的论文后发现，这些研究除了传统的生产与文化路径，也开始关注自欧洲学界兴起的物质路径。

（一）生产视角

生产视角不仅关注新闻生产的过程，也探讨生产所处的社会环境以及背后所隐含的权力关系。宏观的政治经济学分析与中观的新闻职业和传媒机构的组织社会学都离不开对“生产”的考察。一方面，学者开始反思新闻生产社会学存在的规范性、操作性与合法性问题，即回答新闻生产社会学研究是什么、如何开展以及它为何成为国内媒介社会学研究的“主导范式”等问题。一是对研究范围的界定，如邵培仁与展宁对西方媒介社会学研究的历史、现状与走向的梳理，张斌则从建构论取向探讨与阐释了媒介社会学的脉络[④]。二

① 闵冬潮：《理论旅行再出发》，《浙江学刊》，2014 年第 4 期，第 177－188 页。

② 薛敏芝：《数字时代社会传播结构的改变对商业沟通的影响——对话媒介社会学大师纽曼·罗素》，《中国广告》，2014 年第 2 期，第 90－92 页。

③ 黄典林：《媒介社会学的文化研究路径：以斯图亚特·霍尔为例》，《国际新闻界》，2018 年第 6 期，第 68－87 页。

④ 张斌：《新闻生产与社会建构——论美国媒介社会学研究中的建构论取向》，《现代传播（中国传媒大学学报）》，2011 年第 1 期。

是对研究问题的梳理，如张志安等学者探讨了国内新闻生产研究的五类议题，并在此基础上对专业媒体实践的可能性等问题进行了观照和阐释。三是对研究理论的追问，如李红涛与黄顺铭从研究者的学术想象和实践入手，考察中国学界如何译介、挪用、移植媒介社会学。四是对研究方法的反思，如梁君健反思了民族志方法在新闻社会学中的应用①，张伟伟也讨论了田野观察的利弊与关键②。

另一方面，一些学者致力于用媒介社会学理论来研究不同的媒介形态。其研究对象既有广播电视等传统媒体，也有微博、微信等新媒体；既有对某种组织类型的研究，也有对具体个案的考察。一是聚焦某一媒介形态的发展历程，如欧阳宏生、朱婧雯对广播电视社会学指向及其演变历程的重新梳理③，张驰对中国纪录片发展历程的分期④，孟婷对1949年以来不同时期体育纪录片的研究⑤。二是考察某种新闻应用类型的生产过程，如盛芳对人物报道转型的探讨⑥，李东晓对中国贪腐丑闻的媒介呈现与新闻生产的研究⑦。三是对具体个案的媒介社会学分析，如张森、王魏对电视剧《平凡的世界》热播原因的探讨⑧，王汉熙等对中国台湾地区苹果动新闻的考察⑨，佟静对《杨澜访谈录》的研究⑩。这些研究皆立足于媒介生产，指出其中包含的政治、经济、法律、技术以及媒介机构的组织场域等影响因素和权力控制关系。

---

① 梁君健：《秒表可以测出重量吗？——基于民族志方法论的新闻社会学再思考》，《新闻记者》，2018年第8期。

② 张伟伟：《田野调查的身份转变与调适——新闻生产田野观察的方法学反思》，《新闻记者》，2017年第5期。

③ 欧阳宏生、朱婧雯：《论新中国70年广播电视传播理念的嬗变——基于媒介社会学框架之再梳理》，《现代传播（中国传媒大学学报）》，2020年第1期，第89—96页。

④ 张驰：《媒介社会学视角下中国纪录片发展历程探究》，《中国民族博览》，2020年第4期，第234—236页。

⑤ 孟婷：《中国大陆体育纪录片发展史研究（1949—2016）》，山东大学博士学位论文，2017年。

⑥ 盛芳：《典型报道的嬗变：基于媒介社会学视角下的考察》，《衡阳师范学院学报》 2016年第5期，第122—125页。

⑦ 李东晓：《中国贪腐丑闻的媒介呈现与新闻生产研究——媒介社会学的视角》，浙江大学博士学位论文，2010年。

⑧ 张森、王魏：《电视剧〈平凡的世界〉热播的传播社会学分析》，《中国电视》，2015年第7期，第82—85页。

⑨ 王汉熙、刘凯、万成娜：《新闻传播社会学视域下的台湾苹果动新闻考察》，《四川大学学报（哲学社会科学版）》，2014年第4期，第59—69页。

⑩ 佟静：《媒介社会学视野下的电视访谈节目生产——〈杨澜访谈录〉个案研究》，《今传媒》，2013年第7期，第70—71页。

（二）文化视角

对新闻生产的研究曾占据媒介社会学研究的主导地位，近年来有越来越多的学者关注文化取向的研究，研究焦点从“过程”转向了“意义”。具体而言有四类研究方向。一是探讨媒介社会学文化研究路径的理论方法，如黄典林对斯图亚特·霍尔在媒介社会学领域的学术实践的考察①。二是对文化现象进行媒介社会学阐释，如潘祥辉对“对天发誓”这一“言语－行为”活动的研究②，潘祥辉、杨鹏对“马云爸爸”这一流行称谓的探讨③。三是研究某类群体的身份认同与形象建构，如樊昌志、李卫平对惠州新移民现状的研究，④郑欣对新生代农民工城市适应的考察⑤。四是分析媒介实践所包含的权力关系与政治机制，如潘祥辉对自媒体革命的解读⑥，袁松、张月盈对豫中付村的电视与村庄政治的分析⑦。

有学者指出，“如果说，过程取向导致新闻生产研究在组织框架之下关注新闻选择、消息源互动、工作常规等问题，那么，文化取向更加关注媒介生产过程里的文本——各类媒介产品文本、成文或不成文的制度文本、公开演讲私人对话文本等等，研究者致力于寻找各种文本之间的相互联系和普遍模式，从而了解生产过程里的权力运作”⑧。从文化视角展开的媒介社会学研究，通常利用文化研究的方法与模式，将媒介实践或传播现象与现代性、社会权力、社会心理、意识形态等宏大议题联系起来，解读其所包含的意义与结构，为媒介社会学研究开辟另一条道路。

---

① 黄典林：《媒介社会学的文化研究路径：以斯图亚特·霍尔为例》，《国际新闻界》，2018年第6期，第63—87页。

② 潘祥辉：《“对天发誓”：一种中国本土沟通行为的传播社会学阐释》，《新闻与传播研究》，2016年第5期，第30—46页。

③ 潘祥辉、杨鹏：《“马云爸爸”：数字时代的英雄崇拜与粉丝加冕——一种传播社会学分析》，《探索与争鸣》，2018年第9期，第65—75页。

④ 樊昌志、李卫平：《沿海开放城市新移民的城市认同与多元传播视野中的认同建构——基于惠州新移民现状的传播社会学研究》，《湘潭大学学报（哲学社会科学版）》，2015年第6期，第30—46页。

⑤ 郑欣：《新生代农民工的城市适应——基于传播社会学的视角》，《南京社会科学》，2011年第3期，第71—77页。

⑥ 潘祥辉：《对自媒体革命的媒介社会学解读》，《当代传播》，2011年第6期，第25—27页。

⑦ 袁松、张月盈：《电视与村庄政治——对豫中付村的传播社会学考察》，《新闻与传播评论》，2010年第1期，第107—120页。

⑧ 陈阳：《为什么经典不再继续？——兼论新闻生产社会学研究的转型》，《国际新闻界》，2018年第6期，第10—21页。

（三）物质视角

近年来，以基特勒（Friedrich Kittler）、齐林斯基（Siegfried Zielinski）等一批欧洲学者的媒介化理论为代表，越来越多的学者开始从物质视角来思考媒介与社会的关系。他们的学术实践被称为“媒介考古学”。媒介考古学的提法脱胎于电影考古学（archaeology of cinema）与知识考古学（archaeology of knowledge），常被用来指涉一种以媒介物质为中心的、“回溯－前瞻式”的研究取向。[①] 这一未建制的学科被认为处于“游牧状态”，它努力抵制任何一种综合的解释或统摄一切的理论，以媒介物质性为出发点，试图通过搜索文本、视觉和听觉档案以及文物收藏，强调文化在话语和物质层面的证据。[②] 我国历史源远流长，无疑是进行媒介考古的热土。

在已有研究中，国内学者一方面聚焦于媒介考古学的脉络梳理与价值评判，如施畅对媒介考古学的系统梳理[③]，张昱辰对基特勒“话语网络”理论的思考[④]，唐海江对“中国的媒介考古”的讨论[⑤]；另一方面立足于中国语境，通过媒介考古学这一新的视野进行个案研究，如赵云泽、董翊宸所探讨的甲骨文向金文的介质转变和伴随“巫史理性化”过程的一次媒介革命[⑥]，贾南、芮必峰对秦汉时期石刻媒及其运作系统的考古[⑦]，赵云泽、杨启鹏对秦朝“书同文”媒介革命的考察[⑧]，孙青对幻灯机在中国的传播研究等[⑨]。在国内为数不多的物质视角的媒介社会学研究中，学者们或对我国本土媒介与媒介事件进行考古，或对留声机、收音机、幻灯片等西方“器物”在我国的传播与应

---

① 施畅：《视旧如新：媒介考古学的兴起及其问题意识》，《新闻与传播研究》，2019 年第 7 期，第 33－53 页。

② 于瀛、秦艺丹、方惠、刘海龙：《2019 年中国的传播学研究》，《国际新闻界》，2020 年第 1 期，第 23－42 页。

③ 施畅：《视旧如新：媒介考古学的兴起及其问题意识》，《新闻与传播研究》，2019 年第 7 期，第 33－53 页。

④ 张昱辰：《媒介与文明的辩证法：“话语网络”与基特勒的媒介物质主义理论》，《国际新闻界》，2016 年第 1 期，第 76－87 页。

⑤ 唐海江：《媒介考古学与中国传播研究的变革》，《中国社会科学报》，2019 年 7 月 23 日。

⑥ 赵云泽、董翊宸：《中国上古时期的媒介革命：“巫史理性化”与文字功能的转变及其影响》，《新闻与传播研究》，2019 年第 7 期，第 92－106 页。

⑦ 贾南、芮必峰：《作为信仰“装置”的秦汉石刻：一种媒介学的视角》，《现代传播（中国传媒大学学报）》，2018 年第 11 期，第 53－59 页。

⑧ 赵云泽、杨启鹏：《“书同文”：中国古代政治制度变化与媒介变革影响研究》，《现代传播（中国传媒大学学报）》，2019 年第 5 期，第 29－35 页。

⑨ 孙青：《魔灯镜影：18—20 世纪中国早期幻灯的放映、制作与传播》，《近代史研究》，2018 年第 4 期，第 65－83 页。

用进行考察。他们从媒介的本体形态出发，思考其所承载的政治、经济、文化等社会意义，并将媒介置于时空变迁的背景下展开研究，揭示媒介所承担的角色以及与人、组织、国家甚至是世界所发生的复杂互动。

可见，目前国内的媒介社会学研究总体上呈现出本体建构与应用研究两种路径并行的局面。研究者一方面探讨媒介社会学的历史源流、学科边界、理论适用性等问题；另一方面以媒介社会学为理论框架来研究具体的媒介形态或媒介事件。这些研究在一定程度上都展现出研究者突破主流范式，实现理论创新的学术理想。还有一部分研究虽然借助了“媒介社会学”的名义，其具体分析却停留在对事实的简单罗列，未能展现出媒介与政治、经济、文化等社会因素的关联。这三类研究构成了当前媒介社会学中国旅行的现实通道。那么，作为西方的“舶来品”，媒介社会学在中国的理论旅行如何避免陷入黄旦教授所言“从西方传播学的既定知识立场来回看‘中国’”的“迷途”呢？

三、情景：理论旅行的关键路标

在萨义德对理论旅行的阶段划分中，最重要的因素是“情景”。“所谓理论的旅行‘由此到彼’，最根本的变化是情景，它是时间、空间和历史文化诸因素在生活世界的具体整合。”[①]“情景”的变化首先意味着规定性与约束性的失效，即“无法确定理论或观念所属的具体领域或范围”。回顾媒介社会学的中国旅行历程，学者们吸收了知识社会学、媒介环境学、媒介学、新闻生产社会学等不同的研究范式，有经验的，也有批判的，彼此对话甚至是激辩，同时提出了“传播社会学”“传媒社会学”“信息社会学”“新闻社会学”“新闻传播社会学”等相似度极高的研究框架。有学者指出，“并不应该设定一个统一而明确的学理型定义，而应划定一个大致的学科领域范围，这样才能在一个更广阔的天地中讨论和发展媒介社会学”[②]，笔者赞同这一观点，既然理论的旅行必然带来规范性层面问题的失效，那么与其失陷于“什么是媒介社会学”的争论中，倒不如立足于具体情景，探讨“为何选择媒介社会学”等合法性层面的问题以及“如何开展媒介社会学研究”等操作性层面的问题。

媒介社会学的中国旅行始于西方社会的媒介情景。20世纪七八十年代，

---

① 吴兴明：《“理论旅行”与“变异学”——对一个研究领域的立场或视角的考察》，《江汉论坛》，2006年第7期，第114—118页。

② 邵培仁、展宁：《西方媒介社会学研究的历史、现状与走向》，《全球修辞学会会议论文集》，2015年，第33—57页。

西方社会大众媒体高度繁荣，报纸、电视、广播等媒介成为公众生活的重要组成部分。在这一时期的传播学研究领域，媒介如何影响社会或者说媒介如何“建构”了社会现实，成为关注的焦点，催生出新闻生产社会学，以塔奇曼（Gaye Tuchman）《做新闻》、甘斯（Herbert J. Gans）《什么在决定新闻》、吉特林（Todd Gitlin）《全世界在观看》等著作为代表。新闻生产社会学从中观层面切入，有别于传统效果研究注重功能主义的建构论，勾连新闻作为社会建构过程的微观和宏观实践，呈现媒体与权力、制度、社会及意识形态的内在关系。在这些学者看来，社会现实是被媒介建构起来的，而这种行为受到政治、经济权力的宰制。可以说，西方的媒介社会学一开始就带有不同于传统经验研究的“批判色彩”。

而进入中国情景，媒介社会学受到了驯化与改造。有学者指出，“实际上，中国媒介社会学实践一开始就建立在转译、借鉴、挪用欧美经典传统的基础之上，但同时也在与中国的在地情境——譬如国家－社会关系和新闻改革议程——展开对话，令它们得以在知识立场或学术风格等方面驯化英美媒介社会学，特别是将后者对于媒介建制及其意识形态运作的批判转化为一种建设性的话语资源”[①]。从在地路径可看出，无论是聚焦新闻现场的生产视角，还是立足日常生活的文化视角，或者是跨越时间空间的物质视角，都体现出鲜明的中国特征。研究者们置身于中国独特的媒介环境之中，以媒介整合起时间、空间和历史文化因素，不断深化对“社会”的认识，回答了媒介在社会中扮演了何种角色，与经济改革、社会发展之间的关联等问题。

除了各个国家处于不同的情景之中，同一国家内部的经济、文化、历史的因素也存在差别。这意味着媒介社会学在中国旅行时不仅要实现理论在国别层面的转化，而且不能忽视地方性等重要变量。换句话说，媒介社会学中国旅行的通道并非一路到底，而是存在多个岔路口，如果忽视了一些关键路标，就有可能迷失方向。“我国不同地方的历史脉络、地理环境、民众生活方式以及经济和媒体发展水平都具有显著差异，这进而影响着传播实践在各地不同的表现形式和发生过程。”[②] 不同的研究对象所处的生活世界各不相同，他们对“社会”的认知和体验也彼此不同。例如对于偏远落后地区的居民来说，他们日常生活的村落、乡镇就是“社会”的边界。因此，“围绕‘传播学本土化’问题的争论，亟须将‘地方特殊性’纳入思考前提之中，从而使中

---

① 李红涛、黄顺铭：《“驯化”媒介社会学：理论旅行、文化中间人与在地学术实践》，《国际新闻界》，2020 年第 3 期，第 129－154 页。

② 郭旭东、蒋晓丽：《从整体到多元：论传播学本土化的地方性视角》，《西南民族大学学报（人文社科版）》，2020 年第 1 期，第 138－145 页。

国传播研究避免因过度追求同质化的‘内部普遍性’而丧失对地方‘变异’的把握”①。

因此，媒介社会学的中国旅行要穿梭于不同的媒介情景，尤其是在中国特色社会主义市场经济语境中，媒介社会学研究既要重新思考媒介理论的适用性与媒介技术的演进，又不能忽视政治、经济、文化等因素形塑下的媒介制度与多样现实。当前中国社会产生了方便快捷的生活类平台、包罗万象的短视频应用、意义深远的县级融媒体中心等众多媒介形态，为本土研究者搭建了一个广阔的媒介空间。我国在大数据、VR、5G等媒介技术领域也处于全球领先行列，本土生产的媒介应用与内容也开始向世界输出，如网络文学与抖音海外版在全世界掀起的热潮。这些媒介情景在演化更新的同时也不断重塑着媒介社会学的诠释框架与理解方式。有学者认为，互联网时代的媒介生产与20世纪七八十年代的新闻生产相比，其生产主体、生产模式等都出现了新的变化，所以当今的媒介社会学研究要突破“新闻生产”的藩篱，但不意味着要无视媒介生产的过程。“工作常规依然是组织的产物吗？互联网用户能够影响工作常规吗？工作常规能够影响甚至重塑媒介生产者与消费者之间的关系吗？为了让常规重回学术视野，我们需要在互联网环境下重返媒介生产的现场。”重返媒介生产的现场的目的不单是研究对象的再更新，也是研究理论的重新思考。“在新媒体时代，面临危机的新闻业需要媒介社会学再出发，重新从宏观、中观和微观的视角去寻找‘新闻业如何建构现实’与‘新闻业何以建构现实’这两个问题的答案。”②

四、重启：全媒体时代媒介社会学再出发

如今我们已步入全媒体时代，出现了全程媒体、全息媒体、全员媒体、全效媒体，信息无处不在、无所不及、无人不用，导致舆论生态、媒体格局、传播方式都发生了深刻变化。新闻、信息、数据等媒介已不单是知识，更形成了一种生态环境。有学者提出，“媒介不只是知识的管道，知识也不只是媒介的内容，媒介在重构知识和社会现实中发挥着重要影响”③。“媒介”这一概

---

① 郭旭东、蒋晓丽：《从整体到多元：论传播学本土化的地方性视角》，《西南民族大学学报（人文社科版）》，2020年第1期，第138—145页。

② 张伟伟：《“实践知识”与“表象知识”——作为“知识”的新闻与媒介社会学的研究演进》，《新闻记者》，2018年第9期，第56—66页。

③ 郑忠明：《思想的缺席：罗伯特·E. 帕克与“李普曼-杜威争论”——打捞传播的知识社会学思想》，《新闻与传播研究》，2019年第7期，第54—71页。

念也早已突破了报纸、杂志、广播、电视、网络等具体的媒介形态，也不再局限于“中介”“工具”等抽象的媒介观。在未来的智能时代，对传统媒体规制的场景边界进一步消解，信息系统的范围不断扩大，媒介生态秩序也面临再造。[①] 因此，我们不再仅从知识角度理解社会中的新闻传播现象，而且要从媒介出发来思考社会互动行为与社会结构变迁。

全媒体时代的媒介社会学研究，需要立足于中国语境，重新思考媒介与人、媒介与社会之关系。媒介研究要跳出“传播效果”与“新闻生产”的藩篱，既呼应当代多元化的媒介现实，纳入林林总总的中介化传播形态，也呼应“社会分层、秩序、集体身份认同、社会性、制度、支配/控制、人类能动性等问题”。只有这样，才能跨越学科壁垒，理解各类媒介使用与媒介事件的逻辑与本质；才能与西方学者平等对话，实现理论的革新与突破。也只有这样，才能通过透视媒介，来真正理解人与社会的关系，回答“社会如何运行”这一关键问题。具体而言，这一理论旅行的再出发需要的是一种实践哲学、具备历史意识并形成整体视野。

（一）实践哲学

无论是媒介社会学思想先驱帕克对移民报刊的研究，或是塔奇曼、甘斯、吉特林等人在20世纪七八十年代对新闻生产的考察，或是当今的媒介社会学研究，都体现出鲜明的实践性。他们的研究方法既非以统计分析为主的实证研究，也非以思辨分析为主的批判研究，而是将二者结合起来，立足于实践所获得的一手资料开展媒介社会学研究。实践的研究是情景化、沉浸式的研究。民族志学者所说的“在场”和传播学者所提倡的“行动传播学”，都是号召研究者深入社会实践，与研究对象展开对话，发现隐藏在其行动过程背后的逻辑、因素与力量，“以媒介社会存在、媒介社会事实、媒介社会事件为基点，来描述、解释和研究媒介社会关系、媒介社会本质和媒介社会问题”[②]。

进而言之，实践哲学意味着发挥人的主观能动性去认识世界与改造世界，我们的新闻传播研究也要重视社会的行动者——人。这里的“人”，不只限于新闻生产者和制作者，即传统意义上的新闻记者，也包括非新闻领域的劳动者。在媒介技术蓬勃发展的当今社会，人们所掌握的媒介是多元的，甚至人本身也是一种媒介，连接在一起。大众不再是同质性的原子化受众，而是一个个生活在媒介化社会中的鲜活生命。即使是身处于同一个“趣缘群体”之

---

① 曾林浩：《智媒视域下媒介情景的新演化》，《中国社会科学报》，2020年7月2日。

② 潘玥斐：《开拓媒介社会学研究新空间》，《中国社会科学报》，2018年8月13日。

中，人们的交往与行动逻辑也并非完全一致。在此情况下，我们的研究焦点也要从“效果”“功能”等传统问题转向大众日常生活的媒介实践。吉特林曾指出，传统的实证主义研究对媒介使用行为某些细枝末节的描述，“对广告利益来说，意义重大，但是这并非是建立一种发展大众媒介社会意义的理论的牢固基石”①。我们应该多从媒介背后的“人”出发而不是仅从媒介出发来研究媒介，理解人们在媒介化社会中的交往、传播与行动，要“关注那些运用媒介、沉浸于媒介当中的人们的生活”，“理解媒介对于人们意味着什么”，②如学者对短视频平台上“小镇青年”的考察，对少数民族群体媒介使用的研究，对农民工媒介实践的关注，等等。这样才能提升媒介研究的现实意义，才能真正突破传播学与社会学之壁垒。

（二）历史意识

媒介社会学家对媒介历史性的关注由来已久，迈克尔·舒德森（Michael Schudson）就依托于美国新闻业的发展历史，对作为新闻专业意识形态的客观性理念的生成进行了深入阐述，揭示了现代新闻机制与经济、政治、社会、文化生活的互动关系，在历史维度上展现了新闻作为一种社会建构手段的变迁。吉特林也提出媒介社会学研究要关注的是“媒介体制对社会结构与文化的影响，媒介历史发展与社会建构，媒介与政治协商之类的有关媒介结构性与历史性的问题”。尤其是新兴的以媒介物质为中心的、“回溯－前瞻式”的研究取向——媒介考古学，更是历史性与物质性在媒介社会学研究中的发扬，“它发展了对过去的媒介或媒介文化的不同时刻的关注。尽管我们都想了解当代，但研究早期的这些时刻或者媒介也很重要，也很有用，它是一种连接现在和过去不同时刻的新方式”③。

正如米尔斯所言，“任何社会研究，如果没有回到有关人生、历史以及两者在社会中的相互关联的问题，都不算完成了智识探索的历程”④。这就是说，如果我们的研究脱离了具体的历史语境，就难以解释复杂的社会结构变迁，因为社会事实不是固定静止的而是变化流动的。媒介在不同的历史时期也有不同的形态与特征，新媒体与传统媒体的界限是相对的而非绝对的，因此我

① 禹夏、曹洵：《对传播学研究主导范式的反思与批判——托德·吉特林〈媒介社会学：主导范式〉解读》，《国际新闻界》，2014 年第 8 期，第 103－115 页。

② 禹夏、曹洵：《对传播学研究主导范式的反思与批判——托德·吉特林〈媒介社会学：主导范式〉解读》，《国际新闻界》，2014 年第 8 期，第 103－115 页。

③ 唐海江、肖楠、袁艳：《媒介考古学：渊源、谱系与价值——访加州大学洛杉矶分校埃尔基·胡塔莫教授》，《国际新闻界》，2020 年第 2 期，第 121－129 页。

④ C. 赖特·米尔斯：《社会学的想象力》，李康译，北京师范大学出版社，2017 年，第 3 页。

们的研究需要具备历史意识，在时空的横纵坐标上去考察媒介技术的演进与媒介使用的变迁等问题。尤其是在国内学界追逐媒体未来发展的热潮下，我们更需培养起历史意识，去探究媒介社会发展变化的规律，不能只“向前看”，而忽视了“向后看”。

（三）整体视野

媒介社会学研究采用的多为民族志、深度访谈等质性方法，提倡深入现场，与研究对象进行深入对话。但是，这并不意味着要事无巨细的记录，而是要将微观的个人实践和中观的组织行为与宏观的社会背景结合起来。陈阳曾指出，“我们正在目睹技术对媒介生产领域的深刻变革，当代学者们研究过网络新闻生产，也研究过多平台生产（报网合作）、众筹新闻生产以及VR新闻生产，但是，大多数研究顶多只是描述和纪录了技术对于媒介生产的影响，缺乏对影响后果的理论抽象和普遍性解释，就事论事的痕迹很重，不能有效展示技术与政治、经济、文化等因素交织之下新闻业的变革的必然趋势和规律，也不能深入挖掘技术变革对个体媒介生产者的意义，以及对这一代生产者职业发展路径的深刻影响”①。

因此，媒介社会学研究需要具备整体视野，“立足乡土又超越乡土”，将媒介、媒介形态、媒介使用行为、媒介组织等置于政治、经济、文化等背景中考察，而不是局限于“表面的、短期的、可测量的、不连贯的行为效果”。在对民族志研究的反思中，有学者认为当今的民族志研究需要具备“超越本土社会和文化小传统的界限，建立‘社区’与‘国家—社会’之间的关联，十分重要的一点就是在研究中引入权力关系和政治视角，即关注民众生活、民间文化与政治生活以及国家权力的复杂互动关系”②。这对我们的媒介社会学研究颇有借鉴意义。我们需要将“具体情景中的个人烦恼”转换为“社会结构上的公共议题”，否则其研究只能停留于细致入微的描述，展现丰富多彩的社会生活的某些片段，而无法提供有代表性和影响力的研究成果。有学者指出，“未来本土媒介社会学的研究应该由更加广阔的，交织着国家、阶级、社会性别、城乡、区域、公民、性存在等范畴的权力等级分析的研究路径来建构中国媒介制度、媒介产业与媒介技术领域的社会学研究理论”③。

---

① 陈阳：《为什么经典不再继续？——兼论新闻生产社会学研究的转型》，《国际新闻界》，2018年第6期，第10—21页。

② 大卫·M. 费特曼：《民族志：步步深入》，龚建华译，重庆大学出版社，2013年，第203页。

③ 曹晋、吴冬妮：《新闻生产与市场经济深化进程中的信息社会——新闻媒介与信息社会译丛总序》，《当代传播》，2013年第1期，第90—92页。

五、结语

无论是20世纪八九十年代以来对西方媒介社会学经典著作与理论的引介，还是如今越来越多的学者开展本土化的媒介社会学研究，相关的学术实践都被赋予“创新”“突破”“进步”等意义。有学者直接指出，媒介社会学不仅打破了长期以来“新闻无学”的桎梏，使得新闻传播学真正成为一门探讨社会、启蒙思想、传承理念的独立学科；而且犹如一面多棱镜，折射出完全不同的“新闻学场域”，为新闻传播学的理论创新提供可能。① 全媒体时代，媒介已经变成了人们的生活方式，融入了大众的日常生活。正如胡翼青教授所言，“卷入度极高的社交化媒体已经让世界分不清什么是现实，什么是虚拟现实。新的媒介技术重新设定了人类意识与行动的框架，于是‘新闻场域’便自然而然地过渡到了媒介化社会”②。换句话说，相比于媒介所建构起的社会现实，媒介本身已经成为更重要的现实存在。“媒介社会化”与“媒介化社会”也成为难以忽视的重要问题。社会文化具有高度复杂的多层结构，我们只有透过媒介才能勾连起各种社会现象。因此，我们不仅要突破将媒介社会学窄化为新闻生产社会学的做法，进入媒介社会学的广阔天地之中，持续开拓文化与物质路径；而且要实现媒介社会学中国旅行的再出发，将新闻传播现象置于含有政治、经济、文化、时空等因素的生活世界中进行实践的、历史的、整体的考察。只有以研究对象所处的情景为关键路标来开展媒介社会学研究，才能真正实现学者们赋予媒介社会学的学术理想，为新闻传播学走出学科危机提供更多的可能性。

作者简介：

蒋晓丽，四川大学文学与新闻学院教授、博士生导师。

杨钊，四川大学文学与新闻学院博士研究生。

---

① 马庆：《论媒介社会学研究的正当性及理论意义》，《湖北社会科学》，2015年第4期，第176—182页。

② 胡翼青、杨馨：《媒介化社会理论的缘起：传播学视野中的“第二个芝加哥学派”》，《新闻大学》，2017年第6期，第96—103页。

文化与艺术研究

中西比较·实际批评：黄维樑《文心雕龙：体系与应用》评析

万 奇

摘 要：《文心雕龙》是中华文论的元典，也是中华文化的宝典。香港黄维樑教授推出“新龙学（新文心学）”著作《文心雕龙：体系与应用》，令学林跃心而击节。在他看来，中西文论的大同性主要体现在以下两个方面：一曰理论体系兼容，二曰批评理念相通。其“尝试以古法证论新篇”的实际批评（practical criticism），开拓了《文心雕龙》应用研究的新路，激活了中国古代文论，令学界耳目一新。黄维樑所运用的“古法”主要是指《文心雕龙》的理论。他所批评的“新篇”，不仅指中国现代作品，也兼及中国古代诗文，以至外国文艺。黄维樑无论是应用《文心雕龙》理论于实际批评，还是普及、传播《文心雕龙》，其目标只有一个——“让‘雕龙’成为飞龙”。

关键词：中西比较　实际批评　黄维樑　《文心雕龙：体系与应用》

一、引言：黄维樑的港学、余学与龙学

《文心雕龙》是中华文论的元典，也是中华文化的宝典。雕“龙”者遍布海内外，龙学（文心学）著作与论文不胜枚举。尽管如此，也不能说对这部巨著的研究已经穷尽了。因为“往者虽旧，余味日新”，其恒久性与耐读性亦绝非寻常论著可比。问题的关键在于研究者能否另辟蹊径，推陈出新。有感于此，黄维樑教授推出“新

龙学（新文心学）”著作《文心雕龙：体系与应用》，令学林跃心而击节。

黄维樑早年就读于香港中文大学（简称“中大”）新亚书院。正值“黄门侍郎”[1]之一潘重规先生讲授《文心雕龙》，黄维樑选修此课，便对《文心雕龙》“读而爱之敬之”，撰文著述，经常引用其中的语句。中大毕业后，黄维樑赴美留学，师从俄亥俄州立大学（简称“俄大”）陈颖先生研习中国古代诗话、词话，兼习英美与古希腊文学；同时与哥伦比亚大学夏志清先生过从甚密。俄大毕业后，黄维樑返回中大执鞭。在此期间，其与在中大任教的余光中、黄国彬、梁锡华志趣相投，文学观念相近，被戏谑地称为“沙田四人帮”。之后，辗转我国台湾、澳门等地区高校任教授或客座教授。

黄维樑的学术研究、写作的重点有三。一是香港文学。有《香港文学初探》（香港华汉文化事业公司，1985 年；中国友谊出版公司，1987 年）、《香港文学再探》（香江出版有限公司，1996 年）、《活泼纷繁的香港文学》（主编，香港中文大学出版社，2000 年）、《期待文学强人——大陆台湾香港文学评论集》（香港当代文艺出版社，2004 年）、《活泼纷繁：香港文学评论集》（香港汇智出版有限公司，2018 年）等五部文集出版。二是余光中。有《火浴的凤凰：余光中作品评论集》（编著，纯文学出版社，1979 年）、《璀璨的五彩笔：余光中作品评论集（1979—1993）》（主编，九歌出版社有限公司，1994 年）、《文化英雄拜会记：钱锺书、夏志清、余光中的作品与生活》（九歌出版社有限公司，2004 年；香港中文大学出版社，2018 年；新版更名为《大师风雅》，2021 年由北京九州出版社出版）、《壮丽：余光中论》（香港文思出版社，2014 年）、《壮丽余光中》（与李元洛合著，九州出版社，2018 年）等五部论著面世。三是《文心雕龙》与中国文论。有《中国诗学纵横论》（台北洪范书局有限公司，1977 年）、《中国文学纵横论》（东大图书有限公司，1988 年；三民书局股份有限公司，2005 年）、《中国古典文论新探》（北京大学出版社，1996 年）、《从〈文心雕龙〉到〈人间词话〉：中国古典文论新探》（北京大学出版社，2013 年）、《文心雕龙：体系与应用》（香港文思出版社，2016 年）、“爱读式”《〈文心雕龙〉精选读本》（与笔者合著，北京师范大学出版社，2017 年）等六部著作行世。他行走于港、余、龙三学之间，其独特的学术取向源于他有一颗中国心、一颗香港心：

> 我数十年来治学，用力较多的有三个方面：香港文学、余光中、《文心雕龙》。研究香港文学基于一颗香港心。研究《文心雕龙》，发扬 1500 年前中国这部经典的文学理论，让雕龙成为飞龙，则基于一颗中国心。

---

[1] “黄门侍郎”是指国学大师黄侃（季刚）的门下弟子。

> 研究余光中，似乎跟二心无关，细想不然。阐释余光中的作品，指出其卓越的成就，此事或许蕴含我不自觉的动机：二十世纪的文学，不止有西方的叶慈、艾略特、乔艾斯、海明威、佛洛斯特、沙特、卡缪他们，还有咱们中华的杰出作家如余光中。这样说来，我的“余学”也藏有一颗中国心。①

黄维樑的中国心是重视中国文化之新亚书院精神熏染的结果——“我认为自己的学术取向，与中国文化气息浓厚的新亚书院，有一种亲密的关系。我在‘薰浸刺提’中得到母校精神的感染。”②

《文心雕龙：体系与应用》主要由“有中国特色文论体系的建构”“《文心雕龙》理论的现代意义”和“《文心雕龙》理论应用于文学作品的实际批评”三部分组成。“有中国特色文论体系的建构”考察20世纪西方文论在中国的接受史以及中国文论在西方受到的冷遇和忽视，提出比照西方文论，以《文心雕龙》为基础建构中西合璧的文学理论体系；“《文心雕龙》理论的现代意义”阐述《知音》“六观”说、《辨骚》、《时序》、《论说》及刘勰雅俗观之历久弥新的理论价值；“《文心雕龙》理论应用于文学作品的实际批评”将《文心雕龙》重要理论应用于古今中外的文艺作品，对作品加以批评。另有余论三章，分别指出赵翼的《论诗》、班·姜森的莎士比亚颂与《文心雕龙》相同、相近之处，最后以《让“雕龙”成为飞龙：两岸学者黄维樑徐志啸教授对话〈文心雕龙〉》收尾，卒彰显其志。

二、中西比较：异中见同

中西比较诗学是近些年比较文学研究的热门话题。某些研究者常常发表似是而非的看法。如：西方文论重模仿，中国文论重抒情；西方文论观念清晰、术语准确，中国文论概念模糊、用语含糊；西方文论重分析、有体系，中国文论重感悟、无体系。由此得出中西文论迥然不同的结论。中西文论在概念范畴、理论表述等方面固然存在差异，但如果对中西文论的认识仅停留在二者差异上，甚至有意或无意夸大这种“异”，那就是舍本逐末的支相之见了。正是看到这种认识的误区，黄维樑指出中西文论是大同而小异，在其相关论文中多次引述钱锺书“东海西海，心理攸同”的观点。在他看来，中西文论的大同性主要体现在以下两个方面。

① 黄维樑：《新亚与我：中国心，香港》，《迎接华年》，香港文思出版社，2011年，第35页。

② 黄维樑：《新亚与我：中国心，香港》，《迎接华年》，香港文思出版社，2011年，第36页。

（一）理论体系兼容

在参酌中西文论的基础上，黄维樑建构了两种文学理论体系。一种是参照韦勒克等著《文学理论》体系建构的《文心雕龙》理论体系。该体系之纲领有三：甲“文学通论”、乙“实际批评及其方法论”、丙“文学史及分类文学史”。甲“文学通论”由“文学本体研究”和“文学外延研究”组成。“文学本体研究”的重心有四：作品构成的元素（《情采》）、文学的各种体裁（《明诗》至《书记》）、作品的修辞（《定势》《镕裁》《附会》《章句》《丽辞》《比兴》《夸饰》《事类》《声律》《练字》《隐秀》《指瑕》）、作品的各种不同风格（《体性》）。“文学外延研究”的重心亦有四：文学对读者的影响、文学功用、读者对作品的反应（《原道》《知音》有关论述），《原道》《物色》篇所论的文学与自然的关系，《时序》篇所论的文学与社会、时代的关系，文学与其他学科的关系（《宗经》等篇）。乙“实际批评及其方法论”由“对具体作家、作品的批评”和“实际批评方法论”组成。“对具体作家、作品的批评”指《文心雕龙》对作家、作品的评论，“实际批评方法论”指《知音》篇讨论的批评理论和方法。丙“文学史及分类文学史”由“分类文学史”和“文学史”组成。“分类文学史”指《明诗》至《书记》二十篇，“文学史”指《时序》篇。三个纲领本于韦勒克等著《文学理论》之“文学理论”“文学批评”“文学史”三分法，“文学本体研究”和“文学外延研究”源于《文学理论》之“外延研究”和“内在研究”二分法。理论体系之组成则是《文心雕龙》各篇的内容。该体系是以中补西，或可谓“西体中用”。

另一种是以《文心雕龙》为基础的“情采通变”文论体系。该体系之纲领有五：“情采”（内容与形式“技巧”）、“情采、风格、文体”、“剖情析采”（实际批评）、“通变”（比较不同作家作品的表现）、“文之为德也大矣”（文学的功用）。“情采”由“情”“采”“情经辞纬，为情造文”（内容与形式的关系）组成，兼容西方悲剧（tragedy）理论与心理分析（psycho-analysis）等。“情采、风格、文体”由“物色时序、才气学习”（影响作品情采、风格的因素）、“风格的分类”、“文体的分类”组成，兼容西方基型论（archetypal criticism）和西方通俗剧理论。“剖情析采”由“文情难鉴，知音难逢”、“平理若衡，照辞如镜”（理想的批评态度）、“‘六观’中的四观”组成，兼容西方读者反应论（reader’s response）及接受美学（reception aesthetics）、阿里斯多德“结构”说、西方修辞学（rhetoric）及新批评（new criticism）等。“通变”由“‘六观’中的二观”“通变·文学史·文学经典·比较文学”组成，兼容西方文学史理论。“文之为德也大矣”由“光采玄圣，炳耀仁孝”

(文学对国家社会的贡献)、"腾声飞实，制作而已"(文学的个人价值)组成，兼容西方马克思主义(marxism)等理论。五个纲领本于《文心雕龙》，以"情采通变"为主轴，其具体内容兼容西方各种相关理论，是以中容西，或可谓"中体西用"。

黄维樑建构的两种理论体系尽管并不完全相同，但中西互补是它们共同的特点，彰显了"中西合璧"的"大同诗学"价值。

(二)批评理念相通

在具体作品批评中，黄维樑亦重视中西互释互证，其表现有二。第一，发掘《文心雕龙》批评的现代意义。在谈到《辨骚》"故才高者苑其鸿裁，中巧者猎其艳辞，吟讽者衔其山川，童蒙者拾其香草"四句时，他指出：

> 不同气质不同程度的读者，受了《楚辞》不同的影响；换言之，读者之接受《楚辞》，各有不同。《辨骚》篇这几句话，正属于当代"接受美学"(reception aesthetics)的范围。一如艾萨(Wolfgang Iser)说的，"接受美学"强调读者反应作品所起的作用："完全不同的读者，可以受到某一作品的不同影响"。……《辨骚》篇"才高者"那几句所论，是作品与读者之关系。①

黄维樑援引"接受美学"理论阐释《辨骚》篇"才高者"四句，揭示了其中的现代价值，新意独具。在说到《论说》篇"至于邹阳之说吴梁，喻巧而理至，故虽危而无咎矣"时，他认为："这使人联想到古希腊大学者阿里斯多德在《修辞学》(*Rhetoric*)一书中，教人演说时用具体生动的言辞、用比喻，以达到说服人的目的。阿氏《修辞学》专注的，正是说服人的艺术(the art of persuasion)。"② 讲究比喻运用，重视演说艺术，是中西的共同性；"东海西海"，果然"心理攸同"。

第二，发现西方文学批评的"中国特色"。《有中国特色的文学批评：班·姜森的莎士比亚颂和中西比较诗学》简介班·姜森的莎士比亚颂，并从批评态度(公正公允)、批评原则(博观)、关注作家学问、批评尺度(自然、文采)、善用禽鸟之喻(天鹅与凤凰)等多方面将之与刘勰《文心雕龙》及其他中国诗文理论进行比较，发现前者与后者的相近或相通之处，从而得出班·姜森"写的确为有中国特色的文学批评"的结论。不过，黄维樑并不否

---

① 黄维樑：《文心雕龙：体系与应用》，香港文思出版社，2016年，第90页。

② 黄维樑：《文心雕龙：体系与应用》，香港文思出版社，2016年，第112页。

认中西之异，但他认为“人类都是具有‘基本根性’的‘两足动物’”，且“国族、时代、社会的差异，并不影响文心、学理的大同。姜森的莎士比亚颂是有‘中国特色’的文学批评，同样道理，刘勰、元稹的屈原颂、杜甫颂也可说是有‘英国特色’的文学批评。刘勰、元稹、姜森所写的，都是有人类特色的文学批评”。[①] 黄维樑剖析姜森的莎士比亚颂之“中国特色”，又说刘勰、元稹的屈原颂、杜甫颂有“英国特色”，进而推出中西文评之大同（人类特色），慧眼独具，见识宏通。

三、实际批评：活古化今

20 世纪 90 年代，大陆学界热议“中国古代文论的现代转换”话题。该话题是针对中国文论的“失语症”开出的药方，赞成者有之，反对者亦有之。细察之，其中的问题较多：何为“失语症”？中国文论真的失语了吗？什么是中国古代文论的“现代转换”？能转换吗？如果能的话，又如何转换？……平心而论，放在当时的语境来看，“失语症”“现代转换”的提出有一定的合理性；同时这也折射出中国学者自身的文化自卑与文化焦虑，这种自卑与焦虑始于近代遭受的屈辱以及西学东渐，或可谓之“近代情结”。彼时的“现代转换”讨论不可谓不热烈，但似乎“述”多而“作”少，而黄维樑却“尝试以古法证论新篇”的实际批评（practical criticism），[②] 开拓了《文心雕龙》应用研究的新路，激活了中国古代文论，令学界耳目一新。

黄维樑所运用的“古法”主要是指《文心雕龙》的理论。在他看来，“刘勰的《文心雕龙》是我国古代文论著作的龙头。它‘体大而虑周’，理论高明而中庸，具有涵盖中外的普遍性、贯通古今的恒久性；1500 多年前刘勰‘雕’出来的这条龙，到今天仍然精美耐看，‘灵动多姿’”[③]。从《文心雕龙：体系与应用》一书来看，他主要应用了《知音》篇“六观”法、《时序》篇“世情”论、《论说》篇“群言”论与“悦”论、《定势》等篇章的雅俗论、《镕裁》篇“本体·鳞次”论与“截词”论、《情采》篇“情采”论、《丽辞》篇对偶论等《文心雕龙》重要理论于古今中外作品的批评中。

在上述《文心雕龙》理论中，黄维樑使用最多的是“六观”法。为了使“六观”法更好地适用于批评实践，他调整了“六观”的次序，把“一观位体，二观置辞，三观通变，四观奇正，五观事义，六观宫商”更改为“一观

① 黄维樑：《文心雕龙：体系与应用》，香港文思出版社，2016 年，第 257 页。
② 黄维樑：《文心雕龙：体系与应用》，香港文思出版社，2016 年，第 192 页。
③ 黄维樑、万奇：《〈文心雕龙〉精选读本》，北京师范大学出版社，2017 年，序言，第 1 页。

位体，二观事义，三观置辞，四观宫商，五观奇正，六观通变”，并用现代词汇诠释“六观”，形成新“六观”法：

> 第一观位体，就是观作品的主题、体裁、形式、结构、整体风格。
>
> 第二观事义，就是观作品的题材，所写的人、事、物种种内容，包括用事、用典；以及人、事、物种种内容所包含的思想、义理。
>
> 第三观置辞，就是观作品的用字修辞。
>
> 第四观宫商，就是观作品的音乐性，如声调、押韵、节奏等。
>
> 第五观奇正，就是通过与同代其他作品的比较，以观该作品的整体表现，是正统的，还是新奇的。
>
> 第六观通变，就是通过与历来其他作品的比较，以观该作品的整体表现，如何继承与创新。①

黄维樑的现代阐释保留了刘勰“六观”法原有内涵，在此基础上又有新的阐发，亦古亦今，为其“以古法证论新篇”的实际批评奠定了坚实的基础。

黄维樑所批评的“新篇”，不仅指中国现代作品，而且兼及中国古代诗文，以至外国文艺。其批评的对象有屈原的诗《离骚》、范仲淹的词《渔家傲》、余光中的散文《听听那冷雨》、白先勇的小说《骨灰》，还有莎士比亚的剧本《铸情》，以及韩国电视连续剧《大长今》……从古代诗词到现代散文、小说，从文学文本到戏剧艺术，这条精美、灵动的文龙穿行其间，异彩纷呈，令人惊艳。他对《骨灰》《大长今》的批评尤为精彩。

须知《文心雕龙》涉及的主要文类是诗与文。《文心雕龙》理论能否用于评论小说，是一个颇具挑战性的问题。黄维樑大胆地用“六观”法解析白先勇的小说《骨灰》。他指出，《骨灰》的“位体”之主题是沉郁、沉痛的，《物色》篇的“阴沉”“矜肃”秋冬之气，也可用来说明《骨灰》的调子；《骨灰》的“位体”之体裁属于短篇小说；《骨灰》的“位体”之形式，就叙述观点而言，则属于第一身戏剧式手法。《骨灰》的“事义”非常丰富：就“事”而言，有抗日、内战、“文革”，以至罗任重在台湾地区坐牢、在美国潦到，龙鼎立的晚年去国，以及罗齐生那一辈的“保钓运动”，等等；就义而言，有徒劳、荒谬、可哀、可笑等“重旨”“复义”。《骨灰》的“置辞”称得上肌肤细腻（对罗任重和龙鼎立的描写是工笔细描），亦可见于对专有名词的安排（罗任重和龙鼎立两个名字，都具反讽意味），还包括对气氛的营造。《骨灰》的“宫商”主要表现在整篇的节奏上：故事发展节奏非常舒缓，好比是一个众多

① 黄维樑：《文心雕龙：体系与应用》，香港文思出版社，2016年，第54页。

乐器交响而速度缓慢的乐章。《骨灰》的“奇正”保留了白氏多数作品的特色：技巧是“正统”的，内容上一点不离经叛道。《骨灰》的“通变”主要表现为两个方面：一方面师法《红楼梦》工笔写法、亨利·詹姆士以降的小说叙述观点理论、弗洛伊德的心理分析学说，以至象征、反讽和中国古典诗词的凝练修辞等技巧；另一方面，采摘、继承各家之长而形成新的综合体。其结论是：《骨灰》“白风”明显，是当代一篇沉郁耐读的上乘之作。[①] 黄维樑巧用“六观”法细读《骨灰》，做到了“以古法证论新篇”，这项实验表明，“六观”法不仅可以评论古代的诗文，也可以用来衡量现代小说，极具普遍性实用价值。

继用“六观”法成功析论《骨灰》之后，黄维樑又用《文心雕龙》“情采”说来析评《大长今》。他首先阐述了《文心雕龙》的“仁孝”之儒家思想，并将之扩展为仁、义、礼、智、信、忠、孝、廉、耻、勇。其次从《文心雕龙》“仁孝”之“情”出发，评析《大长今》中徐天寿之“仁”、朴明伊和韩白英之“义”、各种宫廷之“礼”、宫女和医女诵读经典之“智”、闵政浩之“忠”与“信”、中宗之“孝”，等等。再次重点剖析该剧女主角大长今的智、勇、耻、廉、义、孝、忠、信、礼、仁，指出她是“五美十德的圣者”。最后从《文心雕龙》“奇”“悦”“雅丽”之“采”出发，分析《大长今》剧情的奇异与本体基调、“组群”结构与“辞浅”、用来“藻饰”的饮食与服装、引起“悦笑”的姜德久夫妇、韩国晨朝的新鲜与美丽、大长今的温柔与雅丽……黄维樑活用《文心雕龙》理论，剖《大长今》之“仁孝”之“情”，析《大长今》之“奇”“丽”之“采”，彰显了该剧“炳耀仁孝，悦豫雅丽”的特色，是“东方人饶具意义的一个尝试”。[②]

黄维樑不仅用《文心雕龙》的理论来评析作品，也评人。他对德国“汉学家”顾彬的批评便是一例。顾彬多次贬抑中国当代文学，甚至说某些作品是垃圾；又批评中国作家不懂外文，连母语中文也不行。因此，他专门撰写《请刘勰来评顾彬》一文批驳顾说。文章第一部分介绍“顾彬炮轰中国当代文学”的有关情况，第二部分则戏用魔幻手法，把天上文心阁的刘勰请下来，评论顾彬。刘勰先批评顾彬“会己则嗟讽，异我则沮弃”，评价作品失之理性；次驳斥顾彬“懂外语才是作家”的偏颇之论，以及“中国当代诗歌是外国文学的一部分”的“信伪迷真”之说；最后提出做学问要“积学以储宝”，要观千剑、操千曲，要“平理若衡，照辞如镜”，并温馨提示顾彬：“顾彬先

---

① 黄维樑：《文心雕龙：体系与应用》，香港文思出版社，2016年，第184—191页。

② 黄维樑：《文心雕龙：体系与应用》，香港文思出版社，2016年，第195—211页。

生，博学审问慎思明辨吧。我和钱锺书天天在文心阁、雕龙池相见，小心他用《围城》笔法把你写进这本讽刺小说的续篇。”文章融情入理，妙趣横生，读后令人拍案称奇。

海通以来，西风熏得学人醉。黄维樑却逆风而行，以实际批评的成果，证明了《文心雕龙》理论不但与西方文论相通，亦有阐释古今中外作品的有效性，为学界“活古化今”树立了典范。

四、余论：让“雕龙”成为飞龙

除了实际批评，黄维樑还十分重视《文心雕龙》的普及与传播。他与笔者合撰的“爱读式”《〈文心雕龙〉精选读本》，就是一本面向广大青年学子的普及读物。该书精选《文心雕龙》十八篇，精简地注释之，精到地语译之。在这“三精”之外，他首创“爱读式”（简称 ADS，又称 ABF，即 A-Reader Format）排印之，使得每个篇章能有“三易”：容易阅读，容易理解，容易记忆。“爱读式”《〈文心雕龙〉精选读本》的主要特色为：“原文文字凸出醒目；原文的句、段、篇完整地清晰地呈现，兼显示对偶句、排比句的句式；注释、语译、评点都贴近原文，不劳读者前页后页地翻检；这样读起来主次分明，且一目了然，达到‘三易’的效果。”① 有此“三易”，读书成为乐事，故曰“爱读式”。

不仅如此，黄维樑认为，中国不能只有文化输入而没有文化输出。《文心雕龙》应该飞向西方文论界，这是“21 世纪中国龙学者的一个责任”②。为了“中为洋用”，他发表了多篇龙学（文心学）英文论文，包括：（1）The Carved Dragon and the Well Wrought Urn—Notes on the Concepts of Structure in Liu Hsien and the New Critics；（2）“Rediscovering the Use of Ancient Chinese Culture”：A Look at Pai Hsien-yung's “Ashes” through Liu Hsieh's Six Points Theory；（3）Fenggu（Wind and bone；forceful and affective power in literature）；（4）*Wenxin diaolong* and Western Critical Theories；（5）Hati-Colt：A Chinese-oriented Literary Theory。黄维樑用英文发表龙学（文心学）论文，有助于把《文心雕龙》传播到西方文论界，让西方学者听听来自东方的龙吟。

综上所述，黄维樑无论是应用《文心雕龙》理论于实际批评，还是普及、

① 黄维樑、万奇：《〈文心雕龙〉精选读本》，北京师范大学出版社，2017 年，序言，第 3 页。

② 黄维樑：《文心雕龙：体系与应用》，香港文思出版社，2016 年，自序，第 3 页。

传播《文心雕龙》，其目标只有一个——“让‘雕龙’成为飞龙”。笔者也热切期盼这条精美耐看、灵动多姿的文龙飞向广阔的中西文论天宇。

作者简介：

万奇，内蒙古师范大学文学院教授，研究方向为《文心雕龙》学、中国文论。

当代艺术的本质*

徐 欢

摘 要:“是—像”作为消费社会的本质性结构,揭示了消费社会与之前社会形态的根本性区别。文章作为“是—像”论述的引子,从“人人都是艺术家”这句话切入,以淘宝购物体验为个案,论述“是—像”正是赋予消费社会每个人成为艺术家并制作艺术作品的关键,由此而展开对“是—像”更为深广的探讨。

关键词:“是—像” 文学文本 日常生活体验

当代艺术①大师约瑟夫·博伊斯(Joseph Beuys)宣称“人人都是艺术家”,这一观点引起轩然大波。如果博伊斯是以艺术工作者的身份严谨地说出了一个艺术真理,那么,我们应该在什么意义上来理解这句话?艺术家难道不是从事某种“纯艺术”活动的那一少部分人吗?通常认为,艺术品通过艺术家的活动产生,艺术家凭借作品成其为艺术家。正是作品第一次使艺术家以艺术主人的身份而出现。既然人人都是艺术家,那么他们必然提供了某种艺术作品。问题在于,第一,这种可以经由“人人”“常人”提供的作品是什么?这些作品作为艺术品的“艺术性”“作品性”何在?第二,作品使得艺术家成为艺术家,那么,使得作品成其为作品的如果是“艺术家”本人,我们可以视为此两者互为本源、互为存在的前提。然而,事实真的如此吗?海德格尔告诉我们:艺术家与作品都是凭借一个先于他们的第三者而成为自己的,这个第三者就是给艺术家和艺术作

---

* 本文为作者上海交通大学人文学院文艺学流动站博士后出站报告的部分内容。

① 博伊斯所代表的“当代艺术”特指与现代艺术相区别的艺术样态,这是狭义的“当代艺术”;但本文所言“当代艺术”是更广义的艺术样态,后现代的日常生活形式,是人人都参与的无边际生活文本。

品命名的东西，也就是艺术。[①] 循着海德格尔的思路，艺术像一道光，照亮了艺术家和艺术作品，让本处于混沌状态的一部分人澄明了被遮蔽的生活。艺术家和艺术作品并非某种不证自明的身份和标签，只有艺术方能告诉我们什么人配得上“艺术家”这一名称，什么东西才能够被称为“艺术作品”。然而，“艺术”又是什么呢？如果艺术是一切艺术活动的本源，我们需要对“艺术是什么”追问到底，尤其是在面对“纯粹审美文本作为现代神话之破灭”[②]的消费社会时——在此，艺术作品不再以曾经的样态出现，用博伊斯的话说就是“我的艺术品不仅限于那些收藏于美术馆或其他任何地方的收藏，我的主要活动总是摆在组织及行动上”。显然，顺着博伊斯的眼光看去，当下生活中何谓艺术家、何谓艺术作品，都具有了不同以往的形态，而我们可以将这些不同于既有艺术形态的人与物界定为艺术作品和艺术家的前提是，按照作为其本源的“艺术”之标准，这些万千的物品形态和社会生活形式可以被称为艺术作品和艺术行为，在这些新形式中，有某种能够被称为“艺术”的东西发生，操持这些行为和生产这些物品的人遂可以被称为艺术家。悬而未决的问题仍然是：艺术是什么以及如何是其所是？即，何谓艺术的根本性存在？在何种意义上思考后现代的艺术才能得到完全的、根本的确定？

我们当然不能以“艺术是艺术”这样一种同语反复来处理问题。为了找到在作品中起支配作用的艺术的本质，我们必须回到作品，因为艺术是在艺术作品中出场的。作品之为作品是因为艺术在其中发生并成为艺术的一种方式，作品之为作品是基于艺术的本性。这当然有着某种循环论证的嫌疑，但这并非思之缺陷，而是思之力量。决定性的事情不是走出这个循环，而是以正确的方式进入这个循环。在此，我们通过消费社会的一些商品组织形式，即当下被冠以“艺术作品”的那些东西被创作的过程，看看在此过程之中什么事物发生了。

你打算购买一双靴子以便过冬，或者你只是想浏览一下今年出的新款，于是你打开电脑，登录“淘宝”首页，然后在搜索栏输入“靴子”，点击搜索，跳转出一个满是靴子的页面，一家紧挨一家，就像商场里的摊位一样。接着你步入大卖场慢慢挑选，你选了一家销量达 17962 的店铺。然后你点击一款看上去不错的靴子，页面正中位置是一名模特以各种姿态、各种服装搭配展示这双靴子，配以不同的背景风光，以及穿着靴子的各种腿部特写和靴子的细节：在一块雪白的毛毡上，摆放着不同颜色的四五双靴子，接下来显

① 马丁·海德格尔：《依于本源而居：海德格尔艺术现象学文选》，孙周兴编译，中国美术学院出版社，2010 年，第 15 页。

② 蒋荣昌：《消费社会的文学文本》，四川大学出版社，2004 年，第 2 页。

示的都是靴子的正面、侧边、缝合、线头处理、搭扣、皮革材质、跟部、内里毛质等细节，图片旁边还配有文字，告诉你这些制作细节是如何得到完美处理并因此提升了鞋子的质量的，这会让你在以后的穿着体验中倍感舒适。比如，“加厚柔软长毛绒”“精湛的手工缝纫”“耐磨防滑大底”“人造长毛绒纤维的抗菌性”“360度的温度循环”“来自澳洲生态牧场的优质羊皮”等，甚至还有一张效果图：一团火焰在靴子长长的绒毛中燃烧！你还可以读到一段配合男女模特图片的抒情诗。此外，页面左侧会有其他款式鞋子的小图排列呈现，可以点击浏览。

不必凭借想象，雪地靴靴口的厚实绒毛、粗壮坚实的鞋底、细腻柔和的皮质，这一切透露出穿上这双如火般温暖的鞋在漫天风雪中行走的自如、踏实，在午后慵懒的阳光中的懒散与惬意，在各种场景中鞋子和衣饰搭配的游刃有余。一个朝气蓬勃的年轻人，俏皮的、青春的，粉嫩中透着稚气，搞怪中透着可爱，而这一切在其脚上的这双靴子中均透露出来，靴子在此已具有了表情和气质。这双鞋展现出生活的奔放与热情，那份独属于青年的洒脱和灵动，午后的广场上，脚踏美靴，或欢腾跳跃，或自在独行，或倚墙沉思……鞋在此并非一个可有可无的搭配，而是这群穿着它的年轻人生活的重心所在。雪地靴这一产品的可能性存在在此得以呈现。这正是艺术的决定性任务以适合于作品的方式展示出作为整体的存在者的形象，并在作品中保存着这种展示。这双鞋不再纯然是一物，而是承载了一系列故事，它向人讲述着年轻人的世界中那说不完的故事，或许是一次远足，或许是一场冒险，而靴子始终参与其中。它提供了一个焦点，一个年轻人对其所处世界中用具的多种功能的意识得以具体化。毫无疑问，这里有艺术的存在。那么，我们能否从中抽取出艺术的存在本性？也就是，赋予这些物品以及各种组织行为、生活事件以“艺术品”之名的那个东西是什么？

还是让我们再次回到案例本身。在整个网购过程中，我们实际接触到的物品只有电脑及其配件，没有接触到任何一双看得见、摸得着的鞋。那我们为什么就下定决心买下这一双鞋了呢？在浏览网页的行为中，首先映入眼帘的是关于靴子的各种“形象”：生活场景的、技术指标的、特效画面的……这些形象将一个个年轻人的生活世界带到了我们面前。画面所引起的内在感知与其说是纯主观想象，不如说是一种“回忆”。它引导我们回忆起小时候打的一次雪仗，在雪地上留下的脚印和欢快笑声；回忆起某年冬天和朋友一起登过的雪山，那厚重的鞋跟上沾满泥土与积雪，走在路上嘎吱作响。但同时，它也牵引着我们朝向生活的展望：天冷了，给爱冻脚的孩子穿上雪地靴；背上挎包和吉他，穿上雪地靴，来一场说走就走的旅行；雪地靴、纯棉上衣、小短裙，在圣诞聚会上有型亮相……我们的心被这内在与外在的“像”牵动着，它唤起了我们对生活的回忆、审视、憧憬。模特的展示意在告诉我们，这双鞋与年轻人的世界并不是毫不相干的，并不意味着鞋的使用对这个世界可有可无。而恰恰是，被一群年轻人所使用的雪地靴深深地介入了他们的世界，成为使用者与其世界发生关系、建立自己世界的桥梁之一。只有凭借这双靴子，使用者才确证了他们的世界存在。经由靴子，年轻人和世界的交往完全吸引和迷住了我们。我们产生了一种感觉，自己穿上同样的靴子也会拥有那样自由自在的生活，这样的世界伴随着这双靴子向我们迎面走来。在“成为作品即建立一个世界”的意义上，此处靴子的形象及其所引发的联想就是“作品”，已经具有了“作品性”。但是，仅仅有“像”还不足以促使我们购买。我们还需要了解关于鞋子的“产品参数”——靴筒面材质：羊反绒；鞋头款式：圆头；制作工艺：胶粘鞋；鞋垫材质：人造长毛绒；跟底款式：平跟……我们需要根据自己的穿着需要，综合这些数据，进而判断自己是否需要这样一双鞋。这其中，有“像”，也有根据生活中的实物做出的经验判断，最后才会有相应的购买行为。离开了作品的物性因素，是无法说明作品的作品因素的。纯粹的“画面”即“像”和纯粹的参数都不足以促动我们做出最终的购买行为，一个页面上只有几行参数排列的光秃秃的店铺和一个一味讲故事而无任何产品“客观数据”的店铺在今天是同样难以想象的。

你被打动了，于是你决定购买。在最终付款之前，你还想了解一下其他购买者和使用者对这款产品的评价和效果展示，你点击“评论”，这些实实在在的用户体验能帮助你敲定买还是不买。当你看到“质量好，经济实惠”“味道有点大，晒一下就好”“浮毛掉得厉害”，热心的买家还晒出了自己新鞋子的图片，鞋子在这里就褪去了店铺主页上的光环，孤零零地放在某个购买者家中的地上，你只能感受到鞋的物质性而非其他任何东西。刚刚由网页上模特展示的那个世界好像受到了某种魔法的力量，一下子消解了，前一分钟的梦幻世界蜕变为日常的柴米油盐。物又恢复了它的无意义状态。评论中对产品瑕疵的无情指摘和挑剔更是对卖家文本描述的对抗和驳斥，就好像一个社会名流突然间背负很多负面新闻。

尽管如此，你还是决定购买，于是点击“立即购买”，跳转至付款页面，你付了钱，卖家核对地址信息，成交。经过了若干时间“等待的悬临”，你收到了货，打开包装，鞋子符合描述，试穿，满意，于是你点击“确认付款”，一次网上交易方才尘埃落定。一次以“虚拟”启程的旅行终以“现实”结束（或者，即使在作为交易终点的现实中仍然有着梦幻）。

很显然，这个过程中发生了一个本质性事件。表面上这是一次普通的网购，实际上却是一次艺术体验，一次文学阅读。在这个例子中，购物网页让我们知道了鞋到底是什么，它可能带来怎样的世界。靴子并非在日常使用中露面，而是靴子之“靴子性”通过作为作品的网络页面并仅仅在此作品中首次露面。在这里，店铺网页是作品，靴子是作品，相应的，网页设计者、店铺卖家、靴子制造者都是关涉作品的艺术家。当然，我们也会疑惑：评论中那些抱怨的文字和实物图片不是已经摧毁了卖家所刻意制造的那个世界了吗？怎么还有作品？但是，恰恰在这里，在这个如梦如幻的卖家宣传网页与现实存在的鞋子“之间”——这个“间隙”处，艺术才能成立，才出现在它应该存在的位置上。在此之中，一方面，艺术以创作鞋子作品的方式建立了一个不同于日常世界的新世界，它在根本上是一种诗意的投射，将我们生活的诸多可能性投射到这双靴子上，一种新生活向旧生活的突围；另一方面，这个与靴子有关的新世界并不是建立在空中，不是一种玄想，而是建立在实实在在的有关靴子的材质、缝合、做工、适脚等硬性指标的基础上。这一过程概括起来不难看出：一件物品的宣传造“像”到一定程度，就会促动潜在的消费者采取购买行为，最终将“像”变为现实之“是”；而我们在网购中也经常遇到这样一种情况，收到的产品超出预期，比预期的好，对该产品的使用将强化我们心中对生活的设想——心中之“像”。这样一个“是”在此生成了一个更美好的“像”，这个“像”会推动更多的购买行为，即自身的重复购买和好评促使他人购买，生成更多的“是”，如此循环，以至无穷，“像”与“是”在某个临界点上互相推动转化。如果收到的鞋与描述不符，没有预期的那么好，或差到不能容忍的地步，那么你将会拒收或者退货，甚至给个“差评”（“评分”在此被设定为对作品艺术等级的衡量）。至此，靴子之为靴子的“靴子性”——作品性全面垮塌。这一过程中，一端是网页上的“像”（包括评论)，一端是购买到手的实物，艺术正出现在“之间”，只有艺术在“之间”充分到场，购买行为才能实现，现实生活才能到场，“是”才是其所是。

艺术在今天并不完全表现在艺术家想象力的非现实游戏中，也意味着“是一像”构形为作品。艺术作品只有在“是一像”之间才可能向我们敞开存在者之存在：“是一像”到场越充分，存在者之存在越明亮。只有“是一像”才能保证作品之为作品的作品性。作品只有作为“是一像”冲突的承担者和场所才能是其所是。显然，我们是从“是一像”角度来把握“本源”之意的，如果某种艺术方式可以绝对占有现实，“是一像”就在此处。只有“是一像”存在，一切事物才能真实而完整地存在。“是一像”同时保证了产品作为物的“物性”和作为作品之“作品性”。作品之为作品是“是一像”在其中发生并成为“是一像”的一种方式。作品之为作品完全是基于“是一像”的一种本性——“是一像”即作品。人不能直接遭遇“是一像”，只能经由广义的作品，这意味着被“是一像”占用的人进入了“是一像”之作品。通过作品，他们拥有了“是一像”，通过“是一像”，人们得以“是一像”地生存。唯当人采用“是一像”尺度之际，我们才真正地从事艺术。在被创造中所发生的只能是“是一像”，“是一像”乃消费社会一切艺术、一切行为之所指。只有在“是一像”起支配作用的地方，一切现实才会发生，艺术才会发生。所谓作品乃是指“是一像”在其中活动着的某物或者某行为。“是一像”不到场的纯粹虚构艺术是丧失本性、没有力量的艺术。艺术是“是一像”的生成与发生的事件。消费社会一切行为活动的根本逻辑就是要确保“是一像”到场，只有“是一像”到场，它才是真正有效的行动。“是一像”到场越充分，其艺术性越强。

从这个意义上说，消费社会的内在性是艺术的，是“是一像”的。“是一像”意味着艺术给问题和情景建立的那种模式在更大的社会母体上出现。“是一像”是后现代决断性力量，正是“是一像”造就了这个后现代世界，“是一像”成为对事物存在的确认，“是一像”是将事物造为真正和确实的事物的东西。从某种意义上说，消费社会不再有现实和艺术的区别，只有“是一像”。只有在“是一像”——当下生活的决定性力量的意义上，我们才能理解“美是生活”[①]。这启示着人生存在于“是一像”之间这一根本的历史性处境，也就是说今天历史性和社会性的人的生活处于“是一像”之中，“是一像”因此成为存在发生的特殊方式。消费社会的日常世界就是对“是一像”关系永不停息的构建和组织形式。

“是一像”以我们尚未考察的方式决定着我们的生存。“是一像”被思考为人之存在的基本特征。认识“是一像”这种决断且彻底地经历这种决断，是我们为后现代社会之存在自行建基的一次尝试（“网上预订”就是对彻底经历这一决定性力量的吁请）。这种尝试将试图揭示出后现代存在者是如何归属于“是一像”并从“是一像”获得其本质的。

从外形上看，“是一像”是一个关联性结构，重心并非落于“是”或者“像”，而是“之间”，那根连接线，转换之关节处，意味着“不可分割”，意味着决定性的存在单位是关系而不是实体。这是物性与作品性的关联，“真”与艺术的关联，可见与不可见的关联（梅洛－庞蒂语），呈现与虚构的关联，现成与生成的关联，展示大地与建立世界的关联。作品在此之间，诗意在此之间，可靠性也正是在此之间（可靠性已不再能够从实在的虚假确实性上得以思考）。我们总是在“是一像”的交叉重叠处存在。连接线意味着“是”与

① 车尔尼雪夫斯基：《艺术与现实的审美关系》，周扬译，人民文学出版社，2009年，第10页。

"像"的关系并非一种空洞的、互不相干的抽象联合，恰恰是，它乃无处不在的"界面"，"是"与"像"是一体两面，"像"在"是"中获得存在基础，"是"则因"像"而得到展示。"是-像"界面可以随时随地进行"切换"。其中的任何一个都只有在另一个也同样是角色的时候才能成为角色，它们联袂出场，彼此无限地保持连接。

同时，连接线也是一种冲突、争斗、消解。"是"就其本性而言为一种遮蔽和保护，它不让人与物的本真存在曝光，而"像"是不能容忍任何遮蔽的，正如文学——最典型的"像"——天然地享有言说任何事情的权利，"开启"是"像"的天性——"将人生有价值的东西毁灭给人看"①。因此，连接线既是建构也是解构。但必须指出的是，在"是-像"得以到场的敞开状态中，事物并非其作为客体对象的常态。同时，连接线也是一个"间隙"，这是一个具有弹性和拉伸幅度的间隙，"是"与"像"的间隙越小，"是-像"性越绽出。连接线是一种穿梭形式，一种往返，这种往返被某种力量推动，一切就建基于这种往返。事物在"是-像"之间的滑动中构成或者解体。连接线意味着一种角力，两股力量围绕着一个真实与想象不可分的点不停地咬尾追逐，同时又朝相反的方向奔去。连接线意味着"是-像"之重叠与缩合，尽管这种重叠可能如柏格森所言之"部分的重叠"，因为这种重叠产生的并非简单抽象的等同，而是某种差异。连接线是网状结构，一头连着"是"，一头连着"像"，同时也是模式化的。连接线既是辐射，也是包围；既是断裂，也是无限延续；既是"之间"，也是两端；既是连缀与组合，又是拆散与劈开；既是蜻蜓点水式的接触，也是长驱直入的深入。连接线既是距离，也是切近，"是"与"像"或许并未发生在同一空间，但它们切近，因为切近并不在于距离的微小。从这个意义上说，连接线既是鸿沟，也是桥梁和过渡。

连接线同时是一种虚空，这种虚空乃艺术的真正发生之地。因其虚空，故为聚集和容纳，连接线如同磁石般将"是"与其相关涉的"像"吸附在一起，"是"与"像"都不能独自从"之间"处逃逸。

连接线是现身和逗留，也是隐匿和退却。连接线同时也是空间和时间的关系，人与时间和空间的关系只有基于"是-像"才能得到重新思考和理解。

连接线意味着"是"与"像"只有保持在它们的区分中时，才相遇而同一。同一不等于相同，同一总是从区分的聚集而来，是有区别的东西共属一体。

连接线是"是-像"之间的延伸和牵系。"像"是"是"系在手里的风

---

① 鲁迅：《再论雷峰塔的倒掉》，《鲁迅全集》（第1卷），人民文学出版社，2005年，第203页。

筝，悬浮包围着“是”，始终受到来自大地之“是”的支撑和引导，没有这根线，风筝就飘走了。人唯有从“是”的区域而来，通过此区域，才能仰望和设想“像”。同时，正是由于理想之“像”的存在，我们才能和现实恢复接触。

连接线是世界与大地之间的贯通。这一贯通的“之间”被分配给人，成为后现代人的存在之所。或者说，人只有在这样一种贯通之中才能“在世界中”，人就时时穿行于这种贯通之中。唯有在这样一种贯通之中，一切才从根本上成为一切。

连接线是网络线、路由器、搜索框，是“加好友、加关注、写留言”，是“相关文章”之“相关”，是录下某段视频的摄像头，是客户端，是快递物流运输线，是一切被称为“人的延伸”[①] 的媒介。互联网便是新存在的普遍隐喻，它表明了新存在的根本性质。

连接线是“是”朝着“像”建立性的一跃（Ursprung），一种向着内在意义的勾连，一种“带出”；连接线是一道光，是“像”闪耀着世内存在之“是”，彰显着“是”，一种“带入”。

作者简介：

徐欢，上海交通大学人文学院文艺学流动站博士后（2015—2017），研究方向为现代艺术现象，现为自由撰稿人。

① 马歇尔·麦克卢汉：《理解媒介：论人的延伸》，何道宽译，译林出版社，2019 年。

去专业化的当代艺术

——鲍里斯·格洛伊斯的当代艺术论*

王长才　唐诗佳

摘　要：德国当代著名艺术评论家鲍里斯·格洛伊斯，不同于鲍德里亚与布尔迪厄将当代艺术视为一种“艺术阴谋”，一种可解读的社会学神话，他以弥赛亚时间和生命政治的概念为理论背景，指出“艺术阴谋”论通常是将当代艺术单纯地误认为是艺术技艺与知识的非专业化的回归。事实上，当代艺术行为包含了弱符号化的运行机制，也包含了从艺术品到艺术文件的转变，去专业化的过程本身就是高度专业化的实践活动。在任何事物都可能被视为艺术品的当下，该理论为我们区分一般物与艺术品、艺术家与非艺术家提供了一种新的可供参考的路径。

关键词：弱符号化　弥赛亚主义　生命政治　当代艺术

20世纪90年代，鲍德里亚在《艺术的阴谋》一文中直言不讳地指出，前卫艺术是一种运用反讽、自嘲的手段，对艺术对象和形式手法本身的解构，将庸常性转化为价值和意识形态，是一场无意义的喜剧演出，是由各种开幕、展览、修复、收藏、拍卖、捐赠和投机所共同策划出来的一种内幕交易①。对观者来说，这场骗局对他们施加了一种必须采用的逆向推理，即既然称其为艺术品就不可能不具有价值，因而观者会主动并悉力赋予其价值，即使他们对这些艺术品无动于衷且迷惑不解。至此，由艺术家发起的、艺术行业推行的、大众配合的前卫艺术合谋就完成了。而这些艺术品本身在这场“危险的幻灭和商业的迷乱”② 中扮演的角色，并未因其赋予了庸常性、非原创性和零度抽象以审美形态，而获得了意义与价值；相反，

---

* 本文为国家社科基金项目“非自然叙述学研究”（16BZW013）阶段性成果。

① 鲍德里亚：《艺术的阴谋》，万书元译，《艺苑》，2014年第6期，第7页。

② 鲍德里亚：《艺术的阴谋》，万书元译，《艺苑》，2014年第6期，第8页。

它们在这种无限的自我循环中变得更加空洞和无意义了。

法国著名艺术评论家、美学家让·克莱尔也在其专著中表达了类似的看法，并对各种先锋流派进行了批评。他认为抽象分析绘画是故作高深，用各种图形组成不同的花样来掩饰其感性上的空洞，因为这种图像上的贫乏反而能引起更多的诠释和揣摩[①]；波普艺术则完全缺乏绘画性，浮华造作且愚蠢，它们的创作者只能算是广告制作者、图案画家或者照片后期[②]；而它们之后的，类似于新表现、新野兽、新新派等则完全是胡搅蛮缠、厚颜无耻[③]。整个当代艺术的趋势就是从完整散为碎片，有人专事线条，有人专事色彩，有人专事理论，就是鲜有人能将其整体完整地呈现出来，就好像当代工业流水生产线一样，裁、缝、剪件件孤立，没有人得出一件完整的衣服，得到的人也不知道它的来龙去脉[④]。

不同于这类反对前卫艺术的观点，格洛伊斯更倾向于从时间的维度理解前卫艺术，并将其同社会政治的乌托邦理想结合起来，指出前卫艺术是仍然能够部分反映现代世界的，从当代艺术中我们能直观地看到现代生活中时间的过剩与缺乏。

一、剩余时间与弱符号化

格洛伊斯引用阿甘本在《剩余的时间》中关于弥赛亚时间的相关思想来阐述当代艺术弱符号化手法。弥赛亚主义是救世主即将降临的信仰，是犹太教与基督教传统中的一个重要概念，在阿甘本看来，使徒圣保罗最重要的思想贡献就是构建出了弥赛亚时间。弥赛亚时间是指在耶稣复活到他再次到来之间的时间，与末日时间不同，它不是指向“时间的终点”，而是“关于终点的时间”。[⑤] 它所强调的不是时间终点后的永世，而是剩余的时间，是在救赎或者说灭世发生之前的这段时间。在这段时间里，弥赛亚可能在下一秒发生使得时间终结；也可能一直不发生直到时间终结，它使得线性的、同质的、均匀的编年性时间[⑥]出现了收缩与褶皱，人们为未来所做的企划，所进行的生

---

① 让·克莱尔：《论美术的现状》，河清译，广西师范大学出版社，2012年，第4页。

② 让·克莱尔：《论美术的现状》，河清译，广西师范大学出版社，2012年，第5页。

③ 让·克莱尔：《论美术的现状》，河清译，广西师范大学出版社，2012年，第4—5页。

④ 让·克莱尔：《论美术的现状》，河清译，广西师范大学出版社，2012年，第4—5页。

⑤ 吴冠军：《“我们所拥有的唯一时间”——透析阿甘本的弥赛亚主义》，《山东社会科学》，2016年第9期，第45—55页。

⑥ 吴冠军：《“我们所拥有的唯一时间”——透析阿甘本的弥赛亚主义》，《山东社会科学》，2016年第9期，第45—55页。

存技艺的训练、物质的储备与囤积、自我行为的约束与规范、人际关系的维系与经营，在弥赛亚时间的构架里都被取消了。

如果仅从概念层面来讨论，当代生活似乎就被置于弥赛亚时间之下，传统且曾经相对固定的生活方式和被承袭的思想观念不断被质疑、被丢弃，当下的时间也同样不被信任，人们总是在期待新的东西出现，且又在它刚刚兴起时冷静地判定其会快速衰落并消逝。科学技术的更新迭代，物质的溢出，生产的过剩，生活的流动不居，情绪的转瞬即逝，信念的脆弱易碎，像是对时间随时可能终结的一种反应。这种细碎的、内在性断裂的时间废止了任何一种专业性的可能，因为任何一种专业性都需要持续性的时间和恒常性的环境作为实践和练习的基础，存在的所有的文化符号和活动都变得空洞、枯窘，变成了阿甘本所言的“弱符号”。弱符号是时间缩减的表征，当代生活对于时间的不信任使得人们缺乏生产并思考强符号所必需的时间，当代艺术家身份的体制化与艺术实践的大众化也使得强符号的生产越来越难，已经存在的强符号被不断削弱。随着当代艺术体制的健全完善，策展人、承办方、托管人、美术馆、收藏家、批评家等各种角色分工明确，整个艺术世界的组织管理也与资本主义商业机构组织并无二致，艺术家的角色更像是劳动分工中的一种[①]。艺术家大多也必须经历全球化的艺术教育从而获准进入艺术体制，当代艺术教育除了教授特定的知识与技艺，会更加强调“艺术作为一种认知形式”[②]，相较于范式和手艺，概念和理论会更加被视为追求和“目的”。赏心悦目、真实可感或是令人震撼远没有一个新的理念或是新的表现手法所引起的关注和讨论多，虽然这种关注是短暂的。越来越多的空洞符号被生产出来，看似只需要几横几竖、胡乱涂抹、破铜烂铁的随机组合，甚至是在经典画作上加一撇胡子，那些权威的、经典的、权力的、历史的、英雄主义的，值得被反复掂量的丰富的强符号似乎就被战胜了。整个艺术界出现了非专业化的倾向，观者会时常困惑——分明这些简单的工作谁都能胜任。这种现象的出现，显然是诸如鲍德里亚、让·克莱尔、布尔迪厄等思想家批评当代艺术的重要原因。

但在格洛伊斯看来，弱符号的意义被低估了，观者也误解了艺术的去专业化，去专业化并不是非专业化的回归，而且当代艺术界所生产出的许多符号也很难算是弱符号。他倾向于认为，前卫艺术家是世俗化的时间的使徒，他们的作品正是为了告诉我们时间在收缩，这个世界存在着一种时间的不

① 鲍里斯·格洛伊斯：《走向公众》，苏伟、李同良等译，金城出版社，2012 年，第 127 页。
② 鲍里斯·格洛伊斯：《走向公众》，苏伟、李同良等译，金城出版社，2012 年，第 127 页。

足[①]。在唯一不变的就是变化的现实里，能改变现状的唯一途径就是去改变变化（change the change），即避开变化，事实上，格洛伊斯指出，任何一种乌托邦都是从历史的变化中出逃[②]。前卫艺术家想要做的就是一种超现世的、超历史的、无时间性的，适合任何时代的艺术，为此他们曾尝试过将作品中的文化符号削减到最少，以逃过文化潮流和时尚变迁的淘汰，从而创造出了对他们来说也是异常贫弱、空洞的形象。例如康定斯基就减少了其画作对世界的模仿性，而采用了色彩和几何的组合，他认为绘画所呈现的事物会消失，但是色彩和几何不会，因而可以在任何文化变化中幸存下来。又如杜尚最先采用现成品成为艺术品的方法，他取消了美并且取消了艺术趣味，因为美和艺术趣味是最多变且相对的，而这种对艺术所谓规范和定则的打破过滤掉了艺术符号的弱图像，反而更加能够显明艺术自身。这些图像的能见度微弱，在作为像是古典艺术或者大众艺术这些强图像的组成部分时，往往会被忽略，但也正是因为这样，它们可以配适于几乎所有的图像，因而是一种普遍主义的、超验的，正如根据弥赛亚法则，在弥赛亚降临之前，“置买的，要像无有所得；用世物的，要像不用世物”[③]，一切都应回转成小孩子的样式，软弱微小的将会战胜世俗所认为强大重要的[④]。前卫艺术所做的就是以弱符号提示我们时间的收缩，并应对它。

但是，大众甚至艺术界对此产生了两个误解。一是如前文提到的误将去专业化当作非专业化，表现在艺术教育中，是对自由、创意、个性的过于推崇，作品呈现的技艺有的粗糙、有的幼稚，因而当代艺术家开始被视为一种专业的非专业人士[⑤]。对此，康定斯基早在 1924 年的书信中就提到了，“自由艺术”正如当下我们所推崇的那样，是艺术同生活具有内在生命力和张力的尤为明确的证据，学院应该而且可以创造出新鲜活力的东西，许多力量也正是由这些“自由艺术”引导出来的。但是，这种情况也会引起反作用，其中之一就如前文所提。康定斯基指出，健全的基础是必要的，“不知公众在何种程度上感受到这种必要性，好在人们已经可以自然而然或在无意识之中感觉到，学院是不可或缺的”[⑥]。此处康定斯基所提及的“学院”可以被理解为长年累月的、规范的技艺训练和知识积累。正如格洛伊斯所言，技艺和知识也

---

① 鲍里斯·格洛伊斯：《走向公众》，苏伟、李同良等译，金城出版社，2012 年，第 127 页。

② 鲍里斯·格洛伊斯：《走向公众》，苏伟、李同良等译，金城出版社，2012 年，第 127 页。

③ 吉奥乔·阿甘本：《剩余的时间》，钱立卿译，中央编译出版社，2016 年，第 40 页。

④ 吉奥乔·阿甘本：《剩余的时间》，钱立卿译，中央编译出版社，2016 年，第 40 页。

⑤ 鲍里斯·格洛伊斯：《走向公众》，苏伟、李同良等译，金城出版社，2012 年，第 127 页。

⑥ 鲍里斯·格罗伊斯：《时代的同志》，陈恒译，《当代艺术与投资》，2009 年第 10 期，第 10—13 页。

就是专业化，是去专业化所必需的前提，回转成小孩子样态的前提是已经是成人。二是将弱符号视为一种强符号。前卫艺术无意于原创或发明，其想做的是发现，发现那些超验的、重复的弱符号，然而，“每一种对非原创的发现都会被理解为是一种原创性的发现”①。今天的艺术史认为前卫艺术创造了一种强图像，一种“特定的历史化风格”，这种超验的艺术与经验的艺术一同展出，它的本意虽然是揭示历史上千变万化的各种潮流风格背后反复重复的图式，然而却被当作了一种风格潮流。除此以外，前卫艺术为普通观者启发了一种新思维，尝试用一种新方式扩大民主的展示空间②，让大众可以将自己理解成艺术家，以一种弱的、可见性低的方式参与艺术。

即使是已经成功生产出的弱符号，也需要面临这种“弱”会很快被不断变化着的文化遗忘的现实③。当我们从一定的历史距离去观看时，它们或是在艺术史中扮演强符号的角色，或是被大众视为一种与自己无关的东西。如果想要维持住它们的启示性，抵御永不停息的历史和不断收缩的时间，就需要不断重复这些弱符号，并且重复弱姿态。在格洛伊斯看来，类似于 Facebook、MySpace、YouTube、Twitter 以及 Instagram 这样的社交网络上的各种文字、图片、视频等的美学行为，既是由弱符号启发的，也是弱符号重复弱姿态的绝佳平台。他认为，如果没有 20 世纪七八十年代那些激进的、前卫的观念艺术的开启，以及它们对艺术所做的减法，这些平台的美学风格便不会兴起，也不会这么容易传播。今天人们在社交网络中记录自己的日常生活、分享自己的想法观点，使得日常生活成为一种艺术。艺术家不再是一种特定的命运，艺术性活动也演变成日常经验的分享，前卫艺术的传统通过这种日常性的艺术实践（一种弱姿态的重复）延续下来，因为唯有日常生活是无时间性的、能见度最低的，也是最能够抵御世事变迁的弥赛亚符号。

二、过剩时间与当代艺术的时间悬置

在格洛伊斯看来，当代艺术还可以被视为与重估现代规划相关的艺术④。即使“上帝已死”，经典的现代性对未来仍然有着坚定的信仰，由此衍生出的共产主义理想，人文主义、科学主义的盛行等，这些现代政治计划或意识形

① 鲍里斯·格洛伊斯：《走向公众》，苏伟、李同良等译，金城出版社，2012 年，第 127 页。
② 鲍里斯·格洛伊斯：《走向公众》，苏伟、李同良等译，金城出版社，2012 年，第 127 页。
③ 鲍里斯·格洛伊斯：《走向公众》，苏伟、李同良等译，金城出版社，2012 年，第 127 页。
④ 鲍里斯·格罗伊斯：《时代的同志》，陈恒译，《当代艺术与投资》，2009 年第 10 期 第 10—13 页。

态浪潮本质上都是认为通过坚持某种行动，在将来能够达成某种设想，实现某种规划。关于艺术品收藏的概念就能够说明这一点，图书馆、博物馆、档案馆的存在许诺了一种世俗意义上的永恒，即某一段历史、某一个时间可以在此地永生，并通过凝结了这段时间的艺术品复活重现。像是油画、雕塑、乐曲、文学作品，虽然为了生产出这些艺术品耗费了大量的时间，但这些时间本身是被肯定的，艺术品会在演奏或展出中重生，现代性的历史叙事将会对这种时间的消失给予补偿，叙述时往往会介绍某件作品“历时”多少年，凝结了艺术家多少心血。类似地，科学家、革命家的工作和他们所消耗的时间也会同样被给予叙事性的补偿，即使他们的工作或尝试有时并不导向一个成功的结果或产物。

而在当代，我们一方面对现代规划开始感到迟疑，并且日益对现代承诺不再信任，另一方面则对不产出产品或是成果的时间持以否定。在格洛伊斯看来，当代是这样一种状态，即乌托邦很美好，但是没人愿意再相信乌托邦了[①]。人们承认一个崇高理想的价值和意义，却因为“现在”没有物质基础，没有时间精力甚至没动力、没必要将它实现，人们主动地降低对未来的期望、对美的执着，不再苛求自己去追求或是达成一个“伟大”的事业，而只是想要能够平稳地度过此时此刻。“当代的”时间可以说是由疑虑、踟蹰、游移、观望构成的[②]。在今天已经没有对工作、坚持和忍耐的承诺了，博物馆也不再是收藏、保存、承诺永恒的空间了，它变成了一个展览的场所，艺术作品或是政治工程丧失了对未来许诺的可信度。过去反复上演，相似的潮流和事件出现、消失，换一个表述方式，再次出现、消失。当下自我复制，不再创造未来，它成为历史永久反复的场域，人们被困在其中，徒劳地失去时间[③]。出现这种情况，可能源于人们开始质疑现代的各种宏大构想和规划，并且发现与其用当下的忍受和妥协去换取不确定的未来，不如拥有确定舒适的当下。也可能由现代化约主义作为幸存策略导致的，20 世纪为了能够在艰难的现时中幸免，现代性化约了一切过于沉重的，为美学传统、伦理规范，以及大师的标准、崇高的诉求所累的东西[④]。这展示了人们可以放弃诸如传统、思想和

① 鲍里斯·格罗伊斯：《时代的同志》，陈恒译，《当代艺术与投资》，2009 年第 10 期，第 10—13 页。

② 鲍里斯·格罗伊斯：《时代的同志》，陈恒译，《当代艺术与投资》，2009 年第 10 期，第 10—13 页。

③ 鲍里斯·格罗伊斯：《时代的同志》，陈恒译，《当代艺术与投资》，2009 年第 10 期，第 10—13 页。

④ 美国 e-flux journal 编：《什么是当代艺术?》，陈佩华、苏伟等译，金城出版社，2012 年，第 16 页。

技艺等许多东西，通过化约的方式继续他们的时间。

由此产生了一种徒劳的、被浪费了的时间，这种时间没有产出，也不导致任何产品，是无用的时间。格洛伊斯指出，人们可以从积极的层面将之视为多余的时间，一种“显示我们生命作为超越了在现代政治和经济框架下的用处的纯粹存在”①。他认为，当代艺术中那些以时间为基础的艺术，能够主题化这些浪费了的、非历史的时间，也最能反映当代这种境遇。以比利时当代艺术家弗兰西斯·阿莱斯（Francis Alÿs）的作品为例，他的短片《实践的悖论》（*Sometimes Making Something Leads to Nothing*）记录了他从上午九点开始用双手费力推动一个大长方形冰体在墨西哥街道上前行，冰块在这个过程中慢慢融化成冰砖，他开始可以用脚踢行，直到下午六点，冰块变成了人行道上一小块水渍的过程。它主题化了一种徒劳的努力，不产生任何结果的、浪费的时间。他的反映同一主题的作品还有很多，如动画片《狗和球》中永远在接球，然后把球衔回来，再去接球的狗，以及《露比塔之歌》中永远在两只杯子中被反复从一只倒入另一只的液体。这类西西弗斯式的，以无利可图的时间为基础的当代艺术作品，让人们关注到生命中大部分时间的无效，这种过剩时间是一种多余，它们既不能化约成任何“人生意义”，不具有任何历史相关性，也不能被任何产品吸收转化，却呈现了纯粹的生活的特质。也可以说，这些当代艺术品呈现出了一种纯粹的当下存在，不是高尚的、永恒的，而是简单的、自然的生命状态。

三、生命政治时代与艺术文件

在格洛伊斯看来，当代艺术正在经历一个广泛的转变，其中一个特征是，近十年来艺术文件（或艺术档案）在当代艺术中的运用越来越普遍且重要了②。一般情况下，我们通常会预判在展览或美术馆、博物馆中看到的，无论以雕塑、绘画、装置、表演、文字等何种形式呈现的，都是“艺术”。但是比较容易被忽略的，一是这些艺术品可以指涉它们之外的东西，比如政治、社会、自然、生命、真理、美好等，但不能指涉艺术，因为它们本身就是艺术③；二是我们在今天的艺术空间里面对的不只有传统意义上的艺术品，还有

① 鲍里斯·格罗伊斯：《时代的同志》，陈恒译，《当代艺术与投资》，2009年第10期 第10—13页。

② 鲍里斯·格罗伊斯：《艺术力》，郭昭兰、刘文坤译，（台湾）艺术家出版社，2015年，第81页。

③ 鲍里斯·格罗伊斯：《艺术力》，郭昭兰、刘文坤译，（台湾）艺术家出版社，2015年，第82页。

愈发多的艺术文件[①]。艺术文件或艺术档案是指那些记录艺术行为、艺术事件、艺术实践过程的草图、照片、录像、文字等，它们通常不能被称为一个艺术品，却能够指涉艺术本身。

艺术文件可以通过两种主要的方式指涉艺术。一是作为对艺术活动的追溯。它们可以用来记录演出或表演，临时装置，或偶发艺术。例如 2013 年，荷兰国立博物馆与荷兰国际集团联合在布雷达市的一家商场做了一场为吸引大众去博物馆参观，以伦勃朗著名画作《夜巡》为原型的“快闪”表演。30 名演员身着画中人物的装扮，以追捕小偷为表演中心，再现了这幅名作。这样一个偶发性的快闪表演，我们只能通过艺术文件即这次的视频记录来观看，这个视频并不是一件艺术品，被记录的这次快闪表演才是艺术品，但正是这个视频指涉了艺术本身。二是作为艺术活动实践的一部分。这包括对日常生活的干扰和介入，构思、讨论和分析的过程，对各种群体艺术接受所做的尝试，具有政治动机的艺术活动，等等[②]。以让-米切尔·巴斯奎特（Jean-Michel Basquiat）早期的“SAMO”系列为例。1977 年，巴斯奎特第一次在城市中学和朋友一起发展出了“SAMO”这个涂鸦符号。1978 年开始，巴斯奎特和他的朋友阿尔·迪亚兹在曼哈顿下城用喷漆画了许多涂鸦，并署名“SAMO”。他们在 SoHo 西百老汇的一座教堂外涂下“作为上帝的替代者”（AS AN ALTERNATIVE TO GOD），SoHo 是一个古老的工业区，在 20 世纪 60 年代末和 70 年代，它的工厂逐渐被改造成大型艺术家居住的工作室。实验画廊跟随艺术家，进入楼上工业阁楼的底层展厅。从 20 世纪 70 年代中期到 90 年代末，展示和销售当代艺术的最重要的画廊都位于 SoHo，SoHo 已经成为当代艺术界的中心。SoHo 作为一个艺术中心的兴起与现代艺术中极简主义的兴起是同步的[③]，巴斯奎特利用 SAMO 涂鸦对 SoHo 的画廊场景进行了批判性评论：“所谓的先锋”（THE SO CALLED AVANT GARDE），“作为这个垃圾的终结”（AS AN END TO THIS CRAP）。许多标语、符号、涂鸦被涂抹在整个市中心的墙上，直到巴斯奎特在苏活区建筑物的墙上写上“SAMO IS DEAD”，结束了关于 SAMO 的计划。这些短语中有些看起来像是政治性的，但没有一个是简单的宣传口号；有些是超现实主义的，或者看起来像是诗歌的片段。他们故意不做明确的陈述，但旨在让人们停下来思考。巴斯奎特从未将他的“SAMO”系列定义为艺术，他认为那只不过是“一知

① 鲍里斯·格罗伊斯：《艺术力》，郭昭兰、刘文坤译，（台湾）艺术家出版社，2015 年，第 83 页。
② 鲍里斯·格罗伊斯：《艺术力》，郭昭兰、刘文坤译，（台湾）艺术家出版社，2015 年，第 84 页。
③ Eric Fretz, *Jean-Michel Basquiat: A Biography*. New York: Greenwood, 2010, p. 25.

半解的”“青少年的玩意儿”，它们更多可能算是社会声明而不是艺术声明[①]。这些涂鸦不是一个产品，它们必须同所指涉的环境在一起，这整个连续性的实践活动无法被单独剥离，我们只能通过艺术文件来认识它。艺术文件既不是对艺术事件的呈现，也不是关于即将完成的艺术品的承诺[②]，例如弗兰西斯·阿莱斯2007—2008年的“排演的政治”系列展览中，那些分镜头手稿、场记板、各种构思性的文字等艺术文件最终并未形成一个完整的艺术品，因为整个展览就是为了呈现阿莱斯对于排演和失败的镜头的持续性尝试，这些艺术活动无法再以任何形式再现，艺术文件是它们唯一可行的方式。

格洛伊斯指出，艺术文件作为一种艺术形式只能在今天生命政治时代的条件下发展，在当代，生命本身已经成为技术与艺术的介入对象，艺术不再仅是描绘生命或是提供艺术产品，而是开始试图成为生命本身[③]。传统情况下，类似于科学可以被分为理论和应用两种类别，我们也可将艺术分为纯粹的、用以沉思欣赏的美术（fine art）和应用性的艺术即设计。格洛伊斯认为，纯粹艺术即美术是将自己建立在能指层面上的，它所指涉的现实通常被认为是属于生命的；应用艺术即设计，涉及我们生活中的各种部分，如建筑、城市规划、产品设计、广告、时尚等，我们可以说传统艺术都是关涉生命的，但是它们并不属于生命[④]。因为传统艺术无论以何种形式被创造出来，其目标都是产品或产物，而生命本身是一个纯粹的活动，没有最终的结果[⑤]。在格洛伊斯看来，一件艺术品以传统形式呈现出来，意味着将生命理解成一个功能性过程，也就是说整个生命就是为了达成目的，成为有产出、有结果的生命。而艺术文件则更能够指涉生命本身，因为它就只是纯粹的活动、纯粹的实践，就这一层面来说，艺术与生命是相同的。

格洛伊斯的生命观和艺术观显然受到了海德格尔的影响，但是相较于海德格尔，他对科学技术和生命政治持有更加接纳的态度。一方面，他认同海德格尔视艺术为一种彰显存在本身的敞开的视野；另一方面，他认为并不是“天然”的、“野生”的存在方式就是存在本质，也不是只有揭示这种存在的艺术品才是艺术。在海德格尔看来，技术使得人类从疾病、意外、灾害中解放出来，使得人类可以对抗命运，但是相应的，人类付出的代价是在一切都被视作资源、被划分为有用和无用的情况下，人自身也会被视为一种技能和

① Eric Fretz，*Jean-Michel Basquiat: A Biography*. New York：Greenwood，2010，p. 26.
② 鲍里斯·格罗伊斯：《艺术力》，郭昭兰、刘文坤译，（台湾）艺术家出版社，2015年，第86页。
③ 鲍里斯·格罗伊斯：《艺术力》，郭昭兰、刘文坤译，（台湾）艺术家出版社，2015年，第83页。
④ 鲍里斯·格罗伊斯：《艺术力》，郭昭兰、刘文坤译，（台湾）艺术家出版社，2015年，第84页。
⑤ 鲍里斯·格罗伊斯：《艺术力》，郭昭兰、刘文坤译，（台湾）艺术家出版社，2015年，第97页。

能量的集合、一种可量化的人力资本。人成为手段而不是目的，只有艺术才能将人类从这种困境中拯救出来[①]。而在格洛伊斯看来，形势正在改变。生命政治一般被认为是科学和技术对生命的限制和干涉，从出生到死亡，以及这个过程中的医疗、教育、社会关系、工作时间与自由时间，在今天，一个人的生命周期是一直被人为塑造与改进的[②]，生命不再能够被理解为是一个自然事件、一种宿命和幸运，而是一种人为制造与塑形的时间，在这种时代环境和现实条件下，时间、生命、自然都不再能够被直接展示，在生命政治条件下制造的艺术也不可避免地具有一定的人工性[③]，因此艺术文件作为一种艺术形式的出现就十分必然与必要了。格洛伊斯认为，如今我们不再能够仅通过视觉来区分生命体与人工物了。生命体与人工物之间的区别只在于叙事，它只可以被记录，没办法被展示。而如今一个人工物也可以通过叙事获知来历或历史，从而具有无可重复的生命时光，变得有生命，变得自然[④]。正因为艺术文件既不是真实的也不是虚构的，而只是叙事的属性，使得它成为可以将人工物创造成生命体的艺术，它是生命政治的一部分，也是生命艺术[⑤]。

总的来说，在格洛伊斯看来，当代艺术的各种尝试和实践只要是能够反映出一种真实的“存在”状态，本质上都是有意义的。其中的艺术文件与弱符号化的艺术则更是揭示出，我们与其对抗现代性，不如根据现实情况和背景发展出一条新的认知路径——将人工物转变成具有生命力的，将重复性的转变成具有独一性和可能性的[⑥]。

作者简介：

王长才，西南交通大学教授、博士生导师。

唐诗佳，西南交通大学博士研究生。

---

① 鲍里斯·格罗伊斯：《艺术，技术与人文主义》，陈荣钢译，《上海艺术评论》，2018 年第 2 期，第 75—77 页。

② 鲍里斯·格罗伊斯：《艺术力》，郭昭兰、刘文坤译，（台湾）艺术家出版社，2015 年，第 97 页。

③ 鲍里斯·格罗伊斯：《艺术力》，郭昭兰、刘文坤译，（台湾）艺术家出版社，2015 年，第 97 页。

④ 鲍里斯·格罗伊斯：《艺术力》，郭昭兰、刘文坤译，（台湾）艺术家出版社，2015 年，第 97 页。

⑤ 鲍里斯·格罗伊斯：《艺术力》，郭昭兰、刘文坤译，（台湾）艺术家出版社，2015 年，第 97 页。

⑥ 鲍里斯·格罗伊斯：《艺术力》，郭昭兰、刘文坤译，（台湾）艺术家出版社，2015 年，第 97 页。

当代大学生的媒介技术文化表征*

王志华

摘　要：随着媒介技术的精进和新平台的不断涌现，当代大学生的媒介使用呈现为别样的媒介迷思和文化景观，主要表现为属性削弱、边界消弭与数字化人设堆砌。属性削弱聚焦在作为主体性的人在数字技术环抱中的自我放逐，如信息接收中的主动性日益消退、否定性属性的逐渐剥离以及半透明式的自我存在。边界消弭表现为“展示文化”和“隐私庇护”间的摇摆、永久在线的生活方式，以及由此带来的私人空间和公共空间边界日趋模糊，网络与日常界限消失。同时，技术也提供了大学生数字化人设堆砌的可能和路径，数字化图像成为堆砌“自信之我”的不二之选，数字化仪式也成为加固“理想之我”的最佳途径。通过现象剖析，以期对大学生群体的新媒介素养与数字化智慧有正确认知和正向引领。

关键词：媒介技术文化　属性削弱　边界消弭　数字化人设

自马歇尔·麦克卢汉（Marshall McLuhan）将“身体”作为理解媒介的出发点以来，“媒介”在相关研究中的重要性不断提升，由从属性变为主要因素，也成为思考媒介文化的重要维度。麦克卢汉高唱“一切媒介在把经验转化为新形式的能力中，都是积极隐喻……它们是一种明白显豁的技术”①、“任何发明或技术都是人体的延伸或自我截除”②。麦氏用“延伸”甚至略带血腥的“截除”来隐喻媒介与身体的互动交融，换句话说，媒介以及使用方式的更迭升级，造就着不同的媒介文化。“我们生活在一个传媒化的时代，在这个传媒化生存的时代里，传播媒介是文化发生的场所，也是文化的

---

* 本文为四川大学项目“研究生网络思政创新路径研究——以研究生社交媒体助力乡村文化振兴为切入面”阶段性成果。

① 马歇尔·麦克卢汉：《理解媒介：论人的延伸》，何道宽译，译林出版社，2011年，第77页。

② 马歇尔·麦克卢汉：《理解媒介：论人的延伸》，何道宽译，译林出版社，2011年，第61页。

物化。"[①] 回望20年，技术频繁更新。2002年博客网成立，2003年淘宝网上线，2009年微博内测，2010年微信面世，2012年VR技术面世，2015年AR技术亮相……媒介技术的精进和新平台的不断涌现，且周期不断缩短，令人眼花缭乱的媒介技术彻底坐实传媒化生存的预言，炫目的技术革新不断透支智能神话，也织就了技术文化幻境。

当下的大学生群体正是在数字化媒体环境下成长起来的，他们在人体的"延伸"和"截除"中形成了独具特色的媒介文化景观，并相互形塑。本文用"技术迷思"和"文化幻象"等相关理论来阐释当代大学生独特的媒介文化，主要表现为属性削弱、边界消弭与数字化人设堆砌。

一、"技术迷思"与"文化幻象"

索绪尔（Saussure）在语言学中创造性地提出，作为形式的符指（signifier）和作为内容的意指（signified）的任意组合成就了所谓的符号（sign）。而其中所透露的组合之"任意性"为后来的研究提供了广阔的理论想象。罗兰·巴特（Roland Barthes）将索绪尔的语言学领域引入社会文化领域，实现了理论的华丽转身，转身的最美一瞬无疑是"迷思"（myth）理论的提出。罗氏通过符号两层序列的分析，将"索绪尔的符号整体作为'迷思'之形，而新的符号意指则是'迷思'之实——'迷思'成为价值观传递的巧妙且隐蔽的方式。其魔力发作的主要方式是将概念自然化，将人造物变得理所当然、自然天成"[②]，迷思"既不是谎言也不是宣传，而是一种扭曲"[③]。迷思理论揭示了当我们被灌输某种社会现象理所当然之时，就是"迷思"发挥作用之地。技术依然，当一代人沉浸于媒介所营造的拟态环境中挥洒青春时，对于"技术迷思"的反思也随之而来。比如尼尔·波兹曼（Neil Postman），比如文森特·莫斯可（Vincent Mosco）。

虽然波兹曼充分肯定了迷思性叙事的重要价值，"使得我们的劳动有意义，提升历史，解释现状，引领未来"，但对于技术的反思永未停止。面对人类与技术共舞并怡然自得的现状，波兹曼果断拉响了警报：提防"文化向技术投降"，振臂高呼"撕破技术迷思"。而现实却是：媒介技术与资本逻辑日益相互渗透，无人逃离。不但如此，技术迷思创造着人们的虚假意识，维护着当下的社会现状，表现出保守的特性。正如莫斯可在研究数字化崇拜时指

① 蒋晓丽、石磊：《传媒与文化——文化视角下的传媒研究》，华夏出版社，2008年，第2页。

② R. Barthes, *Mythologies*. A. Lavers, trans. London: Vintage, 2000, pp. 129−131.

③ R. Barthes, *Mythologies*. A. Lavers, trans. London: Vintage, 2000, pp. 129−131.

出迷思的“反复终结”，他认为创造迷思的才能“让我们付出代价，它怂恿我们用有关未来的迷思来避免当下的冲突，并创造一种社会团结的虚假意识”[①]。

这里莫斯可睿智地指出了技术迷思与虚假意识的产生，而虚假意识的产生意味着主体的想象生成。在阿尔都塞看来，主体本来就是想象的产物，或者叫作幻象，是在询唤机制的作用下产生的。虽然阿尔都塞说的是强大的国家机器，但在日常生活中表现为强大的媒介技术所塑造的媒介环境。阿尔都塞认为主体作为一种想象的结果是经过四重步骤得以完成并加强的：询唤为主体、小主体对大主体的臣服、主体之间的相互认可以及自动化的行为实践。[②] 在大学生的媒介使用中，先天的媒介环境使得一代人从小就接受媒介询唤，媒介成为形成自我的重要力量；媒介化生存使得个体服从于技术逻辑，抑或“娱乐至死”，抑或成就“商品性自我”，表现出对技术力量的臣服状态；同侪之间的线上、线下交流强化着彼此的相互认同，进而在行为上表现出理所当然的一致性。这种技术迷思和文化幻象彼此强化，在某种程度上成为当下大学生的一道媒介景观。

鉴于此，技术迷思和文化幻象成为考察当下大学生媒介文化景观的重要视角，从而突破已有的研究范式。有两个原因，一是因为传播技术是贯穿文化传播研究的焦点问题之一，也是因为伴随着互联网技术成长起来的当代大学生群体是第一代数字化原住民；二是因为该视角可以和众多的相关理论相勾连，如“透明社会”“属性剥离”等，可以有效地解读相关现象。

二、属性削弱

技术迷思与文化幻象在相互强化的过程中引起了人和机器属性的变化，使之前固有的特性开始多元溢出，造成了已有属性的流动弱化，这是技术迷思逻辑的自然延伸，本文称之为属性削弱。文化幻象蕴含的技术文化具有解构的力量，它将人和机器裹挟其中，使其本身的属性间异化流变——人的主体性属性不断受到冲击，进而削弱社会交往中的否定思维属性，生成半透明的社交生态，实现主体性属性的再次分裂。

（一）依赖、迎合、无界：技术过度赋权削弱人的主体性属性

文化幻象需从技术崇拜说起，技术崇拜的初级含义是解决人与自然间难

---

① 李萌：《技术迷思与发展传播研究》，《国际新闻界》，2013年第2期，第69—76页。

② 仰海峰：《表象体系、主体幻觉与意识形态国家机器的职能——阿尔都塞意识形态理论探析》，《理论探讨》，2010年第1期，第40—44页。

题，把希望寄托于技术更新，以回避与自然界的直接交锋。从曾经占据主体地位的人来看，人在人与自然之间、人与人之间、人与社会之间都渴求技术元素的介入。作为媒介技术元素的代名词，“应用程序”的自我扩张给大学生带来的便利极大提升了他们的生活品质，当应用程序从“使用满足”变为行动依据，就是主体性削弱的初级阶段，这也是他们将衣食住行赋权于技术的基础。电商软件可以按照以往的搜索和购买记录提示年轻人生活要有品质，为他们推送应季的打折衣物；外卖软件会准确地在饭点提醒他们“不要将就每一顿正餐”，随即奉上定位附近的促销活动、适合学生消费的餐厅；团购软件会在周末或假期，灌输“世界这么大，应该去看看”。只要应用程序被唤醒过一次，这些智能技术就会像影子一样伴随左右，收集你生活的点滴，打理你的起居，讨好你的兴趣，关注你的学习，为你省钱，陪你购物，伴你出游。让人们习惯从主动参与变为被动选择，进而让你相信这些“安排”好的选项就是为你而定制的，当“任何技术都能够代替我们思考问题，一切形式的文化生活都臣服于技艺和技术的统治”[①] 之时，人在其间的“主体性”属性已经悄然被掠夺。

人的主体性属性消解源于过度的媒介技术赋权，加持技术附魅的技术赋权不仅“把技术条件与符号生活和心灵习惯联系在一起”[②]，并且“有办法入侵哪怕粘合力最严密的一套信仰体系”[③]，当作为主体的人开始迎合技术体系时，主体性的削弱即进入中级阶段。例如理想的影像文化状态应是“一种社会文化事项，一种被人们用来解释、表现和享受生活的实践活动”[④]，一种“为个体主动参与社会文化建构提供了技术性的手段”[⑤]。而过多的技术赋权使媒介的功能属性逐渐退化为“过程”或“环节”要素，成像的照片成为调校媒介技术系统与社会文化系统彼此关系的指挥棒，因为它“营造了一种被凝

---

① 尼尔·波兹曼：《技术垄断——文化向技术投降》，何道宽译，北京大学出版社，2007年，第52页。

② 尼尔·波兹曼：《技术垄断——文化向技术投降》，何道宽译，北京大学出版社，2007年，第13页。

③ 尼尔·波兹曼：《技术垄断——文化向技术投降》，何道宽译，北京大学出版社，2007年，第14页。

④ 朱凌飞：《视觉文化、媒体景观与后情感社会的人类学反思》，《现代传播》，2017年第5期，第96—100页。

⑤ 梁君健、陈凯宁：《自我的技术：理想用户的技术剧本与手机厂商的技术意识形态》，《新闻与传播研究》，2021年第3期，第75—91页。

视、被观察的感觉，这种感觉会影响人们如何视觉地呈现自己和这个世界”[①]。“它生产出一种几乎是非自然的自我意识，让用户即刻处理和加工自己的经验，将自己生活于其中的世界包装起来。”[②] 镜头中的人也会碍于密在的镜头而选择“迎合”，技术的赋权和普及没有给主体的人更多自由，而是将其置于“被塑造”的境地。

人的主体性属性削弱的高级形态是媒介化的人——人机无界，理想状态下的人和机器应在各自擅长的领域各司其职，人负责协调事关主观意愿和价值取向等主观信息——即“想要”（want）和“应该”（should），机器则处理“是”（being）等规则概率的客观数据。当主观意愿面临选择困境时，机器用算法技术短暂介入，将关键信息编码、分解、运算后，以量化形式给出结果供人参考，从而达到主观意愿与理性数据最为接近的理想状态。人机无界中最稳定的技术形态是手机媒介，不论是科学数据还是经验观察，均得出大学生群体和手机同生共长的文化亚健康状态的结论。如果将两者的关系放在聚合理论的框架下理解就是“检视移动科技运用在不同内容、媒体、媒本类型与用户实践之间重新排列配置的聚散关系”[③]，而“要素上的这种聚合关系与过程会被科技、人、社会等因素增强或弱化，增强发生在稳定的过程中”[④]。大学生群体将手机不仅视为自己身体的数字化器官，也视为自己思想和意识的延伸，他们的生活、学习要素与手机性能黏合度一致，要素对等且运行表征稳定和隐蔽，表现为手机作为文化永久进驻年轻人的生活学习，米勒（Miller）将此过程称为“媒介化”（mediatization）[⑤]。雪莉·特克尔（Sherry Turkle）称之为身体和科技“共谋”，弗兰克·帕斯奎尔（Frank Pasquale）称之为“数据具有侵略性”[⑥]，浸润式的数字植入行为使大学生寄居体毫不抗争。

---

① Victoria Smith Ekstrand, Derigan Silver, “Remixing, Reposting, and Reblogging: Digital Media, Theories of the Image, and Copyright Law”, *Visual Communication Quarterly*, 2014, Vol. 21, No. 2, pp. 96－105.

② Lisa Silvestri, “Shiny Happy People Holding Guns: 21st-Century Images of War”, *Visual Communication Quarterly*, 2014, Vol. 21, No. 2, pp. 106－118.

③ Mariek MP Vanden Abeele, “Mobile Lifestyles: Conceptualizing Heterogeneity in Mobile Youth Culture”, *New media & Society*, 2016, Vol. 18, No. 6, pp. 908－926.

④ 陶圣屏：《手机即自我：大学生智能手机使用行为深描研究》，《现代传播》，2019年第11期，第144－150页。

⑤ Mariek MP Vanden Abeele, “Mobile Lifestyles: Conceptualizing Heterogeneity in Mobile Youth Culture”, *New media & Society*, 2016, Vol. 18, No. 6, pp. 908－926.

⑥ 弗兰克·帕斯奎尔：《黑箱社会：控制金钱和信息的数据法则》，赵亚男译，中信出版集团，2015年，第113页。

（二）缺位、剥离、补偿：肯定思维的扩张导致否定文化的暗弱

赫伯特·马尔库塞（Herbert Marcuse）将丧失否定、批判和超越能力的人称为“单向度的人”。“单向度”之危害性在于丧失了追求甚至想象更好生活的能力，“单向度的人”随即成为发达资本主义意识形态的战利品，成为该制度的忠实拥护者。在马尔库塞看来，人应该是“双向”的，即兼具肯定和否定能力，这也是其批判的重要起点。其正当性从个体而言，需要通过反思确立其主体性，而对于群体而言，需要打破强加于人的种种权力迷思艰难前行。用韩炳哲的话说，便是文化的多样性趋向于单一化，成为“透明社会”的重要条件之一。“过去那些时代的高层文化曾经是多样性的东西——对立面和装饰品、怒号和顺从”，装饰品和顺从都是肯定思维的化身，否定文化则是基于高度选择性的叙事（narration）模式，它打造出一条用以区分事物的路径，基于此，我们可以理解为否定和深刻的理论一样，都是暴力的[①]。它的存在“令已然混淆的重新区隔开来”[②]。若否定缺位，则“区分”被阻，深刻缺位，事物必会蔓延滋长，彼此混杂，轻微的伤害也会避免，原有的位置也让位于没有否定性的享乐[③]。这个社会为了获得舒适，为了回避难以解决的冲突，绕过深刻的理论，“正在采取把可爱的超越性形象纳入无所不在的日常现实的办法来使其失去合法性”[④]。肯定思维影响下的大学生群体对否定情感的存在极为排斥，否定的评判会妨碍交际，也无法从中牟利[⑤]，无利于交际的否定思维在传媒化生存的时代逐渐遁形。相比之下，“肯定点赞”比“否定拍砖”更为多赢，“点赞社交”是大学生一种新型的交往形式，被视为肯定友情与展现关注度的标准之一。

借助于媒介技术的支持，被肯定化的过程成为最容易被接收的表达，肯定的结果也成为最舒适的公式，在助长了肯定属性圈地扩张的同时，也造成了否定文化的逐渐缺位。当下数字媒体的基因之一便是对肯定性的偏爱，由此带来人际关系的润滑以及由此维系的种种“弱关系”。以大学生使用最为普遍的微信为例，睡前完成“点赞”任务是技术与大学生肯定关系的最佳隐喻。这种现象既是人为对肯定属性的积极索取，又是媒介技术对肯定属性的默许

① 韩炳哲：《透明社会》，吴琼译，中信出版集团，2019 年，第 10 页。

② 让·鲍德里亚：《致命的策略》，刘翔、戴阿宝译，南京大学出版社，2015 年，第 258 页。

③ 韩炳哲：《透明社会》，吴琼译，中信出版集团，2019 年，第 10 页。

④ 赫伯特·马尔库塞：《单向度的人——发达工业社会意识形态研究》，刘继译，上海译文出版社，2008 年，第 58 页。

⑤ 韩炳哲：《透明社会》，吴琼译，中信出版集团，2019 年，第 14 页。

设定。即使在遇到购物不悦时，“习惯好评”也成为年轻人的口头禅，其背后的逻辑依然是不去承担否定带来的代价，慢慢融入肯定的息事宁人浪潮中。

基于此，年轻群体中肯定文化的流行造成了社交关系的表面化，即通过媒介符码的使用判断交往质量，进而造成交往的符码化。“肯定社会避免一切形式的否定性，因为否定会造成交际停滞。交际的价值仅仅根据信息量和交换速度来衡量。”① 这里提到的交换速度可以理解为点赞行为的发生与朋友圈状态发布的时间距离，即是说，“点赞”可以维持友情和社会关系的持续，“及时点赞”会为深入交流累积人脉并营造积极的氛围。例如在大学生最常用的三种社交媒介中，腾讯 QQ、新浪微博的界面设定都只有“评论”“点赞”“转发”按键，微信朋友圈的界面设定只有“评论”和“点赞”技术支持，同样，脸书（Facebook）的界面只有“like”（喜欢）、“comment”（评论）、“share”（分享）。不仅如此，“吞并的正当性由技术进步所证明”②，“夸夸群”“彩虹屁”等社交文化可以把否定的含义以肯定的文本方式表达出来，否定的属性被进一步剥离。

否定一旦被抛弃，肯定便成为技术迷思的应有之义，而透明化的后隐私（post-privacy）存在成为技术迷思的自然逻辑，在很大程度上造成了个人主体性的放逐。如同约书亚·梅罗维茨（Joshua Meyrowitz）看到的电子媒介造成了私人和公共空间之“地域消失”，网络媒介技术将这种界线进一步弱化，隐私的放弃就是明确的症候。后隐私指网络媒体技术环境中对于隐私的麻木不仁，同时也造就了崇尚纯透明交际的现象。“当事物退去所有否定性，当它们被压扁、抹平，当它们毫不抵抗地融入资本、交际与信息的顺流之中，事物就成了透明的。”③ 然而，媒介技术的附魅和过多赋权虽然导致否定文化属性被掠，却不至于全盘沦陷。“对‘透明’的强制追求确确实实正在摧毁那些肯定的、富于生产力的人类存在与共在空间”④，但平台还是观照了关于“全透明”还是“半透明”的争论，向“半透明”给予技术倾斜，使青年大学生在线上进行社会交际之时，不仅在时空上有亲疏的设定，也在时间空间之外留有余地，这个余地就是呈现半透明的重要根据。比如，被大学生群体运用娴熟的社交圈子“分组”技术属性，“隐身”“忙碌”“仅聊天”“仅展示三天朋友圈”“仅展示三个月朋友圈”“不让他（她）看朋友圈”“不看他（她）的朋

---

① 韩炳哲：《透明社会》，吴琼译，中信出版集团，2019 年，第 14 页。

② 赫伯特·马尔库塞：《单向度的人——发达工业社会意识形态研究》，刘继译，上海译文出版社，2008 年，第 57 页。

③ 韩炳哲：《透明社会》，吴琼译，中信出版集团，2019 年，第 1 页。

④ 韩炳哲：《透明社会》，吴琼译，中信出版集团，2019 年，第 7 页。

友圈”等设定，在技术许可的范围内对否定文化的被剥离做出了不影响肯定社交大局的些许补偿。

三、边界消弭

（一）“展示文化”与“隐私关注”悄然和解

从自媒体技术普及的那一刻起，人们就已经生活在一个被展示文化充盈的社会之中，“一切寂静无声、寂然不动之物都不再有价值了。物只有被关照时，才会增值。把一切交给‘可见’的强制展示使得光芒（Aura）——‘遥远的现象’（Erscheinung einer Ferne）——完全消失了”[①]。受否定文化被剥离的影响，差异和边界的消失被认为是理所应当，“展示”成为衡量事务或事物是否有价值和是否有增值空间的重要文化形式，未做展示被视为没有留痕，甚至连存在的意义也被质疑。而传媒化生存的文化浸润又将展示的形式大大拓宽，展示已不再限于固定的场馆和空间的大规模，而是与线上世界亲密互嵌，“渗透和融入到日常生活的各个场合和瞬间。在公共空间、公开仪式、公共文本和视觉符号等各种公共行为之中，展示随处可见”[②]。接下来的问题是，展示中的隐私该隐遁何处？社交文化的“隐私悖论”（privacy paradox）成为普遍的存在。

隐私悖论是指网络社交中一方面对自己的隐私信息多层加密、关注有加，另一方面又大方地将这些私藏分享给陌生人，在社交媒体上不吝惜地发布强辨识度信息的现象。贝拉·迪克斯（Bella Dicks）认为“当今的全球文化都开始重视自我宣传”[③]。展示在一定意义上与“公开”“可参观”具有天然血缘，与此相对应的“隐私关注是衡量人们对隐私问题主观感知信念的一个指标，指个人对共享信息的相关风险和潜在负面后果的看法”[④]。本不相容的概念，却在媒介技术的逻辑中和谐共处，恰似“同根生”。

在展示文化的观照下，隐私悖论中的两个结构“展示”与“隐私”的对立性逐渐消弭，而大学生的社交媒体使用习惯是“隐私悖论”重灾区。当代

---

① 韩炳哲：《透明社会》，吴琼译，中信出版集团，2019年，第16页。

② 李世敏、吴理财：《展示政治：一个新的媒介分析视角》，《新闻与传播研究》，2016年第7期，第95—109页。

③ 贝拉·迪克斯：《被展示的文化：当代“可参观性”的生产》，冯悦译，北京大学出版社，2012年，第19页。

④ L. Baruh, E. Secinti, Z. Cemalcilar. “Online Privacy Concerns and Privacy Management: A Meta-Analytical Review”, *Journal of Communication*, 2017, Vol. 67, No. 1, pp. 26—53.

大学生维权意识超强，十分注意隐私保护，却又有意无意通过社交媒体在熟悉的圈子和陌生的圈子发布自己的性别、职业、学历、兴趣等基本信息，甚至是经济状况、情感状况、聊天记录、所在区域和近期行程等隐私信息。这十分有趣，仿佛经过社交媒体展示的这一道工序隐私就对“泄露”形成了免疫。得益于数字化成长经历，当代大学生既是线上展示的主要人群，又是隐私关注的重要群体，那么两个相悖的概念是如何在媒介技术文化的发酵下达到和解的呢？本文认为由两个维度促成——表面维度和深层维度。

表面维度是指技术平台的准入免责规则。除了媒介用户的主动泄露，对媒介技术平台的质疑也从未停止，“隐私担忧主要涉及用户对隐私泄露的担忧和用户对平台利用个人信息的担忧”①。鉴于此，媒介平台方面也打出了免责的牌：所有的社交媒体账号在第一次激活时，都会强制给足时间让申请账号的用户阅读并同意隐私条款，如不在相应的方框内打钩，表示自己已阅并允许，则无法进行下一步。几乎所有的用户表示不会在意条款内容，甚至直接将内容一划到底。此举使技术平台既做出了“保护隐私”的姿态，又获得了用户的个人信息读取许可。“决定人类自由程度的决定性因素，不是可供个人选择的范围，而是个人能够选择的是什么和实际选择的是什么。”② 至于用户如何在“展示文化”和担心“隐私泄露”之间摇摆及摇摆多久并不重要，重要的是平台罗列了条款，阐明了风险，用户勾选了“已阅”“同意”，最终点击的“发布”是用户自己的选择。

深层维度是指通过展示来保护隐私权等权利。对于数字化媒体素养较高的大学生群体，具备隐私认知的能力，深知个人信息在社交媒体流传的速度和广度，一方面担忧个人数据被汇总印证后的信息威胁，另一方面坚持连续性地发布，并且执迷于信息被大范围传看围观。毕竟展示意味着关注度，当“通过各种展示要素的包装，借助媒体的广泛传播，将某一个社会问题变为公众话题时，他们往往是在彰显和维护一种权利”③。当他们的隐私权或其他权利受到侵害或威胁时，展示将会演变成一种表演性的草根抗争和维权行为，即经过长期的展示维持受众群，通过信息爆点的包装博取关注，造成围观，将正在遭受的非正当对待和自身困境展示出来，以求得舆论补偿。深层维度

① 徐敬宏等：《微信使用中的隐私关注、认知、担忧与保护：基于全国六所高校大学生的实证研究》，《国际新闻界》，2018 年第 5 期，第 160－176 页。

② 赫伯特·马尔库塞：《单向度的人——发达工业社会意识形态研究》，刘继译，上海译文出版社，2008 年，第 8 页。

③ 李世敏、吴理财：《展示政治：一个新的媒介分析视角》，《新闻与传播研究》，2016 年第 7 期，第 95－109 页。

更加考验大学生的"'隐私素养'（privacy literacy）和'编辑智慧'（editorial acumen）"①，既需要有娴熟的数字化编辑能力，也需要有高超的合法性展示技巧。

从对"展示文化"与"隐私关注"促成和解的两个维度可以发现，以媒介技术带来的实际利益横截面来解读当代大学生对于"大胆展示"和"隐私关注"间看似矛盾，实则兼顾双方共赢，因为不论从主观功利意愿，还是技术许可，抑或是展示内涵多元发展，都有继续维持和解的媒介文化土壤。

（二）虚拟的真实和真实的虚拟循环贯通

"纵观人类历史，每当一个新的技术来临，总有一部分人决定不参与其中，但残酷的事实告诉我们，最有可能享受新技术带来的利益的是那些总是追随技术的忠实客户"②，不参与其中的那部分人多是"数字化难民"，和一小部分"数字化移民"，绝不包括数字化原住民的大学生群体。这些年轻人是追随新技术的忠实用户，对新技术总能很快驯服，这些被驯服的新技术为他们的生活学习增光添彩的时候，也把他们牢牢地绑在网络世界里，从而获得了虚拟世界里新的自我状态。雪莉·特克尔称之为"网络自我的三种新状态"。

"第一种状态是'逃离现实世界'：也许他们正在你身边，但他们的精神已经游离到了另一个世界；第二种状态是'双重体验'：人们能够体验到'虚拟与现实的双重人生'；第三种状态是'多任务处理'：人们由于可以同时处理多种事情而赢得了更多时间。"③ 从逃离现实世界状态开始，人们便开始在虚拟空间里重新进行自我身份确认和新角色的属性探索，在这里可以轻易"追寻或摈弃某种想法。现实世界往往很难为他们提供这样的场所"④。"双重体验"是在逃离状态的基础上切换或兼顾"在线理想角色"和"现实真实自我"的状态。"多任务处理"曾被视为"不专注"的代名词，然而"随着时间推移，它似乎已经渐渐地被重塑为一种优点了。长期以来，年轻人吹捧自己有同时处理多件事情的能力……专家们宣称，多任务处理不仅是一种技能，而且是你迈向成功和在数字化文化中必须学习的一种技能"⑤。"当我站在充满Wi-Fi信号的课堂里，学生们在上 Facebook 和 YouTube、在线购物、听音

① 李兵、展江：《英语学界社交媒体"隐私悖论"研究》，《新闻与传播研究》，2017年第4期，第98—112页。

② 弗兰克·帕斯奎尔：《黑箱社会：控制金钱和信息的数据法则》，赵亚男译，中信出版集团，2015年，序言第2页。

③ 雪莉·特克尔：《群体性孤独》，周逵、刘菁荆译，浙江人民出版社，2014年，第161页。

④ 雪莉·特克尔：《群体性孤独》，周逵、刘菁荆译，浙江人民出版社，2014年，第164页。

⑤ 雪莉·特克尔：《群体性孤独》，周逵、刘菁荆译，浙江人民出版社，2014年，第174页。

乐时，我当然还是希望我的学生们能回到课堂……我要求他们手写笔记……但是第二年，我向这股风气低头了。”① 雪莉·特克尔对身在课堂，状态心不在焉，行为意识已经逃离现实世界，沉浸双重体验和多任务处理的行为既无奈也无解。

这三种永远在线的状态可并联可串联，第三种“多任务处理”状态赢得更多时间，而更多被赢得的时间又重新随机投入到第一种、第二种、第三种境界里，《盗梦空间》的技术循环剧本在课堂中上演。从逃离现实世界到“双重体验”，再到“多任务处理”，效率带来的结余再次投入“逃离世界”“双重体验”，或者直接跳到“多任务处理”，三种状态顺滑互联，跳跃衔接毫无违和感，身体和行为意识在现实和虚拟世界里可同行可并行，界线被模糊，直至形成闭环，使这些谙熟数字化技术的大学生群体在停滞时空里永远在线。

虽然有三个可能导致其离线的制约要素——技术短板（上网设备续航）、环境制约（网络稳定）、社会规范（学校家庭权威），却并不影响他们的在线状态，因为有四个加强要素正维系着永远在线的稳定表征：“元素与性能的个性化（例如：桌面、铃声、App），社交化的实践（家人、朋友、班群），进化中的身份（高中同校之友到大学舍友闺蜜），增强中的情绪投资（精神、时间、回忆）。这四个原因强化了年轻人与手机的连结。”② 在线已成常态，即使在短暂的电量不足、网络不稳定、上课或者家长斥责之后，他们还是会再次与手机建立联系，有更多诸如“课堂作业”“查询资料”“等级排名”等正当议程需要线上完成。他们将手机比作准点的闹钟，即使关机，也会用仅存的电量叫他们起床；是无微不至的管家，提醒他们近期日志，打理衣食住行；是负责的私人教练，根据数据提供量身打造的瘦身计划；是博学的老师，可以将疑问瞬间化解；更是迁就的朋友，听他们倾诉，分享他们的成功，安慰他们忧伤。多才多艺、可以依赖、形影不离、科学健康、包容迁就的合体足以撑起一个可信任的主体形象。正循环的往复又反过来增强了人与机器间的黏性，加速了从思维习惯到文化意识的技术植入，人与手机的边界因此而消弭，因为网络连接贯通了年轻人的虚拟和现实，沟通着他们内心的自我与社会的自我，存储技术收录了他们的过去，影像技术记录着他们的现在，技术剧本模拟着他们的未来。

---

① 雪莉·特克尔：《群体性孤独》，周逵、刘菁荆译，浙江人民出版社，2014 年，第 174－175 页。

② 陶圣屏：《手机即自我：大学生智能手机使用行为深描研究》，《现代传播》，2019 年第 11 期，第 144－150 页。

四、数字化人设堆砌

数字化人设是传媒化生存时代的特有产物，指的是个体通过他者眼中的映像反射捕捉自己的形象预设，从此更加致力于图像生产，形成更多被同龄人仰慕的运动达人、养生专家、时间管理大师等数字化标签。“人设体现了想象与现实之间的张力关系，虚拟与现实的相互渗透。它通过想象构筑起一个童话世界，成为一个虚幻意象，却又回到现实，成为获利的工具和资本。”[①] 鉴于此，我们从图像生产层面和数字化仪式层面入手探查大学生群体的数字化人设是如何构建的。

（一）用数字图像生产堆砌自信之“我”

“人际交往之中，很多时候重要的不是你实际上是什么样的人，而是你在别人心目中留下的是什么样的印象，因此印象管理才显得越来越重要，它是一个主动沟通和包装（packaging）的过程。”[②] 站在当代大学生的角度，主动包装的过程就是数字化材料累积的历程，相对于寂寥的社交自媒体，数字图像规模生产的社交自媒体更可以标榜一种上进姿态，释放一种正能量信号，最终构成一种人像渲染势能，进而成就一个自信的数字化自我。

在数字化图像生产和包装的过程中，“‘愿景’（visions）发挥了重要作用，因为它提供了关于技术发展及其使用的期待和指导性的图景（guiding images）”[③]。媒介技术的综合功能结晶而成的技术剧本“可以看作是技术愿景在社会语境中的叙事性陈述，设计者通过技术剧本为用户设计好了一系列的标准行为和使用情境，并将技术知识嵌入其中”[④]。当代的大学生在技术框架允许的范围内深刻感受到形象和人设的建立需要滤镜来建构自己的视觉映像，以“自信”愿景为导向进行图像生产。在成就大学生自信之“我”的过程中，一切时间、空间元素均是围绕愿景而生产，比如下午 3 点 30 分左右上传的一张图像传递的信息：一份摆盘讲究的精致点心和一杯冒着热气的下午茶，映

---

① 徐强、胡婵：《从人格到人设：数字化时代人格面临的新挑战》，《南通大学学报（社会科学版）》，2021 年第 1 期，第 16—23 页。

② M. J. Dubnick, “Accountability and the Promise of Performance: in Search of the Mechanisms”, *Public Performance & Management Review*, 2005, Vol. 28, No. 3, pp. 376—417.

③ Meinolf Dierkes, Ute Hoffmann, Lutz Marz, *Visions of Technology: Social and Institutional Factors Shaping the Development of New Technologies*. New York: St. Martin's Press, 1996.

④ N. Oudshoorn, T. Pinch, “User-technology Relationships: Some Recent Developments”, in *Handbook for Social Studies of Science*. Cambridge: the MIT Press, 2007, pp. 541—567.

衬图片角落豆瓣高分的书籍。甚至不用配以文本说明，视觉图像就把时空概念诠释出来——“我”到过什么地方，见过什么样的世面，是什么样的人。

手机像素和照相技术进化史与当代大学生的成长历程几乎同步，也映射着年轻人“自我呈现”的文化愿景。“自我呈现”是欧文·戈夫曼（Erving Goffman）在1959年提出的社会学概念，指社会中的人在意向的观察者面前通过“表演”来影响他人正在形成的情景定义，以此引领观察人朝着自己设定的人物剧本方向读取自己，进而使观察人在行动上认可自己，从而建立理想的人设。数字化人设的建立就是将“自我呈现”的表演舞台从线下复制到线上，进而在现实生活和虚拟生活中进行双线呈现。

自我呈现直接作用于现实需求，即通过媒介技术进行的形象管理。心理学研究显示，“当个体自我概念（如地位、自尊）受到威胁时，通过消费能够应对威胁的产品可以得到相应补偿”[①]。一是通过消费信息的输出塑造自我。在年轻人无所不晒的社交媒体文化中，在社交媒体隆重展出已消费过的商品或服务，这种重复消费是青年群体建构自我认同、建立自信，迅速融入该年龄段圈子文化特有的数字化操作。“互联网中，人们真实、复杂的一面被缩小了，完美、精致的一面则被放大了。在分享的过程中，人们满足了自己被重视、被认可、被崇拜的需要，甚至还会渐渐对自己产生一种自带光环的幻觉。”[②] 二是自我标出，与众不同。日常生活中，一个羞于表达、几近木讷的人在媒介上可以妙语连珠、口若悬河；一个温文尔雅、穿着古典的男士在媒介上可以言语前卫、豪放不羁。这是一种自我标出的塑造方式。一类是潜意识在媒介上空前解放，呈现成为某种替代性满足，而夸大成为满足的一种方式。另一类是对自己兴趣的放大，以实现心理和社交的双重满足。相对于“美食美景”“养生运动”“品味穿搭”“读书学习”等主题中产出的图像、视频被推向前台，真实生活学习中的落寞、琐碎、不如意的一面被推向镜头之外，取而代之的是一幅巡回展出的艺术画作加上一张侧脸驻足欣赏的肖像，一份精心包装的节日礼物配上不经意间漏出的品牌logo，等等，大学生群体借助这些讲究的像素构图和若隐若现的符号意义堆砌出充实、上进、注重生活品位且自信的“我”的数字化人设。

---

① D. D. Rucker, A. D. Galinsky, “Desire to Acquire: Powerlessness and Compensatory Consump-tion”, *Journal of Consumer Research*, 2008, Vol. 2.

② 柳莹：《青年网红打卡文化的符号消费及反思》，《江西社会科学》，2021年第9期，第238—245页。

（二）用数字化仪式加固理想之“我”

如果说数字图像生产了自信之“我”，日常的加固任务则交予数字化仪式。数字化仪式是一种以电子设备为依托的特定的交流沟通行为，在此类媒介实践中对已建立的“自信”人设进行维护和加固，从而达到理想状态。

首先，加配首发技术的移动终端是数字化仪式加固的基础，大学生群体通过设备的更新升级保持在技术层面的自信。有学者指出，“任何社会活动都是由两类行为构成：一方面是技术特征的行为，即传播技术的更新，人类的本能是推动技术进步的主要因素；另一方面是仪式特征的行为”[①]。从2000年的第一部拍照手机SHARPJ-SH04问世，到2010年拥有500万像素后置镜头的iPhone 4经典款用了近十年时间，再到1200万像素（2017年）用了七年时间，而到2021年的5000万像素只用了不到四年的时间。无论是技术爆炸的图像革命还是像素的微调改良，年轻人总是设法先于其他群体一步尝鲜，对媒介新产品发布会的围观和线下实体店预售的彻夜排队——“成为第一批使用新技术的人”，就是他们加固数字化人设的隐藏维度的仪式行为。

对技术的无限追捧使大学生群体的数字化仪式感逐渐培育成型，跟图像技术的进化同步，数字化仪式的具体行为也依据现有技术呈现出动态化的特征，例如从充满颗粒状的低像素拍照手机到可以调节主体、线条、轮廓、光线、景深、虚化、明暗过渡等图像元素的专业拍照手机，数字化跟进的速度和植入程度直接映射了交流程度的差异。玛丽·道格拉斯（Mary Douglas）认为：“仪式是一种卓越的交流形式。”[②] 埃德蒙·R. 利奇（Edmund Leach）在界定仪式的概念时认为：“如果我们试图把这个术语（仪式）用于表达某类独特的行为，那我们只能陷入吊诡的境地，更有用的处理是可以把‘仪式’视为所有行为都具有的一个层面，即沟通的层面。”[③] 由此看来，数字化加固自信人设隐藏的维度就是“先于大众拥有”，其意义在于领先掌握了“卓越的沟通交流形式”。

其次，聚焦于特定主题的社会活动，通过数字化仪式透镜加固理想的人设。特定主题的仪式活动都具有周期性，比如生日庆祝活动、历法节气，以及歌星演唱会等。大学生群体涉及更多的是凯瑟琳·贝尔（Catherine Bell）

---

① 李洁：《传播技术建构共同体？——从英尼斯到麦克卢汉》，暨南大学出版社，2009年，第75页。

② 彭兆荣：《人类学仪式的理论与实践》，民族出版社，2007年，第15页。

③ 埃德蒙·R. 利奇：《缅甸高地诸政治体系——对克钦社会结构的一项研究》，杨春宇、周歆红译，商务印书馆，2010年，第9页。

仪式六分类中的过渡仪式（人生历程的重要时刻，如成人、身份变更等）和节日宴会仪式（组织者可在炫耀的同时促进与参与者的友谊）。年轻人对以下场景并不陌生：在某歌星演唱会现场高举着手机，时而将镜头拉近对准歌星，时而让镜头环顾四周，收集观众的沸腾，编辑后向朋友圈分享、直播视听盛宴，身在现场的他们却舍弃用自己的眼睛去看、用耳朵去听，转而全程紧盯成像屏幕。又如某网红餐厅“种草”、某学习阶段打卡等行为，均诠释了年轻人对正在进行中的事务和正在体验的场景并不重视，他们重视的是镜头有无收集到关键数字化图像和分享之后是否收到了期待中的“赞”。

“传播的仪式感并不在于信息的获取（虽然从中也获取了信息），而在于某种戏剧性的行为，在这种戏剧性的行为中，旁观者也加入了这一权力纷争的世界。”[①] 数字化的仪式感使这些年轻人为了分享而行动，为了仪式而体验。相对于生活细节的数字记忆堆砌，年轻人在社交媒体上对某一主题的分享过程更像一场个人巡回演唱会，期待更多的聚光灯聚焦于“我”，将“我”的形象推向更炫目的高度，“通过举行仪式，群体可以周期性地更新其自身的和统一体的情感”[②]。相比于日常生活学习中用图像生产堆砌出的“我”，特定周期主题的数字化仪式更具加强光环效应，因为数字化的可复制性和仪式的重复性可联合打造属于连续的、带有记忆的数字网络资源库，拥有可随意调取和分割的数字化图像库存，为鼓励专注于数字化仪式演绎的个体提供源源不断的动力，也将理想化的自我通过字节图像组合持续传到第二现场、第三现场甚至第 N 现场。在这代大学生群体看来，特定主题的浓缩分享既是复杂情感的极简释放，也是社会交往的日常维系，更是理性之我达成的技术情怀。

然而，数字化的双刃剑让我们用技术理性的思维审视“堆砌”和“加固”的理想型自我后发现：想象中的“我”存在于数字化世界中，褪去光圈、抽空滤镜回归现实世界后，只保留了数字化记忆的碎片，人仿佛不再是那个可以自由思考和自由行动的我，而是被数字化人设左右的躯壳。在对媒介技术过度赋权和数字化加持之后，人的主体性属性和真实自我还剩多少字节可以消耗？但愿在未来的某个时刻，这批由数字化浸染的年轻人惊醒回顾虚拟的元宇宙、云记忆、虚镜像时，会没有迷思，而能发现完整真实的自己还在。

---

① 周鸿雁：《隐藏的维度——詹姆斯·W·凯瑞仪式传播思想研究》，中国大百科全书出版社，2012 年，第 120 页。

② 李世敏、吴理财：《展示政治：一个新的媒介分析视角》，《新闻与传播研究》，2015 年第 7 期，第 95—109 页。

五、结语

当年轻人更喜欢待在线上，诉诸数字化的自我完善，对技术的向往多过对人的期待，享受着技术分组带来的志同道合式狂欢，也体会着群体性孤独的时候，技术文化在数字化群体里创造出的文化幻象已然具备了自我升级、自然扩张的能力。受此影响，人和思维、文化原有的完整属性在这里分割转化，自我状态的边界在这里拼贴消融，数字化的理想人设在这里堆砌组装，“线上的我比线下的我更可以代表自我”的技术文化剧情已经触发，年轻人通过数字化人设的建构接受他人的凝视，也通过数字化透镜凝视着其他人的人设建构。至此，为应对当代大学生群体的主体性属性削弱等现象，数字化素养的教育与编辑智慧的正向引领不可缺位，应以数字化思维获得他们的认同，以技术智慧关注他们的成长、宣泄和诉求表达，避免他们在技术幻象之中无限循环。

作者简介：

王志华，新闻学博士，四川大学文学与新闻学院讲师，研究方向为网络媒体、青年文化。

从器物到文学：乾隆诗歌在英语世界的早期传播与译介

时　光

摘　要：乾隆一生酷嗜作诗，早在18世纪中后期，他的“诗人”名声就经由耶稣会士钱德明的译笔传播至西方。然而，现有研究对“乾隆诗歌西传”这一中诗英译史乃至中西文学/文化交流史上的经典个案的关注较少。有鉴于此，此文利用多种西方汉学书目，寻访出马嘎尔尼使团访华前后出现在英语世界的多则稀见文献，以对其细致研读为基础，意图还原乾隆的《三清茶》《成窑鸡缸歌》《平定两金川凯歌三十章》等诗歌作品在英语世界的早期传播与译介轨迹，且尝试描绘彼时与之相勾连的物质及文化交流史“景观”，以期丰富学界对18、19世纪之际的中外文学/文化碰撞、交流、互渗及变异现象的感知与理解。

关键词：乾隆　中诗英译　变异　文学他国化

一、引言

乾隆皇帝“圣学高深，才思敏赡，为古今所未有”，文学创作速度十分惊人，“御制诗文如神龙行空，瞬息万里”；诸种文体里，他最为倾心诗歌，“诗尤为常课，日必数首”①，身后留有四万余首诗作，成为古今历史上存世诗歌最多的诗人之一。他的诗名在当时不但为国人所共知，甚至同时代的欧洲人也有所耳闻。

在1797年出版的叙述马嘎尔尼使团（the Macartney Embassy）访华事迹的“官方报告”《英使谒见乾隆纪实》（*An Authentic Account of an Embassy from the King of Great Britain to the Emperor of China*）② 中，乔治·斯当东（George Staunton）对乾隆

① 赵翼：《赵翼全集》卷三《檐曝杂记》，曹光甫校点，凤凰出版社，2009年，第6页。

② George Staunton, *An Authentic Account of an Embassy from the King of Great Britain to the Emperor of China*. London: W. Bulmer & Co. for G. Nicol, 1797.

的诗歌创作评价如下："皇帝陛下虽日理万机，但还可以腾出工夫致力于各项文艺的研究。他喜欢作诗，在意境和表达技术上有很高的水平。他的诗大半是有关哲学和伦理内容的，近似伏尔泰的咏史诗，不同于密尔顿。"① 1804年，马嘎尔尼使团的另一核心成员约翰·巴罗（John Barrow）在其《中国行纪》（*Travels in China*）② 一书中甚至还节译了乾隆的《三清茶》一诗，并解说道："已故乾隆帝被视为当代最佳的诗人之一，他写的最著名的一首诗是印在全国所有的茶壶上的茶颂。……他还写了一首描写满洲鞑靼沈阳（Moukden）城池和地方的长诗，由传教士译出，看来比他的咏茶诗写得好。"③ 从上述两则材料中，我们不难推论如下：马嘎尔尼使团访华前，英语世界已经积累了不少有关乾隆诗歌的"前知识"（prior knowledge），以至于像斯当东、巴罗这样的读者都能对其进行品评和比较；随着使团访华相关著述的出版，英语世界对于乾隆及其诗歌的兴趣应有增加，或能刺激新的传播和译介活动的出现。

当带着以上推论去检视国内学界现有学术成果时，我们却发现少有论者言及马嘎尔尼使华前后的乾隆诗歌西传情况，对这一中诗英译史乃至中西文学/文化交流史上的经典个案缺乏必要的资料整理和专题探讨④。有鉴于此，笔者利用多种西方汉学书目，寻访出二十余则较为稀见的与乾隆诗歌西传相关的早期英文文献，以对其细致研读为基础，意图还原出乾隆诗歌在英语世界的早期传播与译介轨迹，且尝试描绘彼时与之相勾连的物质文化交流史及思想史"景观"，以期丰富学界对18、19世纪的中外文学/文化碰撞、交流、互渗现象的感知与理解。

---

① 斯当东：《英使谒见乾隆纪实》，叶笃义译，商务印书馆，1963年，第381页。

② John Barrow, *Travels in China*. London: A. Strahan for T. Cadell and W. Davies, 1804. 中译本题为《巴罗中国行纪》，收于《马嘎尔尼使团使华观感》（何高济、何毓宁译，商务印书馆，2019年）一书中。

③ 乔治·马戛尔尼、约翰·巴罗：《马戛尔尼使团使华观感》，何高济、何毓宁译，商务印书馆，2019年，第294—295页。

④ 目力所及，国内学界仅见钱锺书《十七、十八世纪英国文学中的中国》（见《钱锺书英文文集》，外语教学与研究出版社，2005年）、张弘《中国文学在英国》（花城出版社，1992年）、葛桂录《中英文学交流系年》（山东教育出版社，2018年）等著述曾论及乾隆诗歌在英语世界的早期传播与译介情况，较为约略；近年来，有专题研究性质的相关成果零星出现，如胡玉明《英国政治讽喻诗中的马嘎尔尼访华》[《英语文学研究》（第五辑），2021年]、张剑《从"灯塔"到"暴君"：马嘎尔尼访华事件的文学再现》（《外国文学》，2021年第5期）等，两文主要关注马嘎尔尼使团访华在当时英国政治讽喻诗中的文学再现问题，也未能对乾隆诗歌在英语世界的早期传播和翻译情况进行系统的梳理和分析。

二、瓷上之诗：《三清茶》在英语世界的早期传播与译介

1746年秋，乾隆巡游五台山，在归京途中遇大雪，遂命人取雪，在毡帐中烹煮“三清茶”①，触景生情，以《三清茶》为题赋诗如下：

梅花色不妖，佛手香且洁。松实味芳腴，三品殊清绝。烹以折脚铛，沃之承筐雪。火候辨鱼蟹，鼎烟迭生灭。越瓯泼仙乳，毡庐适禅悦。五蕴净大半，可悟不可说。馥馥兜罗递，活活云浆澈。偓佺遗可餐，林逋赏时别。懒举赵州案，颇笑玉川谲。寒宵听行漏，古月看悬玦。软饱趁几余，敲吟兴无竭。②

随后，乾隆“命两江陶工作茶瓯，环系御制诗于瓯外，即以贮茶”，认为这样制作而成的茶碗“致为精雅，不让宣德、成化旧瓷也”③，并在之后将其定为“三清茶宴”④的专用茶具。这就是著名的“三清茶诗”茶盅（图1）的由来。

图1　清·乾隆 洋彩胭脂紫地轧道花卉御题“三清茶诗”茶盅⑤

（法国巴黎列斐伏尔［Lefebvre］家族旧藏）

借由明末清初西方传教士来华宣教之契机，这一盛茶之瓷以及瓷上之诗，

① “三清茶”由乾隆创制，所谓“三清”，指的是梅花、佛手、松实这三种入茶之物。

② 见《御制诗初集·卷三十六》。

③ 见《御制诗四集·卷七十八》中《咏嘉靖雕漆茶盘》一诗的作者自注。

④ 自1743年起，乾隆每年都会在其“潜邸”重华宫召集王公重臣举办“三清茶宴”，以围炉品茗、联句吟咏的形式实现其“示惠联情”的政治诉求。

⑤ 图片来自北京保利国际拍卖有限公司官网（http://www.polypm.com.cn/）。

在乾隆还在世时就流通、传播到了欧洲，成为中西早期物质、文化实际接触的典型个案，还对当时西方“中国热”（Chinoiserie）风潮的形成发挥着一定程度的“催化”作用。首次将乾隆诗歌译介给西方读者的，是法国耶稣会士钱德明（Joseph-Marie Amiot）。1750 年，钱德明抵华，在中国传教四十余年，直至 1793 年在北京去世。在华期间，钱德明熟练地掌握了汉语、满语，交游广泛，为法国搜罗了大量的情报信息、图书文献及艺术物品①；他学识渊博，勤于译著，研究兴趣涉及中国的历史、文学、音乐、军事等各个领域。费赖之（Louis Pfister）认为：“……马若瑟、宋君荣诸神甫后，法国传教士之有功于科学、文学实无逾于德明者。”② 乾隆围绕着“三清茶”所建构起的风雅的内廷政治仪式，不但在当时的官民口中被广泛传颂，这一“升平韵事”也引起了经常出入宫禁、钦慕乾隆诗艺的钱德明的极大兴趣。1766 年 9 月 23 日，钱德明首次与时任法国国务大臣兼秘书的贝尔坦（Henri Bertin）通信，在信中他希望得到贝尔坦的赞助与保护，且随信寄有许多物品：刀盾演练图、军服武器图、兵法书、箫、四块墨、十块香、两个“三清茶诗”茶盅，以及《三清茶》的译文等。信末所附的寄送物品清单中，关于“三清茶诗”茶盅，钱德明写道：“2 个杯子及其盖子，其上有皇帝本人在他统治的第十一年时所作的诗歌，我已尽我所能将此诗译为法语。”③ 1770 年，法国东方学家德经（Joseph de Guignes）在编校由钱德明翻译的另一部乾隆作品《御制盛京赋》时，注意到了这份《三清茶》的译文，认为“应该将其置于《盛京赋》之后”，理由是“它可以让我们更好地了解中国诗歌，尤其是乾隆皇帝对于诗歌这种文学体裁的雅好”，还特别提及《三清茶》的“诗句书写在特殊的茶瓯之上”，“国务大臣及秘书贝尔坦先生有两件类似的茶瓯”。④ 最终，《三清茶》的译文被置于《御制盛京赋》的译文之后，1770 年在巴黎刻印发行。自此，乾隆的“三清茶”、《三清茶》诗以及“三清茶诗”茶盅，正式进入西方大众的视野当中。

由于中西诗歌的巨大差异，钱德明的译文中出现了不少文化过滤、扭曲及变异之处，以《三清茶》诗前五句译文的中文回译为例说明：

---

① 参见 Henri Bernard，“Catalogue des objets envoyés des Chine par les missionaires de 1765 *à* 1786”（*Bulletin de l'Aurore*，1948，tt. 33－34，pp. 119－206）一文中有关钱德明的条目。

② 费赖之：《在华耶稣会士列传及书目》，冯承钧译，中华书局，1995 年，第 876 页。

③ Joseph-Marie Amiot，*Correspondance de Bertin*. Paris：Institut de France，Ms. 1515.

④ Joseph-Marie Amiot，*Éloge de la ville de Moukden et de ses environs*；*poeme composé par Kien-Long*，*empereur de la Chine & de la Tartarie*，*actuellement régnant*. Paris：N. M. Tilliard，1770，pp. xvij－xviij. 中译本信息如下：乾隆：《御制盛京赋：法汉对照》，钱德明、龙云译注，外语教学与研究出版社，2015 年，第 12 页。

> 梅花绝非妖娆，而是优雅。佛手芳香，而又纯洁。松实香浓，气味诱人。这三种药材带来了视觉、嗅觉和味觉的享受。三脚之鼎，置文火之上，其色其形足显茶艺漫长，倒入雪水，火候当如鱼白蟹红之时，遂注入越瓯之中，倾于细茶嫩叶之上，稍过片刻，有青烟升腾，如烟云笼罩，而后渐次散去，仅余残烟数缕，漂浮其上。①

与原诗对比，不难看到，钱德明的译文有时会增添些补充性质的解释说明，如“色不妖”之后补充的“而是优雅”，将“三品殊清绝”释为“视觉、嗅觉和味觉”的三重享受等；有时会“无中生有”，如所谓“其色其形足显茶艺漫长”；有时会删掉原诗内容，如对“毡庐适禅悦”一句的漏译；有时还会因语言障碍及对文化专有项的不熟悉而误译，如原诗所说的“鱼蟹”专指茶道术语“鱼眼”“蟹眼”，用来形容茶水沸腾之时的气泡大小，宋代庞元英《谈薮》对此曾解释：“俗以汤之未滚者为盲汤，初滚曰蟹眼，渐大曰鱼眼，其未滚者无眼，所语盲也。”② 然而，钱德明却将其译为水温升至鱼变白、蟹变红的程度。由此观之，作为乾隆诗歌的首次西译，钱德明的《三清茶》译文远未达到尽善尽美的程度；不过，它的出现已引发了整个欧洲文艺界对于乾隆及其诗作的注意与好奇，作为被引入的“中国热”的最新“原材料”之一，《三清茶》一诗很快就被转译到了英语世界。

据笔者目前所掌握的材料，在马嘎尔尼使团访华前后的三十余年间，《三清茶》一共拥有 4 个不同的英语转译本，以之为中心或与之直接相关的文献 10 余则。这些文献的作者不乏社会名流，如欧洲 18 世纪最负盛名的园林师、著名的“邱园”（the Royal Botanic Gardens，*Kew*）的设计者威廉·钱伯斯（William Chambers），活跃在当时英国文坛的讽刺诗人彼得·品达（Peter Pindar）等；这些译本还牵涉茶叶贸易、园林艺术、使团访华等诸多领域，几乎与英国 18 世纪中后期政治、经济、文化领域的所有焦点事件相关联。这些文献的具体篇目信息可参见表 1。

① 乾隆：《御制盛京赋：法汉对照》，钱德明、龙云译注，外语教学与研究出版社，2015 年，第 337 页。此处文字对龙云的译文有部分调整。

② 陶宗仪等编：《说郛三种》（第 1 册），上海古籍出版社，1988 年，第 549 页。

表1 18、19世纪英语世界有关《三清茶》的文献篇目信息

作者	书名/篇名	出版信息	出版年份
Publicola	A Prose-Translation of an *Ode on Tea*	*The Public Advertiser*	1770
William Chambers	*A Dissertation on Oriental Gardening* [*2nd edition*]	London：W. Griffin	1773
William Mason	*An Heroic Postscript to the Public*	London：J. Almon	1774
Anonym	*Kien Long: a Chinese imperial eclogue*	London：J. Almon	1775
Peter Pindar (John Wolcot)	*Odes to Kien Long: the present emperor of China*	Dublin：William Porter	1792
	A Pair of Lyric Epistles to Lord Macartney and His Ship	London：H. D. Symonds	1792
	Pindariana, or Peter's Portfolio	London：T. Spilsbury and Son	1794
John Barrow	*Travels in China*	London：A. Strahan	1804

这一时期，乾隆《三清茶》的四个英语转译本信息如下：一是《公众广告》上发表的《〈茶颂〉散文体翻译》（"A Prose-Translation of an Ode on Tea"）①，二是威廉·钱伯斯《东方造园论》第二版附录《广州府陈哲卦绅士的解释性论述》（An Explanatory Discourse by Tan Chet-qua of Quang-Chew-fu）开场诗的脚注②，三是彼得·品达《品达里亚，或彼得作品集》（*Pindariana, or Peter's Portfolio*）中的《茶颂》（A Panegyric on Tea）③，四是约翰·巴罗的《中国行纪》所载译诗④；其中，前三个提供了《三清茶》的全译本，第四个是节译本。从翻译内容来看，这四个英译本都"忠实"地继承了钱德明对于"鱼蟹"一词的误译，因此，它们都应是参考钱德明法语译文的转译本，虽然所依底本相同，但是进入英语世界的契机和路径却各有不同，其依据载体、呈现形态亦有明显差异，分别考论如下。

---

① Publicola, "A Prose-Translation of an *Ode on Tea*", *The Public Advertiser*, 1770-07-14.

② William Chambers, *A Dissertation on Oriental Gardening* (*2nd edition*). London: W. Griffin, 1773, pp. 118-121. 中译本信息：威廉·钱伯斯：《东方造园论》，邱博舜译注，联经出版事业股份有限公司，2012年。亦有研究者将"Tan Chet-qua"音译为"谭纪华"。

③ Peter Pindar, *Pindariana, or Peter's Portfolio*. T. Spilsbury and Son, 1794, pp. 24-27.

④ 乔治·马戛尔尼、约翰·巴罗：《马戛尔尼使团使华观感》，何高济、何毓宁译，商务印书馆，2019年，第294—295页。

(一)《公众广告》转译本

发表在1770年7月14日《公众广告》上的《〈茶颂〉散文体翻译》一文，与《御制盛京赋》和《三清茶》的钱德明法译本在同一年出现，是《三清茶》一诗的首个英语转译本。

发表此译文的《公众广告》是英国新闻出版史上的一份重要报纸，其前身是《伦敦每日邮报》（*London Daily Post and General Advertiser*，1734—1744）和《综合广告》（*The General Advertiser*，1744—1752）。除了刊载船舶货运、财产拍卖等商业信息和犯罪报告、公众集会等社会资讯，该报还设有时事新闻、政治评论等栏目，风格辛辣尖刻，每一期的销售量都能达三四千份，社会影响力颇大。本杰明·富兰克林（Benjamin Franklin）旅居英国期间，就将《公众广告》作为重要的舆论造势平台之一，在此报上发表多篇抨击英国殖民政策、宣扬独立主张的文章①。在商业与政治气息如此浓厚的报纸上，出现《三清茶》这样一首东方帝王悠然品茗时所作之诗的译文，确实稍显突兀。署名为“Publicola”② 的译者在译文前致编辑的一封信中解释道：“即使贵报读者或许对东方的文艺作品不大感兴趣，下附的这则译文也肯定会（让他们）原谅您将其刊发于此，它出于一位非凡人物之手，无疑能满足（读者们这方面的）好奇心（curiosity）。”接着，他还就《三清茶》做如下简要说明：“（乾隆）皇帝创作有多卷诗文，似乎并不认为文学特长会丝毫有损于其帝王尊严的光辉。（他的）有些诗铭于特别的瓷质茶杯上，法国国务大臣兼秘书贝尔坦先生就藏有两只这样的杯子。”③ 贝尔坦藏有两只“三清茶诗”茶盅的信息首见于德经为《御制盛京赋》法译本所作序言中，这一细节更加确证了《三清茶》的首个英译本转译自法译本的事实。

在上述说明中，最值得注意的地方是该译者对于“curiosity”一词的使用。孟德卫（D. E. Mungello）教授曾指出，在17、18世纪的欧洲文献中，“curious”是一个到处可见的词，并指出：“对于当时的欧洲人来说，‘curious’这个词几乎没有20世纪的用法，……这个词在当时的意思更接近于拉丁语中的形容词curiosus，指通过苛细的准确性、对细节的注重和有技巧

① 如“A Conversion on Slavery”（1770－01－30）、“On Claims to the Soil of America”（1773－03－16）、“An Open Letter to Lord Buckinghamshire”（1774－03－09）等。

② 意即“人民之友”。

③ Publicola，“A Prose-Translation of an *Ode on Tea*”，*The Public Advertiser*，1770－07－14.

的调查才能得到的‘不同寻常’的事物。”① 倘从这一角度出发，《三清茶》的首次英译出现在《公众广告》一刊上的原因大抵可推断如下：随着中英贸易规模的不断扩大，作为大宗进口商品的茶叶、瓷器等中国产品在18世纪中后期逐渐有机地参与英国社会生活，这时“中国”已不仅仅是一个物质交流层面的问题，而实际上成为英国社会各个阶层都普遍关注着的经济、政治和文化议题，因此，带有极强功利性的对于中国知识与文献——尤其是《三清茶》这样一个将东方帝王、茶叶与瓷器等多种元素糅合在一起的文本——的渴求、搜罗与调查，就成为这种关注自然延伸而出的产物。出现在此处的《三清茶》译文，更像是一则带有帝王权威的茶叶或瓷器商业广告，至于这一文本的文学审美价值，在如此语境下反而退居到了末席。

（二）钱伯斯转译本

如果说《公众广告》译本呈现《三清茶》与彼时中英茶叶、瓷器贸易相关联的话，那么此诗的第二个英语转译者威廉·钱伯斯则将其引至彼时欧洲“中国热”的另一重要领域——园林艺术。

1772年，威廉·钱伯斯的《东方造园论》一书初版在伦敦正式发行。此前，他已凭借1757年出版的《中国建筑、家具、服饰、机械和器皿设计》(*Designs of Chinese Buildings, Furniture, Dresses, Machines, and Utensils*)一书以及对“邱园”的改造工程（1757—1763）而成为欧洲最负盛名的中国园艺理论阐述者之一。《东方造园论》出版后在欧洲风行一时，在进一步巩固了钱伯斯声名的同时，也因该书与其1757年著述的观点有若干前后矛盾处而招致不少攻击。威廉·梅森（William Mason）《对威廉·钱伯斯爵士的英雄诗体致敬书》(*An Heroic Epistle to Sir William Chambers*，以下简称《致敬书》)② 就是反对声音中较具影响力的诗作之一。

为了回应种种质疑，钱伯斯对《东方造园论》进行了大量的修订、增补，并在1773年出版了此书第二版③。除了添有不少新注释，他还增加了一篇题为《广州府陈哲卦绅士的解释性论述》（以下简称《解释性论述》）的附录。需要指出，这位陈哲卦确有其人，他曾在英国旅居过一段时间，是一名技艺高超的肖像师（face-maker），当时许多英国媒体都报道过他的事迹，钱伯斯

① 孟德卫：《奇异的国度：耶稣会适应政策及汉学的起源》，陈怡译，大象出版社，2010年，第2页。

② William Mason, *An Heroic Epistle to Sir William Chambers*. London: J. Almon, 1773.

③ William Chambers, *A Dissertation on Oriental Gardening* (*2nd edition*). London: W. Griffin, 1773.

也与他有过若干直接接触①；不过，这篇《解释性论述》并不出于陈哲卦本人，其实是钱伯斯伪托陈哲卦之名，为了便于演绎自己的园林理念、避免他人的直接攻讦而创作的论辩性文章。钱伯斯在这则附录的前言中坦承：“这些说明他在稍早之前即看到必要性，并且将它们架构成一个论述，假定由此刻人在英格兰的陈哲卦所说出来；判定于其时在一位中国人的口中放入关于他的国家的必要讯息是一种合宜的做法。”② 这种戴着中国人的面具抒发己见的写作手法在这一时期的英国早已有先例，像霍拉斯·沃尔波尔（Horace Walpole）《叔和通信》(*A Letter from Xo Ho*)、哥尔斯密（Oliver Goldsmith)《世界公民》(*The Citizen of the World*）就是其中的典型代表。钱伯斯在《解释性论述》中的做法虽与上述两作近似，却又更进一步：《叔和通信》和《世界公民》中的主人公（“叔和”[Xo Ho]、“李安济－阿尔唐基”[Lien Chi Altanji]）皆为虚构人物，而《解释性论述》的主人公却是一位真正的中国人。换言之，钱伯斯为他所要阐述的造园理念披上一层更为“真实”的“中国伪饰”（Chinese garb）。

为了促成这种“真实”，钱伯斯煞费苦心地设计了很多细节。比如，他对陈哲卦的外貌、神态及服饰的描述充满了刻板的“异域印象”，钱锺书对此不无揶揄：“对话中的本地色彩如此丰富、准确，钱伯斯先生真是没白来过中国。”③ 又如，在“他的脸色一扫阴霾，起身对同伴一鞠躬，抚弄他的九茎须，开始以下的论述”之后，钱伯斯专门为陈哲卦设计了四句开场诗：“Tan lou ty tchan yué/ Ou yun king tai pan/ Ko ou，pou ko choué/ Fou fou teou lo ty.”根据注音，我们得知这四句诗是乾隆《三清茶》中的“毡庐适禅悦/五蕴净大半/可悟不可说/馥馥兜罗递”。在钱伯斯为这四句诗所作的脚注中，他不但指出这首诗是他从钱德明的著作中看来的，还将钱德明的法语译文全部转译成英语④。倘和《三清茶》原诗相较，我们发现，钱伯斯在此所引诗句是支离破碎的——“毡庐适禅悦”“馥馥兜罗递”分别是另外两句诗的后半截和前半截；另外，细究乾隆诗意，《三清茶》与“中国园林”之间的关联也异常牵强。对这种“没头没脑”的引用及翻译的较为合理解释是，它们皆乃钱伯斯

---

① 参见英国画家 Johann Zoffany（1733—1810）所作的油画“The Portraits of the Academicians of the Royal Academy，1771—1772”（The Royal Collection)。钱伯斯与陈哲卦同时出现于此画中，其中，陈哲卦戴中国传统锥形帽立于左后方，钱伯斯位于中部偏左位置。

② 威廉·钱伯斯：《东方造园论》，邱博舜译注，联经出版事业股份有限公司，2012 年，第 77 页。

③ 钱锺书：《钱锺书英文文集》，外语教学与研究出版社，2005 年，第 250 页。

④ William Chambers，*A Dissertation on Oriental Gardening*（*2nd edition*). London：W. Griffin，1773，pp. 118－121.

为了使自己的“中国伪饰”显得更加真实而使用的“中国元素”。比起文本自身的实际意义而言，钱伯斯更加重视的是它在书中所发挥的“装饰性”功能：通过对“真实性”的这一刻意强调，钱伯斯反而解除了《三清茶》的确切含义与审美属性，在取消了原诗的“所指”后，只留下东方式的“能指”——它之于《东方造园论》的功能，也许并不会超出书中的纹饰太多。

由于钱伯斯的地位以及《东方造园论》的风行，《三清茶》的这一译本在当时英国文艺界的实际影响力远胜《公众广告》译本。例如，在《东方造园论》第二版刊行后，曾以《致敬书》讥诮钱伯斯的威廉·梅森于1774年又创作了《致公众的英雄诗体后记》(*An Heroic Postscript to the Public*，以下简称《后记》)一诗，不但继续揪着钱伯斯的园艺观点不放，还顺带在诗中戏称乾隆为“散文之王”，调侃自己具有“严肃本质”的讽刺诗能治愈乾隆的“亚洲坏脾气”(Asiatic Spleen)，并在脚注中幽默地表示：“我自负地认为，(乾隆)皇帝的作品(注：指《三清茶》)用我的这种英雄体诗翻译会更好，可是却让钱伯斯(的散文体翻译)占了先，我因此与他彻底决裂了。”① 又如，1775年由匿名诗人创作的《乾隆》(*Kien Long*, *a Chinese imperial eclogue*)一诗②，副标题很长——“一首中国帝王的牧歌，译自一卷神秘的东方手稿”，与《解释性论述》所采用的套路一样，这是一首十分典型的“伪译”(pseudo-translation)诗：译者/作者“煞费苦心”地描绘/虚构了昏沉欲睡的乾隆与谄媚善辩的权臣之间围绕着帝国动荡的时势而展开的一场对话，不但在诗中嵌入了诸如“Yven-ming-Yven”“Lapqua”“Kin-lin”等中国词汇，还在脚注中“煞有介事”地自我批评，指出译文有些地方的处理太过随意。

需要注意，在上述两首讽刺诗中，乾隆及其诗艺实际上已经脱离了钱伯斯原有的使用语境，而延展到了园艺理念争论之外的政治领域③，成为当时的英国诗人用以影射、批评乔治三世(George III，1738—1820)及其统治的绝佳“东方镜像”：《后记》设想乾隆置身英伦，在斯皮特黑德皇家港口(Spithead's imperial bay)检阅舰船，暗讽乔治三世的较低的公众活动参与意愿；《乾隆》则将北京称为“中国的伦敦”(China's London)，将圆明园称为“青翠的邱园”(Verdant-*Kew*)，反观诗中施诸乾隆及其帝国的那些形容词，如“麻木”(slumber)、“困倦”(drowsy)等，所指向的对象——英皇及英国

---

① William Mason, *An Heroic Postscript to the Public*. London: J. Almon, 1774.

② Anonym, *Kien Long*, *a Chinese imperial eclogue*. London: J. Almon, 1775.

③ 参见R. B. Reaves的“Sir William Chambers: A Study of Georgian Taste”(University of Wisconsin，1971)和Joan Elizabeth Addison的“William Mason: A Study”(University of Manchester，2011)两文。

政府——也就不言自明了。

(三)彼得·品达转译本

在《三清茶》被转译至英语世界的二十余年后，受马嘎尔尼使团访华的刺激，乾隆及其诗歌在英语文学界中的实际影响力得到了进一步扩大，由彼得·品达所创作的一系列中国主题诗歌是这一阶段最值得注意的文学文本群。

彼得·品达，原名约翰·沃尔科特（John Wolcot），1738 年出生于英国德文郡，在从事文学创作之前，曾做过医生、助祭等工作，18 世纪中后期移居伦敦后，开始公开发表诗歌。他的作品大多为讽刺时事政治而作，风格直白浅显，语言辛辣幽默，颇能迎合大众心理，因而畅销一时。据统计，在巅峰时期，彼得·品达每部作品的印量都有两三万份，其中，《品达里亚，或彼得作品集》（以下简称《品达里亚》）一书的印量更是高达四万两千余分[①]；有论者还指出，在当时的英国，彼得·品达的读者数量可与著名的浪漫主义诗人拜伦（George Gordon Byron）相比肩[②]。

1792 年，这样一位影响力巨大的诗人，在马嘎尔尼使团扬帆起航、前往中国之前发表了一首题为《乾隆颂》（*Odes to Kien Long: the present emperor of China*）[③] 的长诗。在诗前所附的一封致乾隆的信中，彼得·品达谦称自己是乾隆的“卑微仆人（humble servant）和诗弟（brother poet）”，且深为乾隆的诗歌才华所折服：“汝之盛京赋（praises of Moukden），汝之美妙茶诗，为吾提供了无尽欢愉。”接着，他提到了整装待发的马嘎尔尼使团，“为两国之利益，马嘎尔尼勋爵及其扈从，正准备前往中国与汝进行贸易谈判”，受此启发，他建议：“何不在乾隆大帝与声名卓著的彼得·品达之间来场文学贸易（literary commerce）呢?”并认为，进行这一文学贸易的基础正是他与乾隆之间所拥有的共同点，“汝乃作诗之人，吾亦如此；汝乃多才多艺之罕见天才，吾亦如此；汝信奉缪斯，吾亦如此；汝热衷创新，吾亦如此；汝崇尚皇权，吾亦如此”。鉴于已“领受了皇帝陛下的货物”——《御制盛京赋》《三清茶》，为证明自己不是“文学骗子”（literary swindler），根据有来有往的贸易原则，彼得·品达就在信后献上了这首长诗。

---

① Donald Kerr, “ ‘Satire is Bad Trade’: Dr. John Wolcot and His Publishers and Printers in Eighteenth-Century England”, *Cardiff Corvey: Reading the Romantic Text*, 2004, Vol. 12, pp. 29—61.

② Gary Dyer, *British Satire and the Politics of Style, 1789—1832*. Cambridge: Cambridge University Press, 1997, p. 12.

③ Peter Pindar, *Odes to Kien Long: the present emperor of China*. Dublin: William Potter, 1792.

《乾隆颂》共分五部分：第一部分称誉乾隆为“诗歌王子”（prince of poets）、“时代荣光”（an honour to the times），指出西方君主大都诗艺平庸，根本无法与乾隆相提并论；第二部分继续表达了对乾隆的推崇，将他比作希腊神话中的泰坦巨神“阿特拉斯”（Atlas），“擎起了大半个沉重地球”，同时谴责了其时正轰轰烈烈进行着的法国大革命中出现的反皇室主义；第三、四部分劝乾隆不要为公共福祉投入过多，应该专注于聚敛财富，可谓正话反说、“指桑骂槐”，讽刺锋芒直指小威廉·皮特（William Pitt the Younger）政府为了减少由战争带来的巨额财政赤字而广开新税种的财政改革政策；第五部分揭露了马嘎尔尼使团为商业利益所驱使的本质，彼得·品达在此提醒乾隆应对之保持警惕：“皮特刮着吾辈须，还令吾辈咧嘴笑/下个就轮到可怜法国佬，小伙儿前途远大/渴求荣耀，正迫不及待/在汝之下巴上搁剃刀……”（Pitt shav'd our faces first, and made us grin—/ Next the poor French—and now the hopeful LAD, / Ambitious of the honour, seemeth mad/ To try this razor's edge upon thy chin）① 联想到半个世纪后发生的中英鸦片战争，上诗中的“剃刀”（razor）比喻简直如同预言一般。不过，彼得·品达对中英未来关系的精准预测还远不止于此。在同年发表的《乾隆颂》的姊妹篇《致马嘎尔尼勋爵及船队的两封诗体书信》（*A Pair of Lyric Epistles to Lord Macartney and His Ship*）② 中，他虚构了乾隆与马嘎尔尼之间的一场对话，在对话中，乾隆冷漠拒绝了马嘎尔尼使团的通商诉求——这与使团 1793 年在中国的真实遭遇竟如出一辙。

在 1794 年风靡一时的《品达里亚》中，彼得·品达为我们提供了一个《三清茶》的新译本，这篇题为《茶颂》的译文是乾隆此诗在西方的首个诗歌体译本。这一新译本虽仍是由钱德明译本转译而来，但绝非“忠实”：原诗主要摹写的是乾隆饮茶时的闲暇情景，译文却“无中生有”地添入了许多胡吃海塞、暴饮暴食的细节，甚至连钱德明对于“鱼蟹”的误译都被“狡猾”地拿来借题发挥，硬生生地将此诗变成了一首以漫画式的笔触描摹君主生活贪婪奢靡、饮食不加节制的政治讽刺诗。换言之，此译本与其说是一首转译诗，倒不如说是彼得·品达以“移花接木”的方式而创作出的一首“伪译”诗。以下几句译文，即为明证：“遵汝意愿，烧壶热水/水可煮鱼/亦可煮红最黑之龙虾……/边羡慕着强者，边纵饮/接着，敲坚果，食其核……/边琢磨着玉

① Peter Pindar, *Odes to Kien Long: the present emperor of China*. Dublin: William Potter, 1792, p. 18. 译文出自本文作者。

② Peter Pindar, *A Pair of Lyric Epistles to Lord Macartney and His Ship*. London: H. D. Symonds, 1792.

川，我边坐着、吃着、喝着、思忖着……/此刻多美妙，我必须承认/可我的肚子呀，太容易饱!”（Heat in this kettle, to your wish, / The water fit to boil a fish, / Or turn the blackest lobster red; [...] / With envy on this mighty man I think! / And then I drink: / Then I crack nuts, and eat the kernels too; [...] / Then upon YOU-TCHOUAN I ponder: / Thus do I sit, and eat, and drink, and wonder. [...] / Now, this charming, I must own; / My stomach, too, so easy grown!)①

在这首半是翻译、半是创作的《茶颂》之后，彼得·品达还附上了一首题为《咖啡颂》(Ode to Coffee)②的诗作，这一文本极其耐人寻味。在主标题下，彼得·品达特意注明“以乾隆的方式”(in the manner of Kien Long)，意即此诗是比照《三清茶》而写成的。实际上，无论从哪方面来看，《咖啡颂》都与《三清茶》形成了精巧的“对仗”：从核心意象来看，茶、咖啡分别象征着东方、西方；从诗歌结构上来看，《三清茶》按照“赞美原料—烹茶过程—名人典故联想—回归现实”这样的线索来组织内容，而《咖啡颂》起句先夸赞“来自东印度”的咖啡豆为“美味的浆果”，接着描述了咖啡的烘焙、研磨和泡制等流程，然后，和乾隆联想到与茶文化相关的偓佺、林逋、卢仝及赵州禅师等人一样，彼得·品达在诗中也“照葫芦画瓢”地列举了瓦伦·黑斯廷斯(Warren Hastings)、埃德蒙·伯克(Edmund Burke)、约瑟夫·班克斯(Joseph Banks)等英伦名人，最后，乾隆在“寒宵行漏”声中入寝，而《咖啡颂》的主人公也在一位英国皇家学会成员的乏味朗读中昏沉睡去。以此观之，《咖啡颂》应是乾隆的《三清茶》一诗经钱德明的译笔在欧洲传播二十余年后，“通过译介、过滤、接受和阐发”并“发生了深层次的变异”的产物，它的出现属于典型的“文学他国化”现象③。换言之，《三清茶》的诗歌结构和文学风格，自此被有机地吸收进了英国政治讽喻诗的写作传统中。正如《赵氏孤儿》、“三言二拍”的改编代表着中国文学对于欧洲这一时期戏剧、小说领域的影响一样，《咖啡颂》这一文本的出现反映了中国古典诗歌在当时西方诗坛上同样存在着实际的影响力，理应得到学界更多的重视和研究。

---

① Peter Pindar, *Pindariana, or Peter's Portfolio*. London: T. Spilsbury and Son, 1794, pp. 25-27. 译文出自本文作者。

② Peter Pindar, *Pindariana, or Peter's Portfolio*. London: T. Spilsbury and Son, 1794, pp. 27-28.

③ 曹顺庆、罗富明:《变异学视野下比较文学的反思与拓展》,《中外文化与文论》,2011年第1期，第20-31页。更系统的论述可参考《比较文学变异学》(曹顺庆、王超等著，商务印书馆，2021年)第七章“变异研究与文学他国化”的内容。

（四）巴罗转译本

至此，上文已基本述及了马嘎尔尼使团访华前西方有关《三清茶》的主要文献，它们不但构成了使团成员理解乾隆诗歌的“前知识”，也是巴罗在《中国行纪》中向英国大众评介中国诗歌时的重要参照依据：在此书的第六章，巴罗先是对中国语言进行了相当深入的讨论[①]，认为当时西方学者将汉字视为古埃及象形文字的遗存，或是从词源学（词形与发音）角度将汉语作为西方语言的起源的论断，都是错误的，指出“这种语言有其特殊的独创性，而且在它和其他非直接源出汉语语言之间，有着巨大和根本的差异”[②]。带着这一中国语言观，巴罗接着举了两个例子以评介中国诗歌，一首是威廉·琼斯（William Jones）翻译的《诗经·周南·桃夭》，另一首就是巴罗本人所节译的乾隆的《三清茶》，他进而指出，诗歌“没能成为中国人喜爱的东西，或者成功加以发展”，一方面是因为其语言上的缺点，即中国诗歌“可以用字的选择”，“而不是靠声音、意境和作诗法表现它的优美和成功”；另一方面是因为中国社会“完全断绝男女间的爱情”、中国人“也不算是战士的民族”，而“爱情”“战争”却是诗歌最重要的两个主题[③]。姑且不论巴罗对中国诗歌的看法是否正确或高明，单从他以语言研究入手，继而分析诗歌的形制与主题，最后判断诗歌价值的论述方式来看，这应是乾隆的《三清茶》在西方第一次被作为具有独立审美价值的文学文本——而不是茶叶的商业广告、园林著作的注脚以及政治讽刺诗的素材——来讨论。

结合以上四个英语转译本的情况来看，《三清茶》这一文本在英语世界的“旅行”实际上经历了由“器物”至“文学”的逐步深入的过程。这一“译介—传播—接受”的轨迹清晰表明，在数世纪的知识积累与政治经济的现实利益的双重推动下，到了18、19世纪交际之时，英国汉学的“专业化”趋势其实已经呼之欲出。

三、李唐与金川：斯蒂芬·韦斯顿的乾隆诗歌英译实践

在马嘎尔尼使团访华的直接刺激下，英国社会对中国的兴趣持续高涨，

---

① 叶向阳：《英国人的汉语观与中华文明的优劣说——17、18世纪旅华英国人对汉语的认识与评价》，《国际汉学》，2014年第1辑，第332－358页。

② 乔治·马戛尔尼、约翰·巴罗：《马戛尔尼使团使华观感》，何高济、何毓宁译，商务印书馆，2019年，第263－264页。

③ 乔治·马戛尔尼、约翰·巴罗：《马戛尔尼使团使华观感》，何高济、何毓宁译，商务印书馆，2019年，第295页。

以此为背景，继钱德明之后，英国学者斯蒂芬·韦斯顿（Stephen Weston）成为第二位直接从中文将乾隆诗歌翻译至西方的欧洲人。韦斯顿是英国早期汉学由“业余”过渡至“专业”阶段的重要人物之一，自 1807 年至 1830 年去世，他出版了多部与中国有关的著作，见表 2：

表 2 斯蒂芬·韦斯顿的汉学译介/研究著述

书名	出版年份	备注
Fragments of Oriental Literature	1807	书前附有对中国瓷器、茶具上的两则铭文的翻译与注释
Ly Tang: An Imperial Poem in Chinese by Kien Lung	1809	乾隆《成窑鸡缸歌》的首个英译本，因作者断句出错，误译十分严重
A Specimen of Picturesque Poetry in Chinese	1810 [?]	中国瓷杯上的佚名七言诗的翻译
The Conquest of the Miao-tsé: An Imperial Poem by Kien-Lung	1810	乾隆《平定两金川凯歌三十章》的英译本
Siao-cu-lin	1812	《小字林》，主体是对《康熙字典》214 个中文部首的逐一注音、翻译
Fan-hy-Cheu: a Tale in Chinese and English	1814	《范希周》的完整翻译，小说出自冯梦龙的《情史》
A Chinese Poem Inscribed on Porcelain	1816	乾隆《成窑鸡缸歌》的第二个英译本，准确性较首个英译本大幅提高
Chinese Chronicle by Abdalla of Beyza	1820	对一部波斯语世界史的中国部分的翻译
The Englishman Abroad	1824	有关中国的部分是对此表中 1807 年、1810 [?] 年译著的汇编

在上述文献中，韦斯顿对乾隆的《成窑鸡缸歌》①、《平定两金川凯歌三十章》② 等作品的英译实践格外引人注意。

1809 年，韦斯顿在《李唐：乾隆御制诗》(*Ly Tang: An Imperial Poem in Chinese by Kien Lung*)③ 一书中，首次将乾隆的《成窑鸡缸歌》一诗从中文完整译为英语。《成窑鸡缸歌》作于 1776 年，诗中所吟咏的正是明代官窑珍品“成化斗彩鸡缸杯”④。出于对这一器具的喜爱，乾隆命景德镇御窑仿烧，不仅

---

① 见《御制诗四集·卷三十四》。

② 《清史稿·卷一百·志七十五·乐志七·乐章五》：“乾隆四十一年，平定金川，高宗御制《凯歌》三十章。”这组诗收入《晚晴簃诗汇》时，题为《高宗纯皇帝御制平定两金川凯歌三十章》。为简便，本文称这组诗为《平定两金川凯歌三十章》。

③ Stephen Weston, *Ly Tang: An Imperial Poem in Chinese by Kien Lung*, London: C. & Baldwin, 1809.

④ 一只成化斗彩鸡缸杯在 2014 年香港地区苏富比拍卖会上曾以 2.8 亿港元的高价成交，刷新了中国瓷器当时在世界范围内的拍卖纪录。

大胆更易原杯形制，还将《成窑鸡缸歌》铭于其上，是为著名的“乾隆粉彩鸡缸杯”（图 2）的由来。在前言中，韦斯顿清楚地说明了翻译乾隆这首诗的缘由：“我在一个中国杯子上看到了它，一旁还配有图画；主要因为作者的声名，我希望去了解这首诗的意思。”根据韦斯顿置入扉页上的插图（图 3）及描摹的文字来看，这个引起韦斯顿强烈好奇心的“中国杯子”，应是当时流传至英国的一只“乾隆粉彩鸡缸杯”无疑。另外，在此书献词上，韦斯顿注明将此书献给了小斯当东（George Thomas Staunton），并特意提及小斯当东曾在他翻译此诗的过程中予以了不少协助。

图 2　清·乾隆 粉彩鸡缸杯

（台北故宫博物院藏）

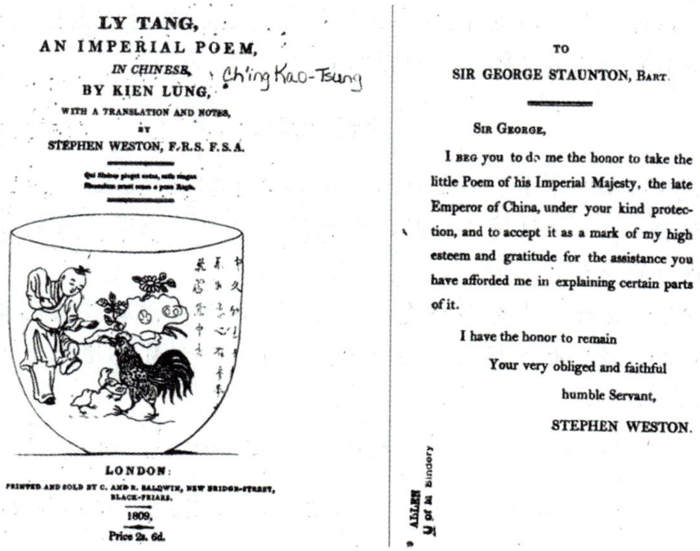

LY TANG,
AN IMPERIAL POEM,
IN CHINESE,
BY KIEN LUNG,
WITH A TRANSLATION AND NOTES,
BY
STEPHEN WESTON, F.R.S. F.S.A.

LONDON:
PRINTED AND SOLD BY C. AND R. BALDWIN, NEW BRIDGE-STREET, BLACK-FRIARS.
1809.
Price 2s. 6d.

TO
SIR GEORGE STAUNTON, BART.

SIR GEORGE,

I BEG you to do me the honor to take the little Poem of his Imperial Majesty, the late Emperor of China, under your kind protection, and to accept it as a mark of my high esteem and gratitude for the assistance you have afforded me in explaining certain parts of it.

I have the honor to remain
Your very obliged and faithful
humble Servant,
STEPHEN WESTON.

图 3　《李唐：乾隆御制诗》扉页及献词

不像小斯当东或稍晚的德庇时（John Francis Davis）那样受过系统学习训练并在汉语环境中长期浸染，韦斯顿是“半路出家”自学的汉语，他也从未亲身到过中国。因此，他对于中国语言的认识时常带有“东方主义”（Orientalism）式的傲慢和武断，错舛之处甚多。例如，刚接触汉语不久的他就以不容置疑的口吻对汉语评价道，“公允而论，汉语是一种原始语言，自被创制以来，它的样子就再没变过”①，“毋庸置疑，汉语既不合格也不完美，和其他所有原始语言一样，它彻头彻尾是有缺陷的”②，理由是汉语只能靠音调来区分意义以及富有弹性的词性变化。带着这种莫名其妙的优越感，韦斯顿十分自信地认为，只需要靠一部字典、辨识汉字的好视力、解码汉字的诀窍和通过剖析发现线索的能力，自己就能“如孩子学习地理一样”驾驭汉语了。③ 具体到操作层面，他的实践与其说是“翻译”，不如说是“拼字游戏”：他依据当时藏在英国图书馆的几部中国字典，对诗中的每个字逐字注音、释义，然后靠着想象力将这些字词拼接在一起，并猜出每句诗的大概意思。

然而事实证明，即使有小斯当东的帮助，韦斯顿“辨识汉字的视力”也并不怎么出色，根据他在《李唐：乾隆御制诗》中的注音和解释来看，有许多字他都因字形相似而认错了，如将“间”（間）识别为“闲”（閑），将“赵”（趙）识别为“逍”（逍）；此外，他也并未掌握“解码汉字的诀窍”，甚至缺乏有关中国诗的基本常识，如《成窑鸡缸歌》7字一句，而窑工出于装饰和美观的考虑，将其排版为8字一列（参见图2），韦斯顿竟以此为准，强行8字一句地进行翻译，可以说是因“无知”而“无畏”了。在如此误解的基础上所进行的翻译，其译文内容有多么得异想天开、荒诞离奇就可想而知了。我们试着将韦斯顿的散文体译文回译如下：

李唐之沉思

李唐，无所事事，游手好闲，百无聊赖之际如是说：

看哪，太阳，这清晨之星，于我炉边升起，照亮了我的厅堂，又是圣朝崭新的一天。

神圣的瓷瓶，古老而精美，形制简洁却不失细腻。求之须耗时，得之要靠运。将它有序摆放，要花不少日子，一如你想追求美德、实践善

---

① Stephen Weston, *Ly Tang: An Imperial Poem in Chinese by Kien Lung*. London: C. & Baldwin, 1809, pp. 3—4.

② Stephen Weston, *Fan-Hy-Cheu: A Tale in Chinese and English*. London: Robert Baldwin, 1814, p. 9.

③ Stephen Weston, *The Conquest of the Miao-tsé: An Imperial Poem by Kien-Lung*. London: C. & R. Baldwin, 1810, p. 17.

行一样，都是需要时间的。

身体健康，气色清爽，你应去运动、嬉戏，万不可去纵饮酒水这一耽溺之源。

正直之士的完美之处在于，他们在被人远观时保持愉悦和杰出，在当下则保持头脑的清醒。

采花无数，探海寻珠，只会落得又累又冷。

看看在如树一般的牡丹花下的碗旁的家禽是如何被饲养的吧。

一个美好的春日清晨，阳光明亮，微风和缓，雄鸡们等着母鸡的到来，以向它们展示自己金灿灿的尾巴，在鸡群中炫耀自己的铁爪。

但是，人，骄傲的狂热者，超越一切的主人，应该跋涉至异域，持着神圣的权杖，去寻找地球上未知的宝藏，以及那些从未有人听闻过的动物。他被唤为出色的、一切象征善的事物的创造者，他永不消逝、永不腐朽，他匆匆离开自己美丽的故土，只一心追逐流转的季节。

我，孤单而无助，惴惴不安地将诗行呈于世人。我不敢回顾我已获得的声名，亦不敢心安理得地陶醉于自己的工作。①

而乾隆的《成窑鸡缸歌》原文如下：

李唐越器人间无，赵宋官窑晨星看。殷周鼎彝世颇多，坚脆之质于焉辨。

坚朴脆巧久暂分，立德践行义可玩。朱明去此弗甚遥，宣成雅具时犹见。

寒芒秀采总称珍，就中鸡缸最为冠。牡丹丽日春风和，牝鸡逐队雄鸡绚。

金尾铁距首昂藏，怒势如听贾昌唤。良工物态肖无遗，趋华风气随时变。

我独警心在齐诗，不敢耽安兴以晏。②

两相对照，不难发现韦斯顿的译文对乾隆原诗的扭曲之剧、变异之深：乾隆在诗中先以“殷周鼎彝”存世较多、而唐宋之瓷寥若晨星起兴，联想到“立德践行”的重要性，接着以形象的笔触描摹了瓷器珍品“成窑鸡缸杯”的样态，最终以“心在齐诗”收束，警醒作为帝王的自己不能玩物丧志、“耽安

---

① Stephen Weston, *Ly Tang: An Imperial Poem in Chinese by Kien Lung*. London: C. & Baldwin, 1809, pp. 21—22.

② 见《御制诗四集·卷三十四》。

兴晏”；而到了韦斯顿这里，这首诗变成了一名叫作“李唐”的无业人士在面对春日清晨景色时的喃喃独语，他希求克制坚忍以完善道德、探索异域以建功立业，这一人物具有十分典型的新兴资产阶级上升时期的心态，在某种意义上，竟与歌德笔下的“浮士德”博士有形象上的若干重合之处。这种令人瞠目结舌的诗意转变，不禁使我们对韦斯顿“通过剖析发现线索的能力”产生深深的怀疑；而他“如孩子学习地理一样”的翻译实践，现今看来则更像是一种近乎“重写”的创作活动了。

1816年，韦斯顿在伦敦出版了《瓷杯上的中国诗歌》(*A Chinese Poem Inscribed on Porcelain*)①，这本书其实是《李唐：乾隆御制诗》的修订版。在前言中，韦斯顿花了大量篇幅解释自己在1809年译文中犯错的原因，“此诗共18行，每7字一行；但出于杯面空间和装饰的考虑，它被缩减至17行，每8字一行，这严重影响了原诗的韵律和意义，使它变得不可解读”，并表示他在修订译文的过程中，还专门向一位旅居在英国的中国学者进行了咨询。即使是这样，此版译文也依然存在不少问题：比如，汉字辨认错误问题依旧存在，“间/闲”之误仍未改正，又将“晨星看”之“看”误读为“盾”(Tùn, *fly*, *hide themselves*)，“朱明”之“朱”误读为“Chào”；又如，出现了添字、漏字的情况，不但将“趋华风气随时变”之“趋”字略去，又将“不敢耽安兴以晏”添写为“不敢耽时安兴以晏”；再如，有些句子的释读仍值得商榷，如“寒芒秀采总称珍”一句被译为“它冰爽而柔软的花浆果就像海中珍珠一般”(whose cool subdued flower-berries resemble precious pearls in the ocean)。但相较于初版来说，这一版译文在质量上确实有了较大提升，至少它对原诗主旨的把握是大致准确的。

除了《成窑鸡缸歌》，韦斯特还将乾隆在1776年为庆祝平大小金川战役胜利而作的《平定两金川凯歌三十章》(以下简称《凯歌》)全部译为英文，此书于1810年在伦敦以《平苗子：乾隆御制诗》(*The Conquest of the Miao-tsé. An Imperial Poems by Kien-Lung*)为名出版②。在卷首献词中，韦斯顿依然将这本书题赠给了小斯当东，理由是《凯歌》的文本是小斯当东借阅给他看的；当然，我们也不排除小斯当东在翻译过程中曾提供帮助的可能性。韦斯顿在此书中对中国诗歌的认识明显有了长足进步：他不但介绍了汉语的反切注音法、“平上去入”的声调，还对中国诗歌五言、七言的区分以及平仄规则做了大致准确的说明。这一认识上的深化，使得《平苗子：乾隆御制诗》的翻译

① Stephen Weston, *A Chinese Poem Inscribed on Porcelain*. London: C. & Baldwin, 1816.

② Stephen Weston, *The Conquest of the Miao-tsé: An Imperial Poem by Kien-Lung*. London: C. & R. Baldwin, 1810.

质量远超一年前出版的《李唐：乾隆御制诗》。另需注意，韦斯顿在书后《凯歌》其一（廿四中秋夜丑时）、其二（七千里外路迢遥）的中文原诗旁附有工尺谱标记，还在正文中将工尺标记转换为"Ut""Re""Mi""Fa""Sol"等西方通用唱名，放在每字注音的左侧。这些事实意味着韦斯顿对《凯歌》的翻译，不仅可能是早期中英文学交流史上规模最大的一次中诗英译实践，而且应是中西音乐早期交流史的典型案例之一。

结合表 2 所列文献，我们尝试对韦斯顿的包括乾隆诗歌英译在内的汉学译介实践的整体情况加以总结。首先，和钱德明一样，韦斯顿汉学译介实践活动也是遵循着由器物至文学的路径展开的，他对中文文本最初的翻译尝试无一例外都是由"瓷上之诗"引发的：1807 年的《东方文学片段》（*Fragments of Oriental Literature*），所译文本取自中国瓷瓶及茶具；1809 年的《李唐：乾隆御制诗》，所译文本取自韦斯顿见到的一只流传到英国的"乾隆粉彩鸡缸杯"；1810 年的《中国图画诗样本》（*A Specimen of Picturesque Poetry in Chinese*），所译文本取自英国当时著名的中国艺术品收藏家班克斯夫人（Lady Dorothea Banks）① 所拥有的一只中国瓷杯。这些案例无疑为我们生动地展现了一幅正日益成为英国公众室内装饰品或生活日用品的中国瓷器是如何与中西文学交流产生联动共振效应的微观史景观，也启示我们在书写中西文学交流史时，有必要将瓷器这一负载着丰富文学/文化信息的物质载体纳入考察视野中。其次，韦斯顿译介中国文献的方式十分特别：他一般会先给出中文原文，然后逐字注音、翻译，最后给出整句、整篇的散文体译文；此外，韦斯顿通常会在书前撰写长篇序言，介绍一些与翻译文本相关的汉语语法、诗歌格律、风俗文化等知识。这种规范细致的译介方式使韦斯顿的著述一方面成为其汉语学习成果的公开展示，另一方面可作为英国普通读者的汉语学习读本，显示了英国汉学逐步走向学院化、专业化的趋向。再次，韦斯顿属于典型的"书斋汉学家"（armchair Sinologist），他对中国文献的翻译高度依赖欧洲各大图书馆所藏的汉语字典、世界百科等工具书，1812 年出版的《小字林》（*Siao-cu-lin*）正是韦斯顿学习《康熙字典》214 部首的直接产物。这样由字典而习得的汉语，准确度相当有限，韦斯顿作为译者的权威性也常因其缺少在华学习汉语经历而为当时的评论者所诟病。然而，我们也必须承认，在小斯当东、

---

① 有关班克斯夫人收藏中国瓷器的情况，可参阅 Arlene Leis，"'A Little Old-China Mad'：Lady Dorothea Banks（1758—1828）and Her Dairy at Spring Grove"，*Journal for Eighteenth-Century Studies*，2017，Vol. 40，No. 2，pp. 199－221.

德庇时等“侨居地汉学家”[①] 崛起之前，韦斯顿是威廉·琼斯之后英国本土为数不多的长期专注于汉学领域的研究者之一，他的乾隆诗歌译介实践贡献了中国古典诗歌英译史上最早的一批译本，曾在19世纪英国汉学由业余走向专业的过渡阶段发挥了承上启下的重要作用。目前学界对其讨论仅局限于《范希周》(*Fan-Hy-Cheu*)[②] 一书，这显然与其在英国汉学史上的实际地位是不对等的。

四、余论

客观而论，乾隆的《三清茶》《成窑鸡缸歌》《平定两金川凯歌三十章》等诗作的艺术价值一般，无法代表中国古典诗歌的整体水平。然而，在18、19世纪，凭借着东方君主的身份“光环”，借由来华耶稣会士的译笔，这些诗歌竟能早于许多中国经典诗作而成为当时除《诗经》以外被翻译到西方的最早的一批中国古典诗歌，也让乾隆在那个时代的欧洲获得了几乎与孔子同等的知名度及影响力[③]。自1770年传至英语世界后，乾隆的这些诗作出现在不同的媒介载体之上，与彼时英国的瓷器及茶叶贸易、中式园林的风尚、政治讽刺文学的盛行等社会思想史“景观”紧密交织，它们在英语世界所经历的由“器物”至“文学”的早期译介与传播轨迹，以及背后所牵涉的政治事件、物质交流、文化碰撞、社会心态等多重因素，均使其成为中西文化早期交流史上一个引人瞩目的文本群。

然而，学界目前的中外文学关系史论著大都未言及“乾隆诗歌西传”这一现象。这或是因为本领域的研究者对西方汉学书目缺乏必要的了解和利用：实际上，斯蒂芬·韦斯顿所翻译的几首乾隆诗是英语世界严格意义上第一批直接从汉语翻译的中国诗歌[④]，其篇目信息在19世纪中后期及20世纪初期出现的几部重要西方汉学书目——如伟烈亚力(Alexander Wylie)《中国文献纪略》(*Notes on Chinese Literature*)书前所列“1867年以前中籍西译要目”、穆麟德(Paul Georg von Möllendorff)《中国书目手册》(*Manual of Chinese*

① 王国强：《“侨居地汉学”与十九世纪末英国汉学之发展——以〈中国评论〉为中心的讨论》，《清史研究》，2007年第4期，第51-62页。

② Stephen Weston, *Fan-Hy-Cheu: A Tale in Chinese and English*. London: Robert Baldwin, 1814.

③ A. Owen Aldridge, “K'ien Long and Western Letters”, *Tamkang Review*, 1992, Vol 22, pp. 17-42.

④ Teele Roy Earl, *Through A Glass Darkly: A Study of English Translations of Chinese Poetry*. New York: Columbia University Press, 1949, p. 46.

Bibliography）以及考狄（Henri Cordier）《汉学书目》（*Bibliotheca Sinica*）等——中皆有收录。尤其值得注意，在考狄《汉学书目》中，韦斯顿是“诗歌”（Poésie）分类下所单独列出的第一位重要译者——对于这一事实的长久忽视，更证明了张西平先生近年来呼吁建立“西方汉学文献学”[①] 的合理性与迫切性。

本文即以上述西方汉学书目为基础，首次尝试对以英语世界为中心的与乾隆诗歌西传相关的文献材料进行系统整理与细致述评，意图在“三言二拍”之于欧洲小说、《赵氏孤儿》之于欧洲戏剧外，提供中国古典诗歌对 18、19 世纪的欧洲诗歌的实际影响的一则生动例证，并进而期待以拙文为起点，推动学界对中诗早期英译史以及中外文学关系史上的丰富个案的进一步发掘及补充。

作者简介：

时光，北京外国语大学中国语言文学学院讲师，研究方向为中西比较诗学、海外汉学。

① 张西平：《20 世纪中国古代文化经典在域外的传播与影响研究导论》，大象出版社，2018 年，第 1—23 页。

20世纪戏曲衰微史

——兼论百年戏曲生态演进*

吴 民

摘　要：论及20世纪中国戏曲的发展，以往的研究成果多以成就论，统而论之。事实上，20世纪中国戏曲若以生态演进趋势而言，呈现不可逆转之衰微态势。20世纪戏曲衰微的历史是百年中国戏曲生态演进之基本面貌和客观状况。戏曲衰微之历史与戏曲生态演进之过程有三个基本阶段：乡土母体文化生态阶段，都市畸变戏剧生态阶段，改良革新与现代化阶段。以大的历史分期而言，则主要以新中国成立为分界线，前半部分是乡土的解体与畸变都市的最终终结；后半部分则前承戏曲改良之精神，后续延安戏剧改革之红色主体文化艺术特质，开启人民戏剧生态与戏剧现代化的新的生态格局。遗憾的是，新的人民戏剧生态格局经过特殊时期的停滞与冲击，进入新时期以后难以为继，转而回归乡土传统与都市现代化二元格局，而新的二元格局不仅叠加了民国戏曲生态的症结，还加入了新的时代阻碍元素。最终，在经历了戏剧探索、戏曲化与写意化、都市化与现代化、回归传统与创新、非遗与博物馆化等一系列局部生态修正之后，戏曲最终迈入21世纪的消亡趋势。从20世纪戏曲生态衰微到21世纪戏曲消亡的趋势，教训是极为深刻的。

关键词：20世纪　戏曲衰微　生态演进

20世纪初，中国戏曲生态格局深受社会文化变迁之影响，同时又具有相对的独立性。社会文化之影响与戏曲生态的独立品格之间形成一个巨大而无形的张力。简而言之，社会变革要求戏曲生态注入时代强音，包括思想变革、艺术形势的西化与现代化等。而事实

---

* 本文为国家社会科学基金项目“戏曲生态学论纲——20世纪中国戏曲生态格局变易及美学体系嬗变关系研究”（18CB167）阶段性成果。

上，需要特别指出的是，20 世纪初期恰是中国戏曲生态的本体层面，尤其是本体表演层面处于艺术审美峰值的特殊时期。以表演为中心的美学生态本质很难被改变。更为特殊的事实是，影响戏曲生态整体嬗变的母体文化要素——乡土文化，在 20 世纪初面临解体。因此，维系戏曲生态体系稳定的主要根基在于本体艺术层面以表演为中心的美学体系。作为社会变革浪潮的戏曲改良并未对戏曲生态产生根本性影响，变革思想并未成为戏曲生态新的母体文化推动力量。同理，同一时期的西化观念与时装新戏等，都不可能成为戏曲生态体系的主流。

20 世纪前半叶，戏曲生态演进的核心推动力量依然是依靠传统的乡土文化生态基础上的以表演为中心的本体生态，进行为生存而衍生的生态模式。换言之，生存是根本目的，乡土文化体系之上的戏曲生态，以表演为中心的本体审美特质，依旧是生态之主流。随着乡土的不断瓦解，都市化成为戏曲生态发展嬗变的基本趋势，乡土一都市二元格局基本确立。然而这一格局注定无法延续，因为乡土的瓦解随着半殖民地半封建社会的性质确立，必然崩塌；而民国都市的都市精神的不自洽和畸变，又注定无法为戏曲生态提供新的文化母体。因此，民国乡土一都市二元格局的本质是摇摆于乡土一都市二者之间的苟延残喘。乡土被逐渐抛弃，都市畸变审美趣味更难以真正进入戏曲审美核心，戏曲生态事实上已经步入衰微的进程。

希望存在于两个方面，一是如三庆会、易俗社等乡土生态基础上的戏曲组织，企图调和乡土、都市的文化矛盾，将都市作为乡土的延续。在艺术上，则保留乡土戏曲生态的民俗性与表演中心主义，以移风易俗、启迪民智、提供人民精神食粮为宗旨，取得了一定的成绩。二是延安的戏剧改革和歌舞剧运动，以红色文化为母体文化，充分利用乃至创新歌舞演故事的戏剧内涵，建构新的戏剧生态，也取得了重大成就。这两个方面殊途同归之处是以人民性作为新的母体文化要素，以人民的审美追求重新确立戏曲的母体文化与本体生态，进而适应新的时代和社会文化生态环境。而事实上，乡土戏曲生态的根本性要义也是人民性。换言之，一个健康的戏曲生态体系，其本质就是助推人民文化和审美的进步，而非沦为消闲甚至低级趣味的工具。

1949 年后，戏曲改革，传统剧目整理，开放禁戏，鼓励新编历史剧与现代戏，为人民戏剧生态奠定了良好的基础。在母体文化层面，重拾乡土的精华性、人民性因子，同时注入新社会的文化要素和现代化的文化诉求；在本体层面，不仅尊重并发掘以表演为中心的美学因子，以传统戏和老艺人为审美范式进行本体艺术传承，还注入剧本创作意识，加入现代戏剧创作审美因子；在外部生态层面，提倡戏剧为时代服务、为社会服务，成为真正的人民艺术。虽然有一些注入，比如导演制、剧本制、斯坦尼体验性表演等并不符合中国戏曲生态实际，但整体而言，戏曲生态从民国的衰微状态得到一定的恢复。然而随着时代环境的变迁，现代戏取代了戏曲生态的整体。在特殊历史阶段，戏曲生态的体系被严重破坏，仅残存于艺术家的表演本体生态要素。

新时期以后，借助老艺术家和传统戏的戏曲生态遗留以及国家的文艺政策，力图恢复新中国成立初期的人民戏剧生态。然而在戏曲生存危机的根本性要素影响下，戏曲生态事实上回归了乡土—都市二元格局。乡土的解体贯穿20世纪，新的都市文化在多元文化时代的裹挟下难以真正为戏曲生态留存足够的文化和生存空间。都市化与现代化、传统文化与经典化、戏曲化与写意化、非遗保护与传承等一系列生态修复，仍然无法逆转戏曲生态整体衰微的趋势。母体文化缺失，本体传承断裂，外部生态严重挤压，是20世纪戏曲生态衰微的根本原因。在以创新、思想性、行政性等非戏曲生态要素因子为指挥的形势下，戏曲生态步入新世纪。在对戏曲生态体系和嬗变规律严重漠视，对艺术规律严重忽略的情况下，戏曲生态的继续演进事实上已经陷入停滞，而随着本体层面传承的断裂，戏曲生态整体或局部博物馆化，也丧失可能。戏曲生态最终步入消亡的趋势：母体文化彻底断裂并无法重新激活或取代；本体层面彻底丧失美学意义上的独立性，变异为非艺术或异端艺术；外部层面丧失根本性存在土壤和根基。而值得深思的是，戏曲的乡土母体文化事实上依旧存在，并在都市有所延续；戏曲的本体在歌舞和诗意等层面依然且必然延续；外部生态层面也必然呼唤民族本体艺术。换言之，戏曲生态之衰微与消亡，本非必然。

一、乡土母体文化的解体与民国都市文化的畸变

中国戏曲史在经历了“花雅之争”与徽班崛起之后，迎来了京剧的辉煌和小戏的崛起。可以说，19世纪中后期是戏曲生态最后一个高峰，也是乡土—都市二元生态格局最后的良性范本。之所以成为高峰，是因为这一时期直至20世纪上半叶，乡土文化随着移民进入都市，乡土文化滋养下的小戏亦随着商业逐利进入都市。新兴都市涵盖了戏曲生态的完整体系。虽然乡土小戏和民间母体文化在都市化的过程中抛弃了相当的教化和劝善内容，流于土俗甚至低级趣味，但其内核仍是以满足都市中下层、带有强烈乡土文化诉求的市民精神文化为所需。小戏与都市京昆等大戏共同占据着都市戏剧市场，而这样的生态格局注定是极其稳固的。

第一，新兴的都市需要建构新的都市文化内核，如文明、卫生等，因此

采取了对戏曲尤其是小戏的激烈禁毁和打压，其只能借助租界等地进行繁衍和发展。与此同时，都市中下层观众的文化诉求随着乡土文化的解体更加流于恶俗，小戏的文化和艺术品格难以为继，不得不转向同符合都市文化诉求的大戏看齐。诚如傅谨所言：

> 20 世纪初，中国戏剧领域出现了大量由“小戏”发展形成的新剧种，形成一场声势浩大的“新剧种运动”。沪剧、越剧、评剧、楚剧等剧种形成与发展并且日渐扩大其在演出市场中的影响，从中足以看到这场新剧种运动的过程与内涵。新剧种的迅速崛起与中国近代的城市化进程有着密切的关联，面对政府与行会的双重压迫，新兴城市的娱乐需求以及租界的存在，都成为这些小戏勃兴的重要推动力。同时，小戏在美学上努力模仿大戏，汲取其艺术积累与经验，是它们的主要发展路径。新剧种的发展改变了中国戏剧原有的美学秩序，但是它并非只对秩序构成挑战，同时还表现出另类的归化。①

小戏的归化，小戏走向大戏，事实上宣告了母体生态的艺术源头的断流。而随着乡土文化的解体，新的小戏孕育的可能也被斩断。进入都市的小戏，能否真正与大戏一道脱离乡土戏曲生态，建构独立的都市戏剧新生态呢？需要指出的是，20 世纪上半叶的中国都市是不具备独立的都市文化品格的。都市大戏的美学规范并不完善，仍然是以满足都市观众的趣味、追求商业价值为第一位。因此，小戏在禁毁和求生存之际放弃了乡土文化诉求，在大戏化的过程中逐渐丧失了独立的艺术和美学品格，最后成为仅具声腔意义的所谓大剧种。事实上，在戏曲生态意义上，当时已不具备继续演进，更不具备孕育新的戏曲生态的能力。从这个意义而言，小戏大戏化、都市化，乃是基于乡土文化解体的戏曲消亡史源头。

第二，如果说小戏反映的是母体乡土文化的解体和戏曲母体文化生态的断裂，那么都市大戏的发展则反映了戏曲本体生态的沦落。而这一切都受到外部生态的强烈影响。笔者曾分析过启蒙者鲁迅的戏曲观，其核心的观点就是：

> 鲁迅在文学成就以外，其对传统文学艺术的研究也颇有成就，集中体现在小说和戏曲领域。鲁迅的戏曲观，乃是在乡土母体文化的背景下滋生，受到五四新文化运动启蒙精神的感召，具有极强的乡土意识和时

---

① 傅谨：《“小戏”崛起与 20 世纪戏剧美学格局的变易》，《戏剧艺术》，2010 年第 4 期，第 43—55 页。

代革命精神。在鲁迅看来，乡土母体文化滋长的民间民俗戏曲艺术，是值得同情地理解的；兼具传统乡土母体文化基因与时代启蒙精神的改良戏曲，也是值得激赏的；然而与乡土母体文化断裂，与时代启蒙精神无涉的都市雅致京剧，甚至精粹如梅兰芳博士，都是需要加以批判地理解的。①

也即是说，都市雅化、精致的戏曲艺术反映了都市戏曲生态对戏曲艺术的严苛要求，但其也切断了戏曲本体与母体文化的联系，使之成为僵化的记忆追求和玩赏兴趣。这样精致化的表演艺术在戏曲生态的意义上是僵死的。

第三，都市文化自身品格的不能成立，加剧了戏曲母体文化生态的断裂和本体艺术生态的僵化。乡土一都市二元生态格局中，都市文化品格难以自洽，加剧了对乡土文化的打压。

二十世纪上半叶，是中国戏曲生态格局发生重大转折的关键历史时期。总体而言，清代中后期形成的戏曲生态格局，在二十世纪以后，受到多重外部生态要素影响，不断发生改变。其中，从乡土到都市的变迁，是所有影响要素中最大的影响因子。内在的母体乡土文化的驱动力渐次减弱，戏曲不再单纯叙说农耕文明与传统封建士大夫主张的文化价值体系。戏曲本体生态虽然延续了清代中后期戏曲生态体系中的精致化表演传统，但都市兴起的新的观剧诉求，又在悄然内耗着戏曲表演的本系。尤其是西方舞台经验和技术的传入，以及商业化票房的驱使，母体生态、本体生态随着外部生态嬗变，随着母体文化的驱动力丧失，都市戏曲新生态的独立品格诉求突出。即都市戏曲生态体系对乡土生态体系的取代之势，不断抬头。然而这注定是无法完成的历史任务。晚清民国报刊所载“应节应景戏”“义务戏”则反映了民国戏曲生态由乡土向都市嬗变过程的艰难，以及注定无法完成的命运。②

而事实上，这种挤压不仅针对母体文化，也针对戏曲本体。都市文化的不自洽，让戏曲生态陷入畸形的发展。一方面，文化的缺位引起了对乡土文化的更加轻视，以及对恶俗低级趣味的迎合；另一方面，文化的不自洽转变为对戏曲本体表演的畸形化挤压，从精致化、雅化表演，到机关布景，真刀

① 吴民：《鲁迅戏曲观及其对当下的启示——兼与南京大学陈恬商榷》，《戏剧文学》，2015 年第 6 期，第 4—12 页。

② 吴民：《从乡土到都市：晚清民国报刊“应节应景戏”“义务戏”史料与近代戏曲生态嬗变》，《新疆艺术学院学报》，2019 年第 3 期，第 90—99 页。

真枪，暴力、血腥、情色。新中国成立前，坏戏横行，可见一斑。

二、从延安到北京——戏改与戏曲生态革新

20世纪上半叶，戏曲生态的演进绝非毫无希望。小戏的崛起和进入都市，本身即是戏曲生态自我修复和更新的重要途径。然而由于母体文化的解体，都市文化的不自洽和不能成立，再加上外部生态的急剧影响，这种自我修复最终以失败告终。

与此同时，人为因素也在介入。启蒙者陈独秀、傅斯年、刘半农，包括鲁迅、周作人，此外还有戏剧者欧阳予倩、余上沅等接受了西方戏剧观念者，都在努力做一件事情——戏曲改良。更难能可贵的，是戏曲人自我的救赎和改良，陕西易俗社、四川三庆会都是其中的典范。言及20世纪上半叶戏曲生态最和谐的场域，易俗社、三庆会这些班社当有一席之地。

然而，无论是思想改良还是内容改良，都无法阻挡戏曲生态体系格局的发展步伐。改良的成功之处，一部分事实上是回归了乡土母体，一部分则是以宣教代艺术，牺牲了艺术的部分品格。对于这一点，过去很长一段时间学界不愿意承认。而今天我们不得不承认，改良并未重构和改进戏曲生态，而是延缓了生态演进，或偷换了戏曲生态的部分内核。其功绩是留下了宝贵的经验，留下了大量经典可传的作品。

真正的希望来自全民拥护的延安戏改和红色文化。延安秧歌剧运动和平剧改革以红色文化为母体，以民间戏曲本体为艺术表达范式，以适应解放区政治、社会生活为旨归，取得了可喜的成绩。

> 抗日战争初期“旧瓶装新酒”改革方式的失败，以及话剧界“大戏热”的盛行，促使延安戏曲界开始探索新的改革方式以适应时代的需求。以延安平剧院成立为开端，以《逼上梁山》的编演为标志，延安戏曲界探索出一种新的戏曲改革模式。这种改革模式在剧目创作上呈现出思想第一、题材内容具有现实针对性以及集体创作三个特色。在表演方面打破京剧的传统角色体制，创造出融合多个行当于一体的新角色形式，并且在念白和程式方面有新的发明和创造。延安戏曲改革为解放战争时期的戏改试验以及新中国建立后大规模开展的戏改工作奠定了基础。①

然而戏改的延安模式并没有获得戏曲生态重构意义上的延续，同样没有

① 任荣：《论延安戏曲改革的特色和意义》，《文艺研究》，2014年第5期，第97—106页。

获得重视的还包括梅兰芳模式和田汉模式。这些有益的生态重构努力，最后被归为一种强烈理想主义的现代化，力图开创一个全新的艺术世界。而这显然是不符合戏曲生态演进规律的。新中国成立后的戏改曾力图重构一个社会主义戏曲的新生态体系。

> 具有强烈理想主义情怀的新政府决不满足于军事胜利和政权更替，更要在所有方面——包括戏剧——建立一个全新的中国，戏剧改进（以下简称戏改）就是这个雄心勃勃的新政权在传统戏剧领域的努力。那么，传统戏剧——至少其中的“毒素”，会像国民党那样不堪一击吗？①

在这个过程中有很多努力，其中包括1956、1957年两届剧目工作会，尤其是1957年曾放开的一批剧目。

> 这些年来我们舞台上只剩下几出戏在“苟延残喘”，我把“成事不足，败事有余”这样的文字来加在戏改干部的头上了。这样的说法我自己越看越觉得不对头。造成戏曲舞台上节目稀少的景况有许多客观原因，结合这次党内整风正是为我们的一切工作，包括戏改工作在内的好好地彻底地进行一次检查的机会。②

然而此后随着意识形态领域的风向转向紧张，现代戏成为戏曲生态体系的最后留存。事实上，宣告了新中国成立后戏曲新生态体系的流产。

在这个过程中有几个问题值得一提，第一个就是关于精华和糟粕。

> 建国初期，“坏戏”遭到禁演。这些“坏戏”大部分都曾经是舞台上的常演剧目，在这些剧目的盛行与被禁之间蕴含着戏曲艺术接受（包括一些低级趣味，如色情、凶杀、暴力等）与国家政治教化的极大鸿沟。而1957年对禁戏的全面解放，是国家在意识形态层面第一次向艺术接受规律妥协，但这种妥协必然是不彻底的，也必然是短暂的。超越政治教化以外太远的艺术，或是完全依附于政治的艺术，都必然是短命的。③

事实上，即便是在意识形态主流话语的影响下，戏曲生态依然顽强保留着母体文化品格及其民间话语立场，依然顽强延续着戏曲本体艺术品格，以

---

① 傅谨：《“戏改”八年——优秀传统文化命脉如何延续》，《南方文坛》，2021年第4期，第5—10页。

② 吴祖光：《吴祖光同志的来信》，《戏剧报》，1957年第12期，第9页。

③ 吴民：《政治禁演与民间风情的悖谬——建国初期“坏戏”艺术趣味重估》，《戏剧（中央戏剧学院学报）》，2015年第3期，第57—67页。

最大程度适应外部生态的变化。如“借助谐谑的力量，越剧《碧玉簪》将悲剧扭转为喜剧，传递出对世俗人生的执着，彰显其民间话语立场”[①]，还通过“送凤冠”这一极具成人仪式的关键性情节弥合民间趣味和主流意识形态。莆仙戏《团圆之后》历经初稿本、选集本、文艺本、《剧本》版、电影本、修订本六个版本[②]，亦是戏曲生态不断自我修复的一个重要而成功的范本。一个良性的戏曲生态体系，从来不惧怕传递思想、适应环境，然而，随着意识形态为主导的加剧，戏曲生态渐渐不堪其重。更为致命的是以西方话剧的观念，以戏曲艺术现代化的诉求，蚕食和肢解戏曲生态的体系性和完整性。在这个过程中，濒危戏曲现代化、戏曲艺术话剧化和地方小戏大戏化[③]，戏曲生态体系结构被逐步瓦解。

一个特殊的例子，是福建的古老剧种梨园戏。

> 在梨园戏的抢救领域，可以看到相对精英化的传统如何与国家话语结盟，共同抗拒舍弃民间力量。……梨园戏坚守剧种传统、以继承为剧种剧团存续主轴在“戏改”时相当独特。[④]

梨园戏等福建古老剧种的独特戏改遭遇，一直到新时期乃至21世纪以后都为福建戏曲生态的重构提供了长效的动力，不得不说是一个不小的奇迹。与福建戏曲的幸运相比，变革依然是主旋律。然而，这个奇迹并不具备广谱效应，更不足以成为戏曲生态重构的根本性动力。相反，更多的传统戏曲生态的母体文化因子的本体诉求被批判。1960年，中国戏剧家协会的机关刊物《戏剧报》陆续发表15篇文章，针对张庚在1955—1958年发表的多篇文章和讲话提出批评，其中最主要的批评内容是张庚有关“忠孝节义也有人民性”的观点[⑤]。为了弥合戏曲生态断裂和垮塌带来的效应，导演制承担了无法承受的艺术之重。

> 在全国戏曲领域推行与建立导演制是“戏改”的重要内容之一。《新戏曲》杂志1950年8月25日主办的“如何建立新的导演制度”座谈会，

---

① 张艳梅：《谐谑的力量：从越剧〈碧玉簪〉看“戏改”中的话语裂隙与弥合》，《戏剧艺术》，2021年第3期，第118—126页。

② 黄静枫：《莆仙戏〈团圆之后〉文本创改始末》，《戏剧艺术》，2021年第3期，第102－117页。

③ 邹元江：《“戏曲现代化”焦虑与当代戏曲发展的未来走向》，《戏剧（中央戏剧学院学报）》，2021年第1期，第89－117页。

④ 白勇华：《新文艺的介入和旧传统的新生——“戏改”过程中梨园戏的抢救》，《戏剧艺术》，2021年第1期，第128－139页。

⑤ 傅谨：《“忠孝节义”有什么不好》，《中国图书评论》，2007年第12期，第13－18页。

全面讨论了建立导演制的意义、目标与路径。但参会者对传统戏曲的演剧体系及生态未有深入了解和考察，此后导演制的推动过程步履维艰，直到 20 世纪 80 年代后戏曲导演制才真正逐步成为现实。戏曲导演制的引进改变了中国传统戏的剧目创作模式，有效地推动了戏曲演出的整体性与规范化，重塑了戏曲演出生态。但是，导演制的建立和推广，亦使剧目乃至戏曲在整体上失去了不断自我更新的活力，窒息了演员自由创造的空间，更失去了原有的民间性。①

戏曲导演制从根本上而言，是以导演的个人艺术修为取代戏曲生态体系化、整体化的艺术本体审美规律。更进一步，以导演个人化的趣味取代戏曲生态体系范畴内的民间趣味和本体艺术旨归。这也进一步说明，对剧团干预过度，让戏曲与市场脱钩；限制了剧种艺术在更大范围内的传播，弱化了戏曲的生命力②。一个鲜明的印证，就是伴随着导演制度下的革命现代京剧的正式亮相，农村现代戏逐步在主流话语浪潮中悄然退场③。戏曲现代戏的现代追求，成为主流意识形态观照下的革命诉求。因此，引入导演制度，背后隐含的实为意识形态的力量。改革开放以后，"戏曲化"的提出④则是一种拨乱反正。可惜的是，"戏曲化"本身争论颇多，莫衷一是，这一点后文还会论及，此不赘述。

1964 年京剧现代戏观摩演出大会，再次重申：戏曲必须成为我们时代的镜子，鼓舞人民为反对资本主义、封建主义和一切反动势力而斗争⑤。对于演出的三十五个剧目，《人民日报》《光明日报》《北京日报》做到了"每剧必评"⑥。戏曲改革是指毛泽东文艺思想体现在戏曲传统问题上，以至一切文化传统问题上所提出的"百花齐放，推陈出新"的指导方针及其贯彻在民族戏曲方面全部的工作内容⑦。首先，现代剧目和政治结合、和生产结合，这个结合表现在为社会主义革命、为社会主义建设服务，宣传总路线，用共产主义

---

① 傅谨：《戏曲导演制的引进与得失平议》，《文艺研究》，2020 年第 10 期，第 88－101 页。

② 朱恒夫：《20 世纪 50 年代戏曲剧团体制改革研究》，《艺术百家》，2020 年第 5 期，第 89－96 页。

③ 魏欣怡：《被化约的题材：戏曲现代戏的革命化趋向》，《北京电影学院学报》，2020 年第 4 期，第 93－103 页。

④ 傅谨：《20 世纪戏曲现代化的迷思与抵抗》，《戏剧艺术》，2019 年第 3 期，第 1－17 页。

⑤ 璧：《京剧现代戏观摩演出大会隆重举行》，《人民音乐》，1964 年第 7 期，第 8 页。

⑥ 华代：《京剧演现代戏是文化革命中的一件大事——介绍首都报纸宣传"一九六四年京剧现代戏观摩演出大会"的情况》，《新闻业务》，1964 年第 8 期，第 13－14 页。

⑦ 马少波：《高举毛泽东文艺思想旗帜，正确地对待戏曲传统》，《陕西戏剧》，1960 年第 5 期，第 29－32 页。

精神鼓舞劳动人民，教育劳动人民[①]。

然而，需要特别指出的是，对于1964年的现代戏包括新歌剧、舞剧，很多问题的认识是有偏差的。现代戏的现代化问题且不提，“在民族戏曲的基础上发展新歌剧”，即便在当时，也被指责为是发展新歌剧的“绊脚石”“枷锁”等[②]。歌剧的本体、舞剧的本体与戏曲本体并不相同，无法纳入戏曲生态的体系，而且各个剧种的本体规定性及在戏曲生态的位置也不尽相同[③]。如此复杂的戏曲生态问题，在1964年事实上是被严重简单化的。

三、戏曲现代化——乡土生态的彻底断裂

新时期以后，戏曲迎来了新生机遇。如果说，民国时期戏曲的消亡缘起于乡土母体文化的解体和新兴都市文化的畸变，那么新时期以后，面临的却是双重考验和冲击。因此，生机时刻恰是危机的埋伏。从20世纪80年代中期出现的戏曲危机，是一个不需争论的鲜明印证。戏曲生态在新时期伊始的反思主要有两点：

> 一是田汉先生在1956年时针对当时的戏曲工作写到：“毛主席教导我们推陈出新，现在是推翻有余而推进不足”。二是张庚先生曾在一封写于80年代的公开信中说到“千万不能重复‘五四’时期和50年代的错误——盲目崇拜西洋。”[④]

此外，确立以戏剧作为商品来为观众服务的意识，将过去的“剧团演什么观众只好看什么”（观众也有一个撒手锏，就是“不看”!）颠倒为“观众想看什么，剧团就演什么”。[⑤] 重新考虑赋予戏剧以商品性而导致的戏剧向注重群众性、娱乐性、通俗性“三性”转变所可能起的作用。历史的教训值得重视。古往今来，戏剧衰亡的原因之一正在于那一时期的戏剧违反了它应有的群众性等“三性”。这可以说是一种发展规律。

20世纪80年代初，“戏曲化”开始成为戏曲新剧目创作的新取向，尤其在遭遇激进的反对意见后，更坚定了张庚等一代戏曲理论家的信念。戏曲化

---

① 刘芝明：《为创造社会主义的民族的新戏曲而努力》，《戏剧报》，1958年第15期，第10－15页。

② 艾克恩：《能够“因噎废食”吗?》，《人民音乐》，1957年第6期，第8－9页。

③ 伊兵：《谨慎地继承戏曲遗产》，《剧本》，1956年第11期，第81－83页。

④ 陈多：《“辨证”而后“施治”》，《上海戏剧》，1997年第4期，第43页。

⑤ 陈多：《戏曲危机与文化市场》，《民族艺术》，1998年第2期，第20－25页。

的目标是纠正话剧加唱的错误倾向。事实上，戏曲化的核心要义应是戏曲生态化，即重构戏曲生态体系，而非局部、片面地追求戏曲的表现方法，如程式化、写意化等。

> 戏曲现代戏创作的理论与实践得失，“分工论”“话剧加唱”‘程式与程式化”是相关讨论中最复杂的三个理论问题。在戏曲现代戏创作领域建议京剧等古老剧种和新兴剧种有所分工的“分工论”，实际上是为了避免戏曲的工具化而提出的，却低估了京剧等成熟剧种的题材适应性。对现代戏成为“话剧加唱”的批评，代表了要求戏曲坚守本体的理念。认为戏曲的程式不能很好地表现现实生活及英雄模范人物的观点，混淆了戏曲具体程式和程式化原则之间的区别。在现代戏创作表演中，所有传统程式都可以舍弃，但如果背离了程式化原则，就离开了戏曲本体，因此应该是“不要程式，要程式化”。①

成熟剧种和新兴剧种需不需要分工，如何分工，其实涉及戏曲生态体系一个十分重要的问题。成熟剧种代表了比较成熟的戏曲本体规定性，而新兴剧种一部分是停留于母体文化生态下的小戏，一部分是已经脱离母体文化生态的大戏化的剧种。事实上，母体文化生态下的小戏具有孕育性，可以不断丰富本体，创造新生态。然而分工论把这种孕育和创生特性武断地处理为肆意地不按照戏曲生态整体体系性规律进行的阉割和肢解，从而导致戏曲生态体系遭到破坏。而之所以强调程式化，则是对戏曲生态体系性规律的不自觉尊重和回归。母体生态、本体生态、新生态是一个互动体系，要尊重这个体系的规律，找到“化”的规律。

> 现代戏曲的“现代”不是时间范畴，也不是题材选择，不应是现代思想的宣教工具，不应是现代科技手段的应用，而是具备现代性品格的戏曲创作与演出。新文化运动推动中国戏剧转型时试图用散文化的话剧取代韵文式的戏曲的努力未能成功，戏曲现代化的重心才转向对戏曲的改造。一个多世纪来，戏曲在艺术形态上发生的最重要的变化，就是它从广场和厅堂艺术转换为剧场艺术，由此促进了戏曲剧目的整体性倾向和精致化追求。这些改变或有现代性内涵，但只有在坚持戏曲化的前提下才具积极意义。②

---

① 傅谨：《戏曲现代戏的三个理论问题》，《学术研究》，2021 年第 3 期，第 144－152 页。

② 傅谨：《“现代戏曲”与戏曲的现代演变》，《戏剧（中央戏剧学院学报）》，2021 年第 1 期，第 74－88 页。

然而，将戏曲化的追求寄希望于导演制度，实际上使剧目乃至戏曲在整体上失去了不断自我更新的活力，窒息了演员自由创造的空间，更失去了原有的民间性[①]，是不符合戏曲生态规律的。20 世纪戏曲的艺术形态出现重大变化，这一变化的动因在于“戏曲现代化”的迷思。戏曲的“现代化”包含戏剧内涵、戏剧形态和戏剧体制三大方面，当其涉及戏曲艺术形态这一根本特征时，立刻遭遇强烈反抗[②]。

事实上，戏曲现代化不仅伤害了成熟剧种的戏曲本体和母体，还拔苗助长式地导致了诸多母体生态小剧种的死亡。戏曲母体文化孕育的小剧种经过人为的拔高，成为所谓的大戏剧种，这是戏曲走向消亡的又一重要原因。

> 本文作者以自 20 世纪 50 年代初其亲历的浙江淳安“竹马—采茶—睦剧”实况为切入点，考释“竹马”、“采茶”（及其别称“花鼓”、“花灯”）、“茶马”、“竹马”与“采茶”的历史渊源，考察其现况，析述此类“戏弄”扮演的特征，以及对此类本以“戏弄”扮演为主的戏剧活动在解放后演化为“戏文”的过程及收效提出反思。[③]

1983 年，在《中国戏曲志》“长沙会议”上，江西的流沙说：“你们浙江一个小小的‘睦剧’，在《（中国）大百科（全书·戏曲卷）》里占了 400 字；我们江西有 30 多个‘采茶戏’剧种，个个都是大大的，总共只占 3500 字，不大公平吧。”洛地先生答：“这个小小的所谓‘睦剧’，是施振楣、金孝电和我在 1954 年‘发明’的。”[④] 在造剧运动过程中，睦剧这样的剧种一出现，其实就已经走向消亡。这是近年来某些剧种消亡的重要原因之一。

作者简介：

吴民，四川大学文学与新闻学院教师，研究方向为戏剧与影视创作批评。

① 傅谨：《戏曲导演制的引进与得失平议》，《文艺研究》，2020 年第 10 期，第 88—101 页。

② 傅谨：《20 世纪戏曲现代化的迷思与抵抗》，《戏剧艺术》，2019 年第 3 期，第 1—17 页。

③ 洛地：《跳竹马，唱采茶》，《浙江艺术职业学院学报》，2008 年第 1 期，第 9—18 页。

④ 洛地：《竹马—采茶》，《中华艺术论丛》，2007 年第 1 期，第 249—266 页。

论沈宗骞山水绘画感合美学体系的构建及其对当代美术教育的价值*

郝文杰 黄 中

摘 要：沈宗骞作为一代绘画大家，在其巨作《芥舟学画编》中对山水画审美创作的感合思想给予了较为辩证的建构。他认为创作者首先应以“做第一等”功夫的志向立定自己内在的审美主体意象，然后才能以“己之神”与古人及自然山水之神韵相感合，从而达到以“笔镕”的方式，“取物”之条、理、脉络的活态化境。这一思想对当代的美术教学仍具有积极的美学价值。

关键词：创作感合 笔镕 当代

沈宗骞，字熙远，号芥舟，又号研湾老圃，浙江湖州人。[①] 据广西人民出版社沈海龙先生考证：“他属湖州马要沈氏西宅支第十五代，明代名臣大藏书家沈节甫长子沈淙后裔。马要沈氏是明清乌程重要大官宦书香世家，族人科举兴盛，著录丰富，虽屡遭大案，至乾隆朝仍兴盛。他生于公元1717年，长寿，晚岁居乡里廿三湾听竹堂。乾隆朝众名公咸仰慕其书画，为乡里所崇。”[②]

综上可以看出，沈宗骞不仅出生于书香大家门第，而且个人成就卓著，其画学著作《芥舟学画编》是其几十年从艺实践的心得及理论探求的美学结晶。该书内涵十分丰富，对中国传统山水审美感合论给予了系统的理论构建。

* 本文为2021年度中央高校基本科研业务资助项目“艺术感合美学视域中的西方现当代绘画理论研究”(2021自研一艺术006)阶段性成果。

① 王伯敏、任道斌主编：《画学集成（明—清）》，河北美术出版社，2002年，第564页。

② 沈海龙：《湖州沈宗骞家世生平考略》，《美育学刊》，2016年第6期，第108—117页。

一、审美主体的自主性：山水画创作的“立格”意识

沈宗骞作为一代艺术大家，其画学广收博览，《芥舟学画编》堪称集大成之力作，固然有重复前人之论，但大多鲜明地打上了自己独特的生命特质，而且很显然，是对中国传统审美感合论的推进与深入，甚至是系统的构建。所谓审美感合论，是我们中华民族独特的审美核心话语，其区别于西方理性主体思维下的逻各斯中心话语，强调的是在审美创造与审美欣赏中主客合和共构的过程及其体验方式。这根源于国人意识深处“万物一体”的思维模式。这条线脉从古代器物的构成到《周易》咸卦的明确提出，再历经荀子《乐论》提出的艺术欣赏感合论，到《乐记》的创作感合论，至此，审美感应论的萌芽期初步形成。后来，魏晋时期以刘勰《文心雕龙》为代表的“既随物以宛转”“亦与心而徘徊”的观点，形成了双向感合模式，确立了艺术审美感合的思维方式。中国后世的文艺美学思想基本上都是围绕着这一核心话语进行着不同特色的理论构建。

在画论领域，早于沈宗骞的石涛就在《画语录》中以“神遇”“迹化”为重点，对山水绘画审美感应论做出了深入系统的构建。他提出的“远尘”“脱俗”章对沈氏的画学就产生了很大影响。但沈氏的贡献就在于他对历代画论中的一些重要问题都做了较为细致的诠释及推进。

沈宗骞认为，一个画家要想画出境界高远的山水作品，首先还是要从自身的品格修养做起。他认为：笔格的高与低，实质上取决于审美创作者内在的品格。沈氏在《芥舟学画篇》卷二“山水章”第一部分先提出“避俗”，然后才提出“存质”“摹古”“自运”“会意”等部分。在他看来，一个创作者无论是在临摹中会得“古之神髓”，还是在创作中敞亮一个自然的“世界”，都必得先有避俗之决心，否则，很难自成一家之言，“自成一种气象”。正如他所言：“在学者当先立卓识，操定力，不务外观，不由捷径，到得工夫纯熟，自成一种气象。”①

先立卓识，是艺术家成就主体自主性的关键，沈宗骞认为这即是要立志做第一等功夫。立志，即是树立一种高远之境，虽然高远，但创作者只要立定脚跟不随俗转，循序渐进，勿忘勿助，终将有所成效。

沈宗骞认为：沉沦于俗的创作者，只会使自己的本真性情被遮蔽，追求外在的华美名声及各种过度的利益则很难做好绘画这种“大雅”之事。“市井

① 王伯敏、任道斌主编：《画学集成（明—清）》，河北美术出版社，2002年，第601页。

之人，沉浸于较量盈歉之间，固绝于雅道。”[①] 但是如何才能进入大雅之堂，沈宗骞做了如下四重思考：“一曰清心地以消俗虑，二曰善读书以明理境，三曰却早誉以几远到，四曰亲风雅以正体裁。具此四者，格不求高而自高矣。”[②] 也就是说，“清心地”才能消除俗虑，不在于日日“营营苟苟”，正如石涛所言，“愚者与俗同识，愚不蒙则智，俗不溅则清。俗因愚受，愚因蒙昧”，“愚去智生，俗除清至也”。石涛讲俗除才能清至，而沈宗骞认为只有先内清心地，才能外脱俗虑。唯有脱却庸俗之情，才能会得古人笔墨中精微之处。当然，沈宗骞强调，要想对山水画中的幽静深邃的哲理有较高层次的酝透，还需“善读书以明理境”。沈氏提倡古之画艺者“左图右史”的传统，主张一方面要广泛吸纳优秀的文化精神，另一方面要不断地创作实践，把所学与个体之真情实感密切结合起来，逐渐积累，为构建一家之言做好功课。因此，沈宗骞主张要植根培厚，使个体的修养达到蕴含深、意味长，不要急于早早获取浅薄的荣誉，以免落得“江郎才尽”的下场，即“却早誉以几远到”。沈宗骞还认为，“立格”之高深清远，还要“清风雅正体裁”。不要搞一些格调俗气的“狂怪、平庸、无韵味、死墨一团”的作品，而是应以高雅、典雅、隽雅、和雅、大雅为目标。但最终沈氏归结到一点：“作画者，俗不去则雅不来，虽日对董、巨、倪、黄之迹，百摹千临，亦自无解于俗。盖日逐逐于时俗之所为，而欲去俗，其可得乎？故惟能避俗者，而后可以就雅也。”[③]

沈宗骞所主张的“避俗”“立格”论虽然是对传统画学中“人品”“胸襟”论的再次强调，但他显然做了非常细致的推进，比之石涛等人提出的“脱尘”“去俗”论更加深入、层次更加丰富、论证更加具体。但总体来说，沈宗骞倡导的“立格”，实质上正是对审美主体“自性”回归的一种诉求，因为正是在这一“自性”之中，创作主体才能在古代传统绘画中找到本质性的存在，亦即沈宗骞所言“存质”。“质者，美之中藏者也。”[④] 只有得其质，方可韵味无穷，意境深远，成为一代大家气象。“故欲存质者，先须理径明透，识量宏远，加之以学力，参之以见闻，自然意趣近古，波澜老成。以是言质，乃质中藏得无穷妙趣，令人愈玩而愈不尽者，境之极而艺之绝也。”[⑤]

---

① 沈宗骞：《芥舟学画编》，浙江人民美术出版社，2017 年，第 42 页。
② 沈宗骞：《芥舟学画编》，浙江人民美术出版社，2017 年，第 57 页。
③ 俞剑华主编：《中国古代画论类编》，人民美术出版社，1998 年，第 894 页。
④ 俞剑华主编：《中国古代画论类编》，人民美术出版社，1998 年，第 897 页。
⑤ 俞剑华主编：《中国古代画论类编》，人民美术出版社，1998 年，第 898 页。

二、物象真意的灵现：山水画临摹与创作中的会意

在沈宗骞看来，一个真正的审美创作者，只有立定高远的精神品格，胸次宽博，方可以一种清静雅正的审美情怀悟得传统古学中的精意神髓，让作品中的流光韵彩得到承续与发扬。正如海德格尔在《存在与时间》中对古董“到时”的分析，海德格尔认为古董的价值需要在一定时间中与懂得它价值的人在欣赏“神遇”时，才能得到呈现与“绽露”，亦即所谓的“到时”，而此欣赏者须是“脱尘”“去俗”之人，如此者，方可在“过去，现在，将来”的时间绵流中感应到古董中蕴含的“超时空”美学价值。

沈宗骞也有这种“考古”意向。在他看来，古代传统绘画大师的佳作，内蕴着一种古朴天真的灵妙之美，亦可说是一种对天地真意的领悟与表达，而后学者，如果只是某些庸庸俗俗、汲汲于功名利禄之间的画手，必定无法勘破含蓄于作品中的这一奥秘，只有澄怀味道者，方可言“味外之味，韵外之致”。“古人作法不一，而其中有至一道理，虽千百古人亦无不一者。此在平日功夫识见，能理会得的确实在，则自家运笔方能不与古人相远。”①

更为关键的是，沈宗骞在“自运”一章明确指出“能自信者，即可以信于天下而传于后世矣”，能自信，即是让自信之灵性得到敞开，以本真之我面向古学精华，使其“神意”抵达“到时”之境，从而呈现物性世界之光韵。创作者在学习、临摹古人旧作中以“己之真意”予以会通，甚至成为一个超越“沉沦”，脱却俗性，以本真之真性观察山川万物之“真人”，由此，自然山水的条理脉络一一呈现，内在的性灵也得以明朗起来。正如唐志契所言“山性即我性，我情亦山情”。

在沈宗骞看来，天地间乃是一积灵之区域，人与万物都禀受了这种“灵明”之气，只要创作者能够以一颗去除日常“情欲”遮蔽之本心，来与山川万物相交游，那么它们也将使自己的灵光乍现：或是以绵绵平远之势，或是以峻朗挺拔的姿态，或是以奇峰秀削的情状，或是以丰厚而宽广的穹窿之雄伟，呈现出生动活泼之象。甚至其内在结构纹理、体态形势之间的相关相联，曲折通幽之回旋往复，亦将因人心之通明，一一“了然”。“要知在天地以灵气而生物，在人以灵气而成画，是以生物无穷尽，而画之出于人亦无穷尽。惟皆出于灵气，故得神其变化也。”②

① 王伯敏、任道斌主编：《画学集成（明—清）》，河北美术出版社，2002年，第597页。
② 王伯敏、任道斌主编：《画学集成（明—清）》，河北美术出版社，2002年，第598页。

这正如石涛在《画语录》“笔墨章”中曰：“故山川万物之荐灵于人，因人操此蒙养生活之权。苟非其然，焉能使笔墨之下有胎有骨，有开有合，有体有用……一一尽其灵而足其神！”① 综上所述，沈宗骞认为，当创作者呈现本真性相之际，古代大师作品中及现实生活中山水万物之“真相”也以其敞开去蔽的形构得以绽露。正如杜夫海纳在《审美经验现象学》中提出的：当您交给自然万物之际，自然也把它们交给您。事实上，沈宗骞以上论点源于他对宇宙本源境界认识的高度。何为艺术作品的本源？在海德格尔看来，即是真理的自行置入。所谓“真理”，并不是指知与物的相符，而是指人与万物在相互去蔽的过程中，呈现出的一种交光互网、共构一体、不断升华的诗性境界，实质上也是人性的一种辉煌呈现。虽然沈宗骞未对其本源意识加以评论，但其字里行间体现出他亦有海氏所言“真理”的意思。他曾言，天地之间各种丰富的形相色相，亦不过是“真意”的呈现，但这种“真意”是一种“大意”，大境界，是要表现万物灵气所生之“究竟”，而非仅仅是表现变化、滋泽、幽深劲健之意，归根结底是表现天地间的那种“中道”之意。“意”非小受小识之意，而是能受“一画”权变之“意”。“意”乃本源，只有当创作者内心真正达到清静无为之际时，其精神方可进入这一“神圣”空间，从而照亮万物，万物之性灵也得以与主体达到相互照面的状态。

三、感合与重构：取势与笔镕

沈宗骞认为，“物我”神意的融合与共构，才能创作出“质有而趣灵”的佳作。荆浩在《笔法记》中谈到何以为似、何以为真时说：“真者，形质俱盛，似者，得其形而遗气。”“真”的作品才具有生命力，其不仅能打动观众，而且能创造一个超越现实层面的新境界。

沈宗骞显然在其画学论述中继承了自荆浩以来求真论的美学理念，主张“以己之神与山川万物之神相感相合”，从而达到取象不惑、真截根源的审美效果。具体来说，沈宗骞在《芥舟学画篇》卷一、卷二“山水”大部分章节都谈到相关的思想。他在“取势”章谈得比较集中，“兴与机会，则可遇而不可求之杰作成焉”②，但是如何达到“兴会”，沈宗骞认为只有心胸坦荡、浩然正气者，才可经常产生这种玄妙的兴会神到、神与物游的境界。“惟天怀浩落者，值此妙候恒多，又能绝去人为，解衣磅礴，旷然千古，天人合发，应手

---

① 俞剑华主编：《中国古代画论类编》，人民美术出版社，1998年，第150页。

② 沈宗骞：《芥舟学画编》，浙江人民美术出版社，2017年，第65页。

而得。”[①] 实质上，这也是对石涛山水画论中著名的论点“神遇”论的诠释。沈宗骞倡导“立格”“避俗”，就是提出创作者首先要成为自主的审美主体，其次才能在审美过程中使与其缘构的客体的物之物性得以绽露，从而在物我真诚的相摩相荡中，通过浅表认知到内在生命真性的合和共构，最终在创作者心中形成感人至深的审美意象。

事实上，沈宗骞在“取势”章还对创作者提出了“养其真元之气”的要求。他认为山水画的势非常重要，山重水复，一水一草，一木一石，都是由天下一气贯之。综括看来，浑然一体，相互联属，交光互网；分开来看，又有各自的具体形状，虽然万物万象千变万化，但是“总之统乎气以呈其活动之趣者，是即所谓势也”[②]。那么，如何得自然万象之势呢？沈宗骞认为，必然应以主体手中的笔墨之气与万象的天生之气相感相合，而后成万物之势也。“气以成势，势以御气，势可见而气不可见”，“故欲得势，必先培养其气，气能流畅，则势自合拍”。势是有迹可寻，“气”是可以意会而不能实见。

在此，沈宗骞基本上还是沿着刘勰《文心雕龙》中“养气”说的脉络，在山水画领域的继承与推进，从哲学层面上讲，应是庄子的“虚静”观与孟子“养气”说的一种融会贯通。虽然说“势”是一种可以体察的“态势”，但仍然是较为抽象的。沈宗骞在此胚基上，又提出了“条”“理”“脉”“络”几个构成绘画作品内在结构的要素。

“条者，统所合而分之，不使粉散也。理者，节所乱而整之，不使欹侧也。脉则贯之隐而不见者，所谓灰线也。络则贯之显而可见者，所谓纲目也。”[③] 一幅好的山水作品，应该是一种本真世界的呈现，其虽然来源于现实生活中的山山水水，但更重要的还是需要审美主体在自性的光辉朗照中使客观物象的自性得以呈现，从而以笔墨直写主体情感与外在物象审美特征相感合的“意象之美”。沈宗骞认为只有这样的过程才能创造出“得画之源”的作品，“以笔直取百物之形，洒然脱于腕而落于素，不假扭捏，无事修饰，自然形神俱得，意致流动，是谓得画源”[④]。在沈宗骞看来，所谓“画之源”，正如“六书之有形象”。这种形象的由来，就在于古人能在直觉中直取万象之形神，无滞无碍，主体之“天气”与客体之“天气”在“一气”之中得以贯通融和而合构。此结晶之“意象”，既符人情又合物理，虽然说一物有一物之理，但统而合之乃“一理”，但这“一理”又可分为众物独特之性理，所以这即是沈

---

① 沈宗骞：《芥舟学画编》，浙江人民美术出版社，2017 年，第 65 页。
② 沈宗骞：《芥舟学画编》，浙江人民美术出版社，2017 年，第 63 页。
③ 王伯敏、任道斌主编：《画学集成（明—清）》，河北美术出版社，2002 年，第 583 页。
④ 沈宗骞：《芥舟学画编》，浙江人民美术出版社，2017 年，第 25 页。

宗骞所说的“条”。而“理”即整理繁杂零碎的外在自然景物，使之具秩序感。“脉”是使事物间构成一定关系的内在结构，它是隐而不显的。而“络”则指事物之间可见的联络形态。沈宗骞对创作之中心物相感相合的过程及其传达方式有着十分辩证细致的研究。

“感合”既不以主体的情感任意驱使笔墨，也不以简单的模仿对象的细节为目的，在沈宗骞看来，这都不足以创造出具有真实性的艺术形象。创作者与山川万象的“神遇”而“迹化”才能得自然之真。这一“真”，是可以惊天地、泣鬼神的，是笔与墨的“笔镕”之境，“故必先淡而后浓者为得，此即所谓破墨法也。夫如是，自能分明而不刻露，浑融而不模糊，是谓笔镕”①。

所谓“笔镕”，沈宗骞认为乃是行笔落墨之中，已经是过去、现在、将来陶镕一体，也是人、物、理、事、情相感合构。正如庄子言“不知是蝴蝶化庄周，还是庄周化蝴蝶”，达到物我两忘，心即手，手即笔，笔即墨的化境，实质上也即是创作者进入一种“大化”的审美至境。在这种状态中，笔墨的运用才能随机缘发，变化无穷。山川草木的形象塑造才能丝丝入扣，达到“一气呵成”的气势与“力韵”之美。沈宗骞反对两种倾向：一是“以模糊为气”，画面一团水汽，墨色晦暗，浸润散漫，毫无清爽明晰之美；二是“刻画求工”，对外在景物描绘不分巨细，一味模仿。过度追求局部之似，会导致气韵不周，脉络不通，正如荆浩所说的“死画”一般。这两种不良倾向都不能创造出艺术的真实，达不到“无目的性的合目的性”的美学境界，因为其共同点都是以理性的主观意向宰制了创作过程中的意象生成，所以难免不流于刻板生硬及其做作之恶习。

沈氏建基于审美感合思想基础之上，提倡创造过程中的“迎机而导，愈引而愈长”，从而是“心花怒放，笔态横生，出我腕下，恍若天工，触我毫端，无非妙绪”。

四、对当代美术教学的意义

沈宗骞对于绘画感合美学的构建，一方面是对前人相关论述的继承与推进，另一方面也提出许多有自己特色的理论概念，如存质论、笔镕论、目运论等。这些思想对当代美术教学仍具有重要的指导意义。笔者从两个方面简单谈谈沈氏画学在当代的价值。

其一，众所周知，临摹是绘画教学中的一个重要环节，但据笔者所知，

① 王伯敏、任道斌主编：《画学集成（明—清）》，河北美术出版社，2002年，第580—581页。

大部分习画者面对古代大师杰作之时，正如沈宗骞早就认识到的问题，即临习者看不到古画真正优秀的关钮之所在。很多人只会对古画亦步亦趋，得些皮毛技术，而未发现其质之所在。所谓“质”，沈宗骞认为是“美之中藏者也”，亦即他所言“古人脚跟处”。沈宗骞想说的其实就是画面内在的生命结构。石涛比较形而上，直接用“一画”给予高度概括，“一画者，众有之本，万象之根”，明了“一画”之法，“则画山山动之，画水水灵之”，“理无不入而态无不尽也”[①]。实质上，无论是沈宗骞还是石涛，都非常强调艺术作品中的宇宙整体意识，但这一整体也绝不是属于与具体事物同等层面的有形者，而是“无限”之境。由于它的存在，万物才能得以敞亮与呈现，海德格尔把它称为“真理”的自行置入。亦即是说：真正的艺术作品必须能够通过具象或点、线、面的构成呈现“真理”。苏珊·朗格称其为“符号”的艺术。

其二，沈宗骞的论述比较适中，他从天下一气之化谈到具体笔墨的运用及塑形过程中的“条”“理”“脉”“络”，更重要的是，他提到学习古人、临摹古人，就是应该以自己独特的理解、感受与古人作品中的核心之意达成感合，从而实现化古为我的目标，这一方法对当代美术教学仍具有十分重要的指导意义。众所周知，现在很多学生，虽然用尽心力去对古画进行临拜，但收效甚微，尽管表面上的细节非常忠实，但是放远一看，往往缺乏其内在的生命活力。“学画者必须临摹旧迹，犹学文之必揣摩传作。能于精神意象之间，如我意之所欲出，方为学之有获！若但求其形似，何异抄袭前文以为己文也。”[②] 所以，沈宗骞主张临摹学习，要善于以自己本真的性情，去感应和合古人之真性情，“以我之性情，合古人之性情，而无不同者”[③]。沈氏认为，古法乃古代大师本真性情的表现，而在真性情境界上，古今是相通的，所以，感合古之性情即明了古法的真正内涵，方可以今之我本真性取古人笔墨之精义，从而达到化古为我，“万变自溢于寸心”，“下笔天成，一息可通乎千古，信今传后，非难致矣”。[④] 沈宗骞提出的先精研一家，后广收博取，从而达到金丹换骨的研习方法，对当代学人也深具启发与指导价值，但这一切还要归源于立志做第一等学术、第一等品格的决心与勇气！

此外，沈宗骞关于写生中的布局、酝酿等章节对当代美术教学也是很有意义的。沈氏强调，写生，即是要与大自然中的勃勃生机相感合，而创作者只有在保持一颗“无为”“虚静”之心时，才能对山川草木间隐隐存在的能量

① 李来源、林木主编：《中国古代画论发展史实》，上海人民美术出版社，1997年，第298页。

② 沈宗骞：《芥舟学画编》，浙江人民美术出版社，2017年，第46—47页。

③ 沈宗骞：《芥舟学画编》，浙江人民美术出版社，2017年，第48页。

④ 沈宗骞：《芥舟学画编》，浙江人民美术出版社，2017年，第50页。

及其结构了然于胸。在创作时，虽然要抓住感应的时机，但也要在此之后从容不迫，细细体味自然中的深厚浑融之气，“意以敛而愈深，气以蓄而愈厚，神乃斯全”。沈氏主张含蓄、厚重的审美风格，其实这正是中华民族传统一贯的美学追求，也是自然山川境界的一种真实表达。

作者简介：

郝文杰，四川大学艺术学院教授、博士生导师。

黄中，四川大学艺术学院博士研究生。

自发·自觉·自主
——中国网络文学海外传播的演变及启示

张　杰　曾元祥

摘　要：经过20多年的发展，中国网络文学的海外传播经过了从被动到主动的三个阶段，即依托技术兴建翻译平台实现“作品出海”的自发阶段，市场激发下“版权出海”的自觉阶段，以及资本推动与产业化运作的“生态出海”自主阶段。在技术、市场与资本的合力下，中国网络文学的成功“出海”不仅成为中国走向世界出版强国的重要助推力量，更为新时代中华文化的世界传播探寻出一条创新路径。

关键词：中国网络文学　海外传播　演变　启示

习近平总书记在中共中央政治局就加强我国国际传播能力建设进行第三十次集体学习时，着重强调要“下大气力加强国际传播能力建设，形成同我国综合国力和国际地位相匹配的国际话语权，为我国改革发展稳定营造有利外部舆论环境，为推动构建人类命运共同体作出积极贡献”①。这为中国网络文学发力全球市场注入了一针强心剂，使其日渐成为中华文化海外传播的一支生力军。作为一种兼具网络亚文化与原创性、草根性的网络出版形态，中国网络文学被认为是与美国好莱坞、日本动漫、韩国电视剧并称的“世界四大文化现象”②，它在作品内容、生产手段、传播机制等方面不断探索，不仅自身成功“出海”，成为助力中国走向世界出版强国的重要力量，更为新时代中华文化的世界传播探寻出一条创新路径。

---

① 习近平：《加强和改进国际传播工作　展示真实立体全面的中国》，《中国记者》，2021年第7期，第4—5页。

② 杨灵：《唐家三少：网络文学不再是“赤脚奔跑的孩子”》，《中国政协》，2018年第6期，第101页。

一、自发：海外翻译平台的兴起与“作品出海”

网络文学是基于互联网媒介进行创作、传播的一种文学类型，这种新兴的文学创作和文学传播的形态改变了传统“作家写作—出版社—出版书籍”的出版模式，成为互联网时代中国文学的新形态、新力量。① 中国网络文学诞生于20世纪90年代末期，公认的中国“第一部最有影响力的网络小说”是台湾作家蔡智恒（笔名痞子蔡）的《第一次的亲密接触》，其“首发地”为台湾成功大学的BBS（电子公告板系统）。得益于互联网突破时空限制、海量存储等传播优势，以及网络文学贴近生活、扎根社会的内容特点，网络文学迅速打开国内市场，在此过程中部分作品也因被热心网友自发的翻译介绍而走出国门，迈出海外传播第一步。

（一）技术驱动：中国网络文学海外翻译平台的兴起

世纪之交的中国，在各种网络论坛上涌现了一大批“试水”写作的文学拥趸，一些专门提供文学写作与发表的网站开始组建，其中以“榕树下”“起点中文网”“晋江文学城”等最具影响力。由于尚处于起步阶段，各家文学网站为抢夺资源、抢占市场而展开了激烈的竞争。与此同时，随着中国“海外留学”浪潮的兴起，在国外的一些BBS、讨论组上，包括中国留学生在内的一些网络用户开始翻译、推介部分中国网络文学作品，受到了海外读者特别是海外华人的关注，并出现了一些专门的翻译平台，其中最具代表性的是WuxiaWorld（武侠世界）、Gravity Tales（重力故事）、Volare Novels（沃拉雷）等，基本上都由个人建立，主要从事国内文学作品的翻译工作。

翻译平台的兴起得益于互联网技术的迅猛发展。由技术驱动而出现的各种讨论组、字幕组等，为向海外受众传播中国网络文学的“民间译文”作品提供了支撑和渠道，吸引并凝聚了一大批爱好中国文学的外国读者，逐渐形成了以作品为中心、以论坛为平台的“趣缘社群”。读者们围绕作品的内容与翻译，聚集在虚拟的网络空间中讨论故事情节、交流心得体会。但是，中国网络文学的海外传播也不可避免地遇到了一些问题，如人工翻译速度较慢、水平良莠不齐、缺少长期持续的更新动力等，导致译文无法及时满足受众的阅读需求。而网络技术和各种翻译工具可以在一定程度上缓解这一矛盾。由

① 席志武、付自强：《我国网络文学海外传播现状、困境与出路》，《中国编辑》，2018年第4期，第79—84页。

于好译者太难找，供求差距太大，提供机器翻译的网站 LNMTL 应需而生。[①] LNMTL，即 Light Novel Machine Translations，作为一个提供全部由机器翻译中国网络小说的网站，它与 Google 翻译等网站和其他软件一起为跨语言的文化传播提供了可能和便利。以越南为例，越南人（特别是青少年群体）对中国的网络文学作品有着近乎执念的喜欢，“他们关注自己喜爱的中国文学作品更新：不懂中文没关系，用翻译器；用翻译器看得云里雾里也没关系，先知道个大概，等通中文的‘好事者’翻译的越文版”[②]。

自发性是这一时期中国网络文学海外传播的主要特点，突出表现为自组织群体的“野生”翻译行为。海外的中国留学生和华裔，曾留学中国或自学过汉语的外国人，以及来自受中华文化影响较深的国家，如新加坡、马来西亚等国的读者，他们出于对中国网络文学的强烈兴趣，自发形成了一种“虚拟组织”，并根据自己的爱好将国内一些“好”的作品无偿翻译成外文，在网络中公开发表，供网民们免费阅览。如同“字幕组”的工作一样，翻译群体的志愿者们聚集在不同的平台译介作品，讨论内容，发表看法，他们不计付出、不求回报，凭借着一腔热血推动了中国网络文学走向世界。

（二）作品出海：中国网络文学海外传播的选择性翻译

当中国网络文学网站从“群雄逐鹿”逐渐走向“一统”，国内市场初具规模之时，网络文学的海外传播方兴未艾。受人力、物力等限制，早期出海的作品数量较少，且以玄幻、修仙、武侠为主，后来随着翻译队伍的壮大和读者规模的扩大，被译介作品的题材也逐渐拓展到言情、穿越、耽美等方面。但无论哪一种类型，其内容都通俗易懂，能够引起读者兴趣，引发共鸣。可以说，在众多译者和翻译平台不约而同形成的标准之下，中国网络文学跨越了异质文化传播中可能出现的知识鸿沟。

作品的主题、内容和类型是中国网络文学能够被译介的重要标准。这意味着能够走出国门，走入海外读者市场的网络文学作品应兼具可读性和易读性。所谓“可读性”（readability），是就网络文学作品类型而言，早期在海外广受欢迎的作品主要以杂糅了中国传统武侠和西方骑士精神的玄幻、仙侠小说为主。作为一个充满未知又兼具异域风情的领域，它较好地契合了年轻网民的心理，在一定程度上满足了他们的阅读需求。以武侠世界为例，其早期

① 邵燕君等：《媒介革命视野下的中国网络文学海外传播》，《文艺理论与批评》，2018 年第 2 期，第 119－129 页。

② 章建华等：《中国文学作品在越南受欢迎》，人民网，http://culture. people. com. cn/n/2015/0316/c172318－26697278. html.

翻译上线的作品《盘龙》《我欲封仙》等都属于这一类型。前者被称为“西方奇幻”类小说在中国“通俗化”的代表作之一，后者则被很多外国读者视为进入“东方背景”的“幻想世界”的入门书。

“易读性”（legibility）是就网络文学作品翻译本身而言，以玄幻、奇幻、仙侠为主题的中国网络文学作品一般都蕴含了中华文化“天人合一”、和谐共存等理念，为了能让海外读者充分理解作品的厚重底蕴和深邃意蕴，较好地实现网络文学作品的译介，翻译人员必须既深谙中国文化的内涵，又熟知海外读者的阅读偏好，还要具备一定的外语（早期以英语为主）翻译水平。例如译文界的明星翻译师、新加坡科研工程师温宏文，曾举例提到关于“九婴”一词的翻译。九婴原本是九头上古凶兽，如果简单直译成“nine baby”不符合语境，最终用了“Nine Neonate”，更符合海外读者的认知。① 但是要真正做到翻译的“信、达、雅”，绝不是一件容易的事。反观这一时期的大多数译作，受制于译者语言水平和翻译能力的参差不齐，译介水准普遍不高。更为重要的是，大多数被译介的作品并没有取得合法的版权授权，还属于非正规的“民间”译作。

二、自觉：海外翻译平台的“版权出海”探索

在走过“江湖乱战”的起步阶段后，中国的网络文学网站逐渐形成了较为稳定的规模化运作形态和市场化经营机制。“起点中文网”“红袖添香网”“潇湘书院”等六大原创文学网站整合成立了国内最大的网络文学平台——“盛大文学”，一度占据超50%的原创网络文学市场份额。在国内网络文学市场化程度日渐提升、消费初具规模之后，中国网络文学也开始重视市场的对外扩张与作品输出。同时，打上了深深的ACG（Animation动画、Comic漫画、Game电子游戏）等亚文化烙印的中国网络文学，在全球亚文化消费流行的助推下，不断加快世界传播的步伐。

（一）市场激发：国内网络文学网站寻求与海外翻译平台的版权合作

面对中国网络文学日趋成熟的创作能力和国际市场的需求旺盛，2015年前后，国内一些知名网络文学网站开始与海外翻译平台积极寻求合作，探索

① 许旸：《助力中国故事扬帆出海，创新模式迎接“世纪红利”》，《文汇报》，2020年11月16日。

建立中国网络文学“版权出海”的路径。

成立于2014年末的“武侠世界”，是公认的在英语世界具有较高知名度和较大影响力，致力于中国网络文学翻译的商业网站。2016年底，“起点中文网”曾与其定下“十年之约”，双方签署了长达10年的合作协议，这也一度被认为是“开启了中国网络小说对外输出的新模式”[①]。次年5月，根据Alexa全球网站流量排名，“武侠世界”网站当时位列全球1000名左右。2017年，作为“起点中文网”的海外门户，刚成立不久的“起点国际”（Webnovel）即与“重力故事”达成合作，协力推动中国网文海外传播迈向正版化、精品化。这一系列的举动使得“起点中文网”成为国内文学网站与国外翻译网站直接合作的排头兵之一。此外，“晋江文学城”和多家越南、泰国出版社、日本版权合作方开展合作。

国内网络文学网站积极寻求与海外翻译平台的合作，主要是基于国内和国际两个市场的双重考虑。就国内市场而言，21世纪以来，以“起点中文网”“晋江文学城”“榕树下”“红袖添香网”等为代表的文学网站如雨后春笋般蓬勃兴起，培育起一大批网络文学创作者，诞生了众多喜闻乐见的网络小说，其中一些脍炙人口的作品被海外的中国文学爱好者关注，并成功译介到国际市场。国内网络文学的繁荣发展、市场消费规模的渐增，一方面提升了网络文学网站的市场化运作能力，另一方面也加剧了国内市场的竞争，加上中国网络小说在海外受热捧，开拓海外市场成为一种必然的选择。建立与海外翻译平台的联系，就成为国内网络文学网站加强版权保护，提升版权市场化开发能力，从而推进中国网络文学对外输出的首选途径。

从国际市场来看，网络亚文化的流行使文化消费出现重大转型。信息技术的发展不仅制造了全球化的消费市场，也创造了庞大的群聚于虚拟空间中的亚文化消费群体，二次元、网络游戏与动漫等亚文化逐渐流行开来。中国网络文学在内容上提供了一种别样的文化形式和体验，迎合了这一全球文化消费新趋势，使其很快在全球范围内收获了大量的粉丝读者，这一点从《盘龙》《凡人修仙传》《星辰变》等作品在海外翻译平台上受到追捧即可见一斑。

大多数作品由于是在没有取得合法授权的情况下，由读者自行翻译后上传到网络中的，因而都存在着盗版之嫌。事实上，版权问题自中国网络文学“出海”的第一天就存在，只是由于当时译介作品少，受众范围小，基本不涉及谋利，所以问题并不凸显。但是当网络文学作品“出海”的规模越来越大、

① 郭超：《为世界带来“一股新鲜空气”——中国网络文学颇受“老外”青睐》，《光明日报》，2016年12月19日。

受欢迎程度越来越高后，无论是国内文学网站还是海外翻译平台都意识到获得授权进行正规化、合法化的译介的重要性，也由此形成了双方“自觉”地开展版权合作的局面。

需要指出的是，中国网络文学海外传播的“自觉”阶段处于承前启后的特殊时期，不仅时间上有重叠，在海外传播的进程、方式上也有交叉。在海外平台自发地、组织化地进行作品翻译传播之前，就已经有了一些零星的版权授权，比如“起点中文网”早在2004年就开始了海外授权，“晋江文学城”也曾在2011年向包括越南在内的一些东南亚国家输出版权，但这些都主要是授权实体出版，且较为零散，未能形成规模效应。在有组织地开展版权授权翻译传播的过程中，也有部分国内网站“先行一步”开始了版权多元化开发。

（二）版权出海：中国网络文学海外传播的版权化授权开发

中国网络文学在海外的“走红”，最初是借助于技术赋权形成的网络“趣缘社群”进行自发传播，当这股热潮持续高涨，海外网站开始自觉寻求授权时，不但说明中国网络文学真正被国际市场认可，也表明其海外传播开始走向正规化、合法化、市场化的“版权出海”阶段。

中国网络文学海外传播的版权化授权开发实践，主要有两种方式。一是版权授权，包括实体图书出版授权和网络译介授权。无论采用哪种形式，都包括国内网络文学网站的主动授权和海外企业主动寻求授权两条途径。中国网络文学的“版权出海”起初是以传统的“授权”方式完成的，即由国内网站与国外出版社建立版权合作，授权后者翻译网络作品并出版。2015年，阅文集团与韩国内容社达成图书合作意向。前者是中国网络文学界的行业巨头，后者是韩国重要的电子内容出版商，二者结成战略合作伙伴，同意将《吞噬星空》《无限恐怖》《重生之贼行天下》《他来了，请闭眼》等20余部优秀的网络作品译介到韩国。这种合作方式能够有效保证作品的质量，但翻译、出版周期较长，较难适应网络文学“快餐消费”的特点。众所周知，网络文学作品一般都是以连载的形式出现在网络中，为了实现海内外消费市场上作品内容的即时更新，一些网站也尝试建立新的授权模式，即与国外的翻译网站直接合作，授权平台进行译介，力求保证作品的同步连载。

二是国内网络文学网站自建海外版平台，自主翻译并传播热门作品。版权是中国网络文学海外传播必须解决的重要问题，无论是直接授权还是合作翻译，都存在翻译周期和翻译质量等方面的问题。面对日渐旺盛的国际消费市场，国内一些有实力、有资本的网络文学网站开始自建平台，统筹负责旗下网络小说等作品的译介工作，其中尤以起点国际最具代表性。2017年5月，阅文集团旗下的“起点国际”正式上线，它虽以英文版为主打，但同时覆盖泰语、韩语、日语、越南语等多语种阅读服务。其凭借版权优势，迅速成为海外中国网络文学网站中作品数量最多、类型最全、影响力最大的平台之一。据统计，“起点国际”上线2个月，作品数量就从38部迅速增长至58部，累计更新近3000章，总量远超所有海外翻译平台之和，平均日浏览量达24万以上。① 依靠自身的强大实力，“起点国际”也尝试了一系列新的推广活动和运营模式，如同时将中英文版《我是至尊》分别发布在“起点中文网”和“起点国际”，上线手机阅读App等，开始了版权多元化开发的“生态”布局。

中国网络文学的大规模成功出海离不开国内外市场的合力推动，而中国网络文学的海外传播又进一步激发了国际市场需求。无论是沿袭传统的授权模式，还是探索与翻译网站直接合作，抑或自建平台译介作品，中国网络文学都在积极地践行海外传播“自觉”之路，并收获了有益的经验。

三、自主：国内网络文学网站的“生态出海”

中国网络文学海外传播，起源于优秀作品的海外翻译出版，兴发于网络翻译平台的译介，历经20余年，迈入了“生态出海”的全新阶段。

（一）资本推动：中国网络文学网站海外主动布局

随着中国网络文学市场规模的壮大和产业化水平提升，市场运作由单一的付费阅读向多元化版权开发转变，网络文学市场全产业链开发的“生态”体系布局初步完成并日趋成熟，吸引了众多资本进入这一领域，如腾讯就“入主”盛大文学。资本的扩张为中国网络文学拓展海外市场提供了强大的支撑，乘着资本的“东风”，网络文学网站试图移植、复制其在国内的成功经验，打造海外的网络文学“生态”。

2015年3月，“盛大文学”和“腾讯文学”经过整合，正式成立阅文集团，组建以数字阅读为基础、IP培育与开发为核心的综合性文化产业集团，囊括了“起点中文网”“QQ阅读”等知名网文品牌。2017年11月，阅文集团在香港联交所主板上市，引发资本市场追逐，取得巨大成功。② 这为其进一步开拓国际市场提供了资金支撑，由此也开启了阅文集团海外布局的新时代。

---

① 《2017年中国网络文学出海白皮书》，艾瑞网，http://report.iresearch.cn/wx/report.aspx?id=3057.

② 《腾讯旗下阅文集团上市首日暴涨64%　报90港元》，网易财经，https://www.163.com/money/article/D2N878230025814U.html.

根据阅文集团发布的财报，截至2020年底，起点国际向海外用户提供了约1000部中文译文作品和超过20万部海外原创作品，全年访问用户量达5400万。①

在中国网络文学“生态出海”战略中，资本发挥着越来越重要的作用。依靠资本，国内网络文学网站在海外搭建起了涵盖创作（翻译）—传播—运营—消费的全产业链生态体系。一是通过提供奖金吸引海外网络文学爱好者参与创作，保证原创内容的可持续扩充和版权垄断。二是通过开展有声书、改编剧等方式，实现对优质IP的全产业链开发和专业化运营。如中文在线海外平台Chapters在深入推进互动阅读、有声阅读、视频化阅读开发方面就做得较好，深受欧美国家年轻读者尤其是女性读者的青睐。三是通过并购海外网站（包括翻译网站、文学网站等）或自建平台等方式，积极向海外发展，实现了网络文学在海外的跨媒介、跨文化传播。例如，2018年阅文集团正式投资韩国原创网络文学平台Munpia（株式会社文笔雅），持有该公司约26%的股份。海外并购让集团快速、准确地切入韩国网文市场，便于开展本土化运营。

（二）“生态出海”：中国网络文学海外传播的产业化运作

新时期的中国网络文学海外传播，正在积极构建全产业链生态体系，通过多种本土化运作，努力开创“生态出海”新局面。

长期以来，中国网络文学的海外出版主要依赖在线翻译与版权输出，IP运营的比重非常小。但是随着国内文学网站海外运作动作频增，运营商逐渐抛弃了单一的译作授权模式，转而有意识、有计划地将与作品版权相关的多种媒介形式产品“打包”送出。在内容“破圈”成为一种常态后，网络文学网站主动作为，不断优化调整产业战略布局，以优质IP为核心，以译介传播为基础，积极进行影视剧、动漫画、网游、有声书、舞台剧等全产业链开发运作。例如，MangaToon是国内知名的漫画出海平台，能够为海外用户提供1000余部多语言的漫画作品。2018年，“连尚文学”这家国内集网络文学、漫画原创、IP孵化培育为一体的综合阅读平台完成了对MangaToon的投资，二者强强联合启动了新一轮的出海战略。全版权的产业链开发，也符合国际市场的消费需求。根据艾瑞咨询2021年的统计，有超过55%的海外读者期待

① 储文静：《阅文集团发布2020年财报：营收85.3亿，月活用户增长4.2%至2.3亿》，《潇湘晨报》，2021年3月24日。

将网络文学改编成电影或电视剧，且其中有30%左右的人愿意为此付费。①

与此同时，本土化运作是中国网络文学深度融入海外市场的必要手段。一方面，一些网络文学核心企业着手推进作者签约制的海外落地。作为网络文学在国内繁荣发展的成功经验之一，签约制为生生不息的网络原创内容提供了有效的作者保障。“起点国际”自2018年4月上线海外原创功能以来，吸引了来自全球的创作者超10万名，推出海外原创网络文学作品超16万部。② 此外，开展面向海外作者的征文活动也是内容本土化运营的方式之一。事实上，作为文化消费的新样式，海外网络文学已经超越了传统的文学阅读和消遣的意义，而逐渐形成了一种新的商业模式。随着海外征文活动的开展和平台的开放，越来越多的本土作家加入中国网文大军，形成一种良性的引才、荐才、育才机制。如获得“起点国际”2020年海外最受欢迎原创作品奖的就是英国作家JKS Manga。他创作的My Vampire System借鉴了国内网文的写法，将“系统”的元素与西方吸血鬼元素相融合，带给海外读者全新的想象。截至2020年底，“起点国际”吸引了海外约11万名创作者，审核上线原创作品超20万部，近100部作品点击量超1000万。③ 这些作者既了解中国网络文学的写作，又熟悉本国的语言和文化，他们更容易与本土受众形成良好的互动。这不仅为中国网络文学海外市场的拓展注入了新的活力，而且充分体现了各国文学的相互交融、彼此借鉴，也符合互联网开放、平等、交流、互惠的精神。

另一方面，设立海外分支机构也是实现本土化运作的一条有效途径。并购海外机构或与当地企业合作等方式，能够更好地开发适应当地读者需求的内容，其运营推广也能适应海外市场规律。据统计，截至2020年，阅文集团完成对韩国Munpia和泰国的头部网文平台Ookbee U的投资，“起点国际”收购了Gravity Tales，“中文在线”入资WuxiaWorld，“掌阅”“晋江”“博易创为”等网络文学平台海外版权内容运营取得良好效果。网络文学企业的投资外延持续扩大，海外市场进一步拓宽。④

① 《2021年中国网络文学出海报告》，艾瑞网，https://report.iresearch.cn/report/202109/3840.shtml.

② 中国作协网络文学中心：《2020中国网络文学蓝皮书》，《文艺报》，2021年6月2日。

③ 吴燕霞：《“网文出海”热度不减 海外输出万余部作品》，新华网，http://www.xinhuanet.com/culturepro/2021-05/27/c_139972497.htm.

④ 中国作协网络文学中心：《2020中国网络文学蓝皮书》，《文艺报》，2021年6月2日。

四、从被动走向主动：中国网络文学海外传播的经验及启示

中国网络文学20多年的出海经验表明，中国文学与文化的海外传播必须坚持技术、资本与市场的合力，不仅要充分利用互联网的先进技术，搭建各种传播平台，而且要提供与传入国的语言、文化相吻合的内容，并采用海外读者所熟悉的认知模式和话语表述方式，从而不断健全“创作—传播—运营—消费”体系。

中国网络文学成功的海外传播也为中华文化国际传播提供了积极启示：扎根中国优秀传统文化的资源内核，在熟悉对象国的风土人情、文化需求及推广方式的基础上，针对不同受众群体，通过合作共建或自建平台开展本土化推广，以多种方式实现内容的多元化开发。

（一）创作：扎根中国传统文化内核，面向不同读者开发原创内容

中国网络文学走出国门，先后在越南、泰国、日韩等亚洲国家，以及俄罗斯、美国、法国等欧美国家受到了不同程度的欢迎。目前中国网络文学最受欢迎和期待的类型，在欧美主要是仙侠、玄幻和魔幻，在东南亚则是言情和都市。[①] 如果说奇幻、游戏、历史等题材属于男频的常见类型，女频作品则以言情（包括古代和现代）、耽美和奇幻轻小说为主，但这并非意味着海外市场就是“遍地黄金”。为了切实提高中华文化的全球传播成效，必须在扎根中国传统文化内核的基础上，针对不同地域、不同文化进行市场细分，并将性别、年龄、收入、学历等相关因素考虑在内，不断开发原创内容，从针对性、吸引力、感染力等方面着手，做好潜在市场的培育工作。

（二）传播：搭建海外传播平台

WuxiaWorld、Gravity Tale、Volare Novels曾是英语世界排名前三的中国网络文学翻译网站，它们虽然是依靠翻译起家，但借助先进的网络技术，依靠对输入国（特别是英语国家）文化消费市场的熟悉，使得包括“阅文”“掌阅”“中文在线”等在内的国内知名文学网站都曾先后与其建立合作关系。不得不说这种“海外翻译网站＋国内文学网站”的合作模式，为中国网络文

① 邵燕君等：《媒介革命视野下的中国网络文学海外传播》，《文艺理论与批评》，2018年第2期，第119－129页。

学迅速打开国际市场提供了一条便捷的途径。而当中国网络文学企业日渐壮大，为更好地迎合国内外消费市场的需求，以阅文集团为首的一些网络文学头部企业凭借自身雄厚的资金和技术实力，通过并购或自建平台等方式，迅速成为中国网文出海的生力军。中国网络文学海外传播全面进入“生态出海”的经验表明，中华文化的全球传播不仅要依靠向内深挖潜力，也要向外拓展平台，实现资源的整合、优化。

（三）运营：实现内容多元化开发

借助通信与互联网的高新技术，中国网络文学的运营正逐渐走向以优质文化 IP 为核心，进行影视剧、动漫、互动阅读、有声书等不同形式的多元化开发之路。中华文化的海外传播应该以此为鉴，充分发挥不同的媒介平台特性，将文字、图片、声音、影像等元素重新组合，围绕文学 IP，充分挖掘潜质，整合经济、社会和文化资本，架起文学作品、内容产业与文化创意、品牌营销之间的桥梁。

当前，我国正处在实现中华民族伟大复兴的关键时期。随着中国经济实力日益增强和政治地位显著提高，中华文化的对外传播成为彰显文化软实力、坚定文化自信的重要举措。中国网络文学的海外传播，不仅输出了原创性的网络文学作品内容与生成机制，更通过中国文学与文化的全方位、立体式呈现，成为展示中国风貌、阐发中国精神、塑造国家形象的重要途径。未来，中华文化要真正实现“走进去”，与不同国家、不同文化深入融合，必须积极谋划，主动布局，才能在世界舞台讲好中国故事，唱响中国声音，为世界文明交流互鉴贡献中国力量。

作者简介：

张杰，博士，四川大学海外教育学院教师。

曾元祥，博士，四川大学文学与新闻学院副教授。

守正创新：比较文学教材建设的新垦拓

——评曹顺庆先生主编的比较文学系列教材

晏　红

摘　要：20世纪末，在中国比较文学教材建设已然出现危机的特定语境中，曹顺庆先生开始致力于编写适合中国比较文学实践的学科教材，先后主编了《比较文学论》、《比较文学学》、《比较文学教程》、《比较文学概论》（人大版）、《比较文学概论》（“马工程”重点教材，高教版）等系列教材，以其独具特色的理论思考，不仅对传统比较文学学科理论中存在的问题进行了清理辨析，而且提出了全新的理论观点，在守正创新的基础上，通过深刻而独到的中国比较文学学科理论新范式的建构，为比较文学教材建设做出了巨大贡献。

关键词：守正创新　比较文学教材　新垦拓　曹顺庆

自1984年卢康华、孙景尧主编的中国大陆第一部比较文学教材《比较文学导论》出版以来，比较文学教材的编写便随着比较文学在中国的全面复兴而蓬勃发展。据统计，到1999年，正式出版的比较文学教材便达到40部，[①] 对新时期中国比较文学产生的巨大影响显而易见，正如有学者所总结的：“以上教材能够普及文学知识，帮助人们了解比较文学学科的性质、意义，自觉运用比较文学理论分析文学现象，审视中外文学发展格局及规律，并将国别文学放在世界文学背景下重新检阅其优缺点，因而，具有方法论意义上的突破。教材的广泛应用使比较文学这一新的学科在大陆日渐成为一门显学。”[②] 然而，这些教材虽然各具特色及理论贡献，但是大都是对法

---

① 刘献彪、吴家荣、王福和主编：《新时期比较文学的垦拓与建构》，安徽大学出版社，2007年，第264—266页。

② 刘献彪、吴家荣、王福和主编：《新时期比较文学的垦拓与建构》，安徽大学出版社，2007年，第111页。

国学派影响研究和美国学派平行研究的理论介绍与阐释，即便论及已然兴起的中国学派，也仅提及台湾学者提出的所谓“阐发法”的相关论述。随着比较文学的进一步发展及中国学派的全面崛起，仅仅以法国学派和美国学派的两阶段学科理论已经不能有效阐释比较文学研究实践中出现的许多关键性的具体问题。如果说“比附文学”现象的出现已然隐含着既有比较文学学科理论存在的问题，那么一些从事比较文学教学的基层教师们在1999年8月成都召开的第六届中国比较文学学会年会暨国际学术会议上对于“怎样比较才是真正的、深刻的比较文学，而不是浅度的‘比附’文学?”[①] 而产生的困惑，则意味着当时的比较文学教材建设在看似繁荣的发展中已经出现了严峻的危机。正是在此语境中，曹顺庆先生一针见血地指出：

> 我们当前的比较文学教材，或者说比较文学学科理论，确实跟不上现实的需要，甚至与实际的研究情况脱节；现有学科理论无法回答现实的问题，无力解答研究中的困惑。是的，我们确实从西方搬来了一大堆理论，搬来了威勒克、雷马克的定义，搬来了基亚、梵第根的理论，搬来了谢佛莱尔、佛克玛的看法，但是，我们却没有自己的、切合中国比较文学实践的理论，没有一套独创的又确实能解决自己问题的方法论。[②]

基于这种极具洞察力的判断和深刻思考，曹顺庆先生开始致力于编写适合中国比较文学实践的学科教材，先后编著了教育部教学改革重点项目系列教材《比较文学论》(四川教育出版社，2002年；台湾扬智文化事业公司繁体字版，2003年)、四川大学研究生系列教材《比较文学学》(四川大学出版社，2005年)、普通高等教育“十一五”国家级规划教材《比较文学教程》(高等教育出版社，2006年初版，2010年再版)、新编21世纪中国语言文学系列教材《比较文学概论》(中国人民大学出版社，2011年初版，2015年再版)、“马工程”重点教材《比较文学概论》(高等教育出版社，2015年初版，2018年再版)等系列比较文学教材，以自己独具特色的理论思考，不仅对传统比较文学学科理论中存在的问题进行了梳理辨析，而且提出了全新的理论观点，在守正创新的基础上，通过深刻而独到的中国比较文学学科理论新范式的建构，为比较文学教材建设做出了巨大贡献。

---

① 曹顺庆等：《比较文学论》，四川教育出版社，2002年，第4页。

② 曹顺庆等：《比较文学论》，四川教育出版社，2002年，第4页。

一、正本清源，跨越异质文明之墙

曹顺庆先生主编的第一本比较文学教材是2002年四川教育出版社出版的《比较文学论》。其实，早在20世纪90年代，曹顺庆先生便对比较文学学科理论进行了系统而深刻的思考，该教材的编写固然与当时语境中比较文学学科建设出现的危机密切相关，究其实质却是他多年来立足于中国比较文学研究实践对于比较文学学科理论探讨的一次集中体现。

具体而言，早在1995年，随着比较文学中国学派的全面崛起，曹顺庆先生便撰写长文《比较文学中国学派基本理论特征及其方法论体系初探》对中国比较文学学科理论进行了系统的理论探讨，提出“跨文明研究”的学科新理论，初步建构了中国学派的学科理论体系，从而对原有的比较文学两阶段理论形成超越，在当时的中国比较文学界产生较大影响。紧接着其又与香港学者黄维樑教授合作编选出版了《中国比较文学学科理论的垦拓——台湾学者论文选》（北京大学出版社，1998年）。在该书导论中，曹顺庆先生明确指出：

> 反观今日中国比较文学界，在学科研究内容和方法论方面，也已经呈现茫然和困惑之现象。再看当今世界比较文学界，由于研究领域的不断扩展，原有的学科理论已经不能适应新的发展，比较文学学科理论日益趋向不确定性，甚至有人认为根本不用确定，或不屑确定。这种失去学科理论的茫然、困惑，这种不能确定或不屑确定学科理论的消极态度，必然将比较文学导向严峻的学科危机。……如果说威勒克称1958年的比较文学学科理论的“危机”为“一潭死水”的话，那么我们目前的学科理论和方法论方面则堪称“一头雾水”。①

可以说，如何走出这“一头雾水”，就是曹顺庆先生主编《比较文学论》的理论初衷。考察该教材，曹顺庆先生采用的基本思路主要体现在两个方面：一是正本清源，通过对比较文学一百多年发展过程中如影随形的定义之争的清理辨析，从比较文学可比性的角度确立比较文学作为一门学科的根本属性，从而为走出比较文学“一头雾水”的困境奠定理论基础；二是立足于中国比较文学研究实践，以比较文学中国学派跨文明研究理论的确立，回应新的文化语境中比较文学研究面对的中西异质文明问题，达成对于异质文明之墙的

① 转引自曹顺庆等：《比较文学论》，四川教育出版社，2002年，第5—6页。

真正跨越。

基于这种思路，《比较文学论》虽然在编写体例上与此前的教材类似，依然从比较文学的定义与实质入手，对比较文学学科史进行了具体的考察梳理，然而其重点不在于简单介绍不同时期比较文学的定义，而是由此出发去探讨比较文学之为比较文学的根本特征，即比较文学的可比性问题，这可以说是该教材的一大理论特色。

众所周知，从诞生之日起比较文学的定义之争就如影随形，长期延续。考察其中原因，固然与其在发展的不同阶段形成不同的学科理论密切相关，究其根源却是对于比较文学作为一门学科的根本属性缺乏应有的确立，以致在不同时期就会出现各自立足于不同研究对象及方法论的学科理论建构，从而陷入无休止的争论，并导致学科危机。因此，对于比较文学作为一门学科的可比性的准确把握就具有根本性的重要意义。

作为比较文学学科理论的一个根本问题，比较文学的可比性问题不仅与学科本身的定位和具体研究对象的确定等有关比较文学发展的重要问题密切相关，而且也是比较文学作为一门学科是否成立的关键之所在，正如有论者所言："没有可比性的比较，是荒唐的比较。可比性是比较文学研究的前提和基础，是比较文学学科的生命线。"① 著名比较文学学者袁鹤翔先生更是强烈呼吁："在讨论中西比较文学时，我们应建立起一个新观念，重新探讨两种文学的'可比性'，脚踏实地地痛下一番功夫。"② 然而，长期以来，尽管许多专家学者编写的比较文学教材在探讨比较文学的学科理论时亦一再论及比较文学的可比性问题，但其重要性并未得到足够的重视。在他们的论述中，比较文学可比性的意义大多被对比较文学不同阶段的可比性的描述代替，没有从根本上对比较文学的可比性问题进行深入实质的论述。

不可否认，考察比较文学百多年来发展的历史进程，其在不同发展阶段的确呈现出不同形态的可比性，但究其实质，这些看似不同的可比性均建立在比较文学可比性统一的根本属性基础上。离开这个基础，任何对可比性问题的论述必将成为无根之萍，无助于我们对可比性问题的理解与把握。从理论上说，比较文学的定义之争以及由此导致的一次又一次危机的主要根源就在于比较文学界对可比性问题的莫衷一是，以及对其根本性重要意义一定程度的忽略。基于此，该教材在较为充分地考察辨析此前众多比较文学教材中有关比较文学可比性论述的基础上，对比较文学可比性的定义进行了较为全

① 刘圣效：《比较文学概论》，湖南人民出版社，1989年，第48页。

② 黄维樑、曹顺庆主编：《中国比较文学学科理论的垦拓——台湾学者论文选》，北京大学出版社，1998年，第69页。

面的重新思考与确立，即：

> 比较文学的可比性指的是在跨国家、跨学科和跨文明的比较文学研究中寻求同的学理依据，是比较文学研究赖以存在的逻辑上的可能性。在比较文学发展的不同时期，这种学理依据是不断拓展的。在以法国学派为代表的第一阶段，它主要着眼于同源性，发展到以美国学派为代表的第二阶段的，则强调类同性和综合性，在以跨文明研究为基本特征的第三个阶段，则在前两个阶段的基础上，进一步寻求文化异质性及其融会的途径，具体表现为异质性、多元性、交互性及总体性等。总体而言，比较文学的可比性由三个条件组成，即文学性、跨越性、相容性。①

对于比较文学可比性之于比较文学研究的重要意义，曹顺庆先生在后来主编的“马工程”重点教材《比较文学概论》中再次强调：“进行比较文学研究，首先要懂得什么是‘可比性’，否则就会陷入‘乱比’的泥淖。‘可比性’指导我们如何从同源性来研究文学的相互影响关系，如何从类同性来比较人类的共同文心与诗心，如何比较不同学科的共同规律；‘可比性’还指导我们如何研究差异性，如何从变异性来认识文学交流中的变化与差异，从异质性来认识文化阐释中的变异规律。懂得了‘可比性’，才能够进一步理解比较文学的影响关系特征和研究方法，以及比较文学平行研究的诸多问题、跨文明文学比较的若干规律等。”②

如果说对于比较文学可比性的确立使得当时语境中“一头雾水”的比较文学学科理论变得清晰起来，那么通过对比较文学学派问题的考察辨析，立足于中国比较文学研究实践，提出跨文明比较文学研究的深刻观点，从而对中国学派的学科理论进行系统建构，则是该教材的全新理论贡献。其意义不仅体现在对中国比较文学实践的有效阐释与引领，而且也“是比较文学从危机走向转机的一次重大突破，是全球比较文学研究的一次意义深远的战略性转变”③。

具体而言，跨文明研究视野的确立与比较文学的跨越性密切相关。对于比较文学的跨越性虽然存在种种争议，但就其所具有的理论重要性则是比较文学界的一个共识。在此前的比较文学教材中，比较文学的跨越性主要来源于法国学派影响研究和美国学派平行研究的学科理论，体现为跨国跨学科的比较文学研究。应该说在中国比较文学全面复兴之前，这种理解是有其合理

---

① 曹顺庆等：《比较文学论》，四川教育出版社，2002 年，第 58 页。

② 《比较文学概论》编写组：《比较文学概论》(第二版)，高等教育出版社，2018 年，第 9 页。

③ 曹顺庆等：《比较文学论》，四川教育出版社，2002 年，第 7 页。

性的，因为无论是法国学派还是美国学派，其比较文学研究均建立在西方文化与西方文学基础之上，具有文化与文明的同一性，然而当把这一套理论运用于中国比较文学实践中，原有的仅体现为跨国跨学科的跨越性便不能对中西异质文明问题提供有效的理论支撑。对此，曹顺庆先生有着敏锐而深刻的洞察：

> 我们承认基亚、梵第根、雷马克、威斯坦因等人的比较文学学科理论确有价值，也确实推动了世界比较文学研究，但却忘记了他们的比较文学学科理论是奠基在西方文化与西方文学土壤之上的。将这一套西方的比较文学学科理论直接搬到中国后，首先碰到的第一大难题是中西异质文明问题。由于中国与西方属完全不同质的文明，这种跨异质文明的比较，是西方比较文学学科理论从未认真对待过的问题，但这个问题却是中国比较文学实践从一开始就必须切切实实面对的问题。因此，在西方文化圈中本不成问题的类比研究，拿到中国来就变成了“比附”研究，因为华兹华斯与陶渊明之间有着巨大的文化落差，异质文化使得他们之间的比较加大了难度，如果不注意异质文明的探源，不注意异质文明的学术规则和话语差异，则这种比较必然成为浅度的“比附”文学。这就是问题之所在。①

因此，如何对中西异质文明之间的比较文学研究提供有效的理论支撑便不能不成为该教材要解决的另一个关键学科理论问题。立足于此，该教材的编写体例便在学派的理论视野中形成影响研究、平行研究和跨文明研究的三阶段学科理论框架。这种体例在今天看来存在一定的弊病，但在当时语境中有其理论合理性，其具体意义正如曹顺庆先生所言：“我们力求总结出一套跨文明研究的方法和规律，以适应当前的比较文学教学和研究之需，适应当前比较文学所迫切需要解决和回答跨异质文明比较的问题。切切实实推进中国的比较文学研究与比较文学学科理论建设，并以实际行动，推动世界比较文学第三阶段的学科理论建设。”②

可以说，跨文明研究视野的确立奠定了比较文学第三阶段学科理论的基础，从而在法国学派和美国学派跨越国家界线之墙和学科界线之墙的基础上，实现了对比较文学第三堵墙——东西方异质文明之墙的跨越，从而使比较文学告别20世纪末比较文学的“一头雾水”，并走向更加广阔而辉煌的未来。

---

① 曹顺庆等：《比较文学论》，四川教育出版社，2002年，第4—5页。

② 曹顺庆等：《比较文学论》，四川教育出版社，2002年，第11页。

二、继承创新，构建新的学科理论范式

《比较文学学》是曹顺庆先生主编的第二部比较文学教材，四川大学出版社于2005年出版。该教材作为四川大学研究生教材而编写，其基本特征正如曹先生所言："这既是一部研究性著作，又是一部创新性教材，……无意再把对本学科基本常识的重复描述作为重点，相反是把视野放在学科研究的前沿，在对比较文学学科前瞻性的探寻中完成本书的研究性、创新性编写任务。"①

长期以来，对于比较文学学科理论的探讨大多被置于一种历时性的两阶段或三阶段学派理论建构之中。毫无疑问，这种理论模式较为清晰地呈现了一百多年来比较文学作为一门学科发展的基本面貌，其意义是显而易见的，但是这种历时性的理论建构在某种程度上对比较文学研究所具有的共时性特征容易形成一定的遮蔽。在该教材中，曹顺庆先生对此进行了深刻的反思，从共时性的理论视野对三个阶段的学科理论进行了全新的整合和重构，以"跨越性"和"文学性"为基础，将比较文学研究领域分为四个方面，即文学跨越学、文学关系学、文学变异学和总体文学学，从而使比较文学学科理论的探讨跨上了一个新台阶。②

通过这种共时性的学科理论整合，不仅比较文学诞生之初拥有的开放性、发展性和世界性特征得到比较全面的回归，而且在此理论范式中，传统的影响研究、平行研究以及跨文明研究必然会开启一种新的研究视野，焕发出新的学术价值。

需要说明的是，因为该教材主要是为研究生教学而编写的，对于当今高校以本科生为主要对象的比较文学教学并不具有普遍适用性。尽管如此，该教材中体现出的对于比较文学学科理论的深刻思考为曹顺庆先生其后的比较文学教材编写奠定了一个全新且坚实的理论基础。紧接着出版的作为普通高等教育"十一五"国家级规划教材的《比较文学教程》，在学科理论的建构上便与《比较文学学》一脉相承，成为创新性与比较文学原理相结合的一个典范。

作为以大学本科生为主要对象的比较文学教材，《比较文学教程》在继承借鉴国内外相关研究成果的基础上，在共时性的理论视野中创建了"一个新的学科理论范式，明确提出了比较文学学科理论的一个基本特征与四大研究

① 曹顺庆主编：《比较文学学》，四川大学出版社，2005年，前言，第1页。

② 曹顺庆主编：《比较文学学》，四川大学出版社，2005年，第20页。

领域，一个基本特征即‘跨越性’，这包括跨国、跨学科与跨文明；四大研究领域即‘实证性影响研究’、‘变异研究’、‘平行研究’与‘总体文学研究’”①。其中，变异研究是该教材最富特色的一章，以曹顺庆先生提出的原创性理论话语拓展和更新了比较文学学科理论体系，具有重要的学术意义。

变异研究的理论基础是比较文学变异学，该概念是曹顺庆先生于2005年在《比较文学学》中正式提出的，不过对于比较文学变异学进行确切定义和理论阐释的是他在2006年发表的长篇论文《比较文学学科中的文学变异学研究》。在该文中，曹顺庆先生明确指出：“比较文学变异学将比较文学的跨越性和文学性作为自己的研究支点，它通过研究不同国家之间的文学现象交流的变异状态，以及研究没有事实关系的文学现象之间在同一个范畴上存在的文学表达上的异质性和变异性，从而探究文学现象差异与变异的内在规律性所在。”② 在此学科理论中，差异性与文学性成为比较文学研究的立足点与精神指向。具体而言，差异性不仅导向影响研究中接受者在接受过程中必然会出现的种种变异，而且揭示了平行研究的相互阐释中存在的基于文化及语境不同而出现的变异。文学性则立足于文学必然具有的人文主义精神色彩，将比较文学真正还原到文学作为人学的意义原点，一方面使比较文学研究拥有人的生命情怀和精神追求的审美属性，另一方面也体现出研究者作为主体在阐释相关理论时必然拥有的属于自己的独特体验与思考。

在该教材中，曹顺庆先生从文学变异学的理论视角出发，对原有比较文学学科理论中所涉及的文化过滤与文学误读、译介学、形象学、接受学和文学的他国化等五个方面进行了新的阐释，不仅使比较文学研究中不少令人困惑的问题得到了有效解决，而且拓展了原有的比较文学学科理论的研究视野。例如：

> 在文学传播和交流的过程中，除了可以确定的实证性影响的因素之外，在文化过滤、译介、接受等作用下，还有许多美学因素、心理学因素和文化因素起着重要的作用，在这些难以确定的因素的作用下，被传播和接受的文学在一定程度上发生了变异。比较文学的变异学将变异学和文学性作为自己的学科支点，通过研究不同国家不同文明之间文学交流的变异状态，来探究文学变异的内在规律。比较文学变异学研究与实证性影响研究的不同就在于，实证性的影响研究突出文学传播和交流过

---

① 曹顺庆主编：《比较文学教程》，高等教育出版社，2006年，第320页。

② 曹顺庆、李卫涛：《比较文学学科中的文学变异学研究》，《复旦学报（社会科学版）》，2006年第1期，第79—83页。

程中的“实证性”和“文学关系研究”，而变异学突出的是文学在传播、交流过程中的变异。如果说实证性的影响研究是求“同”，那么 变异学研究就是求“异”，文学变异学研究就是要为这种研究提供可行的方法①。

可以说，正是基于共时性理论视野及变异学研究视角的确立，该教材在继承与创新的基础上，构建了具有中国特色比较文学教材的全新学科理论范式，有效回应了比较文学作为一门学科一百多年来难以把握的学术难题，即韦勒克所说的“我们学科的处境岌岌可危，其严重的标志是，未能确定明确的研究内容和专门的方法论”②，从而开启了比较文学学科理论发展的新篇章，被誉为“一本换代的比较文学教材”③。

另外，值得一提的是，在《比较文学学》和《比较文学教程》中，曹顺庆先生将总体文学重新纳入比较文学的学科体系，立足于比较文学作为一门学科的理论初衷及发展指向，通过对围绕总体文学观念产生的各种争论的详尽考察辨析，不仅在跨文明研究的理论视野中重新探讨了总体文学之于比较文学的重要意义，而且还对总体文学的具体研究领域进行了确立，成为《比较文学学》和《比较文学教程》中所建构的学科理论新范式中重要的一环，正如曹顺庆先生所言：“如果比较文学学科缺少了总体文学这一环节和内容，比较文学研究就可能迷失自己的方向；如果总体文学失去了国别文学和比较文学坚实的学术支撑，也就可能因为空洞的抽象而失去应有的价值。所以，总体文学的理论设计是比较文学建构其完整的学科理论体系，实现其根本的学术理想不可或缺的环节，也是今天比较文学学科开拓其理论前景的必由途径。”④

三、博采众长，引领比较文学新发展

在曹顺庆先生主编的比较文学系列教材中，以《比较文学概论》命名的有两部：一是2011年中国人民大学出版社出版的《比较文学概论》，二是2015年高等教育出版社出版的“马工程”重点教材《比较文学概论》。这两部教材虽同名，却体现出迥异的编写特征，在某种意义上恰恰形成比较文学教

① 曹顺庆主编：《比较文学教程》，高等教育出版社，2006年，第97页。

② 韦勒克：《比较文学的危机》，载干永昌等编选，《比较文学研究译文集》，上海译文出版社，1985年，第122页。

③ 刘献彪、吴家荣、王福和主编：《新时期比较文学的垦拓与建构》，安徽大学出版社，2007年，第264—266页。

④ 曹顺庆主编：《比较文学学》，四川大学出版社，2005年，第304页。

材建设所具有的两大特质，一是作为大学教材服务于教学的教学性，二是作为一门学科的学科理论性。

长期以来，比较文学教材建设大多注重其作为一门学科的学科理论探讨，对其作为大学教材应该具有的教学性特征的关注有一定程度的欠缺。曹顺庆先生主编的《比较文学概论》（中国人民大学出版社，2011 年）在此方面不啻为一种有益的尝试。该教材的编写特点不在于学科理论的创新，而在于服务比较文学教学的独特性。具体而言，该教材是应中国人民大学出版社的邀请而编写的，对此，曹顺庆先生明确表示："思考多日，决定将此书编成一部简明比较文学教材，正文内容尽量写得少一点，写得简明易懂一点，留出篇幅来添加参考例文，形成一部简明教材加比较文学读本，加强学生的文本阅读，让学生从参考例文中学到更实在的东西，这样更有利于学生学习与理解。……这也许是比较文学教学改革的一个重要方向。"① 正是基于这种特点，中国人民大学出版社编辑曾评价此教材"简明扼要，正文+文选的体例创新，栏目设计新颖"，颇受师生欢迎。

2015 年，曹顺庆先生作为首席专家主持的"马工程"重点教材《比较文学概论》出版。该教材的编写汇集了当今中国比较文学界各个研究领域的代表学者，其基本特点即是博采众长，立足于当今比较文学研究实践，从问题意识的角度，以各个领域的前沿研究引领比较文学的新发展，既是对近年来中国比较文学研究成果的一次总展示、大检阅，也是对比较文学学科理论的新垦拓。作为"马工程"重点教材，其编写的指导思想是："避免机械地将比较文学学科看作一个静态的线性发展过程，而是遵循辩证唯物主义思想，将其视为'涟漪'式的动态发展过程与螺旋式的上升过程。这就是说，比较文学发展每个时期的学科理论都有历史决定性因素以及历时性的局限，但也都存在不可替代的独特价值和普遍性意义。不同阶段之间存在一种互动关系和继承与创新的关系，而不是后者取代前者。"②

基于此，该教材的编写思路即是打破固有的学派设限，对原有教材中代表比较文学发展三阶段的法国学派、美国学派及中国学派的学科理论进行结构上的整合与重构，"一方面注意区分不同学派之间的区别和差异，另一方面也关注不同学派之间的交叉和联系，注意总结不同学派学科理论的普遍性意义"③。

在比较文学作为一门学科一百多年的发展过程中，学派问题是比较文学

① 曹顺庆主编：《比较文学概论》，中国人民大学出版社，2011 年，第 236 页。

② 《比较文学概论》编写组：《比较文学概论》（第二版），高等教育出版社，2018 年，第 11 页。

③ 《比较文学概论》编写组：《比较文学概论》（第二版），高等教育出版社，2018 年，第 11 页。

学科史的一个核心问题，虽然长期以来存在许多争论，但是大多数比较文学教材对于比较文学学科理论的探讨基本都被置于一种历时性的两阶段或三阶段学派理论建构之中。对此，曹顺庆先生早在编写其第一部比较文学教材时，就已经进行了深刻的反思："每一学科领域的学派在形成过程中均有其历史的渊源。从一般意义上讲，学科和学派的形成实际上总是针对原有学科体系或结构中的缺陷进行的质疑和学理层面的探讨。其中包括学科及学派开创者的问题意识和理论意识、倡导者及研究群体的学科意识、对研究视野和研究角度的开拓、对原有学科理论的全面审视、对具体操作术语的指涉范围、方法论架构上的批判，以及在学科建设过程中的自我反省。……学派的形成和定位不是一种逐渐自我封闭的过程，而是一种不断开放的进程。"①

需要说明的是，这种思考虽已触及比较文学学派问题的实质，但在当时并未由此出发形成对于学派设限的理论超越，因此 2002 年出版的《比较文学论》的编写依然按照三阶段的学派理论进行教材结构的设置。而"马工程"重点教材《比较文学概论》的编写则打破固有的学派设限，在此基础上对比较文学学科理论进行重新整合，这一写作思路体现出曹顺庆先生对于比较文学学派问题的一种突破性全新思考，并由此确立了超越学派的学科理论视野。基于此，该教材在对比较文学定义的考察中，虽然仍以法国学派和美国学派的名义梳理辨析比较文学发展前两个阶段形成的比较文学定义，但对原来教材中提到的中国学派的定义则以中国学者的名义进行了探讨，而且将以学派形成的比较文学三阶段的说法也改为比较文学学科理论的欧洲阶段、美洲阶段和亚洲阶段，从而突破了原有的以学派为基础的学科理论的局限性，不仅真正体现出比较文学发展的全面性、开放性和世界性，而且对当今语境中已然形成的文化与文明的多元格局进行了有效回应，使比较文学真正成为沟通人类文化与文学交流的五彩之桥。

具体而言，该教材在章节的设置中，虽然在结构上承续了以往教材立足于影响研究、平行研究和跨学科研究的理论建构，但是在超越学派的理论视野里则不仅在命名上进行了调整，而且在具体的理论阐释中以辩证发展的眼光既肯定传统理论力所能及的有效性，又拓展并弥补了其理论局限性所造成的缺憾。

例如，以往教材的第二部分基本上都名为"影响研究"，侧重文学的单向影响。本教材第二章则名为"国际文学关系与相互影响"，这个命名主要强调辩证地认识问题，主要有两点：首先是强调影响的国际关系，

① 曹顺庆等：《比较文学论》，四川教育出版社，2002 年，第 64 页。

其次是强调了影响研究的相互性和多向性、对话性和变异性特征。这样既肯定了法国学派的实证性国际文学关系影响研究，又打破了以往教材的单一的实证性影响研究，论证了文学影响中的科学性与审美性、实证性与非实证性；增加了文学影响研究中的变异性研究；克服了以往纯实证的求同性文学关系研究的弊端，提出了实证性、审美性和变异性同时构成文学关系研究的创新观点；弥补了以往教材只论述影响研究的同源性而忽略了国际文学交流中文化过滤、文化误读、文化信息的失落等变异性的缺憾，将以往的实证性、单向性的“影响研究”，推进到实证性、非实证性和审美性共存、影响的同源性与影响的变异性同在的相互影响研究的辩证新高度。①

简而言之，这种论述在继承与创新的基础上，使原有教材学派理论视野中相割裂的实证性、审美性和变异性相互交融，为文学关系研究提供了极具创新性的学术新观点。

特别值得一提的是，在超越学派的理论视野中，原有比较文学教材里一些囿于学派的局限性而难以两全的理论问题也得到有效阐释，对长期以来被纳入美国学派平行研究范畴的“主题学”和“文类学”的重新阐释就是一个典型例证。在比较文学研究实践中，主题学和文类学研究既属于影响研究，又属于平行研究，因此在以学派区分的两阶段或三阶段的学科理论中，这个问题均难以得到有效解决。而在该教材中，通过“文学的类型研究”的全新命名与理论整合，则以超越学派的理论视野将主题学和文类学的影响研究与平行研究结合起来，从而不仅突破原有学科理论的局限性，而且使以往教材结构割裂主题学与文类学的缺陷不复存在。另外，比较诗学也是如此。原来的教材一般都是把比较诗学作为平行研究的研究范畴，然而实际上比较诗学研究也会涉及影响研究，因此该教材将比较诗学单列为一章，从而就使得与比较诗学研究相关的影响研究与平行研究统一起来，比较文学研究的问题意识由此得到突出。

另外，该教材在相关理论的整合与重构中，不仅以问题为导引，而且注重比较文学研究的前沿性与中国学者的理论创新。具体而言，在传统的比较文学教材中，与翻译相关的研究一般而言都被纳入法国学派的媒介学及译介学中，虽然也体现出法国学派学科理论的发展，但对于20世纪末以来翻译研究对于比较文学学科理论的巨大影响却无法体现，因此该教材将“比较文学

① 《比较文学概论》编写组：《比较文学概论》（第二版），高等教育出版社，2018年，绪论，第12页。

与翻译研究”单列为一章，“突出了影响研究的当代国际学术前沿问题，也展示出中国学者在影响研究，尤其是比较文学与翻译研究方面的理论创新。……将原属于影响研究的形象学、接受学也单列出来，与变异学合为一章，凸显了影响研究的变异特征，展示了当前影响研究的新发展与新突破，体现了中国比较文学学术话语的创新性”①。

最后，该教材在延续《比较文学学》与《比较文学教程》对总体文学强调的基础上，不仅将“总体文学”单列为一章，而且将其与“跨文明比较文学”与“世界文学”结合起来，体现出曹顺庆先生立足于当今语境比较文学研究实践而形成的对自我的一种理论发展。通过这种章节设置与理论整合，原本隐含着欧洲中心主义思想的“总体文学”得以突破法国学派的理论局限性，在跨文明研究的理论视野中真正回归到比较文学诞生之初所拥有的开放性、国际性和世界性胸怀，达成比较文学发展的一种“循环式上升”，在当今“文明冲突”与“文明对话”的语境中，使比较文学的发展迎来新的转机。在此基础上，比较文学以其坚实且开放的学科理论建构面向未来，迎接世界文学时代的到来。

比较文学的观念最早源自歌德，而体现此观念的就是他明确提出的“世界文学”。总体文学的思想则起源于歌德以及马克思关于“世界文学”的设想。在一百多年来的比较文学发展史上，梵·第根是较早对比较文学与总体文学的关系进行论述的比较文学理论家。为了确立比较文学独立的学科地位，梵·第根将文学研究分为国别文学研究、比较文学研究、总体文学研究三个不同层次，而比较文学的最终目标是走向总体文学研究。他的观点有其合理性，也有一定的历史局限性。该教材在借鉴其总体文学观念的同时，在跨文明研究的理论视野中，将影响研究、平行研究与跨文明总体文学研究相结合，体现了“比较文学的国际性、世界性发展的必然态势。这也完全符合马克思、恩格斯在《共产党宣言》中所提出的‘世界文学’的思想。由此立论既尊重了传统的学科理论，又符合当今国际比较文学学科理论发展的基本趋势”②。

世界文学是当今国际学界研究的前沿热点之一，该教材将“比较文学前景展望：世界文学时代的到来”列为最后一章，不仅体现了比较文学立足于自身学科理论逻辑的发展走向，而且是对国际学术前沿的有效回应，必然预示着中国比较文学学者以其独特的中国理论话语建构参与到国际学术的发展潮流中，“有利于促进东西方文明之间的文学交流和文化发展，有利于迎接世

① 《比较文学概论》编写组：《比较文学概论》（第二版），高等教育出版社，2018年，绪论，第12页。

② 《比较文学概论》编写组：《比较文学概论》（第二版），高等教育出版社，2018年，第13页。

界文学新阶段的到来，从而最终推动各民族文学及世界文学真正走向一条和谐共生的发展之路”①。

这是比较文学发展的走向和最终目标，也是曹顺庆先生主编的系列比较文学教材昭示出的比较文学前景。对此，我们共同期待！

作者简介：

晏红，文学博士，四川外国语大学中国语言文化学院副教授、硕士生导师。

① 《比较文学概论》编写组：《比较文学概论》（第二版），高等教育出版社，2018 年，第 29 页。

女性小说中的童话书写
——以19世纪中期美国女性小说为例

曹美琳

摘　要：本文通过考察19世纪中期美国女性小说中的畅销文本，论证女性小说与经典童话之间的必然关联。本文借用个体的小说文本分析、小说文本与其他文本的互文对话、小说文本的社会历史语境研究等方法，依托马克思主义的女性主义研究框架与达尔文进化论中社会人类学相关观点，力图证明女性小说与经典童话不仅具有表层创作模式的相似性，更具有深层精神内涵的同质化特征。

关键词：女性小说　童话书写　19世纪中期

1850年，小说《广阔、广阔的世界》（*The Wide, Wide World*）的出版与热销，使美国文学商业市场迎来了第一个“畅销书时代”，也翻开了美国女性写作完成职业化转型并大规模兴起的新篇章。这一类由女性创作，以女性经历与女性体验为主题，再由女性购买阅读的小说，被尼娜·贝姆（Nina Baym）定义为“女性小说”（woman's fiction）[①]，通常具有鲜明的女性意识与女性特质。由此说“小说在19世纪基本上是一种女性体裁”[②]不无道理，正如童话是一种儿童体裁。

女性在还不算法律意义上的完整公民的时代，多被视为等同于儿童的、发育不完全的“第二性”；女性诞育了儿童，她们与儿童同处边缘、弱势、从属地位的特性使二者具有紧密的联结。尼尔·波兹曼在《童年的消逝》中也提道：“正是妇女，也只有妇女，才是童年的监督人，她们始终在塑造童年和保护童年。”[③]妇女在哺育孩童

---

① Nina Baym, *Woman's Fiction: A Guide to Novels by and about Women in America, 1820—1870*. Ithaca: Cornell University Press, 1978.

② 张京媛主编：《新历史主义与文学批评》，北京大学出版社，1993年，第207—208页。

③ 尼尔·波兹曼：《童年的消逝》，吴燕莛译，广西师范大学出版社，2004年，第211页。

时，回忆、讲述、铭记经典的童话故事。女性与儿童、女性与童年之间不可分割的纽带造就了女性在文学创作上的童真化艺术思维模式。这一点在19世纪中期美国畅销的女性小说中体现得尤为明显。这一阶段的女性形象具备经典童话原型的重要特征，男女相恋情节被理想化，善恶判断呈二元对立之势，创作的最终目的导向道德指引。

一、“灰姑娘”的成长传记

19世纪中期的女性书写主题与女作家们的个人生活经历密不可分。受“分离领域”（separate spheres）与“女性领域”（woman's spheres）[①] 的意识形态影响，这一时期中产阶级实行男主外、女主内的分工模式。妇女以家庭为事业，通过婚姻实现自我价值。但她们中的绝大多数接受过良好教育，具备一定的科学知识和稳定的思想意识，往往不局限于家庭琐事，渴望自我成长，甚至建立更公平的社会秩序。描写灰姑娘成长经历的自传式小说因此得以风靡。

如玛利亚·康明斯（Maria Cummins）所作小说《点灯人》（*The Lamplighter*，1854）呈现了一个典型的灰姑娘式女主角格蒂（Gerty）。格蒂在小说开篇出场时年仅八岁，和灰姑娘辛德瑞拉一样拥有不幸的童年：打扮寒酸（“她穿着破破烂烂的衣服”“又长又厚的头发乱糟糟的”“脸色土黄”“营养不良”），无人宠爱（“没有妈妈”，别人说她是“世界上最难看、最没规矩的小孩”，“没人在乎她是否开心”），但不失美貌（一双“值得称赞”的“漂亮的深色眼睛”），与小动物关系友好。[②] 随着小说情节的展开，历经一系列洗礼，格蒂的童年阴影被一一抹去，她最终成长为一个美好、无私、虔诚的“真正女性”[③]，甚至担任了教师工作。类似的叙述模式也运用在苏珊·沃纳（Susan Warner）创作的《广阔、广阔的世界》里。女主角爱伦（Ellen）同样具备灰姑娘的一切特征，虽然弱小，却“天生有着乐观、灵活的精神”[④]，

---

① “分离领域”与“女性领域”的概念最早见于 Margaret Lynch-Brennan, *The Irish Bridget: Irish Immigrant Women in Domestic Service in America, 1840—1930*. New York: Syracuse University Press, 2009, pp. 60—62.

② Maria S. Cummins, *The Lamplighter*. Boston and New York: Houghton, Mifflin and Company, 1890, pp. 4—6. 本文所引英文材料除了标出译文出处者，均由笔者自译。后同。

③ Barbara Welter, “The Cult of True Womanhood, 1820—1860”, in *American Quarterly*, Vol. 18, No. 2. Part 1. Baltimore: The Johns Hopkins University Press, 1966, pp. 151—174.

④ Susan Warner, *The Wide, Wide World*. Philadelphia: J. B. Lippincott Company, 1892, p. 20.

不抱怨现实，甚至比格蒂更加逆来顺受。她经历了各种各样的磨砺，获得了不同程度的帮助，逐渐树立起坚定的思想信念，变得更加包容、坚强、独立，最终收获了满意的生活。

这种表面是灰姑娘或丑小鸭的蜕变与成长，实则标志着女性在有限空间内追求人生价值的书写模式，在当时美国通俗小说界具有极大普遍性。早期的女主角通常没有亲生父母（尤其是母亲）的关爱，受过恶毒的对待；后期随着小说故事情节的推进，她们逐步完善了自我的道德修为，在追求爱情、婚姻的过程中不断学习自尊自爱，最终成长为一名温柔包容的优秀女性，即一位合格的“公主”或“王妃”。

尼娜·贝姆认为，《广阔、广阔的世界》与《点灯人》大体一致，都讲述了一个受苦受难的年轻女孩最终扬眉吐气的故事，情节简单。“这个年轻女孩之所以能成为女主角，是因为她的角色可以精确地对应童话故事里那些一开始不起眼、不重要、被剥削，但后来通过努力赢得幸福结局的年轻人。她也像漫画里的主人公一样，用最初的无地位彰显社会腐败，用（最终的）胜利保证更好的社会秩序得以建立。”[①]

“灰姑娘”的成长传记式小说总逃不过丑小鸭变天鹅这样的“蜕变”主题。“蜕变”是必需的，只有蜕变成一个符合当时主流社会美学与道德审美标准的女性，才能顺理成章地成为“公主”或“王妃”，收获美好的婚姻家庭生活。例如《点灯人》的前半部分叙事情节中，格蒂对自己的外貌和性格都很不自信，甚至庆幸格雷汉姆太太是盲人，不会看见自己这副尊容。到了小说后半部分，格蒂已逐渐蜕变成一个漂亮、勇敢、聪明、独立的女孩，连威利都大吃一惊，“我心心念念的小伙伴成长为这样一个可爱优雅的女人，她甜美的个性被惊人的美貌装点起来，我都快认不出来了”[②]。当成年后的格蒂孤身匆匆走过房间准备去帮助受欺负的小孩时，她已然占据时髦太太们的话题中心，获得“优雅”“身姿曼妙”“步态优美”[③] 的称赞，晋升为社交圈中的焦点人物。

正如艾瑞卡·包曼斯特所解读的，“在格蒂公然反对格雷汉姆先生并最终

① Nina Baym, *Woman's Fiction: A Guide to Novels by and about Women in America, 1820—1870*. Ithaca: Cornell University Press, 1978, p. 252.

② Maria S. Cummins, *The Lamplighter*. Boston and New York: Houghton, Mifflin and Company, 1890, p. 510.

③ Maria S. Cummins, *The Lamplighter*. Boston and New York: Houghton, Mifflin and Company, 1890, p. 363.

回到艾米丽家后，《点灯人》渐渐着重于塑造格蒂在公共与异性恋社会的角色"①。康明斯和大部分同时代女作家一样，对女主角作为家庭女主人的社会角色十分重视，使用了远超过对其社会角色、种族角色，乃至宗教角色的笔墨，换言之，尽管小说中有关于女主人公辛勤工作、同情关怀黑奴与穷人、虔诚信奉基督教的情节，爱情和婚姻依然是女性小说的中心，其他叙述只为了烘托她善良、谦逊的美好人格。而美好人格是完成蜕变，更是获得美好爱情的必备前提。一方面，蜕变的过程是为了塑造女性表率式的小说形象，通过通俗小说的流通实现向社会大众，尤其是女性大众进行道德说教的目的；另一方面，中产阶级女性在虚构书写中寄托了对社会变革的美好期许，表达了渴望接受教育、实现自我价值的个人主义理想。她们不单单想收获个体的幸福，更试图在现实中建立更平等、更公正的社会准则。

二、作为性选择的"白马王子"

达尔文的进化论指出，一切生物都以生存和繁衍为目的进行进化，并在此基础上提出人类的"性选择"理论。他在著作中考证了远古时期的择偶模式：无论男女都"完全根据外貌，而不是根据精神的美或财产，也不是根据社会地位去选择其配偶"；在"较晚时期"，即"人类在智力上进步、但在本能上退步的时期"，人类由于已经可以预见到"遥远未来的意外事故"和养育孩子的困难，会更多受到"理性的支配"②。由于男性在时代发展的过程中占据了较多的生产力资源，女性需依附男性才得以存活和抚育后代，因此女性为了确保男性对自己的后代进行投资，就必须保证男性对子女的亲代确定性。从这个角度来讲，一夫一妻制可以使女性的利益最大化。因为一夫一妻制比远古时期混乱的交配模式更容易使男性相信该女性诞下的孩子属于自己，从而愿意投资。男性则倾向于挑选生育能力更强、更容易诞下优质后代的女性配偶。由此，更有财富的男性和更年轻貌美的女性在择偶市场上更具优势的择偶模式慢慢形成了。这一点强烈地反映在女性小说中的婚恋情节里。

在童话式的女性小说中，男主人公即白马王子，是对灰姑娘最终蜕变完成的奖励，蕴含了中产女性对男性的要求和期待。"虽然文明民族的妇女有选

---

① Erica R. Bauermeister, "*The Lamplighter*, *The Wide*, *Wide World*, and *Hope Leslie*: Reconsider the Recipes for Nineteenth-Century American Woman's Novels", in *Legacy*, Vol. 1, Nebraska: University of Nebraska Press, 1991, pp. 17—28.

② Ch. 达尔文：《人类的由来及性选择》，叶笃庄、杨习之译，科学出版社，1982 年，第 718 页。

择对象的自由，或者差不多有这种自由……但她们的选择大部分要受到男子的社会地位及其财富的影响”，因为“男子在其生涯中获得这种成功主要决定于他们的智力及其精力，或者依靠其祖先由这等能力所获得的成果”①。女性选择这样的伴侣有助于下半生的安稳与子孙后代的养育。在沃纳和康明斯的笔下，男主人公的确都具备这一特质。无论约翰还是威利，皆经济条件优越，且成熟、强壮、经验丰富，有男子气概。

看起来女作家们是在赞美传统观念下占主导地位的男性特质，但事实上，在虚构的文学世界里，女性们充分发挥着主观能动性，对理想的男性气质进行规训。例如凯瑟琳·奥康奈尔就认为沃纳的“这部小说动摇了一切‘正确的’男性权威”②。当讨论到约翰对爱伦的主导方式时，雪莉·福斯特和朱迪·西蒙斯分析约翰利用了“善意”和“令人愉悦的举止”③，妮可·林妮·威利定义为“善意”与“关心”④，乔安娜·多布森认为是“善意”与“照顾”⑤。的确如此，沃纳对理想男性特质的要求中很重要的一点是“善意”，即理想的男性应该对自己的女伴充满善意，应该认真地对待她。

女作家们惯常以小说中其他男性角色的缺点来反衬男主人公所具备的理想化美德。在女性被视作“第二性”的时代，女作家们将自己身为女性而渴望被男性、被社会认真对待的愿望嵌入虚构书写中。《广阔、广阔的世界》里，爱伦的生父显然从没有认真对待爱伦，不然也不会在女儿马上就要长途旅行之际还忘记拿她的帽子和手套——因为他认为爱伦的帽子和手套，乃至这个女儿本身都没什么重要的，不需要严肃对待。林赛先生则把爱伦当作“心爱的宠物和宝贝”⑥，并不以平等人类的相处模式与之交流，而是像对待一件值得珍惜的物件一样摆弄。作为“全家人的玩物、骄傲和快乐”⑦，爱伦虽

① Ch. 达尔文：《人类的由来及性选择》，叶笃庄、杨习之译，科学出版社，1982年，第708页。

② Catharine O'Connell, “‘We Must Sorrow’: Silence, Suffering, and Sentimentality in Susan Warner's *The Wide, Wide World*”, *Studies in American Fiction*, 1991, Vol. 25, No. 1, pp. 22—23.

③ Shirley Foster, Judy Simons, *What Katy Read: Feminist Re-Readings of “Classic” Stories for Girls*. Iowa City: University of Iowa Press, 1995, p. 49.

④ Nicole Lynne Willey, *The Cult of True Manhood: American Renaissance Women Writing Masculinities*. Tuscaloosa: The University of Alabama, 2003, p. 98.

⑤ Joanne Dobson, “The Hidden Hand: Subversion of Cultural Ideology in Three Mid-Nineteenth-Century American Women's Novels”, *American Quarterly*, 1986, Vol. 38, No. 2, p. 231.

⑥ Susan Warner, *The Wide, Wide World*. Philadelphia: J. B. Lippincott Company, 1892. p. 504.

⑦ Susan Warner, *The Wide, Wide World*. Philadelphia: J. B. Lippincott Company, 1892. p. 528.

然拥有“一切的爱抚与宠爱”，也心甘情愿为家人带来快乐，却依然感到孤独，因为她知道自己只是财产、宠物和玩具。林赛叔叔明知爱伦有多重视自己的宗教信仰，却不以为意，还强行拿走了她心爱的书《天路历程》。正因为对爱伦不够严肃认真，林赛叔叔才会只凭自己的喜好要求爱伦，让她学她并不喜欢的骑马，强迫她喝酒；也因为对爱伦不够严肃认真，林赛叔叔忽视了爱伦的天赋与求知欲，不愿意让她接受教育，甚至有意无意地打压她的学习能力。上述缺点与男主人公约翰形成反差，作者在小说中明确指出了这一点：

> 他以极大的仁慈和足够的能力回答了她的问题；但他的答案并不像她哥哥经常回答的那样，而是巧妙地把她从一件事引向另一件事，直到一连串的思路被打开，这是她刚开始时做梦也想不到的；与此同时，还有获得新知识的喜悦，她高兴地发现还有新的领域有待探索，高兴地感知自己的力量得到锻炼和扩大，这些力量肯定会得到积极的发挥。林赛先生把对她的要求告诉了她，就这样离开了她。爱伦发现自己在这样的对比下越来越难过，于是明智地走到书柜前转移思绪。她发现了一部苏格兰历史书，把它拿下来，决心重新梳理这个让她产生新奇兴趣的话题。然而没过多久，疲劳和她饮下的酒有效地消除了她好学的念头，她躺在沙发上睡着了。[①]

这一段文本不仅对比出“白马王子”对待女主人公具备更公平、更先进的观念，也体现了沃纳对女性教育的重视。她安排约翰阻止爱伦读小说（“我不想你再读任何一本这种书了，爱伦；它对你不好”[②]），因为他认为“迷人的故事书”[③] 对净化人的心灵无益。沃纳在《广阔、广阔的世界》中竭尽所能地传道和进行道德感化，暗含不愿将自己的作品仅仅归于故事“迷人”的小说一类之意。在她笔下，爱伦是一个聪明、有天分，渴望汲取精神食粮的女孩，值得加以培养教育。林赛先生则没有精神寄托。出于对一个“宠物”的喜爱，他愿意好心地回答她所有的问题，但从未把她视作一个可塑之才，林赛先生对爱伦是不存在尊重的，因此他不愿意教育她，也没有想过要帮助她学习，甚至用不虔诚的、“堕落”的上流阶级生活方式腐蚀她。反观之，约翰但凡洞

① Susan Warner, *The Wide, Wide World*. Philadelphia: J. B. Lippincott Company, 1892. p. 519.

② Susan Warner, *The Wide, Wide World*. Philadelphia: J. B. Lippincott Company, 1892. p. 414.

③ Susan Warner, *The Wide, Wide World*. Philadelphia: J. B. Lippincott Company, 1892. p. 414.

察到爱伦的一丝天分，就会主动要求对她进行继续教育，同时也照顾她的身体与情绪："我会教你。这儿有一页纸，这支笔也够锋利。那把椅子对你来说会不会太低了？"① 约翰展现了一个优秀男性的完美模板：外貌上颇为英俊，具有足够维持中产阶级生活的经济实力，还成熟、尊重、体贴、专情。如此理想化的男性形象不仅是"灰姑娘"苦尽甘来的奖励，也是"灰姑娘"的道德与思想最终得到彻底净化的关键证明。无论小说人物还是当时的美国读者，都对这种美满的结局喜闻乐见，这也是童话模式小说在19世纪美国畅销文学榜单上长盛不衰的原因。

三、作为永恒主题的"真正的爱情"

恩格斯认为，全人类的解放与妇女的解放应当同步进行；只有彻底地消灭阶级不平等与性别不平等，男女之间方能谈得上"真正的爱情"；在实现完全的平等以前，男女之间只存在所有制的关系。② 在保守的19世纪美国，普通人承认两性之间的情感一般需要导向婚姻的必要性。在当时的大多数通俗小说中，婚姻往往是美好爱情的终点，是对"真正的爱情"的奖励：当真心相爱的男女主角排除种种困难终而走向婚姻殿堂时，故事便迎来了美好的大结局。就像童话故事的结局往往是王子和公主结了婚，从此过上幸福的生活。

女作家们大都会在小说结局为女主角安排一个帅气、多金、疼爱她的丈夫。这个丈夫毫无疑问符合世俗眼光对优秀男性或"白马王子"的定义，不仅得到女主角的喜爱，也会得到女性读者的喜爱。这种安排含有补偿女主角坎坷经历的性质，预示着如果一个女孩勇敢善良，在道德上不断完善自己，保有种种优良品质，并始终相信爱情，那么在漫长而辛苦的童年与青少年时期结束后，她就值得一份"真正的爱情"。

这也是童话模式小说最为重要的一个特点：对"真正的爱情"孜孜不倦的追求。无论《点灯人》还是《广阔、广阔的世界》，抑或当时畅销的其他女性小说，结局时女主角都遇到了真爱，成功缔结一段美妙的姻缘。当然，在法律法规、社会风俗的多重作用下，该时代的美国女性除了婚姻也没有多少其他选择。读者希望看到自己投射感情的女性角色找到一个如意郎君，作者希望给自己的作品一个令人满意的结局，因此女主人公拥有一段"好"的婚

① Susan Warner, *The Wide, Wide World*. Philadelphia: J. B. Lippincott Company, 1892, p. 315.

② 弗里德里希·恩格斯：《家庭、私有制和国家的起源》，见《马克思恩格斯全集》第21卷，中共中央马克思恩格斯列宁斯大林著作编译局译，人民出版社，1999年，第96页。

姻对其本人和读者而言都十分重要。用珍妮斯·A. 拉德威的术语来讲，这是女性所共享的“中产阶级愿望”[①]。女主人公结婚往往意味着苦尽甘来，意味着女主人公此前遭受的所有苦难有了补偿，更意味着女主人公无论是个人能力还是道德水平都得到了肯定：毕竟只有最温柔、善良、坚强的女孩才能够担当家庭中“女主人”的角色。

尽管小说主题完全匍匐于社会主流价值观下，女作家们对“真正的爱情”的看法仍体现出鲜明的性别意识。苏珊·沃纳在《广阔、广阔的世界》中安排女主角爱伦嫁给了自己的养兄约翰；玛利亚·康明斯创作了类似的情节，在《点灯人》中安排女主角格蒂嫁给了自己的养兄威利，让艾米丽嫁给了菲利普先生。朱莉·R. 沃斯在《兄妹》中、G. M. 戈什加林在《亲吻惩戒的棍棒》中都提到19世纪美国女性小说中这种对养兄妹结婚情节的痴迷。[②]鉴于女作家们写小说大多是为了赚取稿费补贴家用，她们自然要迎合读者的口味。在女性读者心目中，完美的爱情模式需由更强大的男性与更柔弱的女性组成。优秀的男性应该保护、照顾乃至引导自己的女性伴侣。故而约翰出现在还是个小女孩的爱伦面前时已经是个成熟的优秀男子了，对爱伦教导有加；威利和格蒂则一起度过了童年和大部分成长时期，在此过程中威利不断帮助格蒂，二人几乎是无血缘关系却真正亲密的兄妹。事实上，男女主人公如此相恋的情节并非单纯将女性塑造成不能自理的男性附属品，反而更体现了女作家们对理想男性特质和理想爱情婚姻关系的想象。

爱情是文学作品的永恒主题，“真正的爱情”更是童话故事中理想化的男男女女不厌其烦追求的美梦。在女作家们笔下，男性不仅应该具备保护女性的能力，更应尊重她们，给她们平等接受教育与实现自我价值的机会。如苏珊·沃纳和玛利亚·康明斯一类的女作家在对爱情的想象书写中虚构出相较于传统观念更平等、更独立的爱情模式，不仅表达了对“真正的爱情”的向往，更蕴含了对改良当下社会性别秩序的愿望。

结　语

童话元素广泛运用于女性小说创作实属常见，可见童话早已不是儿童专

---

① Janice A. Radway, *A Feeling for Books: The Book-of-the-Month-Club, Literary Taste, and Middle－Class Desire*. Chapel Hill: The University of North Carolina Press, 1997.

② See Julie R. Voss, "Brothers and Sisters: Incest as Empowerment in Nineteenth-Century American Women's Novels", in *Women's Studies*, 2015, Vol. 44, No. 4, pp. 499－515. G. M. Goshgarian, *To Kiss the Chastening Rod: Domestic Fiction and Sexual Ideology in the American Renaissance*. Ithaca, N. Y.: Cornell University Press, 1992, p. xi.

属。如今提到19世纪美国文坛，人们脑海中大多浮现出霍桑、麦尔维尔、爱伦·坡等男作家，对苏珊·沃纳、玛利亚·康明斯等女作家知之甚少，不了解这几位女性在19世纪美国文学市场的畅销程度，更无从了解她们笔下的女性世界。或许当时男作家惯常关注宏大叙事，但女作家留下的充满真善美趣味的童话样式小说同样值得考察。

在男性作为社会主导的19世纪美国现实大环境下，如康明斯、沃纳这样的女作家事实上创造出了一个个以女性为主导的虚构世界。在这个世界里，中产阶级女性生活、成长，像童话故事的主人公一般追求美好的爱情，渴望幸福的生活，实现朴素的人生理想。某种程度上，这一时期的女性小说作品表现出对刻板的性别气质的强烈认同，似乎有压抑与规训两性之嫌。但更重要的是，女作家们在小说中言说着对生活的诗意感悟、对社会前景的规划与期盼。和儿童有着天然亲密连接的女性作家将对纯真的赞美融入小说创作，反映了一种高尚的童话化的审美情趣，最终指向对真、善、美的永恒追求。

作者简介：

曹美琳，四川大学文学与新闻学院比较文学与世界文学专业博士研究生，研究方向为中外文学与文化。